DIREITO DO TRABALHO EFETIVO

Homenagem aos 30 anos da AMATRA 12

Comissão Científica da obra organizada pela AMATRA12:

Rodrigo Goldschmidt
Andrea Maria Limongi Pasold
Nelzeli Moreira da Silva Lopes
José Carlos Külzer
Clovis Demarchi

Comissão Organizadora

José Carlos Külzer
Oscar Krost
Marianna Coutinho Cavalieri
Neiva Marcelle Hiller

JOSÉ CARLOS KÜLZER
MARIANNA COUTINHO CAVALIERI
NEIVA MARCELLE HILLER
OSCAR KROST

coordenadores

DIREITO DO TRABALHO EFETIVO

Homenagem aos 30 anos da AMATRA 12

AMATRA 12

LTr

LTr EDITORA LTDA.

© Todos os direitos reservados

Rua Jaguaribe, 571
CEP 01224-001
São Paulo, SP — Brasil
Fone (11) 2167-1101
www.ltr.com.br

LTr 4766.2
Março, 2013

Dados Internacionais de Catalogação na Publicação (CIP)
(Câmara Brasileira do Livro, SP, Brasil)

Direito do trabalho efetivo : homenagem aos 30 anos da AMATRA 12 / (coordenadores) José Carlos Külzer...[et al.]. — São Paulo : LTr, 2013.
Outros coordenadores: Marianna Coutinho Cavalieri, Neiva Marcelle Hiller, Oscar Krost

Bibliografia.
ISBN 978-85-361-2482-7

1. Direito do trabalho 2. Direito do trabalho — Brasil I. Külzer, José Carlos. II. Cavalieri, Marianna Coutinho. III. Hiller, Neiva Marcelle. IV. Krost, Oscar.

13-01634   CDU-34:331

Índice para catálogo sistemático:

1. Direito do trabalho efetivo 34:331

SUMÁRIO

Prefácio 7

1. O DIREITO DO TRABALHO NO MUNDO CONTEMPORÂNEO

Da cultura crescente de inefetivação dos direitos sociais e seus nefastos efeitos sobre a própria economia 13
José Ernesto Manzi

Direitos fundamentais sociais e o princípio da proibição de retrocesso social 30
Narbal Antônio de Mendonça Fileti

Dignidade da pessoa humana, valores sociais do trabalho e da livre-iniciativa: por uma "hermenêutica responsável" em resgate da tutela das normas trabalhistas 71
Rodrigo Goldschmidt
Oscar Krost

A garantia contratual à incolumidade do empregado como contrapartida fordista na legislação brasileira: uma análise histórica 94
Daniel Lisboa

O desenvolvimento autofágico do capitalismo como obstáculo à realização do direito do trabalho: uma análise da exploração do trabalho imaterial 114
Régis Trindade de Mello
Luís Henrique Kohl Camargo

2. O MEIO AMBIENTE DO TRABALHO

O direito fundamental ao meio ambiente de trabalho equilibrado de forma plena, eficaz e efetiva 137
Leonardo Rodrigues Itacaramby Bessa

A educação ambiental no combate aos acidentes de trabalho 155
Neiva Marcelle Hiller

Princípios ambientais e meio ambiente de (tele)trabalho: novas alternativas para a efetiva proteção jurídica do teletrabalhador 171
Fernanda D' Avila de Oliveira

As doenças ocupacionais no meio ambiente de trabalho dos frigoríficos e o descumprimento dos direitos fundamentais sociais 199
Karine Gleice Cristova
Rodrigo Goldschmidt

O meio ambiente do trabalho e a indenização devida pela síndrome do túnel do carpo 217
Sibeli D'Agostini

3. A DURAÇÃO DO TRABALHO

A compensação de horários à luz da Constituição da República Federativa do Brasil. Banco de horas. Autonomia, heteronomia e efetividade do direito do trabalho 243
Sebastião Tavares Pereira

Banco de horas: a flexibilização da jornada e a efetividade dos direitos trabalhistas 261
Maria Eliza Espíndola

Jornada de trabalho dos caminhoneiros: passos e descompassos da Lei n. 12.619/2012 ... 279
Rhiane Zeferino Goulart

4. ASPECTOS DIVERSOS DO DIREITO INDIVIDUAL DO TRABALHO

A proporcionalidade das revistas moderadas nas bolsas dos empregados 307
Luis Fernando Silva de Carvalho

Terceirização — leis tangentes, relações cogentes 338
Cesar Roberto Vargas Pergher

Entre os novos e antigos desafios do direito do trabalho: a terceirização 357
Juliana Elise Doerlitz

A responsabilidade do dono da obra nos acidentes de trabalho 372
Alessandro da Silva

O contrato de estágio como meio de fraudar as leis trabalhistas 383
Vanessa Cunha da Silva Vieira

5. O DIREITO PROCESSUAL DO TRABALHO

A pós-modernidade e a necessária redesignação do conceito de "acesso à justiça" 413
Nelson Hamilton Leiria

A (in)aplicabilidade do art. 475-J do CPC no processo trabalhista brasileiro 433
Cláudia Rodrigues Coutinho Cavalieri
Marianna Coutinho Cavalieri

Da penhora de salário no processo do trabalho 455
Caroline Andrade Machado

PREFÁCIO

No ano em que a Associação dos Magistrados do Trabalho do Estado de Santa Catarina — AMATRA12 — completa 30 anos de existência, pensou-se na elaboração de uma obra que marcasse esse importante e simbólico evento.

Veio a lume, então, a ideia de publicar um livro que reunisse textos doutrinários produzidos por Juízes associados e alunos dos Cursos de Especialização oferecidos pela AMATRA12.

Para alcançar tal objetivo, formaram-se duas Comissões, uma Organizadora, composta pelos Magistrados José Carlos Kulzer e Oscar Krost e pelas alunas Marianna Coutinho Cavalieri e Neiva Marcelle Hiller, e outra Científica, composta pelo Professor Clóvis Demarchi e os Magistrados Andrea Pasold, José Carlos Kulzer, Nelzeli Moreira da Silva Lopes e Rodrigo Goldschmidt.

Aberto o Edital, com critérios específicos para o evento, foram apresentados vários trabalhos científicos, todos submetidos a criteriosa análise das Comissões mencionadas.

O eixo temático do livro, escolhido pela AMATRA12 ante a relevância e atualidade, foi o "Direito do Trabalho Efetivo".

Em tempos paradoxais, como o contemporâneo, em que se vislumbra, de um lado, uma sociedade de consumo embalada por redes sociais, e de outro pessoas famintas e sem acesso aos meios básicos de vida, realmente, não é tarefa fácil preconizar um Direito do Trabalho Efetivo.

A "fluidez", para usar uma expressão do sociólogo polonês Zygmunt Bauman, das relações sociais e econômicas contribui para a formatação de um Direito do Trabalho também fluido e flexível, incapaz de se manter estável e efetivo na proteção do trabalhador.

Por outro lado, a fome e a pobreza que afetam parcela ainda expressiva da nossa população, sequer permitem o acesso da pessoa ao trabalho regulado, ainda que fluido e flexível.

Mas a sociedade, ao contrário do que muitos pensam, não assiste a esse quadro impassível.

De fato, ainda que não na velocidade desejável, a sociedade vem se movimentando para construir e para reivindicar um Direito do Trabalho Efetivo.

Os programas de transferência de renda e outras políticas públicas integradas, v. g., vêm contribuindo nos últimos anos para alargar o acesso das pessoas menos favorecidas aos Direitos Fundamentais Sociais, como a educação, a saúde e o trabalho.

De outro canto, a sociedade civil e os cidadãos individualmente, usando das mesmas redes sociais de comunicação, vêm fiscalizando e criticando a atuação dos entes públicos e privados, agregando as pessoas em torno de um ideal de conduta, mais inclusiva e protetiva, nomeadamente no mundo do trabalho.

São os paradoxos do nosso tempo, que o tornam único e singular, e que nos conclamam para a reflexão e para as ações práticas, voltadas para a edificação de um Direito do Trabalho Efetivo, capaz de assegurar condições dignas e dignidade ao trabalhador.

Esse é o norte da obra que ora prefacio.

O livro se estrutura, para fins didáticos, de forma segmentada.

O primeiro bloco de artigos problematiza o Direito do Trabalho no mundo contemporâneo. Inaugura com o texto do Desembargador Federal do Trabalho José Ernesto Manzi, que aborda a cultura da inefetivação dos Direitos Sociais e seus perversos efeitos sobre a Economia. Na sequência, o texto do Juiz do Trabalho Narbal Antônio de Mendonça Fileti, que trata dos Direitos Fundamentais Sociais e o Princípio da Proibição do Retrocesso Social. Em seguida, o texto dos Juízes do Trabalho Substitutos Rodrigo Goldschmidt e Oscar Krost, que reflete sobre o exercício da hermenêutica responsável, fulcrada na tutela da dignidade do trabalhador e das condições dignas de trabalho. Ainda, o texto do Juiz do Trabalho Substituto Daniel Lisboa, que discorre sobre a garantia contratual à incolumidade do empregado como contrapartida fordista na legislação brasileira a partir de uma análise histórica. Por fim, a pesquisa do Juiz do Trabalho Substituto Regis Trindade de Mello e do Aluno Luis Henrique Kohl Camargo, tratando do desenvolvimento autofágico do capitalismo como obstáculo à realização do Direito do Trabalho, em especial, o trabalho imaterial.

O segundo bloco de artigos versa sobre o tema do meio ambiente do trabalho. Inicia com o escrito do Juiz do Trabalho Substituto Leonardo Rodrigues Itacaramby Bessa sobre o Direito Fundamental ao meio ambiente de trabalho equilibrado. Adiante, a aluna Neiva Marcelle Hiller escreve sobre a importância da educação ambiental no combate aos acidentes de trabalho. Na sequência, a aluna Fernanda D'Avila de Oliveira aborda os Princípios Ambientais e o meio ambiente do (tele)trabalho, apontando alternativas de proteção jurídica do teletrabalhador. Ainda, o Juiz do Trabalho Substituto Rodrigo Goldschmidt e a aluna Karine Gleice Cristova contribuem com o texto que aborda a temática das doenças ocupacionais no meio ambiente de trabalho dos frigoríficos e o descumprimento dos Direitos

Fundamentais Sociais. Por fim, a aluna Sibeli D'Agostini agrega com o texto que foca o meio ambiente do trabalho e a indenização devida pela síndrome do túnel do carpo.

O terceiro bloco aborda a temática da duração do trabalho. Inicia com o texto do Juiz do Trabalho Aposentado Sebastião Tavares Pereira, que fala sobre a compensação de horários à luz da Constituição da República Federativa do Brasil, abordando a regulação autônoma e heterônoma desse instituto e a eficácia do Direito do Trabalho nesse segmento. Em seguida, a aluna Maria Eliza Espíndola trata da temática do banco de horas e da flexibilização da jornada de trabalho. Ao final, a aluna Rhiane Zeferino Goulart escreve sobre a jornada de trabalho dos caminhoneiros, abordando os passos e descompassos da Lei n. 12.619/2012.

O quarto bloco trata de aspectos diversos do Direito Individual do Trabalho. Estreia com o artigo do Juiz do Trabalho Substituto Luiz Fernando Silva de Carvalho, que versa sobre a proporcionalidade da revista moderada nas bolsas dos empregados. Após, vem o texto do aluno Cesar Roberto Vargas Pergher que apresenta uma análise crítica da terceirização. Na sequência, o texto da aluna Juliana Elise Doerlitz, que aborda aspectos polêmicos da terceirização. Ainda, o texto do Juiz do Trabalho Substituto Alessandro da Silva, sobre a responsabilidade do dono da obra nos casos de acidente de trabalho. Finalizando, o texto da aluna Vanessa Cunha da Silva Vieira, acerca do uso do contrato de estágio como meio de fraudar as leis trabalhistas.

O quinto e último bloco versa sobre Direito Processual do Trabalho. Abre com o texto do Juiz do Trabalho Nelson Hamilton Leiria, que discorre sobre a pós--modernidade e a necessária redesignação do conceito de "acesso à justiça". Após, com o escrito da Servidora Federal Cláudia Rodrigues Coutinho Cavalieri e da aluna Marianna Coutinho Cavalieri sobre a (in)aplicabilidade do art. 475-J do CPC no Processo Trabalhista Brasileiro. E, finalizando, o texto da aluna Caroline Machado, a respeito da penhora de salário no Processo do Trabalho.

Diz a sabedoria popular que o mais feliz não é aquele que recebe, mas sim aquele que dá o presente.

Nesse sentido é que a AMATRA12, no seu aniversário de 30 anos, quer presentear a Sociedade com essa obra, que reúne textos atuais, provocativos e bem fundamentados, elaborados na fé e no desejo lídimo de contribuir para a construção de um Direito do Trabalho Efetivo.

Dr. Rodrigo Goldschmidt
Juiz do Trabalho Substituto do TRT da 12ª Região
Doutor em Direito pela Universidade Federal de Santa Catarina

1. O DIREITO DO TRABALHO NO MUNDO CONTEMPORÂNEO

Da cultura crescente de inefetivação dos direitos sociais e seus nefastos efeitos sobre a própria economia
José Ernesto Manzi

Direitos fundamentais sociais e princípio da proibição de retrocesso social
Narbal Antônio de Mendonça Fileti

Dignidade da pessoa humana, valores sociais do trabalho e da livre-iniciativa: por uma "hermenêutica responsável" em resgate da tutela das normas trabalhistas
Rodrigo Goldschmidt; Oscar Krost

A garantia contratual à incolumidade do empregado como contrapartida fordista na legislação brasileira: uma análise histórica
Daniel Lisboa

O desenvolvimento autofágico do capitalismo como obstáculo à realização do direito do trabalho: uma análise da exploração do trabalho imaterial
Régis Trindade de Mello; Luís Henrique Kohl Camargo

DA CULTURA CRESCENTE DE INEFETIVAÇÃO DOS DIREITOS SOCIAIS E SEUS NEFASTOS EFEITOS SOBRE A PRÓPRIA ECONOMIA

José Ernesto Manzi(*)

RESUMO

O artigo defende a tese de que o Direito do Trabalho vem sendo visto como o vilão das crises econômicas, quando, na verdade, ele é o grande protagonista. A economia não cresce em proporção inversa à redução dos direitos sociais, mas em proporção direta. Sustenta ainda que os grandes desconstrutores do Direito do Trabalho são os próprios operadores jurídicos trabalhistas, que encantados por uma visão cada vez mais econômica do Direito, caminham desfocados de sua condição de Direito Social por excelência, e mais, logram ser mais contratualistas e conservadores do que os próprios civilistas (a quem a tutela do hipossuficiente é, a cada dia, mais cara).

Palavras-chave: Economia. Direito. Processo do Trabalho.

CONSIDERAÇÕES INICIAIS

As revoluções jurídicas seguem a reboque das revoluções industriais e tecnológicas, mas num passo muito menor. A realidade muda o Direito, embora sempre tenhamos a ilusão de que o Direito possa alterar a realidade (no Brasil, mais que alhures, os decretos determinam o banimento do analfabetismo, da discriminação, da pobreza, da doença e da incompetência).

O que pretendo meditar nestas breves linhas, é acerca da desconstrução do Direito do Trabalho que não apenas caminha a passos largos, mas é colocada, surpreendentemente, como condição senão para a evolução econômica, comercial e industrial, como sacrifício a ser aceito para a manutenção mínima da estabilidade e que, não obstante o caráter falacioso desse argumento (de terrorismo), ele vem ganhando adeptos a passos largos.

(*) Desembargador do TRT-SC. Juiz do Trabalho desde 1990, especialista em Direito Administrativo (La Sapienza — Roma), Processos Constitucionais (UCLM — Toledo — España), Processo Civil (Unoesc — Chapecó — SC — Brasil). Mestre em Ciência Jurídica (UNIVALI — Itajaí — SC — Brasil). Doutorando em Direitos Sociais (UCLM — Ciudad Real — España). Bacharelando em Filosofia (UFSC — Florianópolis — SC — Brasil).

Se é verdade que o direito não pode ser insensível às transformações sociais, seu maior compromisso de sensibilidade é para com o próprio homem, que é a razão de sua existência e deveria ser, a razão primeira — senão única — do ordenar juridicamente.

Como esse trabalho é fruto da observação no exercício da magistratura e não de pesquisa bibliográfica, eventuais citações estarão restritas às notas de rodapé, sendo a bibliografia, aposta ao final, a recomendada para o aprofundamento sobre o tema, ainda que possa, em algum momento, ter inspirado alguma das reflexões aqui postas.

1. DIREITO E TECNOLOGIA

Vivemos em um mundo em transformação e as mudanças acabam também nos mudando, em algum grau, quer queiramos ou não, quer sejamos ávidos por novidades ou a elas avessos. A ciência e a tecnologia buscam substituir o esforço físico, aumentar o conforto, reduzir as distâncias, combater as doenças, aumentar os lucros (para alguns, pelo menos), daí por que nem sempre são acompanhadas de suficiente preocupação com as implicações sociais e humanas. No que busca aumentar o ter, em detrimento do ser, o prejuízo social é considerado mero efeito colateral, principalmente quando afeta os que têm pouca possibilidade de influir no "modus vivendi" e na economia, ainda que sejam os mais afetados nesses bens, pelas decisões alheias.

A adição de novas tecnologias, a automação de determinadas tarefas, a criação de novas demandas e o desaparecimento de antigas necessidades sempre implicam em reengenharia, em reestruturação empresarial, para aumentar a eficiência, reduzindo a ociosidade dos seus quadros, seja pela readaptação, seja, simplesmente, pelo desligamento.

Os jovens têm uma maior conectividade/interatividade com as novas tecnologias, que para eles é algo natural. Para seus pais, ou até para seus irmãos mais velhos (pela precocidade cibernética das crianças), os novos implementos tecnológicos são motivo de perplexidade, principalmente quanto à celeridade e à dimensão com que ocorre sua (re)criação, dando a impressão de que a evolução científica e tecnológica cresce geometricamente nas últimas décadas, enquanto cresceu apenas aritmeticamente em todos os outros milênios da história humana. Enquanto nos perdemos em tentar encontrar o índice dos manuais dos fabricantes dos aparelhos novos, recém-desembalados, nossos filhos já estão usando os novos aparatos, como antigos brinquedos, em todo o seu potencial.

O homem é o princípio e o fim de toda ciência e de todo invento humano, mas nem toda tecnologia acresce bem-estar social ou serve para que o homem enxergue o seu semelhante como tal, ao invés de ensimesmar-se. A tecnologia, hoje, em muitos casos, aproxima os distantes, mas afasta os que estão próximos, colocando-os no mesmo patamar. Quando perdemos a identidade com os demais sujeitos, perdemos também a sensibilidade para com suas angústias, como se fôssemos impermeáveis às suas causas.

2. DESUMANIZAÇÃO TECNOLÓGICA

Isolamo-nos em nossos fones de ouvidos e perdemos, a cada dia, a capacidade de conversar, de olhar no olho, de tentar intuir as angústias dos que nos circundam e passamos a nos angustiar nós mesmos, porque os vazios não preenchidos tornam-se depressão e angústia e a introspecção pode, em muitos casos, ser causa de questionamentos angustiantes.

Jovens passam madrugadas conversando pelos teclados de seus computadores e "tablets", mas, quando se encontram, se emudecem, como se suas almas dependessem de um circuito fechado para aflorar. Os dedos rápidos nos teclados tornam-se monossílabos e monocórdios, quando a distância dispensa a tecnologia.

Não sabemos mais o nome dos nossos vizinhos; aliás, fazemos o máximo para que eles também nada saibam de nós. Olhamos para os monitores e não para as janelas, com um respeito quase sagrado e o tempo passou a correr tão rápido, que milésimos de segundo passaram a nos angustiar. **O direito de estar só (intimidade),** tornou-se quiçá um dos mais almejados, quiçá além mesmo do direito ao convívio humano.

Muitas das novas tecnologias aumentaram os abismos entre os patamares sociais, principalmente porque concedem aos que as acessam a primazia da informação, a permitir que se adiantem, senão em prejuízo dos demais, pelas vantagens que concedem[1]. A competitividade e a necessidade de respostas rápidas, bem como o crescente descompromisso com as relações humanas, levam muitos empresários a preferir dispensar os antigos colaboradores e substituí-los por novos, como se estivessem comprando novas tecnologias, ou melhor, os braços e mentes que as operarão, ainda que as substituições futuras sejam completas (máquinas e operadores, ao mesmo tempo).

Nossos avós faziam a barba com a mesma navalha por 50 anos e tinham amizades com a mesma duração. Nossas amizades são tão descartáveis quanto nossos aparelhos de barbear.

---

(1) E isso vai da educação à informação econômica que permite uma compra vantajosa de ações, passando pelo próprio exercício da cidadania (poucos exercem o direito de petição, nem tanto por conta do acesso, cada vez maior, mas por não saberem ser titulares de determinados direitos).

Já são muito poucos os que ingressam e saem do mercado de trabalho com um único emprego, após várias décadas, como são poucos ainda os que mantêm relacionamentos afetivos perenes. Até a religião, o caráter e a moral são postos como relativos, e mais, em muitos casos, incompatíveis com a necessidade de adaptação a um meio em transformação[2].

Toda essa competitividade acompanhada de ausência de vínculos duradouros, conduz ao fato de que, cada vez mais, se quer produzir mais, com cada vez menos recursos, sejam eles humanos, sejam eles materiais, num desafio invencível, sucessivo e infindável, no qual a satisfação é momentânea e seguida, sempre, imediatamente, de novos almejares.

Tudo isso influenciou o Direito do Trabalho, taxado não apenas de retrógrado, mas como impeditivo do próprio progresso, quiçá porque é ele que ainda resiste contra a relativização da dignidade do homem, enquanto travestido de trabalhador. Curiosamente, as grandes corporações vêm apregoando o contrário, qual seja, que quanto menos protetivo for o Direito do Trabalho, mais desenvolvido será um país, e citam estatísticas de países desenvolvidos onde há menos direitos trabalhistas, olvidando-se tanto que os salários nesses lugares são muito maiores e o custo de vida menor (basta ir a um supermercado na Europa para descobrir que nossos preços são estratosféricos e nossos salários ridículos[3]).

3. INTENSIDADE E TEMPO

O tempo passa a ser medido a conta-gotas quando se trata de exigir dedicação, mas, quando o direito afirma que os lapsos temporais não podem ser desconsiderados, para a apuração da remuneração, fora dos limites legais, afirma-se que o direito não deve se importar com ninharias. Olvida-se que é no desprezo de lapsos que se inicia a supressão de postos de trabalho (uma fábrica com 350 pessoas, que consiga o desprezo de 10 minutos diários, que é o limite legal, obtém, apenas com isso, o trabalho mensal gratuito de 15,9 trabalhadores, ou seja, a capacidade de empregar de várias microempresas).

Dá-se a impressão, assim, que o desprezo de lapsos trabalhados é uma questão menor que afeta minimamente um trabalhador, quando, na realidade, afeta direitos difusos (de todos os potenciais trabalhadores), além de causar enriquecimento ilícito de empregadores[4], principalmente na atividade industrial.

---

(2) Uma moral maleável às necessidades e aos avanços, restrita a alguns pontos mais ordinários (não matar e não roubar), uma religião substituída por uma religiosidade não comprometida, não apologética, para não ser chata e, preferivelmente, oculta como um elemento da intimidade.
(3) Tive a impressão, confirmada pelos meses em que vivi na Espanha, que, se é verdade que lá comer fora pode ser mais caro (no mesmo nível não é), a verdade é que comprar víveres para cozinhar em casa, de muito melhor qualidade, fica uns 30% mais barato.
(4) Nos frigoríficos, por exemplo, onde os trabalhadores executam de 80 a 120 movimentos por minuto, no corte de carnes, dá para imaginar a quantidade de trabalho obtido gratuitamente no

Porém, em todos os campos da produção, distribuição e serviços, há uma exigência extremada por eficiência, celeridade e perfeição.

Os motoboys, que andam a velocidades estonteantes por nossas avenidas, onde muitos, aliás, encontram a morte, não são apressados por mero amor à velocidade, são apressados — como regra — porque possuem metas a cumprir, porque lhes são repassados serviços inatingíveis e incompatíveis com o cumprimento das leis de trânsito, porque a pizza fria que é dada de graça pode entrar na conta deles. Para complicar, descobriram uma forma de terceirizar esse tipo de atividade, repassando os riscos a pessoas cujo único patrimônio é uma motocicleta e a falsa impressão de liberdade, inclusive jurídica, que ela passa.

Em todos os campos do trabalho humano, a pressão está cada vez maior e fica cada vez mais difícil satisfazer as expectativas patronais, como também fica mais difícil para os empresários, por um lado, atender à expectativa dos clientes e, por outro, dar conta de pagar os salários, os empréstimos e os impostos e vencer a concorrência, muita vezes desleal[5].

Metas são fixadas, por vezes de forma irreal, e isso leva a situações de estresse absurdas, diante do constante aceno com a dispensa ou com a terceirização do serviço. Em razão delas ou da redução de custos, postos de trabalho desaparecem e os demais empregados se veem instados a dividir as tarefas do trabalhador dispensado, desdobrando-se resignadamente ou amargando idêntico destino.

Na ânsia de manter o emprego, quando Tiago é dispensado, João e Paulo passam a fazer suas tarefas, mesmo que trabalhando numa velocidade desumana e irreal, para conseguirem manter o emprego e, ao final, se o fazem, o empregador apenas confirma a tese de algum gerente embevecido por teorias administrativas desumanizantes, de que ou Tiago era um "vagabundo" ou os três trabalhavam a passos de cágados, enganando o empregador.

Exige-se intensidade no labor e, ainda, intensidade com mais qualidade (fazer mais e melhor, no menor tempo). Quando esse objetivo não é atingido, os empresários mais simplistas, num primeiro momento, tentam partir para o incentivo, fixando novas metas, usando listas de melhores e piores etc. Num segundo momento, alguns deles se apercebem e corrigem as metas a partir da realidade do mercado, do produto ou dos trabalhadores (inclusive seu treinamento,

---

desprezo de lapsos (se considerássemos uma média de 100 movimentos por segundo x 15,9 trabalhadores x 220 horas por mês x 60 minutos por hora, chegaríamos a 21 milhões de movimentos produtivos gratuitos).
(5) Este é outro ponto em que é incompreensível como alguns empresários manifestam-se contrários à Justiça do Trabalho, por exemplo, mas esquecem-se que quem não cumpre a lei trabalhista faz concorrência desleal e, mais, alija do mercado seus colaboradores, que poderiam ser consumidores caso tivessem os direitos respeitados. A lógica é a mesma do motorista que avisa os infratores da pista contrária que a polícia está monitorando a velocidade.

por exemplo), outros pagam alguma horas extras e um pequeno grupo prefere, simplesmente, alterar os controles de jornada, seja impondo que o trabalhador trabalhe antes (da entrada) ou depois (na saída) de anotá-los, ou mesmo alterando a tabela que congrega as jornadas de um mês (e vociferam contra a fiscalização, as novas exigências do ponto eletrônico ou a Justiça do Trabalho).

Essa realidade é pulsante no Brasil, mas transpareceu escancarada na Espanha, onde vivi alguns meses, no ano passado (2011), por conta de um doutorado.

Os serviços estão cada vez piores. Nas agências bancárias, onde havia vários caixas, hoje há apenas um, que se desdobra diante dos olhares irritados dos clientes[6]. Nos simpáticos bares espanhóis é possível ver 1 ou 2 atendentes fazendo o trabalho de 4 ou 5, atendendo, cozinhando, cobrando, atendendo telefone, diante de uma clientela cada vez mais impaciente e os hoje quase 25% de desempregados.

No Brasil, corremos o mesmo risco. A jurisprudência e a doutrina trabalhistas dominantes entendem que, desde que não haja aumento na quantidade de tempo que o empregado coloca à disposição do empregador, a atribuição de novas tarefas (o antigo desvio de função), desde que não implique em ofensa à dignidade ou traduza motivo de reenquadramento no PCS, isso não implica em direito a qualquer "plus" remuneratório, ou seja, quem foi contratado para assoviar, se for mandado, deve, simultaneamente, chupar cana.

Isso fortaleceu as fileiras dos que defendem quadros enxutos, com a redistribuição de serviços; o que era feito por 3, passou a ser feito por 2, mesmo que para isso fosse necessário exigir-se um esforço hercúleo e incompatível com a dignidade humana, com a condição orgânica e não robótica dos trabalhadores, com a necessidade de estabelecimento de um ritmo que preserve a higidez física e mental deles. As lesões por esforço repetitivo passaram a correr solto.

Fala-se que não há, fora da categoria dos radialistas, norma que autorize tal pagamento, como se houvesse norma que autorizasse a alteração unilateral lesiva do contrato de trabalho (e o que aumente a quantidade de serviço, sem implicar em ampliação da remuneração, implica, necessariamente, em sua redução indireta).

4. O MERCADO ALIMENTA-SE DO TRABALHO

Causa-me espanto em ver como há empregadores contrários ao pagamento do 13º salário, por exemplo, mas que ficam radiantes com o aumento das vendas

---

(6) E esse quadro vem sendo universalizado, a começar exatamente pelos Bancos. Basta ver, por exemplo, que muitas agências no Brasil já possuem mais gerentes do que caixas, insistindo, ao máximo, pelo uso do autosserviço. O número de gerentes possui dúplice finalidade — a primeira é dar a impressão ao cliente de que um empregado importante irá cuidar do seu problema e a segunda é fazer com que o empregado seja excluído do regime de limitação à jornada de 6 horas. São caciques sem índios, ganhando salários apenas aparentemente diferenciados dos estamentos inferiores, mas, em termos reais, igualmente miseráveis.

no final do ano, como se uma coisa não dependesse da outra, como se a economia não tivesse que ser alimentada para crescer. No tempo em que permaneci numa determinada região do interior de Santa Catarina, a conciliação dos Dissídios Coletivos era dificílima por conta dos próprios comerciantes, que assessoravam os outros sindicatos patronais e resistiam a qualquer tentativa de melhoria social, como se não fossem eles os primeiros destinatários de qualquer implemento salarial.

Há o direito e há o abuso de direito. Há a colaboração e há o antagonismo laboral, que converte o contrato de trabalho num campo de batalha, numa guerra sem vencedores. Prefere-se ameaçar a motivar. Cada um pensa nos seus direitos e em como ampliá-los a qualquer preço, mesmo que à custa da dignidade e da sobrevivência do outro.

Uma imputação leviana de justa causa, por exemplo, não é faculdade do empregador, reduz drasticamente os haveres rescisórios (e até benefícios sociais)[7], devendo ser punida rigorosamente, inclusive com a cominação de pagamento de indenização por danos morais (o que o trabalhador tem de mais importante é sua honradez profissional; ser dispensado por falsa justa causa implica em perda de suas referências e até em segregação social, pela impossibilidade de honrar os compromissos e passar a ter restrição não apenas para comprar a crédito, mas para comprar à vista).

O outro lado da moeda é o empregado que se comporta como se o sucesso da empresa fosse algo alheio ou contrário aos seus interesses. Não faz questão de se dedicar, sem uma contrapartida imediata, nem em fazer a empresa dar lucro e crescer, nem em evitar que ela tenha prejuízos, desperdiça tempo, dinheiro, matéria-prima, trata mal a clientela, deteriora o ambiente de trabalho, não cuida do uniforme, das máquinas e dos equipamentos, deixa luzes acesas e tem um prazer quase mórbido em ver o empregador levar prejuízo. O empregado dedicado é vítima de chacota dos colegas, chamado de "puxa-saco" etc. O ápice desse egoísmo proletário são alguns sindicatos mais preocupados em arrecadar contribuições do que em buscar o aperfeiçoamento das relações de trabalho. Todos eles matam a galinha e querem continuar a comer os ovos.

5. A REDUÇÃO OU A SONEGAÇÃO DE DIREITOS SOCIAIS DETERIORA A ECONOMIA

Mas voltemos à tese de que a redução dos direitos sociais deteriora a própria economia. Nas imediações do apartamento em que residia em Madrid, dificilmente

---

(7) Não há a menor justificativa racional para deixar de liberar o FGTS, ainda que parceladamente e sem multa, para um empregado sob alegação de justa causa ou de lhe pagar o seguro-desemprego, principalmente quando ele terá grandes dificuldades em obter nova colocação e é mais sancionado até que um criminoso (cuja família recebe auxílio-reclusão etc.).

passava uma semana sem ver alguma loja em liquidação para fechamento e sem ouvir a notícia de que novas medidas de flexibilização dos direitos sociais seriam tomadas. O caminho era sempre o mesmo e, pouco tempo depois, via mais um imóvel em estado de abandono, sujo, cheio de correspondências e uma placa de "aluga-se". Estranhamente, o índice de desemprego aumentou exponencialmente durante a minha estada, e continuou aumentando, e continua-se considerando que a melhor forma de ampliar o índice de emprego é precarizá-lo, onda que vem atingindo também o Brasil, que apresenta índices muitíssimos melhores de emprego e em que se acusa a legislação de excessivamente protetiva, apesar de bem pouco acabar chegando, efetivamente, às mãos dos trabalhadores, esses sim, com seu consumo, alimentadores do mercado.

Como as práticas antissociais favorecem as grandes corporações (que produzem onde o trabalho é barato e vendem onde ele é caro, dividindo o mundo entre lugares de produção e de consumo) e como elas possuem melhor acesso à mídia, essas práticas viajam o mundo e vão se implantando. Criou-se uma visão de gerenciamento dominada pela economia (que para Roberto Campos era **"ciência destinada a aumentar a miséria, com o auxílio da estatística"**) e totalmente divorciada da preocupação social, salvo quando utilizada como mero instrumento de "marketing" (sugam o sangue dos seus empregados, mas doam algumas gotas com grande estardalhaço, gastando mais em *marketing* que no objeto, não para beneficiar, mas para beneficiar-se da auréola de bondade).

6. REPELE-SE NO REPOUSO, A INTENSIDADE EXIGIDA NO TRABALHO

O "tablet" e o telefone celular tornaram-se os novos grilhões eletrônicos, convertendo os tempos de repouso em continuação do trabalho e mais, de forma gratuita, diante de uma lei ultrapassada que trata do sobreaviso. O raciocínio é simplista, se o sobreaviso impunha o cerceamento da liberdade de locomoção (o ferroviário deveria permanecer em casa, à espera de eventual chamado, recebendo a terça parte da remuneração horária), como o celular permite o deslocamento, então essa liberdade não é cerceada, logo, não há falar em horas extraordinárias.

É evidente que essa parafernália eletrônica não nos permite repousar efetivamente, por nos impedir o desligamento, por nos impedir de cumprir, com dedicação, nossos outros papéis sociais (como afirmou São Josemaria Escrivá, **"fazes o que deve e estejas no que fazes"**)[8]. Temos que manter o celular ligado, não podemos ir onde sinal não há, nem aonde seja difícil o retorno rápido à sede do labor. Não podemos nos concentrar nem no lazer, nem na cultura, nem na família, nem nas coisas do espírito, porque, se antes tínhamos que ter "um olho no padre, outro na missa", hoje temos que ter "um olho no padre, outro no celular".

---

(8) No sentido de que a perfeição está em sermos intensos em tudo e em cada coisa, sermos 100% profissionais enquanto estamos no trabalho, 100% pais enquanto atendemos nossos filhos etc.

Na Igreja, no cinema, no teatro, no almoço, no jantar, no amor, no banho, nossas atenções devem ser divididas com o empregador, mesmo que essa possibilidade seja apenas remota, não nos permite repousar efetivamente, estamos em constante vigília, e, mais, é uma atenção que é desconsiderada e desprezada, salvo quando vira desatenção.

Esse tempo não é desprezível. Recente pesquisa americana revelou que, em média, os trabalhadores dos Estados Unidos perdem cerca de **360 horas por ano**, apenas respondendo telefonemas e *e-mails* corporativos, fora do horário de trabalho[9].

Se é verdade que não é possível equiparar esse tempo de conexão eletrônica ao tempo de sobreaviso (em que o empregado não tinha como locomover-se de sua casa), também não é justo equipará-lo ao repouso. A equidade talvez indicasse um caminho intermediário, por exemplo, na **fixação de uma remuneração correspondente à sexta parte da hora efetiva**.

Mas, se a tecnologia corre a passos largos, o direito é muito mais lento e não a acompanha. Hoje já não nos conformamos em aguardar uma hora pela revelação de fotos (isso quando revelamos fotos, porque as queremos imediatamente à nossa disposição, na forma eletrônica), mas temos que aguardar longos anos para ver solucionada uma demanda judicial e várias décadas para que a jurisprudência adquira um mínimo do saudável contágio pela realidade.[10]

7. NEM TUDO QUE É NOVO CONSTITUI EVOLUÇÃO JURÍDICA: O DIREITO E O PROCESSO DO TRABALHO NA CONTRAMÃO

Quando se fala em alguma novidade jurídica, nos surpreendemos em descobrir que a novidade é, na verdade, em muitos casos, a revitalização de alguma prática antiga e socialmente condenável, travestida em modernidade, em técnica e até em benesse (tanto que se chega ao cúmulo de falar em flexibilização normativa trabalhista como uma benesse para os trabalhadores, criação de novos empregos, acesso aos que estão na informalidade, inclusão social etc.).

A **principiologia jurídica laboral** não vem apenas sendo reformulada, vem sendo ora ignorada, ora discriminada, ora distorcida, a ponto de converter um princípio em seu oposto e tudo isso com o beneplácito de instituições respeitáveis e seus incentivos às pesquisas que propiciem desenvolvimento econômico a qualquer preço.

---

(9) Disponível em: <http://idgnow.uol.com.br/internet/2012/07/02/trabalho-movel-responde-por-quase-um-dia-de-jornada-extra-na-semana>.
(10) Cada vez mais distante das Cortes, principalmente por conta dos filtros que impedem que os processos consigam chegar a elas e, mais, que lhes permita teorizar sobre temas práticos (a tal da transcendência), sem os incômodos intransponíveis de certas realidades.

O processo é outro capítulo do mesmo ideário.

Se, em algum momento, o procedimento legitimou a inversão do ônus da prova a favor do empregado (seja pela sua hipossuficiência, seja pela maior capacidade probatória do empregador), hoje, o procedimento legitima exatamente o contrário, bastando ver o procedimento sumaríssimo que, sob a desculpa da celeridade, quebrou a paridade de armas (o empregado pode ser surpreendido por uma tese inovatória e esdrúxula do empregador que, além de ter ciência prévia dos limites da litiscontestação, pode levar à audiência una as testemunhas que tem para demonstrá-la, sem que ao empregado seja possível a contraprova), passando pelo cada vez mais constante indeferimento da produção de prova testemunhal ou sua limitação (seguida pela constante defesa da primeira instância de que a prova oral não deveria ser sujeitada ao duplo grau) e ainda, o pior, uma constatação que venho observando com preocupação, a ideia equivocada de que decisões indeferitórias são mais técnicas (a estatística comprova, claramente, que é mais fácil uma decisão que rejeitou as pretensões obreiras ser mantida do que o contrário)[11].

É verdade que a aplicação da lei em sentido gramatical é mais confortável para o juiz e dá uma sensação maior de segurança jurídica para a sociedade. Os princípios, pelo grande grau de abstração, admitem mais de uma solução correta para o mesmo dilema, daí por que, ainda que possam satisfazer mais os fins sociais da lei ou o interesse social etc., são menos considerados pela ortodoxia jurídica, que considera o conceito de segurança muito mais compreensível e assimilável que os conceitos de justiça e de equidade.

Essa exacerbação da segurança jurídica fez aflorar nos últimos tempos, com disseminação cada vez maior, a ideia da prescrição intercorrente trabalhista, como se se pudesse punir o credor com o perecimento de seu crédito, diante da inércia ou da ineficiência do próprio Judiciário (a execução corre "ex officio") ou da astúcia de seu devedor, que oculta bens ou privilegiou outros interesses ou o consumo[12].

Criou-se, assim, uma doutrina utilitarista de que é melhor fazer injustiça no varejo para proteger a empresa, culminando-se, assim, por fazer justiça no atacado

---

(11) Decisões que acolhem pretensões são, necessariamente, mais complexas, impondo demonstração da prova do fato constitutivo e uma argumentação consistente. Uma argumentação inconsistente negativa (v. g., não há prova da realização das horas extras — sem que haja expressa alusão às provas produzidas ou sua ausência e, ainda, ao ônus efetivo da produção) tem maior possibilidade de ser agasalhada, do que uma positiva, que impõe delimitações, indicações de lastro etc., e, desse modo, está mais aberta a ser vergastada.
(12) Já tive casos de devedores com salários superiores a R$ 25.000,00, que não possuem nem um lápis em seu nome e socorrem-se na impenhorabilidade do salário, aguardando, ansiosos, a extinção de dezenas de execuções, para continuarem a contratar trabalhadores sem pagar. A meu ver, a efetividade do direito do trabalho deveria impor que os empresários do ramo de fornecimento de mão de obra e terceirização fossem obrigados, por lei, a prestar caução, a exemplo do que ocorre com as seguradoras que, para poderem vender seguros, são obrigadas a deixar bens móveis e imóveis vinculados à SUSEP — Superintendência dos Seguros Privados.

(proteção dos postos de trabalho, dos clientes e fornecedores, do próprio Estado etc.). Injustiça é injustiça, não se compadece de qualificações. Por outro lado, esta teoria olvida que a injustiça no varejo é também injustiça no atacado, por incentivar o descumprimento generalizado da lei, possibilitar a concorrência desleal (quem cumpre a lei trabalhista não terá como concorrer com quem a frustra) e, indiretamente, o próprio mercado, porquanto, quanto menor for o poder aquisitivo de cada trabalhador, menor serão os lucros dos seus fornecedores.

Essa mesma miopia atinge a transferência indevida de responsabilidades. Nas ações acidentárias, a culpa é sempre da vítima ou da doença crônica, pouco importando o fato de que o empregador possua conhecimentos, equipamentos e formas para evitar os acidentes ou impedir que as doenças aflorem. A concausa deixou de ser um elemento de modulação de responsabilidade para tornar-se elemento de sua exclusão (e não são poucos os juízes que, diante das palavras "crônica ou degenerativa", consideram desnecessário examinar se as peculiaridades do labor poderiam — ou não — apressar o surgimento ou agravar os danos)[13].

Outra ótica interessante é a do menosprezo ao dano alheio. Empregado impedido de exercer apenas a mesma atividade que realizava para o empregador, antes da doença profissional ou acidente, é equiparado ao trabalhador sem restrições. A jurisprudência civilista, muito mais avançada nesse tema, porquanto entendia pelo dever de indenizar mesmo que o trabalhador pudesse continuar realizando as mesmas atividades, desde que, em razão da doença ou acidente, tivesse que fazê-lo com mais dificuldade.

Na mesma esteira é a questão da indenização do seguro desemprego. Acompanhem o raciocínio contido nessa hipótese: Pedro é dispensado em janeiro de 2011 e, ainda desempregado, ingressa com reclamatória trabalhista em agosto do mesmo ano, requerendo (por ter direito, efetivamente), dentre outros objetos, a indenização do seguro-desemprego; a jurisprudência dominante considera ter encontrado a solução ideal, indefere a indenização, converte em obrigação de fazer (expedir as guias correspondentes, passando o prazo para requerimento a contar da expedição), afirmando que, deste modo, o empregado receberá o valor e o empregador não terá que desembolsar a indenização. Ledo engano. Quando o processo entra em execução, em janeiro de 2012, Pedro já está empregado (desde novembro) e, quando comparece com as guias ao órgão pagador, diante do confronto com sua CTPS, tem o pedido negado. Aí entra em foco outra jurisprudência que diz que, nesse caso, o indeferimento se deu por motivo alheio

---

(13) Eu posso ter uma propensão familiar a sofrer de problemas na coluna vertebral, mas é evidente que, se for submetido a constantes levantamentos de pesos exagerados, a más posturas, à falta de alongamento, a móveis inadequados etc., a possibilidade de a patologia surgir aos 25 anos, ao invés de aos 55, será muito maior. Parte da jurisprudência, contudo, entende que essa antecipação não possa ser debitada ao empregador.

à vontade do empregador e que a indenização é indevida. Pedro não receberá o seguro de fevereiro a junho de 2011, nem sua indenização, ou seja, é prejuízo definitivo, causado por terceiro e não indenizável, porque se achou que se deveria "proteger a empresa" e atribuir o pagamento "ao real devedor".

Um capítulo à parte é a disseminação das terceirizações, sinônimo não de especialização (que é o argumento mais comum de seus mentores e de seus defensores), mas de precarização. Assim, se vê, por exemplo, terceirizadas instalando linhas elétricas e telefônicas[14], pagando salários miseráveis, a um quadro que, pela rotatividade, pelo baixo investimento e pela falta de treinamento, ampliou, de forma estratosférica, o número de doenças e acidentes do trabalho.

Aliás, essa falta de preocupação com o meio ambiente do trabalho é verificada até nos condomínios residenciais, em que se faz orçamentos para adquirir bens e serviço ao melhor preço, mas não se considera, jamais, o grau de preocupação da empresa com a segurança do trabalho, por exemplo, até porque, a jurisprudência que se firmou a favor dos "donos de obra", permite que tudo seja secundarizado. É preciso tratamento diferenciado entre o tomador particular residencial e o condomínio que, por sua organização e dimensão, pode e deve fiscalizar o cumprimento de obrigações trabalhistas e o respeito à medicina e à segurança do trabalho, preocupações que passam longe e vitimam, todos os dias, muitos trabalhadores. Enquanto permanecermos insensíveis, haverá gente pendurada em nossos prédios com suportes improvisados, em alturas mortais[15].

É preciso tornar custosa a resistência às pretensões legítimas e também mais responsável o exercício do direito de petição. Assim como não se pode admitir que quem recebeu tudo diga não ter recebido nada e formule extensas petições contando com uma revelia sem qualquer risco de arrependimento, também se deve onerar a resistência a pretensões legítimas (as grandes corporações calculam a taxa de risco de serem demandadas e de sucesso nas demandas, para decidir o que cumprirão dos mandamentos jurídicos). O pagamento de honorários advocatícios pelo empregado vencido, ao menos quando for em parte vencedor e puder haver dedução de seus créditos, e a fixação de um "plus" crescente, dependendo do grau de jurisdição da resistência seriam remédios eficazes.[16]

---

(14) Os trabalhadores da telefonia e da energia eram profissionais que permaneciam por toda a vida nas suas empresas, passando por longos treinamentos e exercendo atividades auxiliares, até chegar perto de um fio de alta tensão. Hoje, muitas terceirizadas um dia fornecem a mão de obra para instalar cabos ou fazer manutenção, no mês seguinte para instalação de canos, no outro, para a construção de escolas etc. Precarização, rotatividade, falta de especialização de mão de obra, são a receita certa para a ocorrência de acidentes do trabalho.
(15) Defendo, inclusive, que os condomínios imponham multa aos condôminos que permitam que seus trabalhadores domésticos atuem sem segurança, pendurados em janelas, por exemplo. Só isso já reduziria (e muito) o número de acidentes.
(16) Se o empregado pediu 100 e ganhou 50, sobre os outros 50 deveria pagar honorários, a serem deduzidos de seus créditos. Se o empregador devia 100, perdeu em 1º grau e recorreu, deveria pagar, por exemplo, 120 em 2º grau e 150 se a decisão fosse confirmada pelo TST.

Menospreza-se, ainda, a realidade da sobrevivência do homem simples. É evidente que o trabalhador, mesmo lesionado, se não obtiver pensão ou benefício social, terá que, mesmo se arrastando, buscar alguma forma de garantir a sobrevivência. Contudo, forma comum de defesa, e mesmo de fundamento de decisão indeferitória, é de que, se voltou a trabalhar, não há incapacidade ou então ela foi agravada pelo novo trabalho, a ponto de tornar impossível a delimitação da responsabilidade do réu. O empregado deve, assim, correr o risco, lesionado, deve pedir dinheiro emprestado e tentar sobreviver ao processo sem trabalhar, confiando na justiça, ou então municiará os que procuram razão para rejeitar suas pretensões.

Em outros casos, converte-se o contrato de experiência em lapso de inimputabilidade, afastando, por exemplo, a estabilidade acidentária, mesmo que nesses casos a responsabilidade do empregador seja onerada tanto pela presumida inexperiência do trabalhador quanto pela também presumida gravosidade dos elementos deletérios para serem capazes de, em pouquíssimo tempo, causar dano. Note-se que, apenas recentemente, o E. TST passou a reconhecer a estabilidade do acidentado durante o contrato de experiência e que muitos TRTs continuam resistindo a essa possibilidade.

8. FINS EXTRAPROCESSUAIS DO PROCESSO

Quando há necessidade de socorro ao Poder Judiciário, em algum grau, o direito faliu no seu intento mais importante, o de incentivar condutas.

O mínimo que se espera é que, quem não cumpriu a lei, seja compelido a cumpri-la no futuro; o máximo, é que a sociedade "in genero" aprenda, com cada decisão judicial, que não compensa transgredir[17].

Nessa fenda, o valor das indenizações é um caso à parte. Dada a variabilidade infinita das hipóteses, o tabelamento nem sempre é a melhor escolha, ainda que, seja necessário haver um critério objetivo para que haja, também, um mínimo se segurança jurídica.

A indenização não pode ser alta o suficiente para que nos tornemos tentados a invejar a vítima, como também não pode ser reduzida a ponto de não termos cometer idêntica agressão. O meio-termo é o que preserva os fins da lei.

Entretanto, o deságio no valor das indenizações acidentárias é diretamente proporcional à celeridade outorgada pela Justiça do Trabalho. Em outras palavras, toda uma tradição da Justiça Comum, que foi ampliando as indenizações para

---

(17) Quanto ao tema ver: MANZI, José Ernesto. *Da fundamentação das decisões judiciais civis e trabalhistas:* funções, conteúdo, limites e vícios. São Paulo: LTr, 2009. p. 88.

incentivar condutas preventivas de doenças e de acidentes do trabalho, foi jogada no ralo pela Justiça do Trabalho, que recomeçou timidamente e quiçá voltará ao patamar anterior daqui a algumas décadas. Fala-se muito em não enriquecer o empregado, em não empobrecer o empregador, convertendo-se tudo numa questão econômica, sem atentar para a necessidade de se criar, seja por amor, seja por temor, uma cultura de prevenção e respeito à saúde, incolumidade física e dignidade do trabalhador[18].

Também, a preocupação em não socializar um prejuízo imputável a pessoa determinada inexiste. Ao doente profissional ou ao acidentado indefere-se o pedido de manutenção do plano de saúde até a recuperação, por exemplo, sob o cândido argumento de que existe um **SUS — Sistema Único de Saúde** que pode lhe dar tratamento, fazendo de conta, primeiro, que o sistema funciona (e notoriamente não funciona), depois, que o SUS possui meios para suportar as centenas de lesionados em uma única cidade, como se esse atendimento não implicasse tanto na opção de atendimento baseada na gravidade, depois na própria recusa de atendimento ou mesmo, por exemplo, no aguardo de meses ou anos para a realização de um simples exame[19].

Por fim, é preciso aperfeiçoar os mecanismos de prevenção do dano social.

É preciso compreender que a sonegação de direitos trabalhistas ou o descuido com a saúde ou a incolumidade física do trabalhador tem consequências sociais e não apenas individuais, até pelo fato de que, de algum modo, o Estado terá que, em algum momento, cuidar dos inválidos, mesmo que não tenham contribuído para a Previdência Social.

Um empregado que se torne inválido ou é dispensado abruptamente sem motivo causa verdadeira convulsão em seu microcosmo, deixando de pagar o aluguel, o mercado, a farmácia etc. Há um custo social, principalmente em cidades pequenas, que não pode ser desprezado, justificando-se aí o deferimento de uma indenização por dano social, em valores módicos, que será aplicada, provavelmente, no mesmo mercado. A coletivização desse tipo de dano, por exemplo pela quebra de uma empresa média ou grande, pode tornar inviável até um pequeno município.

---

(18) Cultura que exige investimento em formação, EPIs, fiscalização e equipamentos coletivos. O empregador deve antecipar-se às bisonhices do trabalhador, às suas idiotices e, a partir disso, buscar mecanismos que impeçam que negligência, imprudência ou imperícia do trabalhador possam causar danos a si próprio, a outros empregados ou a terceiros.

(19) Em verdade, tenho um posicionamento radicalmente oposto nesse tema. Tudo o que é divisível deve ser arcado por quem causou o prejuízo ou obteve proveito, o que justifica desde o pagamento dos custos com o fornecimento de força policial para um "show", por exemplo, até o pagamento das despesas de "hospedagem" para os presos (alguns podem pagar 15 milhões em honorários advocatícios, mas gozam de hospitalidade gratuita por anos, num estabelecimento penal), passando pela necessidade do INSS de cobrar do empregador pelos benefícios previdenciários pagos, quando isso for possível (doença profissional e acidente do trabalho, por exemplo), até o SUS cobrar pelos atendimentos aos acidentados ou doentes profissionais.

Tudo joeirado, é possível concluir que o Direito do Trabalho vem sendo tratado como um direito de segunda categoria pelos próprios juslaboralistas, que olvidaram seus princípios e adotaram sentido inverso aos que os civilistas vêm procurando, há anos (enquanto o Direito Civil caminha para a tutela do hipossuficiente, a impressão que se tem é que o Direito do Trabalho pretende redescobrir o "pacta sunt servanda").

De todos os direitos individuais e de todo o direito privado, o Direito do Trabalho é o mais passível de refletir coletivamente e o mais necessitado de ser tratado com uma visão publicista, tutelar, porque a tutela individual do hipossuficiente, dadas as suas consequências, culmina por traduzir a tutela da própria vida em sociedade, da regularidade dos mercados, das receitas públicas e das rendas privadas.

A falta de efetiva oportunidade de emprego, de salário justo, de respeito aos direitos trabalhistas e de reconhecimento pessoal são e sempre serão fatores de desagregação familiar, de desespero e, mesmo, em muitos casos, de ingresso na criminalidade.

Tratar o Direito do Trabalho como um direito de 2ª categoria (e há cursinhos preparatórios para concursos que oferecem cursos para áreas "jurídicas e trabalhistas", como se o direito do trabalho não fosse jurídico) é a receita certa para o caos social, mesmo quando se considera que, no prejuízo individual, pode residir o benefício coletivo e que se faz de conta que o trabalhador injustiçado sempre encontrará um jeito para sobreviver e, se o fizer, o Estado terá alcançado seu escopo.

Um Direito do Trabalho que olvide suas origens, o seu princípio e, principalmente, os seus princípios está fadado ao desaparecimento, com consequências nefastas em todos os campos da vida social, jurídica e econômica.

CONSIDERAÇÕES FINAIS

Está cada vez mais raro encontrarmos juslaboralistas, não obstante termos cada vez mais especialistas, mestres e doutores em Direito do Trabalho.

O juslaboralista partilha da visão de Cesarino Júnior e considera que o Direito do Trabalho é um Direito Social e não um apêndice secundário do Direito Econômico.

Quanto mais abdicarmos dos princípios do Direito do Trabalho, construídos por séculos de pressão social e de resistência diante de injustiças; quanto mais confundirmos a técnica jurídica com a insensibilidade humana e social, mais estaremos vilipendiando primeiro o homem, depois o Direito do Trabalho e, por fim, a própria economia, porque ela não apenas alimenta o mercado de trabalho, como dele se alimenta também.

Se é verdade que temos que preservar a empresa para preservar o emprego, também é verdade que temos que preservar os direitos trabalhistas para que a própria economia seja preservada.

Somos consumidores em proporção direta à nossa capacidade de produzir trabalho e sermos por ele remunerados. Desempregados e trabalhadores mal remunerados, não perdem apenas a dignidade, perdem a capacidade de consumo e de incremento econômico, como passam a sofrer discriminação e repulsa social.

Não há como separar as duas coisas que não são antagônicas, mas complementares. Proteger o mau empregado atribuindo-lhe direitos que não possui, prejudica o empregador e os que dele dependem (os demais empregados, fornecedores, o Estado etc.). e cria temor no uso de mão de obra, logo, desemprego. Proteger o mau empregador, avaliando condutas injurídicas, sob a falsa premissa de que é melhor produzir injustiça no varejo para proteger interesses maiores, induz, na verdade, injustiça no atacado, quebrando concorrentes, reduzindo a arrecadação de impostos e generalizando uma cultura de desrespeito à lei.

Os processos judiciais devem incentivar o cumprimento da lei, tornando desvantajosa a transgressão e a resistência às pretensões legítimas. Enquanto for mais vantajoso resistir, do que cumprir a lei; enquanto o sistema também permitir abusos no direito de petição, o número de processos continuará subindo de forma exponencial, sem que o Estado logre dar respostas adequadas.

O trabalho é o lugar onde a dignidade do homem adulto está mais fragilizada diante de seus semelhantes e também o lugar onde o homem pode encontrar, por meio da vocação, tanto a satisfação do espírito, quanto a obtenção do que é preciso **ter**, para poder começar a se cogitar do **ser**.

O Direito do Trabalho não é um direito menor, mas a síntese dos demais ramos jurídicos. Trabalho e salários dignos melhoram as relações familiares (como regra), nos torna possível celebrar contratos civis e comerciais, nos torna consumidores, contribuintes tributários (o que permite que a Administração Pública obtenha meios para seus fins), partícipes do desenvolvimento social e nos afasta, com exceções, da criminalidade.

Em sentido contrário, o desprezo ao Direito do Trabalho ou o olvidar de seus preciosos princípios, conduz a danos irreparáveis a todos os espectros da vida humana e social.

REFERÊNCIAS BIBLIOGRÁFICAS

ACKERMAN, Mario E.; OLEA, Manuel Alonso; VALDEZ, Luis Aparicio et al. *Evolución del pensamiento juslaborista* — estudios en homenaje ao Prof. Héctor-Hugo Barbagelata. Montevideo: Fundación de Cultura Universitaria, 1997.

ANDRADE, Everaldo Gaspar Lopes de. *Direito do trabalho e pós-modernidade:* fundamentos para uma teoria geral. São Paulo: LTr, 2005.

AZEREDO, Beatriz; RAMOS, Carlos Alberto. Políticas públicas de emprego: experiências e desafios. In: *Planejamento e políticas públicas*. Brasília: IPEA, v. 12, jun./dez. 1995.

BAYLOS, Antonio; REY, Joaquín Pérez. *El despido o la violencia del poder privado*. Madrid: Editorial Trotta, 2009.

BENITO, Santos Miguel Ruesga. Mercado de trabajo, modelo productivo y políticas de empleo, una lectura económica. In: *Empleo, mercado de trabajo y sistema productivo:* el reto de la innovación en políticas de empleo. Albacete: Editorial Bomarzo, 2011.

BOBBIO, Norberto. *Estado, governo e sociedade*: por uma teoria geral da política. 4. ed. Rio de Janeiro: Paz e Terra, 1992.

GONÇALVES, Reinaldo et al. "Globalização financeira e globalização produtiva". In: *A Nova economia internacional*: uma perspectiva brasileira. Rio de Janeiro: Campus, 1998.

JATOBA, Jorge; ANDRADE, Everaldo G. Lopes. *A desregulamentação do mercado e das relações de trabalho no Brasil*: potencial e limitações. Brasília: IPEA, 1993.

LEITE, Celso Barroso. *XXI, o século do desemprego*. São Paulo: LTr, 1994.

LOCIKS DE ARAÚJO, Carlos Maurício. Globalização e transformações no direito do trabalho no Brasil. Disponível em: <http://www.arcos.org.br/periodicos/revista-dos-estudantes-de-direito-da-unb/6a-edicao/globalizacao-e-transformacoes-no-direito-do-trabalho-no-brasil>. Acesso em: 5.7.2012.

MANZI, José Ernesto. *Da fundamentação das decisões judiciais civis e trabalhistas:* funções, conteúdo, limites e vícios. São Paulo: LTr, 2009.

MAT, Hamblem. *Trabalho móvel responde por quase um dia de jornada extra na semana*. Disponível em: <http://idgnow.uol.com.br/internet/2012/07/02/trabalho-movel-responde-por-quase-um-dia-de-jornada-extra-na-semana>. Acesso em: 12.7.2012.

NUSDEO, Fábio. *Curso de economia*: introdução ao direito econômico. 3. ed. São Paulo: Revista dos Tribunais, 2001.

POCHMANN, Márcio. *O trabalho sob fogo cruzado*. São Paulo: Contexto, 1999.

SARLET, Ingo Wolfgang. Os direitos sociais como direitos fundamentais: seu conteúdo, eficácia e efetividade no atual marco jurídico-constitucional brasileiro. In: *10º Caderno de estudos sobre processo e direito do trabalho*. Porto Alegre: ano IV, n. 10, jan./mar. 2009.

SILVA, Alessandro da. *Direito do trabalho é uma das engrenagens do Estado de direito*. Disponível em: <http://www.conjur.com.br/2007-ago-03/direito_trabalho_engrenagem_estado_direito>. Acesso em: 8.7.2012.

SOARES FILHO, José. A crise do direito do trabalho, diagnóstico e perspectivas de superação. *Revista Científica*, v. 02, n. 1, janeiro a junho de 2007. Disponível em: <http://uj.novaprolink.com.br/doutrina/4225/a_crise_do_direito_do_trabalho__diagnostico_e_perspectivas_de_superacao1>. Acesso em: 9.7.2012.

VIANNA, Maria Lúcia Werneck. Trabalho e proteção social: velhos problemas e novas estratégias no contexto brasileiro. *Série Textos para Discussão*. Rio de Janeiro: UFRJ/IEI, 1995, n. 345.

DIREITOS FUNDAMENTAIS SOCIAIS E O PRINCÍPIO DA PROIBIÇÃO DE RETROCESSO SOCIAL

Narbal Antônio de Mendonça Fileti(*)

RESUMO

Este texto propõe, de forma bastante resumida, a investigação do incipiente princípio da proibição de retrocesso social, implícito na Constituição da República Federativa do Brasil de 1988, decorrente do sistema jurídico-constitucional pátrio, e que tem por escopo a proibição da supressão ou da redução de direitos fundamentais sociais — o direito do trabalho aqui incluído —, em níveis já alcançados e garantidos aos brasileiros.

Palavras-chave: Direitos Fundamentais Sociais. Princípios. Retrocesso Social.

INTRODUÇÃO

Um dos maiores desafios do Estado brasileiro — e hoje em dia, inclusive, de países desenvolvidos em face das últimas crises econômicas —, é a manutenção dos direitos fundamentais sociais conquistados, protegendo-os dos refluxos políticos e econômicos.

Malgrado a Constituição da República Federativa do Brasil de 1988 reconheça os direitos sociais como direitos fundamentais, sendo, portanto, intangíveis em face das cláusulas pétreas, vários desses direitos foram concretizados por meio de legislação infraconstitucional, situação que pode facilitar sua redução ou supressão mediante *quorum* parlamentar reduzido, levando, em alguns casos, se assim ocorrer, ao esvaziamento do comando constitucional a eles referentes. Por isso, é importante a pesquisa de meios técnico-jurídicos que obstem a supressão ou a redução desses direitos, que os preserve do alvedrio das maiorias políticas eventuais.

(*) Juiz do Trabalho Titular na 12ª Região (SC); Mestre em Ciência Jurídica pela Universidade do Vale do Itajaí — UNIVALI; Professor do Curso de Graduação em Direito da UNISUL e em cursos de pós-graduação *lato sensu;* Professor Convidado Permanente da Escola Superior da Advocacia — OAB/SC; Diretor de Formação e Cultura da ANAMATRA (gestão 2011-13); Autor da obra *A Fundamentalidade dos Direitos Sociais e o Princípio da Proibição de Retrocesso Social,* pela Editora Conceito. *E-mail:* <narbal.fileti@trt12.jus.br>.

Este texto propõe, de forma bastante resumida, a investigação do incipiente princípio da proibição de retrocesso social, implícito na Constituição Federal de 1988, decorrente do sistema jurídico-constitucional pátrio, e que tem por escopo a proibição da supressão ou da redução de direitos fundamentais sociais, em níveis já alcançados e garantidos aos brasileiros.

É importante alertar o leitor, desde já, primeiro, que o trabalho não abarca — ainda que faça referências ao tema — a limitação do poder constitucional reformador, presente na Constituição Federal de 1988, no art. 60, § 4º (cláusulas pétreas); segundo, que o fenômeno da proibição de retrocesso não está adstrito aos direitos fundamentais sociais, ocorrendo também, por exemplo, no Brasil, no direito ambiental[1].

Para a compreensão do tema, tem-se que a Constituição Federal de 1988 reconhece (a) a jusfundamentalidade dos direitos sociais — aqui englobam os direitos econômicos, sociais e culturais —, formal e materialmente nela inseridos e (b) a residência, em seu texto, de princípios explícitos e implícitos.

1. A PROIBIÇÃO DE RETROCESSO SOCIAL NO DIREITO COMPARADO E NO BRASIL

O tratamento da proibição de retrocesso social no Brasil ainda é incipiente, tanto na doutrina quanto na jurisprudência, encontrando-se mais desenvolvida em países como Alemanha, Portugal e Itália.

Na Alemanha, o tratamento da proibição de retrocesso social teve início ainda sob a discussão da eficácia dos direitos fundamentais sociais, em particular os de natureza prestacional, e de sua plena sindicabilidade em juízo.[2] Naquele país — em cuja Constituição, de 1949, não há previsão dos direitos sociais —, de uma forma geral, o tema associou-se mais à crise do Estado-providência, especialmente no que se referia à proteção das posições jurídicas dos cidadãos "em face da tensão entre a decrescente capacidade prestacional do Estado e a sociedade e o aumento da demanda por prestações sociais". Logo, as transformações mundiais e o avanço da globalização interferiram, de forma decisiva, nos sistemas de prestações sociais dos Estados, o que gerou incerteza e insegurança acerca da possível ação do legislador.[3]

Então, a solução foi a construção da tese da existência no ordenamento constitucional de um princípio da proibição de retrocesso social que, sem caráter

---

(1) MOLINARO, Carlos Alberto. *Direito ambiental*: proibição de retrocesso. Porto Alegre: Livraria do Advogado, 2007.
(2) DERBLI, Felipe. *O princípio da proibição de retrocesso social na Constituição de 1988*. Rio de Janeiro: Renovar, 2007. p. 137.
(3) DERBLI, Felipe. *O princípio da proibição de retrocesso social na Constituição de 1988*. p. 139-140.

absoluto, encontrasse formas de proteção das prestações sociais, adaptando-se às mudanças sociais e econômicas. Rejeitando a dedução da cláusula geral do Estado social de direito e de outras normas de competência, assentou-se o princípio na garantia fundamental da propriedade, com previsão no art. 14 da Lei Fundamental[4] alemã.[5]

Segundo Ingo Wolfgang Sarlet, o ponto de partida para esse desenvolvimento remonta ao ensinamento de Martin Wolff, que, consubstanciado no então art. 153 da Constituição de Weimar, defendia "o ponto de vista de que o conceito de propriedade abrange toda sorte de direitos subjetivos privados de natureza patrimonial", levando à afirmação de um conceito funcionalista da propriedade. Com efeito, a garantia da propriedade não socorre tão somente a propriedade no âmbito dos direitos reais, pois alcança uma "função conservadora de direitos", oferecendo ao indivíduo segurança jurídica relativamente aos direitos patrimoniais reconhecidos e protegendo ainda "a confiança depositada no conteúdo de seus direitos".[6]

Após as duas guerras mundiais nas quais a Alemanha esteve envolvida, com períodos posteriores de hiperinflação, a noção de propriedade foi destruída e sofreu relativa perda de importância. A partir daí, a sobrevivência do povo estaria menos baseada nos bens que titularizava e mais nos rendimentos próprios do trabalho e nas prestações de assistência vital e social do Estado. O objeto da garantia constitucional da propriedade deslocou-se, então, do bem em si para o aproveitamento econômico de um direito dotado de valor patrimonial, o que incluía os direitos a prestações estatais.[7]

Com efeito, o Tribunal Constitucional Federal da Alemanha (*Bundesverfassungsgericht*) alargou aos direitos patrimoniais, em face do Estado, a vinculação

---

(4) "1. Serão garantidos a propriedade e o direito de sucessão. Seu conteúdo e limites serão definidos por lei. 2. A propriedade pressupõe obrigações. O seu uso deverá servir também ao bem comum".
(5) DERBLI, Felipe. *O princípio da proibição de retrocesso social na Constituição de 1988*. p. 140-141; SARLET, Ingo Wolfgang. O estado social de direito, a proibição de retrocesso e a garantia fundamental da propriedade. *Revista Diálogo Jurídico*, Salvador, CAJ ? Centro de Atualização Jurídica, v. I, n. 4, julho, 2001. Disponível em: <http://www.direitopublico.com.br>. Acesso em: 11 dez. 2006.
(6) SARLET, Ingo Wolfgang. O estado social de direito, a proibição de retrocesso e a garantia fundamental da propriedade. *Revista Diálogo Jurídico*; SARLET, Ingo Wolfgang. *A eficácia dos direitos fundamentais*. p. 444.
(7) DERBLI, Felipe. *O princípio da proibição de retrocesso social na Constituição de 1988*. p. 141. Konrad Hesse escreve: "Essa transformação conduziu a uma compreensão alterada da garantia jurídico-constitucional da propriedade e de seu alcance. O *objeto* da garantia da propriedade não é mais idêntico com a propriedade do Direito Civil. Decisivo para a qualificação como propriedade protegida jurídico-constitucionalmente é, antes, o *aproveitamento privado* de um direito de valor patrimonial, isto é, a coordenação a um titular jurídico, em cuja mão ele deve, como base de iniciativa privada e no interesse privado em responsabilidade própria, ser 'de utilidade', e o *poder de disposição* fundamental, dessa utilização nem sempre claramente demarcável, sobre o objeto da propriedade". HESSE, Konrad. *Elementos de direito constitucional da República Federal da Alemanha*. Tradução de Luís Afonso Heck. 20. ed. Porto Alegre: Sergio Antonio Fabris, 1998. p. 341.

entre o direito de propriedade privada e a liberdade individual, "na medida em que a liberdade na esfera patrimonial é sucedânea da autonomia de cada um para conduzir sua existência", levando à conclusão de "que o Tribunal Constitucional Federal alargou o conceito constitucional de propriedade em relação àquele vigente no direito privado".[8] Todavia, esse alargamento não foi generalizado a todo e qualquer direito subjetivo patrimonial de natureza pública, tendo o tribunal e a doutrina estabelecido três requisitos para reconhecer a proteção de posições jurídico-subjetivas de natureza pública pela garantia da propriedade.[9]

São eles:[10]

a) necessária correspondência entre a posição jurídica individual (direito subjetivo à prestação social) e a contraprestação pessoal de seu titular: para que a proibição do retrocesso social alcance um determinado direito subjetivo público prestacional, é prescindível a equivalência entre as prestações estatal e do indivíduo, porém esta deve ser, ao menos, relevante;

b) exigência de que se trate de posição jurídica de natureza patrimonial que seja tida como de fruição privada, exclusiva e pessoal do titular (vinculação ao critério da contribuição pessoal do particular); neste caso, há semelhança com o direito de propriedade por se tratar de posição consolidada, que não pode, simplesmente, ser suprimida, sob pena de afronta ao Estado de direito; e

c) a posição jurídico-subjetiva enfocada deve destinar-se à garantia da existência de seu titular, isto é, visa à proteção das condições para a vida autônoma e responsável, mormente quando as prestações estatais constituírem a única fonte de sobrevivência de seu titular, protegendo-se, também, em algum grau, a liberdade individual.

Leciona Ingo Wolfgang Sarlet:

> No âmbito destes três pressupostos e do seu gradativo incremento, bem como da ampliação do conteúdo social da propriedade a eles vinculada, a proteção das posições jurídico-subjetivas patrimoniais de direito público foi consideravelmente enrobustecida, abrangendo a considerável parte das prestações que integram o sistema público de seguridade

---

(8) DERBLI, Felipe. *O princípio da proibição de retrocesso social na Constituição de 1988*. p. 142.
(9) SARLET, Ingo Wolfgang. *A eficácia dos direitos fundamentais*. p. 444-445. SARLET, Ingo Wolfgang. O estado social de direito, a proibição de retrocesso e a garantia fundamental da propriedade. *Revista Diálogo Jurídico*. DERBLI, Felipe. *O princípio da proibição de retrocesso social na Constituição de 1988*. p. 142.
(10) SARLET, Ingo Wolfgang. *A eficácia dos direitos fundamentais*. p. 444-445; SARLET, Ingo Wolfgang. O estado social de direito, a proibição de retrocesso e a garantia fundamental da propriedade. *Revista Diálogo Jurídico*. DERBLI, Felipe. *O princípio da proibição de retrocesso social na Constituição de 1988*. p. 142.

social (especialmente aposentadorias, pensões, seguro-desemprego, seguro contra acidentes do trabalho, etc [sic]) além de alcançar até mesmo as expectativas de direitos, notadamente aquelas posições que, mediante o implemento de outras condições (por exemplo, um certo prazo de espera e/ou carência) tornam-se plenamente exigíveis.[11]

Não obstante, vêm sendo retiradas da proteção as prestações de "cunho reabilitatório e secundário", sem a respectiva contraprestação (auxílio às crianças e à juventude, auxílio-moradia e incentivos à formação profissional, por exemplo), bem como as prestações discricionárias não firmadas em posição jurídica semelhante à propriedade privada.[12]

Em Portugal, segundo José Joaquim Gomes Canotilho[13], os direitos econômicos, sociais e culturais apresentam uma dimensão subjetiva, decorrente da sua consagração como verdadeiros direitos fundamentais e da radicação subjetiva das prestações, instituições e garantias necessárias à concretização dos direitos reconhecidos na Constituição, isto é, dos chamados direitos derivados a prestações, "que justificariam a sindicabilidade judicial da manutenção de seu nível de realização, proibida qualquer tentativa de retrocesso social[14]. Assumem, pois, a condição de verdadeiros direitos de defesa contra as medidas de natureza retrocessiva, cujo objetivo seria a sua destruição ou redução[15].

O constitucionalista lusitano afirma, ainda, que o princípio da proibição do retrocesso social decorre do princípio da democracia econômica e social, assim se manifestando:

> O princípio da democracia económica e social aponta para a proibição de retrocesso social.

---

(11) SARLET, Ingo Wolfgang. *A eficácia dos direitos fundamentais*. p. 445.
(12) SARLET, Ingo Wolfgang. *A eficácia dos direitos fundamentais*. p. 445. SARLET, Ingo Wolfgang. O estado social de direito, a proibição de retrocesso e a garantia fundamental da propriedade. *Revista Diálogo Jurídico*.
(13) "*Dimensão subjectiva*, que resulta: a) da consagração constitucional destes direitos como direitos fundamentais dos cidadãos e não apenas como 'direito objectivo' expresso através de 'normas programáticas' ou de 'imposições constitucionais' (*direitos originários de prestações*); b) da radicação subjectiva de direitos através da criação por lei, actos administrativos, etc., de prestações, instituições e garantias necessárias à concretização dos direitos constitucionalmente reconhecidos. É neste segundo sentido que se fala de *direitos derivados a prestações* (assistência social, subsídio de desemprego, etc.) que justificam o direito de judicialmente ser reclamada a manutenção do nível de realização e de se proibir qualquer tentativa de retrocesso social." CANOTILHO, José Joaquim Gomes. *Constituição dirigente e vinculação do legislador*: contributo para a compreensão das normas constitucionais programáticas. 2. ed. Coimbra: Coimbra Editora, 2001. p. 374.
(14) DERBLI, Felipe. *O princípio da proibição de retrocesso social na Constituição de 1988*. p. 144.
(15) CANOTILHO, José Joaquim Gomes; MOREIRA, Vital. *Fundamentos da constituição*. Coimbra: Coimbra Editora, 1991. p. 131. SARLET, Ingo Wolfgang. *A eficácia dos direitos fundamentais*. p. 442.

A ideia aqui expressa também tem sido designada como proibição de 'contra-revolução social' ou da 'evolução reaccionária'. Com isso quer dizer-se que os direitos sociais e económicos (ex.: direito dos trabalhadores, direito à assistência, direito à educação), uma vez obtido um determinado grau de realização, passam a constituir, simultaneamente, uma *garantia institucional* e um *direito subjectivo*.[16]

Em paradigmal pronunciamento, na linha das lições antes citadas, o Tribunal Constitucional português proferiu o Acórdão n. 39/84[17], de 11.4.84[18], declarando a inconstitucionalidade de lei que revogara parte considerável da Lei n. 56/79, a qual instituiu o Serviço Nacional de Saúde (SNS).

Para melhor entendimento, faz-se necessário um escorço histórico do caso[19]: a questão referia-se à apreciação de requerimento de autoria do Presidente da República, para decretação da inconstitucionalidade, com eficácia *erga omnes*, do art. 17º do Decreto-lei n. 254, de 29.6.82, na parte revogatória dos arts. 18º a 61º, 64º e 65º, da Lei n. 56, de 15.9.79, que dispunha sobre o SNS. Essa medida assentava-se em três argumentos: (1) a invasão da competência privativa da Assembleia da República para legislar sobre a matéria, (2) a revogação dos dispositivos da Lei n. 56/79 conduziria à extinção do SNS previsto no art. 64º, n. 2, da Constituição da República Portuguesa e (3) a organização própria desse Sistema não poderia ser substituída por "administrações regionais de cuidados de saúde".

Como os artigos questionados da Lei n. 56/79 tratavam da organização, funcionamento, estatuto de pessoal, financiamento e relacionamento do SNS com o setor privado, além do tempo e do modo de aplicação da lei, o Presidente da República argumentava que a revogação deles acarretaria a completa aniquilação do sistema de saúde português. A medida centrou-se mais na questão da inconstitucionalidade dos dispositivos e menos na fundamentação constitucional dessa linha de raciocínio.

O Conselheiro Vital Moreira, relator, rejeitou a tese de inconstitucionalidade formal e passou à análise da inconstitucionalidade material do art. 17 do Decreto-lei n. 254/82. Entendeu o Conselheiro que, ao instituir o SNS, a Lei n. 56/79 era um meio de realização do direito fundamental à proteção à saúde com consagração

---

(16) CANOTILHO, José Joaquim Gomes. *Direito constitucional e teoria da constituição*. p. 338-339.
(17) PORTUGAL. Tribunal Constitucional. Processo n. 06/83. Acórdão n. 39/84. Relator: Conselheiro Vital Moreira. *Diário da República*, [Lisboa], I Série, n. 104, 05 maio 1984, p. 1455-1468.
(18) Em dezembro de 2002, o Tribunal Constitucional português reafirmou a tese adotada no acórdão primigênito por meio do Acórdão n. 509/02, anexo a este trabalho. PORTUGAL. Tribunal Constitucional. Processo n. 768/02. Acórdão n. 509/02. Relator: Conselheiro Luís Nunes de Almeida. Disponível em: <http://www.tribunalconstitucional.pt/tc/acordaos/20020509.html?>. Acesso em: 3 abril 2007.
(19) DERBLI, Felipe. *O princípio da proibição de retrocesso social na Constituição de 1988*. p. 147-148. SARLET, Ingo Wolfgang. *A eficácia dos direitos fundamentais*. p. 442-443.

no art. 64º da Constituição e que, mediante o art. 17º do Decreto-lei n. 254/82, o Governo legislara sobre direito à saúde e extinguira o SNS. Ao proferir seu voto, Vital Moreira tratou dos direitos sociais, especialmente os de proteção à saúde, como direitos fundamentais, observando que estes não possuem natureza semelhante à dos direitos, liberdades e garantias, isto é, dos direitos de liberdade, dos direitos políticos e das garantias constitucionais. Em relação aos direitos sociais, aduziu o relator que se acentua o seu caráter positivo ao exigir prestações positivas do Estado, sem que se negue a jusfundamentalidade desses direitos sociais. Partindo dessas manifestações, o relator desenvolveu os argumentos da proibição de retrocesso social, afirmando a inconstitucionalidade do debatido art. 17º do Decreto-lei n. 254/82.[20]

João Caupers leciona que, por esse acórdão, o Tribunal Constitucional reconheceu o princípio da proibição do retrocesso social, mas o fez de forma mitigada,

> [...] já que considerou que a Constituição apenas proibia? como consequência das normas que reconhecem direitos sociais? a reposição da anterior situação de inexecução do comando da lei fundamental, o renascimento de uma omissão inconstitucional.
>
> Pelo menos aparentemente, o Tribunal Constitucional teria considerado conforme à Constituição a redução do nível de protecção efectiva de um direito social já concretizado pela lei desde que nova lei não viesse, pura e simplesmente, eliminar tal protecção (o relator admite [...] — que nova lei viesse "alterar ou reformar" o Serviço Nacional de Saúde "nos limites constitucionalmente admitidos").[21]

É nesse passo que se encontra a substancial diferença entre as teses elaboradas na Alemanha e em Portugal. Neste país, inicialmente, adotou-se a concepção do princípio da proibição do retrocesso social, que, antes de tudo, não se restringia às prestações de seguridade social, alcançando outras prestações do Estado, ainda que não decorrentes de contribuição pecuniária do titular. A tese inicial portuguesa não fazia relação expressa entre a proibição de retrocesso social e a dignidade da pessoa humana ou a proteção da confiança, tratando da problemática dos limites da ação do legislador e dos atos comissivos do Poder Legislativo que pudessem gerar efeitos semelhantes aos de sua omissão no mister de cumprir as determinações da Constituição.[22]

Contudo, a tese alemã passou a exercer influência sobre a doutrina e a jurisprudência portuguesas, tendo José Joaquim Gomes Canotilho revisto sua tese, e, assim, formulado o princípio da proibição do retrocesso social:

---

(20) DERBLI, Felipe. *O princípio da proibição de retrocesso social na Constituição de 1988*. p. 147-148.
(21) CAUPERS, João. *Os direitos fundamentais dos trabalhadores e a constituição*. Lisboa: Almedina, 1985. p. 43.
(22) DERBLI, Felipe. *O princípio da proibição de retrocesso social na Constituição de 1988*. p. 151.

> [...] o núcleo essencial dos direitos sociais já realizado e efectivado através de medidas legislativas ('lei da segurança social', 'lei do subsídio de desemprego', 'lei do serviço de saúde') deve considerar-se constitucionalmente garantido, sendo inconstitucionais quaisquer medidas estaduais que, sem a criação de outros esquemas alternativos ou compensatórios, se traduzam, na prática, numa 'anulação', 'revogação' ou 'aniquilação' pura e simples desse núcleo essencial.[23]

A mudança do ponto de vista está, ensina Felipe Derbli, no destino a ser dado ao princípio. Este será dedicado a limitar a reversibilidade dos *direitos adquiridos* e das *expectativas de direitos*, em observância da proteção da confiança dos cidadãos nos âmbitos econômico, social e cultural, e do núcleo essencial dos direitos fundamentais.[24] Para José Joaquim Gomes Canotilho, seriam "direitos prestacionais de propriedade" que qualificam de inconstitucionalidade as leis e outras medidas estatais destinadas à extinção dessas posições jurídico-subjetivas[25].

Conclui-se, portanto, que a concepção lusitana do princípio da proibição do retrocesso social, em sua origem, era distinta daquela desenvolvida na Alemanha e, ao longo dos anos, absorveu alguns elementos da tese alemã, "assumindo contorno mais híbrido, perdendo muito de sua originalidade".[26]

Na Itália, a proibição de retrocesso social teve reconhecimento por intermédio das lições de Giorgio Balladore Pallieri, que procedeu à identificação constitucional daquele fenômeno.

Trazendo à lume as lições do constitucionalista italiano, Felipe Derbli trata dos limites da atividade estatal, voltadas, em última análise, para a atividade legislativa, podendo assumir diversas formas, e apresenta as limitações informadas pelo professor italiano, aliando algumas situações identificáveis na Constituição brasileira:

> a) hipóteses em que a própria Constituição estabelece de forma minuciosa, as restrições da atividade estatal, sendo prescindível lei ordinária para tanto (inviolabilidade de domicílio, art. 5º, inc. XI);

---

(23) CANOTILHO, José Joaquim Gomes. *Direito constitucional e teoria da constituição*. 7. ed. Coimbra: Almedina, 2004. p. 340.
(24) DERBLI, Felipe. *O princípio da proibição de retrocesso social na Constituição de 1988*. p. 152.
(25) DERBLI, Felipe. *O princípio da proibição de retrocesso social na Constituição de 1988*. p. 152-153. José Joaquim Gomes Canotilho reconhece, todavia, a reversibilidade fática das conquistas sociais, ainda que o princípio da proibição do retrocesso social limite a reversibilidade dos direitos adquiridos: "A 'proibição de retrocesso social' nada pode fazer contra as recessões e crises econômicas (*reversibilidade fáctica*), mas o princípio em análise limita a reversibilidade dos *direitos adquiridos* (ex.: segurança social, subsídio de desemprego, prestações de saúde), em clara violação do *princípio da protecção da confiança e da segurança dos cidadãos no âmbito econômico, social e cultural*, e do *núcleo essencial da existência mínima inerente ao respeito pela dignidade da pessoa humana*". CANOTILHO, José Joaquim Gomes. *Direito constitucional e teoria da constituição*. p. 338-339.
(26) DERBLI, Felipe. *O princípio da proibição de retrocesso social na Constituição de 1988*. p. 158.

b) situações em que é proibida a edição de lei dispondo em determinado sentido (proibição de edição de lei que exclua da apreciação do Poder Judiciário lesão ou ameaça a direito, art. 5º, inc. XXXV);

c) casos em que a Constituição reserva ao legislador a disciplina de alguma matéria (apenas por lei serão definidas condutas que constituirão crimes, art. 5º, inc. XXXIX);

d) situações em que, igualmente, é reservado à lei algum âmbito de disciplina, porém os contornos são mais definidos pelas normas constitucionais (liberdade de ofício, "atendidas as qualificações profissionais que a lei estabelecer"; as restrições legais à liberdade só ocorrerão no concernente à definição da qualificação técnica necessária ao exercício da profissão, art. 5º, inc. XIII); e

e) hipóteses em que a Constituição estabelece ao legislador a obrigação de edição de ato normativo — consideradas mais complexas; é neste grupo que o autor italiano "parece enquadrar os direitos fundamentais sociais", dividindo-os em dois subgrupos: o primeiro refere-se às normas constitucionais em que há a previsão, de forma suficientemente nítida e precisa, do conteúdo de um direito individual, competindo ao legislador estabelecer limites razoáveis ao exercício dele; o segundo trata das normas constitucionais que se dirigem, principalmente, ao legislador, de modo que, sem a edição de lei, não poderão gerar todos os seus efeitos.[27]

Extrai-se das lições do constitucionalista italiano, ainda, primeiro, a censura à omissão do legislador na tarefa de concretização da norma constitucional em sede legislativa e, segundo, a expressa condenação à conduta do legislador que, após a emanação do ato legislativo que regulamenta uma norma constitucional que disponha sobre direito fundamental, "volta, comissivamente, a uma situação de ausência ou insuficiência de regulamentação infraconstitucional, revogando a lei antes editada".[28]

Gustavo Zagrebelsky reconhece a existência de uma proibição de retrocesso social no direito constitucional da Itália. O reconhecimento assenta-se na afirmação de que, inobstante não se tenham como subjetivos os direitos sociais previstos na Constituição, e por isso gerando tão só "obrigação política para o legislador", as normas constitucionais que impõem o progressivo desenvolvimento dessa categoria de direitos conceberão a vedação do retorno ao estágio anterior à sua concretização.[29]

---

(27) DERBLI, Felipe. *O princípio da proibição de retrocesso social na Constituição de 1988*. p. 161-162.
(28) DERBLI, Felipe. *O princípio da proibição de retrocesso social na Constituição de 1988*. p. 165.
(29) *Idem*.

O Tribunal Constitucional italiano não se refere ao princípio da proibição de retrocesso social, mas a uma cláusula da "reserva do possível", definindo-a como "aquilo que o indivíduo pode razoavelmente exigir da sociedade", realçando, dessa forma, a dependência dos direitos fundamentais sociais aos "recursos econômicos" existentes, condicionando-os à cobertura orçamentária estatal.[30]

No Brasil, o desbravamento da matéria no direito constitucional brasileiro se deve a José Afonso da Silva, em sua obra "Aplicabilidade das Normas Constitucionais", para quem as normas constitucionais definidoras de direitos sociais seriam normas de eficácia limitada[31] e ligadas ao princípio programático[32], que, inobstante tenham caráter vinculativo e imperativo, exigem a intervenção legislativa infraconstitucional para produção de todos os seus efeitos[33].

Luís Roberto Barroso igualmente reconhece o fenômeno da proibição de retrocesso social, que começa a ser objeto de estudo pela doutrina constitucional pátria:

> Por este princípio, que não é expresso mas decorre do sistema jurídico-constitucional, entende-se que se uma lei, ao regulamentar um mandamento constitucional, instituir determinado direito, ele se incorpora ao patrimônio jurídico da cidadania e não pode ser arbitrariamente suprimido. Nessa ordem de ideias, uma lei posterior não pode extinguir um direito ou uma garantia, especialmente os de cunho social, sob pena de promover um retrocesso, abolindo um direito fundado na Constituição. O que se veda é o ataque à efetividade da norma que foi alcançada a partir de sua regulamentação. Assim, por exemplo, se o legislador

---

(30) QUEIROZ, Cristina. *O princípio da não reversibilidade dos direitos fundamentais sociais*: princípios dogmáticos e prática jurisprudencial. Coimbra: Coimbra Editora, 2006. p. 68.
(31) José Afonso da Silva classifica as normas constitucionais quanto à eficácia e aplicabilidade em normas de eficácia plena e aplicabilidade direta, imediata e integral; normas de eficácia contida e aplicabilidade direta e imediata, mas possivelmente não integral; e normas de eficácia limitada, declaratórias de princípios institutivos ou organizativos e declaratórias de princípio programático. SILVA, José Afonso da. *Aplicabilidade das normas constitucionais*. 7. ed. São Paulo: Malheiros, 2007. p. 81-87.
(32) Programáticas são "as normas constitucionais através das quais o constituinte, em vez de regular, direta e imediatamente, determinados interesses, limitou-se a traçar-lhes os princípios para serem cumpridos pelos seus órgãos (legislativos, executivos, jurisdicionais e administrativos), como programas das respectivas atividades, visando à realização dos fins sociais do Estado". SILVA, José Afonso da. *Aplicabilidade das normas constitucionais*. p. 138.
Aqui é necessário um esclarecimento: José Afonso da Silva reconhece inexistir norma constitucional destituída de eficácia jurídica; mesmo as normas ditas programáticas têm eficácia e sua imperatividade direta tem reconhecimento como imposição constitucional aos órgãos públicos, sendo aplicáveis nos limites dessa eficácia. SILVA, José Afonso da. *Aplicabilidade das normas constitucionais*. p. 155-seguintes. Essa também é a lição de Luís Roberto Barroso. BARROSO, Luís Roberto. *O direito constitucional e a efetividade de suas normas*: limites e possibilidades da Constituição brasileira. 8. ed. Rio de Janeiro: Renovar, 2006. p. 116.
(33) SILVA, José Afonso da. *Aplicabilidade das normas constitucionais*. p. 138.

infraconstitucional deu concretude a uma norma programática ou tornou viável o exercício de um direito que dependia de sua intermediação, não poderá simplesmente revogar o ato legislativo, fazendo a situação voltar ao estado de omissão legislativa anterior.[34]

Analisando as afirmações dos dois autores antes citados, tem-se que ambos compreendem a proibição de retrocesso social sob dois prismas: o da regulamentação infraconstitucional das normas constitucionais programáticas e o da possibilidade de aplicação em tese também "aos casos nos quais o exercício de um direito constitucional dependa da intermediação legislativa", sendo, em ambos os casos, inconstitucional a lei que, "revogando a disciplina legal que deu maior eficácia à norma constitucional, retornar a um preexistente estado de omissão legislativa".[35]

Em texto escrito com Ana Paula de Barcellos, Luís Roberto Barroso trata da eficácia vedativa do retrocesso. Para ambos, essa vedação "é uma derivação da eficácia negativa, particularmente ligada aos princípios que envolvem os direitos fundamentais", propondo que esses princípios sejam concretizados mediante normas infraconstitucionais e que, com base no direito constitucional vigente, "um dos efeitos gerais pretendidos por tais princípios é a progressiva ampliação dos direitos fundamentais". Além disso, os autores tratam da invalidade por inconstitucionalidade em caso de revogação pura e simples de norma infraconstitucional concessiva de um direito, ficando um vazio no seu lugar:

> Partindo desses pressupostos, o que a vedação do retrocesso propõe se possa exigir do Judiciário é a invalidade da revogação das normas que, regulamentando o princípio, concedam ou ampliem direitos fundamentais, sem que a revogação em questão seja acompanhada de uma política substitutiva ou equivalente. [...] A questão que se põe é a da revogação pura e simples da norma infraconstitucional, pela qual o legislador esvazia o comando constitucional, exatamente como se dispusesse contra ele diretamente.[36]

Lenio Luiz Streck alça a função constitucional profilática dos direitos já conquistados, combatendo a ação de maiorias políticas eventuais que tenham a intenção de alterar a legislação, extirpando conquistas sociais em franca contramão da programaticidade constitucional. Para o autor, faz-se necessária a ampliação da proibição de retrocesso, que se encontra "inerente/imanente" ao Estado social e

---

(34) BARROSO, Luís Roberto. *O direito constitucional e a efetividade de suas normas*: limites e possibilidades da Constituição brasileira. p. 152-153.
(35) DERBLI, Felipe. *O princípio da proibição de retrocesso social na Constituição de 1988*. p. 169.
(36) BARROSO, Luís Roberto; BARCELLOS, Ana Paula. O começo da História. A nova interpretação constitucional e o papel dos princípios no direito brasileiro. In: BARROSO, Luís Roberto (Org.). *A nova interpretação constitucional*: ponderação, direitos fundamentais e relações privadas. 2. ed. Rio de Janeiro: Renovar, 2006. p. 370.

democrático de direito, consoante esposado pelo Tribunal Constitucional português, especialmente por meio do Acórdão n. 39/84.[37]

José Vicente dos Santos Mendonça rechaça a proibição genérica de retrocesso social, afirmando que, quando relativa, essa proibição "é importante mecanismo de proteção dos direitos fundamentais sociais". Posiciona-se o autor quanto à fundamentação da proibição de retrocesso social nos princípios da efetividade das normas constitucionais, do Estado de direito (no âmbito do princípio da proteção da confiança) e do Estado Social. Ademais, traça as raízes da proibição específica de retrocesso "à *eficácia de defesa dos direitos prestacionais* e a um dos aspectos do caráter objetivo dos direitos fundamentais sociais: o *dever de proteção*".[38]

Ingo Wolfgang Sarlet é um dos juristas brasileiros que mais tem se dedicado ao tema da proibição de retrocesso social. Na parte final de sua obra "A Eficácia dos Direitos Fundamentais"[39], Ingo Wolfgang Sarlet afirma que a proibição de retrocesso guarda íntima relação com a noção de segurança jurídica, considerada pela doutrina constitucional contemporânea como "expressão inarredável do Estado de Direito", ostentando *status* de "subprincípio concretizador do princípio fundamental e estruturante" daquele. Aponta, ainda, o autor, a ligação umbilical entre a segurança jurídica e a noção de dignidade da pessoa humana, aduzindo que "a proteção dos direitos fundamentais, pelo menos no que concerne ao seu núcleo essencial e/ou ao seu conteúdo em dignidade, evidentemente apenas será possível onde estiver assegurado um mínimo em segurança jurídica".[40]

Ensina Ingo Wolfgang Sarlet que a ideia de proibição de retrocesso em sentido amplo, garantia constitucional dos direitos adquiridos, dos atos jurídicos perfeitos e da coisa julgada, além das limitações constitucionais de atos retroativos e as garantias contra restrições legislativas dos direitos fundamentais, não esgota o "espectro de situações carentes de uma proteção em face de um retrocesso".[41]

Enuncia o autor que

> [...] a questão central que se coloca neste contexto específico da proibição de retrocesso é saber se e até que ponto pode o legislador infraconstitucional (assim como os demais órgãos estatais, quando for o caso) voltar atrás no que diz com a implementação dos direitos

---

(37) STRECK, Lenio Luiz. *Hermenêutica jurídica e(m) crise*: uma exploração hermenêutica da construção do direito. 5. ed. Porto Alegre: Livraria do Advogado, 2004. p. 56 e 254.
(38) MENDONÇA, José Vicente dos Santos. Vedação do retrocesso: o que é e como perder o medo. *Revista de Direito da Associação dos Procuradores do Novo Estado do Rio de Janeiro*. Rio de Janeiro: Lumen Juris, 2003. v. XII. p. 222-223 e 226-228. DERBLI, Felipe. *O princípio da proibição de retrocesso social na Constituição de 1988*. p. 184.
(39) SARLET, Ingo Wolfgang. *A eficácia dos direitos fundamentais*. p. 434-461.
(40) SARLET, Ingo Wolfgang. *A eficácia dos direitos fundamentais*. p. 434-436.
(41) SARLET, Ingo Wolfgang. *A eficácia dos direitos fundamentais*. p. 434-437.

fundamentais sociais, assim como dos objetivos estabelecidos pela Constituição — por exemplo, no art. 3º, da Constituição de 1988 — no âmbito das normas de cunho programático (ou impositivo, se preferirmos esta terminologia), ainda que não o faça com efeitos retroativos e que não esteja em causa uma alteração do texto constitucional.[42]

Aduzindo que o fenômeno da proibição de retrocesso não se limita aos direitos fundamentais sociais, o jurista relata as experiências lusitana e alemã no tema e defende a existência de um princípio da proibição de retrocesso social no Brasil com conteúdo relativo[43], garantindo a preservação do núcleo essencial dos direitos sociais, que foram elevados à fundamentalidade com a Constituição de 1988.[44]

Repelindo algumas objeções em relação ao reconhecimento da proibição de retrocesso em matéria de direitos sociais, entre elas a de que o "conteúdo do objeto dos direitos fundamentais sociais não se encontra, de regra, definido ao nível da Constituição", sendo "indeterminável sem a intervenção do legislador", Ingo Wolfgang Sarlet reconhece a existência implícita do princípio no ordenamento constitucional brasileiro, porquanto decorrente de princípios e argumentos de matiz jurídico-constitucional.[45]

Felipe Derbli empreende fundamentado estudo sobre a proibição de retrocesso social. Inicialmente, analisa os fenômenos da globalização e do constitucionalismo, a crise do Estado social de direito e a Constituição como instrumento realizador da justiça social. E prossegue defendendo a fundamentalidade dos direitos sociais e sua eficácia jurídica à luz dos princípios.

Após proceder à análise do princípio da proibição de retrocesso social no direito comparado e no Brasil, o autor propõe uma sistematização do princípio, adequada ao direito constitucional brasileiro, defendendo sua natureza principiológica e definindo o seu conteúdo.[46]

O controle concentrado da constitucionalidade no Brasil é realizado pelo Supremo Tribunal Federal (STF), a quem compete, por meio de ação direta, a guarda da Constituição. Por essa razão, precipuamente a jurisprudência daquele tribunal será objeto de análise no tocante ao tema do trabalho.

O primeiro pronunciamento judicial sobre o tema pelo Supremo Tribunal Federal ocorreu em decisão proferida na Ação Direta de Inconstitucionalidade (ADI)

---

(42) SARLET, Ingo Wolfgang. *A eficácia dos direitos fundamentais*. p. 438.
(43) O princípio não tem caráter absoluto: ao legislador será sempre reconhecido um grau de liberdade para conformar e rever as decisões, mas sem tocar o núcleo essencial dos direitos fundamentais sociais. SARLET, Ingo Wolfgang. *A eficácia dos direitos fundamentais*. p. 452-453.
(44) SARLET, Ingo Wolfgang. *A eficácia dos direitos fundamentais*. p. 439-446.
(45) SARLET, Ingo Wolfgang. *A eficácia dos direitos fundamentais*. p. 446-451.
(46) DERBLI, Felipe. *O princípio da proibição de retrocesso social na Constituição de 1988*. p. 135-257.

n. 2.065-0-DF[47]. Tratava-se de ação proposta pelo Partido Democrático Trabalhista (PDT) e pelo Partido dos Trabalhadores (PT), pela qual impugnavam, em face da infringência do princípio da proibição de retrocesso social, o art. 17 da Medida Provisória n. 1.911-10/99. Este dispositivo revogava os arts. 6º e 7º da Lei n. 8.212/91 e os arts. 7º e 8º da Lei n. 8.213/91, acarretando a extinção do Conselho Nacional de Seguridade Social e os Conselhos Estaduais e Municipais de Previdência Social. A pretensão foi baseada na violação do inc. VII do parágrafo único do art. 194 da Constituição brasileira (redação dada pela Emenda Constitucional n. 20, de 15.12.98), que atribui caráter democrático e descentralizado da administração da seguridade social.

Em decisão tomada pela maioria — vencidos os Ministros Sepúlveda Pertence, Marco Aurélio, Néri da Silveira e Carlos Velloso —, em 17.2.00, o STF não conheceu a ação por entender haver apenas ofensa reflexa à Constituição. O relator originário, Ministro Sepúlveda Pertence, citando José Joaquim Gomes Canotilho, José Afonso da Silva e Luís Roberto Barroso, admitia a inconstitucionalidade de lei que simplesmente derrogava lei anterior necessária à eficácia plena de norma constitucional, reconhecendo uma vedação genérica ao retrocesso:

> O mesmo cabe dizer em tese, *mutatis mutandis*, da viabilidade da arguição posta nesta ação direta, malgrado aqui a lei cuja "revogação pura e simples" se tacha de inconstitucional, por violar o referido art. 194, VII, CF, seja posterior à Lei Fundamental vigente.
>
> Pouco importa. Certo, quando, já vigente à Constituição, se editou lei integrativa necessária à plenitude da eficácia, pode subsequentemente o legislador, no âmbito de sua liberdade de conformação, ditar outra disciplina legal igualmente integrativa do preceito constitucional programático ou de eficácia limitada; mas não pode retroceder — sem violar a Constituição — ao momento anterior de paralisia de sua efetividade pela ausência da complementação legislativa ordinária reclamada para implementação efetiva de uma norma constitucional. [...]

Continua o acórdão:

> Ao contrário do que supõem as informações governamentais, com o admitir, em tese, a inconstitucionalidade da regra legal que a revogue, não se pretende emprestar hierarquia constitucional à primeira lei integradora do preceito da Constituição, de eficácia limitada. Pode, é óbvio, o legislador ordinário substituí-la por outra, de igual função

---

(47) BRASIL. Supremo Tribunal Federal. Ação Direta de Inconstitucionalidade n. 2.065-0-DF. Relator para o acórdão: Ministro Maurício Corrêa. Disponível em: <http://www.stf.gov.br/jurisprudencia/IT/in_processo.asp?origem=IT&classe=&processo=2065&recurso=0&tip_julgamento=M>. Acesso em: 29 jun. 2007.

complementadora de Lei Fundamental; o que não pode é substituir a regulação integradora precedente — pré ou pós-constitucional — pelo retorno ao vazio normativo que faria retroceder a regra incompleta da Constituição à sua quase impotência originária.[48]

Outra decisão que merece destaque é a proferida na ADI n. 3.105-8-DF[49], ação proposta pela Associação Nacional dos Membros do Ministério Público (CONAMP), a qual visa à declaração de inconstitucionalidade do art. 4º, *caput* e parágrafo único, da Emenda Constitucional n. 41/03, instituidora da contribuição previdenciária dos servidores públicos inativos e pensionistas.

Em decisão por maioria, em 18.8.04, julgando procedente em parte o pedido, o STF declarou a inconstitucionalidade das expressões "cinquenta por cento do" e "sessenta por cento do", contidas nos incs. I e II do parágrafo único do art. 4º da Emenda Constitucional, que vinha a distinguir servidores inativos e pensionistas, que já se encontravam nessa condição quando da vigência da reforma da Constituição, e aqueles que adquirissem o direito à jubilação e ao pensionamento posteriormente, além de discriminar aposentados e pensionistas da União e dos Estados, Distrito Federal e Municípios.

Nesse caso, o destaque é para o voto vencido do Ministro Celso de Mello, que citou expressamente o princípio da proibição de retrocesso social:

> **Para além de todas as considerações** que venho de expor, há, ainda, um **outro** parâmetro de controle, **cuja invocação revela-se apta a justificar** a decretação de inconstitucionalidade por esta Suprema Corte, em sede de controle concentrado, **do art. 4º** da EC n. 41/2003, **em face do caráter de fundamentalidade** de que se revestem os direitos de natureza previdenciária.
>
> **Refiro-me**, neste passo, **ao princípio da proibição do retrocesso**, que, **em tema de direitos fundamentais** de caráter social, **e uma vez** alcançado determinado nível de concretização de tais prerrogativas (**como estas** reconhecidas e asseguradas, **antes** do advento da EC n. 41/2003, aos inativos **e** aos pensionistas), **impede que sejam desconstituídas** as conquistas **já alcançadas** pelo cidadão **ou** pela formação social em que ele vive [...].

---

(48) BRASIL. Supremo Tribunal Federal. Ação Direta de Inconstitucionalidade n. 2.065-0-DF. Relator para o acórdão: Ministro Maurício Corrêa. Disponível em: <http://www.stf.gov.br/jurisprudencia/IT/in_processo.asp?origem=IT&classe=&processo=2065&recurso=0&tip_julgamento=M>. Acesso em: 29 jun. 2007.
(49) BRASIL. Supremo Tribunal Federal. Ação Direta de Inconstitucionalidade n. 3.105-8-DF. Relator: Ministro Cezar Peluso. Disponível em: <http://www.stf.gov.br/jurisprudencia/IT/in_processo.asp?origem=IT&classe=&processo=3105&recurso=0&tip_julgamento=M>. Acesso em: 29 jun. 2007. A relatora originária era a Ministra Ellen Gracie.

Prossegue o relator:

> **Na realidade**, a cláusula **que proíbe o retrocesso** em matéria social **traduz**, no processo de sua concretização, **verdadeira dimensão negativa** pertinente aos direitos sociais de natureza prestacional, **impedindo**, em consequência, que os **níveis** de concretização dessas prerrogativas, **uma vez atingidos**, venham a ser reduzidos **ou** suprimidos, **exceto** nas hipóteses — de todo **inocorrente** na espécie — em que políticas compensatórias venham a ser implementadas pelas instâncias governamentais.[50]

Nas duas decisões tomadas pelo STF, o entendimento foi análogo àquele adotado por José Joaquim Gomes Canotilho e tomado como predominante no Acórdão n. 39/84 do Tribunal Constitucional português, "conquanto não tenha abordado a questão dos limites à atuação do legislador infraconstitucional, mas da limitação ao próprio poder de reforma da Constituição".[51]

Além dessas decisões, o STF se referiu ao princípio da proibição de retrocesso social em outras três oportunidades. São elas: acórdãos proferidos no Mandado de Segurança n. 24.875-1-DF[52], sob a relatoria do Ministro Sepúlveda Pertence, na ADI n. 3.128-7-DF[53], cujo relator para o acórdão foi o Ministro Cezar Peluso e, mais recentemente, na ADI n. 3.104-DF[54], tendo por relatora a Ministra Carmen Lúcia.

Pode-se referenciar mais decisões esparsas de primeiro e segundo graus sobre a proibição de retrocesso[55]: duas decisões da Primeira Turma Recursal dos Juizados Especiais Federais da Seção Judiciária do Estado do Mato Grosso do Sul[56]

---

(50) BRASIL. Supremo Tribunal Federal. Ação Direta de Inconstitucionalidade n. 3.105-DF. Relator: Ministro Cezar Peluso. Disponível em: <http://www.stf.gov.br/jurisprudencia/IT/in_processo.asp?origem=IT&classe=&processo=3105&recurso=0&tip_julgamento=M>. Acesso em: 29 jun. 2007.
(51) DERBLI, Felipe. *O princípio da proibição de retrocesso social na Constituição de 1988*. p. 191.
(52) BRASIL. Supremo Tribunal Federal. Mandado de Segurança n. 24.875-1-DF. Relator: Ministro Sepúlveda Pertence. Disponível em: <http://www.stf.gov.br/jurisprudencia/IT/in_processo.asp?origem=IT&classe=&processo=24875&recurso=0&tip_julgamento=M>. Acesso em: 29 jun. 2007.
(53) BRASIL. Supremo Tribunal Federal. Ação Direta de Inconstitucionalidade n. 3.128-7-DF. Relator para o acórdão: Ministro Cezar Peluso. Disponível em: <http://www.stf.gov.br/jurisprudencia/IT/in_processo.asp?origem=IT&classe=&processo=3128&recurso=0&tip_julgamento=M>. Acesso em: 29 jun. 2007.
(54) BRASIL. Supremo Tribunal Federal. Ação Direta de Inconstitucionalidade n. 3.104-DF. Relatora: Ministra Carmen Lúcia. Disponível em: <http://www.stf.gov.br/portal/processo/verProcessoAndamento.asp?numero=3104&classe=ADI&origem=AP&recurso=0&tipoJulgamento=M>. Acesso em: 19 maio 2008.
(55) DERBLI, Felipe. *O princípio da proibição de retrocesso social na Constituição de 1988*. p. 191-195.
(56) Recursos interpostos pelo Instituto Nacional do Seguro Social (INSS) contra decisões que concederam aos beneficiários o benefício assistencial previsto no art. 203, inc. V, da Constituição Federal.
BRASIL. Primeira Turma Recursal dos Juizados Especiais Federais da Seção Judiciária do Mato Grosso do Sul. Processo n. 2003.60.84.002388-1. Relator: Juiz Federal Renato Toniasso. Decisão de 26.4.04. Disponível em: <http://www.cjf.gov.br>. Acesso em: 03 abril 2007.

e um acórdão do Tribunal de Justiça do Estado do Rio Grande do Sul[57]. No caso do Rio Grande do Sul, Felipe Derbli afirma que a tese esposada em relação ao princípio da proibição de retrocesso social está divorciada daquela preconizada por José Joaquim Gomes Canotilho: para a decisão, o princípio presta-se a proteger as conquistas sociais, estabelecendo que elas permanecem vigentes quando a legislação posterior ou as Constituições posteriores não esgotarem a regulamentação da matéria.[58]

2. NATUREZA JURÍDICA E DENOMINAÇÃO ADOTADA

Não obstante já tratado em várias oportunidades nos subitens anteriores como princípio, faz-se necessário fixar a natureza jurídica da proibição de retrocesso social, por isso o questionamento: o fenômeno possui, efetivamente, natureza principiológica, ou se trata, tão somente, de eficácia jurídica das normas?

A maioria dos autores estrangeiros e nacionais citados tratam da proibição de retrocesso social, partindo do pressuposto de que se trata de um princípio. A fundamentação dessa natureza principiológica exsurge de forma clara nos textos de José Vicente dos Santos Mendonça e Felipe Derbli. Ambos defendem a natureza principiológica da proibição de retrocesso social, refutando a caracterização dela como simples modalidade de eficácia jurídica das normas, como defendido por Ana Paula de Barcellos e Luís Roberto Barroso em texto anterior:

> A vedação do retrocesso, por fim, é uma derivação da eficácia negativa, particularmente ligada aos princípios que envolvem os direitos fundamentais. Ela pressupõe que esses princípios sejam concretizados através de normas infraconstitucionais (isto é: frequentemente, os efeitos que pretendem produzir são especificados por meio da legislação

---

BRASIL. Primeira Turma Recursal dos Juizados Especiais Federais da Seção Judiciária do Mato Grosso do Sul. Processo n. 2003.60.84.002458-7. Relator: Juiz Federal Renato Toniasso. Decisão de 26.4.04. Disponível em: <http://www.cjf.gov.br>. Acesso em: 03 abril 2007.
Ambas as decisões transitaram em julgado em maio de 2004. Informação disponível em: <http://www.cjf.gov.br>. Acesso em: 2 jul. 2007.
(57) Recurso interposto pela Fundação Universidade de Passo Fundo contra decisão que julgou procedente pedido com base no art. 24 do Decreto-lei n. 3.200/41, que beneficiava famílias de prole numerosa, garantindo o acesso de todos ao ensino, com repasse do custo das mensalidades (art. 205 da Constituição Federal). RIO GRANDE DO SUL. Tribunal de Justiça do Estado do Rio Grande do Sul. Apelação Cível n. 70004480182. Relator: Desembargador Marco Aurélio dos Santos Caminha. Disponível em: <http://www.tj.rs.gov.br>. Acesso em: 3 abril 2007.
A decisão do Tribunal de Justiça do Rio Grande do Sul foi objeto do Recurso Especial n. 617757-RS, cujo seguimento foi negado em face da interposição de adequado recurso extraordinário, o que não ocorreu. O trânsito em julgado ocorreu em 27.8.04. BRASIL. Superior Tribunal de Justiça. Recurso Especial n. 617757. Relator: Ministro Antônio de Pádua Ribeiro. Disponível em: <http://www.stj.gov.br>. Acesso em: 2 jul. 2007.
(58) DERBLI, Felipe. *O princípio da proibição de retrocesso social na Constituição de 1988*. p. 194-195.

ordinária) e que, com base no direito constitucional em vigor, um dos efeitos gerais pretendidos por tais princípios é a progressiva ampliação dos direitos fundamentais.[59]

José Vicente dos Santos Mendonça leciona que o princípio constitucional da proibição de retrocesso, como é evidente, produz efeito relacionado à eficácia e, mais, à validade da norma, que se reputará inconstitucional, inclusive porque o princípio enfocado admite a ponderação[60] à sua aplicação:

> [...] ninguém pondera princípio com modalidade de eficácia jurídica. As ponderações são feitas entre princípios. Então, para não confundir a natureza jurídica de um instituto com o seu efeito, e para se admitir a ponderação, é que a vedação do retrocesso deve ser vista como princípio constitucional. Para não se falar numa consideração prática: uma coisa é considerar algo como uma dentre várias modalidades de eficácia jurídica. Outra é identificá-la como princípio constitucional.[61]

Felipe Derbli enuncia que, com base na conceituação de princípio, norma jurídica de caráter prospectivo, pode-se conceber a existência de princípios que, "mais voltados para a situação existente, tenham um caráter retrospectivo que se apresente preponderante em relação à sua prospectividade". Com efeito, trata-se de uma finalidade que, nesse caso, é "garantir o nível de concretização dos direitos fundamentais sociais e, além disso, a permanente imposição constitucional de desenvolver essa concretização".[62]

Alerta o autor que, embora a proibição de retrocesso social se dirija ao legislador, não se lhe impõe a prática ou a abstenção de um ato específico, não sendo descritas condutas permitidas, obrigatórias ou proibidas. Assim, o que se pleiteia é que o legislador, ao elaborar os atos normativos, tenha por objetivo a não supressão, pelo menos de modo desproporcional ou irrazoável, do "grau de densidade normativa que os direitos fundamentais sociais já houverem alcançado". Por isso, Felipe Derbli afirma que a finalidade descrita estaria voltada mais para que não se retorne a um estado indesejável de coisas:

> Em outras palavras, pretende-se, especificamente sob esta perspectiva, impedir que se retroceda a uma situação já superada, mais distante do ideal que a existente — é, portanto, uma finalidade precipuamente negativa.[63]

---

(59) BARROSO, Luís Roberto; BARCELLOS, Ana Paula. O começo da História. A nova interpretação constitucional e o papel dos princípios no direito brasileiro. In: BARROSO, Luís Roberto (Org.). *A nova interpretação constitucional*: ponderação, direitos fundamentais e relações privadas. p. 370.
(60) MENDONÇA, José Vicente dos Santos. Vedação do retrocesso: o que é e como perder o medo. *Revista de Direito da Associação dos Procuradores do Novo Estado do Rio de Janeiro*. p. 229.
(61) Idem.
(62) DERBLI, Felipe. *O princípio da proibição de retrocesso social na Constituição de 1988*. p. 200-201.
(63) DERBLI, Felipe. *O princípio da proibição de retrocesso social na Constituição de 1988*. p. 201.

Continua o autor:

> Afirma-se aqui, portanto, que a proibição de retrocesso social é um princípio constitucional, com caráter retrospectivo, na medida em que se propõe a preservar um estado de coisas já conquistado contra a sua restrição ou supressão arbitrária.[64]

Leciona, ainda, que praticamente todos os princípios constitucionais possuem eficácia negativa, conduzindo à invalidade de qualquer ato que lhe seja contrário à finalidade, isto é, em alguma medida, "existe um conteúdo negativo na finalidade subjacente a qualquer princípio", pois,

> [...] se o comando normativo de um determinado princípio aponta para a promoção de um estado ideal de coisas, é certo que também contém a proibição de que se chegue a um estado de coisas mais afastado do ideal do que aquele já atingido. Negá-lo é negar que os princípios em geral possuam eficácia negativa.[65]

O princípio da proibição de retrocesso social tem sua particularidade na prevalência do caráter negativo de sua finalidade. Felipe Derbli trata de prevalência por entender que há, em menor escala, um elemento positivo na finalidade do princípio enfocado, qual seja, o dever de o legislador "manter-se no propósito de ampliar, progressivamente e de acordo com as condições fáticas e jurídicas (incluindo as orçamentárias), o grau de concretização dos direitos fundamentais sociais", mediante a "garantia de proteção dessa concretização à medida que nela se evolui".[66]

A proibição de retrocesso social não irá traduzir, assim, mera manutenção do *status quo*, mas irá impor a obrigação de avanço social. Por esse conteúdo finalístico próprio da proibição de retrocesso social, Felipe Derbli defende a natureza principiológica da proibição de retrocesso social. Nesse passo, rebatem Luís Roberto Barroso e Ana Paula de Barcellos quando excluem dessa proibição a concretização de regras constitucionais que definem direitos fundamentais, várias delas encartadas no Capítulo II do Título II da Constituição brasileira e que, nem por isso, dispensam regulamentação legislativa, não sendo possível a "redução do nível de concretização legal dos direitos que não se admitiria se positivados através de princípios".[67]

Um último argumento é acrescentado por Felipe Derbli: a Constituição brasileira de 1988 é uma Constituição dirigente[68], voltando-se para a realização

---

(64) DERBLI, Felipe. *O princípio da proibição de retrocesso social na Constituição de 1988*. p. 201-202.
(65) DERBLI, Felipe. *O princípio da proibição de retrocesso social na Constituição de 1988*. p. 202.
(66) *Idem*.
(67) DERBLI, Felipe. *O princípio da proibição de retrocesso social na Constituição de 1988*. p. 202-203.
(68) Entendem a Constituição brasileira de 1988 como uma Constituição dirigente, entre outros: SILVA, José Afonso da. *Aplicabilidade das normas constitucionais*. p. 136-137; e GRAU, Eros Roberto. *A ordem econômica na Constituição de 1988*: interpretação e crítica. 11. ed. São Paulo: Malheiros, 2006. p. 173.

da justiça social, e isso significa mais do que uma direção a seguir, mas também um não retornar no dever permanente de concretização dos direitos sociais.[69]

A denominação adotada quanto à proibição do retrocesso não é unânime e, tampouco, consolidada no âmbito das doutrinas estrangeira e nacional. Várias são as denominações adotadas: para José Joaquim Gomes Canotilho[70]: princípio da proibição de retrocesso social[71], princípio do não retrocesso social, cláusula de proibição de evolução reacionária ou de retrocesso social; para Jorge Miranda[72]: regra do não retorno da concretização ou do não retrocesso social; para Cristina Queiroz, princípio da não reversibilidade dos direitos fundamentais sociais[73]; para Miguel Carbonell[74] e Víctor Abramovich[75] e Christian Courtis: proibição de regressividade; para Ingo Wolfgang Sarlet[76]: princípio da proibição de retrocesso em sentido estrito; para Luís Roberto Barroso[77]: princípio da vedação do retrocesso social; para Carlos Alberto Molinaro[78]: princípio da proibição da retrogradação.

José Vicente dos Santos Mendonça ainda indica as denominações eficácia vedativa do retrocesso, eficácia impeditiva do retrocesso, não evolução reacionária ou proibição da contrarrevolução social. Alerta, contudo, que algumas das denominações — inclusive aquelas já citadas por outros autores no parágrafo anterior — devem ser afastadas por "inconvenientes" ou por "traírem" a natureza jurídica a que o instituto corresponda. A adoção das outras denominações, por fungíveis, é discricionária, logo afasta o termo "proibição da contrarrevolução social" por parecer referir-se a algum sentido evolutivo da história ou por suspeitar de

---

(69) DERBLI, Felipe. *O princípio da proibição de retrocesso social na Constituição de 1988*. p. 203-204.
(70) CANOTILHO, José Joaquim Gomes. *Direito constitucional e teoria da constituição*. p. 338-339 e 479.
(71) Denominação seguida por João Caupers. CAUPERS, João. *Os direitos fundamentais dos trabalhadores e a constituição*. p. 42; e por Felipe Derbli. DERBLI, Felipe. *O princípio da proibição de retrocesso social na Constituição de 1988*. p. 200.
(72) MIRANDA, Jorge. *Manual de direito constitucional*. 3. ed. Coimbra: Coimbra Editora, 2000. Tomo IV. p. 397.
(73) Para Cristina Queiroz, a expressão "proibição do retrocesso social" não é feliz. Sustenta que, juridicamente, o termo poderia ser substituído por outros conceitos, como, por exemplo, "segurança jurídica" ou "protecção da confiança", individualizadores da cláusula do "Estado de Direito democrático e constitucional", inserta no art. 2º da Constituição portuguesa. QUEIROZ, Cristina. *O princípio da não reversibilidade dos direitos fundamentais sociais*: princípios dogmáticos e prática jurisprudencial. p. 61 e 71.
(74) CARBONELL, Miguel. La garantía de los derechos sociales en la teoría de Luigi Ferrajoli. In: _____; SALAZAR, Pedro (Org.). *Garantismo*: estudios sobre el pensamiento jurídico de Luigi Ferrajoli. Madrid/México: Trotta/UNAM, 2005. p. 198.
(75) ABRAMOVICH, Victor; COURTIS, Christian. *Los derechos sociales como derechos exigibles*. Prólogo de Luigi Ferrajoli. Madrid: Trotta, 2002. p. 92.
(76) SARLET, Ingo Wolfgang. *A eficácia dos direitos fundamentais*. p. 439.
(77) BARROSO, Luís Roberto. *O direito constitucional e a efetividade de suas normas*: limites e possibilidades da Constituição brasileira. p. 152.
(78) MOLINARO, Carlos Alberto. *Direito ambiental*: proibição de retrocesso. p. 91.

algum liame ideológico; e evita o termo "eficácia impeditiva (ou vedativa) do retrocesso", por conduzir ao entendimento de que se trate apenas de modalidade eficacial, quando a proibição de retrocesso ostenta natureza jurídica distinta.[79]

Em observância ao uso corrente nas doutrinas portuguesa e brasileira, por isso facilitando sua compreensão, opta-se neste trabalho (na senda de Felipe Derbli) pela denominação princípio da proibição de retrocesso social[80], destacando-se quanto a ela: (a) o substantivo "retrocesso" "deve ser entendido nos estritos termos de uma dogmática jurídico-constitucional que lide com as ideias de efetividade, força normativa da Constituição, eficácia de defesa dos direitos prestacionais e dever de proteção pelo aspecto objetivo dos direitos fundamentais sociais"[81]; e (b) o adjetivo "social" é utilizado em face da especificidade do tema, isto é, direitos fundamentais sociais.

3. SEDE MATERIAL DO PRINCÍPIO NA CONSTITUIÇÃO BRASILEIRA DE 1988

Ingo Wolfgang Sarlet indica que o princípio da proibição de retrocesso social, em sua dimensão mais estrita, decorre, implicitamente, do sistema constitucional[82], apontando os seguintes princípios e argumentos de matriz jurídico-constitucional:

    a) princípio do Estado Social e democrático de direito, que impõe um patamar mínimo de segurança jurídica e necessariamente abrange a proteção da confiança e a manutenção de um nível mínimo de continuidade da ordem jurídica, além de uma segurança contra medidas retroativas e, ao menos em certa medida, atos de cunho retrocessivo de um modo geral;

    b) princípio da dignidade da pessoa humana que, ao exigir a satisfação — mediante prestações positivas (direitos fundamentais sociais) — de uma existência condigna para todos, tem como efeito, na sua perspectiva negativa, a inviabilidade de medidas que fiquem aquém desse patamar;

    c) princípio da máxima eficácia e efetividade das normas definidoras de direitos fundamentais (art. 5º, § 1º), necessariamente abrangendo a maximização da proteção dos direitos fundamentais;

---

(79) MENDONÇA, José Vicente dos Santos. Vedação do retrocesso: o que é e como perder o medo. *Revista de Direito da Associação dos Procuradores do Novo Estado do Rio de Janeiro*. p. 218-219.
(80) Felipe Derbli adota a expressão no sentido originalmente atribuído pela doutrina e jurisprudência portuguesas, ainda que o conceito seja oriundo do pensamento jurídico germânico. DERBLI, Felipe. *O princípio da proibição de retrocesso social na Constituição de 1988*. p. 200.
(81) MENDONÇA, José Vicente dos Santos. Vedação do retrocesso: o que é e como perder o medo. *Revista de Direito da Associação dos Procuradores do Novo Estado do Rio de Janeiro*. p. 219.
(82) SARLET, Ingo Wolfgang. *A eficácia do direito fundamental à segurança jurídica: dignidade da pessoa humana, direitos fundamentais e proibição de retrocesso social no direito constitucional brasileiro*. Disponível em: <http://www.mundojuridico.com.br>. Acesso em: 10 jan. 2007.

d) as manifestações específicas e expressamente insculpidas na Constituição, quanto à proteção contra medidas de cunho retroativo (proteção dos direitos adquiridos, da coisa julgada e do ato jurídico perfeito) não abarcam o universo de situações "que integram a noção mais ampla de segurança jurídica, que, de resto, encontra fundamento direto no art. 5º, *caput*, da nossa Lei Fundamental e no princípio do Estado social e democrático de direito";

e) princípio da proteção da confiança, como elemento nuclear do Estado de direito, impondo ao poder público "o respeito pela confiança depositada pelos indivíduos em relação a uma certa estabilidade e continuidade da ordem jurídica como um todo e das relações jurídicas especificamente consideradas";

f) os órgãos estatais, primordialmente como consectários da segurança jurídica e proteção da confiança, vinculam-se não somente "às imposições constitucionais no âmbito da sua concretização no plano infraconstitucional", estando sujeitos a uma certa autovinculação em face dos atos anteriores. "Esta, por sua vez, alcança tanto o legislador, quanto os atos da administração e, em certa medida, dos órgãos jurisdicionais";

g) a negação ao reconhecimento ao princípio da proibição de retrocesso significaria, em última análise, admitir que os órgãos legislativos (bem como o poder público de modo geral), em que pese estarem indiscutivelmente "vinculados aos direitos fundamentais e às normas constitucionais em geral", dispõem do poder para livremente tomar suas decisões, ainda que em flagrante desrespeito à vontade expressa do Constituinte; e

h) os argumentos rebatidos restam fortalecidos "por um fundamento adicional extraído do direito internacional, notadamente no plano dos direitos econômicos sociais e culturais", qual seja — seguindo a lição de Victor Abramovich e Christian Courtis[83] —, o sistema de proteção internacional demanda a "progressiva implementação efetiva da proteção social por parte dos Estados, encontra-se implicitamente vedado o retrocesso em relação aos direitos sociais já concretizados".[84]

Propondo uma sistematização do princípio da proibição de retrocesso social no direito constitucional pátrio, Felipe Derbli afirma que a sede

---

(83) Extrai-se da lição dos autores argentinos: "Dado que el Estado se obliga a mejorar la situación de estos derechos [derechos económicos, sociales y culturales], simultáneamente asume la prohibición de reducir los niveles de protección de los derechos vigentes, o, en su caso, de derogar los derechos ya existentes. La obligación asumida por el Estado es ampliatoria, de modo que la derogación o reducción de los derechos vigentes contradice claramente el compromiso internacional asumido". ABRAMOVICH, Victor; COURTIS, Christian. *Los derechos sociales como derechos exigibles*. p. 94.
(84) SARLET, Ingo Wolfgang. *A eficácia dos direitos fundamentais*. p. 449-451.

material do princípio, na Constituição brasileira de 1988, encontra-se em alguns dos princípios citados por Ingo Wolfgang Sarlet e refuta os alicerces do princípio previstos na doutrina e jurisprudência alemãs e portuguesas.[85]

Para Felipe Derbli[86], no contexto constitucional brasileiro, enxerga-se o princípio da proibição de retrocesso social, observado o caráter dirigente da Constituição de 1988 e o reconhecimento de normas constitucionais implícitas, no

> [...] evidente impulso no sentido da progressiva ampliação dos direitos fundamentais sociais (art. 5º, § 2º, e art. 7º, *caput*) com vistas à paulatina redução das desigualdades regionais e sociais e à construção de uma sociedade marcada pela solidariedade e pela justiça social (art. 3º, incisos I e III, e art. 170, *caput* e incisos VII e VIII).[87]

E arremata:

> Em síntese, portanto, é possível deduzir do texto constitucional que a Carta Magna vigente contém entre suas normas o princípio que impõe ao legislador a observância da concretização sempre progressiva dos direitos fundamentais sociais, sendo-lhe defeso atuar comissivamente em sentido oposto, tanto quanto lhe é proibido deixar de regulamentar, em sede legislativa, uma norma constitucional que lhe estabeleça tal dever.[88]

Antes de sua conclusão, porém, o autor rebate a fundamentação do princípio da proibição de retrocesso social baseada[89]:

> a) no direito de propriedade, como realizado no direito alemão: ao contrário da Constituição alemã de 1949, que não prevê direitos sociais em seu catálogo, o que demandou à doutrina e à jurisprudência alemãs — mesmo negando a jusfundamentalidade deles — a busca da proteção desses direitos, com base na cláusula do Estado Social (art. 20 da Lei Fundamental[90]) consubstanciando-os no direito à propriedade, a Constituição brasileira possui extenso elenco de direitos sociais elevados à fundamentalidade — e à condição de cláusulas pétreas —, "sendo completamente desnecessário o recurso à garantia constitucional da propriedade

---

(85) DERBLI, Felipe. *O princípio da proibição de retrocesso social na Constituição de 1988*. p. 222-223 e 221.
(86) DERBLI, Felipe. *O princípio da proibição de retrocesso social na Constituição de 1988*. p. 204-seguintes.
(87) DERBLI, Felipe. *O princípio da proibição de retrocesso social na Constituição de 1988*. p. 222.
(88) DERBLI, Felipe. *O princípio da proibição de retrocesso social na Constituição de 1988*. p. 223.
(89) DERBLI, Felipe. *O princípio da proibição de retrocesso social na Constituição de 1988*. p. 204-221.
(90) "1. A República Federal da Alemanha é um Estado federal democrático e social". ALEMANHA. *Lei Fundamental da República Federal da Alemanha*. Disponível em: <http://www.brasilia.diplo.de/vertretung/brasilia/pt/03/constituicao/indice_20geral.html>. Acesso em: 5 jul. 2007.

para que se assegure a proteção das posições jurídico-subjetivas de cunho social, particularmente aquelas de jaez prestacional"[91]; com efeito, se no direito alemão se pode sustentar a aplicação do princípio da proibição de retrocesso social com fulcro nas razões antes expostas, mais razão há para aplicá-lo no ordenamento jurídico do Brasil;

b) na concepção também alemã, de que o direito prestacional deve garantir a sobrevivência digna do seu titular; isso porque a prestação estatal se relacionará ao mínimo existencial, hoje em dia tido como o núcleo essencial do princípio da dignidade da pessoa humana, que possui previsão tanto na Constituição alemã como na brasileira; logo, "outra norma constitucional já se mostra apta a assegurar as posições jurídico-subjetivas fundadas em prestações sociais estatais que sejam necessárias à subsistência dos indivíduos"[92].

Em outras palavras, haverá o princípio da proibição de retrocesso social de concentrar sua incidência para além do mínimo essencial, de modo a impedir o retorno na concretização dos direitos sociais, ainda que não digam com as prestações mínimas indispensáveis à sobrevivência dos indivíduos.[93]

c) na associação da proibição de retrocesso social à segurança jurídica, mais precisamente no aspecto subjetivo da proteção da confiança dos cidadãos, como preconizado na Alemanha e acompanhada por parte da doutrina portuguesa: os princípios da proibição de retrocesso social e da segurança jurídica[94] podem proteger, em determinado caso concreto, uma situação jurídica; todavia, não se confundem em face da distinção da normatização de seus objetos:

[...] a questão da preservação da certeza e da previsibilidade do ordenamento jurídico[95] não se confunde com o problema da manutenção do

---

(91) DERBLI, Felipe. *O princípio da proibição de retrocesso social na Constituição de 1988*. p. 209.
(92) DERBLI, Felipe. *O princípio da proibição de retrocesso social na Constituição de 1988*. p. 210.
(93) *Idem*.
Aqui, o exemplo apresentado trata do aviso-prévio proporcional, direito fundamental social relacionado no art. 7º, inc. XXI, da Constituição: imaginando-se a revogação do art. 488 e seu parágrafo único da CLT, retirando do trabalhador o direito à redução da jornada laboral no período, não se estaria violando o princípio da dignidade da pessoa humana; porém, seria possível entender, em tese, que haveria redução no grau de concretização legislativa do direito fundamental ao aviso-prévio e, por conseguinte, ao princípio da proibição de retrocesso social. DERBLI, Felipe. *O princípio da proibição de retrocesso social na Constituição de 1988*. p. 211-212.
(94) A segurança jurídica é vista sob duas perspectivas: uma objetiva, fundada na certeza e na previsibilidade do ordenamento; outra subjetiva, relacionada com a proteção da confiança do indivíduo. DERBLI, Felipe. *O princípio da proibição de retrocesso social na Constituição de 1988*. p. 214.
(95) No Brasil, há previsão da observância do direito adquirido, do ato jurídico perfeito e da coisa julgada no art. 5º, inc. XXXVI, da Constituição, dispositivos que consagram a segurança jurídica, principalmente no que tange à irretroatividade das leis. DERBLI, Felipe. *O princípio da proibição de retrocesso social na Constituição de 1988*. p. 215.

padrão de concretização dos direitos fundamentais sociais atingido por obra do legislador; é até possível que se contrarie a proibição de retrocesso social mesmo sem prejuízo à segurança jurídica.[96][97]

Portanto, em síntese, o autor reconhece firmemente o princípio da proibição de retrocesso social como um princípio constitucional implícito, corolário da imposição constitucional de impulso da progressiva ampliação dos direitos fundamentais sociais, cujo escopo é a redução das desigualdades sociais e a construção de uma sociedade marcada pela solidariedade e pela justiça social.

4. CONTEÚDO MATERIAL DO PRINCÍPIO

O conteúdo material do princípio da proibição de retrocesso social centra-se na possibilidade de reconhecimento do grau de vinculação do legislador — limitação material da liberdade de conformação do legislador no espaço de sua atividade regulamentadora e concretizadora[98] — aos ditames constitucionais referentes aos direitos sociais. Significa que, "uma vez alcançado determinado patamar de concretização de uma norma constitucional definidora de direito social", mediante lei, será proibido ao legislador extirpar ou reduzir essa concretização sem a criação de mecanismo equivalente ou substitutivo.[99]

Registrando a confusão doutrinária entre normas definidoras de direitos sociais e normas programáticas, Felipe Derbli advoga a posição de que a aplicabilidade do princípio da proibição de retrocesso social diz primordialmente com a concretização das primeiras.[100]

Luís Roberto Barroso classifica as normas constitucionais em normas constitucionais de organização, normas constitucionais definidoras de direitos e normas constitucionais programáticas. As primeiras veiculam as decisões políticas funda-

---

(96) DERBLI, Felipe. *O princípio da proibição de retrocesso social na Constituição de 1988*. p. 216.
(97) O exemplo trata do seguro-desemprego, direito fundamental social insculpido no art. 7º, inc. II, da Constituição brasileira: suponha-se que uma lei venha a reduzir o número de parcelas do seguro previstas na Lei n. 8.900, de 30.6.94 (art. 2º), para, em qualquer caso, duas parcelas apenas, resguardando os casos em que o trabalhador dispensado já estivesse recebendo o benefício ou cujos contratos tivessem sido resilidos antes da publicação da nova lei. Em tese, essa lei nova teria observado o princípio da segurança jurídica, mantendo a certeza e a previsibilidade. Todavia, haveria violação ao princípio da proibição de retrocesso social em virtude da diminuição do grau de concretização do direito fundamental social sob debate. DERBLI, Felipe. *O princípio da proibição de retrocesso social na Constituição de 1988*. p. 216-217.
(98) SARLET, Ingo Wolfgang. *A eficácia dos direitos fundamentais*. p. 383.
(99) DERBLI, Felipe. *O princípio da proibição de retrocesso social na Constituição de 1988*. p. 223.
(100) Registre-se o alerta do autor para a confusão que parte da doutrina faz entre essas duas categorias de normas, pois existem exemplos de normas constitucionais que são normas definidoras de direitos sociais para uns e normas programáticas para outros. DERBLI, Felipe. *O princípio da proibição de retrocesso social na Constituição de 1988*. p. 229.

mentais (definição da forma de Estado, por exemplo), definem as competências dos órgãos constitucionais, criam órgãos públicos e estabelecem normas processuais ou procedimentais. As segundas "definem os direitos fundamentais dos indivíduos submetidos à soberania estatal", quais sejam, os direitos políticos, individuais, sociais e difusos, que correspondem às dimensões/gerações de direitos fundamentais. As terceiras são dirigidas aos órgãos estatais e a elas cumpre estabelecer os objetivos sociais a serem alcançados, com a fixação de diretrizes.[101]

Socorrendo-se da classificação das normas constitucionais proposta por Luís Roberto Barroso, Felipe Derbli traça um critério distintivo entre as normas definidoras de direitos sociais e as normas programáticas. O conteúdo das normas constitucionais definidoras de direitos sociais "é a descrição de uma conduta, omissiva ou comissiva, a ser seguida pelo Estado e mesmo pelos particulares" (exemplo delas são alguns direitos dos trabalhadores), ou pelo menos "uma finalidade de resguardar um interesse individualizável" (ou seja, uma posição subjetiva) num caso concreto", restando ao legislador apenas a criação das normas infraconstitucionais necessárias à sua plena exequibilidade. Logo, "[...] a lei não criará direitos — estes já terão sede constitucional, tratando a lei apenas de instrumentalizar o seu exercício".[102]

De forma diferente ocorre com as normas programáticas, "cuja efetivação dependerá da ponderação do legislador sobre o momento e os meios adequados para tanto". Com efeito, a diferença entre as duas categorias de normas ocorre no campo do grau de vinculação imposto ao legislador.[103]

Feitas essas considerações, Felipe Derbli apresenta um critério distintivo — razoavelmente seguro, no seu dizer — entre essas categorias de normas:

> [...] serão normas constitucionais definidoras de direitos sociais aquelas das quais for possível deduzir, no curso da atividade interpretativa, uma posição jurídico-subjetiva de cunho social. Por conseguinte, quando houver mera revisão de finalidade a ser promovida objetivamente pelo Estado, sem que se possa extrair da disposição constitucional um interesse juridicamente protegido e individualizável, estar-se-á diante de uma norma programática.[104]

Exemplos claros podem ser extraídos das disposições contidas no art. 7º, incs. IX, XXII, e no art. 170, inc. VII, da Constituição brasileira de 1988[105]:

---

(101) BARROSO, Luís Roberto. *O direito constitucional e a efetividade de suas normas*: limites e possibilidades da Constituição brasileira. p. 90-seguintes.
(102) DERBLI, Felipe. *O princípio da proibição de retrocesso social na Constituição de 1988*. p. 232.
(103) DERBLI, Felipe. *O princípio da proibição de retrocesso social na Constituição de 1988*. p. 232-233.
(104) DERBLI, Felipe. *O princípio da proibição de retrocesso social na Constituição de 1988*. p. 233-234.
(105) DERBLI, Felipe. *O princípio da proibição de retrocesso social na Constituição de 1988*. p. 234-236.

a) o disposto no inc. IX do art. 7º prevê "remuneração do trabalho noturno superior à do diurno": aqui a regra prevê uma conduta, estabelecendo um dever para o empregador, qual seja, pagar remuneração superior ao trabalhador que desenvolve suas atividades no período noturno em face do trabalhador que labora no horário considerado diurno. Nesse caso, há necessidade de concretização legislativa desse comando, fixando-se o que se entenderá por trabalho noturno e o *quantum* a ser satisfeito ao trabalhador. Embora inexista dúvida que o trabalho noturno deva ser remunerado em valor superior ao trabalho noturno, "trata-se de uma imposição constitucional à qual o legislador não poderia se furtar de cumprir e que, por outro lado, possui contornos materiais bastante definidos";

b) o disposto no inc. XXII do art. 7º dispõe sobre a "redução dos riscos inerentes ao trabalho, por meio de normas de saúde, higiene e segurança": nesse caso, há o apontamento de um princípio, "cuja característica marcante é estabelecer o dever de persecução de uma finalidade"; aqui a atividade do legislador é imprescindível para que o indivíduo possa postular, em face do Estado ou de particulares (empregador, tomador de serviços), o cumprimento das normas de saúde, higiene e segurança no trabalho; é outro caso de imposição constitucional de cumprimento obrigatório pelo legislador; e

c) o inc. VII do art. 170 prevê a "redução das desigualdades regionais e sociais" ao tratar da fundação da ordem econômica: nesse caso, trata-se de princípio acompanhado de elemento deôntico que é a promoção de um fim. Conquanto seja inquestionável seu conteúdo social, não há como dele deduzir-se uma posição jurídico-subjetiva, cuidando-se de norma programática.

Em suma, tanto as normas definidoras de direitos sociais como as normas programáticas demandam um dever de legislar, contendo "imposições constitucionais *lato sensu* ao legislador". Sucede que as primeiras traduzem imposição concreta, ou seja, é uma imposição de legislar para a concretização do mandamento constitucional; elas "fixam uma tarefa determinada de concretização"; as segundas traduzem uma imposição abstrata, pois há que se considerar a margem de liberdade concedida ao poder Legislativo para o juízo de conveniência e oportunidade para sua regulamentação; malgrado elas fixem ao legislador o encargo de edição de leis que atendam às suas finalidades, estabelecendo diretivas materiais e limites negativos ao legislador[106]:

> [...] destinam-se mais a funcionar como fundamentos para a competência do legislador ou a entregar-lhe a regulamentação de determinadas questões, de modo a que, definidos os fins a serem colimados, restará reservado ao parlamento a sua normatização.[107]

Tendo-se em conta que as normas programáticas não contêm imposições legiferantes, obviamente elas não demandam concretização legislativa. Logo, Felipe

---

(106) DERBLI, Felipe. *O princípio da proibição de retrocesso social na Constituição de 1988*. p. 236-237. Ao tratar das normas programáticas, José Joaquim Gomes Canotilho aduz que "estas normas são todas directivas materiais constitucionais e assumem relevo de uma tripla forma: (1) como imposições, vinculando o legislador, de forma permanente, à sua realização; (2) como directivas materiais, vinculando positivamente os órgãos concretizadores; (3) como limites negativos, justificando a possibilidade de censura em relação aos actos que as contrariam". CANOTILHO, José Joaquim Gomes. *Constituição dirigente e vinculação do legislador*: contributo para a compreensão das normas constitucionais programáticas. p. 374.
(107) DERBLI, Felipe. *O princípio da proibição de retrocesso social na Constituição de 1988*. p. 237.

Derbli[108] entende, na esteira do pensamento de José Joaquim Gomes Canotilho[109], que "concretizar em nível legislativo significa instrumentalizar a eficácia da norma constitucional", situação que conduz à inexistência de retrocesso social no caso das normas programáticas.

É possível afirmar-se, então, com Felipe Derbli, que o princípio da proibição de retrocesso social assim opera:

> [...] veda-se ao legislador a possibilidade de, injustificadamente, aniquilar ou reduzir o nível de concretização legislativa alcançado por um determinado direito fundamental social, facultando-se ao indivíduo recorrer à proteção, em esfera judicial, contra a atuação retrocedente do Legislativo, que se pode consubstanciar numa revogação pura e simples da legislação concretizadora ou mesmo na edição de ato normativo que venha a comprometer a concretização já alcançada.[110]

Dessa lição exsurge que, uma vez concretizadas as normas definidoras de direitos sociais em sede legislativa, os direitos daí advindos reclamam o *status positivus*, próprio dos direitos prestacionais, e o *status negativus*, característico dos direitos de defesa.[111]

5. OBJEÇÕES AO PRINCÍPIO

É inegável que o princípio da proibição de retrocesso social, por incipiente na doutrina e na jurisprudência, máxime do Brasil, não está livre de objeções. Entre elas, estão as seguintes, com os respectivos rebates:

5.1. Indeterminação Jurídico-Constitucional do Objeto dos Direitos Fundamentais: a Liberdade de Conformação do Legislador

Uma das objeções ao reconhecimento do princípio da proibição de retrocesso social é o argumento de que inexiste definição, na Constituição, do conteúdo do

---

(108) DERBLI, Felipe. *O princípio da proibição de retrocesso social na Constituição de 1988*. p. 239-240.
(109) A concretização legislativa "seria a 'densificação' ou 'processo de densificação' de normas ou regras de grande 'abertura', princípios, normas constitucionais, cláusulas legais indeterminadas, de forma a possibilitar a solução de um problema. [...] O termo concretização legislativa de imposições constitucionais revela-se apropriado em dois sentidos: (1) na medida em que realça serem as relações entre a constituição e a lei não apenas relações de 'limites', mas também de 'densificação', 'clarificação' e 'execução' material das normas constitucionais pelas normas legais; (2) na medida em que salienta ser o processo de concretização um esquema diferenciado de 'especificação', 'tipificação' e 'criação' de soluções materiais dentro do âmbito normativo das imposições constitucionais". CANOTILHO, José Joaquim Gomes. *Constituição dirigente e vinculação do legislador*: contributo para a compreensão das normas constitucionais programáticas. p. 321-322.
(110) DERBLI, Felipe. *O princípio da proibição de retrocesso social na Constituição de 1988*. p. 243.
(111) *Idem*.

objeto dos direitos fundamentais sociais. Logo, esses direitos seriam indetermináveis sem a intervenção do legislador, que deverá dispor "de uma quase absoluta liberdade de conformação nesta seara", podendo inclusive voltar atrás quanto às suas próprias decisões. Essa liberdade teria limites apenas no princípio da confiança e na necessidade de justificação das medidas reducionistas.[112]

Ingo Wolfgang Sarlet[113] opõe-se a essa objeção afirmando que o reconhecimento dessa concepção outorgaria ao legislador o poder de disposição do conteúdo essencial dos direitos fundamentais sociais, no que se refere à concretização legislativa daqueles. Igualmente inacolhe, ainda que em parte, a possibilidade de total supressão da legislação concretizadora dos direitos fundamentais sociais, em face da incapacidade prestacional do poder público.

A admissão de uma vinculação mínima do legislador ao núcleo essencial, já concretizado em matéria de direitos sociais e imposições constitucionais na seara da justiça social, conduziria ao chancelamento de fraude à Constituição, "pois o legislador, que ao legislar em matéria de proteção social apenas está a cumprir um mandamento do Constituinte, poderia, pura e simplesmente, desfazer o que fez no estrito cumprimento da Constituição".[114]

Jorge Miranda afirma que:

> "Os direitos económicos, sociais e culturais carecem, todos ou quase todos, de normas legais concretizadoras ou conformadoras para atingirem [sic] as situações da vida. [...] não é possível eliminar, pura e simplesmente, as normas legais e concretizadoras, suprimindo os direitos derivados a prestações, porque eliminá-las significaria retirar eficácia jurídica às correspondentes normas constitucionais".[115]

Valendo-se da lição do constitucionalista português, Ingo Wolfgang Sarlet registra que

> [...] o legislador não pode simplesmente eliminar as normas (legais) concretizadoras de direitos sociais, pois isto equivaleria a subtrair às normas constitucionais a sua eficácia jurídica, já que o cumprimento de

---

(112) SARLET, Ingo Wolfgang. Proibição de retrocesso, dignidade da pessoa humana e direitos sociais: manifestação de um constitucionalismo possível. In: SAMPAIO, José Adércio Leite (Coord.). *Constituição e crise política*. p. 428.
(113) *Idem*.
(114) SARLET, Ingo Wolfgang. Proibição de retrocesso, dignidade da pessoa humana e direitos sociais: manifestação de um constitucionalismo possível. In: SAMPAIO, José Adércio Leite (Coord.). *Constituição e crise política*. p. 429.
(115) MIRANDA, Jorge. *Manual de direito constitucional*. Tomo IV. p. 397.

um comando constitucional acaba por converter-se em uma proibição de destruir a situação instaurada pelo legislador.[116]

Ingo Wolfgang Sarlet[117] entende, ademais, que a total desvinculação do legislador ao núcleo essencial dos direitos fundamentais sociais violaria a própria dignidade da pessoa humana[118], o que seria inadmissível, levando-se em conta que, no âmbito das prestações mínimas para uma vida condigna, não devem prevalecer, em princípio, a objeção da reserva do possível e a ofensa aos princípios democrático e da separação dos poderes.

5.2. Omissão do Legislador e Retrocesso Social: a Falsa Identidade

A correlação entre retrocesso social e omissão legislativa é indiscutível, porém não é equivalente. O retrocesso social pressupõe um ato comissivo, formalizado, do legislador, contrariamente aos preceitos constitucionais. Logo, se a lei for contrária ao princípio da proibição de retrocesso social, estar-se-á diante de uma agressão à Constituição por ato comissivo. Na omissão, "a postura inerte do legislador é censurável do ponto de vista jurídico-constitucional, mas, obviamente, não há ato sujeito a refutação".[119]

Aceita a identidade do retrocesso social e da omissão legislativa, poder-se-ia acolher a restauração de uma omissão, "como se jamais tivesse ocorrido a concretização da norma constitucional". Com efeito, os casos de retrocesso social somente poderiam ser atacados por remédios instrumentais constitucionais, como a ação direta de inconstitucionalidade por omissão e o mandado de injunção.[120]

Outra situação a ser considerada é identificada por Felipe Derbli:

> Se, por exemplo, a declaração de inconstitucionalidade *in abstracto* de uma lei, por violação do princípio da proibição de retrocesso social, importasse na identificação de uma omissão do legislador, o resultado seria, por força do que dispõe o art. 103, § 2º, da Constituição, a notificação do Poder Legislativo para edição da norma infraconstitucional faltante, como se não houvesse qualquer lei anterior a disciplinar o tema.[121]

---

(116) SARLET, Ingo Wolfgang. Proibição de retrocesso, dignidade da pessoa humana e direitos sociais: manifestação de um constitucionalismo possível. In: SAMPAIO, José Adércio Leite (Coord.). *Constituição e crise política*. p. 429.
(117) *Idem*.
(118) O autor entende que o princípio da proibição de retrocesso social decorre, entre outros, do princípio da dignidade da pessoa humana.
(119) DERBLI, Felipe. *O princípio da proibição de retrocesso social na Constituição de 1988*. p. 266-267.
(120) DERBLI, Felipe. *O princípio da proibição de retrocesso social na Constituição de 1988*. p. 266.
(121) DERBLI, Felipe. *O princípio da proibição de retrocesso social na Constituição de 1988*. p. 267.

Nesse caso, a lei anterior, concretizadora de um direito fundamental social, seria solenemente ignorada, embora cumprisse seus propósitos. Assim, a lei nova, mesmo declarada inconstitucional, poderia revogar a lei anterior, ainda que não dispusesse sobre uma nova concretização da norma constitucional, ocasionando um verdadeiro paradoxo.[122]

5.3. Constitucionalização do Direito Legal

Igualmente alçado como objeção ao princípio da proibição de retrocesso social, está o fato de uma norma infraconstitucional, concretizando um direito social prestacional, passar a ter força de norma constitucional.

José Joaquim Gomes Canotilho[123] ensina que a dinamização da Constituição dirigente, por meio de lei infraconstitucional, pressupõe uma crescente intervenção legislativa para a conformação das tarefas constitucionais. Todavia, essa concretização por meio da legislação atualizadora não conduz à legalização da Constituição, não se podendo confundir dois aspectos que julga fundamentais, quais sejam: a "concretização legal propriamente dita" e a "elevação das medidas legais concretizadoras a direito constitucional".

Para esclarecer, o constitucionalista lusitano exemplifica: se o legislador concretizar a imposição constitucional do Serviço Nacional de Saúde ou uma imposição da progressiva gratuidade de todos os graus de ensino, pode radicar-se na (no que denomina de) consciência jurídica geral que esse grau realizado via infraconstitucional corresponde à complementação ou ao desenvolvimento do direito constitucional, "dispondo, como ele, da força ou dignidade normativa das normas constitucionais". Por outro lado, poderão ocorrer outros casos em que a concretização legislativa das normas constitucionais dirigentes "não passa de uma possível interpretação legal, dada pela maioria parlamentar ou pelo governo que nela tem apoio, em determinado contexto político". Neste último, o direito legal atualizador estará longe de um consenso básico e de uma radicação na consciência jurídica geral que venham a legitimá-lo como um "direito constitucional complementar".[124]

Por meio desse ponto de vista — continua José Joaquim Gomes Canotilho — é que se propõe a compreensão do bloco constitucional dirigente,

> [...] como um processo concretizado através de actos políticos, legislativos e outros, que se vão sucedendo na actualização das directivas constitucionais, renovando, reforçando ou alterando o seu conteúdo, até atingirem o 'consenso-legitimidade' da sua transformação em direito participante da força

---

(122) DERBLI, Felipe. *O princípio da proibição de retrocesso social na Constituição de 1988.* p. 267.
(123) CANOTILHO, José Joaquim Gomes. *Constituição dirigente e vinculação do legislador*: contributo para a compreensão das normas constitucionais programáticas. p. 411-412.
(124) CANOTILHO, José Joaquim Gomes. *Constituição dirigente e vinculação do legislador*: contributo para a compreensão das normas constitucionais programáticas. p. 412.

do direito constitucional. [...] não obstante o acolhimento de uma perspectiva normativa, não se reduzem as relações constituição-lei a esquemas de supra-infraordenação e de acto geral-acto concreto executivo, nem se regidificam as relações hierárquicas a ponto de se tornarem inexplicáveis os fenómenos de continuidade e transformação jurídico-constitucionais.[125]

Segundo Felipe Derbli, um determinado grau de densidade normativa, cuja origem esteja na concretização legal de uma norma constitucional definidora de direito social, poderá inserir-se de tal forma na consciência jurídica, que passe a ser compreendido como intrínseco à disciplina prevista na própria Constituição. Essa compreensão teria justificativa na evolução da Constituição, passando a abrigar aquela configuração do direito fundamental social. Logo, não seria exagerado afirmar "que o reconhecimento do princípio da proibição de retrocesso social é um testemunho da existência de processo informal de modificação da Constituição deflagrado pela ação do legislador".[126]

A lei infraconstitucional concretizadora do direito fundamental social permanece em sua posição hierárquica, podendo, inclusive, ser objeto de controle de constitucionalidade e revogação por lei posterior. Essa lei revogadora poderá ser inconstitucional, não por simplesmente revogar o ato normativo regulamentador de determinada norma constitucional, mas, sim, por estabelecer disciplina que contrarie a concretização legislativa já realizada de uma norma constitucional definidora de direito social.[127]

Nessa senda, não se defende a leitura da Constituição mediante a lei. O que deve ficar claro é que o princípio da proibição de retrocesso social pressupõe a possibilidade de a norma constitucional ser desenvolvida por ação do legislador infraconstitucional, a quem também se atribui a tarefa de interpretar as normas constitucionais. Logo, lei posterior que fosse contrária à norma constitucional "em sua compreensão mais estendida", seria inválida.[128]

5.4. Maior Proteção Consagrada aos Direitos Fundamentais Sociais em Face dos Direitos de Liberdade

Outra barreira levantada em relação ao princípio da proibição de retrocesso social assenta-se na suposta maior força — e portanto maior proteção — atribuída aos direitos sociais em detrimento dos direitos de liberdade.[129]

---

(125) CANOTILHO, José Joaquim Gomes. *Constituição dirigente e vinculação do legislador*: contributo para a compreensão das normas constitucionais programáticas. p. 412-413.
(126) DERBLI, Felipe. *O princípio da proibição de retrocesso social na Constituição de 1988*. p. 269.
(127) DERBLI, Felipe. *O princípio da proibição de retrocesso social na Constituição de 1988*. p. 270-271.
(128) DERBLI, Felipe. *O princípio da proibição de retrocesso social na Constituição de 1988*. p. 271.
(129) SARLET, Ingo Wolfgang. *A eficácia dos direitos fundamentais*. p. 452; e DERBLI, Felipe. *O princípio da proibição de retrocesso social na Constituição de 1988*. p. 271-272.

O óbice é insustentável, pois a Constituição brasileira de 1988 não estabelece diferenciação substancial entre os direitos fundamentais sociais e os direitos de liberdade. Com isso, a discussão de precedência, ou maior força e proteção, das duas categorias de normas constitucionais é inócua.[130]

Ademais, como afiança Felipe Derbli:

[...] não parece correto afirmar que a proteção seria maior do que aquela conferida pela Constituição portuguesa aos direitos, liberdades e garantias; ao revés, cuida-se de conferir aos direitos sociais, igualmente fundamentais, a mesma proteção, de modo a que, uma vez concretizados por leis que, inseridas no consenso básico, provoquem o desenvolvimento dos conteúdos das próprias normas constitucionais, possam apresentar o *status negativus* pacificamente reconhecido aos direitos de liberdade.[131]

Por fim, o desenvolvimento da norma constitucional definidora de direito social demanda o desenvolvimento do próprio núcleo essencial desse direito, de modo que a revogação arbitrária da norma infraconstitucional regulamentadora "significará a sua violação e, portanto, será defesa". Como acontece com os direitos fundamentais de liberdade, à lei infraconstitucional, veda-se tocar no núcleo essencial desses direitos.

Logo, o que se defende não é a concessão de tratamento superior aos direitos fundamentais sociais, mas o mesmo grau de proteção a eles e aos direitos de liberdade.[132]

5.5. Realidade Fática e Caráter Relativo do Princípio: a Observância do Núcleo Essencial

Outro ponto de resistência ao princípio da proibição de retrocesso social diz respeito ao caráter relativo dele, em face da realidade fática.

A concretização legislativa dos direitos fundamentais sociais não pode dissociar-se da realidade, com isso olvidando as circunstâncias fáticas e desconsiderando a realidade constitucional.[133] É que as relações sociais e econômicas são dinâmicas e estão ligadas a fatores de variabilidade e instabilidade da capacidade prestacional do Estado e da própria sociedade.[134] Por isso, os princípios constitucionais, igualmente, não podem estar absolutamente dissociados da realidade, incluído o princípio da proibição de retrocesso social.

---

(130) DERBLI, Felipe. *O princípio da proibição de retrocesso social na Constituição de 1988*. p. 274.
(131) *Idem*.
(132) DERBLI, Felipe. *O princípio da proibição de retrocesso social na Constituição de 1988*. p. 275.
(133) DERBLI, Felipe. *O princípio da proibição de retrocesso social na Constituição de 1988*. p. 276.
(134) SARLET, Ingo Wolfgang. *A eficácia dos direitos fundamentais*. p. 454.

Como princípio — natureza que se defende neste trabalho —, a proibição de retrocesso social não é absoluta, sendo sempre passível de ponderação.[135] Isso significa dizer que, em determinadas situações fáticas, será admissível que outros princípios venham a prevalecer sobre o princípio da proibição de retrocesso social, desde que observado o núcleo essencial dele:

> É certo, no entanto, que o próprio princípio da proibição de retrocesso social possui um núcleo essencial, que veda ao legislador a supressão pura e simples da concretização de norma constitucional que permita a fruição, pelo indivíduo, de um direito fundamental social, sem que sejam criados mecanismos equivalentes ou compensatórios.[136]

Com efeito, ainda que exista espaço para a ponderação do princípio da proibição de retrocesso social, estará excluída dessa ponderação, em regra, a possibilidade de integral supressão da regulamentação infraconstitucional de um direito social ou de uma garantia constitucional que esteja relacionada com a manutenção de um direito social. Todavia, para além desse núcleo essencial do princípio, pode-se admitir a alteração do grau de concretização legislativa da norma constitucional, isto é, a substituição da disciplina legal por outra, mantido, sempre, o núcleo essencial da norma, repisa-se.[137]

CONSIDERAÇÕES FINAIS

Os aportes científicos teóricos investigados conduzem às seguintes conclusões:

1. Na Alemanha, a origem do fenômeno da proibição do retrocesso social teve início ainda sob a discussão da eficácia dos direitos fundamentais sociais, em particular os de natureza prestacional. O tema associou-se à crise do Estado-providência, em que havia uma decrescente capacidade prestacional do Estado e, por outro lado, um aumento na demanda por prestações sociais. Com efeito, a solução naquele país foi a construção da tese de existência, no

---

(135) DERBLI, Felipe. *O princípio da proibição de retrocesso social na Constituição de 1988*. p. 277-280.
(136) " Para ilustrar a situação: em face de crise econômica, sanciona-se lei que reduza o percentual do salário-de-benefício em caso de auxílio-doença (art. 61 da Lei n. 8.213/91) de 91% para 80%, preservando os casos dos segurados que tenham direito ao auxílio ao tempo da lei nova; radicado na consciência jurídica geral que o valor do auxílio deveria ser o mais próximo possível daquele correspondente ao salário-de-benefício, isto é, o mais alto possível, esse seria o *núcleo essencial* do direito fundamental social ao auxílio-doença, devendo ser preservado. Melhor seria a manutenção do auxílio em percentual menor, em nível aceitável mas adequado à realidade fática — respeitado o seu núcleo essencial e garantida a observância do princípio da universalidade de cobertura para a seguridade social (art. 194, parágrafo único, Constituição de 1988), a manter o estado anterior e correr o risco da efetiva impossibilidade de inadimplemento das obrigações do INSS." DERBLI, Felipe. *O princípio da proibição de retrocesso social na Constituição de 1988*. p. 278-280.
(137) DERBLI, Felipe. *O princípio da proibição de retrocesso social na Constituição de 1988*. p. 281 e 283.

ordenamento constitucional, de um princípio que vedasse o retrocesso social, que, sem caráter absoluto, encontrasse formas de proteção das prestações sociais, com adaptação às mudanças sociais e econômicas. A tese assentou-se na garantia fundamental da propriedade e levou o Tribunal Constitucional Federal da Alemanha, após as duas guerras mundiais nas quais aquele país esteve envolvido, em face da destruição da noção de propriedade, ao alargamento dos direitos patrimoniais, na medida em que a liberdade na esfera patrimonial conduz à autonomia de cada um para conduzir sua existência. Esse alargamento não foi absoluto e o tribunal e a doutrina estabeleceram três requisitos para a proteção de posições jurídico-subjetivas de natureza pública pela garantia da propriedade: (a) a necessária correspondência entre a posição jurídica individual e a contraprestação pessoal de seu titular, isto é, a proibição de retrocesso social só alcançará um direito subjetivo público prestacional se houver a equivalência entre as prestações estatal e do indivíduo, devendo esta ser, ao menos, relevante; (b) a exigência de que se trate de posição jurídica de natureza patrimonial tida como de fruição privada, exclusiva e pessoal do titular; e (c) a posição jurídico-subjetiva deve destinar-se à garantia da existência de seu titular.

2. Em Portugal, os direitos sociais apresentam uma dimensão subjetiva, decorrente da sua consagração como direitos fundamentais e da radicação subjetiva das prestações, instituições e garantias necessárias à concretização dos direitos reconhecidos na Constituição (direitos derivados a prestações). Logo, assumem a condição de direitos de defesa contra as medidas retrocessivas, seja para a sua destruição, seja para a sua redução.

Nessa linha, o Tribunal Constitucional português reconheceu a existência do princípio da proibição de retrocesso social por meio do paradigmal Acórdão n. 39/84, que, em síntese, obstou a revogação do Sistema Nacional de Saúde (SNS). Rejeitada a tese de inconstitucionalidade formal, no mérito, o relator, Conselheiro Vital Moreira, tratou dos direitos sociais — especialmente o direito à saúde — como fundamentais, observando a natureza semelhante desses aos direitos de liberdade, aos direitos políticos e às garantias constitucionais.

A concepção lusitana do princípio da proibição de retrocesso social, na origem, era distinta daquela desenvolvida na Alemanha. Em Portugal adotou-se, inicialmente, a concepção do princípio sem restringi-lo às prestações de seguridade social, alcançando prestações do Estado, ainda que não decorrentes de contribuição pecuniária do titular. O problema foi tratado nos limites da ação do legislador e dos atos comissivos do Poder Legislativo que pudessem gerar efeitos semelhantes aos de sua omissão no mister de cumprir determinações constitucionais.

3. Na Itália, o reconhecimento do fenômeno da proibição de retrocesso social foi constitucionalmente identificado e sustentou-se na censura à omissão legislativa na tarefa de concretização de norma constitucional em sede legislativa

e na condenação à conduta do legislador que volta comissivamente às situações de ausência ou insuficiência de regulamentação infraconstitucional.

4. No Brasil, a proibição de retrocesso é incipiente, tanto na doutrina quanto na jurisprudência. O desbravamento do tema no direito constitucional brasileiro se deve a José Afonso da Silva, que tem as normas constitucionais definidoras de direitos sociais como normas de eficácia limitada e ligadas ao princípio programático. Necessitam, portanto, de intervenção legislativa infraconstitucional para sua concretização, vinculam os órgãos estatais e demandam uma proibição de retroceder na concretização desses direitos.

O STF lançou o primeiro pronunciamento sobre a matéria por meio do acórdão prolatado na Ação Direta de Inconstitucionalidade (ADI) n. 2.065-0-DF, na qual se debatia a extinção do Conselho Nacional de Seguridade Social e dos Conselhos Estaduais e Municipais de Previdência Social. Não obstante o STF não tenha conhecido da ação, por maioria, por entender ter havido apenas ofensa reflexa à Constituição, destaca-se o voto do relator originário, Ministro Sepúlveda Pertence, que admitia a inconstitucionalidade de lei que simplesmente revogava lei anterior necessária à eficácia plena de norma constitucional e reconhecia uma vedação genérica ao retrocesso social.

Outras decisões do STF trataram do tema da proibição de retrocesso social, como as ADIs ns. 3.105-8-DF e 3.128-7-DF, o Mandado de Segurança n. 24.875-1-DF e, mais recentemente, a ADI n. 3.104-DF. O Tribunal de Justiça do Estado do Rio Grande do Sul também já analisou o tema na Apelação Cível n. 70004480182 — que foi objeto do Recurso Especial n. 617757 para o Superior Tribunal de Justiça. A matéria mereceu análise também pela Primeira Turma Recursal dos Juizados Especiais Federais da Seção Judiciária do Estado do Mato Grosso do Sul.

5. A proibição de retrocesso social possui indubitável natureza principiológica — reconhecida pela doutrina brasileira como assente no sistema jurídico-constitucional —, haja vista exibir um elemento finalístico, traduzido na garantia do nível de concretização dos direitos fundamentais sociais e a permanente imposição constitucional de desenvolvimento dessa concretização. Por isso, nega-se a sua caracterização como simples modalidade de eficácia jurídica das normas que envolvem direitos fundamentais.

6. O princípio da proibição de retrocesso social possui conteúdos positivo e negativo. O conteúdo positivo encontra-se no dever de o legislador manter-se no propósito de ampliar, progressivamente e de acordo com as condições fáticas e jurídicas (incluindo as orçamentárias), o grau de concretização dos direitos fundamentais sociais. Não se trata de mera manutenção do *status quo*, mas de imposição da obrigação de avanço social.

O conteúdo negativo — subjacente a qualquer princípio — que, no caso, prevalece sobre o positivo, refere-se à imposição ao legislador de, ao elaborar os atos normativos, respeitar a não supressão ou a não redução, pelo menos de modo desproporcional ou irrazoável, do grau de densidade normativa que os direitos fundamentais sociais já tenham alcançado por meio da legislação infraconstitucional, isto é, por meio da legislação concretizadora dos direitos fundamentais sociais insertos na Constituição.

7. Inobstante a proibição de retrocesso social se dirija ao legislador, não se lhe impõe a prática ou a abstenção de um ato específico, não se descrevendo condutas permitidas, obrigatórias ou proibidas.

Afirma-se, com efeito, que o princípio da proibição de retrocesso social é um princípio constitucional, com caráter retrospectivo, na medida em que tem por escopo a preservação de um estado de coisas já conquistado contra a sua restrição ou supressão arbitrárias.

8. O princípio da proibição de retrocesso social tem sede material na Constituição brasileira de 1988, decorrendo dos princípios do Estado social e democrático de direito, da dignidade da pessoa humana, da máxima eficácia e efetividade das normas definidoras de direitos fundamentais, da segurança jurídica e da proteção da confiança, do valor social do trabalho e da valorização do trabalho humano.

Além disso, o princípio decorre da imposição constitucional de ampliação dos direitos fundamentais sociais, da redução das desigualdades sociais e da construção de uma sociedade marcada pela solidariedade e pela justiça social. Levam-se em consideração, ainda, a tendência do direito internacional de progressiva implementação efetiva da proteção social por parte dos Estados e o argumento de que a negação do princípio significaria que o legislador dispõe do poder de livremente tomar decisões, ainda que em flagrante desrespeito à vontade expressa do legislador constituinte.

9. O conteúdo do princípio da proibição de retrocesso social está centrado na possibilidade de reconhecimento do grau de vinculação do legislador aos ditames constitucionais relativos aos direitos sociais, significando que, como já afiançado anteriormente, uma vez alcançado determinado grau de concretização de uma norma constitucional definidora de direito social — aquela que descreve uma conduta, omissiva ou comissiva, a ser seguida pelo Estado e por particulares —, fica o legislador proibido de suprimir ou reduzir essa concretização sem a criação de mecanismo equivalente ou substituto.

10. Pode-se exprimir assim o princípio da proibição de retrocesso social: princípio que se encontra inserido implicitamente na Constituição brasileira de 1988, decorrendo do sistema jurídico-constitucional, com caráter retrospectivo, tendo como escopo a limitação da liberdade de conformação

do legislador infraconstitucional, impedindo que este possa eliminar ou reduzir, total ou parcialmente, de forma arbitrária e sem acompanhamento de política substitutiva ou equivalente, o nível de concretização alcançado por um determinado direito fundamental social.

11. O reconhecimento do princípio da proibição de retrocesso social no sistema jurídico-constitucional pátrio não está livre de objeções.

A primeira objeção centra-se na alegação de inexistência de definição constitucional acerca do conteúdo do objeto dos direitos fundamentais sociais. Logo, esses direitos seriam indetermináveis sem a intervenção do legislador, cuja liberdade encontraria limites apenas no princípio da confiança e na necessidade de justificação das medidas reducionistas. Contudo, a aceitação dessa concepção outorgaria ao legislador o poder de disposição do conteúdo essencial dos direitos fundamentais sociais, ocasionando fraude à Constituição por violação à própria dignidade humana.

O segundo óbice é a alegada equivalência entre retrocesso social e omissão legislativa. Sucede que, embora correlatas, não há equivalência entre ambas, pois o retrocesso social pressupõe um ato comissivo, formal, do legislador, que venha de encontro aos preceitos constitucionais. Já a omissão, embora censurável do ponto de vista jurídico-constitucional, não se trata de ato sujeito a refutação.

A terceira objeção refere-se ao fato de uma norma constitucional, ao concretizar um direito social prestacional, passar a ter força de norma constitucional, isto é, ocorre a constitucionalização do direto legal. A tese é rebatida ao argumento de que há possibilidade de um processo informal de modificação da Constituição por meio da ação do legislador, que teria como justificativa a evolução da própria Constituição.

O quarto obstáculo funda-se na suposta maior força, e, portanto, maior proteção, que seria atribuída aos direitos sociais em detrimento dos direitos de liberdade. Contrapõe-se a afirmação com a constatação de que a Constituição brasileira não estabelece diferenciação substancial entre os direitos fundamentais sociais e os direitos de liberdade, conferindo a ambos a mesma proteção.

O quinto empecilho estudado refere-se ao caráter relativo do princípio em face da realidade fática. A concretização legislativa dos direitos fundamentais sociais não pode dissociar-se da realidade. Assim, o princípio da proibição de retrocesso social não é absoluto, podendo ser, inclusive, objeto de ponderação. Dessa ponderação estará excluída, em regra, a possibilidade de integral supressão da regulamentação infraconstitucional de um direito fundamental social ou de uma garantia constitucional relacionada com a manutenção desse direito. Porém, para além desse núcleo essencial do princípio é admitida a alteração do grau de concretização legislativa.

REFERÊNCIAS BIBLIOGRÁFICAS

ABRAMOVICH, Victor; COURTIS, Christian. *Los derechos sociales como derechos exigibles*. Prólogo de Luigi Ferrajoli. Madrid: Trotta, 2002.

ALEMANHA. Lei Fundamental da República Federal da Alemanha. Disponível em: <http://www.brasilia.diplo.de/vertretung/brasilia/pt/03/constituicao/indice_20geral.html>. Acesso em: 5 jul. 2007.

BARROSO, Luís Roberto. *O direito constitucional e a efetividade de suas normas*: limites e possibilidades da Constituição brasileira. 8. ed. Rio de Janeiro: Renovar, 2006.

BARROSO, Luís Roberto; BARCELLOS, Ana Paula. O começo da História. A nova interpretação constitucional e o papel dos princípios no direito brasileiro. In: BARROSO, Luís Roberto (Org.). *A nova interpretação constitucional*: ponderação, direitos fundamentais e relações privadas. 2. ed. Rio de Janeiro: Renovar, 2006.

BRASIL. Primeira Turma Recursal dos Juizados Especiais Federais da Seção Judiciária do Mato Grosso do Sul. Processo n. 2003.60.84.002388-1. Relator: Juiz Federal Renato Toniasso. Decisão de 26.04.04. Disponível em: <http://www.cjf.gov.br>. Acesso em: 3 abril 2007.

BRASIL. Primeira Turma Recursal dos Juizados Especiais Federais da Seção Judiciária do Mato Grosso do Sul. Processo n. 2003.60.84.002458-7. Relator: Juiz Federal Renato Toniasso. Decisão de 26.04.04. Disponível em: <http://www.cjf.gov.br>. Acesso em: 3 abril 2007.

BRASIL. Superior Tribunal de Justiça. Recurso Especial n. 617757. Relator: Ministro Antônio de Pádua Ribeiro. Disponível em: <http://www.stj.gov.br>. Acesso em: 2 jul. 2007.

BRASIL. Supremo Tribunal Federal. Ação Direta de Inconstitucionalidade n. 2.065-0-DF. Relator para o acórdão: Ministro Maurício Corrêa. Disponível em: <http://www.stf.gov.br/jurisprudencia/IT/in_processo.asp?origem=IT&classe=&processo=2065&recurso=0&tip_julgamento=M>. Acesso em: 29 jun. 2007.

BRASIL. Supremo Tribunal Federal. Ação Direta de Inconstitucionalidade n. 3.105-8-DF. Relator: Ministro Cezar Peluso. Disponível em: <http://www.stf.gov.br/jurisprudencia/IT/in_processo.asp?origem=IT&classe=&processo=3105&recurso=0&tip_julgamento=M>. Acesso em: 29 jun. 2007. A relatora originária era a Ministra Ellen Gracie.

BRASIL. Supremo Tribunal Federal. Ação Direta de Inconstitucionalidade n. 3.128-7-DF. Relator para o acórdão: Ministro Cezar Peluso. Disponível em: <http://www.stf.gov.br/jurisprudencia/IT/in_processo.asp?origem=IT&classe=&processo=3128&recurso=0&tip_julgamento=M>. Acesso em: 29 jun. 2007.

BRASIL. Supremo Tribunal Federal. Ação Direta de Inconstitucionalidade n. 3.104-DF. Relatora: Ministra Carmen Lúcia. Disponível em: <http://www.stf.gov.br/portal/processo/verProcessoAndamento.asp?numero=3104&classe=ADI&origem=AP&recurso=0&tipoJulgamento=M>. Acesso em: 19 maio. 2008.

BRASIL. Supremo Tribunal Federal. Mandado de Segurança n. 24.875-1-DF. Relator: Ministro Sepúlveda Pertence. Disponível em: <http://www.stf.gov.br/jurisprudencia/IT/in_processo.asp?origem=IT&classe=&processo=24875&recurso=0&tip_julgamento=M>. Acesso em: 29 jun. 2007.

CANOTILHO, José Joaquim Gomes. *Constituição dirigente e vinculação do legislador*: contributo para a compreensão das normas constitucionais programáticas. 2. ed. Coimbra: Coimbra Editora, 2001.

_____. *Direito constitucional e teoria da constituição*. 7 ed. Coimbra: Almedina, 2004.

CANOTILHO, José Joaquim Gomes; MOREIRA, Vital. *Fundamentos da constituição*. Coimbra: Coimbra Editora, 1991.

CARBONELL, Miguel. La garantía de los derechos sociales en la teoría de Luigi Ferrajoli. In: CARBONELL, Miguel; SALAZAR, Pedro (Org.). *Garantismo*: estudios sobre el pensamiento jurídico de Luigi Ferrajoli. Madrid/México: Trotta/UNAM, 2005.

CAUPERS, João. *Os direitos fundamentais dos trabalhadores e a constituição*. Lisboa: Almedina, 1985.

DERBLI, Felipe. *O princípio da proibição de retrocesso social na Constituição de 1988*. Rio de Janeiro: Renovar, 2007.

GRAU, Eros Roberto. *A ordem econômica na Constituição de 1988*: interpretação e crítica. 11. ed. São Paulo: Malheiros, 2006.

HESSE, Konrad. *Elementos de direito constitucional da República Federal da Alemanha*. Tradução de Luís Afonso Heck. 20. ed. Porto Alegre: Sérgio Antonio Fabris, 1998.

MENDONÇA, José Vicente dos Santos. Vedação do retrocesso: o que é e como perder o medo. *Revista de Direito da Associação dos Procuradores do Novo Estado do Rio de Janeiro*. Rio de Janeiro: Lumen Juris, 2003. v. XII.

MIRANDA, Jorge. *Manual de direito constitucional*. 3. ed. Coimbra: Coimbra Editora, 2000. t. IV.

MOLINARO, Carlos Alberto. *Direito ambiental*: proibição de retrocesso. Porto Alegre: Livraria do Advogado, 2007.

PORTUGAL. Tribunal Constitucional. Processo n. 06/83. Acórdão n. 39/84. Relator: Conselheiro Vital Moreira. Diário da República, [Lisboa], I Série, n. 104, 05 maio 1984.

PORTUGAL. Tribunal Constitucional. Processo n. 768/02. Acórdão n. 509/02. Relator: Conselheiro Luís Nunes de Almeida. Disponível em: <http://www.tribunalconstitucional.pt/tc/acordaos/20020509.html?>. Acesso em: 3 abril 2007.

QUEIROZ, Cristina. *O princípio da não reversibilidade dos direitos fundamentais sociais*: princípios dogmáticos e prática jurisprudencial. Coimbra: Coimbra Editora, 2006.

RIO GRANDE DO SUL. Tribunal de Justiça do Estado do Rio Grande do Sul. Apelação Cível n. 70004480182. Relator: Desembargador Marco Aurélio dos Santos Caminha. Disponível em: <http://www.tj.rs.gov.br>. Acesso em: 3 abril 2007.

SARLET, Ingo Wolfgang. O estado social de direito, a proibição de retrocesso e a garantia fundamental da propriedade. *Revista Diálogo Jurídico*, Salvador, CAJ, Centro de Atualização Jurídica, v. I, n. 4, julho, 2001. Disponível em: <http://www.direitopublico.com.br>. Acesso em: 11 dez. 2006.

_____. A eficácia do direito fundamental à segurança jurídica: dignidade da pessoa humana, direitos fundamentais e proibição de retrocesso social no direito constitucional brasileiro. Disponível em: <http://www.mundojuridico.com.br>. Acesso em: 10 jan. 2007.

SILVA, José Afonso da. *Aplicabilidade das normas constitucionais*. 7 ed. São Paulo: Malheiros, 2007.

STRECK, Lenio Luiz. *Hermenêutica jurídica e(m) crise*: uma exploração hermenêutica da construção do direito. 5. ed. Porto Alegre: Livraria do Advogado, 2004.

DIGNIDADE DA PESSOA HUMANA, VALORES SOCIAIS DO TRABALHO E DA LIVRE-INICIATIVA: POR UMA "HERMENÊUTICA RESPONSÁVEL" EM RESGATE DA TUTELA DAS NORMAS TRABALHISTAS

Rodrigo Goldschmidt(*)
Oscar Krost(**)

*"(...) todo amor é sagrado
e o fruto do trabalho é
mais que sagrado (...)"*(***)

RESUMO

O presente estudo se divide em duas partes, sendo na primeira delas apreciada a evolução histórica do conceito de dignidade da pessoa humana, sua relação com os valores sociais do trabalho e da livre iniciativa na Constituição de 1988, bem como a quebra paradigmática promovida no sistema jurídico nacional. Na segunda parte, é realizada a análise de casos práticos na seara trabalhista e formuladas propostas de releitura de algumas normas vigentes, por meio de uma "hermenêutica responsável", na busca da realização da dignidade do trabalhador e da melhoria da sua condição social.

Palavras-chave: Hermenêutica. Direitos trabalhistas. Dignidade da pessoa humana. Valor social do trabalho. Valor social da livre iniciativa. Resgate da tutela

INTRODUÇÃO

Há pelo menos quatro décadas, com o fim da Era de Ouro do Capitalismo e o início das Décadas de Crise (HOBSBAWN, 2002), o mundo presencia o desmanche

---

(*) Juiz do Trabalho do TRT da 12ª Região/SC. Especialista em Direito Civil e Responsabilidade Civil — UPF. Mestre e Doutor em Direito pela UFSC. Professor de Cursos de graduação, pós-graduação e Preparatório para Magistratura do Trabalho-AMATRA12.
(**) Juiz do Trabalho do TRT da 12ª Região/SC Membro do Instituto de Pesquisas e Estudos Avançados da Magistratura e do Ministério Público do Trabalho — IPEATRA.
(***) Canção *"Amor de índio"*, de Beto Guedes e Ronaldo Bastos, imortalizada na voz de Milton Nascimento, cuja letra se encontra disponível em: <http://letras.terra.com.br/beto-guedes/44530/>. Acesso em: 31.10.2011.

do Estado de Bem-Estar Social, sendo o Direito do Trabalho, como um de seus principais pilares, alvo frequente de ataques, por meio de ações de flexibilização e de desregulamentação.

Diversos atores sociais vêm sendo indicados como responsáveis pela gradual fragilização da normatividade tutelar do trabalho, sendo poucos os Operadores do Direito, entre Advogados, membros do Ministério Público e da Magistratura que, ao fazerem uma reflexão sobre o tema, reconhecem sua participação ativa nesse fenômeno.

A busca pela preservação de conquistas históricas dos trabalhadores vem se mostrando insuficiente para frear a erosão dos direitos laborais, distanciando cada vez mais da realidade a tutela prometida pelo Direito do Trabalho e pela própria Carta Política de 1988, fato preocupante em tempos de reinvenção diária dos elos formadores da cadeia produtiva, por conta do surgimento de novas formas de exploração humana. Apresenta-se emergencial um agir de todos os envolvidos no meio jurídico, pautado em uma "hermenêutica responsável" da normatividade afeta ao trabalho subordinado, na busca da realização de dignidade da pessoa humana.

Diante de tais considerações, pretende-se neste estudo examinar a evolução histórica do conceito de dignidade da pessoa humana, sua relação com os valores sociais do trabalho e da livre iniciativa na Constituição de 1988, bem como a quebra paradigmática por esta promovida no sistema jurídico nacional para, em um segundo momento, a partir da abordagem de alguns casos práticos na seara trabalhista, formular uma proposta de releitura de algumas normas vigentes, por meio de uma "hermenêutica responsável", com o objetivo de promover a dignidade do trabalhador e a melhoria da sua condição social.

1. CONSTITUIÇÃO DE 1988. DIGNIDADE DA PESSOA HUMANA E VALORES SOCIAIS DO TRABALHO E DA LIVRE-INICIATIVA. CONCEITO E RELEVÂNCIA. RUPTURA PARADIGMÁTICA

A Constituição de 1988, conhecida pela alcunha de Carta Cidadã, reveste-se de um significado especial para a história do país, por representar o marco jurídico-político final de quase duas décadas de um regime de exceção ao longo do qual as liberdades individuais poderiam ser suspensas por decisão do Presidente da República, com amparo no Ato Institucional n. 05/1968.[1]

Formada por matizes de todos os segmentos políticos, foi a Assembleia Nacional Constituinte, iniciada em 1986, um dos eventos mais marcantes na

---

(1) O inteiro teor do Ato Institucional n. 05/1968 se encontra em: <http://www6.senado.gov.br/legislacao/ListaNormas.action?numero=5&tipo_norma=AIT&data=19681213&link=s>. Acesso em: 31.10.2011.

retomada da democracia brasileira, ainda sob forte influência das "Diretas Já", movimento de massas em defesa do voto direto.

Por conta de tal cenário, verifica-se a positivação dos anseios populares no preâmbulo e nos primeiros dispositivos da Lei Maior, em especial nos arts. 1º, 3º e 5º, por proclamar o país um Estado Democrático de Direito, fundado na cidadania, na soberania, na dignidade da pessoa humana, nos valores sociais do trabalho e da livre-iniciativa, bem como no pluralismo político, tendo por objetivos fundamentais a construção e o desenvolvimento de uma sociedade livre, justa e solidária.

Dos fundamentos em questão, a dignidade da pessoa humana e os valores sociais do trabalho e da livre iniciativa ostentam central importância ao estudo em curso, pela intrínseca vinculação com o labor subordinado.

Quanto à "dignidade da pessoa humana", pela própria complexidade do termo, necessária uma breve digressão sobre seu desenvolvimento junto à Filosofia.

Rabenhorst[2] sustenta que na sociedade grega a dignidade não se manifestava da mesma forma em todos os indivíduos, variando em função da posição que estes ocupavam dentro da *polis*.

Essa ideia de dignidade como "hierarquia", sustentando relações de poder fulcradas na condição diferenciada e proeminente de algumas pessoas em face de outras, perdurou ao longo de toda a história.

Assim se deu na Roma antiga, entre patrícios e plebeus; na Idade Média, entre senhores feudais e servos e na idade moderna, entre colonizadores e colonizados.

Na idade contemporânea, várias foram e são as manifestações dessa concepção hierárquica de dignidade, sendo um de seus maiores exemplos a suposta supremacia da raça ariana defendida pelos nazistas.

As concepções rudimentares em torno da ideia de que os homens são iguais em dignidade surgiram na Filosofia Estoica.

Tomás de Aquino[3], por seu turno, estabelece uma espécie de escala entre os seres inanimados e animados, destacando, entre estes últimos, o homem como ser supremo, dado a sua inteligência, fator que o aproxima do Divino.

Procurando encontrar uma explicação lógica (racional-científica) às sagradas escrituras, principalmente quanto à questão da *Imago Dei* (imagem de Deus — o homem foi criado à imagem e à semelhança de Deus), Tomás de Aquino procura

---

(2) RABENHORST, Eduardo Ramalho. *Dignidade humana e moralidade democrática*. Brasília: Brasília Jurídica, 2001. p. 16.
(3) AQUINO, Tomás de. *Compêndio de teologia*. Tradução de D. Odilão Moura. Rio de Janeiro: Presença, 1977. p. 82-83.

enquadrar o homem em posição destacada no plano da Criação (dignidade humana), colocando em evidência a racionalidade (inteligência) deste.

De outro canto, Giovanni Pico Della Mirandola, considerado o maior expoente do humanismo renascentista, exalta a filosofia e vê na capacidade de filosofar (racionalidade) a nota que distingue o homem dos demais seres vivos. A par disso, Pico assevera que o homem é livre para tomar as decisões essenciais sobre o seu próprio destino.

A dignidade do homem, segundo Pico, advém da sua extraordinária capacidade de raciocinar e de ser livre para estabelecer escolhas para a sua vida, fator que o diferencia das bestas e lhe dá um feitio quase que divino.

Immanuel Kant, segundo Rabenhorst[4], foi o filósofo que melhor estabeleceu a noção de autonomia e a ideia de dignidade humana.

Kant estabelece uma distinção entre os seres irracionais, considerando-os como meio, e os seres racionais, considerando-os como um fim em si mesmo. Estes últimos, porque dotados de razão, possuem autonomia que os torna dignos de respeito e de consideração.

Dessas deduções filosóficas, Kant vai depurando seu pensamento até chegar à formulação daquilo que denomina imperativo categórico, ou seja, uma máxima de conduta, dedutível da racionalidade pura do homem, que idealisticamente deve conduzir a sua ação no plano individual e no plano social de suas relações intersubjetivas.

Tal imperativo categórico é lançado por Kant[5] nos seguintes termos: "Procede de maneira que trates a humanidade, tanto na tua pessoa como na pessoa de todos os outros, sempre ao mesmo tempo como fim, e nunca como puro meio."

Nessa linha, conceitua dignidade nos seguintes termos:

> No reino dos fins tudo tem um PREÇO ou uma DIGNIDADE. Uma coisa que tem um preço pode ser substituída por qualquer outra coisa equivalente; pelo contrário, o que está acima de todo preço e, por conseguinte, o que não admite equivalente, é o que tem uma dignidade[6].

Do sistema filosófico de Kant nasce a ideia de que o homem, por ser dotado de dignidade, é um fim em si mesmo e, por isso, não pode ser coisificado (tratado como mero objeto) e, muito menos, instrumentalizado (tratado como meio para atingir um determinado fim) por seus semelhantes.

---

(4) RABENHORST, Eduardo Ramalho. *Dignidade humana e moralidade democrática*. p. 16.
(5) KANT, Immanuel. *Fundamentação da metafísica dos costumes*. Tradução de António Pinto de Carvalho. São Paulo: Companhia Editora Nacional, 1964. p. 92.
(6) KANT, Immanuel. *Fundamentação da metafísica dos costumes*. p. 98.

Todavia, passadas as experiências históricas da Revolução Industrial e das duas Grandes Guerras Mundiais, que evidenciaram exemplos tristes de violação da dignidade humana, foi verificado que não bastava meramente proclamar a dignidade da pessoa humana. Era necessário protegê-la com instrumentos que pudessem ser exigidos coercitivamente, transformando-a em uma categoria jurídica, vindo a integrar, inclusive, diplomas internacionais, como o Tratado de Versalhes (1919) e a Declaração Universal dos Direitos dos Homens (1948).

Assim, pertinente destacar o entendimento de Sarlet[7], para quem:

> (...) a qualificação da dignidade da pessoa humana como princípio fundamental traduz a certeza de que o art. 1º, inciso III, de nossa Lei Fundamental não contém apenas (embora também e acima de tudo) uma declaração de conteúdo ético e moral, mas que constitui norma jurídico-positiva dotada, em sua plenitude, de *status* constitucional formal e material e, como tal, inequivocamente carregado de eficácia.

Em síntese, a dignidade da pessoa humana, para além de uma categoria filosófica, figura como fundamento da ordem jurídica, sendo por esta protegida, exigindo do Estado e dos particulares condutas que não só respeitem a individualidade do homem, como também lhe proporcionem tratamento igualitário perante os seus semelhantes, inclusive com medidas concretas (prestações materiais) que lhe proporcionem existência digna.

Sob inegável influência das correntes filosóficas descritas, rompendo com o paradigma vigente, foi a dignidade da pessoa humana erigida pelo Constituinte brasileiro não "apenas" a um Princípio, tendo *"alçado a epicentro do ordenamento jurídico"*, segundo expressão de Flórez-Valdez[8], devendo as demais normas a este se submeter quanto à finalidade.

Partindo desta compreensão, verifica-se que os "valores sociais do trabalho e da livre-iniciativa" alcançam a atividade produtiva como conjugação do trabalho humano subordinado com a atividade empreendedora de capital para além da simples produção de riqueza aos envolvidos, atingindo outros efeitos, *v. g.*: geração de impostos ao Estado, desenvolvimento cultural e tecnológico para as comunidades próximas e atração de investimentos estrangeiros.

Com isso, a Constituição explicita não apenas seus objetivos (construção e desenvolvimento de uma sociedade livre, justa e solidária e promoção do bem comum), mas também os parâmetros a serem observados para alcançá-los (valores sociais do trabalho e na livre-iniciativa), na busca da realização de um fim maior: a dignidade da pessoa humana.

---

(7) SARLET, Ingo Wolfgang. *Dignidade da pessoa humana e direitos fundamentais*. 3. ed. rev., atual. e ampl. Porto Alegre: Livraria do Advogado, 2004. p. 70.
(8) *apud* DELGADO, Gabriela Neves. *Direito fundamental ao trabalho digno*. São Paulo: LTr, 2006. p. 79.

Para Grau[9] a adjetivação "valor social" atribuída pela Lei Maior, em seu art. 1º, inciso IV, refere-se tanto ao trabalho quanto à livre-iniciativa, devendo esta ser compreendida não "como expressão individualista, mas sim no quanto expressa de socialmente valioso", sendo "um modo de expressão do trabalho e, por isso mesmo, corolária da valorização do trabalho livre — como observa Miguel Reale Júnior — em uma sociedade livre e pluralista."

Embora aparentemente óbvia, dita constatação simboliza um movimento de vanguarda no ordenamento jurídico nacional, na medida em que simples leitura do art. 160 da Constituição anterior, de 1967, com as alterações promovidas pela Emenda Constitucional n. 01/1969, confirma a cisão conceitual ocorrida:

> Art. 160. A ordem econômica e social tem por fim realizar o desenvolvimento nacional e a justiça social, com base nos seguintes princípios:
>
> I — liberdade de iniciativa;
>
> II — valorização do trabalho como condição da dignidade humana;
>
> III — função social da propriedade;
>
> IV — harmonia e solidariedade entre as categorias sociais de produção;
>
> V — repressão ao abuso do poder econômico, caracterizado pelo domínio dos mercados, à eliminação da concorrência e ao aumento arbitrário dos lucros; e
>
> VI — expansão das oportunidades de emprego produtivo.

Não bastasse o fato de a livre iniciativa se encontrar no inciso I, sem qualquer menção a seu valor social ou à relação com o trabalho, dando conta da importância exclusiva de seu viés "privado", entre patrão e empregado, o inciso II representa a única passagem em toda Carta Política ora citada em que é feita menção à dignidade humana, ainda assim, como objetivo da valorização do trabalho, igualmente sem qualquer efeito que transcenda a esfera particular dos sujeitos contratantes.

Além disso, importante esclarecer que embora "materialmente" fundamentais, os direitos trabalhistas não eram assim considerados "formalmente", por se encontrarem previstos no capítulo relativo à ordem econômica e social, como mero elemento da produção.[10]

Apenas a partir da Constituição de 1988, pelo deslocamento tópico e axiológico dos direitos laborais do final do texto para seu início, passando a compor o título dos Direitos Sociais, espécie de Direitos Fundamentais, é que "pela primeira vez na história do constitucionalismo pátrio, a matéria foi tratada com a merecida relevância", segundo Sarlet[11].

---

(9) GRAU, Eros. *A ordem econômica na Constituição de 1988*. 6. ed. São Paulo: Malheiros, 2000. p. 236-241.
(10) Art. 160 da Constituição de 1967, disponível em: <http://www.planalto.gov.br/ccivil_03/Constituicao/Emendas/Emc_anterior1988/emc01-69.htm>. Acesso em: 28.10.2011.
(11) SARLET, Ingo Wolfgang. *A eficácia dos direitos fundamentais*. Porto Alegre: Livraria do Advogado, 2001. p. 65.

Esta transformação produz, como principal efeito, a consagração de um novo patamar jurídico-social, passando o homem de uma situação em que *titular da força produtiva à disposição de outrem*, como "quase-coisa", ao *centro de todo o arcabouço normativo* atraindo, para o interior da Constituição, os Princípios típicos do ramo do Direito que rege as relações de emprego.

Reforçando a centralidade do ser humano e dos valores sociais do trabalho e da livre-iniciativa, o *status* de garantia fundamental constitucional atingido em 1988 pelo direito de ação para postular o pagamento de créditos gerados na relação de emprego, por sua finalidade alimentar (art. 7º, inciso XXIX, da Carta Política), e a chancela da cobrança por meios mais "agressivos" do que os disponibilizados às demais categorias de credores (arts. 186 do CTN e 899 da CLT).

Mesmo com toda a clareza do texto constitucional e a existência de um complexo normativo de tutela, incluindo as disposições afetas à cobrança dos créditos daí decorrentes, o que se constata na prática é a incessante erosão das conquistas sociais dos trabalhadores, pela flexibilização decorrente de interpretações *in pejus* por parte dos Operadores do Direito, em sentido contrário à marcha histórica consagrada na Constituição vigente.

2. "HERMENÊUTICA RESPONSÁVEL". AÇÕES AFIRMATIVAS DA DIGNIDADE DA PESSOA HUMANA. RELEITURA DAS REGRAS TRABALHISTAS DE DIREITO MATERIAL E PROCESSUAL

Um dos "antídotos" capazes de neutralizar os nefastos efeitos da flexibilização da tutela normativa das relações de trabalho, em sede judicial, encontra-se nas mesmas mãos que insistem, por vezes inconscientemente, em inocular o "veneno", e atende pelo nome de **ações afirmativas da dignidade da pessoa humana.**

Ao contrário do que uma rápida leitura possa transparecer, não se encontra em jogo o emprego da dignidade humana com apelo de discriminação positiva, como a prevista em lei para tutelar, *v. g.*, crianças e pessoas com deficiência.

Na realidade, a pretensão possui maior amplitude e busca gerar um espectro difuso a todos os trabalhadores, pela invocação do Estado e da sociedade civil, em especial dos particulares, a agir na preservação do conteúdo mínimo e tuitivo das disposições relativas ao trabalho.

Para tanto, o estudo em curso se limita a analisar as ações afirmativas em sede judicial, passíveis de imediata adoção daquilo que denominamos "hermenêutica responsável" por todos os Operadores do Direito, assim compreendida a busca pela aproximação da Constituição Formal (texto constitucional) da Constituição Real (a vida concreta das pessoas), interpretando o direito em consonância com a realidade para atender às verdadeiras carências da população.

A este respeito, sustenta Barroso[12], que "o constituinte é invariavelmente mais progressista que o legislador ordinário. Tal fato dá relevo às potencialidades do direito constitucional, e suas possibilidades interpretativas", ao que se pretende dar vazão, a partir de casos práticos (casuística), nos tópicos que seguem.

2.1. Princípio da Boa-Fé Objetiva como fonte de obrigações

Inexiste um conceito abrangente de boa-fé no Ordenamento Jurídico Brasileiro, argumentando Araújo[13] não possuir a expressão "uma definição exata, tanto no Direito Privado genericamente quanto no Direito do Trabalho especificamente". Tal circunstância não resulta do acaso, sendo decorrência de sua própria evolução histórica no Direito Ocidental.

Em Roma, a questão recaía sobre o termo *fides*, separado em dois planos: interno e externo. O primeiro correspondia às promessas e aos deveres por proteção, do *cliens*, classe intermediária entre cidadãos e escravos, enquanto que o segundo dizia respeito à "submissão dos povos conquistados e sua assimilação à ordem romana", também de acordo com Araújo[14].

Posteriormente, a partir da Idade Média, o Direito Romano incorporou, pelo contato com a cultura germânica, a ideia de lealdade e confiança à boa-fé, figurando pela primeira vez em uma codificação em 1804, no Código Civil de Napoleão. Porém, era tido como um valor menor, prevalecendo uma visão individualista pautada na autonomia da vontade Araújo[15]. Neste cenário, o Juiz deveria atuar como mero aplicador da lei, a qual pretendia reger todas as hipóteses fáticas, sem qualquer lacuna ou contradição.

Apenas em 1900, com o Código Civil alemão (*Bürgerliches Gesetzbuch — BGB*), alcançou a boa-fé maior reconhecimento, sendo feita, inclusive, a distinção entre suas faces subjetiva e objetiva (*guter glauben* e *treu und glauben*), vindo a influenciar diversas codificações, por todo o mundo, como a italiana (1942), a portuguesa (1966) e a espanhola (1974)(HENTZ, 2011).

No ordenamento jurídico brasileiro, foi positivada pela primeira vez no Código Comercial (1850, art. 131, "1"), não alcançando qualquer efetividade, tendo papel limitado a mero critério de interpretação.

O registro seguinte no país veio com o Código Civil (1916, art. 112), novamente com pouca importância, por conta da pretensão de Clóvis Beviláqua, autor do projeto,

---

(12) BARROSO, Luís Roberto. *Interpretação e aplicação da Constituição*. 7. ed. São Paulo: Saraiva, 2002. p. 303.
(13) ARAÚJO, Francisco Rossal de. *A boa-fé no contrato de emprego*. São Paulo: LTr, 1996. p. 21.
(14) ARAÚJO, Francisco Rossal de. *A boa-fé no contrato de emprego*. p. 23-4.
(15) ARAÚJO, Francisco Rossal de. *A boa-fé no contrato de emprego*. p. 26-7.

à plenitude e de seu apego à segurança, certeza e clareza, inviabilizando a formulação de cláusulas abertas, segundo Martins-Costa[16].

Após o término da Segunda Grande Guerra, ainda sob o impacto do legado deixado por regimes ditatoriais legitimados pelo positivismo jurídico levado a seu extremo, ocorre a reavaliação em diversos países das estruturas que formavam cada ordenamento normativo, perdendo espaço o modelo rígido, com aspiração à completude e sem incongruências, composto basicamente por regras formais harmonizadas segundo critérios lógicos e primando pela segurança jurídica.

Ganha evidência o conceito de um complexo de normas, aí incluídos além das regras os Princípios, inacabado e em constante evolução, objetivando um maior grau de justiça. Os valores, considerados até então um mal a ser expurgado do direito, passam a ocupar o papel de legítima fonte, deixando o Juiz de ser "a boca da lei", para se tornar um verdadeiro construtor do sentido das normas.

Assim, quase ao final do século XX, pela promulgação do Código de Defesa do Consumidor (Lei n. 8.078/90, arts. 4º, inciso III, e 51, inciso IV), consequência direta dos fundamentos adotados pela nova Constituição, em especial ao presente estudo, de valorização social do trabalho e da livre iniciativa (1988, arts. 1º, inciso IV e 170), ocorre a plena consagração da boa-fé objetiva no direito brasileiro, como elemento útil à interpretação de cláusulas contratuais e à integração das obrigações.

Seguindo a escola alemã, também no Brasil há consenso na doutrina e na jurisprudência sobre a manifestação da boa-fé sob duas vertentes diversas, porém complementares: a subjetiva e a objetiva.

A primeira corresponde ao *animus* dos sujeitos envolvidos na relação jurídica e ocupa o plano volitivo, de intenções. É capaz de acarretar a declaração de invalidade do negócio, quando maculada por vício grave (art. 112 do Código Civil).

A segunda se apresenta como um "padrão ético de conduta e lealdade, indispensável para o próprio desenvolvimento normal da convivência social", nas palavras de Aguiar Júnior[17], ou seja, o agir de quem se preocupa de modo razoável em não causar danos a terceiros, sob quaisquer aspectos.

Para Couto e Silva[18], a boa-fé objetiva "contribuiu para determinar 'o que' e 'como' da prestação e, ao relacionar ambos os figurantes do vínculo, fixa, também, os limites da prestação".

---

(16) MARTINS-COSTA, Judith. *A boa-fé no direito privado: sistema e tópica no processo obrigacional*. São Paulo: Revista dos Tribunais, 2000. p. 267.
(17) AGUIAR JÚNIOR, Ruy Rosado. *Extinção dos contratos por incumprimento do devedor*. Rio de Janeiro: Aide, 1991. p. 239.
(18) COUTO E SILVA, Clóvis Veríssimo do. *A obrigação como processo*. São Paulo: José Bushatsky 1976. p. 30.

Ambas as faces se encontram em todos os vínculos, não sendo a subjetiva, por vezes, passível de análise ou prova pela parte contrária, o mesmo não ocorrendo com a objetiva.

Por conta do grau de abstração e da importância para as relações obrigacionais, é considerada verdadeiro Princípio Geral de Direito[19], do qual emanam legítimas diretrizes, as quais, para Plá Rodrigues[20], possuem tripla função, pois "podem servir para promover e embasar a aprovação de novas normas, orientar a interpretação das existentes e resolver os casos não previstos".

Apresenta-se no Direito Brasileiro, explícito quanto ao conceito, porém implícito, no tocante ao dever de observância (arts. 113, 187 e 422 do Código Civil).

Acerca dos Princípios implícitos, de grande valia a posição de Grau[21], no sentido de que "não constituem criação jurisprudencial; e não preexistem externamente ao ordenamento", sendo, na realidade, apenas descobertos em cada caso, pois se "encontravam, em estado de latência".

A relação de emprego, por conta da desigualdade de forças dos contratantes é influenciada pelo Princípio Protetivo e suas projeções (*in dubio pro operario*, aplicação da regra mais favorável e da condição mais benéfica), atraindo a influência dos demais, principalmente o da Boa-Fé Objetiva, em todas as fases do contrato (antes, durante e depois), norteando o agir de ambos os sujeitos.

Embora as obrigações principais de empregado e empregador sejam prestar trabalho e pagar salários, não há como deixar de reconhecer a complexidade alcançada pela relação de emprego, verdadeiro feixe obrigacional,[22] sendo que notória a relevância do agir ético por ambos os sujeitos nos lapsos pré-contratual, contratual e pós-contratual.

Na fase anterior à admissão do trabalhador, devem os contratantes evitar a criação de falsas expectativas no outro, fornecendo informações verídicas a respeito de tudo o que for relevante ao ajuste, independentemente de solicitação, tal como experiências prévias, conhecimentos técnicos, valores de salários, horários de trabalho e benefícios, sempre observados os limites estabelecidos em lei (art. 373-A, inciso IV, da CLT).

Encerrada a etapa de tratativas, ficam os sujeitos vinculados às próprias ofertas (art. 427 do Código Civil), não podendo delas desistir sem uma justificativa relevante, sob pena de gerar danos e o dever de repará-los.

---

(19) AGUIAR JÚNIOR, Ruy Rosado. *Extinção dos contratos por incumprimento do devedor*. p. 239.
(20) PLÁ RODRIGUEZ, Américo. *Princípios de direito do trabalho*. São Paulo: LTr: Editora da Universidade de São Paulo, 1978. p. 15.
(21) GRAU, Eros. *Ensaio e discurso sobre a interpretação/aplicação do direito*. São Paulo: Malheiros, 2002. p. 38.
(22) Confirmando a complexidade obrigacional do contrato de trabalho, as diversas condutas cuja violação pode configurar justa causa, conforme rol exemplificativo dos arts. 482 e 483 da CLT.

Com efeito, não pode o trabalhador, em observância ao Princípio da Boa-Fé Objetiva, ser levado a crer, por quaisquer motivos, que foi contratado, embora tal fato não tenha ocorrido. O dever de informação impõe aos empregadores, mesmo os apenas potenciais, a obrigação de deixar clara e de forma inequívoca a realização de mera entrevista ou triagem para banco de currículos, sem prazo definido para chamamento ou certeza de sua realização.

Deixar de assim atuar, configura postura omissiva e negligente, contrária a um padrão de comportamento desejável e cauteloso, provocando situações dúbias e potencialmente lesivas.

No direito norte-americano, por exemplo, é comum ser questionada perante o Judiciário a validade da exigência de determinados requisitos para a ocupação de um posto de trabalho, reconhecida apenas em casos de motivo plausível, como em atendimento às necessidades do negócio (*business necessity*) ou à qualificação ocupacional de boa-fé (*BFOQ-Bona Fide Occupational Qualification*)[23].

No curso do contrato, dada a multiplicidade de direitos e deveres de cada um dos sujeitos, seu trato sucessivo e o prazo indeterminado, ainda maior se faz a influência da boa-fé objetiva.

No rol dos arts. 482 e 483 da CLT são descritas de modo genérico condutas atribuíveis aos integrantes da relação de emprego, cuja gravidade pode amparar sua terminação.

O grau de indefinição de algumas hipóteses, verdadeiras cláusulas abertas, ainda que alvo de críticas, possibilita concretamente a atualização de seu conteúdo pelos Operadores do Direito, pela via hermenêutica, sem necessidade de modificação do texto.

A embriaguez habitual ou em serviço (art. 482, alínea "f", da CLT), por dificultar a execução do contrato, prejudicar o desempenho do trabalhador, acarretar problemas de relacionamento com colegas, superiores e até clientes, por exemplo, foi considerada falta a ensejar a despedida por justa causa.

Contudo, quase 70 anos após a criação da norma, incontáveis e expressivas modificações ocorreram em todo o mundo, nas mais variadas áreas do conhecimento, alterando de modo significativo a vida em sociedade.

Com isso, determinados fatos, como a embriaguez, foram objeto de análise, sendo revelada sua condição de verdadeira patologia, tratada pela Organização Mundial da Saúde — OMS como "síndrome de dependência" (CID F10.2).[24] Acaba desconstituída a imagem do alcoolismo como falha de conduta.

---

(23) JAKUTIS, Paulo. *Manual de estudo da discriminação no trabalho*: estudos sobre discriminação, assédio moral e ações afirmativas, por meio de comparações entre o direito do Brasil e dos Estados Unidos. São Paulo: LTr, 2006. p. 156-157.
(24) CID 10 em versão completa, disponível em: <http://www.datasus.gov.br/cid10/v2008/cid10.htm>. Acesso em: 3.11.2011.

Promover a dispensa de empregado doente, atribuindo-lhe a pecha de culpado pelo término da relação, privando-lhe do recebimento de verbas alimentares e do acesso ao seguro-desemprego, agravando ainda mais situação de vulnerabildade já acentuada, são atos diametralmente contrários a um *standard* de conduta e diligência, ferindo, inclusive, a função social do contrato (art. 421 do Código Civil).

Ao invés disso, deve o empregado ser encaminhado a tratamento clínico, a fim de que seja enfrentada a moléstia como tal, dando margem ao pagamento pelo INSS de auxílio-doença ou mesmo de aposentadoria por invalidez, conforme recomendar o caso, e à suspensão ou extinção do contrato (Lei n. 8.213/91, arts. 42 e 59).

No tocante aos contratos a prazo determinado, em específico o de experiência, a boa-fé objetiva também possui relevância a ser examinada.

Concretizada a admissão do trabalhador para um período de testes, a prazo certo, pode qualquer das partes, antes do decurso ou da conversão em contrato a prazo indeterminado, pôr fim ao negócio, bastando pagar ao outro contratante uma indenização em valor limitado por lei, de acordo com o disposto nos arts. 479 e 480 da CLT.

Da literalidade destas regras, conclui-se regerem hipótese rara no Direito do Trabalho, na qual a autonomia da vontade pode ser livremente exercida.

Ocorre que em matéria obrigacional, por vezes, as formas acabam por subverter o conteúdo, causando uma ilusão a quem busca analisá-lo.

Como já sustentado, devem os contratantes ser diligentes em todos os sentidos, não criando falsas expectativas na parte contrária e adotando as medidas necessárias a minimizar riscos.

Formalizar negócio a prazo e, em exíguo tempo, insuficiente de modo notório para avaliar o posto de trabalho e o próprio trabalhador, promover sua extinção, sem qualquer motivo relevante, demonstra quebra de um padrão minimamente ético.

Mais uma vez, reconhece-se não haver lei que obrigue os contratantes a fundamentar a manifestação de vontade de promover a extinção antecipada. No entanto, ao assim proceder, o sujeito rompe a justa expectativa do outro, dando margem a prejuízos das mais variadas ordens, causados pelo desligamento de emprego anterior, cessação da busca de novo posto, iniciação de treinamento e substituição, bem como risco concreto de perda para um concorrente de um candidato pré-selecionado, por exemplo.

Mesmo entendimento acerca do agir prudente teria aplicação a situações envolvendo acidentes de trabalho no curso do período de prova.

Afastado o trabalhador por tempo superior a 15 dias e suspenso o contrato, via de regra, quando da alta previdenciária e de seu retorno, sequer lhe é exigido o cumprimento dos dias faltantes, sendo majoritária na jurisprudência a posição acerca da incompatibilidade entre a natureza a prazo certo do pacto e o direito à preservação do emprego por, no mínimo, 12 meses (Lei n. 8.213/91, art. 118).

De fato, não há como impedir o empregador de considerar resolvido o negócio pelo decurso de prazo, por sua própria natureza. Contudo, ante a peculiaridade da ocorrência de um sinistro de média gravidade, plenamente razoável exigir a exposição do motivo que levou à rejeição da experiência, por presumível que o término do liame tenha decorrido, na realidade, dos efeitos do acidente, o que configura prática discriminatória e atrai a aplicação do disposto na Lei n. 9.029/95, art. 4º, c/c art. 129 do Código Civil, e não da falta de predicados do trabalhador.

De outro norte, mesmo após o término do pacto, seguem as partes com algumas obrigações recíprocas, nem sempre expressas e por isso dedutíveis da cláusula geral de boa-fé objetiva.

Como exemplos, os deveres de guardar sigilo por segredos industriais e dados privilegiados, de não prestar informações falsas e difamatórias, de não agir de modo a causar constrangimento público ou embaraço à recolocação do empregado no mercado de trabalho ou, ainda, de não suprimir determinados benefícios tão logo findo o contrato.

Diante das ponderações formuladas, cabe aprofundar o debate no meio jurídico a respeito da influência do Princípio da Boa-Fé Objetiva sobre as obrigações que compõem o contrato de trabalho, a fim de promover a adoção de um padrão de agir diligente em face do outro e o avanço das relações sociais, verdadeiros mandamentos constitucionais (arts. 1º, inciso IV, 7º, *caput*, e 170), norte de uma "hermenêutica responsável" e afirmativa da dignidade humana.

2.2. Atividade externa incompatível com controle de jornada

A limitação da jornada representou uma das maiores conquistas históricas da classe trabalhadora, sendo uma das bandeiras erguidas durante o século XIX.

Pode ser compreendida pela máxima "8 horas de trabalho, 8 de repouso e 8 de educação", nascida durante uma greve em Chicago, Estados Unidos, no final do Século XIX.[25]

---

(25) A meta dos manifestantes não foi alcançada, tendo por resultado dezenas de mortes, sendo os líderes do levante condenados à forca ou à prisão. Em 1892 o julgamento foi anulado e absolvidos todos os envolvidos. Apenas em 1920, após o final da Primeira Guerra e a criação da Organização Internacional do Trabalho — OIT, é que a limitação da jornada de 8 horas foi reconhecida em escala mundial, sendo adotada no Brasil tão somente em 1932. GIL, Rosângela; GIANOTTI, Vito. *1º de maio*: dois séculos de lutas operárias. Rio de Janeiro: Núcleos Piratininga de Comunicação/Cadernos de Formação, 2005. p. 9.

O objetivo da fixação de um patamar máximo de trabalho traz em si diversos aspectos, em parte relacionados à consideração de seu prestador como um ser humano, complexo e dotado de dignidade, em oposição à máquina, na busca da preservação de seu bem-estar físico e mental e, também, daqueles com que se relaciona.

Por tal fato, foi a saúde erigida a Direito Social de todos e a dever do Estado, a ser garantido por políticas públicas, nos termos dos arts. 6º e 196 da Constituição Brasileira.

No entanto, mesmo tendo o Direito Fundamental de Igualdade se originado na ação ineficaz do Estado Liberal e do individualismo por este assegurado, parece que a lição não foi inteiramente assimilada.

Em pleno século XXI, inexiste um tratamento igualitário entre os trabalhadores subordinados, oscilando o grau de proteção à sua saúde, no tocante à limitação da jornada, de acordo com fatores de índole socioeconômicos.

Em um plano intermediário, comum, se encontram todos os trabalhadores urbanos e rurais, tutelados pela Constituição, art. 7º, inciso XIII, que estabelece patamares máximos de 8 horas diárias e de 44 semanais. Num extremo "positivo", alguns profissionais, com módulos inferiores e menos desgastantes, como bancários (CLT, art. 224, *caput*), enquanto que em outro, diametralmente oposto, e por isso "negativo", os que não possuem limitação alguma, ao fundamento de que "exercem atividade externa incompatível com a fixação de horário de trabalho" (CLT, art. 62, inciso I).

Não há como aventar, quer diante do estágio civilizatório alcançado pela sociedade ocidental, quer pelo avanço da tecnologia, por meio da telefonia móvel, da comunicação via satélite e internet, dentre outros, a possibilidade razoável de alguém não possuir limite e controle de seu tempo de serviço, já que neste lapso se encontra à disposição do empregador "aguardando ou executando ordens" (CLT, art. 4º).

Neste sentido, merecem destaque os avanços trazidos pela Lei n. 12.619/12 ao disciplinar a profissão de motorista, desempenhada notoriamente em âmbito externo, e acrescer o § 5º ao art. 71 da CLT e os arts. 235-A a 235-H, também à CLT, pelos quais foram assegurados o direito ao controle, à limitação e à paga pela jornada de trabalho, inclusive pelo chamado "tempo de espera".

Se examinada a matéria sob o prisma unicamente econômico, ainda assim, inviável conceber a existência de empregados não submetidos a controle de jornada e, por consequência, de limite expresso, alijados do direito à percepção da paga de horas extras, quando prestadas.

Segundo lição de Catharino[26], pode o salário ser aferido com base em três critérios, a saber: por unidade de tempo, por unidade de obra ou de forma mista, sendo o fator tempo preponderante em todos, em especial no primeiro e no último.

Não se diga, por impróprio, ser incompatível o apuro de salário por unidade de obra com a limitação da jornada, ao argumento de que quanto mais produz, mais ganha o trabalhador, sendo seu o interesse de elastecer a jornada. Primeiro, por contrariar a jurisprudência pacificada pelo TST a respeito, nos termos da Súmula n. 340, em que garantido ao empregado remunerado à base de comissões o direito ao adicional de, no mínimo, 50% pelo trabalho em sobrejornada, e da Orientação Jurisprudencial n. 235 da SDI I, pela qual o empregado cortador de cana, cuja remuneração é apurada com base na produção, tem assegurado o direito ao recebimento do valor da hora acrescido do adicional, em caso de prorrogação do expediente, ainda que exija a sujeição a controle de horário. Segundo, por estimular o empregador a manter baixo o valor utilizado como base de cálculo do salário por unidade, de modo a exigir mais trabalho para a obtenção de um montante razoável ao sustento, ampliando, com isso, a exploração e a margem de lucro, a custo da violação da dignidade humana.

Em meio a discussões sobre o campo de incidência do art. 62, inciso I, da CLT, há vozes, como a de Carmen Camino, defendendo que o referido dispositivo não teria sido recepcionado pela Constituição de 1988, segundo fundamentos do aresto que segue, de sua lavra, oriundo do TRT da 4ª Região:

> (...) *Restou expresso na atual Carta das Leis que a limitação da jornada pode ser apenas flexibilizada em casos de redução, na medida em que a compensação tem limite na carga horária semanal e não implica, tecnicamente, trabalho suplementar ou extraordinário. Retirou-se do legislador ordinário, à luz do novo ordenamento constitucional, a possibilidade de estabelecer outros casos de exceção, na medida em que esta se expressa no texto do próprio art. 7º, inciso XIII.* Sabido que as exceções devem ser interpretadas restritivamente, mormente em se tratando de norma supralegal. Não é dado ao legislador comum ampliá-las. Em assim sendo, o texto da CLT, que se compatibilizava perfeitamente com a ordem constitucional estabelecida até 4.10.88, disciplinando casos especiais de exceção à limitação máxima da jornada em oito horas, tornou-se com ela incompatível a partir de 5.10.88. A Constituição ali promulgada não recepcionou, face ao novo tratamento dado à jornada de trabalho, em seu art. 7º inciso XIII, as normas excludentes da tutela geral contidas nos arts. 59, *caput* e seu § 2º e no art. 62 da CLT, consagradoras de hipóteses não contidas na faculdade (que em verdade encerra exceção ao preceito geral) de compensar ou reduzir a jornada mediante negociação coletiva. Impende concluir, assim, que o direito em que assentada a tese da defesa da ré não mais subsiste, porquanto, sob o manto da tutela constitucional, todos os trabalhadores, sem exceção, estão sujeitos, no mínimo, a jornada máxima de oito horas. (Processo n. 96.025893-0-RO/RA, Publicado em 13.7.1998, *g. n.*)

À vista de tais argumentos, incongruente tolerar a possibilidade da existência de alguma atividade produtiva externa que seja efetivamente incompatível com fixação

---

(26) CATHARINO, José Martins. *Tratado jurídico do salário*. São Paulo: LTr, 1994. p. 151-156.

de horário, principalmente diante do atual estágio da tecnologia, sob risco de quebra do sinalagma e da comutatividade contratuais, tornando o liame de emprego um negócio jurídico com obrigações recíprocas imperfeitas, dosadas de uma aleatoriedade contrária à sua própria natureza.

Além disso, há, ainda, uma grave decorrência da manutenção do entendimento vigente e da aplicação livre do referido texto legal, por vezes esquecida, qual seja, o acirramento sem limites da concorrência entre empresas, acentuando ainda mais os níveis de desemprego, visto ser a quantidade de horas extras prestadas, via de regra, inversamente proporcional à geração de novos postos de trabalho, sem considerar a exposição de toda a sociedade aos conhecidos e alarmantes números que envolvem os acidentes em rodovias brasileiras causadas por motoristas profissionais exauridos pela imposição do cumprimento de jornadas elasticadas.

Afinal, se o próprio capitalismo consagrou a máxima "tempo é dinheiro", não se mostra plausível que alguém entregue o seu tempo a outrem, com destinação produtiva, sem a paga correspondente.

Com base em tais considerações, necessário reconhecer a incompatibilidade do art. 62 da CLT, quer em sua redação original, quer o texto implementado pela Lei n. 8.966/94, com a Constituição da República, art. 7º, inciso XIII, que não admite exceção à existência de limites ao trabalho. Deve ser imposto ao empregador que contratar mão de obra para prestar serviços em atividade externa, o uso de todas as medidas tecnológicas disponíveis capazes de torná-los compatíveis com fixação e controle de horário, como discos tacógrafos, computadores portáteis, controles via satélite, dentre outros, na forma estabelecida na Lei n. 12.691/12, em relação aos motoristas. Dever-se-á, em tais casos, em Juízo, sempre promover a inversão do ônus probatório, em sede judicial, quanto à prova da jornada, a cargo do tomador de serviços.

Para tanto, bastará ao Operador do Direito lançar mão de uma "hermenêutica responsável" e fundamentada no valor constitucional da dignidade da pessoa humana, tornando os valores sociais do trabalho e da livre iniciativa verdadeiros meios para promover a melhoria das condições sociais dos trabalhadores e para alcançar a construção e o desenvolvimento de uma sociedade livre, justa e solidária (arts. 1º, incisos III e IV, 3º, inciso I, e 7º, *caput*, todos da Constituição).

2.3. Antecipação de tutela determinada de ofício

No CPC, as medidas cautelares encontram previsão no Livro III, a partir do art. 796, não servindo, normalmente, para alcançar a satisfação imediata do credor pela produção dos efeitos práticos da decisão final, mas, sim, garantir a possibilidade, ao cabo do processo, de efetivar o direito reconhecido, em sede executiva.

A falta de precisão do texto legal e a base teórica adotada em sua edição geraram dissenso na doutrina, dando margem à defesa, por Lacerda, dentre outros, da possibilidade de o Juiz antecipar inclusive medidas de cunho satisfativo ao pretenso credor, contraposta a vozes como a de Theodoro Junior para quem tal característica iria contra a própria natureza das medidas cautelares[27].

Desde 1994, pela edição da Lei n. 8.952, que promoveu a alteração dos arts. 273 e 461, ambos do CPC, tais discussões perderam parte do objeto, passando praticamente ao senso comum que o gênero "tutela de urgência" compreenderia, como espécies, as medidas cautelares e antecipatórias, as quais se distinguiriam dos demais provimentos jurisdicionais por sua provisoriedade e reduzida carga cognitiva.[28]

A relevância da mudança do panorama processual é definida por Portanova[29] pela ideia de que "o princípio da tutela cautelar se interpenetra constantemente com todas as espécies de prestação jurisdicional", pondo fim à separação absoluta entre os "momentos" processuais em que prestada cada uma das tutelas.

A este respeito, o art. 273, § 7º, do CPC consagrou, de modo explícito, o Princípio da Fungibilidade, o qual faculta ao Juiz a determinação de medidas cautelares, ainda que pleiteada tutela de cunho antecipatório, o que apenas reforça o Poder Geral de Cautela previsto no art. 798, também do CPC.

Segmentos da doutrina e da jurisprudência, aprofundando o alcance da norma, sustentam haver margem para atuação do Juiz também em sentido oposto, quando atendidos os requisitos necessários, ainda que requerida medida cautelar.[30]

Mesmo diante de tamanha demonstração de desapego à forma, importante destacar seguir em voga o entendimento de que objetivam as medidas cautelares resguardar o resultado útil do processo, cabendo a satisfação imediata do credor, pela produção dos efeitos práticos do provimento final, apenas às de caráter antecipatório.[31]

---

(27) Apud ZAVASCKI, Teori Albino. *Antecipação da tutela*. São Paulo: Saraiva, 1999. p. 41.
(28) ZAVASCKI, Teori Albino. *Antecipação da tutela*. p. 18-35 defende a ideia de que a "tutela-padrão", prometida pela Lei Maior, teria por características a cognição exauriente e o caráter definitivo, ou seja, amplas dilação probatória e controvérsia em sentido vertical, sujeita à imutabilidade do trânsito em julgado. Para o mencionado autor, a tutela de urgência — *cautelar ou antecipatória* — distintamente, seria marcada pela cognição sumária, não exauriente, e fundada em juízos de verossimilhança, contando com duração provisória, passível de modificação a qualquer tempo.
(29) PORTANOVA, Rui. *Princípios do processo civil*. Porto Alegre: Livraria do Advogado. p. 50.
(30) Segundo Negrão e Gouvêa "depreende-se do § 7º fungibilidade em sentido dúplice, isto é, o juiz pode converter tanto pedido de tutela antecipada em medida cautelar quanto pedido de medida cautelar em antecipação de tutela." NEGRÃO. Theotônio; GOUVÊA, José Roberto F. *Código de Processo Civil e legislação processual em vigor*: com a colaboração de Luiz Guilherme Aidar Bondioli. São Paulo: Saraiva, 2008. nota 30, art. 273, p. 419.
(31) Segundo Zavascki, "não se antecipa a eficácia jurídico-formal (ou seja, a eficácia declaratória, constitutiva e condenatória) da sentença; antecipa-se a eficácia que a futura sentença pode produzir no campo da realidade dos fatos" (ZAVASCKI, Teori Albino. *Antecipação da tutela*. p. 48).

Como requisito para a concessão de medidas antecipatórias, exigem os arts. 273 e 461, § 3º, ambos do CPC, pedido do autor, produção de "prova inequívoca" hábil a convencer o julgador da "verossimilhança da alegação", bem como "fundado receio de dano irreparável ou de difícil reparação" ou, ainda, a caracterização de "abuso do direito de defesa ou manifesto propósito protelatório do réu" e, quanto à busca do cumprimento de obrigações de fazer ou de não fazer, que seja "relevante o fundamento da demanda" e haja "justificado receio de ineficácia do provimento final".

No entanto, indevida a interpretação literal da expressão "a pedido das partes" estabelecida no art. 273, no sentido de se tratar de requisito indispensável à determinação de medidas de urgência pelo Juiz, sob risco de frustar em grande parte a finalidade do instituto e por estar em descompasso com os demais valores do sistema processual.

Nesta linha, o teor do art. 273, §§ 6º e 7º, bem como da Lei n. 10.259/01, que dispõe sobre a instituição dos Juizados Cíveis e Criminais no âmbito da Justiça Federal, em seu art. 4º, prevendo a chamada "antecipação de tutela em evidência", adotada, principalmente, em litígios envolvendo matéria previdenciária.

Se demonstrada a fungibilidade entre as tutelas cautelar e antecipatória, por expressa vontade do Legislador, não há porque impedir o Juiz de exercer o poder--dever de dizer o direito aplicável em cada caso, em sua plenitude, inclusive *ex officio*.

Para Zavascki[32], a tutela de urgência possui previsão constitucional expressa no art. 5º, inciso XXXV, pelo emprego da expressão "ameaça a direito", propondo, a partir de tal raciocínio, que "as leis processuais sejam compreendidas, interpretadas e aplicadas segundo os princípios constitucionais aos quais servem e para cuja efetivação exercem função concretizadora."

Ao contrário do que possa parecer, não acarreta a determinação de ofício de medidas antecipatórias qualquer violação aos Princípios da Inércia ou da Imparcialidade, por ter sido provocada a prestação jurisdicional pela parte ao dar o impulso inicial à demanda. A partir daí, a atuação do Juiz apenas levaria a efeito, inclusive em sede processual, o teor do brocardo latino "*da mihi factum, dabo tibi jus*", ou seja, partindo dos fatos alegados, seria "dada" a mais adequada solução de direito.

Neste sentido, defende Fux[33] que "a atuação *ex officio* é mais do que concebível: é dever inerente ao poder jurisdicional e à responsabilidade judicial pelas pessoas e coisas subsumidas ao juízo após a instauração do processo", sendo,

---

(32) ZAVASCKI, Teori Albino. *Antecipação da tutela*. São Paulo: Saraiva, 1999. p. 60.
(33) FUX, Luiz. *Tutela de segurança e tutela de evidência*. São Paulo: Saraiva, 1996. p. 150.

para Lima[34] "perfeitamente defensável, em nome do valor constitucional consagrador do direito à completa e efetiva prestação jurisdicional (...) o juiz antecipar a tutela independente de requerimento da parte".

De outro lado, mostra-se plenamente cabível a determinação de ofício de medidas antecipatórias no processo do trabalho.

Primeiro, pela lacuna na CLT sobre a matéria, excetuado o art. 659, incisos IX e X, bem como pela compatibilidade com as normas que regem as demandas laborais, na forma exigida pelo art. 769.

Segundo, por integrar o Direito do Trabalho, assim como o Previdenciário, o núcleo de Direitos Humanos de segunda dimensão, de caráter Social, possuindo as prestações devidas aos titulares de um e de outro ramo caráter alimentar e de subsistência.

Terceiro, pelo sincretismo do processo do trabalho, representando a execução mera fase processual em que promovidas alterações fáticas no patrimônio do devedor, regida pelo Princípio Inquisitivo (CLT, art. 878), que também inspira a tutela de urgência (CPC, art. 273, § 3º).

Neste sentido, defende Leite[35] a existência do Princípio da Finalidade Social do Processo, pelo qual "permite-se que o juiz tenha uma atuação mais ativa", inclusive de ofício, em espécie de projeção do Princípio Protetivo do Direito do Trabalho sobre o Direito Processual.

Quarto, em vista do entendimento jurisprudencial majoritário de remanescer o *jus postulandi* aos litigantes em feitos submetidos à jurisdição trabalhista, em lides entre empregados e empregadores (CLT, art. 791), não possuindo as partes, via de regra, conhecimento específico do direito, como ocorre em ações de competência dos Juizados Cíveis e Criminais no âmbito da Justiça Federal.

A título de exemplo, podem ser identificadas como hipóteses em que determinável de ofício pelo Juiz do Trabalho o cumprimento de obrigações de reintegrar no emprego, devolver CTPS e/ou ferramentas particulares, fornecer guias para recebimento do seguro-desemprego (fazer), de não transferir para localidade diversa daquela em que prestados serviços, não submeter à situação vexatória/ constrangedora (não fazer), e até mesmo de adimplir verbas incontroversas e sanções daí decorrentes (dar).

---

(34) LIMA, George Marmelstein. Antecipação de Tutela de Ofício? Brasília: *Revista CEJ*, n. 19, 2002, p. 90-3, também disponível em: <www.cjf.gov.br/revista/numero19/artigo10.pdf>. Acesso em: 3.11.2011, p. 93.
(35) LEITE, Carlos Henrique Bezerra. *Curso de direito processual do trabalho*. 3. ed. São Paulo: LTr, 2005. p. 72-73.

Pinto[36], ao tratar das "peculiaridades emergentes" do Processo do Trabalho, sugere uma potencialização ainda maior do caráter inquisitivo do agir do Magistrado, reconhecendo a consagração do Princípio do Julgamento Sem Petição, pelo qual estaria viabilizada a condenação independente de pedido expresso, tal como ao pagamento da sanção do art. 467 da CLT, "meio eficiente para facilitar o acesso das partes ao órgão jurisdicional e a pronta solução de seus dissídios".

Registre-se, ainda, a incoerência em conceder aos Julgadores o poder de pronunciar de ofício a prescrição de pretensões de ações relativas a quaisquer espécies de direitos, disponíveis ou indisponíveis, referentes a relações privadas[37] e, de modo concomitante, negar-lhes o exercício do Poder Geral de Cautela para determinar, também de ofício, a antecipação dos efeitos da tutela, especialmente em lides entre empregados e empregadores, em que se encontra em jogo o reconhecimento e a efetivação de Direitos Fundamentais de natureza alimentar.

Ademais, quando uma demanda é proposta, não se exige a fixação na petição inicial de prazo para "cumprimento" da tutela jurisdicional, do que se pressupõe que a contar da distribuição da peça aguarda a parte o acolhimento de sua pretensão, bem como a efetivação correspondente, de modo a Lima[38] sustentar que "o pedido não precisa fazer menção expressa à antecipação de tutela ou ao art. 273 do CPC, pois está implícita a necessidade de sua concessão."

Pela adoção do entendimento exposto, efetiva-se o Direito Fundamental à razoável duração do processo, bem como se assegura o emprego de meios que garantam a celeridade de tramitação dos feitos (art. 5º, inciso LXXVIII, da Constituição), bastando aos Operadores do Direito a prática de uma "hermenêutica responsável" e afirmativa da dignidade da pessoa humana.

---

(36) PINTO, José Augusto Rodrigues. *Processo trabalhista de conhecimento*. 7. ed. São Paulo: LTr, 2005. p. 78.
(37) Lei n. 10.280/07, que alterou o disposto no art. 219, § 5º, do CPC, inaplicável ao processo do trabalho segundo entendimento dos autores deste texto e, dentre outros, SOUTO MAIOR, Jorge Luis. Reflexos das alterações do Código de Processo Civil no processo do trabalho. *Revista Justiça do Trabalho*, Porto Alegre: HS, n. 271, jul./2006, p. 20-40, além de VARGAS, Luiz Alberto de; FRAGA, Ricardo Carvalho. Prescrição de ofício? *Revista do Tribunal Regional do Trabalho da 16ª Região*. São Luís, n. 16, jan./dez. 2006, p. 129-138. LISBOA, Daniel. Em busca da celeridade perdida — A declaração de ofício da prescrição. *Revista Justiça do Trabalho*, Porto Alegre: HS, n. 258, jun./2006, p. 89-96. BESSA, Leonardo R. Itacaramby. Arguição da prescrição de ofício pelo magistrado — Aspectos positivos e negativos — aplicabilidade ao processo do trabalho. *Revista do Tribunal Regional do Trabalho da 16ª Região*. São Luís, n. 16, jan./dez. 2006, p. 163-167.
(38) LIMA, George Marmelstein. Antecipação de Tutela de Ofício? Brasília: *Revista CEJ*, n. 19, 2002, p. 90-3, também disponível em: <www.cjf.gov.br/revista/numero19/artigo10.pdf>. Acesso em 3.11.2011, p. 91.

CONSIDERAÇÕES FINAIS

Há décadas se opera a desconstrução do Estado de Bem-Estar Social, principalmente por meio da flexibilização das normas trabalhistas e da desregulamentação da tutela do trabalho subordinado, sendo o Poder Judiciário um de seus principais palcos.

Tal processo não se mostra irreversível, podendo ser freado pelos mesmos Operadores do Direito que o produzem, desde que adotada uma "hermenêutica responsável" da normatividade constitucional e infraconstitucional afeta à matéria, por meio de ações afirmativas da dignidade da pessoa humana.

Materializando a tese em questão, a título meramente exemplificativo, destaquem-se: (I) a projeção do Princípio da Boa-Fé Objetiva como padrão de conduta ético a ser observado no cumprimento de obrigações trabalhistas, inclusive nas fases pré e pós-contratuais e como fonte de responsabilidade civil (II) a atualização da regra que disciplina o regime de sobreaviso, ante o incessante incremento dos novos meios de comunicação, a fim de preservar a higidez física e mental do trabalhador, bem como o equilíbrio do contrato, (III) a não recepção pela Constituição de norma da CLT que prevê a existência de atividades externas incompatíveis com controle de jornada, frustrando a paga ao empregado por eventuais horas extras e o próprio direito ao descanso do trabalhador e, finalmente, (IV) os fundamentos à antecipação da tutela de ofício pelo Magistrado, em atendimento ao mandamento constitucional da razoável duração do processo.

REFERÊNCIAS BIBLIOGRÁFICAS

AGUIAR JÚNIOR, Ruy Rosado. *Extinção dos contratos por incumprimento do devedor*. Rio de Janeiro: Aide, 1991.

AQUINO, Tomás de. *Compêndio de teologia*. Tradução de D. Odilão Moura. Rio de Janeiro: Presença, 1977.

ARAÚJO, Francisco Rossal de. *A boa-fé no contrato de emprego*. São Paulo: LTr, 1996.

BARROSO, Luís Roberto. *Interpretação e aplicação da Constituição*. 7. ed. São Paulo: Saraiva, 2002.

BESSA, Leonardo R. Itacaramby. Arguição da prescrição de ofício pelo magistrado — aspectos positivos e negativos — aplicabilidade ao processo do trabalho. *Revista do Tribunal Regional do Trabalho da 16ª Região*. São Luís, n. 16, janeiro/dezembro 2006.

CAMINO, Carmen. *Direito individual do trabalho*. Porto Alegre: Síntese, 2004.

CANÇÃO *"Amor de índio"*, de Beto Guedes e Ronaldo Bastos, imortalizada na voz de Milton Nascimento, cuja letra se encontra disponível em: <http://letras.terra.com.br/beto-guedes/44530/>. Acesso em: 31.10.2011.

CATHARINO, José Martins. *Tratado jurídico do salário*. São Paulo: LTr, 1994.

COUTO E SILVA, Clóvis Veríssimo do. *A obrigação como processo*. São Paulo: José Bushatsky, 1976.

DELGADO, Gabriela Neves. *Direito fundamental ao trabalho digno*. São Paulo: LTr, 2006.

FUX, Luiz. *Tutela de segurança e tutela de evidência*. São Paulo: Saraiva, 1996.

GIL, Rosângela; GIANOTTI, Vito. *1º de maio*: dois séculos de lutas operárias. Rio de Janeiro: Núcleos Piratininga de Comunicação/Cadernos de Formação, 2005.

GRAU, Eros. *Ensaio e discurso sobre a interpretação/aplicação do direito*. São Paulo: Malheiros, 2002.

_____. *A ordem econômica na Constituição de 1988*. 6. ed. São Paulo: Malheiros, 2000.

JAKUTIS, Paulo. *Manual de estudo da discriminação no trabalho*: estudos sobre discriminação, assédio moral e ações afirmativas, por meio de comparações entre o direito do Brasil e dos Estados Unidos. São Paulo: LTr, 2006.

KANT, Immanuel. *Fundamentação da metafísica dos costumes*. Tradução de António Pinto de Carvalho. São Paulo: Companhia Editora Nacional, 1964.

LEITE, Carlos Henrique Bezerra. *Curso de direito processual do trabalho*. 3. ed. São Paulo: LTr, 2005.

LEKA, Stavroula; GRIFFITHS, Amanda; COX, Tom. La organización del trabajo y el estréss. Estrategias sistemáticas de solución de problemas para empleadores, personal directivo y representantes sindicales. *Série protección de la salud de los trabajadores*, n. 03, OMS, 2004, disponível em: <http://www.who.int/occupational_health/publications/pwh3sp.pdf>. Acesso em: 1º.11.2011.

LIMA, George Marmelstein. Antecipação de Tutela de Ofício? Brasília: *Revista CEJ*, n. 19, 2002, p. 90-3, também disponível em: <www.cjf.gov.br/revista/numero19/artigo10.pdf>. Acesso em: 3.11.2011, p. 93.

LISBOA, Daniel. Em busca da celeridade perdida — A declaração de ofício da prescrição. *Revista Justiça do Trabalho*, Porto Alegre: Editora HS, n. 258, junho/2006.

MARTINS-COSTA, Judith. *A boa-fé no direito privado:* sistema e tópica no processo obrigacional. São Paulo: Revista dos Tribunais, 2000.

NEGRÃO, Theotônio; GOUVÊA, José Roberto F. *Código de Processo Civil e legislação processual em vigor*: com a colaboração de Luiz Guilherme Aidar Bondioli. São Paulo: Saraiva, 2008.

PINTO, José Augusto Rodrigues. *Processo trabalhista de conhecimento*. 7. ed. São Paulo: LTr, 2005.

PLÁ RODRIGUEZ, Américo. *Princípios de direito do trabalho*. São Paulo: LTr: Editora da Universidade de São Paulo, 1978.

RABENHORST, Eduardo Ramalho. *Dignidade humana e moralidade democrática*. Brasília: Brasília Jurídica, 2001.

SARLET, Ingo Wolfgang. *A eficácia dos direitos fundamentais*. Porto Alegre: Livraria do Advogado, 2001.

_____. *Dignidade da pessoa humana e direitos fundamentais*. 3. ed. rev., atual. e ampl. Porto Alegre: Livraria do Advogado, 2004.

SOUTO MAIOR, Jorge Luis. Reflexos das alterações do Código de Processo Civil no processo do trabalho. *Revista Justiça do Trabalho*, Porto Alegre: HS, n. 271, jul. 2006.

VARGAS, Luiz Alberto de; FRAGA, Ricardo Carvalho. Prescrição de ofício? *Revista do Tribunal Regional do Trabalho da 16ª Região*. São Luís, n· 16, jan./dez. 2006.

ZAVASCKI, Teori Albino. *Antecipação da tutela*. São Paulo: Saraiva, 1999.

A GARANTIA CONTRATUAL À INCOLUMIDADE DO EMPREGADO COMO CONTRAPARTIDA FORDISTA NA LEGISLAÇÃO BRASILEIRA: UMA ANÁLISE HISTÓRICA

Daniel Lisboa(*)

RESUMO

O presente artigo visa apontar os momentos históricos que contribuíram para garantir aos trabalhadores o direito à saúde que, por força do contrato de trabalho, passou a ser obrigação também do empregador. Neste contexto, a existência de um fato jurídico consubstanciado como acidente do trabalho em sentido lato (aqui englobando as doenças ocupacionais) passou a ter reflexos em diversos ramos do Direito, inclusive na esfera civil-trabalhista, na responsabilização do empregador pela indenização ao empregado em face de eventuais danos materiais e morais sofridos por conta desse fato.

Palavras-chave: Direito à saúde. Acidente do trabalho. Proteção. Indenização.

INTRODUÇÃO

O objeto do presente estudo é apontar os momentos históricos em que os trabalhadores obtiveram vitórias, de cunho justrabalhista, relacionadas ao contrato de trabalho, portanto, no campo da garantia à sua saúde e em que circunstâncias históricas isso ocorreu.

Tomar-se-á como referência a legislação tida como mais relevante sobre o tema, a fim de se perceber o momento em que a garantia à saúde tornou-se verdadeira obrigação do empregador, ou seja, quando passou a ser uma contrapartida à subordinação, uma exigência legal integrada ao contrato de trabalho por força de lei.

Esse desiderato apenas será atingido se restar claro que em sua fase embrionária, Direito do Trabalho e Direito Previdenciário confundiam-se, em um gênero que será chamado de Direito Social.

Arnaldo Süssekind, recém-falecido integrante da comissão incumbida de formular a CLT, em entrevistas a Magda Barros Biavaschi e Angela de Castro

---

(*) Juiz do Trabalho do TRT da 12ª Região. Ex-Juiz do Trabalho do TRT da 23ª Região. Mestrando pela UFPR. Professor em cursos de pós-graduação e preparatório para concursos públicos.

Gomes[1], explica como tais ramos do Direito, hoje totalmente independentes, foram por longos anos tratados de forma unitária.

De fato, como aduz Süssekind, a comissão instituída para formar a CLT teve como objetivo unificar a legislação social então em vigor, harmonizando o conjunto de normas e extirpando contradições.

Tanto é assim que sua designação inicial era para proceder à Consolidação das Leis de Trabalho e Previdência Social. O objetivo do Presidente Getúlio Vargas era harmonizar a legislação social então vigente.

Contudo, percebendo a impossibilidade de assim se proceder, dado tratarem-se de temas distintos, a comissão, após a primeira reunião, incumbiu Oscar Saraiva de explicar ao então Ministro do Trabalho, Alexandre Marcondes Filho, a situação. Apontou-se a diversidade de princípios entre cada um dos ramos do direito. Esse, convencido, propôs ao Presidente Getúlio Vargas a separação da comissão em duas, uma para Direito do Trabalho e outra para Previdenciário. Assim nasceu a comissão encarregada da CLT, composta por Oscar Saraiva, Luiz Augusto Rego Monteiro, Dorval Lacerda Segadas Viana e Arnaldo Süssekind, então com 24 anos. Na fase final das reuniões, a partir de novembro de 1942, Oscar Saraiva deixou de participar, pois foi transferido para a comissão de previdência, que atrasara os trabalhos.

Cumpriu também ao Ministro a missão de levar ao Presidente a sugestão da comissão de que não se deveria apenas unir a legislação esparsa, mas sim criar um sistema legal coordenado de Direito do Trabalho, com definição de princípios e institutos. Explica Süssekind que "havia uma lei, a 62, tratando de rescisão do contrato (a Lei da despedida injusta), mas não havia uma lei definindo o contrato de trabalho. Não se pode fazer um capítulo para rescisão, sem se ter um capítulo sobre contrato de trabalho, posições gerais do contrato, suspensão, alteração, etc. Havia uma lei sobre salário mínimo, mas não uma sobre o que é salário"[2]. Foram, então, autorizados a assim proceder.

Tem-se pois claro que o estudo legislativo nessa seara deve ter essa clara distinção. Dessarte, só se poderá falar em direito trabalhista de garantia à saúde, segurança e higiene, ou, mais propriamente, à incolumidade, quando esse tratar-se de efetiva contrapartida garantida pelo empregador, por força do contrato de trabalho, e, com isso, estiver o empregado apto a exigir civilmente reparação direta pelos danos sofridos no caso de ofensa a esse direito. Por outro lado, enquanto o acidente de trabalho estiver sendo tratado pela legislação como objeto de seguro,

---

(1) BIAVASCHI, M. B. *O direito do trabalho no Brasil — 1930-1942*: a construção do sujeito de direitos trabalhistas. São Paulo: LTr, 2007. GOMES, A. de C.; PESSANHA, E. G. da F.; MOREL, R. de M. *Arnaldo Süssekind*: um construtor do direito do trabalho. Rio de Janeiro: Renovar, 2004.
(2) BIAVASCHI, M. B. *O direito do trabalho no Brasil — 1930-1942*: a construção do sujeito de direitos trabalhistas. p. 343.

ainda que a cargo do empregador a indenização, não se considerará, pelos pressupostos ora esposados, direito puramente trabalhista (decorrente do contrato de trabalho), mas, sim, social/previdenciário.

Nesse passo, o enfoque do estudo se dará, em primeiro plano, na responsabilidade do empregador em garantir a saúde do empregado, e não na existência de um direito social à saúde, ou ainda, de um seguro público social com o intuito de amparo de vítimas de infortúnios laborais, ainda que custeado pelo empregador.

Para que esse entendimento se faça claro, de se levar em conta que a existência de um fato jurídico consubstanciado como acidente do trabalho em sentido lato (aqui englobando as doenças ocupacionais) tem reflexos em diversos ramos do direito. Penal, em que se apurará eventual responsabilidade criminal pelo dano sofrido. Previdenciário, em que, a partir do vínculo entre o segurado e o INSS, o acidentado acessará benefícios sociais, como auxílio-acidente, auxílio-doença acidentário, pensão por morte, etc. Por fim, na esfera civil-trabalhista, em que se verificará o direito à indenização, pelo empregador, em face de eventuais danos materiais e morais sofridos por conta desse fato. É esse último matiz que se sublinhará doravante.

1. A RELAÇÃO DE EMPREGO COMO CONTRATO

É pressuposto para a análise que ora se propõe a definição da natureza jurídica da relação de emprego.

Isso porque, para que se possa falar em garantia de incolumidade na esfera do contrato de trabalho, evidentemente necessário impor-se a natureza jurídica contratual a essa citada relação jurídica.

Não se trata de questão simples, pois já desde os primórdios do Direito do Trabalho, teóricos justrabalhistas embatem-se sobre a natureza jurídica da relação de emprego.

A primeira tentativa de enquadramento dessa específica relação jurídica, como não poderia deixar de ser, dado o incipiente desenvolvimento do Direito do Trabalho no final do século XIX, foi a partir do empréstimo de institutos da então vigorosa doutrina de Direito Civil.

Assim, tentou-se explicar o fenômeno como espécie de arrendamento, inspiração das figuras da *locatio operis* e *locatio operarum* do Direito Romano

Na primeira delas é possível notar semelhanças à figura da empreitada, em que o interesse do contratante encontrava-se na obra pronta, no resultado. No segundo, à locação de serviços, porque o foco se colocava no serviço prestado, o qual, embora autônomo, transferia o risco do resultado ao contratante (*conductor*), que coordenava os afazeres do prestador de trabalho (*locator*) por um determinado tempo. Vários doutrinadores veem aqui o embrião da relação de emprego.

Na medida em que a cultura romana de escravidão desvalorizava o trabalho ética e juridicamente, acrescido o fato de que, por esse mesmo motivo, a noção de trabalhador acabava por se confundir com a de bem, prevalecia então a ideia de que a relação jurídica de entrega de força de trabalho era encarada de forma tão simples como uma mera locação de bem. "Assim, à semelhança da locação de coisas, havia a locação de trabalho"[3]. Não por acaso a *locatio operis* e a *operarum*, acima explicitadas, colocavam-se ao lado da *locatio rei* — locação de coisas — nas hipóteses de *locatio conductio* — como se chamavam genericamente as operações de locação.

Essa noção foi inserida no Código Napoleônico, que incluiu o contrato de trabalho entre as espécies de arrendamento, em seu Título VIII, Livro III, arts. 1.708 e 1.710. O Código Civil Brasileiro de 1916 repetiu essa taxonomia, incluindo a locação de serviços e a empreitada nas espécies de locações (seções II e III do Capítulo IV, arts. 1.216 a 1.247).

A partir do momento em que se percebeu a importância, para fins de garantia de direitos fundamentais, da separação ideal entre a figura do trabalhador e do objeto contratado, a prestação de trabalho, essa concepção foi superada. Ademais, essa modalidade de contrato apresenta contradições insuperáveis com as características da relação de emprego, como a que se salta aos olhos decorrente da tendência à transitoriedade da primeira em contradição à continuidade dessa última.

A utilização do contrato de compra e venda também foi sugerida, sem sucesso, pois, nessa, pressupõe-se a separação fático-jurídica entre o titular do direito real e o objeto, o que não é viável na relação de emprego, pela impossibilidade material de divisão empírica entre o objeto alienado, o trabalho, e seu prestador. Ademais, o trato sucessivo e a remuneração mesmo sem efetiva entrega de força de trabalho (*ex vi* férias e descanso semanal remunerado) dessa última contrapor-se-ia à concentração e à necessária entrega de algum bem jurídico daquele.

Tampouco obteve sucesso sua equiparação ao contrato de mandato, dada a necessária onerosidade da relação de emprego, acrescida do diferente grau da fidúcia envolvido em cada um deles e, especialmente, pelo fato de essa não necessariamente envolver transferência de poder do empregador ao empregado, pelo contrário, diversamente do que ocorre naquele tipo de contrato.

Melhor sorte não teve a sugestão de tratar-se a relação de emprego de contrato de sociedade, seja decorrente da subordinação intrínseca a esse, ou pela inexistência de *affectio societatis* e de assunção de riscos pelo empregado.

A partir do início do século XX surgiu corrente que defende a natureza acontratual da relação de emprego, ao argumento de constituir uma relação jurídica especial, chamada de trabalho ou, para outros, uma instituição.

---

(3) DELGADO, M. G. *Curso de direito do trabalho*. 9. ed. São Paulo: LTr, 2010. p. 279.

A partir da primeira noção, pode-se dizer que seria a prestação material de serviços por uma pessoa natural, observados alguns requisitos (subordinação, onerosidade e não eventualidade) que a constituiria, independentemente da manifestação da vontade, o que afasta a noção de contrato.

Para os institucionalistas, considerando-se como instituição "uma realidade estrutural e dinâmica que teria prevalência e autonomia em face de seus próprios integrantes"[(4)], e a premissa de que a empresa constitui-se como tal, a inserção do trabalhador nessa estrutura define a relação, independentemente de sua vontade.

A par dessas, que contam com defensores na atualidade, buscou-se, ainda fundamentando-se na ideia de contrato, que pressupõe liberdade e existência de vontade, o desenvolvimento de uma teoria contratual moderna.

Essa corrente, já convencida de que o Direito Civil não apresenta modelo suficiente a explicar satisfatoriamente a relação de emprego, aponta uma nova formulação de contrato, específica, com características peculiares que caracterizam a relação de emprego.

Com isso, ainda que reconhecida a pequena influência da vontade na formulação do contrato de trabalho ante o evidente dirigismo legal em suas cláusulas, que estabelece um patamar mínimo de garantia de direitos aos empregados, essa não é deixada de lado. Ainda que ausente em grande medida na definição de seu conteúdo, é indelével a presença da vontade na sua constituição.

De fato, é a presença da vontade do empregado na relação que separa de forma absoluta o modo de produção capitalista dos servil e escravista que o precederam.

Assim, essa teoria aponta tratar-se a relação de emprego de um contrato específico, em que o objeto é um fazer subordinado e não eventual, que tem como prestador pessoa natural definida e insubstituível (pessoalidade), que assim atua mediante contraprestação (onerosidade).

Foi adotada em nossa legislação, como se percebe nas diversas menções ao contrato de trabalho verificadas na CLT (todo o título IV é a ele expressamente dedicado) e demais legislações trabalhistas, embora não sem que houvesse verdadeira escolha entre as diversas correntes acima expostas pelo legislador.

Interessante o testemunho de Süssekind nas supracitadas entrevistas sobre os debates na comissão da CLT para a definição legal da natureza jurídica da relação de emprego como contratual.

Para ele, ao lado da ideia de despersonalização do empregador, a inovação de maior importância da CLT foi a escolha pelo contrato, contrato-realidade. Segundo aponta, ainda antes da internacionalização do termo por Mario de La

---

(4) DELGADO, M. G. *Curso de direito do trabalho*. p. 308.

Cueva, a CLT disse em seu art. 442 que "contrato individual de trabalho é o acordo tácito ou expresso, correspondente à relação de emprego". Com isso, presentes os requisitos dos arts. 2º e 3º da CLT para a aferição da relação de emprego, há contrato.

Afirma o entrevistado que a opção pela definição legal da contratualidade da relação de emprego foi profundamente discutida na comissão. Rego Monteiro era institucionalista, alinhado às teorias corporativas então vigorantes, e firme defensor dessa corrente. Por seu turno, Segadas Viana e Süssekind defendiam a natureza contratual da relação. Como Dorval Lacerda não tinha firme posição, cumpriu a decisão final ao Ministro Marcondes Filho.

Segundo Süssekind, é por conta dessa divisão que o art. 2º da CLT é de certa forma híbrido, mas ao equiparar empregador com empresa tem-se como desiderato despersonificar o empregador, e não apontar a existência de uma instituição. Outrossim, de acordo com ele, Rego Monteiro minutou a Exposição de Motivos da CLT, o que explica porque há indeléveis traços da teoria institucional em sua redação, como nota-se nos itens 29, 43 e 53 do documento, muito embora reconciliem-se as teorias nas explanações dos itens 44 a 46.

O testemunho de Süssekind, aliado à averiguação dos acima citados artigos legais, deixa clara a opção do legislador brasileiro pela tese contratualista, razão porque doravante passa-se a analisar a garantia à incolumidade à luz do contrato de emprego.

Inobstante, a fim de se introduzir os próximos capítulos, não se pode deixar de considerar que o entendimento da relação de emprego como espécie de contrato reflete interesses capitalistas e de manutenção do *status quo*, já evidenciados à época da edição da CLT.

Naquele momento, o empresariado brasileiro, desde a profunda contrariedade às primeiras leis trabalhistas, até os anos 40, já havia percebido a ambivalência do Direito do Trabalho e sua capacidade de legitimação do sistema capitalista, do poder empresarial e da alienação de liberdade do empregado, em troca de algumas contrapartidas. Assim, refreando também ideários comunistas e socialistas, restou evidente a importância de que algumas concessões se fizessem.

E, para melhor aceitação da classe trabalhadora, a figura jurídica do contrato pressupõe a presença recíproca de vontade, e assim, facilita a aceitação, pelo empregado, de alienar sua liberdade, na medida em que considerado que sua vontade foi decisiva para tanto, que assim age *sponte propria*.

Sem embargo desse contexto teórico, o contrato de trabalho, como idealizado na CLT, leva em consideração a realidade fática. Com isso, é instrumento jurídico capaz de explicar a relação de emprego. Como dito, firmemente dirigido pela lei, que estabelece um patamar civilizatório mínimo, há espaço para a vontade nessa relação, inequivocamente em sua formação, de sorte que sua classificação como tal se faz correta.

2. A LIMITAÇÃO DA LIBERDADE PELO DIREITO DE SUBORDINAR

Partindo-se do pressuposto da correção da teoria contratualista da relação de trabalho, como acima exposto, pode-se dizer que a característica mais marcante desse contrato, denominado de emprego, é a existência de subordinação nessa dada relação jurídica. Conforme aponta Maurício Godinho Delgado, "...será a subordinação, entre todos esses elementos (fático-jurídicos que compõem a relação de emprego), o que ganha maior proeminência na conformação do tipo legal da relação empregatícia."[5] Já houve quem defendesse, como o italiano Renato Corrado[6], que a relação de emprego difere-se das demais apenas por essa característica especial.

Não se pode negar, é verdade, que uma das partes do contrato de emprego tem um direito especial, que repercute em diversos momentos no curso dessa relação, que lhe coloca em situação de proeminência, ficando a outra em estado de dependência ou obediência, sujeita ao poder da primeira. Na materialização dessa específica relação, o empregado, no gozo de sua autonomia privada, transfere "ao empregador o poder de direção sobre a atividade que desempenhará"[7], ou seja, de sua autonomia de agir, pois esse irá "determinar o modo de execução da prestação do trabalho para que possa satisfazer o seu interesse"[8].

Em outras palavras, autoriza o empregado sua subordinação, posição jurídica a que se contrapõe o poder empregatício do empregador, em todas as suas matizes (diretivo, regulamentar, fiscalizatório e disciplinar). Para tanto, recebe contraprestações — ou contrapartidas como se verá — como salário, descanso semanal, férias, FGTS, remuneração especial para horário extraordinário, etc.

E, ao limitar sua autonomia de agir, como dito acima, ainda que por parcela do tempo, sem dúvida acaba por sofrer — *sponte propria*, é de se frisar — uma espécie de limitação da liberdade.

De fato, a aceitação ao labor subordinado reflete uma alienação da liberdade, limitada no tempo e no espaço, é verdade, mas uma alienação de liberdade, social e legalmente aceita. Pelo menos em sua modalidade clássica, o empregado é remunerado pelo tempo posto a disposição. Durante o período em que labuta, seu agir é definido por outrem. Em outras palavras, a condução do corpo do empregado, de suas ações, omissões, atenções e até pensamentos (*vide* trabalhos intelectuais) é gerida pelo empregador.

Poder-se-ia pensar em uma contradição entre o direito fundamental de liberdade, inalienável, e a possibilidade jurídica da formalização de um contrato de emprego. Todavia, tal contradição é aparente, ante a aceitação legal e social do labor subordinado.

---

(5) DELGADO, M. G. *Curso de direito do trabalho*. p.280.
(6) *Idem*.
(7) NASCIMENTO, A. M. *Iniciação ao direito do trabalho*. 36. ed. São Paulo: LTr, 2011. p.164.
(8) *Idem*.

Não por acaso afirmou Nietzsche que aquele que não detém mais de 2/3 do seu dia é um escravo[9]. Dessa ilação, analisada *a contrario sensu*, percebe-se ser socialmente aceitável alienar parte do tempo (e da liberdade que lhe é inerente) em troca de remuneração.

Mais do que isso, internalizou-se no inconsciente coletivo que o trabalho (sendo certo que a modalidade subordinada é a regra no modo de produção capitalista) é necessário e conduz à salvação, à dignificação, enfim, sem trabalho não se formaria o caráter do ser humano, não se imporia o sujeito enquanto membro da coletividade. A economia baseada na servidão, para a qual o trabalho era indigno, foi paulatinamente substituída pela capitalista, que coloca o trabalho como pressuposto para a existência humana. Nas palavras do Prof. Wilson Ramos Filho, "estigmatizados o ócio e a não submissão ao estatuto do salariado, o trabalho subordinado se transmuda em imperativo moral por oposição àquelas condutas que resistem ao ingresso no modo de vida capitalista, tidos como vadios, como vagabundos ou como malandros"[10].

Assim caminhou a fundamentação doutrinária do capitalismo, com a criação de uma ética peculiar, impositiva do dever moral de trabalhar, a qual, como aponta Max Weber[11], tornou-se, inclusive, fundamento religioso.

Não por outra razão, lê-se na encíclica *Rerum Novarum*: "O trabalho e o sofrimento são apanágios de todos: ... Se há quem, atribuindo-se poder fazê-lo, prometa ao pobre uma vida isenta de sofrimento e de trabalho, toda de repouso e de perpétuos gozos, certamente engana o povo e lhe prepara laços, onde se ocultam para o futuro mais terríveis calamidades que as do presente."[12]

Ou ainda: "Às classes há deveres mútuos, cabendo aos operários: ...fornecer integral e fielmente todo o trabalho a que se comprometeu por contrato livre e conforme à equidade; não lesar o seu patrão, nem nos seus bens, nem na sua pessoa;..."[13]

Resta claro, pois, que, aceitar ser subordinado a outrem, durante uma parcela da existência do ser humano é, no modo de produção capitalista, ao mesmo tempo

---

(9) PERCY, A. *Nietzsche para estressados*. Tradução de Rodrigo Peixoto. Rio de Janeiro: Sextante, 2011. p. 62.
(10) Em material de estudo de sua lavra fornecido quando lecionando a matéria Fundamentos do Direito do Trabalho cursada no primeiro semestre de 2011 no mestrado em Direito das Relações Sociais da UFPR.
(11) WEBER, M. *A ética protestante e o "espírito" do capitalismo*. Edição de Antônio Flávio Pierucci. São Paulo: Companhia das Letras, 2004.
(12) BIAVASCHI, M. B. *O direito do trabalho no Brasil — 1930-1942*: a construção do sujeito de direitos trabalhistas. p. 358.
(13) *Idem*.

uma necessidade para a sobrevivência, uma imposição social, moral e, eventualmente, até religiosa. Mas, como visto no capítulo anterior, ainda uma opção de vontade.

3. AS CONTRAPARTIDAS FORDISTAS AO DIREITO DE SUBORDINAR

Essa aparente contradição entre a regra comum de garantia absoluta à liberdade e a necessidade-dever de trabalhar, não se pretendendo aqui analisar esse tema profundamente, é minorada pelas chamadas contrapartidas fordistas[14] à alienação da liberdade, à aceitação da subordinação.

Como contrapartidas fordistas, podemos entender as concessões, feitas aos empregados, pelos empregadores e chanceladas pelo Estado, por meio do chamado Direito Capitalista do Trabalho, ou, dependendo do momento histórico, impostas aos empregadores pelo Estado, a fim de melhorar as condições de trabalho e vida daqueles e, assim, refrear o conflito de classes.

Tais contrapartidas formam o conjunto de benefícios repassados à classe trabalhadora com a finalidade de legitimar o capitalismo em sua segunda fase, atuando como mecanismos de compensação à exigência da subordinação.

Em diversos momentos históricos pode-se notar incremento das contrapartidas, em outros, essas se mantiveram nos patamares anteriores (ou até regrediram). Tratam-se de ciclos em que a apropriação da mais-valia do labor prestado pelos empregados, por parte dos detentores dos meios de produção, foi menor ou maior. De fato, quanto maiores as contrapartidas, menor o ciclo de acumulação de capital, e vice-versa.

Em resumo, ao aderir ao regime capitalista e permitir que seu trabalho livre seja apropriado em parte por outro (mais-valia), o trabalhador recebe compensações. Tais compensações são objeto do Direito do Trabalho, que legitima juridicamente a apreensão da mais-valia pelo detentor dos meios de produção, em um sistema ambivalente. Ao mesmo passo representa conquistas dos trabalhadores e garante a manutenção do sistema capitalista que representa. Protege o trabalhador de uma exploração desmedida, mas serve de substrato organizador e justificador dessa mesma exploração.

No Brasil, a partir da Revolução de 1930, e com a vitória hegemônica do ideário corporativo, representado no Brasil pela ascensão de Vargas e o golpe de 1937, viu-se momento em que o Estado atuou como disciplinador das relações sociais, a fim de salvaguardar os interesses da nação e da produção, em detrimento daqueles dos empregadores e dos trabalhadores. Era função do Estado a conciliação entre as classes, em prol do crescimento econômico do País.

---

(14) O termo foi cunhado pelo Prof. Wilson Ramos Filho, trabalhado durante o curso acima mencionado e será objeto de livro, de sua lavra, atualmente no prelo.

Nesse contexto, o Direito do Trabalho serviu como nenhum outro ramo a esse desiderato, pois tinha como conteúdo, como dito, justamente a regulação dessa arena de embate social. Assim, implantou-se um modelo de intervencionismo nas relações de trabalho no Brasil, de índole fordista, o que o singularizou.

Isso porque, ao contrário das matizes nazifascistas, o corporativismo-fordista implantado no Brasil — e é o que lhe justifica a denominação — estabeleceu, como forma de justificação, e com finalidade de aceitação social de suas propostas de construção nacional, diversas contrapartidas, várias dessas de cunho trabalhista, e, em especial, a CLT.

Ademais, ainda com a finalidade de crescimento da Nação, não se podia deixar de incrementar o mercado interno para os produtos nacionais. Nesse passo, não se poderia permitir que, em um ambiente de crescente industrialização, fosse criada no Brasil uma legião de trabalhadores incapazes e "aleijados", que em nada contribuiriam para tal desiderato. O trabalhador passou a ser visto, assim, não apenas como mão de obra, mas também como ator no mercado de consumo. Não por acaso em 1940, pelo Decreto-lei n. 2.162, regulamentou-se o salário mínimo, garantia já prevista constitucionalmente desde 1934.

Foi nesse ambiente histórico que o trabalhador brasileiro obteve, como direito inerente ao contrato de trabalho, a garantia à sua incolumidade física, como se verá.

4. O TRATAMENTO LEGISLATIVO CONCEDIDO AO DIREITO À PROTEÇÃO DA SAÚDE DO TRABALHADOR AO LONGO DOS ANOS NO BRASIL

Ainda que existisse algum tratamento do tema acidente de trabalho no Código Comercial de 1850, referindo-se a feitores, guarda-livros, caixeiros e outros prepostos de casas de comércio, esse ainda era muito singelo, pois apenas estabelecia a manutenção dos salários por até 3 meses[15].

Citada norma também preocupava-se com a saúde da tripulação de embarcações mercantis, em moldes semelhantes, mas sem estabelecer prazo. Ademais, inclui-se o custo do tratamento nas responsabilidades do tomador de serviço[16].

---

(15) Art. 79 — Os acidentes imprevistos e inculpados, que impedirem aos prepostos o exercício de suas funções, não interromperão o vencimento do seu salário, contanto que a inabilitação não exceda a 3 (três) meses contínuos.
(16 Art. 560 — Não deixará de vencer a soldada ajustada qualquer indivíduo da tripulação que adoecer durante a viagem em serviço do navio, e o curativo será por conta deste; se, porém, a doença for adquirida fora do serviço do navio, cessará o vencimento da soldada enquanto ela durar, e a despesa do curativo será por conta das soldadas vencidas; e se estas não chegarem, por seus bens ou pelas soldadas que possam vir a vencer.

Contudo, a primeira norma específica sobre o tema, de 1919, foi fruto dos trabalhos da Comissão de Legislação Social, criada no ano anterior por iniciativa do deputado Carlos Penafiel, com o desiderato de analisar todas as iniciativas legislativas dessa área, em resposta às agitações grevistas, especialmente no Rio de Janeiro e São Paulo, de uma classe operária ainda em formação.[17]

Tratava-se do Decreto n. 3.724 de 1919[18], o qual, após definir o que se entendia por acidente do (no) trabalho — tradição que se manteve nas demais legislações sobre o tema até os dias atuais — em seu art. 1º[19], tratava do dever de indenizar, em seu art. 2º[20].

Não importava à norma a culpa do empregador, mas apenas o nexo causal entre o acidente e a prestação de labor. Vale dizer, estabelecia o dever de indenizar o acidente de trabalho de forma objetiva.

Por outro lado, embora progressista quanto a esse aspecto, limitava-se aos trabalhadores considerados como operários, consoante seu art. 3º[21], embora o direito fosse extensível aos "operários" da Administração Pública Direta (art. 4º).

Havia limitações tarifadas às indenizações (art. 6º), bem como determinações de valores de acordo com a extensão do dano e definitividade, ou não, da lesão.

Interessante ainda, para o objeto do presente estudo, que a norma em análise preocupava-se com o socorro imediato e tratamento da vítima[22], pelo seu

---

(17) BIAVASCHI, M. B. *O direito do trabalho no Brasil — 1930-1942*: a construção do sujeito de direitos trabalhistas. p. 182
(18) Toda a legislação histórica citada a partir desse ponto foi retirada do sítio na internet do Senado Federal, <www.senado.jus.br>. Acessado em: 1º.8.2011.
(19) Art. 1º Consideram-se acidentes no trabalho, para os fins da presente lei: a) o produzido por uma causa subita, violenta, externa e involuntária no exercício do trabalho, determinado lesões corporais ou perturbações funccionaes, que constituam a causa unica da morte ou perda total, ou parcial, permanente ou temporaria, da capacidade para o trabalho; b) a moléstia contraída exclusivamente pelo exercicio do trabalho, quando este fôr de natureza a só por si causal-a, e desde que determine a morte do operario, ou perda total, ou parcial, permanente ou temporaria, da capacidade para o trabalho.
(20) Art. 2º O accidente, nas condições do artigo anterior, quando occorrido pelo facto do trabalho ou durante este, obriga o patrão a pagar uma indemnização ao operario ou á sua familia, exceptuados apenas os casos de força maior ou dolo da propria victima ou de estranhos.
(21) Art. 3º São considerados operarios, para o effeito da indemnização, todos os individuos, de qualquer sexo, maiores ou menores, uma vez que trabalhem por conta de outrem nos seguintes serviços: construcções, reparações e demolições de qualquer natureza, como de predios, pontes, estradas de ferro e de rodagem, linhas de tramways electricos, rêdes de esgotos, de illuminação, telegraphicas e telephonicas, bem como na conservação de todas essas construcções; de transporte carga e descarga; e nos estabelecimentos industriaes e nos trabalhos agricolas em que se empreguem motores inanimados.
(22) Art. 13. Em todos os casos o patrão é obrigado a prestação de soccorros medicos e pharmaceuticos, ou sendo necessarios, hospitalares, desde o momento do accidente. § 1º Quando, por falta de medico ou pharmacia, o patrão não puder prestar á victima immediata assistencia, fará, si o estado da mesma o permittir, transportal-a para o logar mais proximo em que fôr possivel o tratamento. § 2º Quando o estado da victima não permittir o transporte, o patrão providenciará para que á mesma não falte a devida assistencia.

empregador. Também assim exigia-se a comprovação de que o tratamento do convalescente seria efetivado.[23]

Até então, tais fatos eram resolvidos pelo Código Comercial de 1850, se aplicável como lei especial, ou pelo Código Civil de 1916, como regra geral, o que exigia a demonstração de culpa do empregador, pela regra do art. 159 do citado Código.

Não havia dever específico de garantia do meio ambiente de trabalho e, portanto, não se podia, até então, falar-se em um dever contratual de salvaguarda da incolumidade do empregado.

Para os trabalhadores excluídos da legislação ora tratada (art. 3º *supra*), continuou a vigorar a regra geral.

No plano constitucional, faz-se menção ao Direito do trabalho, pela primeira vez, com a Emenda Constitucional n. 3, de 3.9.1926. Até então a questão social não fora tratada em nenhuma Constituição Brasileira.

O Decreto n. 3.724/19 foi revogado pelo Decreto n. 24.637/34, que, caminhando nos mesmos trilhos da legislação anterior, teve o mérito de estender a proteção a outros profissionais, como trabalhadores rurais.

Continuou-se a definir o que se considerava acidente de trabalho, logo no art. 1º.[24]

---

(23) Art. 19. Todo o accidente de trabalho que obrigue o operario a suspender o serviço ou se ausentar, deverá ser immediatamente communicado á autoridade policial do logar, pelo patrão, pelo proprio operario, ou qualquer outro. A autoridade policial comparecerá sem demora ao logar do accidente e ao em que se encontrar a victima, tomando as declarações desta, do patrão e das testemunhas, para lavrar o respectivo auto, indicando o nome, a qualidade, a residencia do patrão, o nome, a qualidade, a residencia e o salario da victima, o logar preciso, a hora e a natureza do accidente, as circumstancias em que se deu e a natureza dos ferimentos, os nomes e as residencias das testemunhas e dos beneficiarios da victima. § 1º No quinto dia, a contar do accidente, deve o patrão enviar á autoridade policial, que tomou conhecimento do facto, prova de que fez á victima o fornecimento de soccorros medicos e pharmaceuticos ou hospitalares, um attestado medico sobre o estado da victima, as consequencias verificadas ou provaveis do accidente, e a época em que será possivel conhecer-lhe o resultado definitivo. § 2º Nesse mesmo dia a autoridade policial remetterá o inquerito, com os documentos a que se refere o paragrapho anterior, ao juizo competente, para a instauração do summario.

(24) Art. 1º Considera-se acidente do trabalho, para os fins da presente lei, toda lesão corporal, perturbação funcional, ou doença produzida pelo exercício do trabalho ou em consequência dele, que determine a morte, ou a suspensão ou limitação, permanente ou temporária, total ou parcial, da capacidade para o trabalho. § 1º São doenças profissionais, para os efeitos da presente lei, além das inerentes ou peculiares a determinados ramos de atividade, as resultantes exclusivamente do exercício do trabalho, as resultantes exclusivamente especiais ou excepcionais em que o mesmo for realizado, não sendo assim consideradas as endêmicas quando por elas forem atingidos empregados habitantes da região. § 2º A relação das doenças profissionais inerentes ou peculiares a determinados ramos de atividade será organizada e publicada pelo Ministério do Trabalho, Indústria e Comércio, e revista trienalmente, ouvidas as autoridades competentes.

A gama de empregados protegidos, como dito, aumentou, conforme se via nos arts. 64 e 65[25], pois a norma em tela passou a ser regra geral para análise dos infortúnios laborais, e não mais especial. Isso porque, ao contrário da legislação anterior, não nominou os beneficiados, mas sim aqueles excluídos do seu âmbito — embora dilatada a lista.

As indenizações continuavam parcialmente tarifadas (arts. 20 e 22) e com teto máximo definido (art. 19).

Em sendo o empregado beneficiário de instituição de seguro social — como caixas de assistência, pensões e montepios existentes à época —, parte da indenização poderia ser revertida a essa, dependendo da situação (art. 26), o que demonstra a característica de legislação social (assim entendida aquela de natureza híbrida, trabalhista e previdenciária, fruto do momento histórico de desenvolvimento do direito da época) das normas sobre o tema.

Manteve-se a responsabilização objetiva, pouco importando, pois, a culpa do empregador[26].

---

(25) Art. 64 Ficam excluidos da presente lei, muito embora não percam, para outros efeitos, a qualidade de prepostos, agregados ou dependentes: 1º, na indústria e no comércio: a) os empregados que tiverem vencimentos superiores a 1:0000 (um conto de réis) mensais, e os técnicos, ou contratados, aos quais forem asseguradas, por meios idôneos, vantagens superiores às estabelecidas, na presente lei, para os demais empregados; b) os agentes e prepostos cuja remuneração consiste, única e exclusivamente, em comissões, ou em gratificações vagas pelos clientes; c) os profissionais de qualquer atividade que, individual ou coletivamente, empreitarem, por conta própria, serviços de sua especialidade, com ou sem fiscalização da outra parte contratante; d) os consultores técnicos, inclusive advogados e médicos, que, embora remunerados, não trabalhem efetiva e permanentemente no estabelecimento ou estabelecimento do empregador, exercendo sómente funções consultivas ou informativas; e) os domésticos e jardineiros que, em número inferior a cinco, residirem com o empregador, percebendo, cada um, salário mensal inferior a 50$000 (cincoenta mil réis); f) cônjuges, ascendentes, descendentes, colaterais e afins, quando, tendo domicílio comum com o proprietário, explorarem pequenas indústrias, ou estabelecimentos comérciais, sob o regime familiar. 2º na agricultura e na pecuária: a) os que explorarem terrenos, com ou sem bemfeitorias, e os guardadores de semoventes, que participarem dos resultados da produção ou da reprodução, tanto nos trabalhos decorrentes daqueles mistéres, como em outros que realizarem para o possuidor dos terrenos, bemfeitorias ou semoventes, sempre que táis trabalhos representarem um encargo vinculado à exploração agrícola ou parcial; b) os parentes, até ao segundo grau, ou linha reta ou colaterial do proprietário agrícola ou pastoríl, que com ele tenham a mesma economia doméstica. Art. 65 A disposição do n. 1, alinea d, do artigo anterior não se aplica áqueles que servirem aos sindicatos e cooperativas para se tornarem empreiteiros, cabendo a êstes, em qualquer hipótese, todas as responsabilidades de empregadores.

(26) Art. 2º Excetuados os casos de fôrça maior, ou de dolo, quer da própria vítima, quer de terceiros, por fatos estranhos ao trabalho, o acidente obriga o empregador ao pagamento de indenização ao seu empregado ou aos seus beneficiários, nos têrmos do capítulo III desta lei. § 1º Não canstitue fôrça maior a ação dos fenômenos naturais quando determinada ou agravada peta instalação ou localização do estabelecimento ou pela natureza do serviço. § 2º A responsabilidade do empregador deriva sòmente de acidentes ocorridos pelo fato do trabalho, e não dos que se verificarem na ida do empregado para o local da sua ocupação ou na sua volta dali salvo havendo condição especial fornecida pelo empregador.

Essa legislação, em seu art. 12[27], por fim, isentava o empregador do pagamento de outras indenizações com fundamentos em leis diversas, ou seja, deixa explícita a separação de um ramo especializado do direito, de cunho social (trabalhista-previdenciário), da legislação "comum".

Importa, para a compreensão desse momento histórico, que, à época, já se contava com alguma proteção previdenciária para certas classes de trabalhadores, e daí a menção aos fundos de assistência na legislação acidentária.

Ainda não se podia, em verdade, estabelecer uma efetiva separação entre os ramos do Direito trabalhista e previdenciário, pois inexistente uma legislação previdenciária unificada para todos os trabalhadores.

De fato, as caixas de assistência existiam desde 1911 — para empregados da Casa da Moeda, Decreto n. 9.284/11 — e, de forma mais abrangente, após a edição da Lei Eloy Chaves, Decreto-lei n. 4.682/23. Todavia, foram unificadas apenas em 1953, pelo Decreto n. 34.586, que criou a Caixa Nacional, transformada, em 1960, em Instituto, pela Lei n. 3.807/60.

Essa norma, chamada Lei Orgânica da Previdência Social, estabeleceu pela primeira vez um plano único de benefícios, até então diferenciados de acordo com o tipo de labor desenvolvido pelo segurado[28].

Dessarte, e isso é importante para a análise que se pretende, resta claro que o tema acidente de trabalho era estudado e legislado, à época, sem uma definição clara sobre a natureza jurídica das obrigações impostas aos empregadores, se trabalhista ou previdenciária.

Os deveres dos empregadores relacionados a minorar os efeitos das eventuais lesões sofridas já existiam, mas sempre em um viés monetarizado e tarifados. Todavia, ainda não haviam sido estabelecidos deveres de prevenção.

A terceira lei brasileira específica sobre acidentes de trabalho foi o Decreto-lei n. 7.036/44, que entrou em vigor sob a égide da Constituição de 1937, apelidada de Polaca, outorgada por Getúlio Vargas após o golpe que instituiu o Estado Novo.

A regra da definição legal do que seria acidente de trabalho no art. 1º continuou, sendo que no art. 2º, tratou-se das doenças ocupacionais (tanto do trabalho quanto profissionais, portanto).

Elevou-se a proteção do trabalhador, pois se incorporou ao conceito de acidente de trabalho situações em que esse atua como concausa para o dano, alargando a espectro do nexo causal[29].

---

(27) Art. 12 A indenização estatuída pela presente lei exonera o empregador de pagar à vítima, pelo mesmo acidente, qualquer outra indenização de direito comum.
(28) CASTRO, C. A. P. de; LAZZARI, J. B. *Manual de direito previdenciário*. 12. ed. Florianópolis: Conceito Editorial, 2010. p. 69.
(29) Art. 3º Considera-se caracterizado o acidente, ainda quando não seja êle a causa única e exclusiva da morte ou da perda ou redução da capacidade do empregado, bastando que entre o evento e a morte ou incapacidade haja uma relação de causa e efeito.

Manteve-se, outrossim, a responsabilização objetiva, como se nota nos arts. 5º e 7º[30].

As indenizações ainda tinham firme tarifação, como se nota nos art. 18 e seguintes, inclusive com estabelecimento de valores fixos para algumas situações, como se via no art. 17, § 3º[31].

Outrossim, dependendo do valor, poderia haver conversão de parte da indenização à instituição de previdência a que o empregado pertencer, consoante seu art. 22[32].

Ademais, passou-se a exigir a contratação de seguro, por parte do empregador, o que deveria ser feito perante a instituição de previdência social respectiva[33].

---

(30) Art. 5º Incluem-se entre os acidentes do trabalho por que responde o empregador, de conformidade com o disposto nos artigos anteriores, todos os sofridos pelo empregado no local e durante o trabalho, em consequência de: a) atos de sabotagem ou terrorismo levados a efeito por terceiros, inclusive companheiros de trabalho; b) ofensas físicas intencionais, causadas por companheiros de trabalho do empregado, ou não, em virtude de disputas relacionadas com o trabalho; c) qualquer ato de imprudência, de negligência ou brincadeiras de terceiros, inclusive companheiros de trabalho; d) atos de terceiros privados do uso da razão; e) desabamentos, inundações ou incêndios, respeitado o disposto na letra *b* do art. 7º.
Art. 7º Não é acidente do trabalho : a) o que resultar de dolo do próprio acidentado, compreendida neste a desobediência a ordens expressas do empregador; b) o que provier de fôrça maior, salvo o caso de ação de fenômenos naturais determinados ou agravada pelas instalações do estabelecimento ou pela natureza do serviço; c) o que acorrer na ida do empregado para o local de sua ocupação ou na volta dali, salvo se houver condução especial fornecida pelo empregador, ou se a locomoção do empregado se fizer necessàriamente por vias e meios que ofereçam reais perigos, a que não esteja sujeito o público em geral.
Parágrafo único. Também não são amparadas por esta lei as doenças endêmicas adquiridas por empregados habitantes das regiões em que elas se desenvolvem, exceto quando ficar comprovado que a doença resultou de uma exposição ou contato direto que a natureza do trabalho houver determinado.
(31) § 3º Nos casos de cegueira total, perda ou paralisia dos membros superiores ou inferiores e de alienação mental, receberá o acidentado, além da indenização de que trata o parágrafo anterior, a quantia de Cr$ 3.200,00, paga de uma só vez.
(32) Art. 22. Uma vez que exceda a Cr$ 5.000,00 (cinco mil cruzeiros), a indenização que tiver direito o acidentado, nos casos de incapacidade permanente, ou seus beneficiários, no caso de sua morte, será destinada à instituição da previdência social a que êle pertencer, para o fim de ser concedido um acréscimo na aposentadoria ou pensão.
§ 1º Não havendo o acidentado completado, na instituição, o período de carência para a concessão do benefício, deduzir-se-à da indenização o valor das contribuições tríplices (do empregado, do empregador e da União) correspondente ao tempo necessário para completar aquele período, calculado sôbre o último salário de contribuição do acidentado, destinando-se o saldo, se houver, ao acréscimo a que se refere êste artigo.
§ 2º Se a aposentadoria fôr cancelada por ter cessado a invalidez do acidentado, a instituição restituir--lhe-á, de uma só vez, a reserva matemática dos acréscimos futuros.
§ 3º Se a instituição não conceder aposentadoria ao acidentado, pelo fato de o não considerar inválido, deverá entregar-lhe, diretamente, e de uma só vez, a indenização integral.
(33) Art. 94. Todo empregador é obrigado a segurar os seus empregados contra os riscos de acidente do trabalho.
Art. 95. O seguro de que trata o artigo anterior será realizado na instituição de previdência social a que estiver filiado o empregado.

Essa lei, de forma inovadora, passou a estabelecer a obrigação de o empregador garantir aos empregados segurança e higiene no trabalho, em seus arts. 77 e 78[34]. Por seu turno, deveriam esses respeitar as normas de segurança estabelecidas pelos empregadores[35].

Essas, aliadas àquelas já determinadas na então recente CLT, em seu capítulo V, podem ser consideradas as primeiras normas gerais que relacionaram a obrigação do empregador para com o meio ambiente de trabalho saudável e, com isso, estabeleceram um dever de manutenção da incolumidade do trabalhador por parte do seu empregador.

Assim, estabeleceu-se, a partir de uma obrigação de fazer do empregador — garantir a saúde do seu empregado durante a prestação de trabalho —, o fundamento para que o empregado lesado obtivesse uma reparação direta, por parte do causador do dano, pela ofensa a seu patrimônio jurídico em havendo a quebra desse dever.

Até então, eventual lesão sofrida pelo empregado seria resolvida por uma legislação de cunho previdenciário-trabalhista, ou, em momento pretérito, por regras de direito comum, como visto.

De fato, o Decreto-lei n. 7.036/44 contribuiu de forma absoluta para a definição da natureza das repercussões jurídicas havidas em situações de acidente de trabalho, pois essa legislação preocupou-se em evidenciar a pluralidade de repercussões jurídicas do acidente de trabalho, autorizando a persecução de benefícios previdenciários além da indenização pelo acidente, e sem prejuízo de outra, "de direito comum", em caso de dolo, como se nota dos seus arts. 30 e 31, abaixo transcritos:

> Art. 30. As indenizações concedidas por fôrça desta lei, nos casos de incapacidade permanente ou morte, não excluem o direito aos benefícios do seguro-invalidez e do seguro-morte assegurados pelas instituições de previdência social.

---

(34) Art. 77. Todo empregador é obrigado a proporcionar a seus empregados a máxima segurança e higiene no trabalho, zelando pelo cumprimento dos dispositivos legais a respeito, protegendo-os, especialmente, contra as imprudências que possarn resultar do exercício habitual da profissão.
Art. 78. Consideram-se, para êste efeito, como parte integrante desta lei, as disposições referentes à Higiene e Segurança do Trabalho da Consolidação das Leis do Trabalho, como também tôdas as normas específicas que, no mesmo sentido forem expedidas pelos órgãos competentes do Ministério do Trabalho, Indústria e Comércio, sujeitos os empregadores às penalidades na mesma Consolidação fixadas, independente da indenização legal.
(35) Art. 79. Os empregadores expedirão instruções especiais aos seus empregados, a título de "ordens de serviço", que estes estarão obrigados a cumprir rigorosamente para a fiel observância das disposições legais referentes à prevenção contra acidentes do trabalho.
§ 1º A recusa por parte do empregado em submeter-se às instruções a que se refere o presente artigo, constitui insubordinação para os efeitos da legislação em vigor.
§ 2º Em nenhum caso o empregador poderá justificar a inobservância dos preceitos de prevenção de acidentes e higiene do trabalho, com a recusa do empregado em aos mesmos sujeitar-se.

Art. 31. O pagamento da indenização estabelecida pela presente lei exonera o empregador de qualquer outra indenização de direito comum, relativa ao mesmo acidente, a menos que êste resulte de dolo seu ou de seus prepostos.

Como se pode perceber do art. 30 inicia-se a percepção de que (embora essa lei ainda converta parte da indenização para a instituição de previdência, o que demonstra a fase de transição que representa, de legislação social para trabalhista) se pode estabelecer dúplice responsabilização pelo fato jurídico acidente de trabalho, tanto do órgão previdenciário (ante a obrigação do art. 94, decorrente do seguro — de natureza social), quanto do empregador.

Nessa linha, o art. 31, corolário desse entendimento, estabelece a possibilidade de se buscar reparação civil em face do empregador, ainda que exigindo comprovação de dolo.

Até então, a legislação relativa ao acidente de trabalho excluía essa possibilidade, como visto. Vigorava o entendimento de que a proteção acidentária deveria ser feita no âmbito do Direito Social.

Não por outro motivo as indenizações eram tarifadas e podiam ser, em parte, se fosse o caso, destinadas ao órgão previdenciário respectivo. Outrossim, a responsabilização era objetiva (tal como ocorre hoje em relação aos benefícios obtidos perante o INSS), o que demonstra seu forte caráter de seguro, pois, se ainda hoje desperta cizânia a forma pela qual poderá ser responsabilizado civilmente o empregador, à época, de conquistas sociais embrionárias, tal situação somente se explica por esse entendimento.

De fato, até aquele momento, as indenizações pagas pelos empregadores por determinação das leis vigentes sobre o tema em nada difeririam, em sua natureza, de uma contribuição à seguridade social, embora paga de uma só vez e diretamente ao "segurado" lesado, no caso, o trabalhador.

A partir dessa lei, de transição entre dois tratamentos distintos aos acidentes, estabeleceu-se clara separação entre as obrigações previdenciárias das partes do contrato de trabalho e as obrigações oriundas de eventual responsabilidade civil. Passou-se a admitir duas repercussões diversas (além da penal, é claro) para o mesmo fato, com natureza jurídica distinta, uma previdenciária e outra trabalhista.

Não por acaso foi estabelecida nessa lei a responsabilidade do empregador pelo meio ambiente de trabalho. Seria o descumprimento dessa obrigação, como dito, o fundamento jurídico para a indenização perseguida pelo empregado, então chamada de "direito comum", diversa daquela prevista na lei, devida de forma objetiva, e de cunho previdenciário.

Dessarte, definido o marco histórico de separação entre a responsabilidade civil/trabalhista e previdenciária pelo acidente de trabalho, passa-se a enfocar a linha de sucessão legislativa de cada uma, de forma rápida.

Em 1963, dessa feita por meio de construção jurisprudencial, avançou-se ainda mais na seara da responsabilidade trabalhista, pois cristalizado o entendimento, por meio da Súmula n. 229 do STF, de que o empregador poderia ser responsabilizado pelos danos advindos de acidentes de trabalho não só em caso de dolo, mas também, em hipótese de culpa grave. A interpretação, à época progressista, é até hoje utilizada, de forma descontextualizada, como tentativa de minorar a responsabilidade de empregadores por acidentes de trabalho.

Vinte e cinco anos depois, a Constituição Federal de 1988, em seu art. 7º, XXVIII, tornou expressa a possibilidade de responsabilização civil do empregador independentemente do seu grau de culpa por acidentes de trabalho.

Por fim, em 2002, com o novo Código Civil incorporou-se ao ordenamento brasileiro regra geral de responsabilização civil objetiva, no par. ún. do seu art. 927. De fato, a aplicação da teoria do risco, no âmbito da responsabilização civil por acidente de trabalho, tem causado cizânia jurisprudencial e doutrinária[36], mas não se pode deixar de mencionar o marco em uma análise de seu desenvolvimento histórico-legislativo.

Já na esfera previdenciária, apenas para não passar em branco, é de se citar o Decreto-lei n. 293/67, que, outorgado no bojo do Ato Institucional n. 4, consubstanciou-se em verdadeiro retrocesso social[37], pois permitiu a concorrência de seguradoras privadas com o então INPS. Após 6 meses de vigência, foi revogada pela Lei 5.316/67, que restaurou em grande parte a legislação anterior.

Em seguida, passou a vigorar a Lei n. 6.367/76, com pequenas alterações em face da anterior, em grande parte apenas aprimorando e modernizando conceitos. Por fim, promulgada a legislação ainda em vigor sobre o tema, a Lei n. 8.213/91.

Em verdade, retomando-se a análise pelo viés da responsabilização civil-trabalhista, decorrente do dever do empregador de zelar pela saúde do empregado, independentemente do marco constitucional, desde o Decreto-lei n. 7.036/44, como se comprova pela Súmula n. 229 do STF, o tema teve franca evolução na doutrina e jurisprudência, sempre no sentido de se buscar maior proteção ao trabalhador, alargando-se as hipóteses de responsabilização civil do empregador por danos decorrentes de acidente de trabalho e doenças ocupacionais.

---

(36) Há quem argumente pela impossibilidade de aplicação do parágrafo único do art. 927 do CC para fins de acidente de trabalho pela literalidade do art. 7º, XXVIII da CF, que fala em culpa do empregador. Todavia, aqueles que advogam tese contrária aduzem que contradição não há, pois, em uma análise sistemática, tratando-se de regra que veio em benefício do trabalhador, seria aplicável pela disposição do *caput*, parte final, do citado artigo constitucional. Nessa linha, constituindo a adoção da teoria do risco e a possibilidade de ampliação dos meios para responsabilização do empregador patamar legislativo superior àquele inicialmente garantido pela CF, aplicável a norma civil em comento.

(37) Opinião expressada tanto por OLIVEIRA, S. G. *Proteção jurídica à saúde do trabalhador*. 6. ed. São Paulo: LTr, 2011. p. 261, quanto por CAIRO JUNIOR, J. *O acidente do trabalho e a responsabilidade civil do empregador*. 5. ed. São Paulo: LTr, 2009. p. 68.

E isso em decorrência do incremento das exigências relacionadas ao meio ambiente de trabalho saudável, pois, como dito, o dever de indenizar por parte do empregador fundamenta-se em seu dever de garantia da incolumidade do empregado.

Do escorço histórico, portanto, pode-se estabelecer o Decreto-lei n. 7.036/44 como marco legislativo da inclusão dos deveres de garantia e proteção à saúde do trabalhador no contrato de trabalho.

Isso porque, a partir de então, ao se autorizar a responsabilização civil do empregador na hipótese de acidente de trabalho, o legislador expressa a existência do dever que se contrapõe ao direito lesado, cujo descumprimento fundamenta a reparação.

CONSIDERAÇÕES FINAIS

A preocupação com acidentes de trabalho remonta ao início do Direito do Trabalho no Brasil, momento histórico em que movimentos sindicais incipientes e os ideários anarquistas e socialistas haviam recentemente sido importados da Europa, trazidos pelos primeiros imigrantes, especialmente italianos. Não por acaso, segundo Cairo Jr. (fl. 66), "o Direito do Trabalho teve origem nas leis de proteção e prevenção sobre infortúnios laborais...". De fato, a primeira lei sobre acidente de trabalho, Lei n. 3.724/19, foi resultado do contexto histórico de lutas sindicais que se seguiram à Greve de 1917.

Todavia, foi no auge do corporativismo brasileiro que, estabelecida a natureza jurídica da relação de emprego como contratual, o ordenamento pátrio passou a garantir a incolumidade do trabalhador como obrigação contratual do empregado. No interesse da harmonização social, diversas contrapartidas trabalhistas foram obtidas pela classe trabalhadora, sendo essa uma das mais importantes. E a classe empresarial, certa de que a ordem de produção capitalista seria mantida, acabou por se conformar com tais avanços. Ademais disso, a proteção à saúde vinha ao encontro da pretensão de crescimento do mercado interno de consumo, pois ao produzir, o trabalhador estaria apto também a consumir.

Nesse contexto histórico, pela primeira vez, o Decreto-lei n. 7.036/44 deixou expresso e indene de dúvidas, em seus arts. 30 e 31, que o empregador poderia ser responsabilizado civilmente, o que demonstra que, a partir daquele momento, o dever de garantir a incolumidade do empregado passou a ser encarado como norma efetivamente trabalhista, e não de cunho social ou previdenciário. Essa norma marca, pois, o momento histórico em que, de forma indelével, o empregador passou a ser responsável por um meio ambiente do trabalho seguro, impondo-se a garantia à incolumidade do empregado como obrigação decorrente da existência de contrato de trabalho entre as partes.

REFERÊNCIAS BIBLIOGRÁFICAS

BIAVASCHI, M. B. *O direito do trabalho no Brasil — 1930-1942*: a construção do sujeito de direitos trabalhistas. São Paulo: LTr, 2007.

CAIRO JUNIOR, J. *O acidente do trabalho e a responsabilidade civil do empregador*. 5. ed. São Paulo: LTr, 2009.

CASTRO, C. A. P. de; LAZZARI, J. B. *Manual de direito previdenciário*. 12. ed. Florianópolis: Conceito Editorial, 2010.

DELGADO, M. G. *Curso de direito do trabalho*. 9. ed. São Paulo: LTr, 2010.

FRANCO, M. S. de C. *Homens livres na ordem escravocrata*. 4. ed. São Paulo: Fundação Editora da UNESP, 1997.

GOMES, A. de C.; PESSANHA, E. G. da F.; MOREL, R. de M. *Arnaldo Süssekind*: um construtor do direito do trabalho. Rio de Janeiro: Renovar, 2004.

NASCIMENTO, A. M. *Iniciação ao direito do trabalho*. 36. ed. São Paulo: LTr, 2011.

OLIVEIRA, S. G. *Proteção jurídica à saúde do trabalhador*. 6. ed. São Paulo: LTr, 2011.

PERCY, A. *Nietzsche para estressados*. Tradução de Rodrigo Peixoto. Rio de Janeiro: Sextante, 2011.

SÜSSEKIND, A.; MARANHÃO, D.; VIANNA, D. L. S.; et al. *Instituições de direito do trabalho*. 2. ed. São Paulo: LTr, 2005.

WEBER, M. *A ética protestante e o "espírito" do capitalismo*. Edição de Antônio Flávio Pierucci. São Paulo: Companhia das Letras, 2004.

O DESENVOLVIMENTO AUTOFÁGICO DO CAPITALISMO COMO OBSTÁCULO À REALIZAÇÃO DO DIREITO DO TRABALHO: UMA ANÁLISE DA EXPLORAÇÃO DO TRABALHO IMATERIAL

Régis Trindade de Mello[*]
Luís Henrique Kohl Camargo[**]

RESUMO

A expansão do capitalismo traz novas formas de estruturação do poder que exigem uma visão atenta por parte do jurista. Analisar esses movimentos é requisito para a realização integral do Direito do Trabalho. O presente trabalho possui o objetivo de estabelecer a necessária conexão entre o estudo das organizações sociais e a efetividade do direito positivo. Observaremos que a legitimidade do ordenamento jurídico é questionada quando suas diretrizes vão de encontro aos interesses do capital. Tal fenômeno precisa ser considerado se o objetivo é cumprir materialmente as regras de Direito do Trabalho. No presente artigo, trataremos especificamente sobre o trabalho imaterial, uma nova forma de exploração do trabalho humano que não mais se restringe à apropriação da mais-valia por meio da intensificação da jornada de trabalho, mas regula condutas individuais e coletivas para afastar os obstáculos que impedem a acumulação desenfreada. Utilizaremos, para isso, da observação histórica do surgimento dos modos de produção taylorista, fordista e toyotista e sua relação com o contexto social existente, no sentido de descobrir as estratégias elaboradas pela ideologia capitalista para lidar com os problemas produzidos. A partir disso, ressaltaremos a necessidade de um ponto de partida epistemológico crítico que deve se adotado pelo jurista para que sua ação avance no sentido de dar concretude material aos direitos sociais — dentre eles o Direito do Trabalho. Indicaremos, também, alguns pontos de ação que podem ser adotados para a superação do problema do desenvolvimento autofágico do capital e suas contradições com as diretrizes estabelecidas pelo Direito do Trabalho.

Palavras-chave: Direito do Trabalho. Trabalho imaterial. Sociologia. Capitalismo. Taylorismo. Fordismo. Toyotismo.

---

[*] Juiz do Trabalho Substituto em Santa Catarina, Mestre em Direito pela Universidade Estácio de Sá (RJ), Professor de Direito do Trabalho da Universidade do Oeste de Santa Catarina e integrante do Grupo de Estudos "Direitos Sociais na América Latina" (GEDIS).
[**] Acadêmico do curso de Direito na Universidade do Oeste de Santa Catarina (UNOESC) *Campus* Xanxerê e integrante do Grupo de Estudos "Direitos Sociais na América Latina" (GEDIS).

INTRODUÇÃO

As novas formas de organização social suscitam problemas que devem ser adequadamente racionalizados e compreendidos pelo jurista para que a resolução das questões levadas à apreciação judicial não se restrinja apenas a um olhar superficial que desconsidera as microfisicidades[1] existentes na sociedade e que interferem na dinâmica do fenômeno jurídico.

Dessa forma, cumpre observar a questão da ascensão/surgimento do trabalho imaterial, uma espécie de exploração do esforço humano que não pode ser medida com precisão, de forma objetiva, mas que existe e atinge diretamente o empregado envolvido nessa dinâmica, principalmente quando as novas investidas do capital vão no sentido de restringir/desconsiderar os direitos do trabalhador.

Faz-se mister, também, analisar o trabalho imaterial, contextualizando-o temporalmente e restringindo a abrangência conceitual utilizada no presente texto. Será necessário observar as ingerências operadas pelo sistema capitalista que desembocam necessariamente no surgimento dessa forma de exploração do trabalho, a qual precisa ser devidamente compreendida pelo jurista para que suas ações estejam mais aproximadas da realidade social em que vive.

Observaremos, também, que essa forma de exploração do trabalho pode se mostrar como um obstáculo à efetivação dos direitos sociais. Assim, para que as diretrizes constitucionais possam ser integralmente cumpridas, é requisito que elaboremos pontos de fuga aptos a forçar mudanças políticas na sociedade e nas instituições capazes de atingir tal desideratum, que é de fundamental importância para a manutenção da integridade de todo o sistema jurídico brasileiro.

Dessa maneira, constataremos que o estudo das novas formas de organização do trabalho é tarefa necessária para que as normas trabalhistas sejam implantadas em sua integralidade. Nesse sentido, estudar o desenvolvimento do modo de produção capitalista — pontualmente, neste texto, o trabalho imaterial —, mostra-se uma crucial contribuição para a efetivação dos direitos trabalhistas.

1. O CONCEITO DE TRABALHO

Para compreendermos a problemática do trabalho imaterial adequadamente, faz-se mister lembrar o que é o trabalho e qual é o seu sentido para a humanidade.

---

(1) O termo "microfisicidades" faz remissão à ideia de poder desenhada por Michel Foucault em sua obra "Microfísica do Poder". A observação proposta pelo autor para esse fenômeno parte de uma visualização das relações intersubjetivas, microscópicas, presentes na sociedade: "a constituição deste novo poder microscópico, capilar [...]". Alerta o autor que, "de fato, o poder em seu exercício vai muito mais longe, passa por canais muito mais sutis, é muito mais ambíguo, porque cada um de nós é, no fundo, titular de um certo poder e, por isso, veicula o poder". É importante, para o presente artigo, utilizar tal substrato teórico para que tenhamos a possibilidade de constatar as limitações materiais do poder de ação do juiz, bem como a constante tensão entre o poder econômico e o poder jurídico-positivo instituído pela força estatal.

De antemão cumpre ressaltar que não analisaremos de forma exaustiva a conceituação de trabalho, tarefa que, em razão de sua grandeza e profundidade, não caberia neste momento.

Na antiguidade o trabalho era compreendido como elemento desumanizador. Aristóteles, em sua Política, desconsiderava o elemento humano presente no escravo[2]. Hannah Arendt explicará que essa descaracterização da condição humana no trabalho do escravo da sociedade grega ocorria porque este estava vinculado à satisfação das necessidades básicas do ser humano: "[...] a luta que o corpo humano trava diariamente para manter limpo o mundo e evitar-lhe o declínio tem pouca semelhança com feitos heroicos."[3] A *vita contemplativa* era o elemento que levava o homem à perfeição na filosofia grega: uma busca constante pela fuga das necessidades humanas que "aprisionam" o homem a um estado de escravidão natural. O que distingue o homem dos animais, na filosofia grega, é a racionalidade: "A alma dirige o corpo, como o senhor ao escravo"[4]. Um pouco à frente, Aristóteles terminará seu pensamento (que perpassa inclusive a ideia de inferioridade da mulher perante o homem[5]) concluindo que "há na espécie humana indivíduos tão inferiores a outros como o corpo o é em relação à alma, ou a fera ao homem; são os homens nos quais o emprego da força física é o melhor que deles se obtém"[6], esses homens são "naturalmente" destinados à escravidão[7], sendo justo e útil para eles esse estado.

Na idade média já observamos outra realidade: a ideia de trabalho é exaltada, o homem trabalhador possui o mérito de sê-lo assim. A retórica do cristianismo avança nessa época no sentido de atribuir ao trabalho a qualidade de "consequência" do pecado original: "[...] maldita seja a terra por tua causa. Enquanto você viver, você dela se alimentará com fadiga. A terra produzirá para você espinhos e ervas daninhas, e você comerá a erva dos campos. Você comerá

---

(2) A desumanização do escravo pode ser encontrada, além da leitura orgânica dos textos de Aristóteles, no seguinte trecho da sua "Política": "Segundo a lei, há escravo e homem reduzido à escravidão". O escravo não possuía direitos políticos e não era considerado um "cidadão" da *polis* grega.
(3) ARENDT, Hannah. *A condição humana*. p. 124.
(4) ARISTÓTELES. *A política*. p. 16.
(5) "Os animais são machos e fêmeas. O macho é mais perfeito e governa; a fêmea o é menos, e obedece. A mesma lei se aplica naturalmente a todos os homens." ARISTÓTELES. *A política*. p. 17.
(6) ARISTÓTELES. *A política*. p. 17.
(7) Vale lembrar que a ideia de escravidão na sociedade helênica possuía um sentido diverso em relação ao que atribuímos hoje. O escravo grego, em linhas gerais, era aquele que não participava das decisões políticas da *polis* e ao qual eram atribuídos os trabalhos "materiais", voltados à satisfação das necessidades naturais do ser humano (tarefa que, para os gregos, era deveras indigna). Esse escravo não era necessariamente mais rico ou mais pobre que o "cidadão livre", preleciona Hannah Arendt que, para o cidadão grego, "um homem livre e pobre preferia a insegurança de um mercado de trabalho que mudasse diariamente a uma ocupação regular e garantida; esta última, por lhe restringir a liberdade de fazer o que desejasse a cada dia, já era considerada servidão, e até o trabalho árduo e penoso era preferível à vida tranquila de muitos escravos domésticos." ARENDT, Hannah. *A condição humana*. p. 38.

seu pão com o suor do seu rosto [...]"[8]. Logo, o trabalho era visto como uma punição imposta pela autoridade divina, mas também como uma forma de redenção pelo pecado original:

> E a genética deu aos nobres boas condições, de força, de beleza. Daí o fato de o clero, grupo social que não se autorreproduz devido ao celibato, requisitar seus membros na nobreza, toda ela de 'sangue de reis', portanto algo sagrada. Ao contrário, a natureza reservou aos servos o trabalho, a tarefa de, por meio do seu esforço, do suor do seu rosto, alimentar os demais. Feios e grosseiros (como os textos repetem à saciedade), os servos expressavam por essas características físicas sua condição de pecadores. O trabalho era imposto a eles como forma de resgatar as faltas. Era um penitência.

Logo, havia uma igualdade na desigualdade, uma multiplicidade na unidade, como não poderia deixar de ser para a sociedade humana, que é um mero reflexo da Cidade de Deus. Isto é, o discurso clerical não negava a desigualdade, justificava-a através da reciprocidade de obrigações.

A mesma ideia aparece num contemporâneo de Adalberon, o bispo e hagiógrafo Eadmer de Canterbury, por meio de uma esclarecedora metáfora: 'A razão de ser dos carneiros é fornecer leite e lã, a dos bois trabalhar a terra, a dos cães defender os carneiros e os bois dos lobos.' Ou, pela terminologia que se generaliza no século XII, *oratores* (os clérigos, os que na imagem de Eadmer saciam com o leite da prédica e a lã do bom exemplo), *bellatores* (guerreiros, os que defendem todos dos inimigos como os lobos), *laboratores* (trabalhadores, que pelo seu serviço, como os bois, fazem os outros viver). Portanto, três ordens (*ordines*). Contudo, 'a palavra ordo não designa somente cada uma delas; exprime também esse exercício da autoridade que as distingue e coordena.[9]

Chegamos a Marx quando afirmamos o que distingue "o pior arquiteto da melhor abelha"[10]: o fato de o arquiteto obter um resultado no fim do processo do trabalho, o qual já estava desde o início da atividade humana na imaginação do trabalhador (idealmente). O trabalho é a característica humana por excelência no pensamento de Marx, pois o homem "não apenas efetua uma transformação da forma da matéria natural; realiza, ao mesmo tempo, na matéria natural seu objetivo, que ele sabe que determina, como lei, a espécie e o modo de sua atividade e ao qual tem de subordinar sua vontade"[11].

---

(8) BÍBLIA SAGRADA. Gn 2, 17-19.
(9) FRANCO JÚNIOR, Hilário. *A Idade Média, nascimento do ocidente*. p. 89-90.
(10) MARX, Karl. *O capital*. p. 149.
(11) MARX, Karl. *O capital*. p. 150.

Pode-se dizer que Hannah Arendt otimizará essa ideia de Marx acerca do trabalho e da condição humana. Segundo a autora, as três formas de manifestação da *vita activa*[12] são o trabalho, a obra e a ação. Dessas categorias surgem os famigerados conceitos *labor* (ação do homem enquanto *animal laborans*, ou seja, enquanto supre suas necessidades vitais básicas) e *work* (ação do homem enquanto *homo faber*, que retifica as coisas da natureza, cuja "existência é assegurada de uma vez por todas", e caracteriza-se como a violação de um processo natural). O que assegura, para a autora, a existência humana no entremeio desses conceitos é a condição humana da ação, que nada mais é do que esperar do homem "o inesperado, que ele é capaz de realizar o infinitamente improvável"[13]. A possibilidade da "novidade" ser produzida pelo ser humano é o que o caracteriza como tal.

2. O DESENVOLVIMENTO DO CAPITALISMO E A EXPLORAÇÃO DO TRABALHO IMATERIAL

A descoberta da máquina, sua dimensão transformadora no âmbito do trabalho e da própria condição humana[14], sua capacidade de converter "trabalho vivo" em "trabalho morto", porém sem nunca substituir por completo o trabalho humano (pois "os serviços de um único criado jamais podem ser inteiramente substituídos por uma centena de aparelhos na cozinha ou por meia dúzia de robôs no subsolo"[15]), revela um novo horizonte de possibilidades ao ser humano, pois as mudanças científicas (uma das inúmeras dimensões da obra humana) ocasionam reflexos na situação sociológica do homem, que precisa repensar uma série de conceitos, ações, crenças e culturas.

Com o advento da máquina a vapor surge o contexto necessário à eclosão da revolução industrial, fenômeno que destruiu grande parte dos paradigmas da sociedade capitalista e reconstruiu (agora com muito mais força e coesão) sua ideologia. Estava pronto o campo social ao surgimento da produção em massa, de onde se destacavam modos de produção como o "taylorismo" e o "fordismo".

Para o presente artigo, é necessário que analisemos os três principais modos de produção desenvolvidos para a organização da economia capitalista, a saber o taylorismo, o fordismo e o toyotismo. O estudo desses modelos auxiliará na compreensão do fenômeno do desenvolvimento e manutenção do capitalismo, que se observará autofágico, ao mesmo tempo em que se alimenta de suas próprias crises para se reconstruir e sobreviver.

---

(12) *Vide* definição aprofundada da autora acerca do termo *"vita activa"* em sua obra "A condição humana".
(13) ARENDT, Hannah. *A condição humana*. p. 222.
(14) ARENDT, Hannah. *A condição humana*. p. 183.
(15) ARENDT, Hannah. *A condição humana*. p. 151.

Taylorismo é um sistema de produção baseado na otimização da exploração do trabalho com foco na redução do tempo livre do trabalhador no decorrer de sua jornada. Intensificava a verticalização da estrutura empresarial (que nada mais é do que a busca pela hierarquização completa desse corpo social), a vigilância do trabalhador e a separação "corpo e mente", ou seja, a cisão entre o trabalho manual e o trabalho intelectual, de elaboração/criação e vigilância/gerência. Frederick Taylor empregava um cronômetro para marcar o menor tempo necessário para a finalização de uma determinada tarefa, e utilizava o tempo observado como uma espécie de "meta" para os trabalhadores, que deveriam alcançá-lo quando da feitura dessa tarefa.

Por fordismo compreende-se o sistema produtivo capitalista baseado na "produção em massa de mercadorias, que se estruturava a partir de uma produção mais homogeneizada e enormemente verticalizada"[16]. Baseada também na rígida divisão do trabalho, em que cada empregado produzia uma ínfima parte de um processo maior que resulta no produto final, o trabalho repetitivo, intensificado e extensivo traduzia a exploração da mais-valia absoluta[17] pelo capitalista. Esse modo de produção, que em muito se assemelha ao taylorismo, traz um novo conceito à exploração do trabalho humano: em vez de o trabalhador ir às ferramentas, estas vêm ao trabalhador, o que diminui o tempo gasto entre uma tarefa e outra.

De um lado o trabalhador, que vende sua força de trabalho ao capitalista (*animal laborans* de Hannah Arendt), e de outro o empregador, que dispõe dos meios de trabalho necessários (ferramentas, produzidas pelo *homo faber*, no sentido atribuído por Hannah Arendt) à produção. Aquele, subsumido à força do capital, submete-se ao tratamento desumanizador da divisão do trabalho e da exploração do esforço humano — ainda que muitas vezes em detrimento da sua dignidade — em troca da percepção de um "salário", que é a figura criada pelo capitalismo para que este seja capaz de se reproduzir sem se autodestruir, no sentido de que, como o valor da mercadoria é a quantidade de trabalho (esforço humano, na acepção de Marx[18]) nela corporificada, logo o trabalhador não deve ser eliminado: muito pelo contrário, é interessante ao capital mantê-lo e transformá--lo em consumidor, pois só assim a mercadoria pode "circular" no mercado. Porém, inobstante o fato de que o capitalismo quer preservar o trabalhador (empregado, "classe-que-vive-do-trabalho"), ao mesmo tempo procura explorá-lo ao máximo em seu trabalho, apropriando-se do trabalho alheio, fenômeno que será exteriorizado na forma de "lucro".

---

(16) ANTUNES, Ricardo. *Os sentidos do trabalho*. p. 36.
(17) MARX, Karl. *O capital*. v. I, Seção III.
(18) Para Marx, o trabalho é, mais exatamente, um "dispêndio de esforço humano": "Alfaiataria e tecelagem, apesar de serem atividades produtivas qualitativamente diferentes, são ambas dispêndio produtivo de cérebro, músculos, nervos, mãos etc. humanos, e nesse sentido são ambas trabalho humano" (MARX, Karl. *O capital*. v. I, p. 51).

O modo de produção fordista preocupa-se em produzir em escala para posteriormente levar seu produto ao mercado consumidor (e foi nesse contexto que a teoria de Marx — descrita em "O Capital" — foi elaborada[19]). Tanto no fordismo quanto no taylorismo encontramos a exploração pura do trabalho "material" humano. A divisão explícita entre quem pensa e quem produz ("elaboração e execução"[20]) enfatizava a necessidade de um "operário-massa", uma força que acatasse as ordens emanadas de seus superiores hierárquicos e fosse boa o suficiente para obedecer e executar com precisão aquilo que era determinado em outra esfera superior.

O resultado desse modo de produção foi o desemprego estrutural, a queda de salários e a exploração violenta do trabalho humano, inclusive de crianças, como pode se observar do seguinte trecho da obra de Marx:

> Wilhelm Wood, 9 anos de idade, tinha 7 anos e 10 meses quando começou a trabalhar. 'Desde o começo, ele *ran moulds* (levava a peça modelada à câmara de secagem e trazia de volta depois a fôrma vazia). Chega todos os dias da semana às 6 horas da manhã e pára por volta das 9 horas da noite. 'Eu trabalho todos os dias da semana até as 9 horas da noite. Assim, por exemplo, durante as últimas 7 a 8 semanas.' Portanto, 15 horas de trabalho para uma criança de 7 anos![21]

Essa característica destrutiva do capitalismo fordista/taylorista acabou por esgotar as possibilidades desses modos de produção, que demonstrou, nos seguintes "sinais" apontados por Ricardo Antunes[22], a crise que vivenciava o modo de produção capitalista a partir do início dos anos 70 do século passado:

1. Queda da taxa de lucro;

2. Esgotamento do padrão de acumulação taylorista/fordista de produção em razão da retração do consumo;

3. Hipertrofia da esfera financeira (especulação);

4. Maior concentração de capitais graças às fusões entre as empresas;

5. Crise do *welfare state*;

6. Aumento das privatizações.

---

(19) Posteriormente, observaremos como a globalização e o "toyotismo" trazem consigo um novo e sutil mecanismo de apropriação do trabalho alheio, deslocando historicamente as lições de Marx, o que leva o teórico a acreditar que a exploração humana foi "vencida" pela anuência do trabalhador ao aumento de produção (movimento de "captura da subjetividade do trabalhador").
(20) ANTUNES, Ricardo. *Adeus ao trabalho?* Ensaio sobre as metamorfoses e a centralidade do mundo do trabalho. p. 25.
(21) MARX, Karl. *O capital.* v. I. p. 199.
(22) ANTUNES, Ricardo. *Os sentidos do trabalho.* p. 30.

Em resposta à sua própria crise, o capital reformula sua carga política e ideológica de dominação, que se encontrava ameaçada pelos movimentos sociais que já demonstravam grande avanço à época. Os principais mecanismos sociais criados para essa reconstrução foram o neoliberalismo (privatização do Estado), a desregulamentação dos direitos do trabalho e o processo de reestruturação da produção (toyotismo, que será estudado abaixo)[23]. Na dimensão jurídica surge, no mesmo contexto, a ideia de direitos sociais (ou direitos fundamentais de segunda geração[24]), que se fizeram necessários diante do perecimento da força de trabalho ante as péssimas condições de trabalho e os baixíssimos salários, o que acabou por solapar inclusive o mercado consumidor, como vimos acima, ocasionando uma severa crise econômica que exigia essa resposta do Estado[25].

Adequando-se a esses novos paradigmas, surge um novo conceito administrativo da produção capitalista: o toyotismo. Segundo Giovanni Alves, "foi nos anos 80 que o toyotismo conseguiu alcançar um poder ideológico e estruturante considerável, passando a representar o 'momento predominante' do complexo de reestruturação produtiva na era da mundialização do capital"[26].

A nova racionalidade capitalista precisava lidar com alguns "inimigos" que ameaçavam sua integridade política e sua eficácia enquanto sistema econômico predominante. Nesse sentido, o toyotismo representou um grande passo para a reestruturação capitalista dentro do contexto da globalização.

As principais características que distinguem o toyotismo do fordismo/taylorismo são[27]:

1. Enquanto o fordismo produzia em massa para posteriormente lançar seus produtos ao mercado consumidor, o toyotismo restringe-se à demanda, o que quer dizer que procura responder com rapidez e eficiência às necessidades sentidas no mercado.

2. Fundamenta-se no trabalho operário em equipe, com multivariedade de funções, enquanto no fordismo prevalecia o "operário-massa", especializado apenas em sua função e inserido dentro de um contexto de divisão rígida do trabalho.

3. O "operário-massa" do fordismo operava apenas a sua máquina, em um processo repetitivo e altamente especializado, ao passo em que no toyotismo

---

(23) ANTUNES, Ricardo. *Os sentidos do trabalho*. p. 31.
(24) LENZA, Pedro. *Direito constitucional esquematizado*. p. 861.
(25) Nesse ponto é interessante observar o surgimento e a função do Estado e do próprio direito na visão de Marx e Engels, segundo os quais são manifestações posteriores que derivam do modo de produção de uma sociedade, ou seja, estão subsumidos ao modo de produção predominante. Essas questões podem ser encontradas brilhantemente expostas nos livros "A Ideologia Alemã" e "A origem da família, da propriedade privada e do Estado", este último de autoria de Engels.
(26) ALVES, Giovanni. *O novo (e precário) mundo do trabalho*. p. 29.
(27) ANTUNES, Ricardo. *Os sentidos do trabalho*. p. 54/55.

há um processo produtivo flexível em que o operário opera simultaneamente uma série de máquinas[28].

4. O toyotismo busca otimizar ao máximo o tempo de produção (prevalece a extração da mais-valia relativa — no fordismo prevalece a extração da mais-valia absoluta[29]).

5. Sistema de "estoque mínimo" (só era produzido aquilo que o mercado estava disposto a comprar/consumir), em contraposição ao fordismo que lotava seus estoques para a venda posterior.

6. A estrutura "horizontalizada" do sistema toyotista, ou seja, a desconcentração de tarefas em diversas empresas (terceirização, subcontratação) é antagônica à estrutura "verticalizada" do fordismo, que concentrava toda a produção em uma empresa/fábrica que sustentava um sistema hierárquico interno rígido.

7. Enquanto o fordismo desprezava a capacidade cognitiva do trabalhador, de outro lado o toyotismo utiliza-se dela criando mecanismos para que eles pudessem manifestar os problemas internos de produção e desempenho, com vistas a melhorar a produtividade da empresa (Círculos de Controle de Qualidade — CCQs). O toyotismo aproveita o potencial "imaterial" do operário, coisa que era desdenhada pelo sistema fordista/taylorista.

8. O fordismo compreenderá o trabalhador como um recurso "descartável", facilmente substituível, dada sua função altamente especializada e repetitiva; o toyotismo instituirá o "emprego vitalício", pelo fato de que o "operário polivalente" de que se utiliza deve conhecer suas funções e seu trabalho como ninguém, pois somente assim o capitalista logrará êxito na "acumulação flexível".

Assim, o toyotismo estende o capitalismo a questões que até então não haviam sido alcançadas por este. Esse novo modo de produção capitalista consegue obter o "controle do elemento subjetivo da produção capitalista"[30], subsumindo as instituições que se ocupavam de proteger os trabalhadores à lógica do capital, o que fará com que os sindicatos, por exemplo, percam sua força representativa,

---

(28) Essa é uma das condições para a possibilidade da "acumulação flexível", que será estudada adiante.
(29) "A mais-valia produzida pelo prolongamento da jornada de trabalho chamo de mais-valia absoluta; a mais-valia que, ao contrário, decorre da redução do tempo de trabalho e da correspondente mudança da proporção entre os dois componentes da jornada de trabalho chamo de mais-valia relativa". MARX, Karl. O capital. V I. p. 251. Ainda que, no fordismo, a extensão relativa da exploração houvesse sido incrementada pelos capitalistas por meio da famigerada "aceleração das esteiras de produção", compreendemos o sentido dos termos como a contraposição entre a captação do trabalho especializado/"material" (mais-valia absoluta) e a captação do trabalho polivalente/flexível/"imaterial" (mais-valia relativa).
(30) ALVES, Giovanni. O novo (e precário) mundo do trabalho. p. 34.

mesmo porque a própria classe proletária (desproletarizada e subproletarizada[31]) perde gradualmente sua identidade enquanto "classe-que-vive-do-trabalho".

A característica do operador polivalente e que opera simultaneamente várias máquinas ultrapassa a "ultraespecialização" fordista ao mesmo tempo em que exige do trabalhador uma espécie de "anuência" à exploração flexível. Esse "aval", que pode ser compreendido pela captura da subjetividade do trabalhador, será obtido pelas estratégias de "incentivo à produção", que vão desde acréscimos no salário em razão do aumento de produtividade até a destruição do sindicato como ferramenta de intermediação empregador/empregado[32].

O toyotismo precisa que o empregado "vista a camisa da empresa" para conseguir implantar seus conhecidos programas *Just in time*, *kanban*, *lean production* etc. Para capturar essa dimensão humana do trabalhador, o empregador esforçar-se-á para criar um ambiente agradável de trabalho, porém sem nunca necessitar sacrificar a produção para conseguir esse objetivo. Enquanto o empregado se vê inserido em um ambiente mais hígido, dá um passo para a produção flexível. Sabemos que a produção toyotista se caracteriza pela intensificação[33]. Logo, é natural que o esforço exigido para o trabalhador seja maior: em decorrência há que se esperar que o empregado recalcitre a essa investida, pois também possui limitações físicas e psíquicas. Como o toyotismo evita essa resistência do trabalhador?

Ao contrário do fordismo, a lógica toyotista proporciona ao empregado a prerrogativa de se manifestar, de participar dos processos administrativos da empresa (embora ele nunca escolha o que será decidido), oportunidade proporcionada pela experiência dos CCQs (Círculos de Controle de Qualidade), que consistem em reuniões entre os funcionários e gerentes para a discussão da produtividade da empresa, nas quais se relacionam sugestões e soluções para os processos produtivos, inclusive de qualidade do trabalho, o que se transforma em uma importante ferramenta de instigação do capital à apropriação do potencial intelectual e cognitivo de seus operários.

Os mecanismos de participação ativa do trabalhador, somados a uma ampla campanha de "persuasão"[34] que alcança não apenas o campo econômico, mas

---

(31) ANTUNES, Ricardo. *Adeus ao trabalho?* Ensaio sobre as metamorfoses e a centralidade do mundo do trabalho. p. 49.
(32) "[...]é a crise do sindicalismo como crise de representação de classe [...]" ALVES, Giovanni. *O novo (e precário) mundo do trabalho.* p. 85.
(33) "Gounet nos mostra ainda que o sistema toyotista supõe uma *intensificação da exploração do trabalho*, quer pelo fato de que os operários atuam simultaneamente com várias máquinas diversificadas, quer através do sistema de luzes [...] que possibilitam ao capital intensificar — sem estrangular — o ritmo produtivo do trabalho". ANTUNES, Ricardo. *Adeus ao trabalho?* Ensaio sobre as metamorfoses e a centralidade do mundo do trabalho. p. 35.
(34) ALVES, Giovanni. *O novo (e precário) mundo do trabalho.* p. 39.

também a dimensão política e ideológica da sociedade, acabam por criar um paradigma em que trabalhar ao máximo (ainda que esse máximo alcance os limites da resistência física, psicológica e até moral do ser humano) é o mérito. Aí se encontra a reconstrução ideológica do capitalismo, adequada às exigências da mundialização do capital: vender seu sangue ao capital é "bom" e aconselhável, muito embora a contrapartida por cada gota de suor que cai do rosto do trabalhador seja incompatível com a quantidade de esforço humano por ele materializado na mercadoria, que, por sua vez, pertence unicamente ao capitalista.

Em que pese a retórica neoliberal avance no sentido de descaracterizar o significado dos termos "exploração" e "apropriação do trabalho alheio", inerentes ao sistema capitalista, o toyotismo não foge da lógica destrutiva do capital — muito pelo contrário, reafirma e reconstrói o capitalismo na sociedade globalizada, munindo-o dos meios ideológicos e políticos necessários para sua reprodução perante os novos paradigmas sociais e adequando-o ao contexto da revolução cibernética/microeletrônica (Terceira Revolução Industrial[35]), que exige essa nova disposição do trabalhador.

Dessa forma, é possível observar que o desenvolvimento do sistema capitalista exige necessariamente a relativização da integridade física do empregado, que precisa ser cada vez mais explorado, ainda que em detrimento de garantias básicas para uma vida digna, humana.

3. CAPITALISMO E LIXO HUMANO

O desenvolvimento do modo de produção capitalista requer um contexto social de necessária desigualdade, pois a propriedade do capital está logicamente vinculada à extração da mais-valia, que nada mais é do que retirar do produtor seu próprio produto. Esse processo só não é perfeitamente visualizado em razão de existir toda uma máquina ideológica que se move juntamente com o capital, ou seja, "as ideias da classe dominante são, em todas as épocas, as ideias dominantes, ou seja, a classe que é a força material dominante da sociedade é, ao mesmo tempo, sua força espiritual dominante"[36].

O jurista não deve ficar passivo diante das consequências sociais do modelo econômico praticado pela sociedade. Isso porque o cuidado com esse dado tem a ver com a própria integridade do ordenamento jurídico instituído, suas garantias e sua capacidade de organizar o corpo social.

---

(35) "[...] que exige nova subjetividade operária — pelo menos dos operários centrais à produção de mercadorias (as novas tecnologias de base microeletrônica, em virtude de sua complexidade e alto custos, exigem uma nova disposição subjetiva dos operários em cooperar com a produção)". ALVES, Giovanni. *O novo (e precário) mundo do trabalho.* p. 37.
(36) ENGELS, Friedrich; MARX, Karl. *A ideologia alemã.* p. 79.

Observando o desenvolvimento do capitalismo, é possível notar claras consequências que sobrelevam suas contradições internas, as quais, vale dizer, são necessárias à sua própria sobrevivência, porém atentam contra uma série de diretrizes éticas estabelecidas historicamente para a defesa da humanidade do ser humano. A defesa dessas diretrizes é requisito para que se concretize o reconhecimento do "outro" (que, segundo E. Dussel, só se dá na proximidade, que nada mais é do que "um agir para o outro como outro"[37]), o que, por sua vez, é tarefa necessária à plena concretização dos direitos humanos.

O sistema de produção capitalista é autofágico, ou seja, sobrevive de suas próprias crises. Para manter-se coeso, o capital precisa estar em constante expansão. Hannah Arendt observa que:

> Quando o capitalismo havia permeado toda a estrutura econômica, e todas as camadas sociais haviam entrado na órbita do seu sistema de produção e consumo, os capitalistas tinham claramente de decidir entre assistir ao colapso de todo o sistema ou procurar novos mercados, isto é, penetrar em outros países que ainda não estivessem sujeitos ao capitalismo e, portanto, pudessem proporcionar uma nova oferta-e--procura de características não capitalistas.[38]

Ocorre que esse processo de expansão não raro viola direitos e garantias das pessoas, em especial do empregado, que é submetido a uma jornada cada vez mais intensa e a uma exploração que não mais se restringe à força de seus músculos, mas abrange, também, seus comportamentos e ações, tudo no sentido de otimizar a extração do lucro (mais-valia) e evitar obstáculos à exploração desenfreada (tais como a ação dos sindicatos, a conscientização dos trabalhadores e a atuação da Justiça do Trabalho).

A necessidade de expansão do capitalismo faz com que a ideologia produzida questione a própria legitimidade das estipulações normativas que sirvam como obstáculo a esse processo. Isso já ocorreu em outros momentos da história. Como observa Arendt, "o fato de que o 'pecado original' do 'acúmulo original de capital' requeria novos pecados para manter o sistema em funcionamento foi [...] eficaz para persuadir a burguesia a abandonar as coibições da tradição ocidental [...]"[39].

Nesse sentido surgem fenômenos como a flexibilização da legislação trabalhista, a não regulamentação de dispositivos constitucionais que desestimulem a acumulação desenfreada (o imposto sobre grandes fortunas, por exemplo) e o descrédito social nas instituições estatais.

---

(37) DUSSEL, Enrique D. *Filosofia da libertação*. p. 23.
(38) ARENDT, Hannah. *As origens do totalitarismo*. p. 178.
(39) ARENDT, Hannah. *As origens do totalitarismo*. p. 186.

A produção de conhecimento de caráter capitalista procura constantemente fugir dessas questões, mascarando as ações escusas das forças instigadas pelo capital em detrimento da classe trabalhadora. Dessa forma, todo o contexto social parece trabalhar para esconder a existência da luta de classes, do desemprego estrutural e da exploração do trabalhador.

Se não houver uma postura ativa por parte do jurista no sentido de buscar as mais profundas cadeias de poder desenvolvidas pela sociedade capitalista e seus reflexos no meio jurídico, a ideologia capitalista dará conta de esconder que "mais antigo que o capital supérfluo era outro subproduto da produção capitalista: o lixo humano, que cada crise, seguindo-se invariavelmente a cada período de crescimento industrial, eliminava permanentemente da sociedade produtiva"[40].

O capitalismo precisa da desigualdade, da exclusão para sobreviver. É por essa razão que "a pobreza não pode ser 'curada' pois não é um sintoma da doença do capitalismo. Bem ao contrário: é evidência da sua saúde e robustez, do seu ímpeto para uma acumulação e esforço sempre maiores"[41].

Tal discussão tem relação com a garantia da efetividade dos direitos sociais, ponto que será trabalhado a seguir.

4. A NECESSIDADE DE UM PONTO DE PARTIDA EPISTEMOLÓGICO CRÍTICO PARA A EFETIVAÇÃO INTEGRAL DOS DIREITOS SOCIAIS

A teoria dos direitos fundamentais sociais possui um norte de concretude, de atividade positiva, desejo de influenciar nas possibilidades jurídicas de cada pessoa. Porém, o cumprimento dessas diretrizes depende de muito mais do que a atividade estatal, depende também de um esforço contínuo de visualização das necessidades que emergem da vida social.

A partir disso, se é buscada a eficácia material dos direitos sociais, faz-se mister observar atentamente o mundo do trabalho, a realidade do trabalhador, em especial o socialmente vulnerável, que é aquele que necessitará da proteção estatal.

Os direitos sociais surgem como forma de exigir do Estado uma postura ativa na transformação da realidade social. Sua gênese se dá no contexto do "constitucionalismo pós-guerras", quando a conturbação social expunha às pessoas um eminente risco de perda das garantias jurídicas conquistadas pela humanidade. Dessa forma, foi necessário que o "Estado de Direito" não mais figurasse de forma repressiva, negativamente, mas que atuasse materialmente nas estruturas de poder desenhadas na vida social, a fim de redesenhar algumas características sociais com o escopo de proteger a validade "real" das declarações "virtuais".

---

(40) ARENDT, Hannah. *As origens do totalitarismo*. p. 180.
(41) BAUMAN, Zygmunt. *Globalização:* as consequências humanas. p. 87.

Ocorre que essa atuação deve ser eficaz, e, para tanto, há a necessidade de uma análise profunda, crítica, da realidade social, apta a identificar os problemas e elencar saídas que ofereçam um aprimoramento nas garantias e no cumprimento dos mandamentos constitucionais.

Antonio Carlos Wolkmer assim conceitua o pensamento jurídico crítico:

> [...] a categoria "crítica" aplicada ao Direito pode e deve ser compreendida como o instrumental operante que possibilita não só esclarecer, despertar e emancipar um sujeito histórico submerso em determinada normatividade repressora, mas também discutir e redefinir o processo de constituição do discurso legal mitificado e dominante.
>
> Justifica-se, assim, *conceituar* "teoria jurídica crítica" como a formulação teórico-prática que se revela sob a forma do exercício reflexivo capaz de questionar e de romper com o que está disciplinarmente ordenado e oficialmente consagrado (no conhecimento, no discurso e no comportamento) em dada formação social e a possibilidade de conceber e operacionalizar outras formas diferenciadas, não repressivas e emancipadoras, de prática jurídica.[42]

Pensar criticamente os direitos sociais passa pelo reconhecimento de uma análise anterior ao próprio sistema, anterior mesmo à lógica. É uma busca sincera pelo encontro do "outro", aquele que está excluído, alienado, cuja existência é negada. O encontro dos direitos sociais somente se dá nessa ótica crítica, livre dos apriorismos dogmáticos que, não raro, mais afastam do que aproximam o Estado do cumprimento dos deveres político-sociais expostos na Constituição.

5. O DESENVOLVIMENTO AUTOFÁGICO DO CAPITALISMO COMO OBSTÁCULO À EFETIVAÇÃO DOS DIREITOS SOCIAIS — PONTOS DE ATUAÇÃO PARA A SUPERAÇÃO DESSE FENÔMENO

Como vimos, a estrutura de poder capitalista molda a consciência do trabalhador, incutindo-lhe desejos e verdades que são estranhas à sua realidade. A esse processo nominamos "captura da subjetividade do trabalhador", o sucesso da cooptação ideológica do trabalhador. Cumpre observar, porém, as relações desse processo com a eficácia dos direitos sociais.

Concordando com a exploração que sobre si é exercida, a "classe-que-vive-do-trabalho" presencia um dos momentos mais intensos de perda de garantias e tutela do Estado. A tal fenômeno dá-se o nome de flexibilização:

---

(42) WOLKMER, Antonio Carlos. *Introdução ao pensamento jurídico crítico*. p. 18.

> [...] é possível relacionar, em caráter provisório, a flexibilidade à adaptabilidade constitucional dos direitos sociais às variantes do mercado de trabalho e às exigências de competitividade econômica e de modernização tecnológica das empresas privadas.[43]

Para justificar as falhas estruturais do sistema capitalista, a exigência de um direito trabalhista "menos rígido" parece algo razoável, frente às "crises" enfrentadas pelo mercado. Ocorre que o capitalismo é autofágico: ele se alimenta de sua própria carne — suas "crises" são a razão da sua existência no tempo. Porém, não podemos esquecer que as mazelas sociais deixadas pelo caminho desse ciclo são profundas demais para que nos demos ao luxo de não repensarmos o problema:

> A experiência europeia demonstra que a flexibilidade do Direito do Trabalho não produziu os efeitos invocados por seus mentores: facilitar o emprego e relançar a economia; ao invés, o seu maior feito foi converter os contratos por prazo indeterminado em contratos de breve duração, com ampla rotatividade de trabalhadores e baixos salários.[44]

A intensificação desse processo é um passo para trás em relação à concretização dos direitos fundamentais sociais, ao menos quanto à questão do trabalho.

Há que se relembrar que o trabalho é elemento identificador do humano, é a característica essencial do traço de humanidade presente no ser, e por isso fator fundante do sentido das coisas. Não à toa é o pensamento de Marx sobre o caráter basilar do modelo econômico adotado por uma sociedade quanto à produção do direito, da ética e da moral[45].

Assim, uma maneira de atuação quanto ao objetivo de tornar realidade as declarações de direitos, em particular, aqui, os direitos trabalhistas, é estar atento a essas transformações no mundo do trabalho, cujos caminhos podem estar na contramão desses objetivos.

Uma postura ativa nessa direção exige uma análise crítica da realidade, levando ao jurista uma visão que afaste as tentativas de reiterar práticas injustas sob a égide de discursos "pré-fabricados" pela racionalidade dominadora.

No âmbito do Estado, pode o Judiciário atuar produzindo uma nova interpretação acerca da questão da flexibilização dos direitos trabalhistas[46], repelindo a

---

(43) SILVA, Reinaldo Pereira e. *O mercado de trabalho humano*. p. 74.
(44) JUNIOR, Edmundo Lima de Arruda; RAMOS, Alexandra. *Globalização, neoliberalismo e o mundo do trabalho*. p. 72.
(45) ENGELS, Friedrich; MARX, Karl. *A ideologia alemã*.
(46) Rodrigo Goldschmidt faz uma explanação acerca da "ação flexibilizadora do Estado": "São exemplos disso, (1) a possibilidade de redução salarial mediante negociação coletiva (art. 7º, inciso VI, da

retórica de cunho legitimador dessas práticas que tantos prejuízos trazem à realização dos direitos humanos sociais, no que toca ao direito ao trabalho. Reconhecer e atuar contra a desregulamentação do trabalho mostra-se um passo fundamental em direção à concretude dos direitos sociais. Outra contribuição do Judiciário é estar atento às tentativas de "relativizar" direitos trabalhistas indisponíveis, homologando, por exemplo, acordos judiciais que ofendem as garantias do trabalhador que, por sua vez, por encontrar-se cooptado ideologicamente, não consegue perceber o quanto sai perdendo em toda essa dinâmica de forças. A "captura da subjetividade do trabalhador" chega, também, às portas do Judiciário, e é dever daqueles que manipulam esse poder compreender esse fenômeno e fornecer uma nova linha de ação consciente disso.

O Poder Executivo pode atuar de forma positiva quanto a essa questão fornecendo à população uma visão mais protetiva ao trabalhador, dentro dos seus limites de atuação. Pode atuar no âmbito da educação popular, introduzindo conhecimentos acerca da cidadania e dos direitos do trabalhador, contribuindo à formação de uma consciência popular mais atenta às tentativas de escamoteamento dos direitos sociais. Pode, também, exigir mais rigidez quanto ao horário de funcionamento dos estabelecimentos comerciais, por exemplo, para que os envolvidos na competição de mercado não logrem êxito em sua sede de lucro mediante a violação de direitos trabalhistas dos funcionários, que não raro submetem-se a jornadas extensivas, além dos limites máximos estabelecidos pela própria Constituição, e não são devidamente remunerados por isso.

O Poder Legislativo, em particular, pode fornecer uma grande contribuição à efetivação dos direitos sociais, mesmo à questão da emancipação da América Latina diante do cenário de divisão internacional do trabalho[47]. É cediço que a jornada de trabalho reconhecida como legítima pelos estados latino-americanos é mais extensa que a dos países desenvolvidos[48], porém, os salários são inferiores — o que corriqueiramente se chama de "mão de obra barata":

Constituição) quando, até então, tal não era possível, tendo em vista o princípio da irredutibilidade salarial; (2) a possibilidade de compensação de jornada de trabalho e banco de horas (art. 7º, inciso XIII, da Constituição, e art. 59 da CLT), quando até ali, a regra era a vedação das horas extras ou, acaso realizadas, o pagamento diferenciado das mesmas (adicional de horas extras); (3) Emenda à Constituição n. 28, que igualou o trabalhador rural ao urbano no que diz respeito ao prazo prescricional dos créditos trabalhistas, nivelando por baixo (unificou em cinco anos o prazo da prescrição parcial), quando, em verdade, em atenção ao *caput* do art. 7º da Constituição, deveria ter feito o contrário, nivelando por cima, alargando o prazo prescricional do urbano de forma a equipará-lo com o antigo prazo do rural". *Flexibilização dos direitos trabalhistas*. p. 133.
(47) Eduardo Galeano nos proporciona uma peculiar — mas adequada — visão do problema: "Não sofre a menor modificação o sistema de vasos comunicantes por onde circulam os capitais e as mercadorias entre os países pobres e os países ricos. A América Latina continua exportando seu desemprego e sua miséria: as matérias-primas de que o mercado mundial necessita e de cuja venda depende a economia da região. O intercâmbio desigual funciona como sempre: os salários de fome da América Latina contribuem para financiar os altos salários dos Estados Unidos e da Europa". *As veias abertas da América Latina*. p. 225.
(48) "No Brasil, por exemplo, a jornada estatutária foi reduzida para 44 horas em 1988, distanciando-se do limite de 48 horas, em vigor desde 1934; a República da Coreia fez a mesma mudança em 1989;

Os operários também têm que compensar a queda do valor de sua força de trabalho, que é o produto que eles vendem ao mercado. Os trabalhadores são obrigados a cobrir em quantidade, em quantidade de horas, o que perdem do poder aquisitivo do salário. Assim, são reproduzidas as leis do mercado internacional no micromundo da vida de cada trabalhador latino-americano.[49]

Tomando consciência disso, e percebendo, também, que o trabalhador se encontra em situação de vulnerabilidade (tanto material quanto ideológica, haja vista as constantes tentativas de desvinculá-lo de sua classe, retirando sua identidade, para que o torne inconsciente de suas possibilidades[50]), a atuação do Legislativo como proposta de contribuição à superação desses problemas pode estar voltada a uma questão pontual, mas que pode reestruturar profundamente a realidade do trabalho brasileiro: a diminuição da jornada de trabalho.

A redução da jornada de trabalho estenderá seus efeitos sobre vários fatores sociais, entre eles o desemprego, a alienação do trabalho e mesmo a saúde pública. Importa à realização dos direitos sociais a eliminação do desemprego. Ricardo Antunes expõe sua reflexão acerca do problema:

> Para combater o desemprego, seria necessário avançar na elaboração de uma política econômica alternativa, contrária ao neoliberalismo, cujos pontos centrais podem ser resumidos: primeiro, a eliminação da superexploração do trabalho, iniciando por uma política de salário mínimo que resgatasse em alguma medida a dignidade dos trabalhadores; segundo, a realização de uma reforma agrária ampla e profunda que desmontasse a estrutura altamente concentradora e elitista da propriedade da terra; terceiro, contrapor-se corajosamente à hegemonia do capital financeiro especulativo, incentivando as experiências de produção voltadas para a produção de valores de uso, coisas úteis e socialmente necessárias; quarto, recuperar o sentido público, coletivo e social das atividades estatais [...].

---

e a China adotou a jornada de 40 horas semanais em 1995 (OIT, 1995). Como consequência dessas e de outras reduções, principalmente na Europa, em 1995 o número de países adeptos do limite de 40 horas superou o daqueles que mantinham a jornada de 48 horas semanais". (LEE, Sangheon. *Duração do trabalho em todo o mundo:* Tendências de jornadas de trabalho, legislação e políticas numa perspectiva global comparada, p. 12). Quanto à questão, é necessário observar que, no Brasil, "Em 2008, 33,7% trabalhavam uma jornada superior às 44 horas semanais e 19,1% trabalharam uma jornada superior a 48 horas, enquanto 23,1% trabalhavam menos de 35 horas por semana", o que revela o caráter intensivo e precarizado, ao mesmo tempo, que identifica o trabalhador brasileiro (Disponível em: <http://www.oit.org.br>. Acesso em: 19.3.12).

(49) GALEANO, Eduardo. *As veias abertas da América Latina.* p. 302.

(50) Há, também, a questão do "desemprego estrutural" existente no modo de produção capitalista, fator fundamental na submissão do trabalhador aos interesses patronais: "O autocontrole desses trabalhadores parece se dever, sobretudo, ao medo proporcionado pela ameaça permanente de desemprego". BERNARDO, Marcia Hespanhol. *Trabalho duro, discurso flexível.* p. 132.

Há, por fim, ainda uma outra bandeira central: a luta pela redução da jornada de trabalho, *sem redução de salário*. A redução da jornada de trabalho certamente não eliminará, num só golpe, o flagelo do desemprego, mas poderá minimizar seus efeitos devastadores sobre a classe trabalhadora.[51]

Se essas ações forem desenvolvidas pelo Estado (por cada um de seus poderes), os reflexos nas estruturas sociais possibilitará uma aproximação efetiva da realização dos direitos sociais.

No âmbito acadêmico, pode-se contribuir com o debate levantado elaborando uma visão do direito mais aproximada da realidade, afinal um dos aspectos da desregulamentação ocorre quando o Estado não dá conta dos fenômenos que ocorrem no desenvolvimento da vida social, deixando de regular determinados assuntos, falhando na proteção do hipossuficiente. Observar atentamente as novas necessidades e os novos mecanismos sociais que surgem constantemente é requisito para a implantação dos direitos sociais.

CONSIDERAÇÕES FINAIS

Constatamos, neste trabalho, que a subsistência do sistema capitalista é garantida não apenas pela exploração do trabalho alheio, mas também pela manutenção de um contexto social de desigualdade e segregação social. Nesse sentido, pensar na materialização dos direitos sociais exige uma postura crítica por parte do jurista, buscando muito mais do que o simples estudo das regras presentes no ordenamento jurídico: estudar as formas de organização do poder na sociedade e suas consequências é requisito para uma ação positiva no sentido de realização dos direitos sociais — dentre eles do Direito do Trabalho.

Observamos, também, que o trabalho imaterial é uma forma de exploração desenvolvida pelo sistema capitalista para dar conta dos novos obstáculos que surgiam no ínterim de seu desenvolvimento. Dessa forma, a exploração do trabalho vai muito além das forças dos braços do trabalhador, abrangendo também sua conduta, seu comportamento e mesmo sua consciência.

Tal dado foi sobrelevado pelo estudo dos principais modos de produção que surgiram no seio do capitalismo — o taylorismo, o fordismo e o toyotismo. O processo de surgimento/implantação desses modelos administrativos de organização da mão de obra faz notar as estratégias adotadas pelo capital para solucionar seus problemas — mesmo que em prejuízo do trabalhador, de sua dignidade como ser humano.

---

(51) ANTUNES, Ricardo. *A desertificação neoliberal no Brasil:* Collor, FHC e Lula. p. 157-158.

Dessa maneira, pode-se elaborar algumas linhas de atuação no sentido de superar a problemática do desenvolvimento autofágico do capitalismo, caminhando no sentido de reverter a exploração intensiva do trabalho humano, fenômeno que claramente vai de encontro à implantação da legislação trabalhista.

REFERÊNCIAS BIBLIOGRÁFICAS

ALVES, Giovanni. *O novo (e precário) mundo do trabalho:* reestruturação produtiva e crise do sindicalismo. São Paulo: Boitempo, 2005.

ANTUNES, Ricardo. *A desertificação neoliberal no Brasil:* Collor, FHC e Lula. 2. ed. Campinas, São Paulo: Autores Associados, 2005.

_____. *Adeus ao trabalho?* Ensaio sobre as metamorfoses e a centralidade do mundo do trabalho. 9. ed. São Paulo: Cortez; Campinas, São Paulo: Editora da Universidade Estadual de Campinas, 2003.

_____. *Os sentidos do trabalho.* Ensaio sobre a afirmação e a negação do trabalho. 7. ed. São Paulo: Boitempo, 2005.

ARENDT, Hannah. *A condição humana.* Tradução: Roberto Raposo. 11. ed. Rio de Janeiro: Forense Universitária, 2010.

_____. *As origens do totalitarismo.* Tradução: Roberto Raposo. São Paulo: Companhia das Letras, 1989.

ARISTÓTELES. *A política.* Tradução: Nestor Silveira Chaves. 15. ed. São Paulo: Escala, 2006.

ARRUDA JUNIOR, Edmundo Lima de; RAMOS, Alexandre (organizadores). *Globalização, neoliberalismo e o mundo do trabalho.* Curitiba: IBEJ, 1998.

BAUMAN, Zygmunt. *Globalização*: as consequências humanas. Tradução: Marcus Penchel. Rio de Janeiro: Jorge Zahar, 1999.

BERNARDO, Marcia Hespanhol. *Trabalho duro, discurso flexível.* São Paulo: Expressão Popular, 2009.

BÍBLIA SAGRADA. 164. ed. São Paulo: Ave-Maria, 2005.

DUSSEL, Enrique D. *Filosofia da libertação.* São Paulo: Edições Loyola, 1977.

ENGELS, Friedrich; MARX, Karl. *A ideologia alemã.* Tradução: Frank Müller. São Paulo: Martin Claret, 2005.

FOUCALT, Michel. *Microfísica do poder.* 21. ed. Rio de Janeiro: Graal, 2005.

FRANCO JÚNIOR, Hilário. *A idade média:* nascimento do ocidente. 2. ed. São Paulo: Brasiliense, 2001.

GALEANO, Eduardo. *As veias abertas da América Latina.* Rio de Janeiro: Paz e Terra, 1982.

GOLDSCHMIDT, Rodrigo. *Flexibilização dos direitos trabalhistas:* ações afirmativas da dignidade da pessoa humana como forma de resistência. São Paulo: LTr, 2009.

LENZA, Pedro. *Direito constitucional esquematizado*. 15. ed. São Paulo: Saraiva, 2011.

MARX, Karl. *O capital:* crítica da economia política. Tradução de Regis Barbosa e Flávio R. Kothe. São Paulo: Abril Cultural, 1983.

SILVA, Reinaldo Pereira e. *O mercado de trabalho humano:* a globalização econômica, as políticas neoliberais e a flexibilidade dos direitos sociais no Brasil. São Paulo: LTr, 1998.

WOLKMER, Antonio Carlos. *Introdução ao pensamento jurídico crítico*. 5. ed. São Paulo: Saraiva, 2002.

Sítio eletrônico da OIT: <http://www.oit.org.br> (<http://www.oit.org.br/content/em-livro-sobre-jornada-de-trabalho-oit-diz-que-mais-de-600-milh%C3%B5es-de-pessoas-em-todo-o-mund>. Acesso em: 19.3.12, às 15:00h).

2. O MEIO AMBIENTE DO TRABALHO

O direito fundamental ao meio ambiente de trabalho equilibrado de forma plena, eficaz e efetiva
Leonardo Rodrigues Itacaramby Bessa

A educação ambiental no combate aos acidentes de trabalho
Neiva Marcelle Hiller

Princípios ambientais e meio ambiente de (tele)trabalho: novas alternativas para a efetiva proteção jurídica do teletrabalhador
Fernanda D'Ávila de Oliveira

As doenças ocupacionais no meio ambiente de trabalho dos frigoríficos e o descumprimento aos direitos fundamentais sociais
Rodrigo Goldschmidt; Karine Cristova

O meio ambiente do trabalho e a indenização devida pela síndrome do túnel do carpo
Sibeli D'Agostini

O DIREITO FUNDAMENTAL AO MEIO AMBIENTE DE TRABALHO EQUILIBRADO DE FORMA PLENA, EFICAZ E EFETIVA

Leonardo Rodrigues Itacaramby Bessa(*)

RESUMO

O presente estudo, tratando da efetividade dos direitos sociais fundamentais, sobretudo nas relações de trabalho, analisa o enquadramento do meio ambiente de trabalho como direito fundamental, sua adequada conceituação e natureza jurídica. Ainda, a abordagem da eficácia jurídica e social, bem como a exigibilidade judicial e garantias constitucionais dos direitos sociais, especificamente no que diz respeito ao meio ambiente de trabalho equilibrado como elemento concretizador da dignidade da pessoa humana.

Palavras-chave: Direitos fundamentais sociais. Meio ambiente de trabalho. Eficácia e efetividade do meio ambiente de trabalho.

INTRODUÇÃO

O convite para tratar da efetividade do Direito do Trabalho hodierno constitui num primeiro momento uma grande honra, mas, alta carga de responsabilidade para tratar de tema tão importante de maneira séria, científica e objetiva, para contribuir com a construção da ciência jurídica dos direitos sociais fundamentais, dentre os quais, os pertinentes e próprios de uma relação de trabalho.

A efetividade do Direito, de forma geral, é tema recorrente que aflige todas as áreas do estudo jurídico, pois, mais importante do que criar ou instituir um Direito, ou mesmo reconhecê-lo, é torná-lo efetivo, concretizá-lo no plano físico de maneira legítima e eficaz. A efetividade do Direito torna-se ainda mais complexa e importante quando se está a tratar dos direitos fundamentais sociais, sobretudo nas relações de trabalho, pois estar-se-á a regular relações de caráter privado, entre desiguais, pois uma das partes é presumidamente hipossuficiente em relação à outra.

(*) Juiz do Trabalho do TRT da 12ª Região, Mestre em Ciência Jurídica pela Universidade do Vale do Itajaí-SC, Especialista em Direito e Processo do Trabalho pela Escola Judicial do TRT da 23ª Região e professor de Direito do Trabalho no Curso de Especialização em Direito do Trabalho e Direito Previdenciário na UNIVALI-SC.

Garantir a efetividade de uma norma já constitui desafio hercúleo, sobretudo quando se trata de direitos sociais, no entanto, tal desafio é ainda maior ao tratar do Direito do Trabalho, uma regulação de relações privadas entre trabalhadores e seus tomadores de serviço (mais comumente entre empregado e empregador), que quase sempre implicará em dispêndio financeiro. Referidos direitos, quando não observados espontaneamente, levara o trabalhador a enfrentar árdua batalha judicial para demonstração da sua existência e principalmente para o seu pagamento, sim, pois por aí passa a efetividade do Direito do Trabalho, também.

Para se garantir a efetividade de uma norma, não é possível a implementação de técnicas policialescas ou cinematográficas ao melhor estilo "Tropa de Elite" (conhecida obra cinematográfica brasileira do cineasta José Padilha, lançada no ano de 2007). A busca se dá principalmente pela efetiva implementação da norma, com informação, conscientização e meios assecuratórios dos direitos do cidadão trabalhador.

As normas pertinentes ao Direito do Trabalho, em sua maioria, implicam na realização de obrigações de fazer nas relações de trabalho, algumas em obrigações de dar, no entanto, no descumprimento daquelas impreterivelmente tornar-se-ão, por conversão, em obrigação de dar o equivalente em pecúnia, de forma que, em ambos os casos, a efetividade do direito, ou sua concreção no plano físico, encontrará óbice na disponibilidade financeira do descumpridor, outrora tomador do serviço.

A despeito das características e problemáticas comuns a todos os direitos sociais fundamentais, no presente estudo, será tratado, de forma mais específica, justamente para tratar com o aprofundamento útil e necessário, o meio ambiente de trabalho, sua conceituação como direito pleno e fundamental, natureza jurídica e meios assecuratórios de sua eficácia e efetividade.

1. MEIO AMBIENTE DO TRABALHO

O meio ambiente do trabalho, constitucionalmente assegurado, além de direito propriamente dito, constitui importante meio assecuratório do megaprincípio constitucional da dignidade da pessoa humana, ao qual, ainda, deve ser assegurada plena eficácia e aplicabilidade em concreto.

Assim, para José Afonso da Silva o

> meio ambiente do trabalho corresponde ao complexo de bens imóveis e móveis de uma empresa e de uma sociedade, objeto de direitos subjetivos privados, e de direitos invioláveis da saúde e da integridade física dos trabalhadores que o frequentam[1].

---

(1) SILVA, José Afonso da. *Direito ambiental constitucional.* 8. ed. São Paulo: Malheiros, 2010. p. 22.

Para Julio Cesar de Sá da Rocha[2]

> é possível conceituar o meio ambiente do trabalho como a ambiência na qual se desenvolvem as atividades do trabalho humano. Não se limita ao empregado; todo trabalhador que cede a sua mão de obra exerce sua atividade em um ambiente de trabalho. Diante das modificações por que passa o trabalho, o meio ambiente laboral não se restringe ao espaço interno da fábrica ou da empresa, mas se estende ao próprio local da moradia ou ao ambiente urbano.

Trata-se de preocupação dos estudiosos sobre o assunto que a ideia, termo ou conceito de meio ambiente de trabalho não se restrinja a análises físicas do local onde o trabalhador presta o seu serviço, mas, segundo preleciona Rodolfo de Camargo Mancuso[3], meio ambiente de trabalho nada mais é do que

> *habitat* laboral, isto é, tudo que envolve e condiciona, direta e indiretamente, o local onde o homem obtém os meios para prover o quanto necessário para a sua sobrevivência e desenvolvimento, em equilíbrio com o ecossistema.

A concepção de meio ambiente de trabalho não pode ficar restrita à relação obrigacional, nem ao limite físico da fábrica, já que a saúde é tópico de direito de massa e o meio ambiente equilibrado, essencial à sadia qualidade de vida, é direito constitucionalmente garantido[4].

A Convenção n. 155 da OIT, ratificada pelo Brasil e colocada em vigor pelo Decreto n. 1.254 de 1994, adota a ideia de abordagem integrativa acerca do meio ambiente de trabalho[5].

Eventuais colidências ou aparentes contradições entre Direito do Trabalho e Direito Ambiental podem ser resolvidas a partir de outros raciocínios, haja vista

---

(2) ROCHA, Julio Cesar de Sá da. *Direito ambiental e meio ambiente do trabalho*: dano, prevenção e proteção jurídica. São Paulo: LTr, 1997. p. 30.
(3) MANCUSO, Rodolfo Camargo. A ação civil pública trabalhista: análise de alguns pontos controvertidos. In: *Revista do Processo*. São Paulo: Revista dos Tribunais, ano 24, n. 93, jan./mar. 1999, p. 59.
(4) LOURO, Simone Fritschy. Mandado de segurança coletivo e meio ambiente do trabalho. Monografia do Curso de Direito Ambiental II, PUC-SC, 1995. p. 31 *apud* FIORILLO, Celso Antonio Pacheco; ABELHA RODRIGUES, Marcelo. *Manual de direito ambiental e legislação aplicável*. p. 66-7.
(5) Dispõe o art. 4º da Convenção n. 155 da OIT: "1. Todo Miembro deberá, en consulta con las organizaciones más representativas de empleadores y de trabajadores interesadas y habida cuenta de las condiciones y práctica nacionales, formular, poner en práctica y reexaminar periódicamente una política nacional coherente en materia de seguridad y salud de los trabajadores y medio ambiente de trabajo. 2. Esta política tendrá por objeto prevenir los accidentes y los daños para la salud que sean consecuencia del trabajo, guarden relación con la actividad laboral o sobrevengan durante el trabajo, reduciendo al mínimo, en la medida en que sea razonable y factible, las causas de los riesgos inherentes al medio ambiente de trabajo".

que "o caráter difuso do direito envolvido não exclui a potencialização dos interesses individuais nele envolvidos"[6].

O objeto do Direito Ambiental são as regras para a harmonização do homem com a natureza, garantida pela manutenção dos ecossistemas e da sadia qualidade de vida para que todos, inclusive o trabalhador, possam atingir o pleno desenvolvimento[7].

Como bem encerraram Celso Antonio Pacheco Fiorillo e Marcelo Abelha Rodrigues

> O que se procura salvaguardar é, pois, o homem trabalhador, enquanto ser vivo, das formas de degradação e poluição do meio ambiente onde exerce seu labuto, que é essencial à sua sadia qualidade de vida[8].

Respeitadas as concepções mais ou menos amplas sobre o tema, o complexo de questões que envolvem o bem-estar do obreiro no local de trabalho expande-se, evoluindo de aglomerado de normas protetivas para ser pensado *"como um microssistema referenciado a um interesse constitucionalmente tutelado"*[9].

Meio ambiente de trabalho, portanto, se constitui pelo conjunto de fatores que se relacionam às condições do trabalho, como o local, as ferramentas, as máquinas, os agentes químicos, biológicos e físicos, as operações, os processos, a relação entre trabalhador e meio físico, bem assim a relação daquele com os seus colegas, superiores e subordinados. O cerne desse conceito está baseado na promoção da salubridade e da incolumidade física e psicológica do trabalhador, independente de atividade, do lugar ou da pessoa que a exerça.

2. NATUREZA JURÍDICA DO DIREITO AO MEIO AMBIENTE DE TRABALHO

Quanto à natureza jurídica, Pedro Paulo Teixeira Manus[10] define o interesse ou direito coletivo como sendo *"aquele que transcende o direito individual, sendo indivisível e cujos titulares não podem ser individualizados"*.

Os interesses ou direitos difusos pertencem ao gênero de interesses meta ou transindividuais, aí compreendidos aqueles que transpõem a linha do individual,

---

(6) SADY, João José. *Direito do meio ambiente de trabalho*. São Paulo: LTr, 2000. p. 26.
(7) SÉGUIN, Élida; FIGUEIREDO, Guilherme José Purvin de. (coord.). *Meio ambiente do trabalho*. Rio de Janeiro: GZ, 2011. p. 5.
(8) FIORILLO, Celso Antonio Pacheco; RODRIGUES, Marcelo Abelha. *Manual de direito ambiental e legislação aplicável*. p. 66.
(9) SADY, João José. *Direito do meio ambiente de trabalho*. São Paulo: LTr, 2000. p. 21.
(10) MANUS, Pedro Paulo Teixeira. A substituição processual pelo sindicato no processo do trabalho. p. 57, apud MELO, Sandro Nahmias. *Meio ambiente do trabalho*: direito fundamental. São Paulo: LTr, 2001. p. 29.

para se inserirem num contexto global em uma ordem coletiva *latu sensu*. O direito ao meio ambiente equilibrado, aí incluído o do trabalho, surge dentre os novos de conflituosidade, como direito de todos e de ninguém — em termos exclusivos — ao mesmo tempo, ou seja, difuso de titulares indetermináveis[11].

O Direito Ambiental é um direito de terceira geração, visto que cuida não só da proteção do meio ambiente em prol de uma melhor qualidade de vida da sociedade atual, mas também das futuras gerações, caracterizando-se assim como um direito transindividual e transgeracional. Norberto Bobbio sobre o assunto pondera que

> Ao lado dos direitos sociais, que foram chamados de direitos de segunda geração, emergiram hoje os chamados direitos de terceira geração, que constituem uma categoria, para dizer a verdade, ainda excessivamente heterogênea e vaga, o que nos impede de compreender do que efetivamente se trata. O mais importante deles é o reivindicado pelos movimentos ecológicos: o direito de viver num ambiente não poluído[12].

O equilíbrio do meio ambiente de trabalho e a plenitude da saúde do trabalhador constituem direito essencialmente difuso, inclusive porque a tutela tem por finalidade a proteção da saúde, que, sendo direito de todos, caracteriza-se como um direito eminentemente metaindividual[13].

3. MEIO AMBIENTE DE TRABALHO COMO DIREITO FUNDAMENTAL

As expressões direitos do homem e direitos fundamentais são frequentemente utilizadas como sinônimas, no entanto, direitos do homem são aqueles válidos para todos os povos e em todos os tempos (dimensão jusnaturalista-universalista), ao passo que direitos fundamentais são os direitos do homem, jurídico-institucionalmente garantidos e limitados espacio-temporalmente[14].

Arion Sayão Romita[15], citando Gregório Peces-Barba Martinez, destaca que tal denominação (direitos fundamentais) deve ser utilizada pelos seguintes motivos: é mais precisa que a expressão direitos humanos e não revela a ambiguidade que esta supõe; abarca as duas dimensões contidas na expressão direitos humanos,

---

(11) MELO, Sandro Nahmias. *Meio ambiente do trabalho*: direito fundamental. São Paulo: LTr, 2001. p. 32-33.
(12) BOBBIO, Norberto. *Estado, governo e sociedade*: para uma teoria geral da política. Tradução Marco Aurélio Nogueira. 7. ed. Rio de Janeiro: Paz e Terra, 1999. p. 82.
(13) ROCHA, Julio Cesar de Sá da. *Direito ambiental e meio ambiente do trabalho*: dano, prevenção e proteção jurídica. p. 32.
(14) CANOTILHO, J. J. Gomes. *Direito constitucional e teoria da Constituição*. 7. ed. Coimbra: Almedina. 2003. p. 393.
(15) ROMITA, Arion Sayão. *Direitos fundamentais nas relações de trabalho*. p. 61.

sem incorrer em reducionismos jusnaturalista ou positivista; é mais adequada do que os termos direitos naturais ou direitos morais, que mutilam os direitos humanos de sua faceta jurídico-positivista; é mais adequada do que os termos direitos públicos subjetivos ou liberdades públicas, que podem perder de vista a dimensão moral e restringir o sentido à faceta de consagração pelo ordenamento; e, por sua aproximação com direitos humanos, mostra-se sensível a uma imprescindível dimensão ética.

A conhecida divisão dos direitos fundamentais em gerações, de acordo com o objetivo pelo qual foram reconhecidos e o momento histórico de tal reconhecimento, tem, num primeiro momento, aqueles que surgiram para conter ou impedir as liberdades individuais contra o Estado, basicamente o direito à liberdade.

Em seguida, os chamados direitos fundamentais de segunda geração, direitos sociais, econômicos e culturais, que exigiam não só condutas negativas e protetivas contra o Estado, mas a demanda passa a tutelas positivas de implementação de garantias e direitos pelo Estado, mas ainda ligados ao indivíduo.

Quanto aos direitos sociais, Fileti[16], ao tratar da sua fundamentalidade, citando Perez Luno, diz que *"o principal objetivo dos direitos sociais é assegurar a participação na vida política, econômica, cultural e social dos indivíduos, assim como os grupos dos quais são integrantes"*.

Fileti ainda complementa[17]:

> A partir dessa conceituação, os direitos sociais podem ser entendidos em dois sentidos: o objetivo, como o conjunto das normas mediante as quais o Estado leva a cabo sua função equilibradora das desigualdades sociais; e o subjetivo, como a faculdade dos indivíduos e dos grupos em participar dos benefícios da vida social, traduzindo-se em determinados direitos e prestações, diretas ou indiretas, por parte dos poderes públicos.

Surgem, então, os direitos de terceira geração, que, segundo Sarlet[18]

> trazem como marca distintiva o fato de se desprenderem, em princípio, da figura do homem-indivíduo como seu titular, destinando-se à proteção de grupos humanos (família, povo, nação), e caracterizando-se, consequentemente, como direitos de titularidade coletiva ou difusa.

---

(16) FILETI, Narbal Antonio Mendonça. *A fundamentalidade dos direitos sociais e o princípio da proibição do retrocesso social.* Florianópolis: Conceito Editorial, 2009. p. 62.
(17) FILETI, Narbal Antonio Mendonça. *A fundamentalidade dos direitos sociais e o princípio da proibição do retrocesso social.* Florianópolis: Conceito Editorial, 2009. p. 63.
(18) SARLET, Ingo Wolfgang. *A eficácia dos direitos fundamentais.* 6. ed. Porto Alegre: Livraria do Advogado, 2006. p. 56.

O amplo catálogo de direitos fundamentais ao qual é dedicado o Título II da Carta Magna não esgota o campo constitucional dos direitos fundamentais. O art. 5º, § 2º, da Constituição Federal, dispõe que os direitos e garantias expressos no seu texto não excluem outros decorrentes do regime e dos princípios por ela adotados.

José Rubens Morato Leite[19] equipara o direito ao meio ambiente ecologicamente equilibrado ao direito à vida, ao direito à igualdade e ao direito à liberdade. O meio ambiente é essencial à continuidade da espécie humana e à dignidade do ser humano enquanto animal cultural, já que ele resguarda tanto a existência física dos seres humanos quanto a qualidade dessa existência física tornando a vida plena em todos os aspectos[20].

A atual Carta Política, seguindo o compasso de imprimir constitucionalidade aos valores mais importantes para a cidadania, como se viu, produz as bases para construção da tutela ambiental por meio do suporte do legislador infraconstitucional[21]. Inúmeras convenções internacionais ratificadas no Brasil, a própria CLT e as proteções específicas previstas no art. 7º da Constituição, são exemplo de como a proteção ao meio ambiente de trabalho encontra guarida no ordenamento pátrio. No entanto, ainda assim, observa-se a construção do conceito e proteção expressa ao meio ambiente de trabalho no texto constitucional.

Além da previsão de proteção ao meio ambiente em geral no art. 225[22], a Constituição, já no seu art. 196[23], no qual assegura a saúde como direito de todos e dever do Estado, para, em seguida, no inciso VIII do art. 200[24], dispor que o sistema único de saúde deve colaborar na proteção ao meio ambiente, nele compreendido o do trabalho, a nosso ver, consolida tal direito como preceito constitucional e direito de todos.

Ainda na perspectiva de direitos individuais, especificamente no que diz respeito aos direitos fundamentais de segunda geração, em análise sistemática dos direitos sociais constitucionalmente assegurados em nosso ordenamento, por

---

(19) LEITE, José Rubens Morato. *Dano ambiental: do individual ao coletivo extrapatrimonial*. 2. ed. São Paulo: Revista dos Tribunais, 2003.
(20) TRINDADE, Antonio Augusto Cançado. *Direitos humanos e meio ambiente*: paralelo dos sistemas de proteção internacional. Porto Alegre: Fabris, 1993.
(21) SADY, João José. *Direito do meio ambiente de trabalho*. p. 19.
(22) Art. 225. Todos têm direito ao meio ambiente ecologicamente equilibrado, bem de uso comum do povo e essencial à sadia qualidade de vida, impondo-se ao Poder Público e à coletividade o dever de defendê-lo e preservá-lo para as presentes e futuras gerações.
(23) Art. 196. A saúde é direito de todos e dever do Estado, garantido mediante políticas sociais e econômicas que visem à redução do risco de doença e de outros agravos e ao acesso universal e igualitário às ações e serviços para sua promoção, proteção e recuperação.
(24) Art. 200. Ao sistema único de saúde compete, além de outras atribuições, nos termos da lei:
VIII — colaborar na proteção do meio ambiente, nele compreendido o do trabalho.

força do que dispõem os arts. 6º e 7º, XXII⁽²⁵⁾, combinados com o já mencionado inciso VIII do art. 200, todos da Constituição, já se observa que o ambiente de trabalho saudável é um direito fundamental do trabalhador.

No entanto, a compreensão da fundamentalidade do meio ambiente de trabalho equilibrado pode ser ainda mais ampla.

O direito a um meio ambiente equilibrado, e aí inserido o meio ambiente de trabalho, está íntima e diretamente ligado ao direito à vida. O ambiente de trabalho como "macrobem" que protege a vida em todas as suas formas assegura a toda coletividade o direito a viver em ambiente que não ofereça risco à saúde e à vida, o que destaca um direito fundamental. Este significa, portanto, o direito a prestações positivas do Estado à proteção do meio ambiente de trabalho. As conexões permitidas expressamente ou de forma implícita no texto constitucional têm sua fundamentação na concreção do princípio da dignidade da pessoa humana[26].

Não se pode olvidar, mais, que a fundamentalidade de um direito encontra suporte no poder constituinte, que advém da soberania popular nos Estados Democráticos de Direito. Com efeito, positivado como tal na Constituição ou decorrendo de princípios nela insculpidos, a esse direito é impingida a nota de fundamentalidade[27].

Quando a Constituição, em seu art. 225, fala em meio ambiente ecologicamente equilibrado, está mencionando todos os aspectos do meio ambiente. Dispondo, ainda, que o homem, para encontrar uma sadia qualidade de vida, necessita viver nesse ambiente ecologicamente equilibrado, acaba por tornar obrigatória também a proteção do ambiente no qual o homem, normalmente, passa a maior parte de sua vida produtiva, qual seja, o do trabalho.

Assim, o direito ao meio ambiente equilibrado, inclusive o meio ambiente de trabalho, é tido como meio útil e necessário para obtenção do direito à vida, com dignidade e qualidade.

O direito ao meio ambiente de trabalho é um direito fundamental, seja de terceira geração, porque um direito de todos, ou de segunda geração, pois direito individual de cada trabalhador sob a ótica da terceira dimensão de direitos, pertencente a toda uma classe de pessoas.

---

(25) Art. 6º São direitos sociais a educação, a saúde, o trabalho, a moradia, o lazer, a segurança, a previdência social, a proteção à maternidade e à infância, a assistência aos desamparados, na forma desta Constituição.
Art. 7º São direitos dos trabalhadores urbanos e rurais, além de outros que visem à melhoria de sua condição social:
XXII — redução dos riscos inerentes ao trabalho, por meio de normas de saúde, higiene e segurança;
(26) MACHADO, Sidnei. *O direito à proteção ao meio ambiente de trabalho no Brasil*: os desafios para a construção de uma racionalidade normativa. São Paulo: LTr, 2001. p. 91.
(27) FILETI, Narbal Antonio Mendonça. *A fundamentalidade dos direitos sociais e o princípio da proibição do retrocesso social*. p. 72.

4. EFICÁCIA JURÍDICA E SOCIAL DOS DIREITOS FUNDAMENTAIS SOCIAIS. A IMPLEMENTAÇÃO E EXIGIBILIDADE DE UM MEIO AMBIENTE DO TRABALHO EQUILIBRADO

Com a doutrina socialista, que atacava o modo de produção capitalista e seu caráter destrutivo e explorador da sociedade e dos trabalhadores, surgia o constitucionalismo social, baseado no Estado de Bem-estar, no qual foram inclusos nos textos fundamentais dispositivos de ordem social e econômica. A Constituição passa a denotar — além de uma preocupação com a organização do Estado e com o indivíduo isoladamente — uma atenção especial com a Sociedade e seu desenvolvimento.

Marco destes acontecimentos se consubstancia na Constituição de Weimar, promulgada na Alemanha, primeira a vincular o ente estatal a prestações positivas, a um "fazer" gerador de qualidade de vida digna aos cidadãos. Trata-se da passagem da Democracia política para a Democracia social, à implementação da ideologia constitucional social.

Conforme Buzanello[28], essa transformação

> elevou consideravelmente o nível de vida dos trabalhadores, abriu possibilidades de participar de algumas decisões na formulação das políticas públicas. O Estado social, de natureza previdencial, fortaleceu os princípios básicos do Estado Liberal, aprisionou a luta de classes dentro das regras do Estado de Direito, ampliou o nível de cidadania na verdade e deu nova legitimação ao Estado. A grande questão do Estado Social está em assegurar a participação política de todos os segmentos da sociedade e responder às demandas sociais a nível de poder, cujo atendimento precário de balconização agrava sensivelmente a crise fiscal do Estado.

A previsão constitucional dos direitos sociais alicerçou os princípios da democracia social[29] e participativa[30], no entanto, a positivação constitucional dos direitos de prestação não significaram o atingimento de sua eficácia social; jurídica, sim, mas não social.

---

(28) BUZANELLO, José Carlos. *Direito de resistência constitucional*. 2. ed. Rio de Janeiro: Lúmen Júris, 2006. p. 78.
(29) Segundo Luiz Pinto Ferreira, (In: FERREIRA, Luiz Pinto. *Princípios gerais do direito constitucional moderno*. Tomo I. 5. ed. rev. e ampl. São Paulo: Revista dos Tribunais, 1971): "No seu aspecto sociológico, deve-se compreender por democracia uma estrutura da sociedade humana, que se realiza mediante uma progressiva nivelação das condições socioculturais da vida. Ela exige, na organização da sociedade, um mínimo ético, econômico e cultural, sem o qual não se pode concretizar, daí decorrendo um corte nas diferenças existentes nas classes sociais, uma progressiva eliminação dos choques e antagonismos das classes econômicas, a fim de conceder ao cidadão um mínimo de bem-estar".
(30) Para Dallari (In: DALLARI, Dalmo de Abreu. *Elementos da teoria geral do Estado*. 7. ed. São Paulo: Saraiva, 1981), "Na democracia representativa o povo concede um mandato a alguns cidadãos, para, na condição de representantes, externarem a vontade popular e tomarem decisões em seu nome, como se o próprio povo estivesse governando."

Mister aqui a distinção feita por muitos doutrinadores da eficácia jurídica da social, sendo esta última a concretização no plano físico, ou fático, do conteúdo jurídico de uma norma, ou, sua efetividade.

Quanto à eficácia social da norma, assinala Reale que se refere ao cumprimento efetivo do Direito por parte de uma sociedade, ao "reconhecimento" do Direito pela comunidade ou, mais particularizadamente, aos efeitos que uma regra suscita mediante seu cumprimento. Em tal acepção, eficácia social é a concretização do comando normativo, sua força operativa no mundo dos fatos[31].

Sobre o conceito de efetividade, Luís Roberto Barroso[32] pondera que

> A efetividade significa, portanto, a realização do Direito, o desempenho concreto de sua função social. Ela representa a materialização, no mundo dos fatos, dos preceitos legais e simboliza a aproximação, tão íntima quanto possível, entre o dever-ser normativo e o ser da realidade social.

Uma norma jurídica pode ser perfeita (plano de existência, com a presença de todos os elementos constitutivos), válida e eficaz, quando, concluído o seu ciclo de formação, encontra-se plenamente ajustada às regras legais superiores e está disponível para a deflagração dos efeitos que lhe são típicos[33].

Os que defendem a ineficácia e inexigibilidade dos direitos sociais atribuem tal "defeito" ao fato de que são normas programáticas, meras boas intenções, incapazes de gerar obrigações aos seus destinatários, Estado ou particulares.

As normas constitucionais, como espécie do gênero normas jurídicas, conservam os atributos essenciais destas, dentre os quais a imperatividade, e, como outra qualquer (norma), elas contêm um mandamento, uma prescrição, uma ordem, com força jurídica e não apenas moral.

Para se determinar a judiciabilidade de um direito social, é necessário, antes, determinar parâmetros de um estado mínimo, e, a partir destes, estar-se-ia considerando o descumprimento daqueles direitos, sendo este o principal defeito das normas constitucionais e internacionais — a falta de parâmetros legais e doutrinários sobre o tema, além da ausência de mecanismos apropriados para implementação dos direitos[34].

---

(31) REALE, Miguel. Lições preliminares de direito. São Paulo. José Bushatsky Editor. 1973. p. 135. In: BARROSO, Luís Roberto. *O direito constitucional e a efetividade de suas normas*: limites e possibilidades da Constituição brasileira. 9. ed. Rio de Janeiro: Renovar, 2009. p. 82.
(32) BARROSO, Luís Roberto. *O direito constitucional e a efetividade de suas normas*: limites e possibilidades da Constituição brasileira. 9. ed. Rio de Janeiro: Renovar, 2009. p. 82-83.
(33) BARROSO, Luís Roberto. *O direito constitucional e a efetividade de suas normas*: limites e possibilidades da Constituição brasileira. 9. ed. Rio de Janeiro: Renovar, 2009. p. 86.
(34) ABRAMOVICH, Victor; COURTIS, Christian. La estructura de los derechos sociales y el problema de sua exigibilidad. In: ABRAMOVICH, Victor; COURTIS, Christian. *Los derechos sociales como derechos exigibles*. Madrid: Trotta, 2002. p. 38, 39 e 40.

Por este argumento, tão somente os direitos sociais ligados ao mínimo existencial estariam revestidos de jusfundamentalidade, porquanto gerariam direitos subjetivos para os indivíduos. Para além desse mínimo, os direitos sociais estariam subordinados à reserva do possível, dependentes, portanto, do orçamento público e das políticas públicas[35].

Jorge Miranda[36] aduz que a efetivação dos direitos sociais não depende tão somente das normas constitucionais concernentes à organização econômica, mas, também, e sobretudo, dos próprios fatores econômicos, bem como dos "condicionalismos institucionais", do modo de organização e funcionamento da administração pública e dos recursos financeiros.

Victor Abramovich e Christian Courtis, em sua obra, tentam relativizar a chamada distinção entre os direitos sociais e os direitos civis e políticos, e o fazem sob o aspecto de que ambas as classes de direitos dependem de disponibilidade econômica do Estado, ou seja, ambas irão gerar custos ao erário, e, com isso, afastam a justificativa apresentada para a inexigibilidade dos direitos sociais, que dependeriam de orçamentos capazes de implementar as prestações positivas que tais direitos impõem.

Referidos autores ainda ponderam que os direitos sociais, para que tenham eficácia e exigibilidade, não dependem apenas de suporte econômico, pois, alguns deles, dependem de ação estatal legislativa ou mantenedora de estruturas capazes de implementá-los[37]:

"Es evidente que la condición de justiciabilidad requiere identificar las obligaciones mínimas de los Estados en relación con los derechos económicos, sociales y culturales y es éste quizá el principal déficit del derecho constitucional y del derecho internacional de los derechos humanos, tanto en la formulación de las normas que consagran los derechos, cuanto en las elaboraciones de los órganos nacionales e internacionales encargados de la aplicación de cláusulas constitucionales o de tratados, y en los escasos aportes doctrinarios al respecto."

"En opinión de Scheinin — en referencia al derecho internacional de los derechos humanos —, entre las razones que dificultan el desarrollo de la justiciabilidad de los derechos económicos, sociales y culturales hay algunas falsas y otras verdaderas. Entre las razones falsas señala las concepciones que predican la no justiciabilidad como disvalor inherente a la naturaleza de esta categoría de derechos. Entre las razones verdaderas menciona la vaguedad de los textos normativos en los cuales se formulan los derechos y la falta de una práctica institucional de interpretación de esos textos, debida principalmente a la ausencia de mecanismos apropiados de implementación."

"Algunas de las facetas que se señalan al respecto están vinculadas con el carácter colectivo de muchos reclamos vinculados con derechos económicos, sociales y culturales, la inadecuación de la estructura y de la posición del Poder Judicial para exigir el cumplimiento de obligaciones de disponer de fondos a los poderes políticos, o bien la desigualdad que generaría el éxito de algunas acciones individuales en las que se haga exigible un derecho frente al mantenimiento de la situación de incumplimiento en el resto de los casos idénticos no planteados judicialmente."

(35) FILETI, Narbal Antonio Mendonça. *A fundamentalidade dos direitos sociais e o princípio da proibição do retrocesso social*. p. 74.
(36) MIRANDA, Jorge. Manual de direito constitucional. Tomo IV, p. 392, citado por FILETI, Narbal Antonio Mendonça. *A fundamentalidade dos direitos sociais e o princípio da proibição do retrocesso social*. p. 74.
(37) ABRAMOVICH, Victor; COURTIS, Christian. La estructura de los derechos sociales y el problema de sua exigibilidad. In: ABRAMOVICH, Victor; COURTIS, Christian. *Los derechos sociales como derechos exigibles*. Madrid: Trotta, 2002. p. 33-35.

> (...), algunos derechos se caracterizan por la obligación del Estado de establecer algún tipo de regulación, sin la cual el ejercicio de un derecho no tiene sentido.
>
> (...) más bien con el establecimiento de normas que concedan relevancia a una situación determinada, o bien con la organización de una estructura que se encargue de poner en práctica una actividad determinada.
>
> En otros casos, la obligación exige que la regulación establecida por el Estado limite o restrinja las facultades de las personas privadas, o les imponga obligaciones de algún tipo.
>
> Por último, el Estado puede cumplir con su obligación proyendo de servicios a la población, sea en forma exclusiva, sea a través de formas de cobertura mixta que incluyan, además de un aporte estatal, regulaciones en las que ciertas personas privadas se vean afectadas a través de restricciones, limitaciones u obligaciones.
>
> Como puede verse, el complejo de obligaciones que puede abarcar un derecho es sumamente variado. Los derechos económicos, sociales y culturales se caracterizan justamente por involucrar un espectro amplio de obligaciones estatales. Consecuentemente, es falso que las posibilidades de justiciabilidad de estos derechos sean escasas; cada tipo de obligación ofrece un abanico de acciones posibles, que van desde la denuncia de incumplimiento de obligaciones negativas, pasando por diversas formas de control del cumplimiento de obligaciones negativas y positivas, hasta llegar a la exigencia de cumplimiento de obligaciones positivas incumplidas.

Parcela da doutrina prega a plena eficácia e exigibilidade dos direitos sociais, cuja fundamentalidade e judiciabilidade se fundamentam no fato que objetivam concretizar o princípio da dignidade da pessoa humana e da igualdade material dos indivíduos.

Canotilho ao tratar da eficácia dos direitos sociais nas relações político-privadas, naquilo que denomina eficácia horizontal dos direitos econômicos, sociais e culturais, pondera:

> A doutrina não tem dúvidas em aceitar a "eficácia horizontal" dos direitos sociais, econômicos e culturais sob as duas modalidades de "efeito mediato" ou de "eficácia indirecta": (1) impondo ao legislador a "atracção das normas sociais" segundo os direitos constitucionais sociais (ex: lei sobre a dispensa do trabalho, lei sobre o estatuto do trabalhador estudante); (2) obrigando o intérprete a uma interpretação conforme as normas constitucionais sociais (ex: o direito ao ensino básico universal, obrigatório e gratuito, obriga a interpretar as normas relativas ao sistema

geral de educação pré-escolar num sentido favorável à universalidade e gratuidade desta educação).

A teleologia intrínseca da Constituição portuguesa aponta para uma eficácia horizontal dos direitos econômicos, sociais e culturais. Isto parece indiscutível em relação ao núcleo essencial de direitos sociais ligados à proteção da dignidade humana. O comércio jurídico privado está, portanto, vinculado pelos direitos fundamentais sociais sobretudo no que respeita ao núcleo desses direitos intimamente ligados à dignidade da pessoa humana (ex: contratos lesivos à saúde da pessoa, contrato lesivo dos direitos dos consumidores).[38]

Sarlet[39], seguindo o mesmo raciocínio, diz que:

> Ponto de partida para o reconhecimento de uma eficácia dos direitos fundamentais na esfera das relações privadas é a constatação de que, ao contrário do Estado clássico e liberal de Direito, no qual os direitos fundamentais, na condição de direitos de defesa, tinham por escopo proteger o indivíduo de ingerências por parte dos poderes públicos na sua esfera pessoal e no qual, em virtude de uma preconizada separação entre Estado e sociedade, entre o público e o privado, os direitos fundamentais alcançavam sentido apenas nas relações entre os indivíduos e o Estado, no Estado social de Direito não apenas o Estado ampliou suas atividades e funções, mas também a sociedade cada vez mais participa ativamente do exercício do poder, de tal sorte que a liberdade individual não apenas carece de proteção contra os poderes públicos, mas também contra os mais fortes no âmbito da sociedade, isto é, os detentores do poder social e econômico, já que é nesta esfera que as liberdades se encontram particularmente ameaçadas.

No que diz respeito à eficácia e exigibilidade dos direitos sociais, dentre os quais a um meio ambiente equilibrado (inclusive e principalmente o do trabalho), questionar o "não fazer" ou atitudes proibitivas ou repressivas contra ações praticadas pelo Estado é comum e simples, no entanto, a grande dificuldade está no "dever fazer" as atitudes que o Estado, e a própria sociedade deveriam praticar e não praticam, suas omissões quanto aos direitos sociais.

Se relativamente aos direitos fundamentais de defesa inexistem maiores problemas no que diz respeito à possibilidade de serem considerados diretamente aplicáveis e aptos, desde logo, e desencadear todos os seus efeitos jurídicos, o mesmo não ocorre na esfera dos direitos fundamentais a prestações, que têm por

---

(38) CANOTILHO, J. J. Gomes. *Direito constitucional e teoria da Constituição*. p. 484-85.
(39) SARLET, Ingo Wolfgang. *A eficácia dos direitos fundamentais*. p. 294.

objeto uma conduta positiva por parte do destinatário, consistente, em regra, numa prestação de natureza fática ou normativa.

Canotilho enfatiza a necessidade de *"cimentar juridicamente"* o estatuto jurídico-constitucional dos direitos sociais, econômicos e culturais. É precisamente em função do objeto precípuo destes direitos e da forma mediante a qual costumam ser positivados (normalmente como normas definidoras de fins e tarefas do Estado ou imposições legiferantes de maior ou menor concretude) que se travam as mais acirradas controvérsias envolvendo o problema de sua aplicabilidade, eficácia e efetividade[40].

É vital ressaltar que a efetividade dos direitos fundamentais sociais, ou seja, sua concretização fático-social, não dependem só do Estado. Deve haver um comprometimento de toda a sociedade, pois o que se discute quando se busca a eficácia da maioria dos direitos sociais fundamentais é a implementação efetiva de um vida digna e com qualidade para o cidadão.

Os direitos fundamentais, dentre os quais o de um meio ambiente de trabalho equilibrado, nada seriam não fossem passíveis de efetivação, tal qual defendido por Bobbio[41].

A promoção de um meio ambiente do trabalho com qualidade alcança objetivo básico: a proteção à incolumidade física e mental do trabalhador, quer encarado individualmente, quer coletivamente ou, ainda, sob o aspecto difuso.

O interesse num ambiente de trabalho sadio, além de legítimo, pode e deve ser protegido, da forma mais ampla possível, por todos os atores que têm essa atribuição como missão institucional, sejam eles públicos ou privados. Tal premissa traduz aquilo que Renato Alessi denomina interesse público primário e secundário[42].

Para discutir, impor condutas, buscar soluções e consensos que levem à proteção ambiental, é necessária a participação de grupos de cidadãos, ONGs, cientistas, corporações industriais e muitos outros[43]. E, a par da múltipla participação, faz-se necessário um aparato legislativo apto a realizar essa tarefa.

---

(40) SARLET, Ingo Wolfgang. *A eficácia dos direitos fundamentais*. p. 294.
(41) BOBBIO, Norberto. *A era dos direitos*. 8. ed. Trad. Carlos Nelson Coutinho. Rio de Janeiro: Campus, 1992. p. 12.
(42) A respeito do conceito de interesse público primário e secundário, Celso Antônio Bandeira de Mello, que difunde a lição de Alessi no Brasil, diz que: "Interesse público ou primário, repita-se, é o pertinente à sociedade como um todo, e só ele pode ser validamente objetivado, pois este é o interesse que a *lei* consagra e entrega à compita do Estado como representante do corpo social. Interesse secundário é aquele que atina tão só ao aparelho estatal enquanto entidade personalizada e que por isso mesmo pode lhe ser referido e nele encarnar-se pelo simples fato de ser pessoa" (MELLO, Celso Antônio Bandeira de. *Curso de direito administrativo*. 13. ed. São Paulo: Malheiros, 2001).
(43) LEIS, Hector Ricardo. *O labirinto: ensaios sobre ambientalismo e globalização*. São Paulo: Gaia, 1996. p. 71, apud CANOTILHO, José Joaquim Gomes; LEITE, José Rubens Morato. (orgs.) *Direito constitucional ambiental brasileiro*. p. 183.

O Estado, com isso, passa a incentivar a emergência de um pluralismo jurídico comunitário[44] participativo no viés ambiental, consubstanciado em um modelo democrático, que privilegia a participação dos sujeitos sociais na regulamentação das instituições-chave da sociedade[45].

O Ministério do Trabalho, por meio de inspeções quanto à segurança e saúde no ambiente de trabalho; o Ministério Público do Trabalho, que tem por função institucional *promover o inquérito civil e a ação civil pública, para a proteção do patrimônio público e social, do meio ambiente e de outros interesses difusos e coletivos*[46]; por associações e sindicatos de trabalhadores, já que têm por missão precípua a defesa dos interesses de seus membros; caso a situação possa redundar em atuação criminosa, as autoridades policiais (militares ou civis) poderão ser chamadas a atuar também; por fim, a União (INSS — Instituto Nacional de Seguridade Social) tem também um interesse legítimo não só na prevenção, como também no ressarcimento, caso ocorra sinistro acidentário.

No que se refere à prevenção no meio ambiente do trabalho, para Carlos Alberto Barata Silva, a meta fundamental nessa questão consiste em preservar a todo o custo o material humano, proporcionando aos trabalhadores os meios e equipamentos, além da preparação suficiente para libertá-los dos riscos a que estão sujeitos em sua atividade laboral[47].

A prevenção aos acidentes profissionais integra o conjunto de métodos e sistemas destinados a evitá-los, princípio e fim da segurança do trabalho, ao passo que a indenização, depois de produzido o infortúnio, trata de compensá-lo de forma econômica, com fim reparatório ou ressarcitório[48].

O tratamento constitucional dado ao tema do meio ambiente é adequado para propiciar não só a prevenção contra as consequências individuais e/ou coletivas de um meio ambiente de trabalho insalubre, como também a reparação do dano dos obreiros afetados por qualquer tipo de poluição degradadora do seu meio ambiente do trabalho[49].

No que diz respeito à atuação repressiva e/ou ressarcitória, a função jurisdicional está aberta não só à ação civil pública, que pode ser proposta, entre outros, pelo Ministério Público do Trabalho e pela União, mas também aos trabalhadores em geral, organizados ou não em associações ou sindicatos, que

---

(44) Para uma visão mais ampla e aprofundada sobre pluralismo jurídico participativo, destaque a WOLKMER, Antonio Carlos. *Pluralismo jurídico*. São Paulo: Alfa-Ômega, 1994.
(45) CANOTILHO, José Joaquim Gomes; LEITE, José Rubens Morato. (orgs.) *Direito constitucional ambiental brasileiro*. p. 183.
(46) Art. 129, III, CF/88 e art. 83, I, III, IV e XII, LC n. 75/93.
(47) SILVA, Barata. *Compêndio de direito do trabalho*. 3. ed. São Paulo: LTr, 1983. p. 317-18.
(48) PADILHA, Norma Sueli. *Do meio ambiente do trabalho equilibrado*. São Paulo: LTr, 2002. p. 101.
(49) PADILHA, Norma Sueli. *Do meio ambiente do trabalho equilibrado*. São Paulo: LTr, 2002. p. 66.

podem buscar junto ao Poder Judiciário a tutela de seus interesses no que tange à ameaça ou violação de sua incolumidade física ou mental.

Os instrumentos hábeis à viabilização desse direito — ambiente de trabalho saudável ou equilibrado — além da ação individual trabalhista, conta-se, com o mandado de segurança individual e coletivo, o *habeas corpus*, o mandado de injunção, e, principalmente, haja vista se tratar de direito difuso, com a ação civil pública.

A ação civil pública tem sido utilizada largamente como meio de proteção do meio ambiente de trabalho mais eficaz, tanto no trato preventivo quanto no da reparação do dano perpetrado[50], demonstrando efetiva atuação do Ministério Público e das entidades de classe legitimadas a defender um meio ambiente de trabalho saudável.

CONSIDERAÇÕES FINAIS

O ambiente de trabalho seguro constitui direito fundamental dos trabalhadores e as normas a ele aplicáveis são dotadas de cogência absoluta, assegurando aos trabalhadores direitos indisponíveis, ante o caráter social que reveste o interesse público que as inspira.

Por se tratar de direito difuso, insere-se no rol dos direitos fundamentais de terceira geração, e, por tal perspectiva, ou mesmo porque concretizam o princípio da dignidade da pessoa humana ou da igualdade material dos indivíduos, é dotado de eficácia e exigibilidade plenas.

A efetividade das normas sociais depende de atuação participativa da menor fração ideal de uma sociedade, até a sua maior, ou seja, desde o cidadão consciente de seus direitos e atuante na cobrança de sua concretude, passando pelos órgãos da sociedade civil organizada responsáveis ou auxiliares da implementação e cobrança destes direitos, como sindicatos econômicos e profissionais, associações e organizações não governamentais, até o Poder Público, por qualquer dos seus poderes, pela criação de Leis que atendam às necessidades do povo, a implementação de políticas públicas eficazes, bem assim efetiva implementação coercitiva, preventiva ou reparatória dos direitos sociais fundamentais.

Os destinatários da norma têm que ter presente a ideia de obrigatoriedade do direito assegurado na norma, certos de que, não o fazendo, poderão sofrer censura de seus pares e da sociedade em geral, limitações de suas atividades pelo Poder Público, além de exemplar repressão pelo Poder Judiciário, por meio de penas pecuniárias e restritiva de direitos.

---

(50) MELO, Sandro Nahmias. *Meio ambiente do trabalho*: direito fundamental. p. 105.

O meio ambiente de trabalho é dotado de eficácia horizontal, ou seja, vincula as relações político-jurídico privadas (trabalhador e tomador de serviços), cuja exigibilidade judicial se concretiza por meio de instrumentos ou remédios processuais também assegurados na Constituição, dentre os quais o mais utilizado de forma eficaz, a ação civil pública, remédio utilizado pelo Ministério Público e pelas entidades legitimadas a defender os interesses da coletividade e classes que representam.

Todas estas medidas, a despeito de seu efeito e pretensão imediatas (salubridade e segurança por meio de um meio ambiente de trabalho equilibrado), de forma mediata, buscam a concretude ao maior dos princípios do Estado Democrático de Direito, a dignidade da pessoa humana, que trabalha e busca viver em sociedade com qualidade e felicidade.

REFERÊNCIAS BIBLIOGRÁFICAS

ABRAMOVICH, Victor; COURTIS, Christian. *Los derechos sociales como derechos exigibles*. Madrid: Trotta, 2002.

BARROSO, Luís Roberto. *O direito constitucional e a efetividade de suas normas*: limites e possibilidades da Constituição brasileira. 9. ed. Rio de Janeiro: Renovar, 2009.

BOBBIO, Norberto. *A era dos direitos*. 8. ed. Trad. Carlos Nelson Coutinho. Rio de Janeiro: Campus, 1992.

_____. *Estado, governo e sociedade*: para uma teoria geral da política. Tradução Marco Aurélio Nogueira. 7. ed. Rio de Janeiro: Paz e Terra, 1999.

BUZANELLO, José Carlos. *Direito de resistência constitucional*. 2. ed. Rio de Janeiro: Lúmen Júris, 2006.

CANOTILHO, J. J. Gomes. *Direito constitucional e teoria da Constituição*. 7. ed. Coimbra: Almedina. 2003.

CANOTILHO, José Joaquim Gomes; LEITE, José Rubens Morato. (orgs.) *Direito constitucional ambiental brasileiro*. 4. ed. São Paulo: Saraiva, 2011.

DALLARI, Dalmo de Abreu. *Elementos da teoria geral do Estado*. 7. ed. São Paulo: Saraiva, 1981.

FERREIRA, Luiz Pinto. *Princípios gerais do direito constitucional moderno*. 5. ed. rev. e ampl. São Paulo: Revista dos Tribunais, 1971. t. 5.

FILETI, Narbal Antonio Mendonça. *A fundamentalidade dos direitos sociais e o princípio da proibição do retrocesso social*. Florianópolis: Conceito Editorial, 2009.

FIORILLO, Celso Antonio Pacheco; ABELHA RODRIGUES, Marcelo. *Manual de direito ambiental e legislação aplicável*. São Paulo: Max Limonad, 1997.

LEITE, José Rubens Morato. *Dano ambiental:* do individual ao coletivo extrapatrimonial. 2. ed. São Paulo: Revista dos Tribunais, 2003.

MACHADO, Sidnei. *O direito à proteção ao meio ambiente de trabalho no Brasil*: os desafios para a construção de uma racionalidade normativa. São Paulo: LTr, 2001.

MANCUSO, Rodolfo Camargo. A ação civil pública trabalhista: análise de alguns pontos controvertidos. In: *Revista do Processo*. São Paulo: Revista dos Tribunais, ano 24, n. 93, jan.--mar. 1999.

MELLO, Celso Antônio Bandeira de. *Curso de direito administrativo*. 13. ed. São Paulo: Malheiros, 2001.

MELO, Sandro Nahmias. *Meio ambiente do trabalho*: direito fundamental. São Paulo: LTr, 2001.

PADILHA, Norma Sueli. *Do meio ambiente do trabalho equilibrado*. São Paulo: LTr, 2002.

REALE, Miguel. *Lições preliminares de direito*. São Paulo. José Bushatsky Editor, 1973.

ROCHA, Julio Cesar de Sá da. *Direito ambiental e meio ambiente do trabalho*: dano, prevenção e proteção jurídica. São Paulo: LTr, 1997.

SADY, João José. *Direito do meio ambiente de trabalho*. São Paulo: LTr, 2000.

SARLET, Ingo Wolfgang. *A eficácia dos direitos fundamentais*. 6. ed. Porto Alegre: Livraria do Advogado, 2006.

SÉGUIN, Élida; FIGUEIREDO, Guilherme José Purvin de. (coord.). *Meio ambiente do trabalho*. Rio de Janeiro: GZ, 2011.

SILVA, Barata. *Compêndio de direito do trabalho*. 3. ed. São Paulo: LTr, 1983.

SILVA, José Afonso da. *Direito ambiental constitucional*. 8. ed. São Paulo: Malheiros, 2010.

TRINDADE, Antonio Augusto Cançado. *Direitos humanos e meio ambiente*: paralelo dos sistemas de proteção internacional. Porto Alegre: Fabris, 1993.

WOLKMER, Antonio Carlos. *Pluralismo jurídico*. São Paulo: Alfa-Ômega, 1994.

A EDUCAÇÃO AMBIENTAL NO COMBATE AOS ACIDENTES DE TRABALHO

Neiva Marcelle Hiller(*)

RESUMO

Há muito se ouve a velha frase elaborada pelo sociólogo, jurista, historiador e economista alemão Max Webber de que "o trabalho dignifica o homem", mas não é esta a realidade que os dados estatísticos da Previdência Social têm revelado. Segundo dados colhidos do Anuário Estatístico da Previdência Social, em 2010, o Brasil registrou 701.496 acidentes de trabalho, sendo 47.107 somente no Estado de Santa Catarina. Em relação ao número de habitantes, Santa Catarina liderou o *ranking* como Estado com o maior índice de acidentes de trabalho, sendo cerca de oito para cada mil habitantes. O Brasil possui uma farta legislação que visa evitar infortúnios trabalhistas, porém, pelo que demonstraram os dados estatísticos, tais leis não estão alcançando os propósitos para os quais foram criadas. Diante disso, alternativas devem ser discutidas e ações devem ser tomadas para diminuir os acidentes de trabalho. Assim, juntamente com as ações para evitar infortúnios laborais devem caminhar as práticas educativas, pois com a educação, como forma de transformação social, é que as pessoas terão autonomia no sentir, pensar e agir, determinantes para processos de mudanças de hábitos. A educação para um meio ambiente de trabalho sadio está nas normas de direito interno e nas declarações e convenções internacionais ratificadas pelo Brasil. A educação constituirá a dignidade da pessoa humana e a efetividade das normas jurídicas sobre segurança e medicina no trabalho. Se toda a sociedade se unir em prol da redução dos acidentes laborais, certamente poder-se-á mudar a realidade que os dados estatísticos apontam.

Palavras-chave: Meio ambiente de trabalho. Educação ambiental. Dignidade da pessoa humana

INTRODUÇÃO

A precária situação dos trabalhadores no ambiente de trabalho fez com que ao longo da história do Brasil fossem criadas inúmeras Leis objetivando diminuírem

---

(*) Advogada Pós-Graduada em Direito do Trabalho pela Escola da Magistratura do Trabalho — EMATRA, da Associação dos Magistrados do Trabalho da 12ª Região.

os infortúnios laborais e efetivarem a dignidade humana dos trabalhadores. No entanto, apesar do grande esforço legislativo, os dados estatísticos da Previdência Social demonstram que os acidentes de trabalho têm aumentado ano após ano, ao invés de diminuírem.

Segundo dados do Anuário Estatístico da Previdência Social, em 2001 ocorreram no Brasil cerca de 340 mil acidentes de trabalho. Em 2007, o número elevou-se para 653 mil e, em 2010, chegou a preocupantes 723 mil ocorrências, dentre as quais foram registrados 2.496 óbitos, ou seja, quase sete mortes por dia em virtude de acidente de trabalho.

De acordo com informações obtidas no sítio da Previdência Social, em relação ao número de habitantes, Santa Catarina liderou o *ranking* como o Estado que apresentou o maior índice de acidentes de trabalho, sendo cerca de oito para cada mil habitantes, seguido por São Paulo e Rio Grande do Sul:

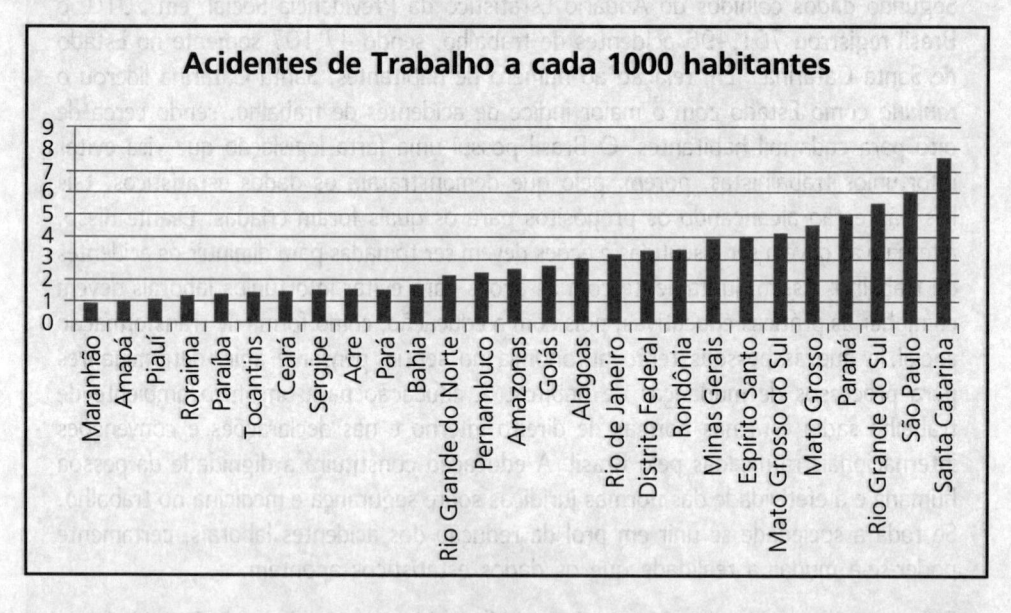

Acidentes de Trabalho a cada 1000 habitantes

[Gráfico de barras mostrando acidentes de trabalho a cada 1000 habitantes por estado, em ordem crescente: Maranhão, Amapá, Piauí, Roraima, Paraíba, Tocantins, Ceará, Sergipe, Acre, Pará, Bahia, Rio Grande do Norte, Pernambuco, Amazonas, Goiás, Alagoas, Rio de Janeiro, Distrito Federal, Rondônia, Minas Gerais, Espírito Santo, Mato Grosso do Sul, Mato Grosso, Paraná, Rio Grande do Sul, São Paulo, Santa Catarina]

Além das severas consequências causadas ao acidentado e aos seus familiares, os acidentes e doenças do trabalho têm causado relevante impacto para a economia empresarial, uma vez que as indenizações aplicadas pelo judiciário trabalhista, em favor do empregado acidentado, estão cada vez maiores.

Verifica-se, ainda, o impacto na Previdência Social, pois esta despende, anualmente, aproximadamente dez bilhões com o pagamento de auxílio-doença, auxílio-acidente e aposentadorias[1].

---

(1) Tribunal Superior do Trabalho. Programa Nacional de Prevenção de Acidentes de Trabalho. Disponível em: <http://www.tst.jus.br/prevencao/institucional.html>. Acesso em: 9 set. 2011.

Os dados mencionados englobam em seu índice apenas os trabalhadores que possuem carteira de trabalho devidamente assinada e cuja comunicação do infortúnio foi feita ao Instituto Nacional de Seguro Social — INSS. Assim, pelo fato de o Brasil ainda possuir muitos trabalhadores informais, sem dúvida estes números são ainda maiores.

Devido a este quadro fático, inúmeras ações têm sido tomadas, principalmente aquelas que trazem práticas educativas como fator de transformação social. Isso porque somente se luta por algo que se acredita e somente se acredita, verdadeiramente, em algo que se conhece. Nesta linha, afirmou Sócrates: "Se queres ser um bom sapateiro, a primeira coisa necessária é saber o que é um sapato e para que serve"[2].

1. A EDUCAÇÃO AMBIENTAL PARA UM MEIO AMBIENTE DE TRABALHO SEGURO

O conceito de educação é mais compreensivo e abrangente que a mera instrução, pois objetiva propiciar a formação necessária ao desenvolvimento das aptidões, das potencialidades e da personalidade do educando.

O processo educacional tem por meta: (a) qualificar o educando para o trabalho; e (b) prepará-lo para o exercício consciente da cidadania. De nada adianta o trabalhador ter resguardada a sua cidadania pela Constituição da República Federativa do Brasil de 1988 — CRFB/1988 se não souber exercê-la de forma consciente, exigindo do Estado e da Sociedade uma resposta eficaz de suas irresignações.

No livro I da obra "Emílio", Rousseau menciona que "nascemos fracos, precisamos de forças; nascemos estúpidos, precisamos de juízo. Tudo o que não temos ao nascer, e de que precisamos quando grandes nos é dado pela educação".

A conscientização vem com a informação, e esta, segundo Santos[3], é essencial que passe por um processo formativo. A finalidade desse processo é desenvolver bases indispensáveis de esclarecimento sobre a própria responsabilidade no que se refere à proteção e adequação do meio ambiente do trabalho.

O processo educativo em geral tem caráter imprescindível à conquista da Dignidade. Formar cidadãos para o mundo do trabalho é, antes de tudo, prepará-los e capacitá-los.

---

(2) GUTHRE, William K. C. *Los filósofos griegos*. De Tales a Aristóteles. México: FCE, 1990. p. 87.
(3) SANTOS, Adelson Silva dos. *Fundamentos do direito ambiental do trabalho*. São Paulo: LTr, 2010. p. 139.

Segundo lições de Celso Antônio Pacheco Fiorillo[4]:

> Educar ambientalmente significa: a) reduzir os custos ambientais, à medida que a população atuará como guardiã do meio ambiente; b) efetivar o princípio da prevenção; c) fixar a ideia (sic) de consciência ecológica, que buscará sempre a utilização de tecnologias limpas; d) incentivar a realização do princípio da solidariedade, no exato sentido que perceberá que o meio ambiente é único, indivisível e de titulares indetermináveis, devendo ser justa e distributivamente acessível a todos; e) efetivar o princípio da participação, entre outras finalidades.

Kant afirma que "o que o homem é ou deve vir a ser moralmente, bom ou mau, deve fazê-lo ou sê-lo feito por si mesmo. Ambos devem ser um efeito de seu livre arbítrio"[5].

No mesmo sentido afirma Muniz[6]:

> Um homem educado saberá distinguir com mais critério o que é bom para si e para a humanidade, saberá descobrir e colocar em prática os princípios universais que já se encontram nele em potência, fazendo-os brilhar em ato dentro do direito positivo.

Isto porque "A lei, não obstante, dorme em seu sono eterno enquanto os cidadãos não se agitam na defesa de seus interesses"[7].

Comparato[8] já indicava a educação como instrumento de regeneração social. Afirmou que a atividade educacional só tem êxito se conformar-se à natureza humana:

> Daí porque a educação dos sentimentos deve preceder a educação da razão, (...). A criança sente, antes de refletir. E, na idade adulta, o juízo ético procede ao mesmo tempo de uma intuição sentimental e da avaliação racional das ações humanas. Unicamente pela razão, sem ligação com a consciência, não se pode estabelecer nenhuma lei natural; e todo o direito da natureza não passa de uma quimera, se não se fundar numa necessidade natural do coração humano."

O princípio da educação está atrelado ao princípio da prevenção, pois o dano ao ambiente de trabalho, na maioria das vezes, é irreparável e irreversível, e afeta, diretamente, com igual gravidade, a saúde e a vida dos que nele estão inseridos.

---

(4) FIORILLO, Celso Antonio Pacheco. *Curso de direito ambiental brasileiro*. São Paulo: Saraiva, 2000. p. 39-40.
(5) KANT, Immanuel. A religião dentro dos limites da simples razão. In: *Os pensadores*. São Paulo: Abril Cultural, 1974b. p. 384.
(6) MUNIZ, Regina Maria F. *O direito à educação*. Rio de Janeiro: Renovar, 2002. p. 69.
(7) BUENO, Roberto. *Manual de ciência política*. Belo Horizonte: Del Rey, 2001. p. 6.
(8) COMPARATO, Fábio Konder. *Ética*: direito, moral e religião no mundo moderno. São Paulo: Companhia das Letras, 2006. p. 241.

Na visão de Medeiros[9]:

> A constante qualificação da mão de obra como mínimo existencial é a vertente que deve ser almejada, por isso, deve-se campear em torno da humanização e dignificação do Trabalhador, e, portanto, insistir em prepará-lo e capacitá-lo para compreender os movimentos sociais e as tendências, de forma a poder dosar o valor do seu Trabalho com a importância do processo produtivo, pois o Trabalhador que se sente sem valor, sem importância, sem preparo, se acha, igualmente, sem condições de reivindicações, de exigir direitos, de se autovalorizar, gerando menor participação Social e pouca contribuição/interferência para a busca de maior Dignidade no mundo do Trabalho.

Assim, por ser no ambiente laboral "que se desenrola boa parte da vida do trabalhador, cuja qualidade de vida está, por isso, em íntima dependência da qualidade daquele ambiente"[10], é que se deve construir uma mentalidade na sociedade para construir um ambiente de trabalho digno e decente.

2. A EDUCAÇÃO AMBIENTAL NAS NORMAS JURÍDICAS

Existe um enorme arcabouço legislativo que visa direcionar os empregadores para a construção de um meio ambiente de trabalho seguro, normas previstas tanto em fontes internas como externas.

2.1. Nas Normas Internas

A CRFB/1988, diploma basilar do Direito brasileiro, dispõe no art. 225 que:

> Art. 225. Todos têm direito ao meio ambiente ecologicamente equilibrado, bem de uso comum do povo e essencial à sadia qualidade de vida, impondo-se ao Poder Público e à coletividade o dever de defendê-lo e preservá-lo para as presentes e futuras gerações.

Importante esclarecer que:

> A expressão meio ambiente se manifesta mais rica de sentidos (como conexão de valores) do que a simples palavra ambiente. Esta exprime o conjunto de elementos; aquela expressa o resultado da interação desses elementos. O conceito de meio ambiente há de ser, pois, globalizante, abrangente de toda a natureza original e artificial, bem como os bens culturais correlatos, compreendendo, portanto, o solo, a água, o ar, a

---

(9) MEDEIROS, Benizete Ramos de. *Trabalho com dignidade:* educação e qualificação é um caminho? São Paulo: LTr, 2008. p. 114.
(10) SILVA, José Afonso da. *Direito ambiental constitucional.* 3. ed. São Paulo: Malheiros, 2000. p. 23.

flora, as belezas naturais, o patrimônio histórico, artístico, turístico, paisagístico e arqueológico[11].

O meio ambiente de trabalho é espécie de meio ambiente artificial e caracteriza-se como o local em que o trabalhador exerce a sua atividade laboral[12]. Desta forma, quando a CRFB/1988 fala em meio ambiente este não pode ser relacionado apenas ao meio ambiente natural, mas também ao artificial no qual se enquadra o meio ambiente do trabalho.

O art. 1º, *caput*, da Constituição de 1988 prevê, como um dos fundamentos da República, a dignidade da pessoa humana. O art. 5º, *caput*, fala do direito à vida e segurança, e o art. 6º, *caput*, qualifica como direito social o trabalho, o lazer e a segurança.

Um ambiente de trabalho precário, sem a presença de equipamentos mínimos de segurança para o desempenho das atividades retira do trabalhador a sua dignidade, ignora o direito à vida e à segurança do obreiro e o coloca em uma situação subumana.

Preceitua o § 1º, inc. VI, do art. 225 da CRFB/1988 que incumbe ao Poder Público "promover a educação ambiental em todos os níveis de ensino e a conscientização pública para a preservação do meio ambiente".

Nesta senda, prescreve o art. 2º da Lei n. 9.394/1996 que:

> Art. 2º A educação, dever da família e do Estado, inspirada nos princípios de liberdade e nos ideais de solidariedade humana, tem por finalidade o pleno desenvolvimento do educando, seu preparo para o exercício da cidadania e sua qualificação para o trabalho.

Fiorillo[13] afirma que:

> A educação ambiental decorre do princípio da participação na tutela do meio ambiente" (...) Ao falarmos em participação, temos em vista a conduta de tomar parte em alguma coisa, agir em conjunto. Dadas a importância e a necessidade dessa ação conjunta, esse foi um dos objetivos abraçados pela nossa Carta Magna, no tocante à defesa do meio ambiente.

Assim, além de ser do Estado, é dever de toda a sociedade contribuir para a promoção da educação para um meio ambiental de trabalho sadio e, assim, levar a cultura prevencionista ao maior número possível de trabalhadores, sejam eles formais ou informais.

---

(11) SILVA, José Afonso. *Direito ambiental constitucional*. 2. ed. São Paulo: Malheiros, 1995. p. 2.
(12) LENZA, Pedro. *Direito constitucional esquematizado*. 13. ed. São Paulo: Saraiva, 2009. p. 845.
(13) FIORILLO, Celso Antonio Pacheco. *Curso de direito ambiental brasileiro*. São Paulo: Saraiva, 2000. p. 43.

2.2. Nas Normas Externas Ratificadas pelo Brasil

O princípio n. 19 da Conferência de Estocolmo de 1972 estabeleceu que:

É indispensável um trabalho de educação em questões ambientais, dirigido às gerações de jovens e adultos, que dê a devida atenção aos setores menos privilegiados da população, com o fim de favorecer a formação de uma opinião pública bem informada e uma conduta dos indivíduos, das empresas e das coletividades inspirada no sentido de sua responsabilidade para com a proteção e melhora do meio ambiente em toda a sua dimensão humana.

A Conferência das Nações Unidas sobre Meio Ambiente e desenvolvimento realizada no Rio de Janeiro em junho de 1992, reafirmou a Declaração adotada em Estocolmo em 1972 e prescreveu no seu Princípio n. 1 que "os seres humanos estão no centro das preocupações com o desenvolvimento sustentável. Têm direito a uma vida saudável e produtiva, em harmonia com a natureza".

Sem dúvida estes princípios se amoldam ao meio ambiente de trabalho, pois o desenvolvimento econômico se dá com o trabalho de uma nação e as suas condições devem ser sustentáveis e não destrutivas. Os seres humanos ainda são os destinatários principais dos benefícios gerados pelo desenvolvimento da nação.

A Organização Internacional do Trabalho — OIT tem grande importância na proteção dos trabalhadores e também entende que a educação possui papel preponderante na formação de uma consciência protecionista e, consequentemente, na melhoria das condições de trabalho.

A Convenção n. 155 da OIT consagra o treinamento e a educação ambiental para efetivação das políticas nacionais de saúde, segurança no trabalho e meio ambiente do trabalho (art. 5º, letra "c") e a importância de serem adotadas "medidas para orientar os empregadores e os trabalhadores com o objetivo de ajudá-los a cumprirem com suas obrigações legais" (art. 10).

O art. 14 da referida Convenção prevê que:

Medidas deverão ser adotadas no sentido de promover, de maneira conforme à prática e às condições nacionais, a inclusão das questões de segurança, higiene e meio ambiente do trabalho em todos os níveis de ensino e de treinamento, incluídos aqueles do ensino superior técnico, médico e profissional, com o objetivo de satisfazer as necessidades de treinamento de todos os trabalhadores.

De igual forma, a Convenção n. 161 da OIT traz artigos que colocam a educação ambiental como imperativo necessário:

Art. 5º Sem prejuízo da responsabilidade de cada empregador a respeito da saúde e a segurança dos trabalhadores que emprega e considerando a necessidade de que os trabalhadores participem em matéria de saúde e segurança no trabalho, os serviços de saúde no trabalho deverão assegurar as funções seguintes que sejam adequadas e apropriadas aos riscos da empresa para a saúde no trabalho:

d) participação no desenvolvimento de programas para o melhoramento das práticas de trabalho, bem como nos testes e a avaliação de novos equipamentos, em relação com a saúde;

e) assessoramento em matéria de saúde, de segurança e de higiene no trabalho e de ergonomia, bem como em matéria de equipamentos de proteção individual e coletiva;

g) fomento da adaptação do trabalho aos trabalhadores;

i) colaboração na difusão de informações, na formação e educação em matéria de saúde e higiene no trabalho e de ergonomia; (grifou-se).

k) participação na análise dos acidentes do trabalho e das doenças profissionais.

Art. 13. Todos os trabalhadores deverão ser informados dos riscos para a saúde que envolve o seu trabalho.

Art. 14. O empregador e os trabalhadores deverão informar aos serviços de saúde no trabalho de todo fator conhecido e de todo fator suspeito do meio ambiente de trabalho que possa afetar a saúde dos trabalhadores.

Art. 15. Os serviços de saúde no trabalho deverão ser informados dos casos de doença entre os trabalhadores e das ausências do trabalho por razões de saúde, a fim de poder identificar qualquer relação entre as causas de doença ou de ausência, os riscos para a saúde que podem apresentar-se nos lugares de trabalho. Os empregadores não devem encarregar o pessoal dos serviços de saúde no trabalho que verifique as causas da ausência do trabalho.

A educação profissional não pode ser vista como forma autônoma de mero treinamento para execução de tarefas, mas como componente da formação global da pessoa do trabalhador integrada nas várias formas de conhecimentos permanentes, trabalhando as aptidões e tendências, estimulando a participação nos processos de escolha política, legislativa, econômica e Social.

3. AGENTES SOCIAIS IMPORTANTES PARA A MELHORIA DO MEIO AMBIENTE DE TRABALHO

Existem integrantes sociais com papel preponderante na busca por um meio ambiente de trabalho seguro, livre de acidentes e doenças ocupacionais. Os programas abordados a seguir têm a educação como ferramenta de conscientização sobre os riscos ambientais e consequentemente a melhoria da vida dos trabalhadores.

3.1. Comissão Interna de Prevenção de Acidentes — CIPA

A constituição da Comissão Interna de Prevenção de Acidentes — CIPA é regulamentada pela Consolidação das Leis do Trabalho — CLT, nos arts. 162 e 165 e pela Norma Regulamentadora n. 5, instituída pela portaria n. 3.214/78 do Ministério do Trabalho e Emprego — MTE.

Silva[14] esclarece que:

> A regulamentação da CIPA consta da NR-5, a qual dispõe sobre a obrigatoriedade de as Empresas privadas, públicas, sociedades de economia

---

(14) SILVA, José Antônio Ribeiro de Oliveira. *A saúde do trabalhador como um direito humano.* São Paulo: LTr, 2008. p. 193.

mista, órgãos da administração direta e indireta, instituições beneficentes, associações recreativas, cooperativas e quaisquer outras instituições que admitam Trabalhadores como Empregados, organizarem e manterem funcionando regularmente em seus estabelecimentos uma CIPA.

A constituição da CIPA é obrigatória nos estabelecimentos com número de empregados igual ou superior a 20, conforme previsto no quadro I da NR-5.

De acordo com o art. 164 da CLT a CIPA será composta por representantes do empregador e dos empregados. Os titulares e suplentes serão designados pelo Empregador, anualmente, entre os quais o Presidente da CIPA. Os representantes dos Empregados serão eleitos em escrutínio secreto pelos próprios empregados, independentemente de serem sindicalizados, entre os quais estará o vice-presidente da CIPA.

As principais atividades da CIPA são citadas por Martins[15]:

> A CIPA tem por objetivo observar e relatar as condições de risco nos ambientes de Trabalho e solicitar medidas para reduzir até eliminar os riscos existentes e/ou neutralizá-los, discutindo os Acidentes ocorridos e solicitando medidas que previnam os acidentes, assim como orientando os Trabalhadores quanto a sua prevenção. Nos estabelecimentos com mais de 20 Empregados, será obrigatória a constituição de CIPA.

A CIPA é uma ferramenta importantíssima para levar aos empregados e empregadores ações que propiciem um meio ambiente de trabalho livre de acidentes. Isso porque, como exposto alhures, a CIPA tem um importante papel de orientar os Trabalhadores quanto à prevenção de acidentes. Orientar nada mais é do que Educar.

3.2. Serviço Especializado em Engenharia de Segurança e em Medicina do Trabalho — SESMT

O art. 162 da CLT e a NR-4 do MTE estabelecem a obrigatoriedade de instalação dos SESMT nas empresas privadas, públicas e nos órgãos governamentais que possuem Empregados regidos pela CLT. Os integrantes do SESMT têm a finalidade de promover a Saúde e a integralidade física do Trabalhador no local de Trabalho.

Neste sentido Silva[16] destaca:

> As Empresas estão Obrigadas a manter: Serviços Especializados em Engenharia de Segurança e em Medicina do Trabalho (SESMT), nos quais

---

(15) MARTINS, Sergio Pinto. *Direito do trabalho* — fundamentos jurídicos. São Paulo: Atlas, 2009. p. 143.
(16) SILVA, José Antônio Ribeiro de Oliveira. *A saúde do trabalhador como um direito humano*. São Paulo: LTr, 2008. p. 192.

será necessária a existência de Profissionais Especializados exigidos em cada Empresa: Médico do Trabalho, Engenheiro de Segurança do Trabalho, Técnico de Segurança do Trabalho, Enfermeiro do Trabalho e Auxiliar de Enfermagem do Trabalho.

Informa Silva[17] que o SESMT tem a finalidade de promover a Saúde e proteger a integridade do Trabalhador no local de Trabalho, conforme o risco de sua atividade principal e a quantidade de Empregados.

O dimensionamento do SESMT, de acordo com o Quadro II da NR-4, é baseado na Classificação Nacional de Atividades Econômicas e dispõe que, quando a Empresa se encontra na maior classificação de riscos (Risco 4), necessita do SESMT na escala de 20 a 50 Empregados; e na menor classificação de riscos, (Risco 1) necessita do SESMT na escala de 501 a 1.000 Empregados.

Ensina Zocchio[18] que no caso de a Empresa não necessitar obrigatoriamente do SESMT, a CIPA é a responsável pela Prevenção de Acidentes, e por último, quando a Empresa não for obrigada a ter o SESMT e a CIPA constituídos, deve indicar um Empregado para ser o responsável pela Prevenção de Acidentes de Trabalho.

Conforme o item 4.4 da NR-4, os Serviços Especializados em Engenharia de Segurança e em Medicina do Trabalho "deverão ser integrados por Médico do Trabalho, Engenheiro de Segurança do Trabalho, Enfermeiro do Trabalho, Técnico de Segurança do Trabalho e Auxiliar de Enfermagem do Trabalho". Importante lembrar que as Empresas devem exigir destes profissionais a comprovação de que satisfazem os requisitos da NR n.4.

O item 4.12 da NR-4 dispõe o seguinte:

4.12. Compete aos profissionais integrantes dos Serviços Especializados em Engenharia de Segurança e em Medicina do Trabalho:

a) aplicar os conhecimentos de engenharia de segurança e de medicina do trabalho ao ambiente de trabalho e a todos os seus componentes, inclusive máquinas e equipamentos, de modo a reduzir até eliminar os riscos ali existentes à saúde do trabalhador;

b) determinar, quando esgotados todos os meios conhecidos para a eliminação do risco e este persistir, mesmo reduzido, a utilização, pelo trabalhador, de Equipamentos de Proteção Individual — EPI, de acordo com o que determina a NR-6, desde que a concentração, a intensidade ou característica do agente assim o exija;

c) colaborar, quando solicitado, nos projetos e na implantação de novas instalações físicas e tecnológicas da empresa, exercendo a competência disposta na alínea "a";

---

(17) SILVA, José Antônio Ribeiro de Oliveira. *A saúde do trabalhador como um direito humano*. São Paulo: LTr, 2008. p. 192.
(18) ZOCCHIO, Álvaro. *Como entender e cumprir as obrigações pertinentes a segurança e saúde no trabalho* — um guia e um alerta para os agentes de chefia das empresas. São Paulo: LTr, 2008. p. 110.

d) responsabilizar-se tecnicamente pela orientação quanto ao cumprimento do disposto nas NR aplicáveis às atividades executadas pela empresa e/ou seus estabelecimentos;

e) manter permanente relacionamento com a CIPA, valendo-se ao máximo de suas observações, além de apoiá-la, treiná-la e atendê-la, conforme dispõe a *NR-5*;

f) promover a realização de atividades de conscientização, educação e orientação dos trabalhadores para a prevenção de acidentes do trabalho e doenças ocupacionais, tanto através de campanhas quanto de programas de duração permanente;

g) esclarecer e conscientizar os empregadores sobre acidentes do trabalho e doenças ocupacionais, estimulando-os em favor da prevenção;

h) analisar e registrar em documento(s) específico(s) todos os acidentes ocorridos na empresa ou estabelecimento, com ou sem vítima, e todos os casos de doença ocupacional, descrevendo a história e as características do acidente e/ou da doença ocupacional, os fatores ambientais, as características do agente e as condições do(s) indivíduo(s) portador(es) de doença ocupacional ou acidentado(s);

i) registrar mensalmente os dados atualizados de acidentes do trabalho, doenças ocupacionais e agentes de insalubridade, preenchendo, no mínimo, os quesitos descritos nos modelos de mapas constantes nos *Quadros III, IV, V e VI*, devendo a empresa encaminhar um mapa contendo avaliação anual dos mesmos dados à Secretaria de Segurança e Medicina do Trabalho até o dia 31 de janeiro, através do órgão regional do MTb;

j) manter os registros de que tratam as alíneas "h" e "i" na sede dos Serviços Especializados em Engenharia de Segurança e em Medicina do Trabalho ou facilmente alcançáveis a partir da mesma, sendo de livre escolha da empresa o método de arquivamento e recuperação, desde que sejam asseguradas condições de acesso aos registros e entendimento de seu conteúdo, devendo ser guardados somente os mapas anuais dos dados correspondentes às alíneas "h" e "i" por um período não inferior a 5 (cinco) anos;

l) as atividades dos profissionais integrantes dos Serviços Especializados em Engenharia de Segurança e em Medicina do Trabalho são essencialmente prevencionistas, embora não seja vedado o atendimento de emergência, quando se tornar necessário. Entretanto, a elaboração de planos de controle de efeitos de catástrofes, de disponibilidade de meios que visem ao combate a incêndios e ao salvamento e de imediata atenção à vítima deste ou de qualquer outro tipo de acidente estão incluídos em suas atividades (grifou-se).

Desta forma, percebe-se que o SESMT tem papel importantíssimo para a prevenção de acidente, pois tem com uma de suas funções a promoção de atividades de conscientização, educação e orientação dos trabalhadores para a prevenção de acidentes do trabalho.

3.3. Programa de Prevenção de Riscos Ambientais — PPRA

O Programa de Prevenção de Riscos Ambientais está previsto na NR-9, da Portaria n. 3.214/78 e é obrigatório em todas as empresas que admitam trabalhadores como empregados.

O PPRA visa à preservação da integridade física e a Saúde do Trabalhador, por meio da antecipação, reconhecimento, avaliação e controle dos riscos ambientais, com o objetivo de evitar danos à Saúde, implementando medidas preventivas e corretivas nos ambientes de Trabalho.

Segundo a NR-9, consideram-se riscos ambientais os agentes físicos, químicos e biológicos, presentes nos ambientes de Trabalho, em função de sua natureza, concentração ou intensidade e tempo de exposição, com possibilidade de causar danos à Saúde do Trabalhador.

A estrutura mínima e o desenvolvimento do programa foram abordados na obra de Zocchio[19]:

> Quanto à estrutura, o planejamento anual de metas, prioridades e cronograma; a estratégia e metodologia de ação; a forma de registro, manutenção e divulgação dos dados relativos ao programa. Deve-se observar a periodicidade e forma de avaliação do PPRA; a discussão do programa básico com a CIPA, se existente na Empresa, a manutenção de cópia do programa anexa ao livro de atas ou arquivo de atas das reuniões da Comissão.

Estabelece a NR-9 que é de responsabilidade do empregador a implementação e o cumprimento do PPRA de forma permanente na Empresa.

Cabe aos empregados colaborar e participar na implantação e execução do programa, além de seguir as orientações recebidas nos treinamentos e informar ao seu superior imediato as ocorrências que possam trazer riscos à saúde.

O item 9.5 da NR-9 dispõe o seguinte:

9.5. Da informação.

9.5.1. Os trabalhadores interessados terão o direito de apresentar propostas e **receber informações e orientações a fim de assegurar a proteção aos riscos ambientais** identificados na execução do PPRA.(109.038-0 / I2)

9.5.2. Os empregadores deverão **informar os trabalhadores de maneira apropriada e suficiente sobre os riscos ambientais que possam originar-se nos locais de trabalho e sobre os meios disponíveis para prevenir ou limitar tais riscos e para proteger-se dos mesmos** (grifou-se).

Assim, o PPRA também tem papel importante para a prevenção de acidentes de trabalho por meio da educação.

3.4. Programa de Controle Médico de Saúde Ocupacional — PCMSO

O PCMSO está previsto na NR-7, da Portaria n. 3.214/78.

A NR-7 prescreve que é obrigação de todas as empresas que admitam empregados instalar o PCMSO. Os empregadores devem garantir a elaboração do

---

(19) ZOCCHIO, Álvaro. *Como entender e cumprir as obrigações pertinentes a segurança e saúde no trabalho* — um guia e um alerta para os agentes de chefia das empresas. São Paulo: LTr, 2008. p. 67.

PCMSO e zelar pela sua eficácia, e, por ser um programa médico, é de responsabilidade maior da medicina, mas depende da cooperação do SESMT (Engenharia de Segurança do Trabalho), e em alguns casos de outros setores técnicos e administrativos da Empresa[20].

Este Programa tem por objetivos prevenir, detectar precocemente, monitorar e controlar os possíveis danos à Saúde do Trabalhador. Para desenvolver o programa é preciso levar em consideração o PPRA, que serve como base de seus riscos ambientais para, após, confeccionar o PCMSO, pois este depende daquele, estão interligados e na prática atuam em conjunto.

3.5. O papel dos atores jurídicos na implementação das práticas educacionais para um meio ambiente de trabalho seguro

Juízes, procuradores do trabalho, advogados, dentre outros atores jurídicos, possuem papel importantíssimo na implementação das práticas educacionais e preventivas para um meio ambiente de trabalho seguro.

Os advogados empresariais são de grande valia no processo educacional tratado neste artigo, pois trabalham diretamente com as empresas e estão mais próximos da realidade individual de cada uma. Estes procuradores, por conhecerem as normas de segurança e medicina do trabalho, devem verificar as condições de segurança que as empresas apresentam, expondo os riscos da atividade laboral e os prejuízos financeiros que poderão sofrer em decorrência de um eventual acidente de trabalho.

Tal atitude da assessoria jurídica irá contribuir decisivamente para que os trabalhadores possam usufruir de um meio ambiente de trabalho seguro, bem como evitar danos de ordem material ao empregador, sobretudo pelo fato de o Judiciário trabalhista estar atuando com a imposição de severas indenizações trabalhistas em matéria acidentária.

Incentivar as empresas na busca por um ambiente de trabalho seguro, sobrepondo a advocacia preventiva à contenciosa, é um dever cívico do advogado, pois contribuirá para a diminuição da mazela social que é o acidente de trabalho.

Quanto ao papel do Poder Judiciário, o presidente do Tribunal Superior do Trabalho, ministro João Oreste Dalazen, e o corregedor-geral da Justiça do Trabalho, ministro Barros Levenhagen, assinaram no dia 28 de outubro de 2011 uma recomendação para que os desembargadores dos Tribunais Regionais do Trabalho e juízes do trabalho passem a encaminhar à Procuradoria-Geral Federal cópia de condenações que reconheçam a conduta culposa do empregador em acidente do trabalho.

---

(20) ZOCCHIO, Álvaro. *Como entender e cumprir as obrigações pertinentes a segurança e saúde no trabalho* — um guia e um alerta para os agentes de chefia das empresas. São Paulo: LTr, 2008. p. 66.

Com essas informações, a Procuradoria poderá ajuizar ações regressivas com o objetivo do ressarcir os gastos decorrentes das prestações sociais relativas aos acidentes.

Afirmou o presidente do TST que a recomendação tem a finalidade não apenas de garantir o retorno desses valores à União, mas também de servir como instrumento pedagógico e de prevenção de novos infortúnios.

Com isso as empresas possuem mais um motivo para redobrarem os cuidados com segurança no ambiente de trabalho, pois além das altas indenizações que a Justiça do Trabalho tem aplicado, as chances de ressarcirem a União pelos gastos que esta despendeu com o acidente estão ainda maiores.

Além disso, o Tribunal Superior do Trabalho, juntamente com o Conselho Superior da Justiça do Trabalho, em parceria com diversas instituições públicas e privadas, instituiu o Programa Trabalho Seguro — Programa Nacional de Prevenção de Acidentes de Trabalho.

O Programa Trabalho Seguro visa à formulação e execução de projetos e ações nacionais voltados à prevenção de acidentes de trabalho e ao fortalecimento da Política Nacional de Segurança e Saúde no Trabalho.

O Programa volta-se a promover a articulação entre instituições públicas federais, estaduais e municipais e aproximar-se aos atores da sociedade civil, tais como empregados, empregadores, sindicatos, Comissões Internas de Prevenção de Acidentes (CIPAs), instituições de pesquisa e ensino, promovendo a conscientização da importância do tema e contribuindo para o desenvolvimento de uma cultura de prevenção de acidentes de trabalho, unindo forças com a Justiça do Trabalho para a preservação da higidez no ambiente laboral[21].

Assim, percebe-se que o assunto acidente de trabalho possui espaço reservado perante o Judiciário trabalhista. Porém, ainda mostra-se tímido perante o restante da sociedade brasileira, realidade que deverá ser modificada pelo fomento do diálogo social e com ações efetivas advindas dos demais atores jurídicos em face, principalmente, das empresas e empregados.

CONSIDERAÇÕES FINAIS

Este artigo teve por objetivo estudar a importância da educação ambiental no combate aos acidentes de trabalho.

O trabalhador, quando inserido no meio ambiente de trabalho, eleva sua autoestima e seus sonhos são projetados para além da mera execução das tarefas.

---

(21) Disponível em: <http://www.tst.jus.br/web/trabalhoseguro/apresentacao> Acesso em: 23 ago. 2012.

O trabalhador vislumbra no trabalho um meio de transformar a sua vida e a comunidade em que vive. Todavia, para que o trabalho surta, efetivamente, os efeitos esperados é necessário que sejam observadas as regras jurídicas que impõem um mínimo necessário para a sua execução com segurança.

A educação da sociedade sobre a importância de um ambiente de trabalho com um mínimo de segurança revela-se como um meio eficaz de proporcionar e constituir a dignidade da pessoa humana. A sociedade, mais do que nunca, deve se unir para mudar os dados estatísticos noticiados na Introdução e a educação é um importante aliado neste processo longo e contínuo.

O Brasil possui uma farta legislação que visa evitar infortúnios trabalhistas. Porém, não bastam regras, é necessário que as pessoas as sintam e as cumpram por seu livre arbítrio. A educação como forma de conscientização tem papel importantíssimo para esta transição.

Um ambiente de trabalho que não possui mecanismos mínimos de segurança faz com que os empregados exerçam suas tarefas com medo, ensejando o surgimento, cada vez mais, de acidentes e doenças ocupacionais. Além disso, muitas vezes por falta de informação, as empresas deixam de adequar o meio ambiente de trabalho com as normas de segurança e sofrem altos prejuízos financeiros em decorrência de eventuais acidentes.

Para que isso ocorra, além do próprio interesse dos empregados e empregadores na busca por informação, inúmeros agentes que têm papel importantíssimo na busca por um ambiente de trabalho seguro por meio da educação: CIPA, SESMT, PPRA, PCMSO. Além desses, os agentes jurídicos possuem papel importantíssimo na implementação das práticas educacionais e preventivas para um meio ambiente de trabalho seguro.

Percebe-se, então, mais do que nunca, que os olhos da sociedade devem estar voltados para as práticas educativas, pois a educação traz a emersão da ignorância capaz de evidenciar os problemas e encontrar soluções eficazes tanto para manter a saúde do empregado como para manter a saúde financeira da empresa.

REFERÊNCIAS BIBLIOGRÁFICAS

BRASIL. Tribunal Superior do Trabalho. *Programa Nacional de Prevenção de Acidentes de Trabalho*. Disponível em: <http://www.tst.jus.br/prevencao/institucional.html>. Acesso em: 24 abr. 2011.

BUENO, Roberto. *Manual de ciência política*. Belo Horizonte: Del Rey, 2001.

COMPARATO, Fábio Konder. *Ética:* direito, moral e religião no mundo moderno. São Paulo: Companhia das Letras, 2006.

FIORILLO, Celso Antonio Pacheco. *Curso de direito ambiental brasileiro*. São Paulo: Saraiva, 2000.

GUTHRE, William K. C. *Los filósofos gregos*. De Tales a Aristóteles. México, FCE, 1990.

KANT, Immanuel. A Religião dentro dos limites da simples razão. In: *Os pensadores*. São Paulo: Abril Cultural, 1974b.

LENZA, Pedro. *Direito constitucional esquematizado*. 13. ed. São Paulo: Saraiva, 2009.

MARTINS, Sergio Pinto. *Direito do trabalho* — fundamentos jurídicos. São Paulo: Atlas, 2009.

MEDEIROS, Benizete Ramos de. *Trabalho com dignidade* — educação e qualificação é um caminho? São Paulo: LTr, 2008.

MUNIZ, Regina Maria F. *O direito à educação*. Rio de Janeiro: Renovar, 2002.

SANTOS, Adelson Silva dos. *Fundamentos do direito ambiental do trabalho*. São Paulo: LTr, 2010.

SILVA, José Afonso da. *Direito ambiental constitucional*. 3. ed. São Paulo: Malheiros, 2000.

_____. *Direito ambiental constitucional*. 2. ed., rev. São Paulo: Malheiros, 1995.

SILVA, José Antônio Ribeiro de Oliveira. *A saúde do trabalhador como um direito humano*. São Paulo: LTr, 2008.

ZOCCHIO, Álvaro. *Como entender e cumprir as obrigações pertinentes a segurança e saúde no trabalho* — um guia e um alerta para os agentes de chefia das empresas. São Paulo: LTr, 2008.

PRINCÍPIOS AMBIENTAIS E MEIO AMBIENTE DE (TELE)TRABALHO: NOVAS ALTERNATIVAS PARA A EFETIVA PROTEÇÃO JURÍDICA DO TELETRABALHADOR

Fernanda D'Ávila de Oliveira[*]

RESUMO

O presente artigo objetiva analisar o teletrabalho sob o enfoque do meio ambiente de trabalho, no sentido de demonstrar que os institutos e, principalmente, os princípios de Direito Ambiental são fundamentais para uma efetiva proteção jurídica do teletrabalhador. A Consolidação das Leis do Trabalho — CLT, mesmo após a inserção do teletrabalho de forma expressa em seu texto, não é suficiente para preservar a qualidade do meio ambiente nessa modalidade de prestação de serviços, já que, por si só, não se adapta às suas complexidades, que serão aqui examinadas. A pesquisa objetiva analisar a possibilidade de aplicação dos princípios ambientais ao regime de teletrabalho, com vistas à máxima proteção jurídica do teletrabalhador. Atentar-se-á, também, a uma ótica preventiva em detrimento da monetização do risco e da mera reparação pecuniária normalmente alcançada somente após o dano. Serão abordados o conceito de teletrabalho, vantagens e desvantagens dessa modalidade, bem como se pretende estudar a forma de proteção do teletrabalhador na ordem jurídica vigente. Serão apresentados os conceitos de meio ambiente e meio ambiente de trabalho e novas tendências de tratamento. O meio ambiente será apresentado como um direito fundamental e como medida de consagração da dignidade da pessoa humana. Por fim, será abordada a forma pela qual a doutrina relaciona o teletrabalho e o meio ambiente, assim como serão elencadas razões para que ao teletrabalho sejam aplicados os avanços obtidos no campo do Direito Ambiental, principalmente no que se refere aos princípios ambientais.

Palavras-chave: Teletrabalho. Meio ambiente do trabalho. Princípios ambientais.

(*) Advogada, bacharel em Administração Empresarial pela Universidade do Estado de Santa Catarina (2010) e em Direito pela Universidade Federal de Santa Catarina (2011). Especialista em Direito do Trabalho pela Associação dos Magistrados do Trabalho da 12ª Região (2012).

INTRODUÇÃO

A recente alteração promovida no art. 6º da Consolidação das Leis do Trabalho — CLT revolveu uma discussão inerente a encontros, obras e debates travados pelos operadores jurídicos do ramo juslaboral: a regulamentação do teletrabalho[1] no Brasil.

A doutrina nacional pugnava por uma previsão legal dessa matéria, uma vez que nunca foram delineados os contornos dessa forma de trabalho. Ocorre que, inobstante a atual menção expressa ao teletrabalho no art. 6º da CLT[2], restam, ainda, em razão da lacônica dicção normativa, dúvidas acerca de como serão aplicadas as normas celetistas a este contexto.

Pode-se citar, por exemplo, os embates doutrinários e jurisprudenciais acerca de como se estenderão ao teletrabalhador os dispositivos atinentes à fiscalização do local de trabalho e, consequentemente, como serão aplicadas as normas de saúde e segurança previstas na CLT.

Tais incertezas, aliadas ao fato de que a CLT não é capaz de abranger a complexidade do teletrabalho, consolidam um cenário em que o teletrabalhador encontra-se desprotegido juridicamente, possuindo como única alternativa contra os possíveis danos provocados à sua saúde o ajuizamento de uma ação de reparação por danos materiais e morais em face do empregador.

Corroborando com a esses novos questionamentos que surgirão ante a nova dicção do art. 6º da CLT, buscar-se-á com a presente pesquisa analisar o meio ambiente do teletrabalho, por ser medida esta que amplia a possibilidade de se promover a efetiva proteção jurídica do trabalhador. De fato, o Direito Ambiental possui e vem desenvolvendo mecanismos inovadores de defesa do meio ambiente, que contribuem de forma positiva na preservação do meio ambiente de trabalho e, consequentemente, na proteção à saúde do trabalhador.

Nessa perspectiva, a presente pesquisa tem como objeto a aplicabilidade dos princípios ambientais ao teletrabalho. O seu objetivo é analisar a possibilidade de

---

(1) A Organização Internacional do Trabalho — OIT — conceitua teletrabalho como "a forma de trabalho efetuada em lugar distante do escritório central e/ou do centro de produção, que permita a separação física e que implique o uso de uma nova tecnologia facilitadora da comunicação". OIT *apud* PINEL, M. Fatima de L. Teletrabalho: o trabalho na era digital. 1998. Dissertação. Universidade do Estado do Rio de Janeiro. Tópicos da dissertação de mestrado. Disponível em: <http://www.teletrabalhador.com>. Acesso em: 2 jul. 2000, *apud* SCHWEITZER, Orly Miguel. *Teletrabalho*: uma proposta para a legislação brasileira. Florianópolis, 2003. 105 f. Dissertação (Mestrado) — Universidade Federal de Santa Catarina, Centro Tecnológico. Programa de Pós-Graduação em Engenharia de Produção. p. 21.

(2) Art. 6º Não se distingue entre o trabalho realizado no estabelecimento do empregador, o executado no domicílio do empregado e o realizado a distância, desde que estejam caracterizados os pressupostos da relação de emprego. (*Redação dada pela Lei n. 12.551, de 2011*).
Parágrafo único. Os meios telemáticos e informatizados de comando, controle e supervisão se equiparam, para fins de subordinação jurídica, aos meios pessoais e diretos de comando, controle e supervisão do trabalho alheio. (*Incluído pela Lei n. 12.551, de 2011*)

aplicação dos princípios ambientais ao regime de teletrabalho, com vistas à efetiva proteção jurídica do teletrabalhador.

1. CONCEITO DE TELETRABALHO

A Organização Internacional do Trabalho — OIT, conceitua teletrabalho como sendo "a forma de trabalho efetuada em lugar distante do escritório central e/ou do centro de produção, que permita a separação física e que implique o uso de uma nova tecnologia facilitadora da comunicação"[3]. Apesar de já ter sido elaborada a mencionada definição por esta Organização Internacional, há décadas ainda se discute esse conceito, não havendo a doutrina atingido um consenso sobre o tema.

Schweitzer, analisando o posicionamento de Nilles considera existirem duas possíveis traduções da palavra teletrabalho para o inglês, quais sejam *telecommuting* e *telework*[4]. O primeiro termo teria sido desenvolvido por Jack Nilles, que o conceitua da seguinte forma:

> (...) o processo de levar o trabalho aos trabalhadores, em vez de levar estes ao trabalho; atividade periódica fora do escritório central, um ou mais dias por semana, seja em casa ou em um centro de telesserviço. É a substituição parcial ou total das viagens diárias do trabalho, por tecnologias de telecomunicações, possivelmente com o auxílio de computadores e outros recursos[5].

Já o termo *telework* seria a tradução de teletrabalho utilizada na Europa, sendo este lá definido como "qualquer alternativa para substituir as viagens ao trabalho por tecnologias de informação, como telecomunicações e computadores"[6].

Apesar de existirem variadas conceituações, o teletrabalho está invariavelmente associado a aspectos como a possibilidade de o labor ser prestado fora do estabelecimento da empresa e a utilização de tecnologias de informação. Marcelo Uchôa acrescenta, ainda, a existência de coordenação na relação formada entre empresa e empregador. Com efeito, o autor assim discorre sobre os pressupostos do teletrabalho:

---

(3) OIT *apud* PINEL, M. Fatima de L. Teletrabalho: o trabalho na era digital. 1998. Dissertação. Universidade do Estado do Rio de Janeiro. Tópicos da dissertação de mestrado. Disponível em: <http://www.teletrabalhador.com>. Acesso em: 2 jul. 2000, *apud* SCHWEITZER, Orly Miguel. *Teletrabalho*: uma proposta para a legislação brasileira. p. 21.
(4) SCHWEITZER, Orly Miguel. *Teletrabalho*: uma proposta para a legislação brasileira. p. 21.
(5) NILLES, Jack M. Fazendo do teletrabalho uma realidade: um guia para telegerentes e teletrabalhadores. São Paulo: Futura, 1997, *apud* SCHWEITZER, Orly Miguel. *Teletrabalho*: uma proposta para a legislação brasileira. p. 21.
(6) MELLO, Álvaro. Teletrabalho (telework): o trabalho em qualquer lugar e a qualquer hora. Rio de janeiro: Qualitymark, 1999, *apud* SCHWEITZER, Orly Miguel. *Teletrabalho*: uma proposta para a legislação brasileira. p. 21.

(a) A realização de atividade fora, e não dentro, da sede da empresa (apesar de que, conforme se verá adiante, bem que poderia ser realizada dentro da empresa); (b) a existência de uma relação e coordenação, e não necessariamente de mando intermitente, entre empresa e trabalhador; (c) o emprego de tecnologias da informação (e não de outras tecnologias), sendo esta característica absolutamente necessária para a distinção de teletrabalho frente outras espécies de trabalho distantes do centro empresarial[7].

Outra importante característica do teletrabalho seria a sua mobilidade e transnacionalidade, uma vez que "essa nova forma de trabalhar transcende os limites territoriais e poderá ser transregional, transnacional e transcontinental. Ela permite até mesmo a atividade em movimento"[8].

Segundo Emília Simeão Albino Sako, o teletrabalho pode ser prestado em inúmeros locais. Assim, pode ser desenvolvido em: a) telecentros: locais situados fora da sede da empresa, como centros satélites e centros compartilhados ou comunitários — "telecabana" ou "vicinal" para os ingleses; b) em domicílio: executado na residência do trabalhador ou outro lugar por ele eleito; c) nômade: quando inexistente local fixo para a prestação de serviços; d) transacional: trabalho é executado por trabalhadores de um país, os quais enviam o resultado a empresas situadas em outra nação[9].

Neste aspecto verifica-se nitidamente a influência da globalização nas relações de trabalho, pois este fenômeno possui como pressuposto a transcendência de barreiras territoriais, bem como o rápido fluxo de informação, subsidiados pelas ferramentas criadas a partir da evolução tecnológica.

2. AS VANTAGENS E DESVANTAGENS DO TELETRABALHO

As vantagens e desvantagens do teletrabalho podem ser estudadas sob a ótica do empregado, do empregador e também da sociedade. Além disso, é importante que os benefícios levantados pela doutrina sejam avaliados através de um enfoque crítico, já que muitas vezes mascaram malefícios à saúde e ao comportamento social do trabalhador. É principalmente em razão desse aspecto que atualmente na doutrina não existe consenso acerca das vantagens e desvantagens do teletrabalho.

Alice Monteiro de Barros menciona como vantagens do teletrabalho para a empresa: "a redução do espaço imobiliário, com a diminuição de custos inerentes à aquisição de locais, alugueis, manutenção, transporte, etc."[10]. Propiciaria também

---

(7) UCHÔA, Marcelo Ribeiro. *Revista Magister:* Direito Trabalhista e Previdenciário. p. 86.
(8) BARROS, Alice Monteiro de. *Curso de direito do trabalho.* p. 327.
(9) SAKO, Emília Simeão Albino. *Ideias Legais:* Escola Superior da Magistratura 24. R. p.52.
(10) BARROS, Alice Monteiro de. *Curso de direito do trabalho.* p. 328.

melhor atendimento aos clientes ante o uso da informática e telemática, maior produtividade em decorrência da eliminação de problemas como absenteísmo, greves de ônibus, acidentes de trânsito, entre outros, bem como incrementaria a satisfação do empregado[11].

Em relação às vantagens do teletrabalho para o empregado, Alice Monteiro de Barros aponta como principal benefício a flexibilidade de horário, possibilitando ao empregado conciliar trabalho com tempo livre[12]. Outra vantagem seria a possibilidade de o teletrabalho diminuir a desigualdade de oportunidades em relação a pessoas que possuem dificuldade de serem inseridas no mercado de trabalho, tais como donas de casa, trabalhadores com idade avançada ou com deficiência física e presidiários[13].

O teletrabalho ocasionaria vantagens para o meio ambiente no tocante ao descongestionamento do tráfego. Também a baixa procura por transporte público acarretaria a diminuição do nível de poluição[14].

No entanto, esses supostos benefícios muitas vezes se transformam ou acarretam uma série de malefícios à saúde e ao convívio social obreiro. Podem ser citados como desvantagens do teletrabalho para o trabalhador o isolamento decorrente da falta de contato com outros trabalhadores, a eliminação da possibilidade de ascensão de carreira ou de promoção, menores níveis de tutela social, sindical e administrativa, e conflitos familiares caso o empregado não consiga distinguir o trabalho do tempo livre. Outro problema seria a dificuldade de conciliar os poderes diretivos do empregador e fiscalizatórios da administração com a intimidade e vida privada do obreiro[15]. Outra desvantagem do teletrabalho seria a transferência de certos custos da atividade ao empregado[16].

Edna Maria elenca como desvantagens do teletrabalho a possibilidade de o trabalhador cumprir jornada superior à prevista na legislação percebendo, ainda, remuneração inferior. O teletrabalho, pois, não passaria de uma falsa ideia de flexibilidade e liberação do empregado[17].

Também é criticável a suposta vantagem gerada pela contratação de teletrabalhadores portadores de deficiência física, mental ou imunodeficiências. Ora, essas pessoas precisam ser inseridas no contexto do trabalho e não segregadas deste. Acima do desemprego, encontra-se outro problema social que assola essa

---

(11) BARROS, Alice Monteiro de. *Curso de direito do trabalho*. p. 328.
(12) BARROS, Alice Monteiro de. *Curso de direito do trabalho*. p. 329.
(13) UCHÔA, Marcelo Ribeiro. *Revista Magister:* Direito Trabalhista e Previdenciário. p. 88.
(14) BARROS, Alice Monteiro de. *Curso de direito do trabalho*. p. 330.
(15) BARROS, Alice Monteiro de. *Curso de direito do trabalho*. p. 329.
(16) UCHÔA, Marcelo Ribeiro. *Revista Magister:* Direito Trabalhista e Previdenciário. p. 89.
(17) BARBOSA, Edna Maria Fernandes. *Revista do Tribunal Regional do Trabalho da 11ª Região.* p. 48-49.

categoria de trabalhadores: o preconceito, o qual é a razão da dificuldade destes profissionais serem inseridos não só no mercado de trabalho, como também em círculos sociais. E, isolando-os do contexto laboral, tende-se a mascarar este preconceito, o que dificultaria ainda mais a aceitação destes indivíduos em outros ambientes.

O teletrabalho apresenta também desvantagens no tocante à atuação sindical. É nítida a dificuldade de sua promoção no modelo do teletrabalho, pois o teletrabalhador não estabelece laços com os demais colegas da empresa ou da categoria. Além disso, o contato do sindicato com o teletrabalhador é prejudicado, pois esta entidade coletiva dificilmente estará presente no local de prestação de serviços do teletrabalhador.

O teletrabalho poderia também ensejar a precarização das condições de trabalho, no sentido do termo *dumping* social[18], uma vez que grandes empresas buscam mão de obra em países onde a tutela dos direitos trabalhistas é ainda precária[19]. A relação entre *dumping* social e teletrabalho é evidenciada na medida em que esta modalidade de prestação de serviços altera consideravelmente as relações de trabalho, ultrapassando fronteiras e impondo, na busca da redução de custos, o deslocamento da mão de obra a países considerados em desenvolvimento, citando-se como exemplo a prestação de serviços por trabalhadores indianos a empresas americanas. Em contrapartida, não foram adotados mecanismos de proteção internacional do trabalho que fiscalizassem e responsabilizassem a sociedade por danos à saúde desses trabalhadores, razão pela qual o tema precisa também ser abordado sob a ótica dos princípios ambientais, principalmente no tocante à cooperação internacional.

---

(18) O termo *dumping* social está relacionado às práticas desleais de mercado e à precarização das condições de trabalho. As empresas, buscando uma redução de custos e consequente maximização dos lucros, suprimem dos trabalhadores direitos como assistência social e salários dignos. Pode ser verificado também em situações em que as organizações buscam mão de obra em outros países que apresentam menores níveis salariais e normas de proteção trabalhista não tão rígidas. No Brasil, embora o *dumping* social não possua previsão em leis trabalhistas, verifica-se uma tendência à sua repressão, conforme se infere da dicção do Enunciado n. 4 da ANAMATRA, editado durante a 1ª Jornada de Direito Material e Processual na Justiça do Trabalho (2007): "DUMPING SOCIAL". DANO À SOCIEDADE. INDENIZAÇÃO SUPLEMENTAR. As agressões reincidentes e inescusáveis aos direitos trabalhistas geram um dano à sociedade, pois com tal prática desconsidera-se, propositalmente, a estrutura do Estado social e do próprio modelo capitalista com a obtenção de vantagem indevida perante a concorrência. A prática, portanto, reflete o conhecido "*dumping* social", motivando a necessária reação do Judiciário trabalhista para corrigi-la. O dano à sociedade configura ato ilícito, por exercício abusivo do direito, já que extrapola limites econômicos e sociais, nos exatos termos dos arts. 186, 187 e 927 do Código Civil. Encontra-se no art. 404, parágrafo único do Código Civil, o fundamento de ordem positiva para impingir ao agressor contumaz uma indenização suplementar, como, aliás, já previam os arts. 652, "d", e 832, § 1º, da CLT (Consultor Jurídico. Enunciados da ANAMATRA mostram tendências dos juízes. Disponível em: <http://www.conjur.com.br/2008-jan-28/enunciados_anamatra_mostram_tendencias_juizes?pagina=6>. Acesso em: 14 ago. 2012).
(19) UCHÔA, Marcelo Ribeiro. *Revista Magister:* Direito Trabalhista e Previdenciário. p. 91.

A autora Sako discorre que o teletrabalhador também possui direito a um meio ambiente seguro. As mazelas advindas do teletrabalho, tais como excesso de trabalho e isolamento, acarretariam o surgimento de doenças, a exemplo do estresse e fadiga, bem como aumentariam os índices de acidentes de trabalho:

> Merece atenção especial também o direito a um meio ambiente de trabalho seguro e saudável. O excesso de trabalho, o isolamento social, a insegurança e a angústia pela precariedade da relação e falta de adequação dos postos de trabalho tem conduzido ao crescimento do número de doenças, fadigas e acidentes. No teletrabalho a exclusão social é gerada na própria dimensão profissional, que gera a desvinculação e a separação social, fenômeno mundial que vem acompanhado de desigualdade e exclusão[20].

De fato, o teletrabalho pode ensejar o retrocesso social e a precarização das condições de trabalho caso não discutidas pelo meio jurídico e também pelos envolvidos — trabalhadores, seus familiares, governo e empresas — alternativas para que sejam banidas ou ao menos minimizadas as desvantagens e as violações a direitos fundamentais anteriormente elencadas.

Assim, buscar-se-á no próximo item analisar, de forma sucinta, o estágio atual de regulamentação do teletrabalho no ordenamento pátrio, bem como serão estudadas alternativas para sua normatização.

3. A NORMATIZAÇÃO DO TELETRABALHO

Por ser recente e por não retratar um modelo tradicional de relação de trabalho, o teletrabalho abre brechas para que se mascare uma relação de emprego em uma fictícia relação autônoma, acarretando, pois, a precarização das condições laborais. A dificuldade de constatação da relação de emprego decorre também da possibilidade de o teletrabalho ser desempenhado de formas subordinada ou autônoma, dependendo de análise do caso concreto para que se chegue a uma conclusão sobre essa natureza da relação de trabalho.

Com a promulgação da Lei n. 12.551 de 15.12.2011 não restaram mais dúvidas de que a as regras que regem a relação de emprego são também aplicáveis ao teletrabalho. O art. 6º da CLT foi alterado em seu *caput* no que se refere ao trabalho em domicílio, fazendo constar que não se distingue o trabalho em domicílio e o realizado a distância. Houve também a menção expressa ao teletrabalho em seu parágrafo único:

> Art. 6º Não se distingue entre o trabalho realizado no estabelecimento do empregador, o executado no domicílio do empregado e o realizado a distância, desde que estejam caracterizados os pressupostos da relação de emprego.

---

(20) SAKO, Emília Simeão Albino. *Ideias legais*: Escola Superior da Magistratura 24. R. p. 57.

Parágrafo único: os meios telemáticos e informatizados de comando, controle e supervisão se equiparam, para fins de subordinação jurídica, aos meios pessoais e diretos de comando, controle e supervisão do trabalho alheio.

O artigo acima transcrito parece distinguir o trabalho em domicílio do trabalho a distância, não estabelecendo também em qual categoria estaria inserto o teletrabalho. Por isso, em termos conceituais, a redação poderia ter sido mais específica. Não fosse só isso, a alteração do art. 6º, por mais benéfica que aparentemente pareça — uma vez que consolida entendimento de que o teletrabalho pode ser regido pelas normas atinentes à relação empregatícia —, trouxe severas críticas em relação ao seu conteúdo, pois não esclarece a forma de pagamento de horas extras ou de horas de sobreaviso. Portanto, é de se concluir que muito ainda se discutirá acerca desta nova redação do art. 6º da CLT, que trouxe avanços no sentido de conferir a essa modalidade de trabalho a possibilidade de reconhecimento da relação de emprego, mas, por outro, apresenta incongruências por não adaptar a legislação a essa particular realidade.

Com efeito, nem sempre as regras previstas na CLT serão plenamente aplicáveis ao teletrabalho. As normas de saúde e segurança no trabalho, em razão da dificuldade de fiscalização dos locais de prestação de serviços dos teletrabalhadores, dificilmente serão observadas, o que configuraria um verdadeiro retrocesso social.

Nesse sentido, pretende-se instigar novos debates sobre o tema para que se atente a esses outros aspectos do teletrabalho, promovendo alterações na legislação visando à sua adequação a essa recente forma de prestação laborativa.

Para tanto, poderiam ser considerados os apontamentos previstos na Recomendação n. 184 da OIT. Esta recomendação acompanha a Convenção n. 177 da OIT sobre trabalho em domicílio e aconselha que sejam encaminhadas informações à autoridade competente sobre a natureza do trabalho, entrega de registro que contenha dados como a remuneração do empregado, prevendo, ainda, a possibilidade de os inspetores do trabalho verificarem as condições de trabalho no domicílio do empregado[21].

Outra tarefa relevante seria o estudo da legislação estrangeira sobre o tema. O Código do Trabalho Português, por exemplo, possui um conjunto de leis específicas que disciplinam o teletrabalho, estabelecendo regras sobre duração do trabalho, deveres dos empregados e empregadores e participação sindical[22].

Na elaboração de normas regulamentadoras, Vera Regina esclarece também que caberia especialmente às entidades sindicais "o estabelecimento de cláusulas específicas para indicação de parâmetros, estabelecidas de acordo com as especificidades do trabalho"[23]. Sugere a autora que sejam observados também

---

(21) BELMONTE, Alexandre Agra. *Revista de Direito do Trabalho*, p. 19.
(22) BARROS, Alice Monteiro de. *Curso de direito do trabalho*. p. 337-339.
(23) WINTER, Vera Regina Loureiro. *Teletrabalho* uma forma alternativa de emprego. São Paulo: LTr, 2005. p. 136.

alguns princípios citados por Zangrado em sugestão de lei que regule a proteção do trabalhador em face da automação, os quais, além de tudo, constituiriam verdadeiras fases a serem cumpridas na elaboração de normas sobre o teletrabalho. Menciona a autora os seguintes princípios: Direito de informação prévia, incentivo ao treinamento, Segurança e medicina do trabalho e Participação sindical[24].

A revisão da legislação decorrente de expressa menção ao teletrabalho deve também considerar princípios e instrumentos inerentes à disciplina do meio ambiente de trabalho, uma vez que esta busca e estuda constantemente mecanismos que promovam a qualidade de vida do obreiro, conforme se exporá.

4. MEIO AMBIENTE DO TRABALHO COMO DIREITO FUNDAMENTAL

A Declaração de Estocolmo de 1972, elaborada em razão da Conferência das Nações Unidas sobre o Meio Ambiente, constitui um marco acerca da proteção ambiental, especialmente em plano internacional, apresentando como princípio primeiro a seguinte afirmação:

> O homem tem o direito fundamental à liberdade, à igualdade e ao desfrute de condições de vida adequadas, em um meio ambiente de qualidade tal que lhe permita levar uma vida digna, gozar de bem-estar e é portador solene de obrigação de proteger e melhorar o meio ambiente, para as gerações presentes e futuras[25].

A CRFB/1988 (art. 225) foi a primeira Constituição nacional a tratar do tema meio ambiente, dedicando a este capítulo próprio. Em seu art. 225 atribui ao meio ambiente o patamar de direito fundamental, uma vez que, mesmo não inserido no capítulo próprio dos direitos fundamentais, este dispositivo não perde esse caráter, pois abrange um direito de todos e um dever do Estado:

> Art. 225: Todos têm direito ao meio ambiente ecologicamente equilibrado, bem de uso comum do povo e essencial à sadia qualidade de vida, impondo-se ao Poder Público e à coletividade o dever de defendê-lo e preservá-lo para as presentes e futuras gerações.

Da definição constitucional de meio ambiente verifica-se que este possui também um caráter intergeracional, pois incumbe à coletividade e ao poder público preservar o meio ambiente também para o desfrute de futuras gerações.

O meio ambiente também é pressuposto de dignidade da pessoa humana. Ao tratar da ordem econômica, a CRFB/1988 assevera que esta é fundada na

---

(24) WINTER, Vera Regina Loureiro. *Teletrabalho* uma forma alternativa de emprego. p. 136.
(25) DECLARAÇÃO DA CONFERÊNCIA DE ONU NO AMBIENTE HUMANO. Estocolmo, 5-16 de junho de 1972. Disponível em: <www.mma.gov.br/estruturas/agenda21/_arquivos/estocolmo.doc>. Acesso em: 9 jul. 2012.

valorização do trabalho humano e na livre iniciativa e tem por finalidade assegurar a todos a existência digna, observado o princípio da defesa do meio ambiente[26]. Ou seja, o meio ambiente ecologicamente equilibrado é tratado como condição para a existência digna do ser humano e de uma ordem econômica que valorize o trabalho. Além disso, a CRFB/1988 impôs a preservação ambiental não só ao Poder Público, como também estendeu a toda a coletividade o dever de preservar o meio ambiente.

O art. 3º, inciso I, da Lei n. 6.938/81 define legalmente o conceito de meio ambiente no Brasil, da seguinte forma: "o conjunto de condições, leis, influências e interações de ordem física, química e biológica, que permite, abriga e rege a vida em todas as suas formas".

A partir da definição do meio ambiente inserta no 3º, inciso I da Lei n. 6.938/81 cumpre ressaltar que a legislação brasileira adotou uma concepção ampla de meio ambiente, porém una. Dentro deste conceito abrangente proferido pelo legislador infraconstitucional, a doutrina nacional apresenta subdivisões do tema para sua melhor compreensão.

Segundo José Afonso da Silva, o meio ambiente é conceituado como "a interação do conjunto de elementos naturais, artificiais e culturais que propiciem o desenvolvimento equilibrado da vida em todas as suas formas"[27]. Para este autor, destacam-se três aspectos no conceito de meio ambiente: o meio ambiente artificial composto de edificações e equipamentos públicos ou particulares; o meio ambiente cultural, constituído a partir do patrimônio histórico, artístico, arqueológico, paisagístico ou turístico, dotados de valor especial; e o ambiente natural ou físico, formado por solo, fauna, flora e seus demais elementos, caracterizado pela interação dos seres vivos e o meio no qual se inserem. Dentro do meio ambiente artificial, segundo o autor, se encontraria o meio ambiente do trabalho.[28]

Além dessas, podem ser citadas ainda outras subclassificações do meio ambiente, tais como a sua divisão em meio ambiente rural — onde se opera a relação entre rurículas e a respectiva esfera rústica — e meio ambiente urbano, caracterizado por suas edificações peculiares[29]. No entanto, independentemente das subdivisões, vigora ainda o caráter globalizante e uno do meio ambiente.

---

(26) Art. 170. A ordem econômica, fundada na valorização do trabalho humano e na livre iniciativa, tem por fim assegurar a todos existência digna, conforme os ditames da justiça social, observados os seguintes princípios: [...] VI — defesa do meio ambiente, inclusive mediante tratamento diferenciado conforme o impacto ambiental dos produtos e serviços e de seus processos de elaboração e prestação.
(27) SILVA, José Afonso da. *Direito ambiental constitucional*. p. 20.
(28) SILVA, José Afonso da. *Direito ambiental constitucional*. p. 21-23.
(29) BRAGA, Paula Sarno. A reparação do dano moral no meio ambiente de trabalho: há dano moral ao meio ambiente de trabalho? Como se procederia a sua reparação? In: PAMPLONA FILHO, Rodolfo (Orient.). *Novos nomes em direito do trabalho*. Salvador: Universidade Católica de Salvador, 2000. p. 186.

De acordo com Raimundo Simão de Melo, o direito ao meio ambiente é um direito fundamental de terceira geração, inerente à solidariedade e fraternidade[30]. Já para Canotilho, existiria uma quarta geração de direitos fundamentais, na qual se insere o meio ambiente, juntamente com a qualidade de vida[31]. Independentemente da classificação, o meio ambiente atualmente é compreendido como direito fundamental e também inerente à garantia da dignidade da pessoa humana. Com efeito, a CRFB/1988 estabelece no art. 170, VI[32] a defesa do meio ambiente como princípio da ordem econômica, para garantia de existência digna, conforme os ditames da justiça social.

5. MEIO AMBIENTE DO TRABALHO

O meio ambiente de trabalho foi recepcionado expressamente pela CRFB/1988 quando trata das atribuições do Sistema Único de Saúde — SUS: "Art. 200. Ao sistema único de saúde compete, além de outras atribuições, nos termos da lei: [...] VIII — colaborar na proteção do meio ambiente, nele compreendido o do trabalho". O legislador infraconstitucional, seguindo esta tendência, incluiu na Lei n. 8.060/90 como atuação do Sistema Único de Saúde a colaboração para a proteção do meio ambiente, nele incluído o do trabalho (art. 6º, V). De forma indireta, ao tratar sobre os direitos dos trabalhadores, a Constituição impõe a consolidação de um meio ambiente de trabalho sadio e equilibrado, considerando um direito do trabalhador a redução dos riscos ocupacionais[33].

A Organização Internacional do Trabalho — OIT reconhece a existência de um "meio ambiente de trabalho" na Convenção n. 148, de 1977, aprovada pelo Decreto Legislativo n. 56, de 8.10.1981, ratificada em 14 de janeiro de 1982 e promulgada pelo Decreto n. 92.413, de 15 de outubro de 1986, conhecida como Convenção sobre o Meio Ambiente de Trabalho (Contaminação do Ar, Ruído e Vibrações). A referida Convenção regula medidas acerca da proteção do trabalhador em face da contaminação do ar, do ruído e vibrações, visando também à limitação e à prevenção dos riscos profissionais[34].

---

(30) MELO, Raimundo Simão de. Dignidade da pessoa humana e meio ambiente do trabalho. *Revista de Direito do Trabalho*. [S.l.], v. 31, n. 117, 2005. p. 204.
(31) CANOTILHO, José Joaquim Gomes; MOREIRA, Vital. Fundamentos da Constituição. Coimbra: Coimbra Editora, 1991. p. 93. In: LEITE, José Rubens Morato. *Dano ambiental:* do individual ao coletivo.
(32) Art. 170. A ordem econômica, fundada na valorização do trabalho humano e na livre iniciativa, tem por fim assegurar a todos existência digna, conforme os ditames da justiça social, observados os seguintes princípios: [...] VI — defesa do meio ambiente, inclusive mediante tratamento diferenciado conforme o impacto ambiental dos produtos e serviços e de seus processos de elaboração e prestação.
(33) Art. 7º São direitos dos trabalhadores urbanos e rurais, além de outros que visem à melhoria de sua condição social: XXII — redução dos riscos inerentes ao trabalho, por meio de normas de saúde, higiene e segurança [...].
(34) Art. 4:
1. A legislação nacional deverá dispor a adoção de medidas no lugar de trabalho para prevenir e limitar os riscos profissionais devidos à contaminação do ar, o ruído e as vibrações e para proteger os

Segundo Fiorillo, meio ambiente de trabalho pode ser definido como:

> (...) o local onde as pessoas desempenham suas atividades laborais, sejam remuneradas ou não, cujo equilíbrio está baseado na salubridade do meio e na ausência de agentes que comprometam a incolumidade físico-psíquica dos trabalhadores, independentemente da condição que ostentem (homens ou mulheres, maiores ou menores de idade, celetistas, servidores públicos, autônomos etc.).[35]

Ressalta-se que o conceito apresentado não restringe a tutela ambiental tão somente aos que laborem em uma relação de emprego, nos moldes clássicos regidos pela Consolidação das Leis de Trabalho[36]. O meio ambiente de trabalho pode ser também estendido à própria moradia do trabalhador ou ao meio ambiente urbano[37], bem como engloba todos os aspectos relacionados ao trabalho, não somente instalações físicas, como também, e, principalmente, elementos psíquicos[38].

No que tange aos danos provocados ao meio ambiente do trabalho, a doutrina cita como exemplo o assédio moral[39]. Sobre o tema, é importante ressaltar que o dano ao ambiente laboral não estaria afeto tão somente ao trabalhador, pois atingiria toda a sociedade, que ao final custeia a Previdência Social[40].

---

trabalhadores contra tais riscos. Convenção n. 148. Disponível em: <http://portal.mte.gov.br/legislacao/convencao-n-148.htm>. Acesso em: 9 jul. 2012.
(35) FIORILLO, Celso Antônio Pacheco. Curso de direito ambiental. p. 21, apud MELO, Raimundo Simão de. *Direito ambiental do trabalho e a saúde do trabalhador.* 4. ed. São Paulo: LTr, 2010. p. 31.
(36) Por mais que a citação supramencionada entenda que no meio ambiente laboral inserem-se servidores públicos e trabalhadores autônomos, por exemplo, não será abordada de forma específica a proteção ao meio ambiente de trabalho desses trabalhadores, tendo em vista que são regidos por legislação alheia à competência da Justiça do Trabalho, como o Estatuto dos Servidores Públicos, e no caso dos autônomos, a legislação previdenciária.
(37) Como assevera Júlio César de Sá da Rocha "Diante das modificações por que passa o trabalho, o meio ambiente laboral não se restringe ao espaço interno da fábrica ou da empresa, mas se estende ao próprio local de moradia ou ao ambiente urbano. ROCHA, Júlio César de Sá da. Direito ambiental e meio ambiente do trabalho. Dano, prevenção e proteção jurídica. São Paulo: LTr, 1997. p. 30, apud FERNANDES, Fábio de Assis F. A Constituição de 1998 e o meio ambiente de trabalho. O princípio da prevenção no meio ambiente do trabalho. Ministério Público do Trabalho e licenciamento ambiental. Audiência pública. CIPA e os Programas de Prevenção e Controle da Saúde e Segurança do Trabalhador. *Revista IOB*: Trabalhista e Previdenciária. São Paulo, v. 19, n. 228, jun. 2008. p. 63.
(38) ARAÚJO, Kely Silva de. Assédio moral no meio ambiente do trabalho. Disponível em: <http://www.conpedi.org.br/manaus/arquivos/anais/manaus/transf_trabalho_kely_silva_de_araujo.pdf> Acesso em: 9 jul. 2012. p. 5.
(39) Sebastião Geraldo de Oliveira considera assédio moral "o comportamento do empregador, seus prepostos ou colegas de trabalho, que exponha o empregado a reiteradas situações constrangedoras, humilhantes ou abusivas, fora dos limites normais do poder diretivo, causando degradação do ambiente laboral, aviltamento à dignidade da pessoa humana ou adoecimento de natureza ocupacional". Importante salientar que para esse autor, o conceito de assédio moral continua em construção ou fase de acabamento, já que faltaria, ainda, demarcar os limites de sua abrangência, bem como estabelecer distinções em relação a outras formas de sofrimentos perpetrados no ambiente laboral (In: OLIVEIRA, Sebastião Geraldo de. *Proteção jurídica à saúde do trabalhador.* 5. ed. São Paulo: LTr, 2010. p. 198-200).
(40) MELO, Raimundo Simão de. *Direito ambiental do trabalho e a saúde do trabalhador.* p. 31-33.

Em relação à natureza do meio ambiente de trabalho, para Raimundo Simão de Melo o meio ambiente adequado é um direito fundamental do trabalhador (*lato sensu*), não se confundindo com o direito trabalhista inerente aos tradicionais contratos de trabalho, pois se vincula à saúde do obreiro enquanto cidadão[41]. É um direito fundado na dignidade da pessoa humana, que extrapola as convenções e pactos trabalhistas tradicionais. Configura um direito difuso, pois os danos ao meio ambiente de trabalho atingem toda a sociedade, a qual paga a conta dos danos ao trabalhador mediante contribuição para a Seguridade Social[42].

Com relação à diferença de tratamento entre o Direito Ambiental do Trabalho e o Direito do Trabalho, assevera Norma Sueli Padilha:

> [...] o meio ambiente de trabalho embora se encontre numa seara comum ao Direito do Trabalho e ao Direito Ambiental, distintos serão os bens juridicamente tutelados por ambos, uma vez que, enquanto o primeiro se ocupa preponderantemente de uma relação contratual privatística, o Direito Ambiental, por sua vez, irá buscar a proteção do ser humano contra qualquer forma de degradação do ambiente onde exerce sua atividade laborativa[43].

Já João José Sady, mesmo admitindo o caráter difuso do meio ambiente de trabalho, não exclui a existência de um dano também no patrimônio da vítima, ou seja, preconizando a existência de interesses individuais passíveis de tutela. Assim, a proteção à qualidade de vida como objeto do Direito Ambiental do Trabalho não deve negligenciar a ligação desta disciplina com o Direito do Trabalho. Sobre o tema, assim conclui o autor:

> Fundamental é perceber que esse é um ponto de encontro onde o Direito do Trabalho se redescobre em face de um problema de grande monta que tem remanescido submerso. Não se fala mais em mero conjunto de normas regulamentares, mas em um campo do Direito onde os diversos ramos da ciência se encontram para enfrentar uma das maiores problemáticas trazidas com a Revolução Industrial.[44]

---

(41) MELO, Raimundo Simão de. *Direito ambiental do trabalho e a saúde do trabalhador.* p. 34.
(42) Raimundo Simão de Melo assim esclarece o tema: [...] o Direito Ambiental do Trabalho constitui direito difuso fundamental inerente às normas sanitárias e de saúde do trabalhador (CF, art. 196), que, por isso, merece a proteção dos Poderes Públicos e da Sociedade Organizada, conforme estabelece o art. 225 da Constituição Federal. É difusa a sua natureza, ainda, porque as consequências decorrentes da sua degradação, como, por exemplo, os acidentes de trabalho, embora com repercussão imediata no campo individual, atingem, finalmente, toda a sociedade, que paga a conta final. MELO, Raimundo Simão de. *Direito ambiental do trabalho e a saúde do trabalhador.* p. 35.
(43) PADILHA, Norma Sueli. Do meio ambiente de trabalho equilibrado. São Paulo: LTr, 2001. p. 32. In: FERNANDES, Fábio de Assis F. *Revista IOB:* Trabalhista e Previdenciária. p. 70.
(44) SADY, João José. Direito do meio ambiente de trabalho. São Paulo: LTr, 2000. p. 205. In: FERNANDES, Fábio de Assis F. *Revista IOB:* Trabalhista e Previdenciária. p. 72.

A posição do autor é a mais correta, pois não desvincula o Direito Ambiental do Trabalho do Direito do Trabalho. Não se nega que o Direito Ambiental do Trabalho possua caráter difuso e peculiaridades, mas ambas as disciplinas preconizam a tutela da saúde do trabalhador enquanto ser humano, independentemente da existência de uma relação de trabalho ou contrato de emprego, e por isso devem ser abordadas conjuntamente.

Não fosse só isso, a Justiça do Trabalho é competente para tratar de matéria relativa ao meio ambiente de trabalho, inclusive normas de prevenção, como intervalo intrajornada, utilização de equipamentos de proteção individual — EPI's e outras já inerentes a sua legislação específica. Por mais que a presente pesquisa se refira a Direito Ambiental do Trabalho, tendência essa adotada por parte da doutrina, este está inserto na competência da Justiça de Trabalho e também nas normas de Direito do Trabalho. As discussões acerca do meio ambiente e a sua efetiva preservação — incluindo-se neste o meio ambiente de trabalho — tornam-se cada vez mais complexas, e, para uma efetiva tutela ambiental, a Justiça do Trabalho deve se valer de normas inerentes ao Direito Ambiental para melhor adequar sua função jurisdicional à proteção do trabalhador e da sociedade, seja ao tratar de Direito Ambiental do Trabalho ou de meio ambiente laboral como inerente ao Direito do Trabalho.

É necessário que o Direito do Trabalho adote novos mecanismos condizentes com a tutela do meio ambiente do trabalho, como direito difuso. Deve ser reconhecido esse ponto de encontro entre Direito do Trabalho e meio ambiente de trabalho para que novos institutos de tutela ambiental sejam estudados, considerando-se também a transdisciplinaridade dos ramos da ciência jurídica, cada vez mais discutida em razão dos novos fenômenos que assolam a sociedade moderna, como o risco.

Sebastião Geraldo de Oliveira enaltece a importância do desenvolvimento do Direito Ambiental e sua repercussão no Direito Ambiental do Trabalho. Essa transdisciplinaridade deve ser amplamente resgatada, pois somente tende a incrementar a tutela ao meio ambiente e ao meio ambiente do trabalho e, consequentemente, a qualidade de vida: "O notável progresso do Direito Ambiental influencia beneficamente a tutela jurídica da saúde do trabalhador e contribui na conjugação dos esforços dos vários ramos da ciência jurídica em prol do meio ambiente saudável, nele incluído o do trabalho."[45]

O autor assevera que o Direito Ambiental possui maior receptividade na sociedade do que o Direito do Trabalho, citando, inclusive, que, quanto àquele ninguém menciona a possibilidade de flexibilização, provavelmente em razão da

---

(45) OLIVEIRA, Sebastião Geraldo de. *Proteção jurídica à saúde do trabalhador*. 5. ed. São Paulo: LTr, 2010. p. 118.

tomada de consciência de que um dano ao meio ambiente geral põe em risco o futuro de todos. Já quanto à saúde do trabalhador, entende-se que quem sofre os danos iminentes é apenas a categoria atingida. Além disso, quanto à proteção das condições ambientais laborais, a tutela é ainda mais dificultosa, pois os trabalhadores temem o desemprego, optando por remanescer em silêncio ao invés de pleitearem melhores condições de trabalho[46].

Observa-se que o Direito do Trabalho, em sua concepção clássica, não aborda de forma suficiente a proteção ambiental, nos moldes atualmente propostos pela CRFB/1988. São poucos os mecanismos que abarcam a prevenção de danos, priorizando-se a sua reparação monetária, como se verifica na matéria relativa aos adicionais de insalubridade e periculosidade. Ainda que incipiente, a temática meio ambiente de trabalho recentemente começou a ganhar espaço na doutrina trabalhista nacional, podendo-se citar como importantes fontes para compreensão do tema os textos escritos por juristas como Raimundo Simão de Melo e Sebastião Geraldo de Oliveira.

Julio Cesar de Sá da Rocha cita como instrumentos de tutela ambiental o mandado de segurança coletivo ambiental, o mandado de injunção, a ação civil pública e a ação popular. Entende também que os sindicatos são legitimados para defenderem direitos coletivos, difusos e individuais, podendo propor ação civil pública ambiental, mandado de segurança ambiental, mandado de segurança coletivo ambiental e mandado de injunção ambiental, visando à tutela da saúde dos trabalhadores da categoria ou filiados, em matérias que questionem condições de trabalho e a saúde do trabalhador.[47]

Esses mecanismos, contudo, não impedem, como acima tratado, a aplicação dos avanços obtidos no campo do Direito Ambiental — como por exemplo seus princípios —, à proteção do meio ambiente de trabalho, posição corroborada também pelo enfoque preventivo concedido ao meio ambiente do trabalho e pela proibição de retrocesso social. É também medida que consagra a proteção da dignidade da pessoa humana e do direito fundamental do trabalhador de desfrute de um ambiente de trabalho saudável.

6. O TELETRABALHO E SEU ENFOQUE AMBIENTAL

O teletrabalho ainda não é comumente abordado sob a perspectiva do meio ambiente de trabalho. Muitas vezes, costumam-se elencar impactos do teletrabalho no meio ambiente, apontando forte tendência a considerá-lo somente em sua concepção natural ou física, por exemplo, no tocante ao descongestionamento do

---

(46) OLIVEIRA, Sebastião Geraldo de. *Proteção jurídica à saúde do trabalhador*. p. 119.
(47) ROCHA, Julio Cesar de Sá da. *Revista de direito ambiental*. São Paulo, v. 10, abr. 1998, p. 116-118.

tráfego e a diminuição do transporte público, o que acarretaria a diminuição do nível de poluição[48]. Já em sentido contrário são atualmente produzidos estudos específicos que muito contribuem para o reconhecimento de vínculos entre o teletrebalho e o meio ambiente no qual se insere, conforme adiante melhor se abordará.

De fato, a promoção da saúde, da segurança e do bem-estar do teletrabalhador é também objeto de tutela ambiental. No entanto, da mesma forma em que a análise de aspectos como a subordinação e a existência de vínculo de emprego no teletrabalho devem considerar pressupostos específicos, também a análise das características do meio ambiente de (tele)trabalho exige a abordagem de uma gama de institutos com outro enfoque, já que a própria conceituação e os exemplos mencionados de tutela ambiental na maioria das vezes não são capazes de abarcar a peculiaridade dessa forma de prestação de serviços.

O teletrabalho pode ser desenvolvido no estabelecimento do empregador, em telecentros, no domicílio do empregado, em lugares públicos como ruas aeroportos e outros lugares, em trânsito e ainda fora das fronteiras nacionais, e todos esses locais podem ser considerados como meio ambiente de trabalho, uma vez que ali são desenvolvidas as atividades laborais. Assim, normas mencionadas pela doutrina como de prevenção de riscos dos trabalhadores, a exemplo da fiscalização ao estabelecimento do empregador, interdição e embargos, regulados na seção II do Capítulo V da CLT não são suficientes para tutelar o meio ambiente no qual o teletrabalhador se insere, pois este não está no estabelecimento do empregador, o que dificulta essa atuação da autoridade administrativa, no sentido de fiscalizar ou mesmo interditar o posto de trabalho obreiro.

No entanto, tais dificuldades não obstam o estudo do teletrabalho sob a perspectiva ambiental. Nesse sentido, é a lição de Sandro Nahmias de Melo[49]:

> (...) no mundo globalizado é crescente o número de empresas virtuais, aquelas cujas atividades podem ser realizadas a distância. Os empregados destas empresas por vezes trabalham em casa, ou como verdadeiros vendedores viajantes, ligados à empresa por correio eletrônico, ou comunicação simultânea, através de *laptops* pela internet.

Todavia, apesar da dificuldade se especificar qual o meio ambiente laboral destes trabalhadores, uma vez que este ambiente deve ser considerado como o "habitát laboral" onde quer que se firme, forçoso destacar que este tipo de trabalho também pode trazer prejuízo à saúde do trabalhador. E saúde, lembre-se, é direito fundamental do trabalhador.

---

(48) BARROS, Alice Monteiro de. *Curso de direito do trabalho.* p. 330.
(49) MELO, Sandro Nahmias de, 2001. p. 99, *apud* BARBOSA, Edna Maria Fernandes. *Revista do Tribunal Regional do Trabalho da 11ª Região.* p. 49.

Além de tudo isso, o ambiente produtivo do teletrabalhador pode afetar e ser afetado pelo convívio familiar e social de forma mais brusca quando comparado à rotina do serviço prestado de modo tradicional, dentro da sede das empresas.

Portanto, os tradicionais instrumentos de proteção ambiental que são hoje discutidos por uma parte da doutrina trabalhista, como Estudo Prévio de Impacto Ambiental, possibilidade de interdição do local de trabalho, entre outros mecanismos, deverão ser amplamente discutidos no meio acadêmico para que possam acompanhar essas diferenças de tratamento existentes no teletrabalho, sob pena de o sujeito que labore nesse regime, por mais que a ele sejam aplicáveis as regras celetistas ou mesmo os tradicionais princípios e institutos de Direito Ambiental, restar desprotegido juridicamente.

A autora Vera Regina Lourenço Winter, em item específico sobre o impacto do teletrabalho na saúde, segurança e meio ambiente de trabalho, além dos problemas como estresse e fadiga, aponta como fatores de risco para essa modalidade de trabalho o consumo de álcool e drogas e as lesões por esforços repetitivos[50]. A autora salienta a necessidade de serem efetuados estudos acerca dos impactos do teletrabalho não somente após a sua implementação. Assim, ressalta a importância de medidas preventivas a serem implementadas pelas autoridades administrativas e pelo Ministério Público do Trabalho, ao invés da mera compensação financeira obtida mediante ajuizamento de ações trabalhistas[51].

Dentre outros autores cumpre salientar a posição de Emília Simeão Albino Sako, a qual entende ter o teletrabalhador direito a um meio ambiente seguro. Para ela, as mazelas advindas do teletrabalho, tais como excesso de trabalho e isolamento, acarretariam o surgimento de doenças — como o estresse, fadiga — e aumentariam os índices de acidentes de trabalho:

> Merece atenção especial também o direito a um meio ambiente de trabalho seguro e saudável. O excesso de trabalho, o isolamento social, a insegurança e a angústia pela precariedade da relação e falta de adequação dos postos de trabalho tem conduzido ao crescimento do número de doenças, fadigas e acidentes. No teletrabalho a exclusão social é gerada na própria dimensão profissional, que gera a desvinculação e a separação social, fenômeno mundial que vem acompanhado de desigualdade e exclusão. O isolamento e a sobrecarga de trabalho elevam os índices de estresse, contribuindo à má-adaptação do espaço físico, que pode ser também insalubre em razão dos elevados níveis de ruído, conter odores, iluminação insuficiente, temperatura inadequada, umidade, presença de ferramentas ou substâncias perigosas etc.[52]

---

(50) WINTER, Vera Regina Loureiro. *Teletrabalho:* uma forma alternativa de emprego. p. 145-146.
(51) WINTER, Vera Regina Loureiro. *Teletrabalho:* uma forma alternativa de emprego. p. 147.
(52) SAKO, Emília Simeão Albino. *Ideias legais:* Escola Superior da Magistratura 24. R. p. 57.

Com efeito, o teletrabalho pode acarretar diversos prejuízos à saúde e ao convívio social do trabalhador, já conhecidos e aceitos pela medicina e pelo meio jurídico, tais como LER, problemas visuais, problemas osteomusculares, isolamento, podendo, inclusive, culminar em sintomas de estresse ou mesmo depressão.

Não só esses prejuízos afligirão os teletrabalhadores. Principalmente pelo fato de que os avanços tecnológicos tornam-se cada vez mais intensos, é frequente o lançamento de tecnologias que há pouco tempo sequer seriam imagináveis, podendo acarretar o surgimento de doenças que não são atualmente previstas pela medicina.

Além dos avanços tecnológicos, as alterações no convívio social dos obreiros imposta pelo teletrabalho podem implicar o surgimento de doenças psicossociais. Se de um lado a concorrência e a volatilidade de mercado exigem dos empregados, constantemente, novos conhecimentos, habilidades e atitudes, de outro lado, esse mesmo mercado enfrenta crises e pressões dos consumidores e dos governos, que implicam o cerceamento de oportunidades de crescimento dos trabalhadores. Não só isso: a doutrina aponta como uma das principais desvantagens do teletrabalho a dificuldade de ascensão na carreira.

Sobre esse aspecto cabe mencionar a Síndrome de *Burnout*, que teve seu conceito formulado nos Estados Unidos em meados dos anos 70. Atualmente ainda não existe consenso acerca da definição dessa síndrome, admitindo-se, apenas, que pode estar relacionada a esgotamento e perda de interesse pela atividade laborativa[53].

É imperativo reconhecer que o conhecimento científico atual não é absoluto e imutável e que não possui meios de prever todos os eventuais malefícios que poderiam comprometer a saúde dos trabalhadores nessa nova modalidade de trabalho.

Enquanto a comunidade científica debate a existência ou não dessas doenças ou substâncias, suas características e consequências, os trabalhadores sofrem com esses fenômenos incertos. Não há garantia de trabalho digno sem uma devida proteção em face dessas doenças e o Direito não pode se eximir de proteger o trabalhador alegando incertezas científicas.

É este também mais um argumento que justifica o estudo do teletrabalho sob o enfoque do meio ambiente laboral, uma vez que nessa disciplina existem princípios específicos para lidar tanto com a probabilidade de danos certos e conhecidos, como com riscos incertos e imprevisíveis.

---

(53) SILVA, Flávia Pietá Paulo da. *Burnout: um desafio à saúde do trabalhador*. Disponível em: <http://www.uel.br/ccb/psicologia/revista/textov2n15.htm>. Acesso em: 9 jul. 2012.

7. PRINCÍPIOS AMBIENTAIS APLICÁVEIS NO ÂMBITO TRABALHISTA

Atualmente, observa-se uma tendência de adoção de princípios inerentes ao Direito Ambiental na tutela do meio ambiente de trabalho, como se observa em alguns dos enunciados formulados na 1ª Jornada de Direito Material e Processual na Justiça do Trabalho de 2007, em que foi estendida a responsabilidade civil objetiva aos acidentes de trabalho, buscando-se também a adoção de medidas preventivas:

> 37. RESPONSABILIDADE CIVIL OBJETIVA NO ACIDENTE DE TRABALHO. ATIVIDADE DE RISCO.
>
> Aplica-se o art. 927, parágrafo único, do Código Civil nos acidentes do trabalho. O art. 7º, XXVIII, da Constituição da República, não constitui óbice à aplicação desse dispositivo legal, visto que seu *caput* garante a inclusão de outros direitos que visem à melhoria da condição social dos trabalhadores.
>
> 38. RESPONSABILIDADE CIVIL. DOENÇAS OCUPACIONAIS DECORRENTES DOS DANOS AO MEIO AMBIENTE DO TRABALHO.
>
> Nas doenças ocupacionais decorrentes dos danos ao meio ambiente do trabalho, a responsabilidade do empregador é objetiva. Interpretação sistemática dos arts. 7º, XXVIII, 200, VIII, 225, § 3º, da Constituição Federal e do art. 14, § 1º, da Lei n. 6.938/81.
>
> 39. MEIO AMBIENTE DE TRABALHO. SAÚDE MENTAL. DEVER DO EMPREGADOR.
>
> É dever do empregador e do tomador dos serviços zelar por um ambiente de trabalho saudável também do ponto de vista da saúde mental, coibindo práticas tendentes ou aptas a gerar danos de natureza moral ou emocional aos seus trabalhadores, passíveis de indenização[54].

Raimundo Simão de Melo elenca como princípios ambientais estabelecidos na Constituição Federal Brasileira os seguintes: prevenção, precaução, desenvolvimento sustentável, poluidor-pagador, participação e ubiquidade[55].

Sobre o princípio da ubiquidade, o autor, analisando a lição de Fiorillo, conclui que "a ubiquidade do meio ambiente nasce de uma ligação desse direito a seus valores com as demais áreas de atuação e desenvolvimento dos seres humanos, como epicentro de tudo"[56]. Assim a responsabilidade pela manutenção e adequação do meio ambiente de trabalho prístino seria de todos e de cada pessoa ao mesmo tempo. No que se refere ao meio ambiente de trabalho, o autor ressalta que este não está adstrito ao local de trabalho, pois abrange as condições em que se desenvolve. Dessa forma, as consequências de um dano ao trabalhador não o atingem apenas nessa condição, já que refletem no seu *status* de ser humano, bem como repercutem no desempenho da empresa e alcançam toda a sociedade[57].

---

(54) Consultor Jurídico. Enunciados da ANAMATRA mostram tendências dos juízes. Disponível em: <http://www.conjur.com.br/2008-jan-28/enunciados_anamatra_mostram_tendencias_juizes?pagina=6>. Acesso em: 9 jul. 2012.
(55) MELO, Raimundo Simão de. *Direito ambiental do trabalho e a saúde do trabalhador*. p. 52-62
(56) MELO, Raimundo Simão de. *Direito ambiental do trabalho e a saúde do trabalhador*. p. 62.
(57) *Idem*.

O princípio da participação decorre do art. 225 da CRFB/1988 e estende a toda a sociedade o dever de proteger o meio ambiente. Em relação ao meio ambiente de trabalho, salienta o autor que o Estado, por meio do Ministério do Trabalho e Emprego — MTE, tem o dever de elaborar normas de proteção, orientar os trabalhadores e empregadores, bem como de fiscalizar o cumprimento das normas. Ao Sistema Único de Saúde — SUS, em conjunto com o MTE e o Centro de Referências de Saúde, caberia zelar pela saúde do empregado. Além disso, os sindicatos e as Comissões Internas de Prevenção de Acidentes — CIPAs deveriam cumprir seu papel de proteção da classe trabalhadora[58].

O princípio do poluidor-pagador abrangeria três aspectos: responsabilidade civil objetiva, prioridade da reparação específica do dano ambiental e solidariedade para suportar os danos[59].

Acerca do desenvolvimento sustentável, segundo o autor não haveria "campo mais fértil para aplicação desse princípio do que no meio ambiente do trabalho"[60]. Tal fato decorreria dos ditames constitucionais que asseguram como fundamento da República a dignidade da pessoa humana e os valores sociais do trabalho, e na ordem econômica, determinam a valorização do trabalho humano e a livre iniciativa, assegurando a existência digna e a defesa do meio ambiente e do pleno emprego[61].

O princípio da prevenção teria fundamento no Princípio 15 da Declaração do Rio de 1992[62] sobre meio ambiente e desenvolvimento e no *caput* do art. 225 da CF/88[63], bem como no art. 7º, XXII da CF/88[64]. Enaltece o autor que "prevenção significa adoção de medidas tendentes a evitar riscos ao meio ambiente e ao ser humano"[65] enquanto a precaução "tem a ver com risco, prejuízo, irreversibilidade e incerteza"[66].

---

(58) MELO, Raimundo Simão de. *Direito ambiental do trabalho e a saúde do trabalhador.* p.61-62.
(59) MELO, Raimundo Simão de. *Direito ambiental do trabalho e a saúde do trabalhador.* p. 59.
(60) MELO, Raimundo Simão de. *Direito ambiental do trabalho e a saúde do trabalhador.* p. 58.
(61) MELO, Raimundo Simão de. *Direito ambiental do trabalho e a saúde do trabalhador.* p. 58-59.
(62) Princípio 15: Com o fim de proteger o meio ambiente, o princípio da precaução deverá ser amplamente observado pelos Estados, de acordo com suas capacidades. Quando houver ameaça de danos graves ou irreversíveis, a ausência de certeza científica absoluta não será utilizada como razão para o adiamento de medidas economicamente viáveis para prevenir a degradação ambiental. DECLARAÇÃO DO RIO SOBRE MEIO AMBIENTE E DESENVOLVIMENTO. Disponível em: <http://www.onu.org.br/rio20/img/2012/01/rio92.pdf>. Acesso em: 9 jul. 2012.
(63) Art. 225. Todos têm direito ao meio ambiente ecologicamente equilibrado, bem de uso comum do povo e essencial à sadia qualidade de vida, impondo-se ao Poder Público e à coletividade o dever de defendê-lo e preservá-lo para as presentes e futuras gerações.
(64) Art. 7º São direitos dos trabalhadores urbanos e rurais, além de outros que visem à melhoria de sua condição social [...] XXII — redução dos riscos inerentes ao trabalho, por meio de normas de saúde, higiene e segurança.
(65) MELO, Raimundo Simão de. *Direito ambiental do trabalho e a saúde do trabalhador.* p. 52.
(66) MELO, Raimundo Simão de. *Direito ambiental do trabalho e a saúde do trabalhador.* p. 53.

Sobre o princípio da precaução, Raimundo Simão de Melo entende que este está albergado pela Lei n. 6.938/81 — Lei de Política Nacional do Meio Ambiente, no art. 4º, I e IV[67], no art. 225, § 1º, IV da CF/88[68] e na Lei de Crimes Ambientais (Lei n. 9.605/98, art. 54, § 3º[69]) e também na ECO-92, nos princípios 15[70] e 17[71].

Ao discorrer sobre precaução, assevera que "basta que o suposto dano seja irreversível e irreparável para que se determine a adoção de medidas efetivas de prevenção, mesmo na dúvida, porque a proteção da vida se sobrepõe a qualquer aspecto econômico"[72]. Assevera que "mesmo na ausência de certeza científica formal, a existência de um risco de dano sério ou irreversível requer a implementação de medidas que possam evitar o possível dano[73]".

Não há razão, contudo, para a não incidência de outros princípios ao âmbito laboral, como o princípio da informação[74] e o princípio da cooperação[75], princi-

---

(67) Art 4º — A Política Nacional do Meio Ambiente visará: I — à compatibilização do desenvolvimento econômico-social com a preservação da qualidade do meio ambiente e do equilíbrio ecológico; IV — ao desenvolvimento de pesquisas e de tecnologias nacionais orientadas para o uso racional de recursos ambientais.
(68) Art. 225. Todos têm direito ao meio ambiente ecologicamente equilibrado, bem de uso comum do povo e essencial à sadia qualidade de vida, impondo-se ao Poder Público e à coletividade o dever de defendê-lo e preservá-lo para as presentes e futuras gerações.
§ 1º — Para assegurar a efetividade desse direito, incumbe ao Poder Público:
IV — exigir, na forma da lei, para instalação de obra ou atividade potencialmente causadora de significativa degradação do meio ambiente, estudo prévio de impacto ambiental, a que se dará publicidade;
(69) Art. 54. Causar poluição de qualquer natureza em níveis tais que resultem ou possam resultar em danos à saúde humana, ou que provoquem a mortandade de animais ou a destruição significativa da flora: § 3º Incorre nas mesmas penas previstas no parágrafo anterior quem deixar de adotar, quando assim o exigir a autoridade competente, medidas de precaução em caso de risco de dano ambiental grave ou irreversível.
(70) Princípio 15: Com o fim de proteger o meio ambiente, o princípio da precaução deverá ser amplamente observado pelos Estados, de acordo com suas capacidades. Quando houver ameaça de danos graves ou irreversíveis, a ausência de certeza científica absoluta não será utilizada como razão para o adiamento de medidas economicamente viáveis para prevenir a degradação ambiental.
(71) Princípio 17: A avaliação do impacto ambiental, como instrumento nacional, será efetuada para as atividades planejadas que possam vir a ter um impacto adverso significativo sobre o meio ambiente e estejam sujeitas à decisão de uma autoridade nacional competente.
(72) MELO, Raimundo Simão de. *Direito ambiental do trabalho e a saúde do trabalhador*. p. 55.
(73) Idem.
(74) Pertencendo a todos e tendo estes capacidade para proceder a tutela do meio ambiente, todos possuem direito de saber sobre os atos lesivos ao ambiente em prática, informados também dos meios que possuem para exercer sua proteção efetivando o princípio supracitado. Esta trilogia formada pela posse comum, informação de como protegê-la e participação comunitária é uma genialidade da tutela ambiental, insuflando todos a lhe dar ensejo. CAVALCANTE, Davi Tiago. *Noções Gerais de Princípios Ambientais*. Universo Jurídico, Juiz de Fora, ano XI, 29 de jan. de 2004. Disponível em: <http://uj.novaprolink.com.br/doutrina/1651/nocoes_gerais_de_principios_ambientais>. Acesso em: 9 jul. 2012.
(75) **Princípio da cooperação entre os povos para manutenção do equilíbrio ambiental.** Princípio internacional, presente em vários tratados e convenções, nacionalmente é sucedâneo do princípio genérico equivalente, presente este na Carta Magna, em seu art. 4º, inciso IX. Pouco adiantaria uma proteção a nível nacional se os demais países não procedessem de maneira análoga na busca pelo

palmente, em relação ao último, no âmbito da OIT e no combate ao *dumping* social proporcionado também pelo teletrabalho.

De tais princípios decorrem também mecanismos que dão suporte fático àqueles, podendo-se citar o Estudo Prévio de Impacto Ambiental, greve ambiental, responsabilidade objetiva do causador do dano ambiental, bem como outros já comuns ao direito do trabalho, mas que muito repercutem na proteção ambiental, tais como interdição, embargo, Programas de Prevenção de Riscos Ambientais — PPRA, Programas de Controle Médico e Saúde Ocupacional — PCMSO, audiência pública, Termos de Ajustamento de Conduta, Ação Civil Pública, Ação Popular entre outros instrumentos.

8. A APLICABILIDADE DOS PRINCÍPIOS AMBIENTAIS AO TELETRABALHO

A presente pesquisa certamente não esgotará todas as formas de aplicação dos princípios ambientais com vistas à efetiva proteção jurídica do teletrabalhador. Pretende-se apenas demonstrar a necessidade de avaliação do teletrabalho sob o prisma do Direito Ambiental e a possibilidade de se estenderem ao teletrabalho os princípios ambientais, ainda mais na presente fase de discussão dessa modalidade de prestação de serviços.

A elaboração de normas que regulem essa modalidade de trabalho deve observar e fazer valer os princípios ambientais e os mecanismos anteriormente expostos, por ser medida que aprimora a condição social do trabalhador. É nesse sentido também o posicionamento do jurista Sebastião Geraldo de Oliveira:

> Defendemos, portanto, que todos os avanços obtidos no campo do Direito ambiental devem ser estendidos para beneficiar o trabalhador e o meio ambiente do trabalho. Não faz sentido a norma ambiental proteger todos os seres vivos, mas não contemplar o trabalhador, o produtor direto dos bens de consumo, que, muitas vezes, se consome no processo produtivo, sem a proteção legal adequada[76].

Assim, a abordagem do teletrabalho e a consequente elaboração normativa devem observar os avanços obtidos no campo do Direito Ambiental, independentemente de o Direito Ambiental do Trabalho ser considerado disciplina autônoma

---

pleno equilíbrio ambiental, pois somente a humanidade unida neste propósito pode alcançar o almejado desenvolvimento, para o qual os países mais desenvolvidos industrialmente muito devem contribuir. Neste sentido, decidiu-se na ECO-92 que todos os países adotariam o princípio da proteção ambiental como ponto importante de suas políticas e planejamentos desenvolvimentistas, de modo que se leve sempre em consideração a tutela do meio ambiente em suas metas de ação. CAVALCANTE, Davi Tiago. *Noções Gerais de Princípios Ambientais*. Universo Jurídico, Juiz de Fora, ano XI, 29 de jan. de 2004. Disponível em: <http://uj.novaprolink.com.br/doutrina/1651/nocoes_gerais_de_principios_ambientais>. Acessado em: 9 jul. 2012.

(76) OLIVEIRA, Sebastião Geraldo de. *Proteção Jurídica à saúde do trabalhador*. p. 119.

ou inerente ao Direito Material do Trabalho, uma vez que é medida que concretiza a previsão do art. 7º, *caput* da CLT e a proibição do retrocesso social, além de promover o respeito ao trabalhador entendido como ser humano, fazendo prevalecer os fundamentos da República de dignidade da pessoa humana e valor social do trabalho.

Um exemplo da importância da aplicação de princípios ambientais ao teletrabalho é a adoção de medidas precaucionais. O teletrabalho pode provocar o surgimento de mazelas sequer hoje conhecidas na comunidade científica, fato este que impõe a aplicação do princípio da precaução. No âmbito da proteção do meio ambiente de trabalho, a precaução abrange também o direito à informação dos trabalhadores quanto aos riscos das atividades.

O princípio da precaução implica a gestão de riscos, participação do cidadão, aumento do conhecimento e informação, bem como ponderação baseada na razoabilidade e proporcionalidade[77]. O referido princípio não deve ser encarado como uma fórmula fechada, mas como um *standard* que admite a revisão regular de acordo com as novas descobertas e avanços científicos.

Medidas precaucionais poderiam ser adotadas, por mais que não comprovadas cientificamente possíveis causas de risco à saúde do teletrabalhador em razão do estresse, depressão, novas doenças osteomusculares e visuais, entre outros males. Assim, sindicatos, empregadores e Poder Público poderiam promover a discussão democrática acerca de possíveis causas e danos à saúde do obreiro provocados pelo teletrabalho, abrangendo diversos pontos de vista científicos. De outra sorte, o Ministério Público do Trabalho, com base nesse princípio, poderia coibir práticas de administração — como cobrança desmensurada de metas e excesso de responsabilidade —, que impliquem redução da qualidade de vida do trabalhador, desde que evidenciada a probabilidade de risco grave à saúde do teletrabalhador.

O princípio da cooperação é também aplicável ao teletrabalho, pois impõe a observância de níveis de qualidade ambiental no plano internacional, combatendo, inclusive, o *dumping* social. Neste aspecto relaciona-se também o princípio do poluidor-pagador, em que se busca a responsabilização do dano ambiental, mesmo que transfronteiriço. Também as regras de responsabilidade objetiva decorrentes deste princípio — caso se entenda ser esta aplicável ao direito do trabalho, o que não se discutirá nesta oportunidade — servem como desestímulo ao empregador a impor aos teletrabalhadores atividades prejudiciais à saúde destes, mesmo que residentes em outra nacionalidade.

É importante também ressaltar o papel do princípio da informação, segundo o qual todos os envolvidos possuem direito de obter informações sobre os atos

---

(77) SETZER, Joana; GOUVEIA, Nelson da Cruz. Princípio da precaução rima com ação. *Revista de Direito Ambiental*, São Paulo, v. 13, n. 49, p. 170-172, jan./mar. 2008.

lesivos ao ambiente, e sobre os meios que possuem para exercer sua proteção. Neste aspecto, a informação deve ser dirigida aos empregadores, teletrabalhadores e inclusive seus familiares, uma vez que todos serão atingidos pelo teletrabalho. A participação deve abarcar todos os envolvidos, não somente porque serão todos afetados, mas também porque podem contribuir com informações relevantes acerca do dia a dia e das implicações do teletrabalho.

O princípio da prevenção deve fundamentar todas as normas trabalhistas, pois devem ser banidas práticas de monetização do risco. O teletrabalhador não deve possuir como única alternativa contra os possíveis danos à saúde o ajuizamento de uma ação de reparação por danos materiais e morais em face do empregador. Tal fato não irá recuperar a sua saúde, tampouco a qualidade do seu convívio social.

A proibição do retrocesso é admitida em questões que envolvam meio ambiente de trabalho e deve abarcar também a proteção do teletrabalhador. Raimundo Simão de Melo analisa a decisão proferida pelo MM. Juízo da 2ª Vara do Trabalho de Sertãozinho/SP em Ação Civil Pública ajuizada pelo Ministério Público do Trabalho (Proc. N. 01332-2008-125-15.00-0) em que se questionam as condições da moradia dos trabalhadores, abrangidas no conceito de meio ambiente de trabalho. Em sua decisão, o juízo utiliza-se do seguinte argumento:

> Em ótica convencional, não é fácil cogitar-se de responsabilizar o empregador pelas condições de moradias que não foram por ele oferecidas aos trabalhadores que atuam em seu favor. Acontece que o direito do trabalho deve avançar, e não retroceder. Isso significa que o caminho que ruma à precarização dos direitos trabalhistas é avesso às suas próprias tendências ontológicas mais essenciais[78].

A decisão demonstra que é plenamente possível a proteção da moradia do trabalhador, com base na proibição do retrocesso. Ora, se o teletrabalho pode ser realizado também no lar do empregado, não há porque tal decisão não ser adotada como paradigma.

O tema e a finalidade da pesquisa não permitem que sejam estudados todos os princípios com a sua correspondente aplicação ao teletrabalho. Tal estudo demandaria obra específica e ainda o trabalho transdisciplinar entre pesquisadores da esfera trabalhista, ambiental, além do contato com as partes envolvidas. E, mesmo que se admita a aplicação dos princípios ambientais, não serão suprimidos todos os malefícios ocasionados ao teletrabalhador, pois ainda vigorará o modelo político-econômico que valoriza o lucro em detrimento da proteção social e jurídica dos trabalhadores. No entanto, os princípios ambientais buscam justamente alcançar um nível de desenvolvimento sustentável que permita à atual e às futuras gerações o desfrute de um meio ambiente sadio, neste incluído o meio ambiente do trabalho.

---

(78) MELO, Raimundo Simão de. *Direito ambiental do trabalho e a saúde do trabalhador*. p. 31.

CONSIDERAÇÕES FINAIS

A iniciativa do legislador de inserir a menção expressa ao teletrabalho no art. 6º da Consolidação das Leis do Trabalho é por si louvável, uma vez que ratifica sua posição no sentido de proteger esses trabalhadores da informalidade ou mesmo de uma fictícia relação autônoma. É também ponto de partida para novas discussões e avanços na compreensão do tema por parte dos operadores jurídicos e trabalhadores.

Assim, cumpre reconhecer que o teletrabalhador desenvolve suas atividades em um ambiente — seja a empresa, o domicílio ou outro estabelecimento em que possa ter contato com a tecnologia transmissora — que deve ser também objeto de estudos e tutela, vez que os trabalhadores possuem direito a um ambiente de trabalho sadio, que não prejudique sua saúde física ou mental.

Não fosse só isso, o direito ao meio ambiente saudável constitui um direito fundamental do ser humano e decorre também da dignidade da pessoa humana. A proteção do meio ambiente é também medida que efetiva outro fundamento republicano, qual seja a solidariedade.

O conceito de meio ambiente, nele incluído o do trabalho, abrange tanto aspectos físicos como sociais. Nesses termos, não há como ser afastada a abordagem do tema teletrabalho sobre esta perspectiva ambiental, ainda mais porque essa modalidade de prestação de serviços possuiu algumas peculiaridades — tais como a reunião de trabalho e convívio familiar no mesmo círculo ou mesmo a possibilidade de serem facilmente ultrapassadas as fronteiras nacionais — que tornam a proteção jurídica do obreiro mais difícil de ser alcançada com a mera utilização dos tradicionais institutos, princípios e regras do Direito do Trabalho.

Já o Direito Ambiental, por exemplo, possui princípios de combate ao risco previsível, ao risco incerto, imprevisível e impactante, além de adotar diferentes mecanismos de responsabilização, prevendo, inclusive, o tratamento jurídico de danos em outras nações, podendo, em muito, complementar a proteção jurídica do teletrabalhador.

É dever do operador jurídico, dos sindicatos, do Poder Executivo, da Justiça do Trabalho e do Ministério Público do Trabalho, bem como dos empregadores, zelar pela proteção dos trabalhadores e pela qualidade do meio ambiente em que se inserem. Como exemplo, muito além de meramente cumprir a regra trabalhista e fazer valer princípios setoriais, cabe à Justiça do Trabalho a observância das normas e avanços obtidos no campo do Direito Ambiental, inserindo-os em suas decisões, em ações individuais e coletivas.

Em razão da limitação do âmbito da pesquisa, não cumpre elencar todos os possíveis casos de aplicação dos princípios e institutos inerentes à Disciplina de Direito Ambiental, tampouco suas causas, visto que compreendem uma análise do caso concreto e, principalmente, a participação das partes envolvidas. O tema, porém, possui amplo campo de pesquisa, principalmente em relação à proteção da saúde do trabalhador face às novas doenças físicas e psicossociais que poderão acompanhar a crescente implementação do teletrabalho e os frequentes avanços tecnológicos.

Espera-se que com esta iniciativa, bem como em outros estudos que hão de vir, assim como em uma eventual normatização do teletrabalho, sejam também avaliados e aplicados os princípios e institutos que hoje são discutidos no campo do Direito Ambiental, além de serem estudadas as regulamentações da matéria em ordenamentos estrangeiros.

Ora, se o trabalhador possui um direito fundamental de desfrute de um ambiente de trabalho digno, não há como se escusar em aplicar as normas que melhor protejam o meio ambiente no qual ele se insere. Em consequência disso, tanto os estudos no campo do Direito Ambiental deverão discutir as peculiaridades do teletrabalho, como também o Direito do Trabalho deverá estar aberto à compreensão do teletrabalho, cabendo a ambas as disciplinas a participação ativa nestes dois embates teóricos, juntamente com outros ramos do conhecimento científico, visando sempre à efetiva proteção do teletrabalhador.

REFERÊNCIAS BIBLIOGRÁFICAS

ARAÚJO, Kely Silva de. Assédio moral no meio ambiente do trabalho. Disponível em: <http://www.conpedi.org.br/manaus/arquivos/anais/manaus/transf_trabalho_kely_silva_de_araujo.pdf>. Acesso em: 9 jul. 2012.

BARBOSA, Edna Maria Fernandes. A dignidade e os direitos do trabalhador na era digital. *Revista do Tribunal Regional do Trabalho da 11ª Região,* Manaus, v. 15, n. 15. p. 45-66, jan./dez. 2007.

BARROS, Alice Monteiro de. *Curso de direito do trabalho.* São Paulo: LTr, 2006.

BELMONTE, Alexandre Agra. Problemas jurídicos do teletrabalho. *Revista de Direito do Trabalho,* São Paulo, v. 33, n.127, p.13-27, 2007.

BRASIL. *Constituição da República Federativa do Brasil.* Brasília, DF: Senado Federal, 1988.

BRASIL. Convenção n. 148 da OIT. Promulgada pelo Decreto n. 92.413 de 15 de outubro de 1986. Disponível em: <http://portal.mte.gov.br/legislacao/convencao-n-148.htm>. Acesso em: 9 jul. 2012.

BRASIL. Decreto-lei n. 5.452, de 1º de maio de 1943. Aprova a Consolidação das Leis do Trabalho. Disponível em: <http://www.planalto.gov.br/ccivil_03/decreto-lei/del5452.htm>. Acesso em: 9 jul. 2012.

BRASIL. *Presidência da República. Lei n. 9.605 de 12 de fevereiro de 1998.* Dispõe sobre as sanções penais e administrativas derivadas de condutas e atividades lesivas ao meio ambiente, e dá outras providências. Brasília, 12 de fevereiro de 1998. Disponível em: <http://www.planalto.gov.br/ccivil_03/leis/l9605.htm>. Acesso em: 9 jul. 2012.

CAVALCANTE, Davi Tiago. *Noções gerais de princípios ambientais*. Universo Jurídico, Juiz de Fora, ano XI, 29 de jan. de 2004. Disponível em: <http://uj.novaprolink.com.br/doutrina/1651/nocoes_gerais_de_principios_ambientais>. Acesso em: 9 jul. 2012.

Consultor Jurídico. Enunciados da ANAMATRA mostram tendências dos juízes. Disponível em: <http://www.conjur.com.br/2008-jan-28/enunciados_anamatra_mostram_tendencias_juizes?pagina=6>. Acesso em: 9 jul. 2012.

DECLARAÇÃO DA CONFERÊNCIA DE ONU NO AMBIENTE HUMANO. Estocolmo, 5-16 de junho de 1972. Disponível em: <www.mma.gov.br/estruturas/agenda21/_arquivos/estocolmo.doc>. Acesso em: 9 jul. 2012.

DECLARAÇÃO DO RIO SOBRE MEIO AMBIENTE E DESENVOLVIMENTO. Disponível em: <http://www.onu.org.br/rio20/img/2012/01/rio92.pdf>. Acesso em: 09 jul. 2012.

FERNANDES, Fábio de Assis F. A Constituição de 1998 e o Meio ambiente de Trabalho. O Princípio da Prevenção no Meio Ambiente do trabalho. Ministério Público do Trabalho e Licenciamento Ambiental. Audiência Pública. Cipa e os Programas de Prevenção e Controle da Saúde e Segurança do Trabalhador. *Revista IOB*: Trabalhista e Previdenciária, São Paulo, v. 19, n. 228, jun. 2008.

FIORILLO, Celso Antonio Pacheco. *Curso de direito ambiental brasileiro*. 11. ed. São Paulo: Saraiva, 2010.

LEITE, José Rubens Morato. *Dano ambiental:* do individual ao coletivo. 2. ed. São Paulo: Editora Revista dos Tribunais, 2003.

MELO, Raimundo Simão de. *Direito ambiental do trabalho e a saúde do trabalhador*. 4. ed. São Paulo: LTr, 2010.

_____. Dignidade da pessoa humana e meio ambiente do trabalho. *Revista de Direito do Trabalho*. [S.l.], v. 31, n. 117, 2005.

OLIVEIRA, Sebastião Geraldo de. *Proteção jurídica à saúde do trabalhador*. 5. ed. São Paulo: LTr, 2010.

PAMPLONA FILHO, Rodolfo (Orient.). *Novos nomes em direito do trabalho*. Salvador: Universidade Católica de Salvador, 2000.

ROCHA, Julio Cesar de Sá da. *Revista de direito ambiental*, São Paulo, v. 10, abr. 1998.

SAKO, Emília Simeão Albino. Direitos fundamentais do teletrabalhador. *Ideias Legais:* Escola Superior da Magistratura 24. R. Campo Grande, Especial, p. 49-64, 2010.

SCHWEITZER, Orly Miguel. *Teletrabalho*: uma proposta para a legislação brasileira. Florianópolis, 2003. 105 f. Dissertação (Mestrado) — Universidade Federal de Santa Catarina, Centro Tecnológico. Programa de Pós-Graduação em Engenharia de Produção.

SETZER, Joana; GOUVEIA, Nelson da Cruz. Princípio da precaução rima com ação. *Revista de Direito Ambiental,* São Paulo, v.13, n.49, jan./mar. 2008.

SILVA, Flávia Pietá Paulo da. *Burnout*: um desafio à saúde do trabalhador. Disponível em: <http://www.uel.br/ccb/psicologia/revista/textov2n15.htm>. Acesso em: 9 jul. 2012.

SILVA, José Afonso da. *Direito ambiental constitucional*. 7. ed. São Paulo: Malheiros, 2009.

UCHÔA, Marcelo Ribeiro. Teletrabalho: vantagem ou *dumping* social? (Análise com enfoque no Acordo Marco Europeu). *Revista Magister:* Direito Trabalhista e Previdenciário, Porto Alegre, 6, 31, p. 85-95, jul./ago. 2009.

WINTER, Vera Regina Loureiro. *Teletrabalho:* uma forma alternativa de emprego. São Paulo: LTr, 2005.

AS DOENÇAS OCUPACIONAIS NO MEIO AMBIENTE DE TRABALHO DOS FRIGORÍFICOS E O DESCUMPRIMENTO DOS DIREITOS FUNDAMENTAIS SOCIAIS

Karine Gleice Cristova(*)
Rodrigo Goldschmidt(**)

RESUMO

Neste artigo abordou-se o tema do desencadeamento e agravamento das doenças ocupacionais no meio ambiente de trabalho dos frigoríficos e o dever do Estado em garantir a efetividade dos direitos fundamentais sociais, bem como o dever de zelo dos empregadores por tais direitos. Neste contexto, evidenciaram-se as diferentes formas de proteção criadas pelo legislador que auxiliam a vida dos trabalhadores acometidos de doenças ocupacionais. Especificamente, a partir de uma abordagem teórica verificou-se as doenças ocupacionais de maior ocorrência e a relação entre o meio ambiente de trabalho proporcionado nos frigoríficos. Por fim, apresentou-se os principais fatores que levam ao desencadeamento das doenças ocupacionais e a necessidade de maiores ações visando à correção e à prevenção.

Palavras-chave: Trabalho. Saúde. Doenças Ocupacionais e Frigoríficos.

INTRODUÇÃO

Este artigo foi motivado pelos altos índices de doenças ocupacionais acometidas pelos trabalhadores de frigoríficos[1] e o crescente aumento de exportação nesse ramo[2], contribuindo para a necessidade de estudos nessa área.

(*) Graduanda em Direito pela Universidade do Oeste de Santa Catarina — UNOESC. Bolsista do PIBIC/UNOESC com financiamento do Governo do Estado de Santa Catarina por meio do art. 170, contato pelo *e-mail:* <karinegleicecristova@hotmail.com>.
(**) Doutor em Direito pela Universidade Federal de Santa Catarina — UFSC. Professor do curso de graduação e pós-graduação em Direito da UNOESC. Coordenador da linha de pesquisa em direitos fundamentais sociais da UNOESC — Campus de Chapecó/SC. Juiz do Trabalho do TRT12/SC, contato pelo *e-mail:* <rmgold@desbrava.com.br>.
(1) Revista Proteção. Alto índice de acidentalidade em frigoríficos preocupa. Disponível em: <http://www.protecao.com.br/site/content/noticias/noticia_detalhe.php?id=JyjbJyy5>. Acesso em: 12 jul. 2011.
(2) Associação Brasileira da Indústria Produtora e Exportadora de Carne Suína: Agência Reuters. Embarques de carne suína sobem em junho, antes de embargo russo. Disponível em: <http://www.abipecs.org.br/news/389/99/Embarques-de-carne-suina-sobem-em-junho-antes-de-embargo-russo.html>. Acesso em: 12 jul. 2011.

O adoecimento dos trabalhadores deve vir acompanhado de uma imediata ação do Estado, pois é ele o responsável por efetivar os mecanismos de proteção à saúde do povo e auxiliar os indivíduos enfermos.

O crescimento da exportação no setor frigorífico tem aumentado mais a cada ano. Recentemente o Brasil assinou com a China acordos de exportação de carne suína, o que tende a elevar os números de exportação, aumentando a produtividade e a necessidade por trabalhadores deste ramo[3].

Embora esse crescimento constante do comércio de produtos produzidos em frigoríficos seja benéfico à geração de empregos, o que contribui para a evolução da sociedade, é de se destacar que são crescentes os números de doenças ocupacionais desencadeadas ou agravadas pelas condições inadequadas de trabalho presente nos frigoríficos.

Assim, surge a necessidade de analisar o desencadeamento e agravamento de doenças ocupacionais, juntamente com o dever do Estado em garantir a efetividade dos direitos fundamentais, entre eles a saúde e a dignidade do trabalhador, bem como a responsabilidade dos empregadores pelo zelo de tais direitos.

Para tanto, serão analisadas as doenças ocupacionais de maior ocorrência nos frigoríficos, a relação entre essas doenças mais ocorrentes com o meio ambiente de trabalho, ressaltando como a proteção do trabalhador está garantida na legislação brasileira.

1. DIREITOS FUNDAMENTAIS SOCIAIS

Os direitos fundamentais são um produto cultural surgido ao longo de anos, resultado de movimentos organizados da sociedade em prol de conquistas humanitárias de condições mínimas de vida digna da pessoa humana.

Araújo e Nunes[4] prelecionam que os direitos fundamentais constituem uma categoria jurídica construída para a proteção da dignidade da pessoa humana e suas dimensões, resguardando o ser humano na sua liberdade, nas suas necessidades e na sua preservação.

Silva[5] define os direitos fundamentais como prerrogativas e instituições de direito positivo que o homem concretiza em garantias de uma convivência digna, livre e igual para todas as pessoas.

---

(3) Portal Brasil. Brasil vai exportar carne suína para a China pela primeira vez. Disponível em: <http://www.brasil.gov.br/noticias/arquivos/2011/04/11/brasil-vai-exportar-carne-suina-para-a-china-pela-primeira-vez>. Acesso em: 11 jul. 2011.
(4) ARAUJO, Luiz Alberto David; NUNES JUNIOR, Vidal Serrano. *Curso de direito constitucional*. 13 ed. São Paulo: Saraiva, 2009. p. 111.
(5) SILVA, José Afonso da. *Curso de direito constitucional positivo*. 23. ed. São Paulo: Malheiros, 2004. p. 178.

Barreto Junior[6] demonstra em seu conceito sobre direitos fundamentais a existência de um conjunto de direitos e garantias direcionados ao respeito da dignidade da pessoa humana, ao mesmo tempo impondo limites ao poder arbitrário do Estado e estabelecendo condições mínimas de vida digna e convivência em sociedade que permitam o desenvolvimento da personalidade humana.

No que se refere às funções dos direitos fundamentais, Carvalho[7] as divide em quatro: função de defesa ou de liberdade, função de prestação social, função de proteção perante terceiro e função de não discriminação.

A primeira função se refere à vedação da interferência do Estado na esfera jurídica do indivíduo, a não ser que este tenha exigido a prestação de direitos fundamentais, quando se tratará da segunda função. Já a terceira função diz respeito ao direito do particular de obter do Estado proteção perante terceiros e a quarta função assegura o tratamento igualitário do Estado perante seus cidadãos.

Nos âmbito dos direitos fundamentais encontram-se os direitos sociais que, segundo Ramos[8], embora tratem-se de prerrogativas que visem a atender necessidades individuais do ser humano, esses direitos possuem caráter social, pois uma vez não atendidas as necessidades de cada um, seus efeitos recairão sobre toda a sociedade.

Moraes[9] conceitua os direitos sociais como os direitos fundamentais do ser humano, caracterizando-se como verdadeiras liberdades positivas que devem ser observadas pelo Estado Social de Direito, tendo por finalidade a melhoria nas condições de vida dos hipossuficientes e a concretização da igualdade social.

Existem certas necessidades materiais que são indispensáveis para a fruição de outras garantias constitucionais. Os direitos sociais tratam exatamente disso, tirar do cidadão a satisfação de suas próprias necessidades e passar ao Estado o dever de estabelecer o básico para a fruição dos direitos mais específicos.

Carvalho[10] diferencia os direitos sociais dos individuais porque enquanto estes impõem uma abstenção por parte do Estado ao não fazer, não violar e não prejudicar o cidadão, os direitos sociais precisam de uma prestação positiva por parte do Estado, ao fazer, contribuir e ajudar para a criação e manutenção dos serviços que irão melhorar as condições de existência do indivíduo.

---

(6) BARRETO JUNIOR, Valter Pedrosa. Direito ao silêncio em matéria tributária. Teresina: *Jus Navigandi*, ano 10, n. 660. Disponível em: <http://jus.uol.com.br/revista/texto/6638>. Acesso em: 13 jul. 2011.
(7) CARVALHO, Kildare Gonçalves. *Direito constitucional didático*. 9. ed. Belo Horizonte: Del Rey, 2003. p. 303.
(8) RAMOS, Elisa Maria Rudge. *Os direitos sociais*: direitos humanos e fundamentais. Disponível em <http://www.lfg.com.br.>. Acesso em: 14 jul. 2011.
(9) MORAES, Alexandre de. *Direito constitucional*. 11. ed. São Paulo: Atlas 2002. p. 202.
(10) CARVALHO, Kildare Gonçalves. *Direito constitucional didático*. p. 366.

Cruz[11] evidencia que o Estado funciona como intervencionista, ou mesmo como um Estado Social com função social, com finalidade de garantir ou impedir determinadas ações sociais, culturais e econômicas. Por serem direitos de prestação, sua existência não depende só da legislação constitucional, mas, principalmente, de uma disponibilidade de recursos econômicos para viabilização da aplicação desses direitos.

Segundo o art. 6º da Constituição Federal[12], são direitos sociais: a educação, a saúde, a alimentação, o trabalho, a moradia, o lazer, a segurança, a previdência social, a proteção à maternidade e à infância e a assistência aos desamparados. No entanto, segundo a doutrina[13], esse rol não é taxativo, podendo existir outros direitos sociais dispersos ao longo do texto constitucional.

É importante para este estudo, tendo em vista o seu objeto, estabelecer alguns conceitos e definições sobre os direitos fundamentais sociais ao trabalho, à saúde e à previdência social, o que se passará a apresentar no próximo tópico.

1.1. Direito Fundamental ao Trabalho

O Direito do Trabalho regulamenta as relações entre trabalhadores e empregadores, proporcionando especial proteção ao indivíduo trabalhador, considerado hipossuficiente[14] e vulnerável[15] na relação contratual de trabalho.

Não obstante a Constituição da República Federativa do Brasil (1988) definir que o trabalho é um dos fundamentos de um Estado Democrático de Direito (art. 1º, IV[16]), também o elevou à categoria dos Direitos Sociais (art. 6º), como um valor essencial à vida em comum na sociedade.

A importância do trabalho denota-se por constituir o fundamento da ordem econômica e social do Brasil, pois o próprio constituinte declarou na Carta Magna

---

(11) CRUZ, Paulo Márcio. *Fundamentos do direito constitucional*. 2. ed. Curitiba: Juruá, 2007. p. 161.
(12) Art. 6º São direitos sociais a educação, a saúde, a alimentação, o trabalho, a moradia, o lazer, a segurança, a previdência social, a proteção à maternidade e à infância, a assistência aos desamparados, na forma desta Constituição.
(13) ARAUJO, Luiz Alberto David; NUNES JUNIOR, Vidal Serrano. *Curso de direito constitucional*. p. 218.
(14) Entende-se por hipossuficiência a condição do trabalhador por ser, geralmente, a parte que possui menos recursos econômicos e/ou que está em situação de inferioridade e desvantagem perante o empregador.
(15) O sentido de vulnerabilidade que se quer expressar é a situação de fraqueza do trabalhador, sua condição de subordinado, tornando-o mais propenso a sofrer injustiças.
(16) "Art. 1º A República Federativa do Brasil, formada pela união indissolúvel dos Estados e Municípios e do Distrito Federal, constitui-se em Estado Democrático de Direito e tem como fundamentos:
[...] IV — os valores sociais do trabalho e da livre iniciativa; [...]".

que a ordem econômica precisa estar fundada na valorização do trabalho, para garantia da vida digna[17], e que a ordem social tem como base o primado do trabalho[18].

O Estado tem o dever de manter a legislação protecionista do trabalhador e garantir sua aplicação prática, intervindo efetivamente na relação entre o capital e o trabalho com medidas sociais, políticas e jurídicas que protejam o trabalhador, estabelecendo um equilíbrio de forças entre as partes e reconhecendo sua dignidade[19].

Justifica-se a valorização do trabalho, por ser mais do que uma forma para garantir a sobrevivência. O trabalho traduz na sua essência elementos importantes que auxiliam na busca pela construção de um país mais solidário.

O respeito ao trabalho digno é importante ao homem por fazer parte de todo o contexto consagrado e protegido pelo princípio da dignidade da pessoa humana, pois os homens são iguais em dignidade e, por isso mesmo, merecedores do mesmo tratamento jurídico, sem distinções, devendo ser colocados a salvo de arbitrariedades, de abusos e de perseguições[20].

Isto posto, verifica-se que entre os primordiais objetivos do trabalho está o de contribuir para a redução das desigualdades sociais, proporcionando condições justas e dignas de sobrevivência, elementos inerentes para a fruição de uma vida com dignidade.

1.2. Direito Fundamental à Saúde

Sabendo que o direito à saúde é pressuposto para a qualidade de vida dos seres humanos, decorrendo diretamente do princípio da dignidade humana, o constituinte brasileiro (1988) declarou no teor do art. 196[21] que a atenção à saúde constitui um direito de todo cidadão e um dever do Estado, devendo estar plenamente integrada às políticas públicas governamentais.

---

(17) Conforme estabelecido no *caput* do art. 170 da Constituição Federal "A ordem econômica, fundada na valorização do trabalho humano e na livre iniciativa, tem por fim assegurar a todos existência digna, conforme os ditames da justiça social, observados os seguintes princípios: [...]".
(18) Previsto no art. 193 da Constituição Federal: "A ordem social tem como base o primado do trabalho, e como objetivo o bem-estar e a justiça sociais."
(19) Sobre o tema, ver: GOLDSCHMIDT, Rodrigo. *Flexibilização dos direitos trabalhistas*: ações afirmativas da dignidade da pessoa humana como forma de resistência. São Paulo: LTr, 2009. p. 55 e 203.
(20) Sobre o tema: GOLDSCHMIDT, Rodrigo. *Flexibilização dos direitos trabalhistas*: ações afirmativas da dignidade da pessoa humana como forma de resistência. p. 61.
(21) "Art. 196. A saúde é direito de todos e dever do Estado, garantido mediante políticas sociais e econômicas que visem à redução do risco de doença e de outros agravos e ao acesso universal e igualitário às ações e serviços para sua promoção, proteção e recuperação."

O dispositivo é aplicável a todos os entes políticos do Estado brasileiro, existindo a responsabilidade de promover a efetivação desse direito, qualquer que seja sua esfera governamental: municipal, estadual ou federal.

Ordacgy[22] ao escrever sobre a importância da saúde nos direitos fundamentais expõe que a saúde é um dos bens intangíveis mais preciosos do ser humano, sendo merecedor de tutela estatal, tendo em vista a sua característica protecionista da vida humana.

Castro[23], por seu turno, define o direito fundamental à saúde em duas faces: a preservação e a proteção. A primeira se refere à construção de políticas para redução de risco de determinadas doenças, e a segunda diz respeito ao direito individual de tratamento e recuperação da pessoa.

O direito à saúde é considerado um direito fundamental social de todas as pessoas, além de ser indissociável ao direito à vida, é inalienável, imprescritível e irrenunciável, devendo ser observado e protegido com zelo na relação trabalhista.

1.3. Direito Fundamental à Previdência Social

O direito previdenciário é um ramo do direito que trata da estrutura das organizações do sistema de previdência, estabelecendo as formas de custeio e disciplinando quais são os benefícios e os beneficiários deste sistema.

Esse direito está previsto na Constituição entre os direitos de cunho social (art. 6º) e dentro do capítulo que trata dos direitos e garantias fundamentais do cidadão (Título II).

A previdência social é uma espécie de seguro governamental que garante renda ao indivíduo integrante do grupo de contribuintes, na ocorrência de situações infortunísticas presentes ou futuras que podem afetar o recebimento do seu salário, como no caso de doenças ocupacionais.

Castro e Lazzari[24] definem a previdência social como um direito subjetivo do indivíduo, exercido em face da própria sociedade na figura do Estado, enquanto seu representante, que é responsável por manter e assegurar um regime de seguro social, no qual todos os cidadãos deverão contribuir para sua manutenção.

---

(22) ORDACGY, André da Silva. A tutela de direito de saúde como um direito fundamental do cidadão. Disponível em: <http://www.dpu.gov.br/pdf/artigos/artigo_saude_andre.pdf>. Acesso em: 20 jun. 2011.
(23) CASTRO, Henrique Hoffmann Monteiro de. Do direito público subjetivo à saúde: conceituação, previsão legal e aplicação na demanda de medicamentos em face do Estado-membro. Disponível em: <http://jus2.uol.com.br/doutrina/texto.asp?id=6783>. Acesso em: 20 jun. 2011.
(24) CASTRO, Carlos Alberto Pereira de; LAZZARI, João Batista. *Manual de direito previdenciário*. 3. ed. São Paulo: LTr, 2002. p. 41.

No entanto, os autores citados explicam que o regime atual da previdência social brasileira não abriga toda a população ativa, mas somente aquelas pessoas que contribuem e não são abrangidas por outros regimes de seguro social e, ainda, que preenchem os requisitos legais para usufruir dos benefícios.

A Lei n. 8.213/91 é responsável por regulamentar a finalidade da previdência social, estabelecendo os requisitos e formas para sua concessão, e definindo os planos de benefícios vigentes no país.

Quando se trata de previdência social as doenças ocupacionais são consideradas acidente de trabalho, visto que foram assim estabelecidas pelo legislador no art. 20 da Lei n. 8.213/91[25] (regulamentada pelo Decreto n. 2.172/97, responsável por uniformizar os benefícios da previdência social).

Esta Lei também define que outras doenças como as degenerativas, as inerentes a grupos etários e as endêmicas, adquiridas pela região, não são consideradas doenças do trabalho[26].

É importante observar, para a configuração de uma doença do trabalho, se a patologia acometida pelo indivíduo produzirá reflexos na sua capacidade laboral, ou, se ela será irrelevante ao trabalho realizado.

Outrossim, a doença adquirida, o trabalho executado e as condições em que é realizado, devem sempre se correlacionarem para que seja caracterizada a doença laboral.

2. DOENÇAS OCUPACIONAIS

As doenças ocupacionais são aquelas adquiridas pelo trabalhador em função do labor realizado, pelas atividades desempenhadas, pelas condições submetidas ou pelos meios em que é exercido e seus danos podem causar afastamentos temporários, repetitivos ou definitivos.

Brandimiller[27] explica que doença ocupacional é um termo genérico do qual são espécies as doenças profissionais e do trabalho. A diferença entre ambas,

---

(25) "Art. 20. Consideram-se acidente do trabalho, nos termos do artigo anterior, as seguintes entidades mórbidas: I — doença profissional, assim entendida a produzida ou desencadeada pelo exercício do trabalho peculiar a determinada atividade e constante da respectiva relação elaborada pelo Ministério do Trabalho e da Previdência Social; II — doença do trabalho, assim entendida a adquirida ou desencadeada em função de condições especiais em que o trabalho é realizado e com ele se relacione diretamente, constante da relação mencionada no inciso I. [...]".
(26) "Art. 20 [...] § 1º Não são consideradas como doença do trabalho: a) a doença degenerativa; b) a inerente a grupo etário; c) a que não produza incapacidade laborativa; d) a doença endêmica adquirida por segurado habitante de região em que ela se desenvolva, salvo comprovação de que é resultante de exposição ou contato direto determinado pela natureza do trabalho. [...]".
(27) BRANDIMILLER, Primo A. *Perícia Judicial em acidentes e doenças de trabalho*. São Paulo: Editora SENAC, 1996. p. 148.

segundo o autor[28], é que na doença profissional os agentes patogênicos são inerentes à atividade, e na doença do trabalho ocorre a exposição de tais agentes em função das condições especiais em que o trabalho é realizado.

Conforme já salientado no tópico anterior as doenças ocupacionais são consideradas acidente de trabalho. Sobre o assunto Brandimiller[29] esclarece que *"a doença ocupacional não equivale, ela é um dos acidentes de trabalho, no sentido genérico de acidente"*.

A proteção ao trabalhador acometido de doença ocupacional, segundo Arantes[30], foi coroada com a revisão da Súmula n. 378[31] do TST, sobre o seu conteúdo a autora comenta:

> Ocorrendo a doença ocupacional, mesmo as detectadas após a saída do emprego, não se exigem as mesmas formalidades do acidente do trabalho para efeito de garantia de emprego, quais sejam, o afastamento do trabalho e a percepção de auxílio-doença acidentário, isto em razão das características diferenciadas entre o acidente propriamente dito e a doença.

As doenças osteomoleculares, ou também conhecidas como LER/DORT (Lesões por Esforços Repetitivos ou Distúrbios Osteomoleculares Relacionados ao Trabalho) fazem parte do rol das doenças ocupacionais mais comuns. Trata-se de moléstia responsável por ocasionar alterações em estruturas como tendões, nervos, músculos e articulações. Essa doença envolve cerca de trinta patologias, tais como a tendinite (inflamação de tendão) e a tenossinovite (inflamação da membrana que recobre os tendões).

Tendo em vista a exposição direta ou indireta a agentes químicos, físicos, biológicos e radioativos em alguns ambientes de trabalho, poderão surgir ou agravarem-se algumas doenças de pele no trabalhador, como alergias e dermatites de contato.

Já com relação à exposição contínua a níveis superelevados de ruídos, estes acabam ocasionando a diminuição gradual da audição, por isso há também o risco de o trabalhador sofrer a perda de sua audição.

---

(28) BRANDIMILLER, Primo A. *Perícia Judicial em acidentes e doenças de trabalho*. p. 152.
(29) BRANDIMILLER, Primo A. *Perícia Judicial em acidentes e doenças de trabalho*. p. 148.
(30) ARANTES, Delaíde Alves Miranda. Doença ocupacional e estabilidade no emprego: garantias constitucionais. A OIT e o Tribunal Superior do Trabalho. Disponível em: <http://www.contee.org.br/noticias/msin/nmsin214.asp>. Acesso em: 14 jul. 2011.
(31) Súmula n. 378 — TST: "Estabilidade Provisória — Acidente do Trabalho — Constitucionalidade — Pressupostos I — É constitucional o art. 118 da Lei n. 8.213/1991 que assegura o direito à estabilidade provisória por período de 12 meses após a cessação do auxílio-doença ao empregado acidentado. II — São pressupostos para a concessão da estabilidade o afastamento superior a 15 dias e a consequente percepção do auxílio-doença acidentário, salvo se constatada, após a despedida, doença profissional que guarde relação de causalidade com a execução do contrato de emprego.".

Outras doenças ocupacionais que podem aparecer são as respiratórias, causadas por partículas agressivas, vapores e até mesmo alguns tipos de gases nocivos que acabam sendo inalados e absorvidos pelo organismo. Essas substâncias depositam-se nos pulmões, comprometendo o seu funcionamento e provocando o surgimento de doenças como a asma ocupacional, a silicose (causada pela poeira da sílica), a asbestose (causada pela poeira do asbesto) e o câncer da traqueia (principalmente para trabalhadores de minas).

É importante destacar a depressão como doença ocupacional, pois acomete principalmente os indivíduos trabalhadores de serviços extremamente operacionais e mecânicos, como no caso dos operários de frigoríficos.

A depressão trata-se de um distúrbio emocional que transtorna o humor da pessoa modificando o seu modo de ver o mundo e sentir a realidade. Os sentimentos bons acabam apagados pelos sentimentos como a falta de esperança e vitalidade.

Um dos motivos verificados para a ocorrência da depressão como doença ocupacional é a desvalorização do trabalho. Por mais que os indivíduos se esforcem, dedicando seu tempo e suas energias no trabalho, não há uma recompensa justa, o que acaba desmotivando o trabalhador. Outro elemento causador desta depressão é quando o trabalhador recebe uma demanda que ultrapassa os seus limites, o que lhe acarreta o estresse. Esses motivos aliados aos fatores genéticos, biológicos e psicossociais contribuem para o desencadeamento ou agravamento da depressão.

Ao afetar a saúde do trabalhador as doenças ocupacionais prejudicam sua produtividade, afetando sua carreira e desestabilizando sua vida. Por isso a importância dos planos de benefícios da previdência social, auxiliando o indivíduo trabalhador em momentos de necessidades causadas por situações infortunísticas.

2.1. Benefícios da Previdência Social

Tendo em vista o conteúdo abordado no tópico anterior, é importante fazer um breve apanhado dos principais benefícios dispostos pela previdência social que irão auxiliar o trabalhador acometido de doença ocupacional.

Na ocorrência de qualquer incapacidade deve-se analisar o grau do dano acometido pelo indivíduo e os efeitos que imputaram na capacidade para o trabalho que vinha sendo desenvolvido.

2.1.1. Auxílio-doença

Se o trabalhador adquirir uma doença ocupacional que não gere incapacidade permanente, mas temporária e suscetível de ser reabilitado para outra função, ele poderá receber o auxílio-doença, que persistirá enquanto durar a incapacidade.

Em face do caráter temporário desse benefício, o indivíduo passará por análises médicas periódicas na previdência social, que poderá renová-lo ou cessá-lo, caso for verificada a recuperação da capacidade laborativa.

Martins[32] conceitua que *"o auxílio-doença deve ser um benefício previdenciário de curta duração e renovável a cada oportunidade em que o segurado dele necessite. É um benefício pago em decorrência de incapacidade temporária."*

Castro e Lazzari[33] esclarecem que o auxílio-doença não é devido ao segurado que no ato da filiação ao regime de previdência social já era portador da lesão invocada como causa para o benefício, exceto nos casos em que a incapacidade for motivo de progressão ou agravamento de doença ou lesão.

2.1.2. Auxílio-acidente

Para doenças ocupacionais que afetarem o labor do indivíduo de modo definitivo, mas não impedirem totalmente que ele exerça o seu trabalho, podendo exercê-lo mesmo com a capacidade reduzida, ou seja, a incapacidade é parcial, o trabalhador poderá receber o auxílio-acidente, que tem caráter indenizatório pelo dano sofrido[34].

Os autores Castro e Lazzari[35] dispõem sobre o auxílio-acidente da seguinte maneira:

> De um acidente ocorrido com o segurado podem resultar danos irreparáveis, insuscetíveis de cura, para a integridade física do segurado. Tais danos, por sua vez, podem assumir diversos graus de gravidade; para a Previdência Social, o dano que enseja direito ao auxílio-acidente é o que acarreta perda ou redução na capacidade de trabalho (redução esta qualitativa ou quantitativa), sem caracterizar a invalidez permanente para todo e qualquer trabalho.

2.1.3. Aposentadoria por invalidez

Já no caso das doenças ocupacionais que deixem o trabalhador incapaz totalmente e insusceptível de reabilitação para exercer atividade que lhe garanta a subsistência, ser-lhe-á concedido a aposentadoria por invalidez.

---

(32) MARTINS, Sérgio Pinto. *Direito da seguridade social*. 13. ed. São Paulo: Atlas, 2000. p. 324.
(33) CASTRO, Carlos Alberto Pereira de; LAZZARI, João Batista. *Manual de direito previdenciário*. 3. ed. São Paulo: LTr, 2002. p. 501.
(34) Conforme art. 86, da Lei n. 8.213/91.
(35) CASTRO, Carlos Alberto Pereira de; LAZZARI, João Batista. *Manual de direito previdenciário*. p. 501.

Segundo Castro e Lazzari[36], para configurar o direito a receber esse benefício deve ser verificada a condição de incapacidade em exame pericial realizado pela previdência, podendo ser acompanhado de médico de confiança do segurado.

Em todos os casos a doença acometida deve ser posterior à filiação no Regime de Previdência Social, exceto em caso de incapacidade em decorrência de progressão ou agravamento da doença já existente.

3. MEIO AMBIENTE DO TRABALHO

O meio ambiente do trabalho relaciona-se com o local onde o ser humano exerce suas atividades laborativas cotidianas. Diferentemente dos conceitos costumeiramente apresentados pelo Direito Ambiental, o meio ambiente do trabalho é mais amplo e passou a ser objeto de proteção das legislações para garantir melhor qualidade de vida aos trabalhadores.

Fiorillo[37], ao tratar sobre o assunto, assim expressa:

> É o local onde as pessoas desempenham suas atividades laborais, remuneradas ou não, cujo equilíbrio está baseado na salubridade do meio e na ausência de agentes que comprometam a incolumidade físico--psíquica dos trabalhadores, independente da condição que ostentem (homens ou mulheres, maiores ou menores de idade, celetistas, servidores públicos, autônomos etc.)

A Constituição Federal de 1988 traz no seu texto alguns dispositivos que orientam a regulamentação do meio ambiente do trabalho, como o art. 7º, inciso XXII, que dispõem como um direito do trabalhador a *"redução dos riscos inerentes ao trabalho por meio de normas de saúde, higiene e segurança"*. Outrossim, no art. 200, inciso VIII, a CF afirma que compete ao sistema único de saúde a colaboração na proteção do meio ambiente, nele compreendido o do trabalho.

O meio ambiente de trabalho que se reputa fática e juridicamente adequado é aquele que proporciona a proteção à saúde e à segurança do trabalhador, visando à melhor qualidade de vida possível.

Para isso, são utilizados procedimentos adequados observando-se alguns princípios como o do poluidor-pagador, o princípio da prevenção e o princípio da precaução.

Quanto ao princípio do poluidor-pagador trata-se de uma norma que visa obrigar o autor do dano a custear a reparação dos seus estragos no meio ambiente.

---

(36) CASTRO, Carlos Alberto Pereira de; LAZZARI, João Batista. *Manual de direito previdenciário*. p. 464.
(37) FIORILLO, Celso Antônio Pacheco. *Curso de direito ambiental brasileiro*. 4. ed. São Paulo: Saraiva, 2003. p. 22/23.

Já o princípio da prevenção procura evitar consequências que podem ser previstas, enquanto o princípio da precaução visa evitar danos que não se sabe quais seriam seus resultados, mas evita-se pelo dever e pela segurança.

Machado[38], assim diferencia os dois princípios:

> Em caso de certeza do dano ambiental, este deve ser prevenido, como preconiza o princípio da prevenção. Em caso de dúvida ou incerteza, também se deve agir prevenindo. Essa é a grande inovação do princípio da precaução. A dúvida científica, expressa com argumentos razoáveis, não dispensa a prevenção.

Isto posto, é de se destacar que o meio ambiente de trabalho adequado e seguro tornou-se um direito fundamental do trabalhador, e a negligência a esse respeito acarreta danos à sociedade, por esta ser a responsável em manter os custos com a saúde pública e a previdência social.

É importante para este trabalho abordar a Classificação Nacional das Atividades Econômicas e o Nexo Técnico Epidemiológico, pois tratam-se de critérios que formam a classificação dos acidentes de trabalho, auxiliando no estudo da investigação e prevenção.

3.1. CNAE — Classificação Nacional de Atividades Econômicas

A sigla "CNAE" quer dizer Classificação Nacional de Atividades Econômicas; trata-se de uma classificação adotada oficialmente no Brasil, desenvolvida e coordenada pelo IBGE, com o intuito de padronizar os códigos de identificação das atividades econômicas nos cadastros e registros de toda a administração pública do país.

Romaro[39] define atividade econômica como aquela voltada à satisfação das necessidades de bens ou serviços, por meio da utilização de recursos escassos, com a intenção de obter lucro, ou seja, acúmulo de riquezas, por isso comumente é praticada pela iniciativa privada.

A primeira classificação realizada foi divulgada pela Resolução n. 01/1998 do IBGE na data de 26 de junho de 1998. Posteriormente, foram aprovadas mais duas versões: a CNAE Fiscal 1.1, mediante a Resolução n. 07/2002 e a versão CNAE 2.0, que vigora atualmente pela Resolução n. 01/2006, embora já tenham sido feitas algumas alterações nessa versão.

---

(38) MACHADO, Paulo Afonso Leme. *Direito ambiental brasileiro*. São Paulo: Malheiros, 2001. p. 55.
(39) ROMARO, Eros. Possibilidade jurídica de incorporação imobiliária por entidade sindical. Teresina: *Jus Navigandi*, ano 12, n. 1456. Disponível em: <http://jus.uol.com.br/revista/texto/16782>. Acesso em: 13 jul. 2011.

Os agentes econômicos que integram a CNAE são todos aqueles que participam da produção de bens e serviços, compreendendo as pessoas jurídicas privadas, os órgãos públicos, os estabelecimentos agrícolas, as instituições sem fins lucrativos e, até mesmo, as pessoas físicas.

A classificação do CNAE é empregada nas esferas dos governos federais, estaduais e municipais, com o objetivo de melhorar a utilização dos sistemas de informação dos estados, permitindo uma maior integração entre eles, possibilitando, inclusive, que se façam análises comparativas das ações executadas pelo setor público em diversas esferas e em outros países.

Ademais, a classificação faz uma estatística das produções do país, organizando as atividades econômicas em categorias, que serão definidas pelo tipo de produto, pelo tipo de mercado, ou, então, em função das características próprias utilizadas no processo produtivo, segundo a sua atividade principal.

Sobre a composição da CNAE, Levinzon e Massari[40] expõem:

> A composição da CNAE se dá pela estruturação de cinco níveis hierarquizados, quais sejam, as seções, designadas pelas letras A até U, as divisões, os grupos, as classes e as subclasses (CNAE-Fiscal), que são designadas por números, que conjugados formarão a CNAE. A classificação atual possui 21 seções, 87 divisões, 285 grupos, 672 classes e 1.301 subclasses.

A classificação dos frigoríficos no CNAE está dentro da seção C "indústria de transformação", na divisão 10 "fabricação de produtos alimentícios", no grupo 101 "abate e fabricação de produtos de carne" e na classe 1012-1 "abate de suínos, aves e outros pequenos animais", podendo ainda ser encontradas as subclasses: n. 1012-1/01 "abate de aves", n. 1012-1/02 "abate de pequenos animais" e n. 1012-1/03 "frigorífico — abate de suínos".

3.2. NTEP — Nexo Técnico Epidemiológico da Previdência Social

O Nexo Técnico Epidemiológico Previdenciário consiste num método utilizado para caracterização do acidente de trabalho, no qual se relacionam as doenças e os acidentes que estão interligados com a prática de determinada atividade profissional.

Garcia[41] assim avalia:

> o referido nexo técnico epidemiológico foi estabelecido levando em conta amplos estudos científicos, bem como mapeamentos e profundas

---

(40) LEVINZON, Alexandre; MASSARI, Marcela. Considerações importantes sobre a CNAE. Teresina: Jus Navigandi, ano 15, n. 2675. Disponível em: <http://jus.uol.com.br/revista/texto/17718>. Acesso em: 11 jul. 2011.
(41) GARCIA, Gustavo Filipe Barbosa. *Acidentes do trabalho*: doenças ocupacionais e nexo técnico epidemiológico. 2. ed. São Paulo: Metódo, 2008.

análises de ordem empírica, os quais possibilitaram a demonstração e indicação de quais são as doenças que apresentam elevadas ou significativas incidências estatísticas nos diferentes ramos de atividade econômica, em que os segurados exercem a atividade laboral.

Com a aprovação do NTEP pela Lei n. 11.430/06 que acrescentou o art. 21-A, da Lei n. 8.213/91 e a regulamentação dos seus procedimentos e rotinas pela Instrução Normativa do INSS n. 16/07, ficou descrito que no momento em que o trabalhador contrair uma doença diretamente relacionada à atividade profissional desde já a perícia médica do INSS considerará caracterizado o acidente de trabalho, podendo a empresa entrar com requerimento para provar o contrário[42].

Desse modo, o empregado não é mais obrigado a comprovar a aquisição da doença ocupacional no trabalho ou em função deste, pois passou a ser obrigação da empresa demonstrar acerca da inexistência de nexo causal entre as atividades laborativas e o agravo acometido pelo seu empregado.

Em função dos benefícios passarem a ser, em regra geral, acidentários, a consequência da configuração do NTEP ocasionou algumas obrigações nas esferas do direito trabalhista, previdenciário e civil.

Na esfera do direito trabalhista surgiu a garantia de estabilidade[43] do empregado no período de um ano e a obrigação do empregador de depositar FGTS[44] durante o período que o empregado se manteve afastado.

Já no âmbito previdenciário se têm os reflexos dos benefícios nos requerimentos das aposentadorias especiais. E na esfera civil, pode ser configurado o ato ilícito, gerando o dever de reparar danos materiais e/ou morais.

4. DOENÇAS OCUPACIONAIS DOS TRABALHADORES EM FRIGORÍFICOS

O modo de produção utilizado pelas empresas frigoríficas é o mesmo que influenciou Henry Ford na concepção das linhas de montagem automobilísticas, é modelo antigo que pouco evoluiu em seus princípios e concepções iniciais.

---

(42) "Art. 21-A. A perícia médica do INSS considerará caracterizada a natureza acidentária da incapacidade quando constatar ocorrência de nexo técnico epidemiológico entre o trabalho e o agravo, decorrente da relação entre a atividade da empresa e a entidade mórbida motivadora da incapacidade elencada na Classificação Internacional de Doenças — CID, em conformidade com o que dispuser o regulamento. § 1º A perícia médica do INSS deixará de aplicar o disposto neste artigo quando demonstrada a inexistência do nexo de que trata o *caput* deste artigo. § 2º A empresa poderá requerer a não aplicação do nexo técnico epidemiológico, de cuja decisão caberá recurso com efeito suspensivo, da empresa ou do segurado, ao Conselho de Recursos da Previdência Social."
(43) Ver arts. 20 e 118 da Lei n. 8.213/91.
(44) Conforme art. 15, § 5º, da Lei n. 8.036/90.

Trata-se de um modelo de produção em massa, no qual não é necessária qualificação dos trabalhadores, pois o trabalho é exercido em esteiras rolantes que movimentam-se enquanto os trabalhadores ficam praticamente parados, realizando pequenas etapas da produção.

O município de Chapecó faz parte de uma região agroindustrial no Brasil e destaca-se por ser polo no setor frigorífico, tendo instalações, inclusive, de algumas multinacionais. A presença dessas empresas na região movimenta a máquina empregatícia gerando milhares de empregos.

De acordo com a Procuradoria Regional do Trabalho no Estado de Santa Catarina[45], nos últimos três anos o setor de frigoríficos se tornou o maior responsável pelos altos índices de acidentes de trabalhos e adoecimentos entre trabalhadores de vários estados, inclusive o estado de Santa Catarina. Também são crescentes os índices de estresse e depressão acometidos pelos trabalhadores deste segmento.

As doenças ocupacionais mais verificadas nos trabalhadores de frigoríficos são as lesões por esforço repetitivo, as doenças de coluna e a depressão. O meio ambiente de trabalho nesses locais acaba tendo um conjunto de fatores que prejudicam a saúde humana, como o frio, a umidade, o excesso de barulho e o risco de quedas.

Ademais, pelo fato de a baixa temperatura diminuir o aporte de sangue às extremidades do corpo, é aumentado o risco de lesões nos trabalhadores de frigoríficos, pelo excessivo esforço realizado nas mãos e membros superiores.

O desencadeamento das doenças ocupacionais depende de vários fatores subjetivos e objetivos. Os fatores subjetivos dizem respeito à limitação dos contatos humanos e à monotonia ocasionada pela acumulação de tarefas desinteressantes.

Já os fatores objetivos são, além do ambiente em que o trabalho é exercido, o trabalho mecânico e repetitivo, o ritmo da realização do trabalho, as cargas excessivas, posturas incorretas e levantamento de pesos que ignora regras ergonômicas.

Há que ressaltar que os empregadores têm dever constitucional de zelar pela saúde de seus empregados, obedecendo às regras de proteção e segurança e fornecendo todos os subsídios para a prática de um trabalho saudável, garantindo a proteção à saúde e a dignidade ao cidadão.

---

(45) Assessoria de Comunicação MPT/SC. Notícia 22.2.11: NR dos frigoríficos é tema de encontro entre MPT, MTE e sindicalista. Disponível em: <http://www.prt12.mpt.gov.br/prt/noticias/2011_02/22_02.php>. Acesso em: 7 abril 2011.

CONSIDERAÇÕES FINAIS

É possível concluir nesta pesquisa que o adoecimento dos trabalhadores deve vir acompanhado de uma imediata ação do Estado, pois é ele o responsável por efetivar os mecanismos de proteção à saúde do povo e auxiliar os indivíduos enfermos.

Sendo assim, quando há o aumento na procura do serviço público de saúde, é necessário que sejam analisadas as causas provenientes a fim de solucioná-las. Isso porque a saúde enquanto patrimônio do indivíduo trata-se de um elemento essencial e fundamental para o convívio social, além de ser indissociável ao trabalho, pois na sua ausência ou deficiência não há como exercê-lo.

No campo de sua vida social o trabalhador que se propõe à realização de um trabalho almeja mais do que a necessidade de atender aos anseios básicos, carregando consigo as motivações e sonhos próprios e de sua família, ao passo que a ocorrência de um acidente lesivo desestrutura o indivíduo e seu âmbito familiar, acarretando consequências para todos os seus conviventes.

Por isso se justifica ainda mais a importância de as empresas manterem um ambiente de trabalho seguro e também o aumento da fiscalização estatal, para que se possa garantir ao trabalhador a fruição de um trabalho que o dignifica e o valoriza como ser humano, protegendo o seu direito à vida e assegurando que possa mantê-la com dignidade.

REFERÊNCIAS BIBLIOGRÁFICAS

ARANTES, Delaíde Alves Miranda. Doença ocupacional e estabilidade no emprego: garantias constitucionais. A OIT e o Tribunal Superior do Trabalho. Disponível em: <http://www.contee.org.br/noticias/msin/nmsin214.asp>. Acesso em: 14 jul. 2011.

ARAUJO, Luiz Alberto David; NUNES JUNIOR, Vidal Serrano. *Curso de direito constitucional*. 13. ed. São Paulo: Saraiva, 2009.

ASSOCIAÇÃO BRASILEIRA DA INDÚSTRIA PRODUTORA E EXPORTADORA DE CARNE SUÍNA: Agência Reuters. Embarques de carne suína sobem em junho, antes de embargo russo. Disponível em: <http://www.abipecs.org.br/news/389/99/Embarques-de-carne-suina-sobem-em-junho-antes-de-embargo-russo.html>. Acesso em: 12 jul. 2011.

BARRETO JUNIOR, Valter Pedrosa. Direito ao silêncio em matéria tributária. Teresina: *Jus Navigandi*, ano 10, n. 660. Disponível em: <http://jus.uol.com.br/revista/texto/6638>. Acesso em: 13 jul. 2011.

BRANDIMILLER, Primo A. *Perícia judicial em acidentes e doenças de trabalho*. São Paulo: Editora SENAC, 1996.

BRASIL. *Constituição*: República Federativa do Brasil de 1988. Brasília, DF: Senado Federal, 1988.

BRASIL. Ministério Público do Trabalho. NR dos frigoríficos é tema de encontro entre MPT, MTE e sindicalista. Disponível em: <http://www.prt12.mpt.gov.br/prt/noticias/2011_02/22_02.php>. Acesso em: 7 abril 2011.

BRASIL. Lei n. 8.213, de 24 de julho de 1991. Dispõe sobre os Planos de Benefícios da Previdência Social e dá outras providências. Diário Oficial da União, Brasília, DF, 24 de julho de 1991. Disponível em: <http://www.planalto.gov.br/ccivil_03/Leis/L8213cons.htm>. Acesso em: 22 jun. 2011.

BRASIL. Decreto n. 2.172, de 5 de março de 1997. Aprova o Regulamento dos Benefícios da Previdência Social. Diário Oficial da União, Brasília, DF, 05 de março de 1997. Disponível em: <http://www010.dataprev.gov.br/sislex/paginas/23/1997/2172.htm>. Acesso em: 24 jun. 2011.

CARVALHO, Kildare Gonçalves. *Direito constitucional didático*. 9. ed. Belo Horizonte: Del Rey, 2003.

CASTRO, Carlos Alberto Pereira de; LAZZARI, João Batista. *Manual de direito previdenciário*. 3 ed. São Paulo: LTr, 2002.

CASTRO, Henrique Hoffmann Monteiro de. Do direito público subjetivo à saúde: conceituação, previsão legal e aplicação na demanda de medicamentos em face do Estado-membro. Disponível em: <http://jus2.uol.com.br/doutrina/texto.asp?id=6783>. Acesso em: 20 jun. 2011.

CRUZ, Paulo Márcio. *Fundamentos do direito constitucional*. 2. ed. Curitiba: Juruá, 2007.

FIORILLO, Celso Antônio Pacheco. *Curso de direito ambiental brasileiro*. 4. ed. São Paulo: Saraiva, 2003.

GARCIA, Gustavo Filipe Barbosa. *Acidentes do trabalho*: doenças ocupacionais e nexo técnico epidemiológico. 2. ed. São Paulo: Método, 2008.

GOLDSCHMIDT, Rodrigo. *Flexibilização dos direitos trabalhistas*: ações afirmativas da dignidade da pessoa humana como forma de resistência. São Paulo: LTr, 2009.

LEVINZON, Alexandre; MASSARI, Marcela. Considerações importantes sobre a CNAE. Teresina: Jus Navigandi, ano 15, n. 2675. Disponível em: <http://jus.uol.com.br/revista/texto/17718>. Acesso em: 11 jul. 2011.

MACHADO, Paulo Afonso Leme. *Direito ambiental brasileiro*. São Paulo: Malheiros, 2001.

MARTINS, Sergio Pinto. *Direito da seguridade social*. 13. ed. São Paulo: Atlas, 2000.

MORAES, Alexandre de. *Direito constitucional*. 11. ed. São Paulo: Atlas, 2002.

ORDACGY, André da Silva. A tutela de direito de saúde como um direito fundamental do cidadão. Disponível em: <http://www.dpu.gov.br/pdf/artigos/artigo_saude_andre.pdf>. Acesso em: 20 jun. 2011.

PORTAL BRASIL. Brasil vai exportar carne suína para a China pela primeira vez. Disponível em: <http://www.brasil.gov.br/noticias/arquivos/2011/04/11/brasil-vai-exportar-carne-suina-para-a-china-pela-primeira-vez>. Acesso: 11 jul. 2011.

RAMOS, Elisa Maria Rudge. *Os direitos sociais*: direitos humanos e fundamentais. Disponível em: <http://www.lfg.com.br>. Acesso em: 14 jul. 2011.

REVISTA PROTEÇÃO. Alto índice de acidentalidade em frigoríficos preocupa. Disponível em: <http://www.protecao.com.br/site/content/noticias/noticia_detalhe.php?id=JyjbJyy5>. Acesso em: 12 jul. 2011.

ROMARO, Eros. Possibilidade jurídica de incorporação imobiliária por entidade sindical. Teresina: Jus Navigandi, ano 12, n. 1456. Disponível em: <http://jus.uol.com.br/revista/texto/16782>. Acesso em: 13 jul. 2011.

SILVA, José Afonso da. *Curso de direito constitucional positivo*. 23. ed. São Paulo: Malheiros, 2004.

O MEIO AMBIENTE DO TRABALHO E A INDENIZAÇÃO DEVIDA PELA SÍNDROME DO TÚNEL DO CARPO

Sibelli D'Agostini(*)

RESUMO

O objetivo deste trabalho é fazer um estudo sobre doenças ocupacionais e a indenização devida no caso da Síndrome do Túnel do Carpo, já que o fato de as perícias constatarem que as doenças ocupacionais têm origem multifatorial não afasta o enquadramento delas como patologias ocupacionais, pois, provavelmente, haverá ao menos uma causa que contribua diretamente tanto para a sua origem — ainda que não decisivamente — como para o seu agravamento. Para tanto, identificar-se-ão alguns conceitos do meio ambiente do trabalho, os aspectos doutrinários a respeito, tais como o seu objeto tutelado e a sua natureza jurídica, e inúmeras causas que cooperam para a inadequação do meio ambiente do trabalho. Além disso, far-se-á um resumido reporte às disposições e princípios constitucionais e infraconstitucionais que vêm à tona quanto ao tema. A partir de então, serão analisados, em caráter exemplificativo, quatro acórdãos do Tribunal Regional do Trabalho da 12ª Região, para demonstrar que a concausalidade não afasta a responsabilidade da ré, ainda que parcialmente.

Palavras-chave: Meio ambiente do trabalho. Indenização. Síndrome do Túnel do Carpo (STC).

INTRODUÇÃO

Em um primeiro momento, a partir de alguns conceitos do meio ambiente do trabalho, este estudo pontuou aspectos doutrinários a respeito, tais como o seu objeto tutelado e a sua natureza jurídica. Além disso, rapidamente destacaram-se inúmeras causas que cooperam para a inadequação do meio ambiente do trabalho e o alto índice de acidentes do trabalho, aumentando os riscos à proteção do trabalhador.

(*) Possui graduação em Letras pela Universidade Federal de Santa Catarina (2001) com licenciatura em Português e Espanhol e Respectivas Literaturas; Bacharelado em Direito pela UNIVALI (2007), Campus São José; especialização em Direito Processual: grandes transformações pela Universidade do Sul de Santa Catarina (2009); e especialização em Direito do Trabalho e Preparação para a Magistratura do Trabalho pela Amatra12 de Florianópolis e UNIVALI (2011).

Num segundo momento, fez-se um resumido reporte às disposições e princípios constitucionais e infraconstitucionais que vêm à tona quanto ao tema, uma vez que, ademais de preverem o direito à vida, à integridade física, e à redução de riscos também preveem, em contrapartida, os adicionais de insalubridade ou periculosidade.

Por último, abordou-se o meio ambiente do trabalho e a indenização devida pela Síndrome do Túnel do Carpo (STC), expondo quatro Acórdãos para ilustrar a análise. Para tanto, inevitável se fez a correlação entre a responsabilidade civil do empregador em seus diversos aspectos (dano, nexo de causalidade, culpa, e concausa) e a chamada teoria do risco a que ele está submetido.

1. MEIO AMBIENTE DO TRABALHO: EMBASAMENTO TEÓRICO

De acordo com o inciso I do art. 3º da Lei n. 6.938/81 (Lei de Política Nacional do Meio Ambiente), meio ambiente "é o conjunto de condições, leis, influências e interações de ordem física, química e biológica, que permite, abriga e rege a vida em todas as suas formas".

A partir desse abrangente conceito, passa-se a pontuar alguns destaques doutrinários a respeito.

Segundo Raimundo Simão de Melo, pode-se afirmar que o maior objeto desse conceito é tutelar a vida em todas as formas e, especialmente, a vida humana, como valor fundamental, e que a doutrina tem classificado esse conceito em quatro aspectos: natural, artificial, cultural e do trabalho.[1] Para este trabalho, contudo, interessa o último aspecto que, de acordo com o mesmo autor citado, está direta e imediatamente ligado com o dia a dia do trabalhador e com a atividade laboral por ele exercida.[2]

Em maiores detalhes, Celso Antônio Pacheco Fiorillo assim define o meio ambiente do trabalho:

> O local onde as pessoas desempenham suas atividades laborais, sejam remuneradas ou não, cujo equilíbrio está baseado na salubridade do meio e na ausência de agentes que comprometam a incolumidade físico-psíquica dos trabalhadores, independentemente da condição que ostentem (homens ou mulheres, maiores ou menores de idade, celetistas, servidores públicos, autônomos, etc.).[3]

---

(1) MELO, Raimundo Simão de. *Direito ambiental do trabalho e a saúde do trabalhador*. 2. ed. São Paulo: LTr, 2006. p. 23-24.
(2) *Idem*.
(3) FIORILLO, Celso Antônio Pacheco. *Curso de direito ambiental brasileiro*. São Paulo: Saraiva, 2000. p. 19.

Para Sidnei Machado, meio ambiente do trabalho é o "conjunto das condições internas do local de trabalho e sua relação com a saúde dos trabalhadores."[4] O autor ainda menciona que por ser o produtivismo a lógica do modo de produção capitalista, a irracionalidade dilapida a natureza para a sua produção. Nesse sentido, para ele, "essa é a verdadeira fonte da crise ecológica, que também gera a exploração desenfreada da força de trabalho que coloca em perigo a vida, a saúde ou o equilíbrio psíquico dos trabalhadores."[5]

Apesar da clareza e da relevância dessas definições e do conhecimento da legislação existente e pertinente ao tema — como se verá adiante —, na prática, as multas aplicadas administrativamente pelos órgãos fiscalizadores são pouco suficientes para forçar a manutenção de meios ambientes de trabalho adequados, seguros e salubres.[6] De acordo com o autor Raimundo Simão de Melo, "isto se agrava mais ainda quando as soluções dependem da implementação de medidas coletivas, que são mais caras do que o simples fornecimento de equipamentos individuais, embora mais eficientes na prevenção dos riscos ambientais."[7]

Quanto à natureza jurídica do meio ambiente do trabalho, importante o posicionamento de Guilherme José Purvin de Figueiredo que confere ao inciso XXII do art. 7º (redução dos riscos inerentes ao trabalho, por meio de normas de saúde, higiene e segurança) um caráter ambiental e sanitário, não sendo normas exclusivas de um contrato individual de trabalho.[8]

Do mesmo entendimento converge o autor Júlio César de Sá Rocha:

> Decerto que o requisito dos efeitos de possíveis danos podem atingir uma determinada categoria (coletivo) ou uma massa indefinida de trabalhadores de diversas categorias (difuso). Entretanto, o meio ambiente do trabalho deve ser sempre tomado como um bem difuso a ser tutelado. Em suma, o Direito Ambiental do Trabalho, quanto à sua natureza jurídica, nasce como disciplina que integra essa categoria de direitos; não se funda na titularidade de situação subjetiva meramente individual. Com efeito, não é supérfluo mencionar que não se ambiciona a realização de um interesse particular; ao contrário, reconhece-se que existe necessidade de uma proteção metaindividual (tutela coletiva *lato sensu*).[9]

---

(4) MACHADO, Sidnei. *O direito à proteção ao meio ambiente de trabalho no Brasil*. São Paulo: LTr, 2001. p. 66-67.
(5) MACHADO, Sidnei. *O direito à proteção ao meio ambiente de trabalho no Brasil*. p. 66-67.
(6) MELO, Raimundo Simão de. *Direito ambiental do trabalho e a saúde do trabalhador*. p. 25.
(7) *Idem*.
(8) FIGUEIREDO, Guilherme José Purvin de. *Direito ambiental e a saúde dos trabalhadores*. São Paulo: LTr, 2000. p. 239.
(9) ROCHA, Júlio C. de Sá. *Direito ambiental do trabalho*. São Paulo: LTr, 2002. p. 281.

Desse modo, a natureza jurídica do meio ambiente do trabalho constitui-se como um direito difuso fundamental. Isso porque é inerente "às normas sanitárias e de saúde do trabalhador (CF, art. 196)[10], [e], por isso, merece a proteção dos Poderes Públicos e da sociedade organizada, conforme estabelece o art. 225[11] da Constituição Federal."[12] Vê-se que a proteção, no caso, não caberia a um titular exclusivo, tendo repercussão difusamente sobre a coletividade, isto é, trata-se de um direito de todos indistintamente que, uma vez violado, atinge toda a sociedade.

Pode-se apontar inúmeras causas que cooperam para a inadequação do meio ambiente do trabalho e o alto índice de acidente do trabalho, como o próprio processo de globalização da economia, a flexibilização do Direito do Trabalho, a terceirização, a intermediação ilegal de mão de obra etc., que aumentam os riscos à proteção do trabalhador.[13] O autor Raimundo Simão de Melo, resumidamente, ainda menciona como causa:

> a) A falta de investimento na prevenção de acidentes por parte das empresas; b) Os problemas culturais que ainda influenciam a postura das classes patronal e profissional no que diz respeito à não priorização da prevenção dos acidentes laborais; c) A ineficiência dos Poderes Públicos quanto ao estabelecimento de políticas preventivas e fiscalização dos ambientes de trabalho; d) Os maquinários e implementos agrícolas inadequados por culpa de muitos fabricantes que não cumprem corretamente as normas de segurança e orientações previstas em lei; e e) A precariedade das condições de trabalho por conta de práticas equivocadas de flexibilização do Direito do Trabalho.

Contudo, além de uma contemplação jurídica sobre o tema, é preciso que tanto os trabalhadores, especialmente por intermédio dos representantes da CIPA e dos Sindicatos, como os empregadores priorizem mais o debate no sentido mesmo da prevenção, uma vez que tal postura, futuramente, tende a trazer benefícios a ambos.

Tem-se, a respeito, que, por razões culturais, a classe patronal não prioriza a questão de investimento na prevenção dos acidentes do trabalho, o que seria um grande equívoco, já que "o investimento nessa área representa bom negócio [...] porque diminui custos e melhora a qualidade e produtividade, que hoje são fatores indispensáveis para a competitividade."[14]

---

(10) Art. 196. A saúde é direito de todos e dever do Estado, garantido mediante políticas sociais e econômicas que visem à redução do risco de doença e de outros agravos e ao acesso universal e igualitário às ações e serviços para sua promoção, proteção e recuperação.
(11) Art. 225. Todos têm direito ao meio ambiente ecologicamente equilibrado, bem de uso comum do povo e essencial à sadia qualidade de vida, impondo-se ao Poder Público e à coletividade o dever de defendê-lo e preservá-lo para as presentes e futuras gerações.
(12) MACHADO, Sidnei. *O direito à proteção ao meio ambiente de trabalho no Brasil*. p. 27.
(13) MACHADO, Sidnei. *O direito à proteção ao meio ambiente de trabalho no Brasil*. p. 54.
(14) MACHADO, Sidnei. *O direito à proteção ao meio ambiente de trabalho no Brasil*. p. 57.

E, por outro lado, converge-se no sentido de que é preciso que os "trabalhadores participem ativamente de todas as iniciativas de soluções para a prevenção de riscos ambientais, inclusive por meio de representações nos locais de trabalho."[15] Além disso, é importante haver "negociações gerais, envolvendo os trabalhadores, os empregadores e o Estado, como ocorre nos países que melhoraram o meio ambiente do trabalho."[16]

Vê-se, desse modo, que é preciso criar uma cultura para o meio ambiente do trabalho, em todos os seus aspectos, dada a natureza jurídica de um direito difuso ambiental, já que os danos atingem diretamente as pessoas, a sociedade.

2. ASPECTOS CONSTITUCIONAIS E INFRACONSTITUCIONAIS APLICADOS AO MEIO AMBIENTE DO TRABALHO

A inserção justrabalhista no universo geral do Direito tem sua importância na chamada constitucionalização do ramo juslaborativo[17], com as Cartas Máximas de 1917, no México, e 1919, na Alemanha, por meio da qual se estreitou a afinidade das duas áreas. Posteriormente à Segunda Guerra Mundial, quando superadas as terríveis experiências do fascismo e do nazismo, novas Constituições de importantes países europeus foram conferindo *status* a esse processo de constitucionalização justrabalhista.[18]

Segundo Mauricio Godinho Delgado, no Brasil, a tendência desse processo teve início na Constituição de 1934 e foi mantida nas de caráter mais autocrático (1937, 1967, 1969), tendo, no entanto, adquirido novo *status* na Constituição de 1988. Leia-se:

> É que esta, em inúmeros de seus preceitos e, até mesmo, na disposição topográfica de suas normas (que se iniciam pela pessoa humana, em vez de pelo Estado), firmou princípios basilares para a ordem jurídica, o Estado e a Sociedade — grande parte desses princípios elevando ao ápice o trabalho, tal como a matriz do pós-guerra europeu.[19]

Desse modo, é inegável o constante reporte à Constituição aos princípios constitucionais, somado aos do Direito do Trabalho quando vem à tona o tema meio ambiente do trabalho. Como exemplo de princípios atrelados às duas áreas, cita-se o princípio da não discriminação, o princípio da justiça social, o princípio da equidade, entre outros.

---

(15) MACHADO, Sidnei. *O direito à proteção ao meio ambiente de trabalho no Brasil.* p. 57.
(16) *Idem.*
(17) DELGADO, Mauricio Godinho. *Curso de direito do trabalho.* 9. ed. São Paulo: LTr, 2010. p. 71.
(18) DELGADO, Mauricio Godinho. *Curso de direito do trabalho.* p. 71-72.
(19) *Idem.*

Nesse mesmo contexto, o art. 1º, *caput*, da Constituição de 1988, prevê, como um dos fundamentos da República, a dignidade da pessoa humana e os valores sociais do trabalho; o art. 5º, *caput*, manifesta o direito à vida e à segurança; o art. 6º, *caput*, qualifica como direito social o trabalho, a saúde e a segurança; o art. 170 cuida da ordem econômica no sistema capitalista, segundo a qual a livre iniciativa deve se fundar na valorização do trabalho humano tendo por fim assegurar a todos existência digna, conforme os ditames da justiça social, observado como princípio a defesa do meio ambiente; o inciso VIII, art. 200 apregoa que ao Sistema Único de Saúde compete, além de outras atribuições, nos termos da lei, colaborar na proteção do meio ambiente, nele compreendido o do trabalho; o art. 225, *caput*, garante a todos um meio ambiente ecologicamente equilibrado e, o inciso V incumbe ao Poder Público o dever de controlar a produção, comercialização e/o emprego de técnicas, métodos e substâncias que comportem risco para a vida, a qualidade de vida e o meio ambiente; o inciso XXIII do art. 7º da Constituição de 1988, o qual prevê um adicional de remuneração para as atividades penosas, insalubres ou perigosas, na forma da lei; o inciso XXVIII, do mesmo artigo, apregoa a responsabilidade do empregador em vista de dano acidentário, sem excluir a indenização a que este está obrigado, quando incorrer em dolo ou culpa; e, por último, destaca-se, o § 3º do art. 225 segundo o qual as condutas e atividades consideradas lesivas ao meio ambiente sujeitarão os infratores, pessoas físicas ou jurídicas, a sanções penais e administrativas, independentemente da obrigação de reparar os danos causados.

Como visto, há várias previsões constitucionais que garantem o direito à vida, à segurança e à integridade física do empregado, além de garantirem indenização pela exposição ao risco no trabalho e percepção dos adicionais na forma da lei. Da legislação infraconstitucional, podemos citar a CLT, em seus arts. 189 a 197, bem como as Normas Regulamentadoras do Ministério do Trabalho, as disposições da Lei n. 7.369/85 (que estabelece um adicional aos empregados que trabalham no setor de energia elétrica em condições periculosas) e o respectivo Decreto n. 93.412/86, além da legislação civil (arts. 186, 187 e 927, CC). Importante destacar o art. 156 da CLT, que trata da competência das Delegacias Regionais do Trabalho sobre orientação, fiscalização, adoção de medidas de proteção ao meio ambiente do trabalho e aplicação de penalidades no caso de descumprimento; o art. 157 que determina às empresas a obrigação de cumprir e fazer cumprir as normas de segurança e medicina do trabalho, fornecendo equipamentos necessários aos trabalhadores; o art. 158 que impõe aos empregados que cumpram as normas ambientais laborais, seguindo as orientações da empresa, sob pena de incorrerem em ato faltoso por sua recusa injustificada; o art. 161 que, diante de risco grave e iminente para o trabalhador, autoriza ao Delegado Regional do Trabalho a interditar o estabelecimento, setor de serviço, máquina ou equipamento ou embargar obra; o art. 184 que assevera a necessidade de as máquinas e equipamentos conterem dispositivos de proteção; e o art. 201, que determina os valores de multas a serem aplicadas pelos auditores fiscais do Ministério do Trabalho e Emprego, pelas infrações às normas de segurança e medicina do trabalho.

Carlos Henrique Bezerra Leite lembra que com base nas normas relativas ao trabalho, à saúde e à segurança regulamentadas pela Organização Internacional do Trabalho — OIT, ratificadas pelo Brasil; com base no próprio conceito de saúde elaborado pela Organização Mundial da Saúde — OMS; e com base nas normas constitucionais e infraconstitucionais, o Ministério Público do Trabalho tem exigido dos empregadores um meio ambiente de trabalho adequado no que tange a pessoas e equipamentos como forma de prevenção aos riscos de acidentes e doenças decorrentes do trabalho perigoso, penoso e insalubre. Afirma, ainda, que acaso verificada a existência de doenças ocupacionais, como a Lesão por Esforço Repetitivo — LER, a intoxicação com metais pesados, a Leucopenia ou a Silicose, o "MPT tem legitimidade para propor ação civil pública objetivando tutela específica para adoção de medidas de controle destas doenças ocupacionais e, também, a readaptação ergonômica das instalações da empresa, quando necessária."[20] Em consonância a isso, a Justiça do Trabalho é competente para processar e julgar ações que tenham como causa de pedir matéria referente ao meio ambiente do trabalho, já havendo, inclusive, entendimento firmado pelo STF[21].

Ademais, o STF editou a Súmula n. 736, segundo a qual compete à Justiça do Trabalho julgar as ações que tenham como causa de pedir o descumprimento de normas trabalhistas relativas à segurança, higiene e saúde dos trabalhadores.

Observe-se que, fazendo uma análise sistemática de alguns dos dispositivos correlatos ao meio ambiente do trabalho, o Estado não tolerará atividade que ponha em risco a vida e a integridade física do trabalhador, garantindo, inclusive, a redução dos riscos inerentes ao trabalho, por meio de normas de saúde, higiene e segurança dos indivíduos (art. 7º, XXII/CF). E tais dispositivos podem ser invocados na busca da implementação da qualidade de vida do homem em seu meio ambiente

---

(20) LEITE, Carlos Henrique Bezerra. *Curso de direito processual do trabalho*. 8. ed. São Paulo: LTr, p. 171. A respeito, o autor Antônio Silveira R. dos Santos assevera: "Evidentemente que antes de se ajuizar a ação civil pública em questão poderá o membro do MP chamar a empresa para tentar solucionar a questão mediante compromisso de ajustamento, mas antes ainda poderá requisitar vistoria de engenharia e médica do trabalho para verificar as condições, inclusive solicitar dos peritos quais as medidas técnicas para sanar as irregularidades; requisitar documentos como laudos ambientais, relação dos CATs (Comunicação de Acidentes do Trabalho) e atas das CIPAs (Comissão Interna de Prevenção de Acidente) e com esses documentos tentar o compromisso de ajustamento. Pelo que se sabe as promotorias de Acidentes do Trabalhos das comarcas de São Paulo têm conseguido acordos com resultados positivos na quase totalidade dos inquéritos civis nesta área." (<http://jus.uol.com.br/revista/texto/1202/meio-ambiente-do-trabalho-considerações>)
(21) COMPETÊNCIA — AÇÃO CIVIL PÚBLICA — CONDIÇÕES DE TRABALHO. Tendo a ação civil pública, como causas de pedir, disposições trabalhistas e pedidos voltados à preservação do meio ambiente do trabalho e, portanto, aos interesses dos empregados, a competência para julgá-las é da Justiça do Trabalho. (STF — RE -206220/MG, AC. 2ª T., Rel. Min. Marco Aurélio, DJ 17.9.1999, p. 58). Disponível em: <www.stf.gov.br>.

de trabalho. Desse modo, vê-se que essas disposições legais refletem não só a preocupação do legislador constitucional em atribuir ao trabalhador uma contrapartida financeira em função dos riscos a que ele se submete quando do manuseio de atividades penosas, insalubres ou perigosas, como também atribui à empresa uma sanção (penal e administrativa) por danos lesivos causados ao ambiente do trabalho, implementando, inclusive no sistema jurídico brasileiro, a responsabilidade objetiva, sem culpa.

Entretanto, ao mesmo tempo em que o legislador defende a saúde do trabalhador, sua saúde e sua segurança, a exposição ao risco é indissociável a certas profissões, até mesmo face ao desenfreado desenvolvimento tecnológico a que a sociedade passou a se submeter com o advento da Revolução Industrial e com os novos processos industriais.

A respeito, Amauri Mascaro Nascimento asseverou:

> os aspectos puramente técnicos e econômicos da produção de bens não podem redundar num total desprezo às condições mínimas necessárias para que um homem desenvolva a sua atividade dentro de condições humanas e cercado das garantias destinadas à preservação de sua personalidade. (...) Para que o trabalhador atue em local apropriado, o direito fixa condições mínimas a serem observadas pelas empresas, quer quanto às instalações onde as oficinas e demais dependências se situam, quer quanto às condições de contágio com agentes nocivos à saúde ou de perigo que a atividade possa oferecer[22].

Contudo, ainda que inúmeras sejam as profissões insalubres e perigosas, o legislador não poderia jamais ser conivente ou omisso no que tange a atitudes que venham a transgredir as normas que protegem ou reduzem os riscos inerentes ao trabalho. Exatamente por isso faz-se uma análise de casos nos quais se discutem as consequências indenizatórias que podem advir da Síndrome do Túnel do Carpo.

3. O MEIO AMBIENTE DO TRABALHO E A INDENIZAÇÃO DEVIDA PELA SÍNDROME DO TÚNEL DO CARPO (STC)

As previsões legais, sejam de âmbito internacional, constitucional ou infraconstitucional, não podem ser analisadas de forma isolada, devendo o intérprete harmonizar as eventuais tensões existentes entre elas. Ou seja, o direito à vida e à integridade física, à redução de riscos e ao recebimento do adicional devem ser interpretados conjuntamente.

---

(22) NASCIMENTO, Amauri Mascaro. *Iniciação ao direito do trabalho*. 23. ed. São Paulo: LTr, 1997. p. 357-358.

Para tanto, inevitável se faz a correlação entre a responsabilidade civil do empregador e a chamada teoria do risco a que ele está submetido.

3.1. Responsabilidade Civil do Empregador

Como já mencionado, o inciso XXVIII, do art. 7º da Constituição assegura aos empregados o direito a seguro contra acidentes de trabalho, a cargo do empregador, sem excluir a indenização a que este está obrigado, quando incorrer em dolo ou culpa. Esse seguro corresponde, no plano infraconstitucional, aos diversos benefícios acidentários, entre prestações e serviços, que correm às expensas do Instituto Nacional do Seguro Social, mediante financiamento do Estado e dos empregadores (art. 22, II, da Lei n. 8.212/91).

No Código Civil atual, identifica-se a responsabilidade civil em três dispositivos:

> Art. 186. Aquele que, por ação ou omissão voluntária, negligência ou imprudência, violar direito e causar dano a outrem, ainda que exclusivamente moral, comete ato ilícito.
>
> Art. 187. Também comete ato ilícito o titular de um direito que, ao exercê-lo, excede manifestadamente os limites impostos pelo seu fim econômico ou social, pela boa-fé ou pelos bons costumes.
>
> Art. 927. Aquele que, por ato ilícito (arts. 186 e 187), causar dano a outrem, fica obrigado a repará-lo.

Isso posto, onde houver dano ou prejuízo, pode-se invocar a responsabilidade civil para fundamentar a pretensão de ressarcimento. E o acidentado, desde a Constituição, faz jus à indenização havendo culpa do empregador, de qualquer espécie ou grau.

Maria Helena Diniz define a responsabilidade civil como a aplicação de "medidas que obriguem uma pessoa a reparar dano moral ou patrimonial causado a terceiros, em razão de ato por ela mesma praticado, por pessoa por quem ela responde, por alguma coisa a ele pertencente ou de simples imposição legal."[23]

A doutrina, de uma forma geral, classifica a responsabilidade civil como sendo de natureza subjetiva ou objetiva. Leia-se:

> A responsabilidade será subjetiva quando o dever de indenizar surgir em razão do comportamento do sujeito que causa danos a terceiros por dolo ou culpa. Já na responsabilidade objetiva, basta que haja dano e o nexo de causalidade para surgir o dever de indenizar, sendo irrelevante a conduta culposa ou não do agente causador.[24]

---

(23) DINIZ, Maria Helena. *Curso de direito civil brasileiro*. 16. ed. São Paulo: Saraiva. 2002. v. 7. p. 34.
(24) OLIVEIRA, Sebastião Geraldo de. *Indenizações por acidente do trabalho ou doença ocupacional*. 3. ed. São Paulo: LTr, 2007. p. 93.

Vê-se, com isso, que a doutrina examina três pilares considerados fundamentais para a compreensão da responsabilidade civil. São eles: o dano, o nexo causal e a culpa.

Na lição de Pablo Stolze e Pamplona Filho, dano seria "a lesão a um interesse jurídico tutelado — patrimonial ou não, causado por ação ou omissão do sujeito infrator."[25] Para o autor Cláudio Brandão, a natureza do dano causado ao empregado propriamente falando seria a lesão corporal e a perturbação funcional "capazes de acarretar a morte, perda ou redução transitória ou definitiva, da capacidade para o trabalho a fim de possibilitarem o enquadramento legal, que é vinculado à imprescindível suspensão do trabalho."[26]

Cláudio Brandão também define o nexo de causalidade como sendo o "vínculo necessariamente estabelecido entre a ocorrência do infortúnio e a lesão sofrida pelo empregado (...) seja esta proveniente de acidente típico ou por extensão da doença do trabalho ou do trajeto casa-trabalho e vice-versa."[27] O autor explica, a respeito, que a lei impõe a correlação entre a lesão sofrida pelo trabalhador ou mesmo sua morte e o exercício da atividade laborativa.

Quanto à culpa, Maria Helena Diniz a define, em sentido amplo, como a "violação de um dever jurídico imputável a alguém, em decorrência de fato intencional ou de omissão de diligência ou cautela". Nesse contexto, abrangeria o dolo, que é a "violação intencional do dever jurídico, e a culpa em sentido estrito, caracterizada pela imperícia, imprudência ou negligência, sem qualquer deliberação de violar um dever."[28]

No que se refere à indenização por acidente do trabalho ou doença ocupacional, discute-se pela exigência ou não da comprovação da culpa do empregador para nascer o direito da vítima. Isso porque é frequente o indeferimento do pedido dada a "ausência de prova da culpa patronal ou alegação de ato inseguro do empregado ou, ainda, pela conclusão da culpa exclusiva da vítima."[29]

Por isso, nesses casos, com base no art. 21, I, da Lei n. 8.213/91[30], a doutrina trabalha com o **nexo concausal**, já que os acidentes ou as doenças ocupacionais

---

(25) GAGLIANO, Pablo Stolze; PAMPLONA, FILHO, Rodolfo. *Novo curso de direito civil*: responsabilidade civil. São Paulo: Saraiva, 2003. p. 40.
(26) BRANDÃO, Cláudio. *Acidente do trabalho e responsabilidade civil do empregador*. 3. ed. São Paulo: LTr, 2009. p. 135.
(27) BRANDÃO, Cláudio. *Acidente do trabalho e responsabilidade civil do empregador*. p.154.
(28) DINIZ, Maria Helena. *Curso de direito civil brasileiro*. p. 42.
(29) OLIVEIRA, Sebastião Geraldo de. *Indenizações por acidente do trabalho ou doença ocupacional*. p. 96.
(30) Art. 21. Equiparam-se também ao acidente do trabalho, para efeitos desta lei:
I — o acidente ligado ao trabalho que, embora não tenha sido a causa única, haja contribuído diretamente para a morte do segurado, para redução ou perda da sua capacidade para o trabalho, ou produzido lesão que exija atenção médica para a sua recuperação;

podem decorrer de mais de uma causa (concausa) que estariam ou não ligadas ao labor do empregado. Segundo Cavalieri Filho, "a concausa é outra causa que, juntando-se à principal, concorre para o resultado. Ela não inicia e nem interrompe o processo causal, apenas o reforça". E, ainda, "As concausas podem ocorrer por fatos preexistentes, supervenientes ou concomitantes com aqueles fatos que desencadearam o implemento do nexo de causalidade."[31]

No mesmo sentido citou Sebastião Geraldo de Oliveira:

> O nexo concausal aparece com frequência no exame das doenças ocupacionais. A doença fundada em causas múltiplas não perde o enquadramento como patologia ocupacional, se houver pelo menos uma causa que contribua diretamente para a sua eclosão ou agravamento, conforme prevê o art. 21, I, da Lei n. 8.213/91. (...) **É necessário apenas que a causa laboral contribua diretamente para a doença, e não que contribua decisivamente.** (Grifou-se.)

Diante do fato de a vítima, por muitas vezes, não conseguir se desincumbir do ônus probatório quanto ao fato constitutivo do direito postulado, observam-se em discussões doutrinárias inovações significativas no campo da responsabilidade objetiva a qual aponta para "uma tendência de socialização dos riscos, desviando o foco principal da investigação da culpa para o atendimento da vítima, de modo a criar mais possibilidades de reparação dos danos."[32]

Nesse contexto, desenvolveu-se e vem se firmando a **teoria do risco da atividade**, segundo a qual "basta o autor demonstrar o dano e a relação de causalidade, para o deferimento da indenização. Os riscos da atividade, em sentido amplo, devem ser suportados por quem dela se beneficia."[33]

Importante lembrar que há quem se posicione contrariamente a esse entendimento, como é o caso do autor Caio Mário da Silva que afirma que "a demasiada atenção à vítima acaba por negar o princípio da justiça social, impondo cegamente o dever de reparar, e levando-o a equiparar o comportamento jurídico e injurídico do agente."[34]

Assim, essa é uma divergência doutrinária que vem proporcionando ao juiz trabalhista duas vertentes quando do julgamento da procedência ou improcedência do pedido de indenização por acidente ou doença ocupacional.

---

(31) CAVALIERI FILHO, Sérgio. *Programa de responsabilidade civil*. 6. ed. Rio de Janeiro: Malheiros, 2005. p. 84.
(32) OLIVEIRA, Sebastião Geraldo de. *Iindenizações por acidente do trabalho ou doença ocupacional*. p. 94.
(33) OLIVEIRA, Sebastião Geraldo de. *Indenizações por acidente do trabalho ou doença ocupacional*. p. 97.
(34) PEREIRA, Caio Mário da Silva. *Responsabilidade civil*. 9. ed. Rio de Janeiro: Forense, 2002. p. 271.

3.2. Indenização por Doença Ocupacional: Síndrome do Túnel do Carpo (STC)

Antes de entrar no mérito do item propriamente dito, didaticamente traz-se à tona dois conceitos importantes: o de acidente e o de doença.

Para José Augusto Dela Coleta, a ideia de acidente está vinculada popularmente a toda ocorrência imprevista, com pequena probabilidade de aparecimento, que não esteja sob o domínio da pessoa, desencadeando rapidamente e provocando significativas perdas para o indivíduo.[35] Assim, a natureza súbita e imprevista seria o elemento caracterizador do conceito de acidente, causando perda para a vítima.[36]

As doenças, no entanto, diferem-se pela causa e pelo tempo, ou seja, "a causa jamais é súbita ou imprevista e violenta, e entre ela e o efeito, ou lesão, há um lapso de tempo mais prolongado"[37]. É dizer que ela é identificada após um período mais ou menos longo de acordo com a sua evolução progressiva, em que o organismo é atacado internamente.[38] Isso significa que somente a partir da análise da natureza da lesão sofrida pelo empregado e também do tempo de sua evolução que será possível concluir pela caracterização de acidente ou de doença.[39]

Maria Helena Diniz atenta para a denominação "infortúnio do trabalho" como sendo o "evento danoso que resulta do exercício do trabalho, provocando no empregado, direta ou indiretamente, lesão corporal, perturbação funcional ou doença que determine morte, perda total ou parcial, permanente ou temporária, da capacidade para o trabalho"[40]. Aqui o vocábulo infortunística abrange tanto o acidente típico como as doenças profissionais.

De todo modo, sabe-se que legalmente tanto o acidente do trabalho como a doença ocupacional são equiparados para fins de proteção ao trabalhador[41]. Mas cabe aqui advertir que mesmo em face de ações trabalhistas que tenham o mesmo objeto e cuja indenização advenha da mesma doença, há nos tribunais entendimentos diversos no que concerne a conceder ou não o benefício.

---

(35) COLETA, José Augusto Dela. *Acidentes do trabalho*. Rio de Janeiro: Borsoi, 1972. p. 51.
(36) BRANDÃO, Cláudio. *Acidente do trabalho e responsabilidade civil do empregador*. p.117.
(37) CATHARINO, José Martins. *Infortúnio do trabalho*. Guanabara: Trabalhistas, 1968. p.11.
(38) BRANDÃO, Cláudio. *Acidente do trabalho e responsabilidade civil do empregador*. p.117.
(39) *Idem*.
(40) DINIZ, Maria Helena. *Curso de direito civil brasileiro*. p. 433.
(41) Veja-se que o art. 118 da Lei n. 8.213/91institui que o trabalhador que sofre acidente do trabalho tem garantida, pelo prazo mínimo de doze meses, a manutenção do seu contrato de trabalho na empresa, após a cessação do auxílio-doença acidentário, independentemente de percepção de auxílio-acidente. E define o inciso I, do art. 21, da Lei n. 8.213/91, que equiparam-se também ao acidente do trabalho para efeitos da lei: I — o acidente ligado ao trabalho que, embora não tenha sido a causa única, haja contribuído diretamente para a morte do segurado, para redução ou perda da sua capacidade para o trabalho, ou produzido lesão que exija atenção médica para a sua recuperação.

Colhem-se, para ilustrar melhor o tema, alguns julgados que manifestam diferentes posicionamentos quando a indenização decorre da doença ocupacional chamada Síndrome do Túnel do Carpo (STC), uma neuropatia que tem atingido um número cada vez maior de trabalhadores[42].

3.2.1. Acórdão-4ª C RO 00999-2009-012-12-00-8[43]

No Acórdão-4ª C RO 00999-2009-012-12-00-8, colhido da jurisprudência do TRT 12ª Região, a autora teria firmado com a ré dois contratos de trabalho: o primeiro, com 18 anos de idade, que perdurou de 12.4.2002 a 6.4.2003; e o segundo que teve início em 8.10.2004 e se encontrava suspenso desde 14.4.2008, ocasião em que a trabalhadora foi afastada passando a receber auxílio-doença previdenciário.

Segundo a inicial, exercia a função de ajudante de produção em ambiente de trabalho insalubre devido ao frio excessivo, ao alto nível de ruído e à realização de grande esforço físico, motivo pelo qual teria restado acometida das seguintes doenças ocupacionais: "síndrome do desfiladeiro torácico, síndrome do túnel do carpo, neuropatia ulnar, tendinite do supraespinhoso, além de outras patologias existentes nos membros superiores, região de ombros e coluna vertebral". Imputou à ré a culpa pelo infortúnio ao argumento de que "as atividades eram desenvolvidas de forma repetitiva e constante, em ambiente de trabalho que favorecia o aparecimento de lesões". Acrescentou que quando havia alternância de funções, eram utilizados os mesmos grupos musculares para realizar as tarefas, o que tornava ineficaz a providência. A ré, em sua defesa, alegou, em síntese, não ter culpa pelos males que acometem a autora e aduziu que a empresa mantém extenso programa de saúde no trabalho, promovendo a ginástica laboral, pausas e rodízios de função, com monitoramento de profissionais habilitados.

Em síntese, o Juízo *a quo* condenou a ré no pagamento de indenização por danos morais e materiais, conjuntamente, no importe de R$ 10 mil, e das despesas médicas comprovadas pela autora nos autos. Insurgiu-se a ré por entender que "não existem dados suficientes para que se possa afirmar o nexo causal entre a atividade desempenhada na reclamada e a patologia dolorosa da qual se queixa a autora atualmente". Sustentou que a autora não produziu prova no que se refere à culpa da reclamada pelo infortúnio, requerendo a exclusão da condenação, além de, sucessivamente, a redução do valor arbitrado a esse título.

---

(42) "A síndrome do túnel do carpo (STC) é a neuropatia de maior incidência no membro superior e consiste na compressão do nervo mediano no interior do túnel do carpo. Atualmente, essa alteração neuromuscular tem atingido um número de pessoas cada vez maior, principalmente trabalhadores que desempenham atividades de intensa movimentação do punho." (Karolczak, A. P. B; Vaz, M. A.; Merlo, A. R. C. Síndrome do Túnel do Carpo. *Revista Brasileira de Fisioterapia*, v. 9, n. 2 (2005), 117-122)
(43) Acórdão-4ª C RO 00999-2009-012-12-00- 8. Juiz Relator Marcos Vinicio Zanchetta. Disponível em: <http://consultas.trt12.jus.br/SAP1/>. Acesso em: 31 out. 2010.

De acordo com o Acórdão, o laudo pericial indicou que, das patologias apontadas pela autora, o perito constatou a existência de apenas duas delas: síndrome do desfiladeiro torácico à esquerda e mialgia musculatura paravertebral cervical e trapézios bilateralmente.

Por isso, em que pesem as demais observações do perito, segundo o Juízo *ad quem,* as considerações por ele tecidas, por si só, não asseguram a existência de nexo causal com as atividades desenvolvidas pela obreira na ré. Assim, **considerou por incabível o deferimento de indenização por danos morais e materiais por não comprovada a existência simultânea do dano, do nexo causal entre este e as atividades desenvolvidas na ré e da culpa do empregador.**

3.2.2. Acórdão-4ªC RO 01373-2007-012-12-00-7[44]

Converge, desse mesmo entendimento, o Acórdão-4ªC RO 01373-2007-012-12-00-7, em que o Juízo *a quo* condenou a ré no pagamento de indenização pela perda da capacidade laborativa à autora (pensão mensal paga de uma só vez), no importe de R$ 2.095,51, e no pagamento de indenização por danos morais no mesmo valor. Insurgiu-se a ré por entender, em síntese, não ter restado configurado o nexo causal entre a doença da reclamante e as atividades laborativas por ela exercidas, pelo que requereu a exclusão da condenação e, sucessivamente, a redução dos valores arbitrados a esse título.

De acordo com os fatos aludidos na inicial, a autora foi admitida pela reclamada em 6.8.2004 (com 37 anos de idade) para exercer a função de ajudante de produção. Encontra-se afastada recebendo auxílio previdenciário desde 31.10.2006 (com 39 anos de idade). Relatou na inicial que o ambiente de trabalho era insalubre devido ao frio excessivo, ao alto nível de ruído e à realização de grande esforço físico, motivo pelo qual teria restado acometida das seguintes doenças ocupacionais: "síndrome do desfiladeiro torácico, síndrome do túnel do carpo, além de outras patologias existentes nos membros superiores, região de ombros e coluna vertebral". Também imputou à ré a culpa pelo infortúnio, aos argumentos de que "as atividades eram desenvolvidas de forma repetitiva, em ambiente de trabalho que propiciava o aparecimento de lesões", acrescentando que quando havia alternância de funções, eram utilizados os mesmos grupos musculares para realizar as tarefas, o que tornava ineficaz a providência. A ré, em sua defesa, alegou, em síntese, não ter culpa pelos males que acometem a autora e aduziu que a empresa mantém extenso programa de saúde no trabalho, promovendo a ginástica laboral, pausas e rodízios de função, com monitoramento de profissionais habilitados.

---

(44) Acórdão-4ªC RO 01373-2007-012-12-00-7. Juiz Relator Marcos Vinicio Zanchetta. Disponível em: <http://consultas.trt12.jus.br/SAP1/>. Acesso em: 31 out. 2010.

A partir do laudo pericial, o Juízo asseverou que o perito constatou que a autora restou acometida apenas da Síndrome do Túnel de Carpo à esquerda e que apresenta grau de incapacidade laborativa equivalente a 20% no membro superior esquerdo. Afirmou o perito, num primeiro momento, que a patologia diagnosticada tem relação com o trabalho desenvolvido junto à empresa ré, contudo, no quesito 16 afirmou que a natureza da doença é multifatorial. Na resposta ao quesito 14, teria o perito constatado que os fatores existentes no trabalho da autora "são importantes para agravar" o quadro clínico, e na resposta do quesito 24 que a autora não apresentava perda de força muscular em função da moléstia. Informou, ainda, que a incapacidade detectada é temporária e que o ambiente de trabalho favorecia o surgimento de lesões, embora a ré utilizasse medidas preventivas, tais como vestuário adequado, protetor auricular e controle audiométrico.

O Relator também levou em conta que o histórico profissional, elaborado pelo perito, revela que a autora iniciou suas atividades laborais na agricultura e posteriormente foi admitida pela empresa como ajudante de produção, função esta que consistia em atividades como riscar e retirar sassami da carcaça; coletar pele e gordura abdominal; cortar asa em partes; pesar e embalar produtos diversos e que essas atividades realizadas pela reclamante na ré não eram, de fato, repetitivas. Todavia, disse que mesmo que o perito tenha apontado a existência de algumas deficiências no ambiente de trabalho da reclamante, não afirmou especificamente o que teria dado origem à doença da autora (STC à direita).

Nesse contexto, entendeu o Relator que **"a concausa, por si só, é insuficiente para caracterizar a responsabilidade do empregador"** e que, portanto, não restou comprovado que a ré praticou algum ato ilícito, quer por ação quer por omissão, que ensejasse o dever de indenizar a reclamante. Aduziu que as decisões condenatórias não podem se fundar em meras possibilidades, dando provimento para afastar da condenação todas as indenizações que têm como suporte fático a existência de doença ocupacional.

3.2.3. Acórdão-3ª C RO 01189-2009-012-12-00-9[45]

Entendimento diverso consta nesse Acórdão, segundo o qual a ré alegou que não foi esclarecido no laudo pericial o critério utilizado pelo perito para obtenção do diagnóstico de Síndrome do Túnel do Carpo. Negou a existência de nexo de causalidade entre a doença que acomete a autora e as atividades laborais, salientando que a persistência da moléstia após meses de afastamento indica que a sua origem não teve relação com o trabalho. Alegou que o perito afirma ser necessário o tratamento de 60 a 90 dias para a recuperação da autora, o que

---

(45) Acórdão-3ª C RO 01189-2009-012-12-00- 9. Relatora Lourdes Dreyer. Disponível em: <http://consultas.trt12.jus.br/SAP1/>. Acesso em: 31 out. 2010.

demonstra que se o trabalho fosse a causa efetiva da patologia, certamente o afastamento prolongado teria acarretado a melhora clínica dela, o que não ocorreu. Enfim, argumentou que a incapacitação é "parcial e temporária, decorrente de múltiplos fatores", não podendo o trabalho ser considerado a causa da doença. Acrescentou, ainda, que a autora não produziu nenhuma prova acerca da suposta culpa do empregador quanto ao ocorrido.

Salientou a Relatora que, tanto a norma constitucional insculpida no art. 7º, XXVIII, da CRFB/1988 quanto o estampado no dispositivo legal 186 do Código Civil vigente, consagram a teoria da responsabilidade subjetiva, a qual pressupõe a necessidade da prova de uma ação ou omissão que se revele danosa ao empregado, bem como do nexo de causalidade entre essa e o trabalho desenvolvido em favor do empregador. No caso em tela, ficou demonstrado que a autora exerceu a função de ajudante de produção, na sala de cortes — mesa de peito, iniciando as suas funções com 18 anos de idade (admitida em 21.12.1998), tendo trabalhado para a empresa por aproximadamente 11 anos, sendo que na data de 2.12.2008 ela foi encaminhada ao INSS pela própria ré, que emitiu a CAT, encontrando-se sob percepção do benefício previdenciário (auxílio-doença acidentário). Para a Relatora, o laudo pericial foi firme quanto à concausalidade a unir as condições adversas de trabalho à diagnosticada moléstia STC. "**A concausalidade não afasta a responsabilidade da ré, assim como não a afasta o fato de a doença ser de origem multifatorial.**"

Diante disso, ainda que não estivesse a Relatora adstrita ao resultado da perícia (art. 436 do CPC), não verificou nos autos elementos para desconstituí-la, motivo pelo qual reputou comprovada a existência do nexo causal (concausalidade) entre a doença (STC) que aflige a autora e o trabalho por ela prestado à ré. Considerou-se o fato — ponderado pelo perito — de ela ter laborado por quase 11 anos na empresa, não afastando a conclusão de que o trabalho apenas contribuiu para o agravamento da moléstia, "mas não foi necessário ao surgimento da doença", ou seja, não foi a causa original da moléstia.

Desse modo, a culpa da ré no infortúnio restou caracterizada pelo fato de não ter sido ela diligente a fim de tomar providências cabíveis para elidir o agravamento das patologias. Também afirmou a juíza que "Eventuais medidas de medicina e segurança do trabalho adotadas pela ré (rodízios de funções e pausas) não foram hábeis a erradicar o fator adverso localizado na atividade repetitiva e na condição antiergonômica" e que "A questão do afastamento prolongado da atividade não implicará melhoras se não houver o tratamento conservador, adequado e eficaz, o que não ocorreu."

Ademais, segundo a Relatora, levando em conta a natureza humana, julgou inegável que o agravamento da doença gerou abalo de ordem moral à autora. Contudo, prevaleceu a conclusão do experto de que a incapacidade laboral da autora é parcial e temporária, passível de recuperação. Por isso, embora o arbitramento de importe único, abrangendo conjuntamente as indenizações por danos morais e por danos materiais, não observe a melhor técnica, considerou o Juízo que os fundamentos lançados na sentença permitem aferir que o valor é razoável e não se apartou das circunstâncias do caso, motivo pelo qual, não majorou os valores indenizatórios por danos morais e materiais.

3.2.4. Acórdão-3ª C RO 01654-2008-024-12-00-0[46]

No mesmo sentido do Acórdão anterior, pretende a ré a reforma da sentença para que seja afastada a condenação ao pagamento de indenização por danos morais, ao argumento de que a autora não sofreu redução na capacidade laborativa. Afirmou que, mesmo que o trabalho pudesse ser considerado uma concausa, caberia observar que a doença é multicausal, infundindo dúvidas quanto à sua origem. Argumentou que há necessidade da comprovação de que a ré tenha agido com dolo ou culpa no evento danoso e que, no caso dos autos, não há elementos suficientes que comprovem a existência do nexo causal entre as atividades desempenhadas pela autora e a doença diagnosticada.

Na hipótese, a autora laborou para a ré de 16.9.2004 até 19.3.2008, quando foi demitida sem justa causa. Em junho de 2006 iniciou o quadro de dor no punho direito, ficando afastada por 15 dias. Em junho de 2007, com o agravamento do quadro, foi afastada, passando a receber o benefício previdenciário até novembro de 2007. A Relatora extraiu do laudo pericial que a autora exercia a função de esponjamento, atividade desenvolvida em pé, com as mãos na altura da cintura, retirando rebarbas de xícaras, na frequência de 8 xícaras por 30 segundos e, ao preencher a bandeja (6,5 a 8kg), sustentava-a nos braços até uma distância média de 1,3 metros para colocá-la na estante suspensa.

Restou comprovado que a autora é portadora de STC bilateral, operada do lado esquerdo e tendinite do manguito rotator, com ruptura parcial de tendões (supraespinhoso, subscapular e infraespinhoso). A perícia médica verificou a existência do nexo causal entre o trabalho e as moléstias adquiridas pela autora, informando que a atividade laboral da autora "exigia movimentos de força estática do membro superior esquerdo (para segurar a xícara) e movimentos repetitivos com a mão direita". A Relatora convergiu com o Juízo *a quo* que o laudo pericial tornou inequívoco o fato de que a situação geradora da doença decorre principalmente do trabalho da autora na ré, em face do tempo de trabalho prestado e dos fatores de risco inerentes à atividade, e que, portanto, há nexo de causalidade entre esta atividade e a doença ocupacional por ela sofrida. O médico do trabalho que elaborou o laudo pericial constatou que a autora é portadora da STC bilateral

---

(46) Acórdão-3ª C RO 01654-2008-024-12-00- 0. Relatora Lourdes Dreyer. Disponível em: <http://consultas.trt12.jus.br/SAP1/>. Acesso em: 31 out. 2010.

e tendinite do manguito rotador, havendo implicação da atividade laborativa no desencadeamento e agravamento das doenças.

Quanto à configuração da culpa da ré, ressaltou a Relatora que mesmo após o primeiro afastamento da autora, ocorrido em 2007, um ano após terem iniciado as dores, retornou para o mesmo setor de trabalho, conforme prova testemunhal, exercendo as mesmas atividades, com a mesma produção em tempo padrão estabelecido pela empresa. Sendo assim, não tendo a empresa ré tomado medidas preventivas quanto a normas de saúde e segurança do trabalho, especialmente as relacionadas à ergonomia, não logrou êxito em neutralizar alguns riscos ergonômicos, estando presentes os elementos caracterizadores da responsabilidade civil. O fato de existirem outros fatores desencadeadores da doença não altera o decidido. **Uma vez comprovado que as condições em que era desenvolvido o trabalho concorreram para que a autora adoecesse, há, no mínimo, concausa.**

Quanto ao dano moral, diante da responsabilidade atribuída à empresa, agrava a medida punitiva, visto que se torna necessário o caráter pedagógico da punição, pois a lesão que acometeu a trabalhadora resultou em incapacidade para o trabalho. Por fim, concluiu a Relatora que o valor arbitrado na sentença, R$ 10.000,00 (dez mil reais), a título de indenização por danos morais, é compatível, pois atende ao critério de razoabilidade, sendo o montante condizente com os danos sofridos e as condições da ré e da autora.

3.3. Síntese conclusiva

No primeiro Acórdão (Acórdão-4ª C RO 00999-2009-012-12-00-8), o laudo pericial alertou o Relator que a etiologia inicial da patologia de uma das doenças a que a empregada estaria acometida, a síndrome do desfiladeiro torácico, "pode ser assintomática até que apareçam alguns fatores desencadeantes que podem estar ligados não só a um traumatismo, mas principalmente a um trabalho pesado". Em que pese a observação do perito, o Juízo ponderou que as considerações tecidas por ele "por si só, não asseguram a existência de nexo causal com as atividades desenvolvidas pela obreira na ré", mesmo tendo em conta que a reclamante era ajudante de produção e tendo ela afirmado que exercia grande esforço físico na função, ou seja, um trabalho pesado passível de dar origem aos sintomas que surgiram na sua segunda admissão na ré e que hoje lhe limitam.

Mesmo não sendo a síndrome do desfiladeiro torácico objeto de análise neste trabalho, tem-se as observações a respeito como parâmetro para mostrar que o Relator considerou os elementos trazidos nos autos como "insuficientes para caracterizar a culpa da reclamada pelos males que acometem a reclamante". Veja-se, contudo, que os elementos também não são suficientes para afastar totalmente da condenação o pagamento do valor arbitrado a título de indenização por danos morais e materiais decorrentes da Síndrome do Túnel do Carpo, assim como a condenação no ressarcimento das despesas médicas comprovadas pela autora. Também considerou o Juízo o fato de a empresa possuir PPRA (Programa de Prevenção de Riscos Ambientais), PCMSO (Programa de Controle Médico e Saúde Ocupacional) e conter centro de atendimento médico na própria empresa. E, além disso, levou em conta que "as decisões democráticas não podem se fundar em meras possibilidades." No entanto, nada foi relatado nos autos quanto à eficiência de fato dessas medidas preventivas, uma vez que é responsabilidade do empregador oferecer e fiscalizar tais medidas de proteção ao trabalhador. Ter em conta apenas a existência desses programas como fundamento de uma decisão, sim, é decidir a partir de meras possibilidades.

Quanto ao segundo Acórdão analisado (Acórdão-4ªC. RO 01373-2007-012-12-00-7), mesmo o laudo pericial tendo constatado que a autora restou acometida da Síndrome do Túnel de Carpo à esquerda — e não à direita, como relatou a reclamante; que a obreira apresentou grau de incapacidade laborativa equivalente a 20% no membro superior esquerdo; que, num primeiro momento, a patologia diagnosticada tem relação com o trabalho desenvolvido junto à empresa ré; que os fatores existentes no trabalho da autora "são importantes para agravar" o quadro clínico, o Juízo *ad quem* preferiu dar provimento para afastar da condenação todas as indenizações que têm como suporte fático a existência de doença ocupacional tendo em conta a afirmação pericial de que a natureza da doença é "multifatorial", ou seja, poderia ter outras causas, e não propriamente origem profissional, descartando, assim, qualquer concausa correlata à STC suficiente para caracterizar a responsabilidade do empregador. Também considerou a constatação do perito de que a incapacidade detectada é temporária, isto é, pode-se concluir que a reclamante, supostamente, poderia sofrer as consequências advindas da doença laboral por dez ou vinte anos, pois depois desse tempo as dores "temporárias" iriam se curar e, portanto, a reclamada não teria culpa e muito menos cabal seria a existência do nexo causal que o Juízo asseverou não restar comprovado. Ademais, mesmo o perito tendo afirmado que "o ambiente de trabalho favorecia o surgimento de lesões", o Relator levou em conta que a ré utilizava medidas preventivas, tais como, vestuário adequado, protetor auricular e controle audiométrico. Por último, mesmo que o perito tenha apontado a existência de algumas deficiências no ambiente de trabalho da reclamante, segundo o Relator, ele não afirmou especificamente o que teria dado origem à doença da autora (STC à direita) e ignorou a constatação pericial da existência da STC à esquerda na reclamante. Portanto, não teria restado comprovado que a ré praticou algum ato ilícito, quer por ação quer por omissão, que ensejasse o dever de indenizar a reclamante.

Diferentemente dos dois primeiros acórdãos, os dois seguintes (Acórdão-3ª C. RO 01189-2009-012-12-00-9 e Acórdão-3ª C. RO 01654-2008-024-12-00-0) não se furtaram de levar a concausa em consideração suficientemente para caracterizar a responsabilidade do empregador. Tanto num como noutro caso, a Relatora entendeu que o laudo pericial foi firme quanto à concausalidade ao unir as condições adversas de trabalho à diagnosticada moléstia STC, tendo em conta que a concausalidade não afasta a responsabilidade da ré, assim como não a afasta o fato de a doença ser de origem multifatorial.

Nesse sentido, atribuiu a culpa da ré no infortúnio ao fato de não ter sido ela diligente no sentido de tomar providências eficazes para afastar o agravamento das doenças, acrescentando que eventuais medidas de medicina e segurança do trabalho adotadas, como rodízios de funções e pausas, não foram hábeis para elidir a consequência de atividades repetitivas e em condições antiergonômicas.

É de se observar que nos dois últimos acórdãos analisados, a Relatora manteve o valor da condenação deferida pelo Juízo *a quo*, ainda que as reclamantes requeressem a majoração dos valores. Isso significa que ela, considerando a concausa nos seus julgamentos, aferiu os valores como razoáveis não se apartando das circunstâncias de cada caso, assim como não elidiu a responsabilidade dos empregadores, ainda que parcial.

Registre-se, por fim, que no último Acórdão (Acórdão-3ª C RO 01654-2008-024-12-00-0) a Relatora também manteve o valor atribuído na condenação pelo Juízo *a quo* a título de indenização por danos morais ao argumento de que o infortúnio ultrapassou o ambiente de trabalho, alcançando a vida privada da reclamante que, em face da patologia STC constatada, apresentou incapacidade parcial para o trabalho em determinado momento. Isso enaltece a importância da aferição do aspecto da concausalidade quando o tema é a indenização devida pela STC, uma vez que ela [a concausa] repercute, inclusive, nas indenizações por danos morais.

CONSIDERAÇÕES FINAIS

A partir do trabalho apresentado, pode-se concluir que o conceito de meio ambiente evoluiu de forma abrangente, uma vez que considera o fator natural, o físico, o cultural, o artificial e o meio ambiente do trabalho.

Também vislumbrou-se a conotação transindividual e de interesse difuso do conceito do meio ambiente do trabalho, o que possibilita a sua proteção por meio da ação civil pública com fulcro na Lei n. 7.347/85.

Tendo em consideração toda a proteção jurídica relativa à matéria, tanto constitucional, infraconstitucional ou internacional, observou-se que a percepção dos adicionais não extingue o risco. Isso porque é uma previsão constitucional que o empregador se utiliza para concretizar o direito do empregado, minimizar os riscos existentes de fato em sua atividade econômica, fornecendo material de proteção e investindo em segurança e medicina do trabalho, além de treinamento necessário. Ou seja, o pagamento do acréscimo não desobriga o empregador da busca de meios eficientes que contribuam para a diminuição do risco, mas sim deve ser interpretado de forma conjunta para essa diminuição, garantindo um meio ambiente que contemple o direito à vida, à segurança e à integridade física do trabalhador.

Observe-se, contudo, que a análise da matéria não está adstrita somente ao empregador. Este tem que priorizar investimentos na prevenção dos acidentes do trabalho, o que representaria um bom negócio, diminuindo custos e melhorando, além da produtividade, a qualidade dos serviços. Mas, por outro lado, é necessário que os trabalhadores intensifiquem a participação mais ativa nas iniciativas de soluções para a prevenção de riscos ambientais, por meio de representações nos locais de trabalho, de negociações gerais, envolvendo eles próprios, os empregadores e o Estado.

Vê-se, desse modo, que é preciso criar uma cultura para o meio ambiente do trabalho. Isto é, priorizar mais o debate no sentido mesmo da prevenção, uma vez que tal postura, futuramente, tende a trazer benefícios a ambos, empregados e empregadores, em todos os seus aspectos, já que, dada a natureza jurídica de um direito difuso ambiental do meio ambiente do trabalho, os danos atingem também toda a sociedade.

Inevitável se faz a correlação entre a responsabilidade civil do empregador e a chamada teoria do risco a que ele está submetido quando se trata das indenizações decorrentes de acidentes do trabalho ou de doenças a ele equiparadas.

Viu-se que, diante do fato de a vítima, por muitas vezes, ter dificuldades em se desincumbir do ônus probatório quanto ao fato constitutivo do direito postulado, muitas discussões doutrinárias vêm à tona no campo da responsabilidade objetiva que aponta para uma tendência de socialização dos riscos, de modo a criar mais possibilidades de reparação dos danos. Assim, para a teoria do risco da atividade, basta o autor demonstrar o dano e a relação de causalidade para o deferimento da indenização, pois os riscos da atividade devem ser suportados por quem dela se beneficia.

Contudo, há divergência doutrinária no sentido da necessidade da comprovação ou não da culpa do empregador, o que vem proporcionando ao juiz trabalhista conhecer diferentes entendimentos para aferir a procedência ou improcedência do pedido de indenização por acidente ou doença ocupacional.

Da análise das jurisprudências apresentadas neste artigo, observaram-se esses entendimentos diversos quanto à indenização devida por doenças ocupacionais, mais especificamente pela Síndrome do Túnel do Carpo (STC).

Indiscutível que o pagamento de indenizações não pode significar a monetarização do risco profissional, mas trata-se de medida excepcional respaldada por todo o acervo existente de proteção jurídica ao trabalhador e como medida pedagógica para que a empresa corrija e diminua os riscos à saúde do trabalhador.

No entanto, segue-se aqui a mesma linha de entendimento do autor Sebastião Geraldo de Oliveira[47] no sentido de que o nexo concausal aparece com frequência. O fato de as perícias constatarem que as doenças ocupacionais têm origem multifatorial não afasta o enquadramento delas como patologias ocupacionais, já que provavelmente haverá ao menos uma causa que contribua diretamente tanto para a sua origem — ainda que não decisivamente — como para o seu agravamento. Além disso, é preciso levar em conta a importância da aferição do aspecto da concausalidade quando o tema é a indenização devida pela STC, uma vez que a concausa, como analisado, repercute, inclusive, nas indenizações por danos morais.

Assim, o fato de os empregadores instituírem programa de medicina no trabalho, como ginástica laboral ou palestras verificadas nos dois primeiros acórdãos, não retira a sua responsabilidade sobre a doença desenvolvida. E diga--se o mesmo dos rodízios de função realizados, uma vez que para o exercício de muitas funções se utilizam os mesmos membros, não elidindo em nada o aparecimento da doença. Ou seja, tais programas são formas que podem evitar o surgimento de doenças; contudo isso não significa que o empregador possa se eximir de sua responsabilidade quando o problema vier à tona, ainda que essa responsabilidade seja parcial.

REFERÊNCIAS BIBLIOGRÁFICAS

BRANDÃO, Cláudio. *Acidente do trabalho e responsabilidade civil do empregador*. 3. ed. São Paulo: LTr, 2009.

BRASIL. Constituição (1988) Emenda Constitucional n. 57, 18 de dezembro de 2008. Brasília: Senado Federal, Subsecretaria de Edições Técnicas, 2009.

BRASIL. Lei n. 8.213, de 24 de julho de 1991. Dispõe sobre os Planos de Benefícios da Providência Social e dá outras providências, Brasília DF, 24 de julho de 1991. Disponível em: <http://www6.senado.gov.br/legislacao/ListaTextoIntegral.action?id=75662>. Acesso em: 30 out. 2010.

BRASIL. Tribunal Regional do Trabalho 12ª. Acórdão 4ª C. Acórdão-3ª C Recurso Ordinário 01189-2009-012-12-00- 9.Juiza Relatora Lourdes Dreyer. Disponível em: http://consultas.trt12.jus.br/SAP1/>. Acesso em: 31 out. 2010.

---

(47) OLIVEIRA, Sebastião Geraldo de. *Indenizações por acidente do trabalho ou doença ocupacional*. p. 142-143.

BRASIL. Tribunal Regional do Trabalho 12ª. Acórdão 4ª C. Acórdão-3ª C Recurso Ordinário 01654-2008-024-12-00- 0. Juiza Relatora Lourdes Dreyer. Disponível em: <http://consultas.trt12.jus.br/SAP1/>. Acesso em: 31 out. 2010.

BRASIL. Tribunal Regional do Trabalho 12ª. Acórdão 4ª C. Recurso Ordinário 00999-2009-012-12-00- 8. Juiz Relator Marcos Vinicio Zanchetta. Disponível em: <http://consultas.trt12.jus.br/SAP1/>. Acesso em: 31 out. 2010.

BRASIL. Tribunal Regional do Trabalho 12ª. Acórdão 4ª C. Recurso Ordinário 01373-2007-012-12-00-7. Juiz Relator Marcos Vinicio Zanchetta. Disponível em: <http://consultas.trt12.jus.br/SAP1/>. Acesso em: 31 out. 2010.

CATHARINO, José Martins. *Infortúnio do trabalho*. Guanabara: Edições Trabalhistas, 1968.

CAVALIERI FILHO, Sérgio. *Programa de responsabilidade civil*. 6. ed. Rio de Janeiro: Malheiros, 2005.

COLETA, José Augusto Dela. *Acidentes do trabalho*. Rio de Janeiro: Borsoi, 1972.

DELGADO, Mauricio Godinho. *Curso de direito do trabalho*. 9. ed. São Paulo: LTr, 2010.

DINIZ, Maria Helena. *Curso de direito civil brasileiro*. 16. ed. São Paulo: Saraiva. 2002. v. 7.

FIGUEIREDO, Guilherme José Purvin de. *Direito ambiental e a saúde dos trabalhadores*. São Paulo: LTr, 2000.

FIORILLO, Celso Antônio Pacheco. *Curso de direito ambiental brasileiro*. São Paulo: Saraiva, 2000.

GAGLIANO, Pablo Stolze; PAMPLONA, FILHO, Rodolfo. *Novo curso de direito civil*: responsabilidade civil. São Paulo: Saraiva, 2003.

KAROLCZAK, A. P. B; VAZ, M. A.; MERLO, A. R. C. Síndrome do Túnel do Carpo. *Revista Brasileira de Fisioterapia*. v. 9, n. 2 (2005).

LEITE, Carlos Henrique Bezerra. *Curso de direito processual do trabalho*. 8. ed. São Paulo: LTr, 2010.

MACHADO, Sidnei. *O direito à proteção ao meio ambiente de trabalho no Brasil*. São Paulo: LTr, 2001.

MELO, Raimundo Simão de. *Direito ambiental do trabalho e a saúde do trabalhador*. 2. ed. São Paulo: LTr, 2006.

NASCIMENTO, Amauri Mascaro. *Iniciação ao direito do trabalho*. 23. ed. São Paulo: LTr, 1997.

OLIVEIRA, Sebastião Geraldo de. *Indenizações por acidente do trabalho ou doença ocupacional*. 3. ed. São Paulo: LTr, 2007.

PEREIRA, Caio Mário da Silva. *Responsabilidade civil*. 9. ed. Rio de Janeiro: Forense, 2002.

ROCHA, Júlio C. de Sá. *Direito ambiental do trabalho*. São Paulo: LTr, 2002.

3. A DURAÇÃO DO TRABALHO

A compensação de horários à luz da Constituição da República Federativa do Brasil. Banco de horas. Autonomia, heteronomia e efetividade do direito do trabalho
Sebastião Tavares Pereira

Banco de horas: A flexibilização da jornada e a efetividade dos direitos trabalhistas
Maria Eliza Espíndola

Jornada de trabalho dos caminhoneiros: passos e descompassos da Lei n. 12.619/2012
Rhiane Zeferino Goulart

A COMPENSAÇÃO DE HORÁRIOS À LUZ DA CONSTITUIÇÃO DA REPÚBLICA FEDERATIVA DO BRASIL. BANCO DE HORAS. AUTONOMIA, HETERONOMIA E EFETIVIDADE DO DIREITO DO TRABALHO

Sebastião Tavares Pereira[(*)]

RESUMO

Pelo método indutivo, procedeu-se à análise de material bibliográfico, doutrinário e jurisprudencial, brasileiro e estrangeiro, sobre a categoria constitucional compensação de horários. No Brasil, teórica e jurisprudencialmente, está assentado só caber compensação de horários mediante o compromisso de cumprimento estrito da duração do trabalho normal no lapso máximo de um mês, enquanto a lei prevê um ano. A nova estrutura econômica mundial parece tornar necessária uma releitura do tema. A autonomia das partes, coletivamente tomadas, para dispor a respeito, tem ganhado força persistente na evolução da teoria e da normatividade constitucionais, no Brasil e no exterior. Aliás, os exemplos externos deixam entrever que essa prática de organização do trabalho impacta diretamente a competitividade da empresa. Já não se pode interpretar a lei sob paradigmas analítico-cartesianos, apenas, nem mesmo holísticos. Só uma visão sistêmica situa adequadamente os fenômenos do emprego e da livre iniciativa e pode dar conta da necessária evolução doutrinária e jurisprudencial. A construção de uma relação otimizada do micromundo da empresa com o macromundo — o global —, pode ser alcançada pelas partes num nível de contextualização adequado para as regulações a respeito da compensação de horários. Nível, aliás, que o legislador jamais alcançará na norma *prima facie*, de natureza geral e abstrata. Daí, talvez, a relevância de se rever as posturas doutrinária e jurisprudencial, sobre o assunto, assentadas no Brasil.

Palavras-chave: Compensação de horários. Banco de horas. Serviço extraordinário.

INTRODUÇÃO

O assunto *compensação de horários* enseja imensa controvérsia doutrinária e jurisprudencial no Brasil. Isso dificulta a organização da vida das empresas e gera perplexidades, inclusive para quem se ocupa da adjudicação do Direito.

(*) Mestre em Ciência Jurídica. Aluno regular dos cursos válidos para o Doctorado en Derecho Laboral da Universidade de Buenos Aires — UBA. Diretor de ensino a distância da Amatra 12. Juiz do trabalho aposentado do TRT12. *E-mail:* <stavares@trt12.jus.br>/<stavarespereira@gmail.com>.

Introduzida a nova ordem constitucional, em 1988, a recepção ou não da legislação laboral, vigente sob a ordem pretérita, suscitou acalorados debates. O avanço legislativo infraconstitucional, no pós-1988[1], que parcela expressiva da doutrina e da jurisprudência classifica, muitas vezes, de retrocesso, somente exacerbou as polêmicas e reacendeu debates que já se haviam acalmado[2].

Entre os desencontros interpretativos, avulta a questão da *compensação de horários,* uma categoria utilizada pelo constituinte originário brasileiro e que merece um esclarecimento. Este artigo gira em torno desse conceito e das dúvidas e dificuldades que cercam a operacionalização da compensação de horários no Brasil.

O tema alberga-se na linha temática da revista comemorativa da Amatra 12 sob dois nortes interpretativos: (i) um de interpretação/aplicação dos comandos constitucionais estritos e (ii) outro, de promoção do espectro de valores que o constituinte tinha em mira ao redigir o art. 7º. Tais enfoques precisam ser conciliados e as interpretações do primeiro enfoque, que confrontem ou dificultem a realização dos valores do segundo, devem ser descartadas. Só assim se alcançará um direito do trabalho efetivo.

1. O TRABALHO NA CONSTITUIÇÃO DA REPÚBLICA FEDERATIVA DO BRASIL (CRFB)

O trabalho humano foi objeto precípuo das preocupações do constituinte originário brasileiro de 1988.

Já no art. 1º, inciso IV, da Constituição da República Federativa do Brasil — CRFB, de 1988, o trabalho é erigido à condição de valor social[3], ao lado da livre iniciativa: "A República Federativa do Brasil [...] constitui-se em Estado Democrático de Direito e tem como fundamentos: I — a soberania; II — a cidadania; III — a dignidade da pessoa humana; IV — **os valores sociais do trabalho e da livre iniciativa** [...]." [sem grifos no original]

No art. 5º, inciso XIII, é garantida a liberdade de exercício de qualquer trabalho, ofício ou profissão, podendo a lei exigir determinadas qualificações profissionais para a preservação do interesse social. No capítulo III do título III, os arts. 6º a 11 dedicam--se, integralmente, à questão do trabalho, definido como direito social (art. 6º).

---

(1) Caso, por exemplo, da permissão de compensação anual de horários, trazida pela Lei n. 9.601/98, o também chamado banco de horas.
(2) Caso, por exemplo, da infindável polêmica sobre o "acordo" do inciso XIII do art. 7º ser individual ou coletivo. A alteração do art. 59, da CLT, para introduzir a compensação anual de horários, reacendeu a questão, antes pacificada, sobre a natureza do acordo necessário para o estabelecimento do denominado *banco de horas,* porque o legislador infraconstitucional optou pela utilização da mesma expressão constitucional — acordo ou convenção coletiva.
(3) BRASIL. Constituição[1988]. *Constituição da República Federativa do Brasil.* Disponível em: <http://www.planalto.gov.br/ccivil_03/constituicao/constitui%C3%A7ao.htm>. Acesso em: 17 nov. 2011.

O art. 7º contém aquilo a que se chamou de *constitucionalização dos direitos trabalhistas*, uma longa declaração de direitos dos empregados urbanos e rurais, incluídos explicitamente os trabalhadores avulsos e empregados domésticos. Dessa declaração, para os fins aqui buscados, interessam de perto dois incisos:

> XIII – duração do trabalho normal não superior a oito horas diárias **e** quarenta e quatro semanais, **facultada a compensação de horários** e a redução da jornada, mediante acordo ou convenção coletiva de trabalho.
>
> [...]
>
> XVI – remuneração do **serviço extraordinário** superior, no mínimo, em 50% [...] à do normal.[4] [ambos sem grifo no original]

Frise-se que: (1) o inciso XIII é a raiz constitucional do objeto do presente artigo e (2) as preocupações com a regulamentação da jornada de trabalho foram uma constante na vida do Direito do Trabalho, tendo em vista a "[...] tutela da saúde, da vida moral e social do indivíduo, da economia em geral, e, ainda, da liberdade individual."[5]

2. TRABALHO NORMAL E SERVIÇO EXTRAORDINÁRIO

A ideia de *Compensação de Horários* só pode ser esclarecida a partir de duas outras categorias utilizadas na redação dos incisos mencionados: trabalho normal e serviço extraordinário, com as quais se imbrica a categoria *jornada*.

O inciso XIII do art. 7º da CRFB, no início, trata do que o constituinte originário chamou de *duração do trabalho*. Se se lê o inciso atentando apenas para a questão da duração do labor e seus limites diário e semanal, uma categoria básica utilizada na redação deixa de merecer a necessária consideração. Trata-se da categoria *trabalho normal*.

2.1. Trabalho normal, jornada e horário de trabalho

O constituinte originário utiliza a expressão *duração do trabalho normal*. A interpretação do inciso exige se tome *trabalho normal* considerando apenas a dimensão temporal. Tem de ser abstraída inteiramente a consideração de quaisquer outros conteúdos no conceito. Isso significa que, alterando-se a natureza do trabalho, ou seja, mudando o conteúdo ou aquilo que o empregado faz, não se

---

(4) BRASIL. Constituição[1988]. *Constituição da República Federativa do Brasil*, art. 7º, incisos XIII e XVI.
(5) GOMES, Orlando; GOTTSCHALK, Elson. *Curso de direito do trabalho*. 14. ed. Rio de Janeiro: Forense, 1995. p. 299.

pode, mediante tal manobra, exigir do trabalhador, pelo salário básico estipulado contratualmente, labor em duração superior à estabelecida no inciso XIII. Trabalho normal, portanto, para o constituinte, não é aquilo que o empregado habitualmente executa, mas uma quantidade de tempo.

Pode-se definir *trabalho normal*[6], para os fins de interpretação do inciso, como o lapso de tempo máximo, diário ou semanal, a que um empregado pode obrigar-se a trabalhar por um certo salário básico contratualmente acordado. Ou, em outras palavras, pelo salário estabelecido no contrato, o empregador pode comprar do empregado, diária ou semanalmente, no máximo aquela quantidade de tempo de labor. Ela independe de, no lapso temporal, haver ou não a prestação de serviço, bastando que o empregado tenha de permanecer à disposição, com habitualidade. Isso tem, ainda, o sentido de proibição de qualquer contrato de trabalho que preveja, pela paga estabelecida, qualquer que seja ela, uma duração de trabalho superior aos limites impostos constitucionalmente. Nessa acepção, retorna-se à vetusta lição de Délio Maranhão, para quem "o salário é o preço da alienação da força de trabalho e a *jornada*, a medida da força que se aliena"[7] e, nesse sentido, trabalho normal é o prestado numa *jornada*. Observe-se, mais uma vez, que o conceito de jornada não está vinculado ao tempo efetivamente trabalhado mas, sim, ao tempo em que o empregado se deve pôr à disposição do empregador[8].

Não se confunda, também, jornada com horário de trabalho. A jornada pode ser cumprida em diferentes horários de um dia ou de dois dias consecutivos, ou seja, começar em certa hora e terminar em outra, incluir intervalo ou não. Dois empregados podem ter a mesma jornada e horários distintos.

2.2. Serviço extraordinário

À categoria *trabalho normal* corresponde, por exclusão, a de *trabalho extraordinário*, que o constituinte denominou *serviço extraordinário*, considerando também apenas o aspecto *tempo de trabalho*. Esse labor não pode ser previsto como pago pelo salário básico. É o que estipula o inciso XVI, do art. 7º, como direito do trabalhador empregado: "remuneração do serviço extraordinário superior, no mínimo, em cinquenta por cento à do normal"[9].

---

(6) Na doutrina italiana, a expressão "horário normal" (*orario normale*) é utilizada para se referir à duração normal ou ordinária do trabalho (*durata ordinaria*), que é distinta do que se classifica como trabalho suplementar e como labor extraordinário (*lavoro supplementare o straordinario*) que, aliás, são categorias distintas nas práticas doutrinária, jurisprudencial e negocial italianas: suplementar é o trabalho que excede a jornada convencional, até o limite legal; extraodinário é o trabalho que excede o limite legal. GIUDICE, F. Del *et al*. *Diritto del lavoro*. 24. ed. Napoli: Esselibri, 2007. p. 276.
(7) MARANHÃO, Délio. *Direito do trabalho*. 13. ed. Rio de Janeiro: FGV, 1985. p. 83.
(8) NASCIMENTO, Amauri Mascaro. *Curso de direito do trabalho*. 15. ed. São Paulo: Saraiva, 1998. p. 650.
(9) BRASIL. Constituição[1988]. *Constituição da República Federativa do Brasil*, art. 7º, inciso XVI.

Desse inciso, e do dito acima, defluem duas consequências necessárias, uma explícita e outra implícita. Em primeiro lugar, uma hora de labor extraordinário custa mais para o empregador, obrigatoriamente, que uma hora de labor normal (50% a mais, no mínimo). Nesse sentido, é claro o objetivo de desestímulo do labor extraordinário.

Em segundo lugar, entretanto, da pura existência da norma deduz-se a autorização constitucional para a prestação do labor extraordinário. Esta autorização é matizada, mas não anulada, como querem alguns, pelo inciso XXII, do mesmo art. 7º, que estabelece como direito do trabalhador a "redução dos riscos inerentes ao trabalho, por meio de normas de saúde[10], higiene e segurança"[11]. O constituinte não vê o labor extraordinário como ilícito, mas como uma prática que, quando necessária, pode ser utilizada.

Dentro dessa ótica, incumbe ao legislador infraconstitucional, atento às questões do risco do trabalho, estabelecer a regulamentação que entenda pertinente à prestação do chamado *serviço extraordinário*, mas preservando a dupla mensagem nuclear da disposição: permissão com desestímulo.

Essa visão do constituinte originário mostra-se atualíssima e em consonância com a disposição do legislador mundial, como se verá adiante.

3. TRABALHO NORMAL E COMPENSAÇÃO DE HORÁRIOS: BANCO DE HORAS

O chamado trabalho normal tem a duração máxima estipulada mediante dois parâmetros: um diário (espaço de 24 horas) e outro semanal[12]. Semanalmente, é trabalho extraordinário todo aquele que exceda 44 horas. Diariamente, é trabalho extraordinário todo aquele que exceda 8 horas num intervalo de 24 horas, contado do início de uma jornada ao início da próxima. Observados os dois parâmetros, faculta o constituinte a compensação de horários e a redução da jornada[13]. Aliás, como realça o saudoso Arnaldo Süssekind, em decorrência

---

(10) Especialmente em relação à saúde, vide as preocupações constitucionais expostas nos arts. 6º, *caput*, 194, *caput*, 196, 197 e 200, II, da Constituição da República Federativa do Brasil.
(11) BRASIL. Constituição[1988]. *Constituição da República Federativa do Brasil*, art. 7º, inciso XXII.
(12) A lei italiana fixa a duração normal do trabalho apenas semanalmente, em 40 horas, segundo GIUDICE, F. Del *et al. Diritto del lavoro*, p. 276: "Il concetto di partenza nella disciplina dell´orario di lavoro è quello dell´**orario normale** di lavoro che la legge fissa su *base settimanale* e individua in **40 ore settimanali** (art. 3 D. Lgs. 66/2003)." [grifos no original] Já a lei francesa utiliza os dois parâmetros, diário (*durée quotidienne*) e semanal (*durée hebdomadaire*), como no Brasil, mas na previsão diária trabalha com um máximo de 10 horas, e não de 8, o que espanca muitas das perplexidades que o assunto suscita por aqui. ROY, Véronique. *Droit du travail*. 12. ed. Paris: Dunod, 2008. p. 43.
(13) Se acompanhada de redução salarial, só é permitida mediante "convenção ou acordo coletivo". BRASIL. Constituição[1988]. *Constituição da República Federativa do Brasil*, art. 7º, inciso VI.

do princípio da lei mais favorável, toda a legislação anterior a 1988 e que fixa jornada diária ou semanal inferior aos limites constitucionais foi recepcionada[14].

Importa observar que somente ao tratar do trabalho normal, no inciso XIII, o constituinte ocupa-se da chamada compensação, deixando claro, ainda, tratar-se de compensação *de horários*. Quando trata do serviço extraordinário, o constituinte não só não alude ao fenômeno jurídico da compensação, como também é categórico quanto à paga superior àquela do trabalho normal.

Para a jurisprudência, a interpretação gramatical, conjugada com a interpretação sistemática, leva a afirmar que só se pode falar em compensação quando há um compromisso efetivo com o cumprimento do *trabalho normal*, ao final de certo período. E que compensação de horário e trabalho extraordinário são mutuamente exclusivos. Essa compensação deve ser feita mediante a alteração do horário de trabalho, ou seja, pelo que o constituinte denominou *compensação* **de horários**. Permite a constituição que se alterem os horários, reduzindo horas de trabalho normal num dia para compensar horas adicionais exigidas num outro dia. O excesso de um dia deve ser trocado, necessariamente, por horas normais de outro dia, de modo que ao final do período em questão a duração do trabalho normal não seja excedida.

O conectivo "e", que liga os dois parâmetros (8 horas diárias e 44 horas semanais), exigiria a observância dos dois limites. Assim, estipulado qualquer esquema de compensação de horas, deveriam tais balizas ser respeitadas. A não observância implicaria o pagamento dos excessos com, pelo menos, 50% de acréscimo.

Mas tal exegese significaria que a abolição do labor aos sábados induziria, necessária e automaticamente, a redução da duração do trabalho semanal normal para 40 horas (5 dias de 8 horas). Desejando o empregador abolir o labor aos sábados, um anseio de todos os trabalhadores, e exigindo o cumprimento das 44 horas semanais, deveria pagar, como serviço extraordinário, todas as horas trabalhadas, além das 8 horas diárias, ou seja, 4 horas por semana.

A doutrina e a jurisprudência orientaram-se, interpretativamente, na direção de amenizar a força do conectivo "e", abrindo espaço para a avaliação da ocorrência da compensação apenas pelo limite semanal:

> Os horários de trabalho declinados na inicial demonstram que a autora deveria estar submetida a uma jornada semanal de 44 horas, havendo prorrogação de alguns minutos durante a semana para compensação do sábado, já que de segunda a quinta-feira trabalharia 8h45min e às

---

(14) SÜSSEKIND, Arnaldo *et al. Instituições de direito do trabalho*. 14. ed. São Paulo: LTr, 1993. v. 2. p. 784.

sextas, 9 horas. Ressalto que tal excesso diário não implicaria o pagamento de horas extras, já que o módulo semanal de 44 horas seria observado[15].

A jurisprudência foi além. Permite claramente o fenômeno denominado de *compensação intersemanal*[16], num horizonte máximo de um mês, conforme noticia Mauricio Godinho Delgado. Os excessos de horário de uma semana podem ser compensados com a redução correspondente de horário noutra semana do mês, de modo que, findo este, a jornada máxima mensal (220 horas, incluídos os repousos), não seja excedida[17]. Mais adiante, no mesmo texto, o autor reitera tal entendimento e afirma que da interpretação lógico-sistemática da OJ 182 da SDI/TST, "[...] pode-se dizer que prevaleceu a tese da validade do simples acordo escrito para a pactuação do tradicional regime compensatório, em sua fórmula favorável ao trabalhador, **respeitado o mês de compensação**."[18] [sem grifo no original] O autor manda verificar, ainda, a OJ 223 da SDI/TST e o Enunciado n. 85, em sua nova redação.

Esse conceito foi reafirmado e ampliado pelo legislador infraconstitucional, quando instituiu a chamada *compensação anual de horas*, vulgarmente conhecida como *banco de horas*:

§ 2º — **Poderá ser dispensado o acréscimo de salário** se, por força de **acordo ou convenção coletiva de trabalho**, o excesso de horas em um dia for compensado pela correspondente diminuição em outro dia, de maneira que não exceda, **no período máximo de um ano**, à **soma das jornadas semanais de trabalho previstas**, nem seja ultrapassado **o limite máximo de dez horas diárias**. (Alterado pela Lei n. 9.601, de 21.1.98, DOU 22.1.98 e pela MP n. 2.164-41, de 24.8.01, DOU 27.8.01)[19]. [sem grifo no original]

Sem resvalar para as muitas polêmicas atinentes a essa inovação legislativa, importa chamar a atenção para o final do parágrafo legal.

No que tange ao dia, ele sufraga a quebra da barreira das 8 horas diárias, na esteira do trabalho interpretativo doutrinário e jurisprudencial mencionado, sem que isso implique necessariamente a ocorrência de serviço extraordinário.

---

(15) BRASIL. Tribunal Regional do Trabalho da 12ª Região. 3ª T. RO 02584-2005-029-12-00-7. Relator: Gisele Pereira Alexandrino. Disponível em: <http://trtapl3.trt12.gov.br/csmj/2007/RO02584-2005-029-12-00-7.rtf>. Acesso em: 5 maio 2008, p. 8.
(16) Aliás, nesse sentido, os italianos podem convencionar, pela via dos contratos coletivos, o que denominam de *orario multiperiodale*, "[...] estabelecendo que a duração semanal (40 horas ou menos) não deve ser respeitada semana por semana, mas só como média de um certo período de tempo [...] findo no máximo em um ano [...]". [tradução livre] GIUDICE, F. Del *et al*. *Diritto del lavoro*, p. 276. Os franceses também introduziram, nos últimos anos, os conceitos de ciclo (*cycle*) e modulação (*modulation*) para tratar deste assunto. E utilizam o mesmo limite de período máximo — o anual — para avaliação do cumprimento da jornada. ROY, Véronique. *Droit du travail*. p. 49-50.
(17) "[...] neste caso, a flexibilização não importa em efetivas horas extras (se considerada a duração semanal ou mensal de labor) — pelo menos até o advento do *banco de horas* da Lei n. 9.601/98 [...]". DELGADO, Mauricio Godinho. *Curso de direito do trabalho*. São Paulo: LTr, 2004. p. 853.
(18) DELGADO, Mauricio Godinho. *Curso de direito do trabalho*, p. 859.
(19) CARRION, Valentin. *Comentários à Consolidação das Leis do Trabalho*. 36. ed. São Paulo: Saraiva, 2011. p. 133.

Quanto ao novo lapso anual, posto como limite para avaliação da ocorrência do fenômeno da compensação, não resta dúvida de que "horas de excesso devem ser trocadas por horas de trabalho normal", de modo que não se ultrapasse a "soma das jornadas semanais de trabalho previstas" para o período do ano[20]. Reforça-se, assim, a ideia constitucional da *compensação de horários*, ou seja, da possibilidade de ampliação das horas de labor num dia mediante a redução do horário num outro dia, alcançando-se, ao final do período, a quantidade prevista de horas de trabalho normal.

Este ponto deve ser devidamente realçado porque, para a posição assentada jurisprudencialmente, o descumprimento do acordo de compensação, neste específico detalhe — labor além do limite de jornadas normais do período — implica "invalidação do acordo", tornando a empresa obrigada a pagar o *adicional* das horas, todas elas, ainda que tenham sido compensadas. Não se paga a hora compensada, a chamada hora básica, mas o *adicional* é devido. Quer dizer, dentro do limite temporal tomado para avaliação da compensação (semanal ou mensal), se sobejarem horas extraordinárias a pagar, a jurisprudência tem se inclinado a mandar que a empresa *pague como extraordinárias* todas as horas laboradas além do limite de 8 horas diárias. As folgas concedidas, para fins de compensação, impedirão o pagamento do principal, quer dizer, da hora básica, mas não impedirão que a empresa seja condenada ao pagamento do acréscimo de serviço extraordinário, conforme preconiza a constituição:

> COMPENSAÇÃO SEMANAL. AJUSTE TÁCITO. POSSIBILIDADE. INOBSERVÂNCIA DO LIMITE DE HORAS SEMANAIS. INVALIDADE. A compensação semanal, que visa à dispensa do trabalho aos sábados mediante a prorrogação da jornada de trabalho nos demais dias úteis da semana, atende ao interesse dos trabalhadores, que passam a usufruir de um período maior de descanso em benefício do convívio familiar, e pode, por isso, ser ajustada até de forma tácita. O acordo não pode ser validado, no entanto, se os horários anotados nos registros de ponto denunciam a prestação de serviço sem a observância do limite de horário semanal legalmente estabelecido, inclusive com a prestação de trabalho de forma rotineira aos sábados[21].

Aliás, é o que preceitua o inciso IV da súmula n. 85 do Tribunal Superior do Trabalho, com a redação que vigora desde a resolução TST 129/05. Após afirmar

---

(20) Como já realçado em nota anterior, franceses e italianos evoluíram suas legislações, nos últimos anos, para contemplar tal mecanismo de ajuste do trabalho à flutuação das atividades da empresa. Na França, a *modulation* "[...] consiste em fazer variar a duração do trabalho sobre todo o período ou parte de um ano para fazer frente às flutuações da atividade empresarial [...] sob a condição de que não exceda a média de 35 horas por semana de trabalho e uma duração anual de 1607 horas. As durações máximas diária e semanal devem ser respeitadas e os períodos de alta e baixa atividade devem se compensar." [tradução livre] ROY, Véronique. *Droit du travail*. p. 50. Os italianos denominam o mecanismo de *orario multiperiodale*, como se destacou em nota anterior.

(21) BRASIL. Tribunal Regional do Trabalho da 12ª Região. 3ª T. RO 02584-2005-029-12-00-7. Relator: Gisele Pereira Alexandrino. Disponível em: <http://trtapl3.trt12.gov.br/ csmj/2007/RO02584-2005-029-12-00-7.rtf>. Acesso em: 5 maio 2008, p. 1.

a validade do acordo individual escrito[22] de compensação de jornada, a corte tem esse acordo como descaracterizado se houver a prestação de horas extras habituais: "Nesta hipótese, as horas que ultrapassarem a jornada semanal normal deverão ser pagas como horas extraordinárias e, quanto àquelas destinadas à compensação, deverá ser pago a mais apenas o adicional por trabalho extraordinário."[23] Aquelas destinadas à compensação são as horas laboradas além da oitava diária, dentro do limite semanal de 44 horas.

4. DIREITO COMPARADO: FRANÇA, ITÁLIA, CANADÁ E ESTADOS UNIDOS

Já se fez menção rápida, em notas de rodapé, sobre os tratamentos que Itália, França, Canadá e Estados Unidos dão ao assunto. Neste tópico, faz-se uma exposição sumária do encaminhamento da questão nesses países. Sabe-se que, em função da recente crise econômica mundial, que impactou diretamente a União Europeia, alguns países estão se mobilizando em torno das legislações trabalhistas e que, talvez, as descrições aqui feitas ganhem novos contornos até o momento da leitura deste artigo.

Essa visão é útil para fins hermenêuticos e para constatar a universalidade das preocupações com a compensação de horários.

Na **doutrina italiana**, a expressão "horário normal" (*orario normale*) é utilizada para se referir à duração normal ou ordinária do trabalho (*durata ordinaria*). Os italianos distinguem trabalho suplementar e labor extraordinário (*lavoro supplementare o straordinario*). As categorias são distintas nas práticas doutrinária, jurisprudencial e negocial italianas. Suplementar é o trabalho que excede a jornada convencional, até o limite legal. Extraodinário é o trabalho que excede o limite legal[24].

Na mesma obra, lê-se também que a lei italiana fixa a duração normal do trabalho apenas semanalmente, em 40 horas: "Il concetto di partenza nella disciplina dell´orario di lavoro è quello dell´orario normale di lavoro che la legge fissa su *base settimanale* e individua in 40 ore settimanali (art. 3 D. Lgs. 66/2003)." [grifos no original] Permite a lei, igualmente, que os italianos convencionem, pela via dos contratos coletivos, o que denominam de *orario multiperiodale o articolato*, "[...] estabelecendo que a duração semanal (40 horas ou menos) não deve ser respeitada semana por semana, mas só como média de um certo período de tempo [...]

---

(22) Sobre esta questão, o TST suplantou a polêmica acerca da natureza jurídica do acordo ventilado no art. 7º, inciso XIII, da Constituição, e afirmou tratar-se de mero acordo individual, não coletivo. Mas manteve a exigência de sua forma escrita.
(23) BRASIL. Tribunal Superior do Trabalho. Súmula n. 85. In: CARRION, Valentin. *Comentários à Consolidação das Leis do Trabalho.* p. 1318.
(24) GIUDICE, F. Del *et al. Diritto del lavoro.* p. 276.

findo no máximo em um ano [...]".[25] [tradução livre] Essa ideia foi adotada pelo legislador brasileiro ao instituir o banco de horas com horizonte de um ano.

Já **a lei francesa** utiliza os dois parâmetros, diário (*durée quotidienne*) e semanal (*durée hebdomadaire*), como no Brasil, mas na previsão diária trabalha com um máximo de 10 horas, e não de 8, o que espanca muitas das perplexidades que o assunto suscita por aqui[26].

Os franceses também introduziram, nos últimos anos, os conceitos de ciclo (*cycle*) e modulação (*modulation*) para tratar deste assunto. E utilizam o mesmo limite de período máximo — o anual — para avaliação do cumprimento da jornada[27]. Os fundamentos dessa alteração legislativa estão na necessidade de instituir mecanismos de ajuste do trabalho à flutuação das atividades da empresa, tendo em vista a competitividade, num ambiente de ampla disputa empresarial, na União Europeia e no mundo.

Na França, a *modulation*

> [...] consiste em fazer variar a duração do trabalho por todo o período ou parte de um ano para fazer frente às flutuações da atividade empresarial [...] sob a condição de que não exceda a média de 35 horas por semana de trabalho e uma duração anual de 1607 horas. As durações máximas diária e semanal devem ser respeitadas e os períodos de alta e baixa atividade devem se compensar[28]. [tradução livre]

Estados Unidos e Canadá apresentam traços comuns em vários aspectos no que diz respeito à compensação de horários. O mais interessante é a resistência à admissão do sistema de compensação.

No **Canadá**, de acordo com Antree Demakos[29], a duração da jornada diária ou semanal varia com a província e com a categoria em que está envolvido o trabalhador, como também acontece nos Estados Unidos. A maioria delas estabelece uma semana de 40 horas, com um máximo de 8 horas de trabalho por dia. Acima desses limites, as horas devem ser pagas como extraordinárias com acréscimo, em regra, de 50%. Folgas compensatórias são dadas pelo trabalho em feriados. E se esses caem em final de semana, os empregados que trabalham ganham um dia adicional de folga. O autor informa, também, que "se um empregado é chamado a trabalhar num feriado público, normalmente o empregador deve pagar ao menos uma vez e meia o salário, ou mais, e poderia ser exigido que desse a esse empregado outro dia de folga." O autor silencia sobre eventual

---

(25) GIUDICE, F. Del et al. *Diritto del lavoro*. p. 276.
(26) ROY, Véronique. *Droit du travail*. p. 43.
(27) ROY, Véronique. *Droit du travail*. p. 49-50.
(28) ROY, Véronique. *Droit du travail*. p. 50.
(29) DEMAKOS, Antree et al. *Your guide to canadian Law*. 1.000 answers to your legal questions. 2. ed. Markham, Ontário: Fitzhenry and Whiteside, 2009. p. 344.

utilização da compensação de jornada em dias úteis, à semelhança do que ocorre no Brasil (compensação de horários).

Nos **Estados Unidos**, de acordo com Lewin G. Joel III[30], lei federal de 1938, muito emendada nas décadas posteriores, o *Fair Labor Standards Act — FLSA*, trata de salários, trabalho extraordinário, emprego de menores etc. Apesar disso, considerando-se o esquema federativo e a enorme autonomia dos Estados para legislarem materialmente, há uma diversidade expressiva nas normativas referentes à jornada e ao trabalho extraordinário. A jornada diária varia de 8 a 10 horas e a semanal de 40 a 48 horas. No Kansas, por exemplo, é de 46 horas.

Horas extraordinárias (*overtime*) devem ser pagas com ao menos 50% de acréscimo. Várias categorias de empregados não têm direito a horas extrarodinárias de acordo com o FLSA: colarinhos-brancos, vendedores de carro, agrícolas etc.[31].

Em empresas privadas, em geral, não é permitida a compensação (*compensatory time*). Todo trabalho prestado além da jornada contratual — excetuadas as categorias sem direito a labor extra — deve ser pago. Em determinados empregos públicos é permitida a compensação, mas esta deve ser feita na base de 1 hora e meia de folga para cada hora trabalhada. Mesmo nesses casos, há limites impostos para a compensação, acima dos quais as horas excedentes devem ser pagas e não compensadas[32].

5. RELENDO OS DISPOSITIVOS CONSTITUCIONAIS A RESPEITO: VISÃO CRÍTICA DA JURISPRUDÊNCIA DOMINANTE NO BRASIL

A Constituição estabelece, no inciso XIII do art. 7º, que a duração do trabalho normal não pode exceder oito horas diárias e quarenta e quatro semanais e, além disso, permite a compensação de horários mediante acordo ou convenção coletiva de trabalho. No inciso XVI, determina que se remunere o serviço extraordinário com acréscimo de, no mínimo, 50% em relação ao trabalho normal. Inúmeras categorias profissionais têm suas jornadas diárias e semanais reduzidas em relação ao teto constitucional. Neste estudo, trabalha-se com os limites constitucionais.

O constituinte não criou qualquer remissão entre os incisos citados. Entre eles existe uma dependência apenas no sentido de que a categoria *serviço extraordinário* só pode ser estabelecida a partir da categoria *trabalho normal*: aquele desenvolvido em até oito horas diárias e quarenta e quatro semanais. Por definição constitucional, portanto, o serviço prestado além da oitava hora diária e da quadragésima quarta hora semanal é extraordinário. A conexão dos dois incisos esgota-se aí.

---

(30) JOEL III, Lewin G. *Every employee's guide to the law*. New York: Pantheon Books, 1996. p. 72-88.
(31) JOEL III, Lewin G. *Every employee's guide to the law*. p. 81.
(32) JOEL III, Lewin G. *Every employee's guide to the law*. p. 87.

A redação constitucional do inciso XIII trabalha com dois limites, em princípio contraditórios, para delimitar a duração do trabalho normal: oito horas diárias e quarenta e quatro semanais. O conectivo "e" exige um esforço interpretativo e ganha sentido quando se leva em conta a faculdade outorgada às partes do contrato para estabelecerem mecanismos de compensação de horário. Não havendo compensação, a jornada diária normal está limitada a 8 horas diárias. Estabelecida a compensação de horários, abandona-se o limite diário e adota-se o limite semanal. A soma das jornadas diárias, ao final da semana, não pode exceder as 44 horas estabelecidas para a semana. Qualquer excesso será serviço extraordinário.

5.1. A jurisprudência

A jurisprudência, como se viu, interpretou o conectivo "e" como "ou" (8 horas diárias ou 44 semanais) e, além disso, estabeleceu a ideia de incompatibilidade plena entre compensação de horários e labor extraordinário, ideia esta que apresenta inconsistências teórico-práticas interessantes.

Havendo trabalho além da jornada legal, num horizonte de tempo determinado (a semana, o mês — visão majoritária — ou anual — visão da lei do banco de horas), considera-se inexistente o acordo e todas as horas trabalhadas, além da 8ª hora diária, deverão ser pagas como extraordinárias. Isso envolve um cálculo complexo, uma vez que as horas de folga concedidas para compensação não serão pagas — considera-se ocorrida a compensação — mas se impõe o pagamento do acréscimo de hora extraordinária. A complexidade do cálculo não está mencionada como fundamento para rejeitar a visão jurisprudencial.

5.2. Constituição, compensação e labor extraordinário

Analisando-se a CRFB, não se vê qualquer liame entre os incisos XIII — o da compensação de horários — e o XVI — o das horas extraordinárias, como já se mencionou. A interpretação mais consentânea, nos limites da determinação constitucional, é aquela que considera a jornada normal — num horizonte que a lei pode determinar — e, dentro dela, a compensação e, além desse limite, labor que deve ser pago com o acréscimo. A constituição não vincula uma coisa e outra. Para o constituinte, pode haver a compensação de horários e, parece óbvio, ao mesmo tempo o labor extraordinário.

5.3. Natureza jurídica da compensação

A compensação é meio de extinção de dívida, ou de parte dela, uma forma de quitação de obrigação. Estabelece o art. 368 do Código Civil que sendo devedor e credor reciprocamente credor e devedor um do outro, pode este, o devedor, legitimamente, compensar a sua dívida com o crédito que possua.

Desde que haja reciprocidade dos débitos, liquidez de dívidas fungíveis e homogêneas, que as dívidas estejam vencidas e sejam de mesma natureza — identidade de qualidade -, é possível a compensação.

A compensação poderá ser parcial ou total. O que sobejar deverá ser quitado ou cobrado por outro meio. Mas essa conta se faz por unidade, seja ela qual for (minuto por minuto, hora por hora, dia por dia), não como faz a jurisprudência brasileira no caso das horas extraordinárias decorrentes do descumprimento do acordo de compensação de horários. Ou seja, parece incongruente compensar a mesma hora em relação ao principal (uma hora por uma hora) e acrescentar o pagamento de um valor para considerar extinta a obrigação. No caso, a compensação perde a natureza imanente de extinguir a obrigação, transformando-se num meio de pagamento. E compensar, por definição, não é forma de pagamento.

Essa inconsistência lógico-ontológica advém da interpretação escolhida pela jurisprudência, com apoio da doutrina majoritária, para a prática da compensação no Brasil.

A interpretação jurisprudencial caminhou no sentido de ler os dispositivos dos incisos XIII e XVI, do art. 7º, como exclusivos. Ou há a compensão de horários ou há labor extraordinário. Na prática, para a Jurisprudência, é como se um excluísse o outro, sendo impossível a convivência. Ora, em primeiro lugar, por essa via e para evitar o enriquecimento sem causa, a jurisprudência teve de trilhar um caminho que fere a natureza jurídica do instituto da compensação: (1) permite a compensação de dívidas de natureza diversa — labor normal e extraordinário e (2) pior, mistura compensação e pagamento, operando-se a extinção da dívida sobre a mesma hora pela combinação dos dois instrumentos. O empregador pode liberar-se de uma hora de labor extraordinário dando uma folga de uma hora e juntando a isso, em dinheiro, um pagamento do acréscimo. Para essas e outras inconsistências teóricas a construção jurisprudencial não tem resposta.

5.4. Excelência da solução autônoma

Em razão de tais incongruências, é comum as entidades sindicais buscarem, com a autonomia que a Constituição lhes assegura amplamente, a harmonia necessária para conciliarem as duas realidades: o labor normal, com a compensação constitucionalmente permitida, e o labor extraordinário, constitucionalmente pago com o acréscimo devido. Tais institutos costumam ser declarados inconstitucionais pela jurisprudência, embora pareçam apresentar maior afinidade com a norma constitucional que a jurisprudência.

Num esforço de ponderação, militariam em prol das entidades, além da dúvida em torno dos incisos XIII e XVI do art. 7º — compensação e labor extraordinário —, o inciso "XXVI — reconhecimento das convenções e acordos coletivos de trabalho" (lembre-se que os acordos de compensação são instituídos com a participação das entidades sindicais de empregados, obrigatoriamente!), além dos incisos VI — que permite reduzir o salário, o elemento mais sensível da relação, por convenção ou acordo coletivo e XIV — que permite estabelecer jornada superior para turnos ininterruptos de revezamento por negociação coletiva.

Há que se destacar, finalmente, a persistência dessa visão constitucional que se renovou nas disposições mais recentes sobre as negociações coletivas e o desestímulo à intervenção judicial nos conflitos via dissídio coletivo. Há, cada vez mais, o sentimento de que a melhor solução é a autônoma, devendo-se reservar a intervenção heterônoma para os casos de impotência da primeira.

A visão do legislador constitucional brasileiro é muito atual, mas tem sido esvaziada pela interpretação, nos níveis constitucional e infraconstitucional.

Veja-se que a Corte Constitucional alemã assumiu, em sua leitura da lei fundamental, o mesmo fio condutor da legislação, inclusive brasileira. Como informa Patrick Rémy[33], "no direito alemão, a autonomia coletiva é, segundo a corte constitucional, diretamente garantida pelo art. 9, III, da lei fundamental que consagra a chamada liberdade de associação." Conforme o autor francês, disso "[...] resulta, em substância, que o Estado é obrigado, num primeiro momento, a assegurar o funcionamento da autonomia coletiva, notadamente garantindo pela lei o efeito normativo da convenção coletiva." Há uma lógica invertida na apreciação do negociado e do legal. A lei deve promover o coletivamente negociado e não o contrário, como ocorre no Brasil, onde a estipulação coletiva costuma ser vista como escrava da lei. Mas, além disso, segundo a orientação constitucional alemã, o efeito normativo das convenções coletivas é limitado, em princípio, aos contratos de trabalho cujos titulares são sindicalizados, regra que, sem dúvida, é amplamente indutora da participação associativa dos empregados. Dá-se força às entidades sindicais para promoverem uma negociação coletiva que deverá prevalecer, acima de tudo.

Pesam, portanto, em prol das entidades sindicais, inumeráveis dispositivos constitucionais pelos quais se deveria entender cabível a autonomia das partes, coletivamente tomadas, para dispor a respeito da compensação de horário.

5.5. A globalização

Jean-Denis Combrexelle afirma que "o direito do trabalho constitui um magnífico terreno de jogo intelectual para os juristas. Mas as coisas em jogo,

---

(33) PATRICK, Rémy. L´autonomie collective: une illusion en droit français. In: WAQUET, Philippe (org.). *13 paradoxes en droit du travail.* Paris: Éditions Lamy, 2012. p. 98.

neste domínio, são essenciais e vitais para os assalariados, as empresas e nosso país."[34] Com essa frase, o autor abre o tópico "a realidade", num texto dedicado à análise da qualidade da norma em Direito do Trabalho. Com uma frase, o jurista rapidamente se afasta de uma visão cartesiana, individualista, para situar o assunto sob luzes sistêmicas, atraindo à consideração as partes envolvidas (empregado e empregador) integradas no todo do país. Toda norma de Direito do Trabalho, segundo o autor, deve atender a esse conjunto de interesses e à complexidade de relações que vinculam as partes.

Combrexelle destaca ainda que:

> A primeira exigência do direito do trabalho é estar em contato direto com uma realidade frequentemente diversa e mal conhecida. É preciso conhecer essa realidade e, ao mesmo tempo, organizar os fluxos de informação que permitam conhecê-la, e tentar transpor, numa regra geral, uma norma que se aplique a situações as mais diversas [...] **a realidade é complexa, contraditória, internacional** e às vezes deformada pelos *lobbies* de toda sorte.[35] [sem grifo no original]

Essa ampliação de enfoque, marcada muito bem pelo autor francês, e que atrai a consideração dos interesses de todos os envolvidos, exige se realce, sob o ângulo da efetividade do Direito do Trabalho, que a interpretação/aplicação dos dispositivos atinentes a compensação/labor extraordinário/labor normal, estritamente, tende a conflitar, na atualidade, com a necessária busca da concretização dos valores que esse mesmo ramo do Direito quer realizar maximamente.

Juridicamente, e conforme o entendimento prevalente, bem se sabe, é inadequado legislar ou aplicar a norma posta por impulso ou em resposta a circunstâncias transitórias. No entanto, quando os sistemas sociais avançam estruturalmente para novos patamares, com rearranjo crucial de atividades e condições organizacionais, é necessário que o jurídico se mova de forma consentânea. É notório, hoje, o fenômeno da globalização. Por mais complexo que ele seja, pode-se dizer que um traço evidente dele, e que aqui importa, é o lançamento da empresa (a unidade produtiva) à condição de competidor mundial. O mercado da cidade, do Estado ou do País tornaram-se apenas parte do verdadeiro mercado em que atua a empresa: o mercado global.

No tópico 4, acima, fez-se rápida digressão sob as normativas de outros países acerca da questão da compensação de jornada. Mesmo rapidamente, esse exame do direito comparado torna evidente que os legisladores dos vários países

---

(34) COMBREXELLE, Jean-Denis. La qualité de la norme en droit du travail. In: WAQUET, Philippe (org.). *13 paradoxes en droit du travail*. Paris :Éditions Lamy, 2012. p. 85.
(35) COMBREXELLE, Jean-Denis. La qualité de la norme en droit du travail. In: WAQUET, Philippe (org.). *13 paradoxes en droit du travail*. p. 85-86.

dotaram seus ordenamentos de regras para dar aos entes empresariais condições de melhor competitividade no mercado global o que, visto sob o enfoque correto, é gerar um Direito do Trabalho capaz de ser efetivo na concretização dos valores a cuja concretização está destinado. O fato de os legisladores ocuparem-se do tema, por si só, de forma quase uniforme, é sintomático.

A interpretação jurisprudencial do arcabouço normativo brasileiro acerca da matéria, portanto, parece necessitar de um arejamento e um avanço para interpretar as disposições sob um enfoque adequado, que garanta a melhor competitividade da empresa como condição da conservação e da ampliação das conquistas laborais.

CONSIDERAÇÕES FINAIS

O trabalho humano foi alvo das preocupações do constituinte originário brasileiro, sob muitos aspectos. No art. 7º, incisos XIII e XVI, o constituinte ocupou-se da duração do trabalho, trazendo à tona a categoria a que denominou *compensação de horários*. Ela está disposta no inciso que trata da *duração normal* do trabalho e não no que estabelece, peremptoriamente, que todo serviço extraordinário deve ser pago com acréscimo, no mínimo, de 50% em relação ao serviço normal.

Como se demonstrou, segundo a jurisprudência dominante no Brasil, só é permitido falar em compensação de horário quando a duração normal do trabalho, em certo período, não é excedida. Ela supõe, por isso mesmo, remanejamentos de horário, naquele período, para que, ao final, computadas as horas, a duração normal seja observada estritamente.

A doutrina e a jurisprudência majoritária evoluíram para fixar o mês como o lapso temporal máximo ao final do qual o empregado não poderá alegar ter prestado serviço extraordinário se lhe foram concedidas folgas compensatórias suficientes e a soma de horas trabalhadas não excede as 220 horas previstas para o mês. Mas o Tribunal Superior do Trabalho continua a exigir a semana como lapso máximo para os fins de apuração da ocorrência ou não do excesso de trabalho que descaracteriza a ocorrência do fenômeno da compensação de horários válida.

Desrespeitado, no período em tela, o limite da duração do trabalho dito normal (pago pelo salário contratado), todo o excesso de jornada, assim considerado o labor além da 8ª diária, será considerado serviço extraordinário, nos termos do inciso XVI do art. 7º da constituição. Daí decorre que por tais excessos o empregado tem direito de receber o acréscimo mínimo de 50% em relação ao preço da hora normal e eventuais folgas concedidas, para fins de compensação, evitarão apenas que a empresa pague a hora básica desses excessos, não extinguindo o direito do empregado ao acréscimo.

À luz da ordem constitucional vigente, entretanto, e considerando-se as condições econômicas e sociais do mundo globalizado, no qual a competividade da empresa depende precipuamente de suas possibilidades de adequação ao jogo de mercado, pode-se pensar numa releitura da Constituição, num movimento de interpretação renovador. Os exemplos da evolução legislativa de outros importantes países desenvolvidos, notadamente os europeus, considerados modelos no trato das questões trabalhistas, dão fundamentos para que, neste particular aspecto, se quebrem determinados dogmas, doutros tempos, para garantir empregos, mediante a concessão de uma arma adicional de competividade às empresas.

Essa releitura encontra amparo, inclusive, no prestígio que a CRFB emprestou diretamente às negociações coletivas no inciso XXVI do art. 7º e, indiretamente, em outros incisos nos quais o constituinte permite às partes, pela via coletiva, negociar até mesmo redução salarial.

A análise do instrumento de acordo coletivo descrito neste trabalho demonstra que, autonomamente, as partes podem detalhar um regramento a respeito do assunto, específico para a realidade em que estão imersas e num nível de detalhamento e contextualização impossível de ser alcançado pelo legislador, em norma geral e abstrata.

REFERÊNCIAS BIBLIOGRÁFICAS

BRASIL. Constituição[1988]. *Constituição da República Federativa do Brasil.* Disponível em: <http://www.planalto.gov.br/ccivil_03/constituicao/constitui%C3%A7ao.htm>. Acesso em: 17 nov. 2011.

BRASIL. Decreto-lei n. 5.452, de 1º de maio de 1943. Consolidação das Leis do Trabalho. *Diário Oficial [da] República Federativa do Brasil*, Rio de Janeiro, RJ, 9 ago. 1943. Disponível em: <http://ww81.dataprev.gov.brislexaginas0943452.htm#T1>. Acesso em: 24 nov. 2011.

BRASIL. Tribunal Regional do Trabalho da 12ª Região. 3ª T. RO 02584-2005-029-12-00-7. Relator: Gisele Pereira Alexandrino. Disponível em: <http://trtapl3.trt12.gov.br/csmj/2007/RO02584-2005-029-12-00-7.rtf>. Acesso em: 5 maio 2008.

CARRION, Valentin. *Comentários à Consolidação das Leis do Trabalho.* 36. ed. São Paulo: Saraiva, 2011.

COMBREXELLE, Jean-Denis. La qualité de la norme en droit du travail. In: WAQUET, Philippe (org.). *13 paradoxes en droit du travail.* Paris: Éditions Lamy, 2012.

DELGADO, Mauricio Godinho. *Curso de direito do trabalho.* São Paulo: LTr, 2004. p. 853.

DEMAKOS, Antree *et al. Your guide to canadian Law.* 1.000 answers to your legal questions. 2. ed. Markham, Ontário: Fitzhenry and Whiteside, 2009.

GIUDICE, F. Del *et al. Diritto del lavoro.* 24. ed. Napoli: Esselibri, 2007.

GOMES, Orlando; GOTTSCHALK, Elson. *Curso de direito do trabalho*. 14. ed. Rio de Janeiro: Forense, 1995.

JOEL III, Lewin G. *Every employee's guide to the law*. New York: Pantheon Books, 1996.

MARANHÃO, Délio. *Direito do trabalho*. 13. ed. Rio de Janeiro: FGV, 1985.

NASCIMENTO, Amauri Mascaro. *Curso de direito do trabalho*. 15. ed. São Paulo: Saraiva, 1998.

PATRICK, Rémy. L´autonomie collective: une illusion en droit français. In: WAQUET, Philippe (org.). *13 paradoxes en droit du travail*. Paris: Éditions Lamy, 2012.

ROY, Véronique. *Droit du travail*. 12. ed. Paris: Dunod, 2008.

SÜSSEKIND, Arnaldo et al. *Instituições de direito do trabalho*. 14. ed. São Paulo: LTr, 1993. v. 2.

BANCO DE HORAS: A FLEXIBILIZAÇÃO DA JORNADA E A EFETIVIDADE DOS DIREITOS TRABALHISTAS

Maria Eliza Espíndola[*]

RESUMO

O presente artigo tem como objeto a discussão sobre a efetividade dos direitos trabalhistas quando atingidos pela flexibilização permitida pela compensação anual de jornada instituída pela Lei n. 9.601/1998, conhecida como "banco de horas". Para tanto, inicialmente, aborda-se a conceituação da jornada de trabalho, bem como os fundamentos da regulamentação da jornada. Também se examina a jornada padrão de forma a definir o que vem a ser o conceito de jornada extraordinária. Para uma compreensão melhor do instituto tema é realizado um breve apanhado das possibilidades de modificação da jornada de trabalho entre as partes, discorrendo sobre acordo de prorrogação com suas hipóteses legais e vedações, bem como a compensação da jornada de trabalho e suas peculiaridades. Para abordar o instituto tema do presente trabalho — banco de horas, é apresentado seu conceito, sendo, em seguida, listados os requisitos legais, entendimento jurisprudencial, situações de irregularidades e as posições doutrinárias sobre a constitucionalidade do instituto. Trata-se ainda da flexibilização no direito trabalhista, seu conceito, entendimento doutrinário, discorrendo-se sobre a efetividade dos direitos trabalhistas no banco de horas.

Palavras-chave: Flexibilização. Banco de horas. Efetividade.

INTRODUÇÃO

O presente artigo tem como objeto a discussão sobre a efetividade dos direitos trabalhistas quanto atingidos pela flexibilização permitida pela compensação anual de jornada, o chamado Banco de Horas, criado pela Lei n. 9.601/1998.

Para tanto, principia-se com o conceito da jornada de trabalho, a fundamentação da regulamentação, examinando-se a jornada padrão brasileira bem como o conceito de jornada extraordinária.

(*) Bacharel em direito pela Universidade Federal de Santa Catarina. Pós-Graduada em Direito do Trabalho pela Amatra 12ª Região.

Em seguida, é tratada a modificação da jornada de trabalho entre as partes, na forma de acordo de prorrogação e compensação de jornada. Traz-se o conceito do instituto do banco de horas, seus requisitos legais e possíveis situações de irregularidades.

Por fim, trata-se da flexibilização, trazendo à baila o conceito do instituto e como ocorre na jornada de trabalho, aprofundando-se a discussão a respeito da efetividade do direito na flexibilização da jornada de trabalho, levantando-se a seguinte hipótese: é possível garantir a efetividade dos direitos trabalhistas com a flexibilização do contrato de trabalho por meio do acordo de compensação de jornada anual?

1. JORNADA DE TRABALHO

A jornada de trabalho é o lapso temporal diário em que o empregado se coloca à disposição do empregador em virtude do respectivo contrato de trabalho. Para Mauricio Godinho Delgado[1] "é a medida principal do tempo diário de disponibilidade do obreiro em face de seu empregador como resultado do cumprimento do contrato de trabalho que os vincula".

Daí surge a sua relevância no cotidiano trabalhista. Conforme Délio Maranhão, citado por Delgado[2], "jornada e salário têm estreita relação com o montante de transferência de força de trabalho que se opera no contexto da relação empregatícia". Nesse raciocínio, o salário seria o *preço* atribuído à força de trabalho alienada enquanto que a jornada seria a *medida* dessa força que se aliena.

Impende observar, conforme destacado por Sergio Pinto Martins[3], que a natureza jurídica da jornada de trabalho abrange dois aspectos, ou seja, possui uma natureza mista. O primeiro é de natureza pública, pois se trata de interesse do Estado em uma atuação protetiva limitar a jornada do trabalhador. O segundo é de natureza privada, pois a legislação apenas estabelece o limite máximo, podendo as partes fixar jornadas inferiores às previstas.

Em relação aos fundamentos para a regulamentação da jornada, as pesquisas e estudos sobre saúde do trabalho e segurança laboral têm concluído que, em certas atividades ou ambientes, a extensão da jornada do indivíduo é elemento decisivo em relação ao potencial efeito insalubre. Nas palavras do mestre Delgado[4]:

> As normas jurídicas concernentes à duração do trabalho já não são mais — necessariamente — normas estritamente econômicas, uma vez

---
(1) DELGADO, Mauricio Godinho. *Curso de direito do trabalho*. 10. ed. São Paulo: LTr, 2011. p. 805.
(2) DELGADO, Mauricio Godinho. *Curso de direito do trabalho*. p. 806.
(3) MARTINS, Sergio Pinto. *Direito do trabalho*. 22. ed. São Paulo: Atlas, 2007. p. 490.
(4) DELGADO, Mauricio Godinho. *Curso de direito do trabalho*. p. 806.

que podem alcançar, em certos casos, a função determinante de normas de saúde e segurança laborais, assumindo, portanto, o caráter de normas de saúde pública.

Com efeito, a Constituição da República Federativa do Brasil — CRFB ao listar no art. 7º, XXII, como direito do trabalhador a "redução de riscos inerentes ao trabalho, por meio de normas de saúde, higiene e segurança" captou em seu texto esse novo entendimento a respeito da relação entre a jornada de trabalho e a saúde do trabalhador.

Para Alice Monteiro de Barros[5]:

> As normas sobre duração do trabalho têm por objetivo primordial tutelar a integridade física do obreiro, evitando-lhe a fadiga. Daí as sucessivas reivindicações de redução da carga horária de trabalho e alongamento dos descansos.

A autora aponta que as longas jornadas de trabalho seriam apontadas como fato gerador do estresse, pois resultam em grande desgaste do organismo. O estresse, por sua vez, também seria a causa de muitas outras enfermidades.

Messias Pereira Donato[6] leciona ainda que:

> A proteção contra os riscos do trabalho visa tutelar a integridade física e mental do trabalhador. Manifesta-se por meio da duração do trabalho e das medidas de higiene e segurança do trabalho. É essencialmente preventiva. Trata de evitar o dano em potencial que o trabalho gera e de arrefecer-lhe os efeitos que provoca.

Por outro lado, Martins explana que os fundamentos para a limitação da jornada de trabalho são pelo menos três, além do aspecto biológico, que diz respeito aos efeitos causados ao empregado pela fadiga. Seriam eles: 1. aspecto social — o empregado deve dispor de horas de lazer; 2. aspecto econômico — a produção da empresa está diretamente relacionada com o vigor do empregado; 3. aspecto humano — diminuição dos acidentes de trabalho.

A jornada padrão brasileira está prevista no art. 7º, XIII da CRFB, sendo de oito horas diárias, com duração semanal de quarenta e quatro horas. Com essa redação a CRFB revogou em parte o art. 58 da Consolidação das Leis de Trabalho — CLT que estipulava duração diária de oito horas e semanal de quarenta e oito horas.

Em suma, a duração mensal do labor é de duzentas e vinte horas, montante que já inclui a fração temporal equivalente ao repouso semanal remunerado.

---

(5) BARROS, Alice Monteiro de. *Curso de direito do trabalho*. 7. ed. São Paulo: LTr, 2011. p. 522.
(6) DONATO, Messias Pereira. *Curso de direito individual do trabalho*. 6. ed. São Paulo: LTr, 2008. p. 497.

Além disso, existe previsão de jornadas especiais para certas categorias específicas (como, por exemplo, para os bancários) ou trabalhadores submetidos a uma sistemática especial de atividade ou organização do trabalho (como no caso dos turnos ininterruptos, por exemplo).

2. JORNADA EXTRAORDINÁRIA

Jornada extraordinária é conceituada por Delgado[7] como sendo o lapso temporal de trabalho ou disponibilidade do empregado perante o empregador que ultrapasse a jornada padrão, fixada em regra jurídica ou por cláusula contratual. "É a jornada cumprida em extrapolação à jornada padrão aplicável à relação empregatícia concreta".

Para o autor, a noção de jornada extraordinária não está relacionada com a remuneração suplementar à do trabalho normal. Mas sim com o fato de ser ultrapassada a fronteira normal de trabalho. A remuneração suplementar não é um elemento componente necessário, mas sim apenas um efeito comum, tendo em vista que há casos em que há jornada extraordinária sem pagamento suplementar, como no caso do regime compensatório de jornadas.

Já Alice M. de Barros[8] diz que "hora extra é conceituada como o trabalho realizado em sobretempo à jornada normal do empregado, seja ela legal ou convencional".

A CRFB se refere a dois tipos de sobrejornada: suplementar por acordo de compensação (art. 7º, XIII) e sobrejornada extraordinária (art. 7º, XVI).

Ademais, a Lei n. 9.601/1998 acrescentou os dispositivos relativos ao banco de horas no art. 59 da CLT.

Alice M. de Barros[9] acrescenta que a CLT:

> [...] permite o trabalho extraordinário sempre que houver acordo escrito entre as partes, acordo ou convenção coletiva, desde que o número de horas extras não exceda de duas horas diárias e que elas sejam pagas com o acréscimo de pelo menos 50% sobre a hora normal (art. 59).

Vale ressaltar que, na ausência de qualquer desses requisitos, é legítima a recusa do empregado em trabalhar em sobrejornada.

Por fim, de acordo com o previsto no art. 7º, XVI, da CRFB, é devida uma sobrerremuneração específica chamada de adicional de horas extras como

---

(7) DELGADO, Mauricio Godinho. *Curso de direito do trabalho*. p. 858.
(8) BARROS, Alice Monteiro de. *Curso de direito do trabalho*. p. 525.
(9) *Idem*.

pagamento da jornada extraordinária cumprida pelo obreiro, desde que essa não seja resultante de regime de compensação.

3. PRORROGAÇÃO E COMPENSAÇÃO DA JORNADA DE TRABALHO

3.1. Acordo de Prorrogação da jornada de trabalho

Sergio Pinto Martins[10] conceitua acordo de prorrogação como o ajuste de vontade feito pelas partes para que a jornada de trabalho possa ser elastecida além do limite legal, mediante o pagamento de adicional de horas extras.

A CLT, em seu art. 59, permite que as partes façam um acordo para a prorrogação da duração normal da jornada. Conforme esse dispositivo o pacto deve ser necessariamente escrito, podendo ser individual ou por meio de acordo ou convenção coletiva.

O limite da prorrogação de horas fixado pela norma celetista é de duas horas adicionais por dia. O limite máximo de horas dependerá de cada jornada de trabalho. Assim, na jornada de trabalho padrão de oito horas o total será de dez horas, enquanto em uma jornada de seis horas, o limite máximo será de oito horas.

Martins[11] destaca que:

> É claro que, se o empregado prestar mais de duas horas extras por dia, terá de recebê-las, pois geraria enriquecimento ilícito do empregador em detrimento do esforço do empregado, além do que as partes não poderiam voltar ao estado anterior, devolvendo ao obreiro a energia despendida. Excedido o limite de duas horas por dia, haverá multa administrativa.

Todavia, também há hipóteses legais que autorizam a prorrogação da jornada de trabalho, conforme disposto no art. 61, *caput,* da CTL. O § 1º do mesmo dispositivo afirma que nessas situações a prorrogação poderá ser exigida independentemente de acordo ou contrato coletivo e deverá ser comunicado, dentro de dez dias, à autoridade competente em matéria de trabalho, ou, antes desse prazo, justificado no momento da fiscalização sem prejuízo dessa comunicação.

Roberto Guglielmetto[12] destaca que a prorrogação de jornada pode ocorrer bilateralmente ou ser imposta unilateralmente pelo empregador, sem consentimento do empregado. Há apenas três casos de prorrogação unilateral:

---

(10) MARTINS, Sergio Pinto. *Direito do trabalho*. p. 501.
(11) *Idem*.
(12) AZEVÊDO, Jackson Chaves de (Coord.) *Curso de direito do trabalho*. São Paulo: LTr, 2001. p. 171.

1. força maior: quando ocorre um acontecimento imprevisível, sem ter o empregador concorrido para tanto;

2. serviços inadiáveis: pela natureza dos serviços eles deverão ser concluídos na mesma jornada de trabalho, sob pena de prejuízo para o empregador; e

3. recuperação de horas em virtude de paralisação da empresa por causas acidentais ou de força maior: a prorrogação somente poderá ocorrer pelo tempo necessário até o máximo de duas horas, desde que não exceda a dez horas diárias, em período não superior a quarenta e cinco dias por ano.

3.2. Compensação da jornada de trabalho

A recente redação do inciso XIII do art. 7º da CRFB é interpretada sistematicamente como tendo previsto também a possibilidade de pacto de compensação por acordo individual. *In verbis*:

> Art. 7º, XIII — duração do trabalho normal não superior a oito horas diárias e quarenta e quatro semanais, facultada a compensação de horários e a redução da jornada, mediante acordo ou convenção coletiva de trabalho;

Conforme explica Martins[13], essa interpretação ocorre porque quando a CRFB usa o termo "acordo" de forma isolada, quer dizer acordo individual. Se a intenção fosse dizer "negociação coletiva", ela o faria literalmente ou como usa no art. 7º, VI, quando cita "convenção ou acordo coletivo".

Esse é o entendimento da jurisprudência, consolidada na Súmula n. 85, I e II do Tribunal Superior do Trabalho — TST:

> COMPENSAÇÃO DE JORNADA (inserido o item V) — Res. 174/2011, DEJT divulgado em 27, 30 e 31.5.2011.
>
> I. A compensação de jornada de trabalho deve ser ajustada por acordo individual escrito, acordo coletivo ou convenção coletiva. (ex-Súmula n. 85 — primeira parte — alterada pela Res. 121/2003, DJ 21.11.2003)
>
> II. O acordo individual para compensação de horas é válido, salvo se houver norma coletiva em sentido contrário. (ex-OJ n. 182 da SBDI-1 — inserida em 8.11.2000)

Conforme a citada súmula, o entendimento jurisprudencial é no sentido de que o ajuste pode ser individual, porém, tem de ser escrito. Aliás, essa também é a redação do art. 59, *caput*, da CLT.

Para Delgado[14],

> Com o advento das OJs 182 e 223 da SDI/TST e nova redação da Súmula 85 do TST confirmou-se a prevalência da tese da validade do simples

---

(13) MARTINS, Sergio Pinto. *Direito do trabalho*. p. 508.
(14) DELGADO, Mauricio Godinho. *Curso de direito do trabalho*. p. 830.

acordo escrito para a pactuação do tradicional regime compensatório, em sua fórmula favorável ao trabalhador, respeitado o mês de compensação.

Conforme já visto, o limite máximo de horas por dia não pode ser superior a duas, nos casos de jornada padrão de oito horas, totalizando dez horas de labor diário. Dessa forma, para efeito de compensação, é vedado o trabalho por mais de dez horas por dia.

Cabe ressaltar que para os empregados que trabalham menos de oito horas por dia, o limite diário também é de duas horas. Dessa forma, também será possível a compensação da jornada no trabalho a tempo parcial, desde que seja observado o módulo de vinte e cinco horas na semana.

Em ambos os casos, o excedente às duas horas diárias deverá ser remunerado como hora extra com o respectivo adicional, além de a empresa também incorrer em multa administrativa.

A Súmula n. 85 do TST versa sobre o acordo de compensação, e seu item III prevê que o não atendimento desses requisitos implica no pagamento apenas do adicional das horas extras, e não na repetição das horas excedentes. *In verbis*:

COMPENSAÇÃO DE JORNADA (inserido o item V) — Res. 174/2011, DEJT divulgado em 27, 30 e 31.5.2011

III. O mero não atendimento das exigências legais para a compensação de jornada, inclusive quando encetada mediante acordo tácito, não implica a repetição do pagamento das horas excedentes à jornada normal diária, se não dilatada a jornada máxima semanal, sendo devido apenas o respectivo adicional. (ex-Súmula n. 85 — segunda parte — alterada pela Res. 121/2003, DJ 21.11.2003)

A mesma súmula prevê que a prestação de horas extras habituais descaracteriza o acordo de compensação de horas. Nesta hipótese, as horas que ultrapassem a duração semanal normal devem ser pagas como horas extras. Ou seja, diferente das destinadas à compensação, quando deve ser pago a mais apenas o adicional por trabalho extraordinário, conforme visto acima. O item IV da Súmula n. 85 tem a seguinte redação:

COMPENSAÇÃO DE JORNADA (inserido o item V) — Res. 174/2011, DEJT divulgado em 27, 30 e 31.5.2011

(...)

IV. A prestação de horas extras habituais descaracteriza o acordo de compensação de jornada. Nesta hipótese, as horas que ultrapassarem a jornada semanal normal deverão ser pagas como horas extraordinárias e, quanto àquelas destinadas à compensação, deverá ser pago a mais apenas o adicional por trabalho extraordinário. (ex-OJ n. 220 da SBDI-1 — inserida em 20.6.2001)

Cabe destacar ainda que, conforme a Orientação Jurisprudencial n. 323 da Seção Especializada em Dissídios Individuais — SBDI-1 do TST, é válido o acordo de compensação de horário quando a jornada adotada é a denominada "semana espanhola", que alterna a prestação de quarenta e oito horas em uma semana e quarenta horas em outra, não violando os arts. 59, § 2º, da CLT e 7º, XIII, da CRFB o seu ajuste mediante acordo ou convenção coletiva de trabalho.

3.3. Banco de horas

3.3.1. Conceito

O art. 59, § 2º, da CLT tem a seguinte redação:

> Poderá ser dispensado o acréscimo de salário se, por força de acordo ou convenção coletiva de trabalho, o excesso de horas em um dia for compensado pela correspondente diminuição em outro dia, de maneira que não exceda, no período máximo de um ano, à soma das jornadas semanais de trabalho previstas, nem seja ultrapassado o limite máximo de dez horas diárias. (Redação dada pela Medida Provisória n. 2.164-41, de 2001)

A Lei n. 9.601/1998 regulamentou este artigo, que modificou o mecanismo de compensação de jornada no Direito brasileiro, ao autorizar a compensação de horas além do parâmetro mês tradicional. A partir dessa lei foi criada a chamada compensação anual ou banco de horas.

Em seu texto primitivo, a lei restringia a compensação em um módulo de cento e vinte dias, atenuando a previsão do projeto original. Contudo, o Poder Executivo, por meio da Medida Provisória n. 1.709 (publicada em 7.8.1998), estabeleceu o parâmetro de compensação anual, o que se manteve nas inúmeras medidas provisórias que se seguiram, até ser estabelecida pela Medida Provisória n. 2.164-41 de 24.8.2001 (que teve sua vigência indeterminada por força do art. 2º da EC n. 32/2001).

Para Martins[15]:

> Acordo de compensação de horas é o ajuste feito entre empregado e empregador para que o primeiro trabalhe mais horas em determinado dia para prestar serviços em número de horas inferior ao normal em outros dias.

O banco de horas é utilizado quando o trabalhador cumpre uma jornada inferior à normal em épocas de menor produção, sem prejuízo do salário, em troca de compensar essas horas quando houver maior produção.

3.3.2. Requisitos

O primeiro requisito para a pactuação do regime de compensação anual é a negociação coletiva, pois não é possível que uma transação meramente bilateral estipule redução de direitos trabalhistas relativos à segurança e à saúde.

---

(15) MARTINS, Sergio Pinto. *Direito do trabalho*. p. 506.

Aliás, esse é o entendimento da jurisprudência, expresso na Súmula n. 85, V, do TST, que teve recentemente sua redação modificada, ao afirmar que as disposições sobre compensação de jornada não se aplicam à modalidade banco de horas, devendo essa ser pactuada mediante negociação coletiva. *In verbis:*

> Súmula n. 85 do TST — COMPENSAÇÃO DE JORNADA (inserido o item V) — Res. 174/2011, DEJT divulgado em 27, 30 e 31.5.2011
>
> (...)
>
> V. As disposições contidas nesta súmula não se aplicam ao regime compensatório na modalidade "banco de horas", que somente pode ser instituído por negociação coletiva.

Sendo assim, tanto o acordo de compensação tácito, que é o evidenciado pelo uso contínuo, quanto o acordo de compensação verbal, são nulos.

Cabe destacar que não se pode confundir acordo de compensação com as eventualidades do dia a dia toleradas pelo empregador (compensações excepcionais).

Também não é possível fazer a compensação por período superior a um ano. Segundo Cassar[16], ainda não há consenso na doutrina sobre o parâmetro anual. Alguns entendem que a compensação deve ocorrer dentro de um exercício (ano civil — de janeiro a dezembro). Outros entendem que o prazo começa a correr a cada labor extra, quando cada hora da sobrejornada será compensada em até um ano. Outros ainda entendem que este período começa a ser contado a partir da data em que entrar em vigor o acordo ou a convenção coletiva que estabelecer o regime de compensação. Para os últimos, aplica-se o art. 614, § 1º da CLT, o qual prevê que as convenções e acordos coletivos entram em vigor três dias depois do depósito na Delegacia Regional do Trabalho.

Para José A. R. Pinto[17], o início da contagem do período de compensação das horas do banco é de livre determinação dos sujeitos da convenção coletiva ou do acordo coletivo e, na falta desses, de livre determinação dos contratantes individuais.

Por outro lado, o art. 59, § 2º, da CLT aduz que a compensação de horas não pode ultrapassar o limite máximo de dez horas diárias. Essa norma está fundamentada na proteção à saúde e segurança do trabalhador, pois o labor acima desse limite torna o trabalho extenuante de forma a comprometer a segurança do trabalhador, bem como a sua higidez física e mental.

Além do limite de dez horas diárias, há ainda o requisito relativo ao limite de horas semanais. Assim, não é possível acordar compensação em banco de horas em horário superior a quarenta e quatro horas semanais.

---

(16) CASSAR, Vólia Bomfim. *Direito do trabalho.* 5. ed. Niterói: Impetus, 2011. p. 676.
(17) PINTO, José Augusto Rodrigues. Questões emergentes da operação do banco de horas. *Revista da Escola Judicial TRT 23ª Região,* Cuiabá, v. 01, n. 01, p. 22/23, jun. 1999.

Esse é o entendimento da jurisprudência do TST:

RECURSO DE REVISTA. HORAS EXTRAORDINÁRIAS. BANCO DE HORAS. ACORDO DE COMPENSAÇÃO. VALIDADE. O Eg. Tribunal Regional reconheceu a invalidade do acordo de compensação de jornada em razão da ocorrência de trabalho excedente a 10 horas diárias e a 44 semanais, limite fixado pela norma convencional nos termos do § 2º do art. 59 da CLT. Recurso de revista não conhecido. A Constituição Federal autoriza a flexibilização da jornada laboral pelo art. 7º, XIII e XXVI e condiciona a validade da compensação de horas a determinados requisitos contidos no art. 59 da CLT e Súmula n. 85 do TST: a) acordo individual escrito; b) acordo ou convenção coletiva de trabalho, c) ausência de desrespeito ao limite de dez horas diárias ou quarenta e quatro semanais, d) ausência de trabalho em sábados ou no dia destinado à compensação; e) discriminação dos horários a serem cumpridos e compensados para que o empregado não fique apenas sob o arbítrio do empregador e f) inexistência de prestação de horas extras habituais, sob pena de descaracterização do acordo (TST-RR-537800-04.2008.5.09.0663. Relator: Aloysio Corrêa da Veiga, TST/DOU em 28.1.2011).

De acordo com a lei e a jurisprudência, qualquer acordo coletivo para a implantação da compensação anual que não respeite todos os requisitos será nulo. As situações de irregularidades serão detalhadas no tópico seguinte.

3.3.3. Irregularidades e consequências

Caso haja qualquer irregularidade no acordo compensatório anual, o período laborado em excesso diariamente deverá ser pago como hora extraordinária, cumulada com o adicional respectivo[18].

Como irregularidades, podem ser citadas:

— ultrapassagem do bloco temporal anual máximo;

— não correspondente redução da jornada dentro do respectivo bloco temporal;

— ausência de instrumento coletivo;

— não cumprimento de fato do ajuste de compensação (trabalho habitual nos dias ou horários destinados à compensação).

Conforme aduz Delgado[19], "o banco de horas somente existe, para o Direito, caso atenda à sua estrita tipicidade legal, uma vez que, na qualidade de figura desfavorável, não pode sofrer interpretação extensiva".

---

(18) Cabe ressaltar que, conforme visto anteriormente, em caso de irregularidade no clássico regime compensatório não anual, há apenas o pagamento do adicional relativo às horas extras que extrapolem a jornada padrão diária ou semanal (Súmula n. 85, III, do TST), visto que as próprias horas já foram regularmente pagas pelo salário quitado (quando a duração padrão semanal ou mensal padrão não é ultrapassada).

(19) DELGADO, Mauricio Godinho. *Curso de direito do trabalho*. p. 839.

Por fim, cabe lembrar que as restrições ao regime compensatório (trabalho do menor e trabalho insalubre) se aplicam integralmente também ao regime instituído pela Lei n. 9.601/1998.

3.3.4. Constitucionalidade do banco de horas

Parte da doutrina[20] entende que a modificação do art. 59 da CLT é totalmente incompatível com o ordenamento jurídico, pois incentiva o trabalho extraordinário ao eliminar o seu custo, enquanto a tendência seria, na verdade, exatamente o contrário.

A Recomendação n. 116 da Organização Internacional do Trabalho — OIT prevê que todas as horas de trabalho efetuadas que excedam a duração normal do trabalho deveriam considerar-se como horas extraordinárias e, que essas deveriam ser remuneradas a uma taxa superior à das horas normais de trabalho.

Ademais, a adoção do sistema banco de horas feriria o princípio do não retrocesso social, que rechaça qualquer alteração constitucional ou legal que fira os direitos sociais, os extinga ou os mitigue, pois estas conquistas passaram a ser direito subjetivo dos cidadãos.

Entretanto, a jurisprudência dominante entende o banco de horas como um instituto constitucional. Ademais, considerando que a crise econômica e o desemprego são uma realidade numérica e objetiva, os empregados e empregadores devem se reunir como parceiros em torno do propósito de manutenção da empresa e dos empregados.

Essa tendência jurisprudencial está demonstrada no aresto do TST abaixo colacionado:

> HORAS EXTRAS — BANCO DE HORAS (alegação de violação aos arts. 7º, XIII, da Constituição Federal e 59, § 2º, da Consolidação das Leis do Trabalho, contrariedade às Súmulas ns. 85 e 108, ambas desta Corte e divergência jurisprudencial). Não demonstrada a violação direta e literal de preceito constitucional, à literalidade de dispositivo de lei federal, ou a existência de teses diversas na interpretação de um mesmo dispositivo legal, não há que se determinar o seguimento do recurso de revista com fundamento nas alíneas "a" e "c" do art. 896 da Consolidação das Leis do Trabalho. Recurso de revista não conhecido (TST-RR-1470200-15.2001.5.09.0009. Relator: Renato de Lacerda Paiva, TST/DOU em 14.5.2010).

É de se concluir que, embora prejudicial ao conjunto dos trabalhadores, a flexibilização da jornada, demonstrada aqui pela compensação anual, foi recepcionada no direito pátrio, cabendo aos operadores do Direito do Trabalho — empresários, trabalhadores e governantes — minimizar os seus efeitos por meio da regulamentação pela norma coletiva.

---

(20) SILVA, Alessandro. *Direitos humanos*: essência do direito do trabalho. São Paulo: LTr, 2007. p. 243/245.

4. FLEXIBILIZAÇÃO DOS DIREITOS TRABALHISTAS

4.1. Conceito de flexibilização

É sabido que o Direito do Trabalho é um ramo muito dinâmico da ciência do Direito. Esse ramo tem sofrido modificações constantes com o principal objetivo de resolver o problema do capital e do trabalho. Assim, buscando adaptar-se ao dinamismo da realidade laboral, nasceu a chamada Teoria da Flexibilização dos Direitos Trabalhistas.

No conceito de Martins[21],

> A flexibilização das condições de trabalho é um conjunto de regras que têm por objetivo instituir mecanismos tendentes a compatibilizar as mudanças de ordem econômica, tecnológica ou social existentes na relação entre o capital e o trabalho. [...] Visa a flexibilização assegurar um conjunto de regras mínimas ao trabalhador e, em contrapartida, a sobrevivência da empresa, por meio da modificação de comandos legais, procurando garantir aos trabalhadores certos direitos mínimos e ao empregador a possibilidade de adaptação de seu negócio, mormente em épocas de crise econômica.

Nei Frederico Cano Martins[22] diz que:

> Em outras palavras, flexibilização e desregulamentação constituem um processo que busca chegar a um resultado final: permitir que a relação trabalhista seja normatizada pela vontade dos interlocutores sociais, subsistindo apenas uma ou outra norma estatal para regrar o básico. Flexibilização ou desregulamentação nada mais é do que o braço estendido da globalização dentro do campo das relações de trabalho.

Nestas condições, é o sindicato que tem o papel principal como fiscal da flexibilização ao participar de negociações coletivas, assegurando um grau de lucro razoável à empresa e certas garantias mínimas ao trabalhador, a fim de permitir a continuidade do emprego do trabalhador e a sobrevivência da empresa.

É possível notar que a CRFB prestigiou em vários momentos a flexibilização. Dentre eles está a flexibilização da jornada, prevista no art. 7º, inciso XIII: compensação ou redução da jornada de trabalho mediante acordo ou convenção coletiva; e no inciso XIV: aumento da jornada de trabalho nos turnos ininterruptos de revezamento para mais de seis horas diárias por intermédio de negociação coletiva.

---

(21) MARTINS, Sergio Pinto. *Direito do trabalho.* p. 506.
(22) MARTINS, Nei Frederico Cano. Doutrina. *Revista LTr*, São Paulo, a. 64, p. 847-853, jul. 2000.

4.2. Flexibilização da jornada de trabalho

A flexibilização precisa ter uma regulação de forma a igualar as partes nas negociações e proteger a parte economicamente mais fraca da manipulação pela parte mais forte. Ao trabalhador, parte hipossuficiente, deve ser resguardado o direito à informação, pois representa um limite à possibilidade de redução de direitos nas negociações pactuadas entre empregados e empregadores.

Nesse sentido, é preciso certificar-se de que a flexibilização não venha como forma de restrição de direitos trabalhistas fundamentada em crises econômicas. Dessa forma, não haveria nada além do que um retrocesso de direitos em prol da garantia de lucros.

Retornando a compensação anual da jornada, Cassar[23] explica que o banco de horas pode ser fixo ou variável. No primeiro caso, o ajuste define previamente os horários de trabalho (fixos), os períodos de sobrejornada (excesso) e de compensação (diminuição). No segundo caso, o trabalho extra varia com a demanda, assim como a folga compensatória.

No banco de horas variável, também chamado de aleatório, o dia de folga não é previamente sabido pelas partes, nem os dias ou a quantidade de horas extras que serão laboradas. Assim, para Vólia Cassar[24], essa modalidade de banco de horas "lembra a pré-contratação de horas extras, pois torna o labor extra obrigatório, permanente e imprevisível".

Por outro lado, Delgado[25] entende que o regime de compensação anual, diferente do regime clássico, deixa de ter vantagem trabalhista em benefício recíproco de ambas as partes contratuais, favorecendo apenas ao empregador. E acrescenta:

> A pactuação de horas complementares à jornada padrão, que extenue o trabalhador ao longo de diversas semanas e meses, cria riscos adicionais inevitáveis à saúde e segurança daquele que presta serviços, deteriorando as condições de saúde, higiene, segurança no trabalho (em contraponto, aliás, àquilo que estabelece o art. 7º, XXII, da Carta Magna).

Já para Martins, a compensação por meio do banco de horas traz vantagens, tais como, evitar a dispensa de trabalhadores em épocas de crise, adequar a produção, evitar ociosidade do trabalhador, reduzir horas extras e seu custo, compensar o sábado, compensar dias no final do ano etc.

Inicialmente pode parecer que fere o princípio tutelar do Direito do Trabalho, tendo em vista que elide direitos já conquistados pelos trabalhadores. Porém, a

---

(23) CASSAR, Vólia Bomfim. *Direito do trabalho*. p. 672.
(24) CASSAR, Vólia Bomfim. *Direito do trabalho*. p. 673.
(25) DELGADO, Mauricio Godinho. *Curso de direito do trabalho*. p. 835.

flexibilização vem, na verdade, reforçar aquele princípio, uma vez que pode significar a continuidade do próprio emprego.

Entretanto, se os motivos fundantes e os requisitos legalmente previstos não forem cumpridos, haverá desvirtuamento desse instituto prejudicando a aplicação efetiva dos direitos trabalhistas aos seus destinatários.

Ora, o direito trabalhista ao repouso e à não realização de horas extras está legalmente previsto. Contudo, também está prevista a negociação coletiva, na qual tais direitos podem ser suprimidos desde que haja uma necessidade provada.

Caso a realização da negociação coletiva tenha por objetivo apenas o aumento dos lucros dos empregadores, sem qualquer benefício aos obreiros, estaremos diante de uma ilegalidade que implica na inefetividade dos direitos trabalhistas constitucionalmente e legalmente previstos.

Para garantir a aplicação efetiva do Direito do Trabalho é preciso destacar que a flexibilização é a transação de alguns direitos trabalhistas e não a sua renúncia. Diz-se transação porque há concessões de ambas as partes e também porque somente é possível em relação aos direitos de disponibilidade relativa.

Considerando que a saúde do trabalhador é um direito indisponível, a flexibilização da jornada seria possível? Conforme já dito em relação à flexibilização em geral, a jornada pode ser alvo de negociação desde que sejam cumpridos os requisitos previstos na CLT (como por exemplo o limite de duas horas extras diárias; intervalo intra e entre jornadas; repouso semanal remunerado etc.). Nessas condições ainda haverá efetiva aplicação do direito do trabalhador.

Por outro lado, considerando a habitualidade generalizada de horas extras, podemos considerar que o trabalhador não tem mais o direito de se opor e optar por não prestar essa jornada extraordinária. Por medo do desemprego o obreiro não vê a efetividade desse direito na prática. Por essa razão, é possível até dizer que o direito trabalhista a não fazer horas extras passou a ser letra morta. Para sua sobrevivência no mercado de trabalho, o trabalhador não tem outra opção a não ser abrir mão desse direito.

Nesse contexto, é possível fazer uma relação entre o Princípio da dignidade da pessoa humana e a jornada extraordinária. A CRFB prevê como fundamentos da república os valores sociais do trabalho e a dignidade da pessoa humana (art. 1º). Mais adiante, elenca a proteção ao trabalho como direito social, trazendo vários princípios dele decorrentes.

Diante disso, o princípio da dignidade humana direciona a aplicação prática do Direito do Trabalho. Trabalho que é forma de manutenção de uma existência digna mediante um salário que garanta moradia, alimentação, educação, saúde, lazer, vestuário, higiene, transporte e previdência social.

Em dissertação de mestrado, Giovana B. J. Rossini Ramos[26] aduz que o direito social ao trabalho é condição de efetividade da existência digna, e complementa:

> A flexibilização do Direito do Trabalho deve atender os princípios constitucionais da valorização do trabalho, da dignidade da pessoa humana, da produção da justiça social, sempre em busca da elevação do nível de vida do trabalhador. Portanto, defende-se a flexibilização, desde que ela não deixe que os interesses econômicos se sobreponham aos interesses sociais, pois estes últimos, sim, são objetivos perseguidos pelo Estado Democrático de Direito[27].

A ideia central do princípio da dignidade da pessoa humana é que a pessoa humana seja o valor central da sociedade atual, subordinando todos os demais princípios, regras e ações. É dessa forma que o trabalhador deve ser visto, e não como mero instrumento a serviço dos interesses econômicos.

Sendo assim, conforme já afirmado, a jornada extraordinária não pode chegar ao ponto de desrespeitar a razoabilidade e a proporcionalidade, atingindo a saúde física e mental do trabalhador e consequentemente a dignidade humana.

A eficácia dos direitos fundamentais nas relações do trabalho deve ser analisada no caso concreto com o objetivo de maximizar a efetividade dos direitos, com base na razoabilidade e no princípio da proporcionalidade.

A prática da habitualidade das horas extras expõe que não há respeito ao trabalho digno. Ou seja, a legitimidade da limitação da jornada de trabalho deixou de ser reconhecida pelos empregadores. Com o elasticimento permitido pela compensação anual do banco de horas, há ainda um risco maior da perda dessa legitimidade.

Por isso é importantes a observância dos requisitos legais para a implantação do instituto. Dessa forma tenta-se garantir a efetividade dos direitos trabalhistas, sendo necessária a cooperação do poder público por meio da fiscalização e criação de políticas públicas para afirmar a efetividade da dignidade do trabalhador.

CONSIDERAÇÕES FINAIS

Este trabalho buscou demonstrar as possibilidades de implementação do acordo de compensação anual ou banco de horas. Ou seja, além do seu conceito,

---

(26) RAMOS, Giovana Benedita Jáber Rossini. *A efetividade do valor social do trabalho: responsabilidade do Estado e da empresa brasileira*, 2006. 138 p. Dissertação (Mestrado em Direito) — Faculdade de Direito — Universidade de Marília, 2006. p. 61.
(27) RAMOS, Giovana Benedita Jáber Rossini. *A efetividade do valor social do trabalho: responsabilidade do Estado e da empresa brasileira*. p. 74.

foram vistos todos os requisitos necessários para a realização do acordo entre o empregado e o empregador. Com base nos requisitos legais, também foram apresentadas as possíveis situações de irregularidades e suas consequências.

Aprofundou-se o tema a ponto de perceber que a grande questão é se o acordo de compensação traz realmente benefícios ao empregado, ou apenas beneficia o empregador. A hipótese trazida à tona não foi totalmente confirmada, pois se concluiu que a garantia da efetividade dos direitos trabalhistas vai depender dos benefícios trazidos pelo acordo de compensação ao trabalhador, podendo, em certas situações, realmente apenas beneficiar o empregador.

É a flexibilização que permite o acordo de vontade entre as partes em relação à jornada de trabalho. Sabe-se que a flexibilização parte de um pressuposto legal, ou seja, uma base legal fundamentada no princípio protetor, que coexiste com um conteúdo contratual livremente preenchido pelas partes.

A tendência do mundo moderno é afastar o Estado, gradualmente, da regulamentação das relações de trabalho. Com isso, fomenta-se a negociação entre empregadores e empregados, ou seja, a desregulamentação das condições contratuais. Nesse contexto, os sindicatos ganham importância na defesa dos interesses coletivos e individuais dos trabalhadores. A participação dos sindicatos nas negociações coletivas presume que essas associações conheçam os problemas e os anseios da categoria de trabalhadores a qual representa.

Pode-se dizer que a flexibilização é um mal necessário, que faz parte da realidade, pois vem sendo recepcionada pelo Direito brasileiro. Em razão disso, cabe aos operadores do Direito, empresários e principalmente aos sindicatos, minimizar seus efeitos para os trabalhadores de forma a garantir a efetividade de seus direitos.

Sabe-se que o Direito é dinâmico e tende a evoluir com a conjuntura econômica. Assim, flexibilizar se torna conveniente para a manutenção de empregos e saúde das empresas, mas não pode deixar se esvair o sentido do Direito do Trabalho. Dessa forma, para garantir a dignidade do trabalhador, mantém-se a intervenção estatal nas relações trabalhistas para estabelecer as condições mínimas de trabalho.

Luiz Antônio Colussi[28] sintetiza essa ideia dizendo que:

> A flexibilização é uma realidade e temos de compreendê-la. Mas é nosso dever enfrentar a globalização da economia e a flexibilização que provoca, buscando humanizá-la para que não se converta em fator de des-

---

(28) COLUSSI, Luiz Antônio. A flexibilização do direito e no processo do trabalho. In: FREITAS, José Mello de (ORG.). *Reflexões sobre direito do trabalho e flexibilização*. Passo Fundo: Editora Universitária — UPF, 2003. p. 102.

truição e degradação do homem que trabalha. Ao lado dessa realidade drástica, não se podem esquecer os direitos do cidadão, do trabalhador, que faz jus à digna condição de trabalho e à justa remuneração, pelo esforço de trabalho despendido em favor do empregador, que se aproveita da mão de obra dos seus trabalhadores para crescimento e enriquecimento.

Portanto, a conclusão desse trabalho é que o instituto de banco de horas pode ser implementado de forma a garantir ou fragilizar a efetividade dos direitos trabalhistas, a depender das demais variáveis do acordo coletivo no caso concreto. Sendo assim, somente pode-se admitir sua adoção quando observados todos os requisitos estabelecidos em lei como forma de preservar a dignidade da pessoa humana, razão última de um Direito do Trabalho efetivo.

REFERÊNCIAS BIBLIOGRÁFICAS

AZEVÊDO, Jackson Chaves de (coord.) *Curso de direito do trabalho*. São Paulo: LTr, 2001.

BARROS, Alice Monteiro de. *Curso de direito do trabalho*. 7. ed. São Paulo: LTr, 2011.

BRASIL, Constituição da República Federativa do Brasil de 1988, de 5 de outubro de 1988. Disponível em: <http://www.planalto.gov.br/ccivil_03/constituicao/ConstituicaoCompilado.htm>. Acesso em: 31 jan. 2011.

BRASIL, Decreto-Lei n. 5.452, de 1º de maio de 1943. Aprova a Consolidação das Leis do Trabalho. Diário Oficial da República Federativa do Brasil, Brasília, DF, 09 ago. 1943. Disponível em: <http://www.planalto.gov.br/ccivil_03/decreto-lei/Del5452compilado.htm > Acesso em: 31 jan. 2011.

BRASÍLIA. Tribunal Superior do Trabalho. Banco de Horas. Processo: TST-RR-537800-04.2008.5.09.0663 . Relator: Aloysio Corrêa da Veiga, TST/DOU em 28-01-2011. Disponível em: <http://aplicacao5.tst.jus.br/consultaunificada2/inteiroTeor.do?action=printInteiroTeor&format=html&highlight=true&numeroFormatado=RR%20-%20537800-04.2008.5.09.0663&base=acordao&rowid=AAANGhAA+AAAKE7AAQ&dataPublicacao=28/01/2011&query=%27banco%20de%20horas%27>. Acesso em: 31 jan. 2012.

CASSAR. Vólia Bomfim. *Direito do trabalho*. 5. ed. Niterói: Impetus, 2011.

DELGADO, Mauricio Godinho. *Curso de direito do trabalho*. 10. ed. São Paulo: LTr, 2011.

DONATO, Messias Pereira. *Curso de direito individual do trabalho*. 6. ed. São Paulo: LTr, 2008.

FREITAS, José Mello de (ORG.). *Reflexões sobre direito do trabalho e flexibilização*. Passo Fundo: Editora Universitária — UPF, 2003.

MARTINS, Nei Frederico Cano. Doutrina. *Revista LTr*, São Paulo, a. 64, jul. 2000.

MARTINS, Sergio Pinto. *Direito do trabalho*. 22. ed. São Paulo: Atlas, 2007.

PINTO, José Augusto Rodrigues. Questões emergentes da operação do banco de horas. *Revista da Escola Judicial TRT 23ª Região*. Cuiabá, a. 1999, v. 01, n. 01, jun.

RAMOS, Giovana Benedita Jáber Rossini. *A efetividade do valor social do trabalho:* responsabilidade do Estado e da empresa brasileira. 2006. 138 p. Dissertação (Mestrado em Direito) — Faculdade de Direito — Universidade de Marília, 2006.

SILVA, Alessandro. *Direitos humanos:* essência do direito do trabalho. São Paulo: LTr, 2007.

JORNADA DE TRABALHO DOS CAMINHONEIROS: PASSOS E DESCOMPASSOS DA LEI N. 12.619/2012

Rhiane Zeferino Goulart(*)

RESUMO

O objetivo deste artigo é refletir, por intermédio de comparação crítica, acerca da atual jornada de trabalho dos caminhoneiros e dos riscos oriundos para a sua saúde e a sociedade, das condições laborais idealizadas pela Lei n. 12.619/2012 e, ainda, das que se mostram mais suscetíveis de se concretizarem, a partir da sua vigência. A imposição de prazo para a entrega da carga é uma das principais causas por eles apontadas para o uso de substâncias químicas na direção do veículo, a fim de que se mantenham acordados durante extensos percursos, resultando no seu expressivo envolvimento em acidentes de trânsito. Longe dos olhos do empregador, esses trabalhadores submetiam-se em juízo, até então, ao enquadramento no art. 62, inciso I, da CLT, que os afasta do controle da jornada e, por consequência, do direito ao pagamento das horas extras. A novel legislação, por sua vez, garante aos motoristas profissionais esse controle, assim como paradas obrigatórias de trinta minutos a cada quatro horas ininterruptas ao volante, mas não viabiliza a sua eficácia, especialmente porque lhes imputa a responsabilidade pela fiscalização do tempo de direção. A Presidência da República, nesse aspecto, vetou os dispositivos que exigiam das concessionárias a construção de locais seguros no decorrer das rodovias. A análise dos passos e descompassos da nova lei indica, portanto, a necessidade de formas alternativas de transporte de longa distância, bem como que, apesar de adotada a jornada de trabalho padrão de oito horas diárias e limitada a sua prorrogação em até duas horas extras, o caminhoneiro provavelmente continuará dirigindo por horas a fio, pois não foram instituídos meios para impedir isso. Há, nesse sentido, significativas chances de que permaneçam as exigências de prazo e inexiste previsão de penalidades para os casos de prorrogação que supere o referido limite.

Palavras-chave: Caminhoneiro. Jornada de Trabalho. Lei n. 12.619/2012.

(*) Bacharel em Direito. Técnica Judiciária. Tribunal Regional do Trabalho da 12ª Região. Especialização em Direito do Trabalho e Preparação para a Magistratura do Trabalho. Associação dos Magistrados do Trabalho da 12ª Região. Universidade do Vale do Itajaí (em andamento). Email: <rhianez@gmail.com>

INTRODUÇÃO

O alto índice de acidentes de trânsito envolvendo os motoristas profissionais, mormente os caminhoneiros, sempre apontou a necessidade de regulamentação legal específica para os integrantes da categoria, não só para fins de cuidado da sua saúde e integridade física e mental — tendo em vista que se sujeitam a condições de trabalho desgastantes e até à automedicação, com o intuito de se manterem acordados durante as longas distâncias por eles percorridas no seu dia a dia —, como também para a proteção da própria população como um todo, por meio da redução dos riscos nas estradas brasileiras, ambos os objetivos, aliás, constitucionalmente previstos.

A estrutura do País em rodovias demonstra ser o motorista profissional fundamental para a manutenção da nossa economia. Dessa forma, imprescindível é atentar para o seu bem-estar e para circunstâncias laborais mais humanas, inclusive para que não nos deparemos em alguns anos com a escassez desse profissional no mercado de trabalho. Não há como afastar da visão rodoviária a atenção para com aquele que nela trafega diariamente, viabilizando o consumo de norte a sul.

Até então desamparados, esses operadores de caminhão sujeitam-se, atualmente, perante o Poder Judiciário, ao enquadramento na exceção do art. 62, inciso I, da Consolidação das Leis do Trabalho[1], com a redação conferida pela Lei n. 8.966/1994, que exclui da fiscalização da jornada e, por conseguinte, do direito ao pagamento das horas extraordinárias prestadas, os trabalhadores que exercem atividade externa considerada *incompatível* com a fixação de horário.

Nesse contexto, o advento da Lei n. 12.619[2], de 30 de abril de 2012, que dispõe sobre o exercício da profissão de motorista, introduzindo alterações, em suma, na Norma Consolidada e no Código de Trânsito Brasileiro, para regular e disciplinar a sua jornada de trabalho e o seu tempo de direção, é resultado da crescente e sempre existente preocupação com o controle das horas por ele efetivamente cumpridas; é, mais que isso, produto de anos de espera por um diploma legal específico que lhe assegurasse um arcabouço mínimo de direitos.

A breve leitura do seu respectivo teor, não obstante, suscita de imediato algumas inquietações acerca da sua efetividade, as quais merecem análise mais

---

(1) Art. 62 — Não são abrangidos pelo regime previsto neste capítulo:
I — os empregados que exercem atividade externa incompatível com a fixação de horário de trabalho, devendo tal condição ser anotada na Carteira de Trabalho e Previdência Social e no registro de empregados; BRASIL. Decreto-Lei n. 5.452, de 1º de maio de 1943. Aprova a Consolidação das Leis do Trabalho. Brasília (DF), 1943. Disponível em: <http://www.planalto.gov.br/ccivil_03/Decreto-Lei/Del5452.htm>. Acesso em: 2 jul. 2012.
(2) BRASIL. Lei n. 12.619, de 30 de abril de 2012. Dispõe sobre o exercício da profissão de motorista e dá outras providências. Brasília (DF), 2012. Disponível em: <http://www.planalto.gov.br/ccivil_03/_Ato2011-2014/2012/Lei/L12619.htm>. Acesso em: 2 jul. 2012.

detida, que possibilite a tirada de conclusões, especialmente porque deixa de esclarecer os interesses últimos de quem está verdadeiramente pretendendo tutelar.

Com a instituição de intervalos obrigatórios de trinta minutos a cada quatro horas ininterruptas ao volante, pela inclusão na Lei n. 9.503/1997 do art. 67-A, § 1º, por exemplo, como se quedará a segurança das cargas transportadas e do próprio motorista, costumeiramente já refém de roubos? A exigência de construção de espaços seguros ao longo das rodovias, destinados ao estacionamento dos caminhões e ao descanso dos caminhoneiros, consubstanciada no inciso VI que seria acrescentado ao § 2º do art. 34-A da Lei n. 10.233, de 5 de junho de 2001, pelo novel corpo legal, foi, sem nenhuma razoabilidade, objeto de veto por parte da Presidência da República.

Essa situação, desde antes da vigência da Lei n. 12.619/2012, causa dúvidas a respeito da eficácia do referido dispositivo legal, em outras palavras, da viabilidade da sua observância prática por esses trabalhadores. Não é demais ressaltar que, além de se encontrarem sobrecarregados os postos de combustíveis, como irá o motorista profissional, sem local adequado, satisfazer a obrigação imposta, se é proibido, pelo art. 181, inciso VII, do CTB[3], estacionar no acostamento, salvo motivo de força maior? E se o trecho em que estiver nem sequer contar com acostamento?

A situação do caminhoneiro autônomo é ainda mais grave, pois responde pelos custos decorrentes do maior tempo gasto nas estradas, pela consequente realização de um menor número de fretes num mesmo período e, como não poderia deixar de ser, pela obtenção de lucro inferior ao de costume no final do mês.

E o que dizer da vedação da remuneração em função da distância percorrida, do tempo de viagem e/ou da natureza e da quantidade dos produtos transportados, inclusive mediante oferta de comissão ou outra vantagem, assentada pelo art. 235-G introduzido na Consolidação das Leis do Trabalho, se houver comprometimento da segurança rodoviária, da coletividade ou resultar na violação das suas normas? Como aferir esse tal comprometimento? A prorrogação habitual do horário diário laborado poderá ser reputada um dos fatores da sua caracterização?

Presta-se a Lei n. 12.619/2012, aliás, a efetivamente impedir que os caminhoneiros continuem dirigindo por horas a fio, de forma a prevenir os riscos disso decorrentes para a sua saúde, segurança e a dos demais usuários das rodovias?

---

(3) Art. 181. Estacionar o veículo: [...]
VII — nos acostamentos, salvo motivo de força maior:
Infração — leve;
Penalidade — multa;
Medida administrativa — remoção do veículo; BRASIL. Lei 9.503, de 23 de setembro de 1997. Institui o Código de Trânsito Brasileiro. Brasília (DF), 1997. Disponível em: <http://www.planalto.gov.br/ccivil_03/leis/l9503.htm>. Acesso em: 2 jul. 2012.

Esses são apenas alguns dos questionamentos que se afiguram imprescindíveis para o exame dos potenciais efeitos práticos da nova lei, o que se buscou com a sua elaboração e o que se mostra mais tendente a realmente acontecer, objetivo deste artigo. E, para isso, necessária é a apreciação, com a finalidade de comparação crítica, da jornada de trabalho atual desses motoristas, especificamente das horas que cotidianamente despendem na condução do veículo, dos motivos que levam às condições laborais desarrazoadas que os permeiam, bem como das armas das quais lançam mão para o seu enfrentamento, a exemplo dos populares rebites[4].

Somente dessa maneira, então, tornar-se-á viável apontar os passos e os descompassos do legislador na tentativa de conferir aos integrantes da categoria profissional em foco tratamento legal peculiar. Desse modo, tão só, igualmente, será possível delinear a realidade a ser vivenciada pelo operador de caminhão num futuro muito próximo e, quiçá, as brechas legais das quais empregado e empregador porventura poderão se valer em juízo e nas situações do dia a dia dos transportes. Por meio de estudo comparativo, ademais, é que encontrarão os magistrados, na apreciação dos casos concretos, fundamentos para a prolação de decisões hábeis em atender às partes litigantes, a partir da entrega de prestação jurisdicional efetiva.

1. A ATUAL JORNADA DE TRABALHO DOS CAMINHONEIROS E OS RISCOS DELA DECORRENTES PARA A SUA SAÚDE E A SOCIEDADE

Com vistas a diminuir as imensuráveis distâncias do nosso País e a ampliar o dinamismo das relações econômicas, o ex-Presidente da República Washington Luís governou o Brasil sob o lema "governar é abrir estradas", numa época, 1927, na qual dispúnhamos de 93.682 automóveis e 38.075 caminhões[5]. Assim, consolidou-se a nossa estrutura rodoviária, que nos fez dependente das rodovias, do petróleo e do operador de caminhão para o *leva e traz* da produção de norte a sul.

Dia após dia nas estradas, movimentando e armazenando produtos por todo o País, milhares de quilômetros por ano são vencidos pelos motoristas profissionais, que se deparam, por trás do para-brisa do veículo sob a sua direção, com as riquezas exuberantes das nossas belezas naturais, nas raras ou escassas ocasiões de que dispõem para contemplá-las. Em verdade, logo ao lado desse cenário romântico, lidam tais motoristas cotidianamente com a miséria e os perigos, como os roubos e os assaltos, igualmente presentes nesta pátria de dimensões continentais. O

---

(4) *Rebite* é a denominação utilizada pelos motoristas profissionais para designar as anfetaminas, que são drogas estimulantes da atividade do sistema nervoso central, responsáveis por fazer o cérebro trabalhar mais depressa, deixando-os mais *acesos*, *ligados*, com *menos sono*, *elétricos*. CEBRID — Centro Brasileiro de Informações Sobre Drogas Psicotrópicas. Drogas estimulantes do sistema nervoso central: anfetaminas. In: CEBRID. *Drogas Psicotrópicas*. São Paulo: CLR Balieiro, 2003.
(5) RIZZOTTO, Rodolfo A. *História das rodovias*. Rodovia Washington Luís. Disponível em: <http://www.estradas.com.br/new/historia/washingtonluis.asp>. Acesso em: 5 jul. 2012.

caminhoneiro de hoje há muito tempo deixou para trás a figura do aventureiro e da liberdade. "Também vai ficando para trás — sinal dos ventos da globalização — aquele tipo sempre com a barba por fazer, avesso a regras, displicente com a segurança própria e alheia, pronto para a farra a cada parada"[6].

As feições da jornada de trabalho padrão conhecidas foram delineadas pela Constituição da República de 1988, que estabelece, no art. 7º, inciso XIII, duração não superior a oito horas diárias — contemplada, outrossim, no art. 58 da Norma Consolidada[7] —, nem a quarenta e quatro semanais, bem como a possibilidade de instituição de regimes de compensação ou redução de horários por meio de acordo ou convenção coletiva de trabalho[8]. Há, ainda, nesse aspecto, o permissivo para a dilatação da jornada, conforme a especificidade do cargo, mediante acordo ou contrato coletivo, encontrado no art. 59 da CLT.[9]

Verifica-se, nesse panorama, a existência de duas questões relativas à exceção do art. 62, inciso I, da Consolidação das Leis do Trabalho. A primeira delas é a restrição, por legislação hierarquicamente inferior, de direitos assegurados pela Carta Magna, enquanto a própria resguardou a sua faculdade de excepcioná-los. A segunda refere-se ao afastamento da abrangência de tais direitos dos trabalhadores que, por fatos alheios à sua vontade e além da sua competência, exercem atividades externas, muitas vezes indispensáveis para o andamento da economia — mormente no caso dos motoristas profissionais —, e, portanto, impossíveis de serem abolidas.

Nesse contexto, sem contar com uma jornada própria, encontrava-se, pois, o caminhoneiro; aquele que segue o pai, o tio, o irmão, o avô, a tradição familiar, que busca uma situação financeira estável, se comparada à média brasileira, sem muito custo, isto é, sem precisar de muito estudo ou esforço físico. É aquele que senta no caminhão com hora certa para o início de mais um dia de trabalho — de fato, passa praticamente o *dia* inteiro junto à boleia —, deixando para trás a mulher e os filhos, sem previsão de quando irá parar para dormir, alimentar-se, ver a família novamente, contando apenas com um objetivo em mente: a entrega tempestiva da carga.

---

(6) NOEL, Francisco Luiz. *Por onde andamos*. Rio de Janeiro: Desiderata, 2006. p. 19.
(7) Art. 58 — A duração normal do trabalho, para os empregados em qualquer atividade privada, não excederá de 8 (oito) horas diárias, desde que não seja fixado expressamente outro limite. BRASIL, Decreto-Lei n. 5.452, de 1º de maio de 1943. Aprova a Consolidação das Leis do Trabalho. Brasília (DF), 1943. Disponível em: <http://www.planalto.gov.br/ccivil_03/Decreto-Lei/Del5452.htm>. Acesso em: 2 jul. 2012.
(8) BRASIL. Constituição da República Federativa do Brasil de 1988 (5 de outubro de 1988). Brasília (DF), 1988. Disponível em: <http://www.planalto.gov.br/ccivil_03/Constituicao/Constituicao.htm>. Acesso em: 2 jul. 2012.
(9) Art. 59 — A duração normal do trabalho poderá ser acrescida de horas suplementares, em número não excedente de 2 (duas), mediante acordo escrito entre empregador e empregado, ou mediante contrato coletivo de trabalho. BRASIL, Decreto-Lei n. 5.452, de 1º de maio de 1943. Aprova a Consolidação das Leis do Trabalho. Brasília (DF), 1943. Disponível em: <http://www.planalto.gov.br/ccivil_03/Decreto-Lei/Del5452.htm>. Acesso em: 2 jul. 2012.

O disposto constitucionalmente acerca da duração do trabalho é bastante objetivo quanto à sua limitação a oito horas diárias e a quarenta e quatro semanais, facultada a compensação de horários e a redução via instrumento coletivo, como visto. No entanto, certa e evidente é a realidade da prestação de serviços por esse motorista em jornadas laborais que, habitualmente, excedem o dobro do estabelecido.

Alguns estudos vêm sendo realizados no sentido de compreender o mundo da vida do caminhoneiro, entre os quais pode ser citado o de Zeferino[10] que, sob o olhar do cuidado da Enfermagem, discutiu acerca das suas longas jornadas e das alternativas por ele utilizadas para manter-se alerta na condução do veículo por extensos percursos. A autora buscou aproximar-se das experiências cotidianas vividas por esse trabalhador, com vistas ao desenvolvimento de uma política de saúde mais abrangente, que o inclua, por meio de ações humanizadas básicas e individualizadas. Ressaltou, ainda, que tal cuidado não deve se restringir ao seu aspecto curativo, mas, sim, ao profissional como um ser humano integrante da sociedade. Os resultados obtidos pela pesquisadora com relação ao comportamento dos motoristas atuantes no transporte de cargas foram bem sintetizados no excerto a seguir colacionado:

> [...] **o caminhoneiro típico** é aquele que calcula o tempo de viagem, programa com antecedência, não perde tempo durante o percurso, não para à toa, somente faz as paradas necessárias, dorme um pouco quando está com sono e descansa quando se sente fatigado; e, para isso, ele planeja a sua viagem antes de sair de casa, com a intenção de parar para dormir durante o percurso. Porém, se acontecer algum imprevisto e isso fizer com que ele se atrase no percurso, sendo assim terá que aumentar as suas horas de volante por mais tempo do que o planejado. Ele então para, lava a 'cara' e toma café, e continua a viagem. Se o sono persistir, para, lava a cara, toma Coca-Cola ou toma café com Coca-Cola e prossegue. Se essas ações não forem eficientes, ele para e toma banho para se manter alerta, sem o uso de rebites. Mas, se praticar todas essas ações e, mesmo assim, o sono chegar e ele precisar continuar a viagem, recorre ao uso do rebite para se manter alerta, no intuito de prevenir acidentes de trânsito e conseguir cumprir o compromisso assumido, ou seja, entregar a carga no horário e, se desejado, adiantar a viagem para chegar em casa mais cedo, inclusive para rever a família[11].

---

(10) ZEFERINO, Maria Terezinha. *Mundo-vida de caminhoneiros:* uma abordagem compreensiva para a enfermagem na perspectiva de Alfred Schutz. 2010. 140f. Tese (Doutorado em Enfermagem), Programa de Pós-Graduação em Enfermagem, Universidade Federal de Santa Catarina, Florianópolis, 2010.
(11) ZEFERINO, Maria Terezinha. *Mundo-vida de caminhoneiros:* uma abordagem compreensiva para a enfermagem na perspectiva de Alfred Schutz. 2010. 140f. Tese (Doutorado em Enfermagem), Programa de Pós-Graduação em Enfermagem, Universidade Federal de Santa Catarina, Florianópolis, 2010. p.108.

Na área do Direito, todavia, apesar da sua importância, observa-se a escassez de abordagem sobre a realidade do caminhoneiro — inclusive na nova Lei n. 12.619, de 30 de abril de 2012 -, que, por conseguinte, clama por atenção e justiça. O inciso XXII do art. 7º da Carta Magna é claro ao impor a "redução dos riscos inerentes ao trabalho, por meio de normas de saúde, higiene e segurança"[12]. O inciso XIII desse mesmo dispositivo, ainda, segundo Gasparine e Rodrigues[13], "[...] tem por objetivo primordial tutelar a saúde (física e mental) e a segurança do obreiro, prevenindo-lhe do estresse e da fadiga gerados pelo grande desgaste para o organismo, oriundo do desempenho de jornadas excessivamente longas".

Os dados referentes a acidentes são alarmantes. De acordo com o Departamento da Polícia Rodoviária Federal, no ano de 2007, somente no Estado de Santa Catarina, foram registradas 14.627 ocorrências, que resultaram em 660 mortos, 2.536 feridos graves e 7.592 feridos leves (DPRF, 2010). Estudos apontam a falha humana, por fatores orgânicos os mais diversos, como a sua principal causa:

> De acordo com o chefe do departamento de medicina ocupacional da Abramet — Associação Brasileira de Medicina de Tráfego, Dr. Dirceu Rodrigues Alves, 92% dos acidentes são causados por falha humana impulsionada por fatores orgânicos, tais como hábitos alimentares, cigarro, álcool, obesidade, uso de medicamentos incorretos como analgésicos e anfetaminas, que geram sonolência e falta de consciência, assim também como o próprio ambiente de trabalho, que resulta na fadiga e estresse[14].

O Programa Saúde do Caminhoneiro da concessionária Rodovias Integradas do Paraná (Viapar) apurou, a partir da avaliação médica de 957 motoristas, que 43% deles estão com sobrepeso, 17% com pressão arterial elevada, 18% com alterações hipoglicêmicas, 7% com hiperglicemia, 17% com problemas no olho direito, 19% no esquerdo e 13% nos dois olhos, dados que configuram, na conclusão do médico Edison Vale Teixeira Junior, um dos coordenadores do referido Programa, "[...] a baixa qualidade de vida, o excesso de trabalho e a alimentação inadequada desse tipo de profissional, representando um perigo a mais nas estradas"[15].

---

(12) BRASIL. Constituição da República Federativa do Brasil de 1988 (5 de outubro de 1988). Brasília (DF), 1988. Disponível em: <http://www.planalto.gov.br/ccivil_03/Constituicao/Constituicao.htm>. Acesso em: 2 jul. 2012.
(13) GASPARINE, Alessandro; RODRIGUES, Eder Fasanelli. Jornada de trabalho — motoristas e atividades externas. In: SILVA, Paulo Roberto Coimbra (coord.). *Transportes:* questões jurídicas atuais. São Paulo: MP, 2008. p. 17.
(14) GIOPATO, Daniela. Segurança — Saúde em dia contribui para a redução de acidentes. *Revista O Carreteiro*. São Paulo, ed. 400, 2008. Disponível em: <http://www.revistaocarreteiro.com.br/modules/revista.php?recid=517&edid=48>. Acesso em: 9 jul. 2012.
(15) NOEL, Francisco Luiz. *Por onde andamos*. Rio de Janeiro: Desiderata, 2006. p. 34.

As más condições das estradas, os longos trechos percorridos e os curtos prazos, as penalidades impostas, são alguns dos motivos apontados pelos caminhoneiros para a pressa ao volante e o uso de anfetaminas, os populares *rebites* — droga utilizada para afastar o sono e dirigir várias horas seguidas, sem descanso. A substância, que pode ser reputada um dos principais inimigos nas rodovias, é um estimulante do sistema nervoso central e faz com que o cérebro trabalhe mais depressa, causando nas pessoas a impressão de diminuição da fadiga — uma vez que passa, então, a conseguir executar uma atividade qualquer por mais tempo —, menos sono, perda de apetite e aumento da capacidade física e mental[16].

Zeferino elucida o que acontece com essa mistura de falsas sensações, que implica a perda parcial dos reflexos pelos seus usuários:

> O uso dos estimulantes [...] pode estar diretamente ligado às causas de acidentes envolvendo caminhoneiros, pois seus efeitos levam a um desequilíbrio no organismo que, além de suprimir o sono e a fome, provocam distúrbios psíquicos como delírios e alucinações, incrementando também a autoconfiança do tipo 'eu consigo', e resultando na perda da autocrítica. Pode ainda ocasionar redução dos reflexos e da capacidade de ficar desperto após passarem os efeitos da droga[17].

No entanto, há outro lado da história a ser sopesado. Os próprios caminhoneiros confessam — mormente os autônomos, que trabalham por si sós — que não somente as empresas devem ser culpadas: é do seu interesse igualmente a entrega rápida para a contratação de um maior número de fretes. De outro norte, a má conservação das estradas, que resulta na necessidade de compensar o tempo perdido com o trânsito lento, e os baixos valores dos fretes mantêm-se como os fatores mais indicados por esses motoristas para o cometimento de loucuras[18].

A imensa maioria desses profissionais, por sua vez, sejam empregados, sejam autônomos, fala da imposição de tempo para a entrega da carga como contribuinte para a ausência de repouso, já que não contabiliza os imprevistos, forçando-os a dirigir cansados e com sono, situação que leva muitos a optar, como último recurso,

---

(16) GIOPATO, Daniela. Segurança — Rebite, a velha ameaça na estrada. *Revista O Carreteiro*. São Paulo, ed. 375, 2006. Disponível em: <http://www.revistaocarreteiro.com.br/modules/revista.php?recid=222&edid=20>. Acesso em: 9 jul. 2012.
(17) ZEFERINO, Maria Terezinha. *Mundo-vida de caminhoneiros:* uma abordagem compreensiva para a enfermagem na perspectiva de Alfred Schutz. 2010. 140f. Tese (Doutorado em Enfermagem), Programa de Pós-Graduação em Enfermagem, Universidade Federal de Santa Catarina, Florianópolis, 2010. p. 62.
(18) GIOPATO, Daniela. Tempo de direção — Além do limite. *Revista O Carreteiro*. São Paulo, ed. 370, 2005. Disponível em: <http://www.revistaocarreteiro.com.br/modules/revista.php?recid=129&edid=14>. Acesso em: 9 jul. 2012.

pelo uso das anfetaminas. "[...] O rebite ajuda o caminhoneiro a trabalhar mais, ganhar o frete cheio, pois se chegar fora do horário eles deixam de castigo [...]" "Ou a gente toma [rebite] pra não dormir e fazer o horário, ou dorme no volante, porque o horário tem que ser feito"[19]. As circunstâncias laborais dos transportadores de cargas perecíveis, por óbvio, mostram-se ainda mais preocupantes.

Não bastasse isso tudo, há de ser considerada também a vontade de chegar mais cedo em casa, para passar maior tempo com a família e descansando. O caminhoneiro autônomo Genivaldo Barreto declara ter viajado, certa vez, durante trinta horas, repousando durante duas delas, apenas, a fim de conseguir retornar antes do final de semana. Apesar de alegar conhecer os seus limites, o psicólogo Rabinovich dele discorda e assevera que as pessoas somente pensam isso, enquanto, na verdade, ninguém tem consciência da sua capacidade fisiológica. "O motorista insiste em continuar no volante confiando que pode aguentar e quando se dá conta já provocou um acidente e colocou a sua vida e de outras pessoas em risco"[20].

O Procurador do Ministério Público do Trabalho do Mato Grosso Paulo Douglas Almeida de Moraes — autor da Ação Civil Pública n. 01121-2008-014-10-00-2, da qual, infelizmente, veio a desistir — afirmou que o interesse em lutar contra a escravidão em que se encontram os caminhoneiros surgiu de relatos do Médico Lamberto Henry sobre o desespero das esposas com relação aos maridos, viciados em *rebites*, que se mostravam agressivos nos poucos momentos de que desfrutavam junto à família, uma vez que se sentem como *viúvas de maridos vivos*[21].

Nesse contexto, em conjunto com a Polícia Rodoviária Federal, efetuaram duas pesquisas com cerca de duzentos motoristas de caminhão, sendo uma em Rondonópolis e, outra, em Diamantino, no Mato Grosso. De acordo com o Procurador, 30% dos entrevistados confessaram o uso de drogas, principalmente de cocaína, que contou com 3% de usuários na primeira pesquisa e 15% na segunda, todos em pré-overdose. Segundo ele, "[...] tudo isso para cumprir jornadas de trabalho desumanas — mais de 16 h por dia. Isso realmente é de uma selvageria inominável. O lucro realmente demonstra sua face mais perversa nesse segmento"[22].

---

(19) ZEFERINO, Maria Terezinha. *Mundo-vida de caminhoneiros:* uma abordagem compreensiva para a enfermagem na perspectiva de Alfred Schutz. 2010. 140f. Tese (Doutorado em Enfermagem), Programa de Pós-Graduação em Enfermagem. Florianópolis: Universidade Federal de Santa Catarina, 2010. p. 105.
(20) GIOPATO, Daniela. Tempo de direção — Além do limite. *Revista O Carreteiro*. São Paulo, ed. 370, 2005. Disponível em: <http://www.revistaocarreteiro.com.br/modules/revista.php?recid=129&edid=14>. Acesso em: 9 jul. 2012.
(21) MORAES, Paulo Douglas Almeida de. *Procurador luta contra a escravidão sobre rodas*. Entrevista concedida ao *site* Estradas.com.br. Disponível em: <http://www.estradas.com.br/sosestradas/entrevistas/entrevista_paulo_douglas_almeida.asp>. Acesso em: 9 jul. 2012.
(22) MORAES, Paulo Douglas Almeida de. *Procurador luta contra a escravidão sobre rodas*. Entrevista concedida ao *site* Estradas.com.br. Disponível em: <http://www.estradas.com.br/sosestradas/entrevistas/entrevista_paulo_douglas_almeida.asp>. Acesso em: 9 jul. 2012.

Diante do exposto, evidente é que a significativa e crescente quantidade de acidentes de trânsito envolvendo caminhoneiros e a sujeição da população ao tráfego nas mesmas rodovias em que transitam esses profissionais debilitados, física e psicologicamente, sempre foram bradados pelos defensores de uma jornada legal específica para a categoria. Sempre foi preciso, pois, *enxergar* que tais fatos geram prejuízo não só para as grandes empresas — e, inquestionavelmente, para os motoristas —, mas, de igual modo, para os órgãos de saúde e seguridade social, por exemplo, demasiadamente já sobrecarregados. Em outras palavras: há uma responsabilização da sociedade como um todo. Sem regulamentação, esses trabalhadores não se defrontavam com limites, como visto, seja na quantidade de horas diárias dirigidas, seja nos métodos adotados quando da necessidade de *espantar* o sono, carecendo de análise, portanto, a efetividade da Lei n. 12.619/2012 nesse sentido, ou não.

2. A ANSIADA EFETIVIDADE *VERSUS* A APARENTE INOPERÂNCIA DA LEI N. 12.619/2012

A maior alteração na realidade do caminhoneiro empregado trazida pela Lei n. 12.619, de 30 de abril de 2012, é o seu direito ao controle da jornada de trabalho e do tempo de direção, de maneira fidedigna, pelo empregador, que poderá se valer de anotação em diário de bordo, papeleta ou ficha de trabalho externo. Atualmente, esses profissionais, quando da tentativa de aquisição do que lhes é devido em juízo, submetem-se ao enquadramento na previsão do art. 62, inciso I, da Consolidação das Leis do Trabalho, com a redação inserida pela Lei n. 8.966/1994, que exclui da fiscalização da jornada efetivamente cumprida — e, por consequência, do direito ao pagamento das horas extras, garantido pela Constituição da República —, os trabalhadores em atividade externa *incompatível* com a fixação de horário de trabalho.

Goulart, aliás, defendia, antes do advento da nova lei, que:

> [...] enquanto inexistente tal legislação específica, há de ser afastado o enquadramento no art. 62, I, da Norma Consolidada, permitindo-se, ao caminhoneiro, o gozo do direito a uma jornada de 8 horas diárias, como qualquer outro trabalhador. Isso porque se constatou que somente após um exame especial da sua atividade, dos impactos oriundos a longo prazo à sua saúde, dos intervalos intrajornada e interjornadas necessários para a manutenção da sua incolumidade e boa disposição, como ser humano falível que é, ou seja, de todos os fatores que levam a uma mínima e indispensável qualidade vital, poder-se-á cogitar de uma jornada peculiar, quiçá mais extensa. Nesse contexto, apenas uma afirmação mostra-se certeira: a Justiça do Trabalho precisa pôr em prática a sua função de proteção ao hipossuficiente, não só dos anseios patronais,

mas dele mesmo, impondo-lhe limites mediante a certeza da continuidade e da melhora do seu padrão de vida[23].

Com isso, reconhece-se a viabilidade da fiscalização da sua jornada laboral mediante a utilização dos mesmos meios antes reputados inaptos a essa finalidade. Por corolário, o ônus probatório, que antes competia ao empregado — quem ficava com a incumbência de comprovar o firme domínio patronal do horário trabalhado —, agora passa para a esfera de encargos processuais do empregador, quem deve demonstrar não apenas o modo pelo qual logra efetuar esse domínio, obrigatório, mas, igualmente, a inexistência de horas extraordinárias prestadas inadimplidas. Certamente, pois, que, nesse contexto, não apenas a defesa dos direitos desses trabalhadores perante o Poder Judiciário será facilitada, como, por outro lado, as empresas transportadoras de cargas inevitavelmente ver-se-ão compelidas a investir na instituição de meios idôneos a promover o escorreito controle da jornada dos seus motoristas, sob pena de maior dispêndio financeiro judicialmente, a partir de um eventual reconhecimento, como verdadeiro, do horário apontado na petição inicial pelo empregado.

Têm-se, nesse aspecto, indícios de que não se satisfará a sociedade empresária com a fiscalização via anotação em diário de bordo, papeleta ou ficha de trabalho externo, conforme sugere a novel lei no art. 2º, inciso V, por demasiado frágeis e sujeitos ao bom caráter, ou não, do trabalhador. Evidentemente, será sua principal preocupação viabilizar o controle da jornada por meios eletrônicos, a exemplo do *Global Positioning System* (GPS), do tacógrafo, dos aparelhos celulares e dos sistemas de rastreamento, com o intuito de que, isoladamente ou em conjunto com as sugestões legais, sejam capazes de aferir os reais horários laborados.

Segundo Valente, Passaglia e Novaes, a respeito das relevantes inovações tecnológicas, entre os *softwares* podem ser citados: "1) o *Road Show*, que [...] prepara o trajeto, faz a rota de entrega dos produtos, além de determinar os horários de parada e a variação da velocidade[...]"[24], por intermédio do qual o motorista já recebe o roteiro impresso antes da viagem; 2) a Solução Automatizada para Transportadoras (SAT), que possibilita a redução da perda de tempo, com o rastreamento detalhado do trabalho e 3) o *Transpo-Drive*, *hardware* consistente num "[...] computador de bordo destinado a informatizar os eventos operacionais dos veículos, coletando automaticamente todas as informações que o motorista deveria passar para um relatório [...]"[25]. Tais informações podem ser posteriormente

---
(23) GOULART, Rhiane Zeferino. *Direitos trabalhistas dos caminhoneiros empregados:* a jornada de trabalho e o desamparo legal e jurídico. 2010. 109f. Trabalho de Conclusão de Curso (Curso de Graduação em Direito), Departamento de Direito, Centro de Ciências Jurídicas, Universidade Federal de Santa Catarina, Florianópolis, 2010. p. 98.
(24) VALENTE, Amir Mattar; PASSAGLIA, Eunice; NOVAES, Antônio Galvão. *Gerenciamento de transporte e frotas*. São Paulo: Pioneira Thomson Learning, 2001. p. 202.
(25) VALENTE, Amir Mattar; PASSAGLIA, Eunice; NOVAES, Antônio Galvão. *Gerenciamento de transporte e frotas*. São Paulo: Pioneira Thomson Learning, 2001. p. 204.

somadas àquelas obtidas com o tacógrafo. Trazem à tona, outrossim, os autores, o Sistema de Rastreamento de Frotas por Satélite, que permite o rastreamento simultâneo de diferentes veículos e conta, como sua espinha dorsal, com o GPS. É um dos mais completos e interessantes para o controle de jornada:

> Na aplicação em caminhões, o sistema emite relatórios para localização de veículos, monitoração de partes mecânicas, assistência na estrada, controle de pessoal, previsão do tempo, situação do tráfego, rastreamento, gerenciamento de frotas, controle de cargas, itinerários, programação de horários, mudança de rotas, alerta de roubo e sequestro e manifestos de carga[26].

De outro norte, imputar ao motorista a responsabilidade por esse controle do tempo de direção, com a introdução do art. 67-C ao Código de Trânsito Brasileiro, sob pena de ser autuado por infração grave, com multa e retenção do veículo para o efetivo cumprimento do tempo de descanso (art. 230, inciso XXIII, acrescentado à Lei n. 9.503/1997), pode dar azo a uma série de arbitrariedades. Afinal, se a responsabilidade será do empregado, por que motivo deixará o empregador de exigir prazo para a entrega da carga, tempo de direção maior que o permitido? O trabalhador que responda pelos ônus da atividade profissional por ele exercida, e não a sociedade empresária por aqueles decorrentes da atividade econômica que mantém. Isso sem falar em eventuais fichas e papeletas pré-assinaladas. O mais correto aparenta ser mesmo, então, a instalação dos equipamentos mencionados, passíveis de submissão a perícia em juízo, por exemplo, para a apuração de fraude porventura suscitada.

Curioso é, ademais, que, por meio da Mensagem n. 151, de 30 de abril de 2012, emitida pela Presidência da República, os Ministérios da Justiça e das Cidades manifestaram-se pelo veto do art. 67-B do CTB, que seria inserido pelo art. 6º da Lei n. 12.619/2012, porque, a seu ver, a proposta, ao introduzir a possibilidade de anotação em diário de bordo, permitiria que simples registros manuais servissem de instrumento probatório, o que não traria segurança ao motorista e dificultaria a fiscalização. Simultâneo a isso, contudo, nada disseram sobre o art. 2º, inciso V, do novo diploma legal, que autoriza a sua utilização pelo empregador para fins de controle da jornada, direito que esse dispositivo legal passou a garantir ao trabalhador.

Não obstante tenha o legislador se atentado para a real possibilidade de fiscalização da jornada dos integrantes da categoria profissional em foco, permaneceu ignorando as causas remotas de fato responsáveis pelo uso de drogas estimulantes por esses trabalhadores no exercício das suas atividades laborais, com vistas ao vencimento dos longos e exaustivos percursos e à entrega tempestiva

---

(26) VALENTE, Amir Mattar; PASSAGLIA, Eunice; NOVAES, Antônio Galvão. *Gerenciamento de transporte e frotas*. São Paulo: Pioneira Thomson Learning, 2001. p. 205.

da carga, que é, por sua vez, a causa próxima que despertou o interesse em regular o seu horário de trabalho. Essa omissão pode ser extraída do art. 235-B, incisos III e VII, acrescido à Norma Consolidada, com o intuito de fixar, como deveres do motorista profissional, o respeito à legislação de trânsito e, em especial, às normas relativas ao tempo de direção e descanso, bem como a sua submissão a teste e a programa de controle do uso de drogas e bebidas alcoólicas, a ser criado pelo empregador, sendo eventual recusa, de acordo com o disposto no parágrafo único do mesmo dispositivo legal, considerada infração disciplinar passível de penalização nos termos da lei.

Conferiu-se aqui, portanto, uma aparente prevalência do interesse coletivo sobre o individual, com a finalidade de supostamente assegurar a preservação da integridade física dos demais usuários das rodovias, sem, contudo, conferir condições para viabilizar a sua concretização no plano dos fatos. Será que se encontram preparados, aptos, os órgãos fiscalizadores — mais especificamente a Polícia Rodoviária Federal — a dar conta da demanda? A afastar-se da corrupção amplamente constatada nos dias de hoje nas estradas, especialmente na pesagem dos veículos? É preciso, sim, instituir medidas para evitar o uso e o consumo de anfetaminas pelos caminhoneiros, mas mediante um concomitante e efetivo trabalho de prevenção e uma postura mais ativa e preocupada com a sociedade como um todo daqueles responsáveis pela sua averiguação e, ainda, dos próprios empregadores, com a real modificação, por exemplo, dos seus Programas de Prevenção dos Riscos Ambientais (PPRA) e de Controle Médico de Saúde Ocupacional (PCMSO), para atender aos ditames do referido parágrafo único do art. 235-B introduzido na CLT.

O art. 235-C inserido na Consolidação das Leis do Trabalho, de outro norte, determina que a jornada diária de trabalho do motorista profissional será a estabelecida na Carta Magna ou, se existente, a prevista em norma coletiva, o que certamente abrirá brechas para a legitimação dos abusos já verificados em nome da rápida chegada das mercadorias ao destino e do retorno mais breve para casa, inclusive com a também costumeira remuneração habitual das horas extras.

Para o motorista Pedro Osório Scolari Moro, o período de direção poderia ser de doze horas, desconsideradas as paradas para café da manhã, almoço, descanso e para dormir à noite, pois o de oito horas implicaria dois dias a mais na estrada para a conclusão da viagem, lembrando que o maior prejudicado com a sua imposição seria o autônomo. Concorda, porém, com a regulamentação do horário de trabalho da categoria após estudos mais aprofundados[27].

---

(27) OLIVEIRA, Evilazio. Profissão — A polêmica do tempo de direção. *Revista O Carreteiro*. São Paulo, ed. 402, 2008. Disponível em: <http://www.revistaocarreteiro.com.br/modules/revista.php?recid=539&edid=50>. Acesso em: 9 jul. 2012.

Igualmente defensor da jornada de doze horas diárias, o motorista Jair Heinzen atenta para o fato de que, para os que laboram sob comissão ou como autônomo, qualquer redução de horário resultaria em significativo prejuízo no final do mês, já que faltariam recursos para a quitação da prestação do pneu ou da escola dos filhos. Afirma que, se isso acontecer, largará a profissão, uma vez que não mais logrará auferir a média salarial atual de R$ 3.000,00 (três mil reais)[28].

De acordo com o caminhoneiro Adair dos Anjos, catorze horas é um tempo adequado de permanência na direção do veículo, ao passo que uma jornada de *apenas* oito horas diárias prejudicaria tanto patrão como empregado. Argumenta que "[...] se for para a ponta do lápis, o rendimento do autônomo cai pela metade, enquanto as despesas de viagem aumentam, começando pela alimentação, já que precisamos ficar mais tempo na estrada para fazer o mesmo percurso". Nos dizeres de Volnei Carlos Poltronieri, ainda mais radical nesse sentido, "[...] uma jornada de trabalho das 6h30 às 22h está adequada aos motoristas e patrões, com as paradas necessárias para as refeições e um descanso após o almoço"[29].

Único dissonante dos entrevistados pela Revista O Carreteiro, o caminhoneiro Francisco Averardo acredita que a questão precisa ser mais bem analisada, com a investigação dos meios de adaptação passíveis de utilização pelas sociedades empresárias e pelos autônomos na implantação da jornada reduzida, a exemplo de novas linhas ou pontes para a troca de motoristas[30].

Embora os operadores de caminhão tenham se mostrado mais conscientes da necessidade de mudança em entrevistas para a Revista Caminhoneiro, Claudemir Carvalho dos Santos aproveitou a oportunidade para um desabafo: "[...] só temos somente pressões e mais pressões nas estradas. Quando é aprovada uma lei é para prejudicar o caminhoneiro e nunca para ajudá-lo"[31].

O art. 235-F acrescido à CLT prevê a possibilidade, ainda, de fixação de jornada especial de doze horas de trabalho por trinta e seis horas de descanso, em virtude da especificidade do transporte, sazonalidade ou característica que o justifique. Entretanto, qual seria a vantagem de se instituir intervalos de trinta minutos para

---

(28) OLIVEIRA, Evilazio. Profissão — A polêmica do tempo de direção. *Revista O Carreteiro*. São Paulo, ed. 402, 2008. Disponível em: <http://www.revistaocarreteiro.com.br/modules/revista.php?recid=539&edid=50>. Acesso em: 9 jul. 2012.
(29) OLIVEIRA, Evilazio. Profissão — A polêmica do tempo de direção. *Revista O Carreteiro*. São Paulo, ed. 402, 2008. Disponível em: <http://www.revistaocarreteiro.com.br/modules/revista.php?recid=539&edid=50>. Acesso em: 9 jul. 2012.
(30) OLIVEIRA, Evilazio. Profissão — A polêmica do tempo de direção. *Revista O Carreteiro*. São Paulo, ed. 402, 2008. Disponível em: <http://www.revistaocarreteiro.com.br/modules/revista.php?recid=539&edid=50>. Acesso em: 9 jul. 2012.
(31) POTENZA, Graziela. Só polêmicas e nada mais: Projetos de leis para a categoria dos caminhoneiros existem. A questão é atenderem suas necessidades e, o que é mais importante, serem implantados. *Revista Caminhoneiro*, São Paulo, ano XXV, n. 268, p. 16-18, maio 2010. p. 18.

cada quatro horas de direção ininterrupta do caminhão — abordados adiante — e, simultaneamente, estabelecer essa modalidade de jornada, por certo altamente desgastante? Ademais, foge do razoável cogitar do motorista profissional, no decorrer de uma longa viagem, parado por praticamente um dia e meio na estrada.

Importante é destacar que o § 2º do art. 235-C afasta do conceito de labor efetivo, além dos intervalos para refeição e descanso, o tempo de espera, que compreende, nos termos do seu § 8º, as horas excedentes da jornada normal de trabalho do motorista que permanecer aguardando para carga ou descarga do veículo no embarcador ou destinatário, ou para fiscalização da mercadoria transportada em barreiras fiscais ou alfandegárias. Tais horas não serão, portanto, computadas como extras, mas, sim, e tão somente, conforme preconiza o § 9º, indenizadas com base no salário-hora normal acrescido de um adicional de 30%, não repercutindo, consequentemente, nas demais parcelas. A quem competirá, então, arcar com os prejuízos oriundos de demora por ele não ocasionada? O trabalhador, é claro. Mesmo que não seja o empregador, igualmente, o responsável pela escassa infraestrutura nesses locais, ele é quem deveria responder pelos riscos provenientes da sua atividade econômica, o que se infere da clara redação do art. 2º, *caput*, da CLT[32].

O mesmo pode ser dito, aliás, a respeito do art. 235-E, § 4º, segundo o qual, se for exigida a permanência do motorista junto ao veículo, quando parado fora da sede da empresa por tempo superior à jornada normal de trabalho, as horas excedentes serão reputadas como de espera. Nessa linha, o § 5º regula o tempo parado que exceder a jornada normal nas viagens de longa distância e duração, nas operações de carga ou descarga e nas fiscalizações em barreiras fiscais ou aduaneira de fronteira. Não sobeja frisar que se está falando, em ambas as hipóteses, do cumprimento de obrigações profissionais que não será reputado como efetivo labor.

Atenta-se também para outro instituto criado pela lei em comento, o *tempo de reserva*, definido como aquele que exceder a jornada normal de trabalho em que o motorista estiver em repouso no veículo em movimento, nos casos em que o empregador adotar revezamento de motoristas trabalhando em dupla no mesmo veículo (art. 235-E, § 6º). Será esse período remunerado no importe de 30% da hora normal, assim como as horas de sobreaviso, nos termos do art. 244, § 2º, da CLT[33],

---

(32) Art. 2º — Considera-se empregador a empresa, individual ou coletiva, que, assumindo os riscos da atividade econômica, admite, assalaria e dirige a prestação pessoal de serviço. BRASIL. Decreto-Lei n. 5.452, de 1º de maio de 1943. Aprova a Consolidação das Leis do Trabalho. Brasília (DF), 1943. Disponível em: <http://www.planalto.gov.br/ccivil_03/Decreto-Lei/Del5452.htm>. Acesso em: 2 jul. 2012.
(33) Art. 244. As estradas de ferro poderão ter empregados extranumerários, de sobreaviso e de prontidão, para executarem serviços imprevistos ou para substituições de outros empregados que faltem à escala organizada.
[...]

cuja aplicação analógica *in concreto* pelos Tribunais já vinha sendo constatada[34]. Houve a adoção, aqui, de critério razoável pelo legislador, pois, em que pese se encontre o empregado, em tese, nesses momentos, descansando, não o está fazendo em condições desconfortáveis — na cabina do caminhão — e por curto período à toa, mas, sim, com vistas a recuperar as forças para voltar a desempenhar as suas tarefas laborais, em prol, como não poderia deixar de ser, do empregador.

O § 9º do artigo em discussão prega, igualmente, que, em caso de força maior devidamente comprovada, a duração da jornada de trabalho do motorista profissional poderá ser elevada pelo tempo necessário para sair da situação extraordinária e chegar a um local seguro ou ao destino. Cabe ressaltar, nesse ponto, a dificuldade da prova em juízo dessa força maior, levando em conta que, na imensa maioria das vezes — pelo menos na atual realidade —, viaja o caminhoneiro sozinho. Além disso, como será considerado esse período de prorrogação da jornada por fato alheio à sua vontade: à disposição do patrão, como hora extra, tempo de espera?

A respeito da fruição obrigatória dos intervalos de trinta minutos de repouso a cada quatro horas ininterruptas de condução do veículo, criados pelo art. 67-A, § 1º, acrescido ao Código de Trânsito Brasileiro pela nova lei, vê-se que está causando desde antes da sua vigência arrepio aos caminhoneiros cientes da sua criação.

Incongruente, nesse aspecto, aliás, é a redação do § 2º do mesmo dispositivo legal, nos termos do qual, em situações excepcionais de inobservância injustificada do tempo de direção, desde que não haja comprometimento da segurança rodoviária, poderá ser prorrogado por até uma hora, de modo a permitir que o condutor, o veículo e a carga transportada aportem com segurança em lugar adequado.

Isso quer dizer que, em se tratando de força maior, como visto, pode o trabalhador seguir dirigindo indefinidamente, sem limite de horário, enquanto persistir a situação extraordinária sem um local seguro para parar. De outro norte, no tocante aos intervalos mínimos de trinta minutos para descanso a cada quatro horas ininterruptas ao volante, com vistas a garantir a sua incolumidade física,

---

§ 2º Considera-se de *sobreaviso* o empregado efetivo, que permanecer em sua própria casa, aguardando a qualquer momento o chamado para o serviço. Cada escala de *sobreaviso* será, no máximo, de vinte e quatro horas. As horas de *sobreaviso*, para todos os efeitos, serão contadas à razão de 1/3 (um terço) do salário normal. BRASIL. Decreto-Lei n. 5.452, de 1º de maio de 1943. Aprova a Consolidação das Leis do Trabalho. Brasília (DF), 1943. Disponível em: <http://www.planalto.gov.br/ccivil_03/Decreto-Lei/Del5452.htm>. Acesso em: 2 jul. 2012.
(34) RONDÔNIA. Tribunal Regional do Trabalho da 14ª Região. MOTORISTA INTERMUNICIPAL. HORAS EXTRAS. CONTROLE DE JORNADA. Acórdão em recurso ordinário n. 00076.2008.005.14.00. Rondônia Refrigerantes S/A e Dernival Luiz Nunes de Oliveira. Relatora: Elana Cardoso Lopes Leiva de Faria. DJ, 28 jan. 2008. Disponível em: <http://www.jusbrasil.com.br/jurisprudencia/8714954/recurso-ordinario-ro-7620080051400-ro-0007620080051400-trt-14/inteiro-teor>. Acesso em: 10 jul. 2012.

tem o motorista profissional de preocupar-se com a busca, em até uma hora, desse local seguro, para gozar de folga que não é da sua vontade, tampouco da do empregador ou do dono da carga, quando é sabido que significativos trechos rodoviários são tão precários que nem sequer contam com acostamento. E como fica a segurança das cargas transportadas e, principalmente, do caminhoneiro, cotidianamente já refém de roubos nas estradas? Ora, sabe-se, igualmente, que muitos postos de combustíveis somente aceitam o pernoite mediante cobrança direta ou o abastecimento do caminhão. Além disso, não pode a eles, logicamente, ser imputada a guarda de tantos veículos pesados.

Aliás, como irá o trabalhador, ao deparar-se com as circunstâncias fáticas narradas, cumprir a exigência legal concernente às paradas obrigatórias, se é proibido pelo art. 181, inciso VII, do Código de Trânsito Brasileiro, estacionar no acostamento, salvo motivo de força maior, sob pena de multa e remoção do veículo?

O maior desinteressado nesse cumprimento é, na realidade, o Governo, que, com maior agilidade que a do motorista na busca de um local apropriado, tratou logo de vetar o inciso VI que seria acrescentado ao § 2º do art. 34-A da Lei n. 10.233, de 5 de junho de 2001, por opinião dos Ministérios da Fazenda, do Planejamento, Orçamento e Gestão e dos Transportes. O texto vetado impunha às concessionárias de rodovias a construção de espaços seguros destinados ao estacionamento de veículos e ao descanso dos caminhoneiros, com distância inferior a duzentos quilômetros entre um e outro, incluindo área isolada para os transportadores de produtos perigosos, tudo isso, ainda, em consonância com o volume médio diário de tráfego apurado.

O argumento apresentado para isso, ademais, é demasiado frágil. Isso porque, se fossem levadas em conta as novas obrigações impostas às concessionárias que poderiam ensejar o desequilíbrio dos contratos mantidos com a Administração Pública e o inevitável aumento das tarifas cobradas nos pedágios, não se poderia sequer cogitar da edição da Lei n. 12.619/2012, na verdade, como um todo.

Tais vetos implicam dizer, pura e simplesmente, que as sociedades empresárias transportadoras e os seus empregados é que terão de se adaptar aos novos ditames da lei, inexistindo ônus nesse sentido para o Governo, que se eximiu de obrigar as concessionárias das rodovias, como visto, a promover a estrutura necessária ao longo das vias, seja junto às praças de pedágio, seja próximo aos postos policiais, com a construção de pátios de estacionamento capazes de atender à demanda e aptos à guarda dos caminhões. É este, pois, mais um indício de que a recente modificação legal, destinada a regulamentar a jornada dos profissionais integrantes de categoria carente de tratamento legal até então e responsável pela movimentação econômica do País, não terá a força prática de que dela tanto se esperava, tampouco resultará na valorização do setor tão aguardada. Em suma, são os nossos governantes, mais uma vez, instituindo exigências sem cumprir com a sua parte. Os interesses de quem se estava visando tutelar, afinal, com a elaboração da Lei n. 12.619/2012?

E o caminhoneiro autônomo, como fica nesse contexto?

Com uma vida inteira de dedicação às estradas e predicados demasiado superficiais para o exercício de profissão diversa, a avalanche evolutiva na logística[35] moderna tem-no sorvido como peça-chave do processo, sem lhe oportunizar o benefício da dúvida. Por conseguinte, não apenas fadado a horas estafantes e solitárias junto à boleia tem se encontrado esse operador de caminhão, mas também *tocado pelo vento*, nas palavras do autônomo Tomaz Galvão Neto, submisso aos mandos e desmandos dos dirigentes do processo, as grandes empresas e transportadoras, detentoras do domínio dos fretes de longo percurso[36].

Hão de ser diferenciados, ainda, dos autônomos, os agregados, qualificados como "[...] veículos de terceiros que trabalham exclusivamente com cargas da empresa, sob contratos de longo prazo [...]"[37]. Por meio desse esquema, as sociedades empresárias, além de se eximirem da responsabilidade advinda do vínculo empregatício e ampliarem a frota com veículos de terceiros, passando longe das deficiências e dos custos adicionais e encargos disso decorrentes, podem imprimir ao profissional nesses moldes por elas contratado os seus padrões de serviço personalizados[38].

Entre os resultados oriundos da terceirização no setor estão "[...] a fidelidade do agregado; a confiabilidade dos serviços e o aumento da capacidade de transporte, sem precisar aumentar a frota própria. Para os agregados, a empresa oferece a possibilidade de crescer no negócio dos transportes"[39]. Em que pese as transformações no ramo dos transportes e as consequentes e inovadoras mudanças nas relações de emprego em que figuram os motoristas, em substituição àquela permanente e formal junto a uma empresa, subsiste a subordinação do trabalhador, que continua a exercer praticamente as mesmas tarefas do empregado com vínculo reconhecido[40].

---

(35) *Logística é o processo de planejamento, implantação e controle do fluxo eficiente e eficaz de mercadorias, serviços e das informações relativas desde o ponto de origem até o ponto de consumo com o propósito de atender às exigências dos clientes.* BALLOU, Ronald H. *Gerenciamento da cadeia de suprimentos/logística empresarial.* 5. ed. São Paulo: Bookman, 2004. p. 27.
(36) NOEL, Francisco Luiz. *Por onde andamos.* Rio de Janeiro: Desiderata, 2006.
(37) VALENTE, Amir Mattar; PASSAGLIA, Eunice; NOVAES, Antônio Galvão. *Gerenciamento de transporte e frotas.* São Paulo: Pioneira Thomson Learning, 2001. p. 72-73.
(38) VALENTE, Amir Mattar; PASSAGLIA, Eunice; NOVAES, Antônio Galvão. *Gerenciamento de transporte e frotas.* São Paulo: Pioneira Thomson Learning, 2001.
(39) VALENTE, Amir Mattar; PASSAGLIA, Eunice; NOVAES, Antônio Galvão. *Gerenciamento de transporte e frotas.* São Paulo: Pioneira Thomson Learning, 2001. p. 41.
(40) CHAHAD, José Paulo Zeetano; CACCIAMALI, Maria Cristina. As transformações estruturais no setor de transporte rodoviário e a reorganização no mercado de trabalho do motorista de caminhão no Brasil. *Revista da ABET — Associação Brasileira de Estudos do Trabalho*, a. 5, v. 2, n. 10, 2005. Disponível em: <http://www.econ.fea.usp.br/cacciamali/transformacoes_estruturais_setor_transporte.pdf>. Acesso em: 4 abr. 2010.

Nítido é que, arcando sozinho com os custos da própria atividade, provenientes, por exemplo, do pedágio cobrado nas rodovias pelas concessionárias, do abastecimento e da manutenção do veículo, recebe mais quanto maior for o número de fretes realizados. Logo, não há amparo para que o autônomo deixe de se submeter às exigências de prazo e efetivamente respeite os intervalos criados pela lei, recupere as suas energias e não chegue ao completo esgotamento físico para assegurar o sustento próprio e da sua família, especialmente porque ao dono da carga, ao contratante do frete, nenhuma pena será aplicada. Todos querem, afinal, proporcionar aos seus um conforto mínimo, estudos decentes, para um futuro enfrentamento competitivo do mercado de trabalho; para uma posterior garantia de sobrevivência no mundo.

Não fosse tudo isso suficiente, não poderá transferir para o valor do frete as despesas extras suportadas em virtude do tempo maior gasto nas estradas, caso observe os intervalos de trinta minutos a cada quatro horas ininterruptas na direção do caminhão. Em outras palavras, diminuirá a quantidade de fretes por ele efetuados num mesmo período, os quais, por sua vez, permanecerão no mesmo valor de hoje. Resultado: o lucro obtido pelos motoristas autônomos irá despencar drasticamente.

Moraes, entretanto, defende o contrário. Para ele, apesar de inevitável o aumento do frete brasileiro, por ser um dos mais baratos do mundo, isso não afetará a competitividade no setor. A seu ver, é melhor socializar o custo do frete, do que o custo de tantas vidas. O Procurador do Trabalho fala, outrossim, da indispensabilidade da reestruturação do segmento rodoviário, tendo em vista que o baixo custo do frete inviabiliza a implantação de outros sistemas modais de transporte. Nesse aspecto, afirma que "[...] hoje o Brasil gasta mais de 20 bilhões com tratamento e pensões por morte decorrentes de acidentes rodoviários. Isso é mais do que o lucro do segmento". Segundo ele, o controle da jornada é necessidade imediata, a fim de reduzir o chamado custo Brasil, e, para isso, há de haver o envolvimento da Polícia Rodoviária Federal, em razão da insuficiência estrutural da Fiscalização do Trabalho[41].

Não é demais lembrar, nesse ponto, que a nova lei veda, no art. 235-G inserido na CLT, como não poderia deixar de ser, a remuneração em função da distância percorrida, do tempo de viagem e/ou da natureza e da quantidade de produtos transportados, inclusive mediante oferta de comissão ou qualquer outro tipo de vantagem, se essa remuneração ou comissionamento comprometer a segurança rodoviária ou da coletividade, ou, ainda, possibilitar violação das suas normas,

---

(41) MORAES, Paulo Douglas Almeida de. *Procurador luta contra a escravidão sobre rodas*. Entrevista concedida ao *site* Estradas.com.br. Disponível em: <http://www.estradas.com.br/sosestradas/entrevistas/entrevista_paulo_douglas_almeida.asp>. Acesso em: 9 jul. 2012.

somente para os caminhoneiros empregados e sem uma concomitante abordagem do piso salarial da categoria, com vistas a assegurar a eles e às suas famílias uma vida digna, que lhes viabilize sopesar os prós e os contras de um cotidiano de riscos. Evidente é, por corolário, que permanecerão dirigindo até a completa exaustão, para realizar o maior número de fretes ou percorrer a maior distância que o seu corpo autorizar.

Causa dúvidas, ademais, em princípio, o condicionamento dessa vedação ao *comprometimento* da segurança rodoviária ou da coletividade. Como será possível a sua aferição? Quais serão os limites entre o comprometimento e o não comprometimento da segurança? Mostra-se, por óbvio, muito subjetivo esse conceito. Por outro lado, a partir da necessidade habitual de prorrogação da jornada padrão, ter-se-ia certamente configurado o comprometimento nos moldes previstos na lei.

A demora generalizada na entrega das mercadorias, em virtude da restrição do tempo de direção, dos intervalos para repouso do trabalhador criados, que poderá resultar, inclusive, no descumprimento de contratos já celebrados, além do eventual aumento no valor do frete abordado, fará, igualmente, com que o produto chegue às prateleiras para o consumidor fatalmente mais caro que o de costume. E o que ele tem a ver com o setor de transportes? Competir-lhe-á arcar também, portanto, com a fatia dos custos provenientes da Lei n. 12.619/2012 de que se esquivou o Governo.

Há de ser salientado, finalmente, que a sujeição dos condutores de veículos transportadores de cargas a regulamentação tão severa deveria vir acompanhada, por ser justo, razoável e lógico, da fixação de um piso salarial que a compensasse, como dito, que fizesse valer a pena a sua observância, aliada a um incremento dos seus benefícios, a exemplo da aposentadoria especial e do adicional de penosidade. O seu correspondente tratamento em lei está prometido pelo Projeto de Lei n. 271/2008, da autoria do Senador Paulo Paim, que institui o Estatuto do Motorista Profissional e se encontra, desde o dia 4 de julho de 2012, junto à Coordenação Legislativa do Senado, aguardando leitura de requerimento de tramitação conjunta com o PL n. 91/2003.

CONSIDERAÇÕES FINAIS

Tem no caminhão o melhor amigo, o porto seguro, o terceiro ou quarto filho; descobriu como mais que um ganha-pão, um amor, o dia a dia nas estradas, por admiração ao pai, como herói, quando ainda menino o aguardava, para junto dele subir à boleia e mal alcançar a direção; é mistura de asfalto com poeira e liberdade, é saudade que bate da família, é o risco do assalto que lhe traz a vigília, tudo isso, em contraste, compõe a sua rotina. Para o cantor nele inspirado, um nostálgico apaixonado, a pensar na amada, com o coração apertado, mas tranquilo no seu caminho e com Deus ao seu lado; para a sociedade, um anônimo, que a ela proporciona o acesso aos bens, sem deixar rastros, seja Zeca, João ou homônimo.

O sonho de menino em se tornar caminhoneiro vê-se esvaído com o vislumbre da inevitável mudança de profissão delineado com a chegada da Lei n. 12.619, de 30 de abril de 2012. A partir da reflexão crítico-comparativa das suas condições laborais de hoje e dessa nova regulamentação legal, tem-se que não subsistirão vantagens, incentivos, para que persista atuando no ramo. Com isso, tem-se, outrossim, sob perspectiva diversa, que, sem outra opção de transporte para longas distâncias, quedar-se-ão prejudicadas as demandas de consumo do Brasil no futuro, assim como toda e qualquer cadeia logística, que conta, tanto no início, como no fim da operação, sempre com o apoio de um caminhão. As próprias empresas transportadoras, com a novel legislação, não encontrarão outra alternativa senão a saída do setor, por falta de meios para honrar as suas dívidas e sustentar os salários dos seus empregados, enquanto seguem repousando — e repousando —, na extensão das estradas, a implicar, porventura, o seu desemprego em massa e a sua imediata substituição por autônomos, pelos quais não respondem os contratantes, trazendo ainda mais perigo, consequentemente, aos demais motoristas nas rodovias.

Com a vigência da lei em comento e o passar dos anos, não mais haverá veículos suficientes para escoar a produção do País. Assim, se não houver um concomitante investimento em outras modalidades de transporte, já que será preciso um maior número de caminhões — em virtude do maior tempo gasto nas estradas a fim de que sejam cumpridos os intervalos de trinta minutos para cada quatro horas ininterruptas de direção, por exemplo — para dar conta da mesma demanda, que só tende, evidentemente, a crescer cada dia mais. Como consectário direto dessas circunstâncias, teremos o dobro de caminhões nas rodovias, que já não suportam a quantidade hodierna, com a finalidade de executar o mesmo serviço, ocasionando muito mais congestionamentos e, por que não dizer, muito mais acidentes de trânsito.

A nova lei, na verdade, tal como sancionada, deixa clara a omissão do legislador quanto a uma efetiva análise da situação do transporte rodoviário de cargas no Brasil, das estradas, e, principalmente, à ouvida dos maiores interessados na sua elaboração: os motoristas profissionais e as empresas transportadoras. Torna cristalina, igualmente, a ausência de compromisso dos nossos governantes, que se eximiram de assumir a responsabilidade pela construção dos pontos de parada nas rodovias, em busca da solução desse grave problema social, a fim de conferir ao caminhoneiro condições de segurança para que realmente observe os ditames legais, no desempenho da sua jornada, com tranquilidade, como os outros trabalhadores.

E quem irá, efetivamente, pagar pelo aumento desses custos que lhes competiam? O empregado? O consumidor? Sim, porque naturalmente serão repassados para as mercadorias quando da sua chegada às prateleiras, ou, ainda, para os salários dos caminhoneiros. Se não constatado comprometimento da segurança nas estradas, podem continuar sendo remunerados mediante comissões e, com a redução do número de viagens realizadas, em razão dos intervalos obrigatórios e mais longos de descanso a serem respeitados, o valor a esse título antes auferido reduzirá — e muito. Quem sabe, aliás, seria o salário fixo, como regra geral, capaz de manter o atual poder de compra dos integrantes da categoria, por meio do assentamento de piso salarial decente, sem exceções ou subjetivismo, a solução.

Como aspecto positivo verificado na Lei n. 12.619/2012, tem-se, por outro lado, que, sendo obrigatória, a partir de então, a fiscalização do horário cumprido pelos caminhoneiros, passa a ser do interesse do empregador — tanto ou mais que do empregado — a sua regularidade, já que dela dependerá a sua defesa junto ao Poder Judiciário. A jornada desempenhada pelos motoristas profissionais, antes considerada *incompatível* com essa fiscalização — como decorrência do seu enquadramento automático e impensado no art. 62, inciso I, da CLT —, agora não mais abre brechas para tal alegação, implicando, necessariamente, a ausência de controle patronal, a adoção por verdadeiros dos horários declinados na peça exordial pelo trabalhador.

Não obstante, permanecendo com o empregado a responsabilidade pelo controle do seu tempo de direção, somente com a instalação de equipamentos como GPS, tacógrafo, sistemas de rastreamento, passíveis de submissão a perícia em juízo, poderão ser evitadas eventuais fraudes perpetradas pelo empregador, a exemplo de fichas e papeletas pré-assinaladas. Caso contrário, nenhum motivo haverá para que deixe de exigir prazo curto para a entrega da carga, uma vez transferidos para o operador de caminhão os riscos da atividade econômica por ele mantida.

Com a análise dos passos e descompassos da Lei n. 12.619/2012, entrevê--se, então, que, embora adotada a jornada constitucional de oito horas diárias e limitada a sua prorrogação em até duas horas extras (art. 235-C, § 1º, acrescido à Consolidação das Leis do Trabalho), o caminhoneiro, a partir do escorreito controle do seu tempo de direção — viabilizado pelo empregador, mas por ele efetivamente apurado — e gozo dos intervalos de trinta minutos a cada quatro horas ininterruptas ao volante, na prática, continuará dirigindo por horas a fio, pois não foram instituídos meios para impedir que isso aconteça. Além do mais, há significativas chances de que persistam as exigências de prazo, como visto, e inexiste previsão de penalidade patronal para os casos de prorrogação que supere o referido limite. A única consequência disso, agora, será o pagamento das horas extraordinárias pelo empregador, ou seja, a remuneração pelo gritante e já costumeiro desgaste físico desse trabalhador, enquanto conservar-se-ão sem tutela a sua saúde, segurança, e a do restante dos usuários das rodovias.

Por outro lado, infere-se que a imposição daquela jornada de trabalho padrão apenas com o intervalo de uma hora para descanso e refeição consubstanciado no art. 71, *caput*, da CLT talvez fosse a solução para a garantia de uma parada durante o dia a esse motorista, bem como de uma noite completa de repouso — mesmo que não seja da sua vontade a permanência por *tanto tempo* parado —, de forma a assegurar a sua incolumidade física e psicológica, sem comprometer, por sua vez, a chegada mais cedo em casa. No plano da idealização, porém, somente mediante estudos aprofundados da atividade por ele exercida encontrar-se-á aquela jornada que logre jungir, *pari passu*, os interesses patronais, os profissionais e os da sociedade como um todo às alternativas para a redução dos impactos do tempo de direção do veículo na saúde do caminhoneiro, aptas a sanar as suas necessidades.

Como um trabalhador normal, sujeito a essas condições, provavelmente não se sentiria pressionado a fazer uso de substâncias químicas prejudiciais ao seu bem-estar ou de ações específicas para o triunfo sobre os demorados percursos que o trabalho lhe impõe, submetendo-se ao expressivo perigo de dormir ao volante.

REFERÊNCIAS BIBLIOGRÁFICAS

BALLOU, Ronald H. *Gerenciamento da cadeia de suprimentos/logística empresarial*. 5. ed. São Paulo: Bookman, 2004.

BRASIL. Constituição da República Federativa do Brasil de 1988 (5 de outubro de 1988). Brasília (DF), 1988. Disponível em: <http://www.planalto.gov.br/ccivil_03/Constituicao/Constituicao.htm>. Acesso em: 2 jul. 2012.

BRASIL. Lei n. 12.619, de 30 de abril de 2012. Dispõe sobre o exercício da profissão de motorista e dá outras providências. Brasília (DF), 2012. Disponível em: <http://www.planalto.gov.br/ccivil_03/_Ato2011-2014/2012/Lei/L12619.htm>. Acesso em: 2 jul. 2012.

BRASIL. Decreto-Lei n. 5.452, de 1º de maio de 1943. Aprova a Consolidação das Leis do Trabalho. Brasília (DF), 1943. Disponível em: <http://www.planalto.gov.br/ccivil_03/Decreto-Lei/Del5452.htm>. Acesso em: 2 jul. 2012.

BRASIL. Lei n. 9.503, de 23 de setembro de 1997. Institui o Código de Trânsito Brasileiro. Brasília (DF), 1997. Disponível em: <http://www.planalto.gov.br/ccivil_03/leis/l9503.htm>. Acesso em: 2 jul. 2012.

CEBRID — Centro Brasileiro de Informações Sobre Drogas Psicotrópicas. Drogas estimulantes do sistema nervoso central: anfetaminas. In: CEBRID. *Drogas Psicotrópicas*. São Paulo: CLR Balieiro, 2003.

CHAHAD, José Paulo Zeetano; CACCIAMALI, Maria Cristina. As transformações estruturais no setor de transporte rodoviário e a reorganização no mercado de trabalho do motorista de caminhão no Brasil. *Revista da ABET — Associação Brasileira de Estudos do Trabalho*, a. 5, v. 2, n. 10, 2005. Disponível em: <http://www.econ.fea.usp.br/cacciamali/transformacoes_estruturais_setor_transporte.pdf>. Acesso em: 4 abr. 2010.

GASPARINE, Alessandro; RODRIGUES, Eder Fasanelli. Jornada de trabalho — motoristas e atividades externas. In: SILVA, Paulo Roberto Coimbra (coord.). *Transportes*: questões jurídicas atuais. São Paulo: MP, 2008.

GIOPATO, Daniela. Segurança — Rebite, a velha ameaça na estrada. *Revista O Carreteiro*. São Paulo, ed. 375, 2006. Disponível em: <http://www.revistaocarreteiro.com.br/modules/revista.php?recid=222&edid=20>. Acesso em: 9 jul. 2012.

_____. Segurança — Saúde em dia contribui para a redução de acidentes. *Revista O Carreteiro*. São Paulo, ed. 400, 2008. Disponível em: <http://www.revistaocarreteiro.com.br/modules/revista.php?recid=517&edid=48>. Acesso em: 9 jul. 2012.

_____. Tempo de direção — Além do limite. *Revista O Carreteiro*. São Paulo, ed. 370, 2005. Disponível em: <http://www.revistaocarreteiro.com.br/modules/revista.php?recid=129&edid=14>. Acesso em: 9 jul. 2012.

GOULART, Rhiane Zeferino. *Direitos trabalhistas dos caminhoneiros empregados:* a jornada de trabalho e o desamparo legal e jurídico. 2010. 109f. Trabalho de Conclusão de Curso (Curso de Graduação em Direito), Departamento de Direito, Centro de Ciências Jurídicas, Universidade Federal de Santa Catarina, Florianópolis, 2010.

MORAES, Paulo Douglas Almeida de. *Procurador luta contra a escravidão sobre rodas*. Entrevista concedida ao *site* Estradas.com.br. Disponível em: <http://www.estradas.com.br/sosestradas/entrevistas/entrevista_paulo_douglas_almeida.asp>. Acesso em: 9 jul. 2012.

NOEL, Francisco Luiz. *Por onde andamos*. Rio de Janeiro: Desiderata, 2006.

OLIVEIRA, Evilazio. Profissão — A polêmica do tempo de direção. *Revista O Carreteiro*. São Paulo, ed. 402, 2008. Disponível em: <http://www.revistaocarreteiro.com.br/modules/revista.php?recid=539&edid=50>. Acesso em: 9 jul. 2012.

POTENZA, Graziela. Só polêmicas e nada mais: Projetos de leis para a categoria dos caminhoneiros existem. A questão é atenderem suas necessidades e, o que é mais importante, serem implantados. *Revista Caminhoneiro*, São Paulo, ano XXV, n. 268, p. 16-18, maio 2010.

RIZZOTTO, Rodolfo A. *História das rodovias*. Rodovia Washington Luís. Disponível em: <http://www.estradas.com.br/new/historia/washingtonluis.asp>. Acesso em: 5 jul. 2012.

RONDÔNIA. Tribunal Regional do Trabalho da 14ª Região. MOTORISTA INTERMUNICIPAL. HORAS EXTRAS. CONTROLE DE JORNADA. Acórdão em Recurso Ordinário n. 00076.2008.005.14.00.

Rondônia Refrigerantes S.A. e Dernival Luiz Nunes de Oliveira. Relatora: Elana Cardoso Lopes Leiva de Faria. DJ, 28 jan. 2008. Disponível em: <http://www.jusbrasil.com.br/jurisprudencia/8714954/recurso-ordinario-ro-7620080051400-ro-0007620080051400-trt-14/inteiro-teor>. Acesso em: 10 jul. 2012.

VALENTE, Amir Mattar; PASSAGLIA, Eunice; NOVAES, Antônio Galvão. *Gerenciamento de transporte e frotas*. São Paulo: Pioneira Thomson Learning, 2001.

ZEFERINO, Maria Terezinha. *Mundo-vida de caminhoneiros:* uma abordagem compreensiva para a enfermagem na perspectiva de Alfred Schutz. 2010. 140f. Tese (Doutorado em Enfermagem), Programa de Pós-Graduação em Enfermagem, Universidade Federal de Santa Catarina, Florianópolis, 2010.

4. ASPECTOS DIVERSOS DO DIREITO INDIVIDUAL DO TRABALHO

A proporcionalidade das revistas moderadas nas bolsas dos empregados
Luis Fernando Silva de Carvalho

Terceirização — leis tangentes, relações cogentes
Cesar Roberto Vargas Pergher

Entre os novos e antigos desafios do direito do trabalho: a terceirização
Juliana Elise Doerlitz

A responsabilidade do dono da obra nos acidentes de trabalho
Alessandro da Silva

O contrato de estágio como meio de fraudar as leis trabalhistas
Vanessa Cunha da Silva Vieira

A PROPROCIONALIDADE DAS REVISTAS MODERADAS NAS BOLSAS DOS EMPREGADOS

Luis Fernando Silva de Carvalho[*]

RESUMO

O objetivo do presente trabalho é analisar a legitimidade das revistas realizadas pelo empregador nas bolsas e mochilas de seus empregados, à luz da Constituição de 1988. Para tanto, é apresentada a noção de "revistas moderadas", a partir do conjunto de circunstâncias presentes nas fiscalizações que, de acordo com o Tribunal Superior do Trabalho, seriam legítimas. A partir disso, identificam-se a proteção à intimidade e a proteção à propriedade, como os direitos colidem quando o empregador impõe as "revistas moderadas" aos trabalhadores. Demonstra-se que tanto a intimidade quanto a propriedade são direitos fundamentais, apresentando-se sob a estrutura normativa de princípios. A colisão havida nas "revistas moderadas" é, portanto, uma colisão entre princípios de direitos fundamentais. A partir da Teoria dos Direitos Fundamentais de Robert Alexy, a pesquisa apresenta a proporcionalidade como método próprio para se buscar uma solução racional para o conflito entre a intimidade e a propriedade que ocorre nas "revistas moderadas". Assim, as "revistas moderadas" são submetidas aos três exames que compõem a proporcionalidade: a adequação do meio adotado, a necessidade da medida escolhida e a proporcionalidade em sentido estrito, ou simplesmente ponderação. Ao final, o estudo conclui que a utilização das "revistas moderadas" não passa no teste da necessidade, por existir medida alternativa que promove a proteção da propriedade do empregador provocando menor restrição à intimidade dos trabalhadores. Além disso, a partir da fórmula do peso proposta por Alexy, constata-se que o prejuízo causado pelas "revistas moderadas" à intimidade dos trabalhadores pesa mais do que a proteção que elas geram à propriedade do empregador. Por não resistirem aos exames da proporcionalidade, as "revistas moderadas" são caracterizadas como medida ilegítima para a proteção ao patrimônio do empregador.

Palavras-chave: Revista Pessoal. Intimidade. Proporcionalidade.

(*) Juiz do Trabalho Substituto na 12ª Região. Ex-Juiz do Trabalho na 23ª e na 19ª Regiões. Especialista em Direito Constitucional e Processual do Trabalho (UFBA). Especialista em Direito do Trabalho e Processo do Trabalho (UCAM).

INTRODUÇÃO

Os direitos fundamentais vêm desempenhando um papel cada vez mais central nos conflitos levados ao conhecimento da Justiça do Trabalho.

Com efeito, as relações de emprego são um terreno fértil para a verificação de como as normas e os valores consagrados na Constituição produzem efeitos, inclusive sobre os particulares. Afinal, a fundamentação última do poder diretivo do empregador reside em seu direito de propriedade e encontra limitação natural na dignidade do homem trabalhador, ambos reconhecidos no texto constitucional como direitos fundamentais.

O presente estudo tem por objetivo, justamente, analisar uma das facetas desse conflito entre os direitos constitucionalmente garantidos ao empregador e os direitos constitucionalmente assegurados ao trabalhador: as revistas efetuadas nas bolsas dos empregados.

Não serão tratadas todas as modalidades de revistas que o empregador pode impor aos empregados. O objeto da pesquisa está limitado às *revistas moderadas*, expressão utilizada pelo Tribunal Superior do Trabalho, em diversos julgamentos, para identificar um conjunto de circunstâncias sob as quais se dá a fiscalização de pertences do empregado, sem que tenha havido, no entendimento daquele Tribunal, violação à intimidade.

A solução aqui buscada, no entanto, não está vinculada, necessariamente, à solução admitida como válida pelos Tribunais Superiores. Na verdade, a solução que se busca é resultante de uma argumentação jurídica racionalmente estruturada e que seja compatível com a natureza dos direitos que estão em colisão nas revistas moderadas.

Tendo por marco teórico a Teoria dos Direitos Fundamentais de Robert Alexy, a pesquisa, ao final, buscará responder se a Constituição permite ao empregador realizar revistas moderadas em seus empregados, conferindo, assim, efetividade ao Direito do Trabalho, seja para reconhecer o direito à proteção do empregado contra medidas abusivas do empregador, seja para reconhecer a ocorrência de manifestação legítima dos poderes diretivos do empregador, inerentes à subordinação jurídica da relação de emprego.

1. A DEFINIÇÃO DE REVISTAS MODERADAS

A primeira tarefa a ser desincumbida é justamente a delimitação daquilo que se entende por revistas moderadas para a finalidade do presente estudo.

De início, há de se alertar de que o uso da terminologia revistas moderadas não importa em um prévio juízo sobre a legitimidade da utilização desse meio de fiscalização da conduta dos empregados.

A opção por essa expressão decorre de seu uso reiterado em diversas decisões do Tribunal Superior do Trabalho, servindo para delimitar uma série de condições fáticas nas quais foram consideradas legítimas as revistas efetuadas pelo empregador nos pertences dos trabalhadores.

A delimitação das circunstâncias fáticas sob as quais as revistas ocorrem é necessária para que se possa realizar, de forma satisfatória, o sopesamento entre os direitos colidentes. Afinal de contas, de acordo com a Teoria dos Direitos Fundamentais exposta por Alexy, não existiriam princípios absolutos[1], nem mesmo a norma da dignidade humana.

Para a caracterização daquilo que se entende por revistas moderadas, serão utilizados elementos comuns encontrados nas decisões do Tribunal Superior do Trabalho que consideraram legítimas as revistas praticadas pelo empregador.

O primeiro desses elementos comuns está no fato de a revista moderada ser feita sem qualquer contato entre o fiscal e o corpo do trabalhador revistado[2].

A segunda circunstância fática que compõe a noção de revista moderada é que ela tem por objeto *as bolsas, sacolas, mochilas e pertences do trabalhador*. A fiscalização, portanto, não se volta para o corpo do trabalhador, mas somente para os objetos que ele carrega consigo até o local de trabalho[3].

O terceiro ponto comum nas decisões do TST é que a revista no conteúdo das bolsas ou pertences do trabalhador ocorre apenas de forma *visual*. Ou seja, o fiscal não retira os objetos que estão dentro da bolsa ou da mochila e nem os manuseia. Há somente uma inspeção visual[4], sem contato físico com os objetos que nela estão.

O caráter *impessoal e não seletivo* das revistas também compõe a noção de revista moderada para o TST. Esse caráter impessoal e não seletivo impede que as revistas sejam destinadas apenas a um ou a alguns empregados de forma específica, pois isso resultaria em notada discriminação contra tais trabalhadores.

Por conseguinte, a revista moderada deve ser feita em todos os empregados do estabelecimento, de forma generalizada[5], ou, pelo menos, em todos os empregados de um mesmo nível hierárquico[6]. Também são consideradas

---

(1) ALEXY, Robert. *Teoria dos direitos fundamentais*. Trad. Virgílio Afonso da Silva. São Paulo: Malheiros, 2008. p. 113-114.
(2) Nesse sentido, destacam-se as seguintes decisões das Turmas do Tribunal Superior do Trabalho: RR n. 225600-96.2005.5.12.0004, RR n. 227300-76.2007.5.09.0245 e RR n. 1218700-18.2006.5.09.0008.
(3) RR n. 225600-96.2005.5.12.0004, AIRR n. 18340-46.2008.5.19.0005 e RR n. 3725000-76.2007.5.09.0651.
(4) RR n. 225600-96.2005.5.12.0004, RR n. 1218700-18.2006.5.09.0008, e RR n. 258800-59.2007.5.09.0020.
(5) RR n. 227300-76.2007.5.09.0245, RR n. 220800-20.2008.5.09.0322 e RR n. 258800-59.2007.5.09.0020.
(6) A expressão *"caráter geral relativamente aos empregados de mesmo nível hierárquico"* é utilizada na decisão do RR n. 1218700-18.2006.5.09.0008.

impessoais e generalizadas as revistas realizadas de forma aleatória[7] ou em empregados sorteados para o procedimento[8].

Outra circunstância que se faz presente na revista moderada, nos termos da jurisprudência do TST, é que ela ocorre em *locais reservados*, de acesso restrito somente aos empregados da empresa[9], a fim de que a exposição do conteúdo das bolsas do empregado se limite ao agente que está realizando o procedimento.

A jurisprudência vem entendendo que a fiscalização deve ser feita, sempre que possível, na presença de um representante dos empregados ou de um colega de trabalho[10], com objetivo de resguardar o empregado de eventuais abusos por ocasião da fiscalização, e não dar publicidade desnecessária ao procedimento.

Além dessas características já apontadas, à noção de revista moderada será acrescida a existência de ajuste prévio entre empregador e empregado para a realização da fiscalização nas bolsas, seja em contrato individual de trabalho, seja em uma norma coletiva ou até mesmo no regulamento[11].

Por último, especificamente para este estudo, fixa-se que o empregador é uma empresa do comércio varejista em geral, como uma loja de roupas, um supermercado ou uma loja de departamentos[12].

2. IDENTIFICAÇÃO E NATUREZA JURÍDICA DOS ELEMENTOS EM CONFLITO

Exposta a noção de revistas moderadas, passa-se agora à análise dos elementos que nelas se contrapõem.

De um lado, ao se impor ao trabalhador a obrigação de exibir a um fiscal o conteúdo de suas bolsas, mochilas ou sacolas, há a afetação a um dos direitos da personalidade, qual seja, a intimidade.

---

(7) RR n. 3725000-76.2007.5.09.0651.
(8) RR n. 1218700-18.2006.5.09.0008.
(9) RR n. 220800-20.2008.5.09.0322.
(10) SANDEN, Ana Francisca Moreira de Souza. O contrato de trabalho e o sutiã: reflexões sobre as obrigações principais e acessórias. *Revista LTr* — Legislação do Trabalho, São Paulo, v. 72, n. 4, p. 403-412, abr. 2008.
(11) Caso o empregador passasse a revistar seu empregado sem qualquer previsão contratual ou normativa, a solução da questão poderia estar na simples aplicação do princípio da proibição de alterações contratuais lesivas ao trabalhador, e não na colisão entre direitos fundamentais.
(12) Não são objeto deste estudo as revistas realizadas por empregadores que exerçam atividades que coloquem a coletividade em risco diferenciado ou que envolvam produtos controlados, como armas de fogo, medicamentos, substâncias tóxicas ou materiais radioativos, além de outros que estejam sujeitos a rigoroso controle por parte do Estado. Caso se admitisse, neste estudo, a inclusão dessas situações, o resultado da ponderação seria afetado em demasia pelo princípio de proteção à coletividade (segurança pública), o qual exigiria da empresa a adoção de mecanismos mais rígidos para o controle de acesso das pessoas que tenham contato com os produtos ou substâncias potencialmente danosos à sociedade.

Com efeito, o direito à intimidade é o "direito a estar só" (*right to be alone*, do direito americano) e, de acordo com Celso Lafer, representaria

> o direito do indivíduo de estar só e a possibilidade que deve ter toda pessoa de excluir do conhecimento de terceiros aquilo que só a ela se refere, e que diz respeito ao seu modo de ser no âmbito da vida privada.[13]

Assim, ao indivíduo deve ser garantida a liberdade de escolher as informações sobre a sua vida particular que serão compartilhadas e, ainda, com quem essas informações serão divididas.

A proteção à intimidade é consagrada na Constituição da República, estando inserida no rol de direitos e garantias fundamentais (art. 5º, X) e revela, na verdade, um direito subjetivo, oponível *erga omnes*, à abstenção de comportamentos que atinjam os bens jurídicos componentes da personalidade humana[14].

Do outro lado, o direito do empregador que colide com a proteção à intimidade do empregado, na situação das revistas moderadas, é o direito de propriedade.

Com efeito, a fiscalização tem por objetivo detectar a existência de algum ato ilícito praticado contra o patrimônio do empregador. Em outras palavras e de forma mais direta: as revistas moderadas buscam saber se o empregado está se apropriando de forma indevida de algum produto que esteja exposto aos clientes ou de algum instrumento de trabalho.

Assim como o direito à intimidade, o direito de propriedade, em sua formulação genérica, está amparado também na Constituição da República, no rol dos direitos e garantias fundamentais, no art. 5º, *caput* e inciso XXII.

Em síntese, pode-se dizer que as revistas moderadas trazem um conflito entre a intimidade do empregado e a propriedade do empregador. E esses dois elementos contrapostos possuem a natureza de direitos fundamentais, já que ambos são reconhecidos como tais pelo art. 5º da Constituição da República.

Ao apresentar a sua teoria para que se chegue a uma solução racional para colisão entre direitos fundamentais, Alexy destaca a necessidade de serem tomadas duas decisões fundamentais[15].

A primeira decisão fundamental é justamente o *reconhecimento da força vinculativa dos direitos fundamentais*.

---

(13) LAFER, Celso; AGUIAR JR., Ruy Rosado de (org.). *Jornada de direito civil*. Brasília: CJF, 2003. p. 108.
(14) SARMENTO, Daniel. *Direitos fundamentais e relações privadas*. 2. ed. Rio de Janeiro: Lumen Juris, 2006. p. 98.
(15) ALEXY, Robert. Colisão de direitos fundamentais e realização de direitos fundamentais no estado de direito social. In: *Constitucionalismo discursivo*. Trad. Luís Afonso Heck. Porto Alegre: Livraria do Advogado, 2008. p. 62.

Afinal, caso se declare que as normas de direitos fundamentais não são vinculativas, o problema da colisão desapareceria de imediato. Isso porque as disposições de direitos fundamentais passariam a ser meras proposições programáticas[16], de modo que as tensões havidas entre elas seriam unicamente problemas políticos ou morais[17].

No ordenamento jurídico brasileiro, o reconhecimento da força vinculativa dos direitos fundamentais está expresso no parágrafo primeiro do art. 5º da Constituição da República, o qual dispõe que as normas definidoras dos direitos e garantias fundamentais têm aplicação imediata.

A força vinculativa dos direitos fundamentais, destaque-se, não se limita somente às relações entre o indivíduo e o Estado (eficácia vertical). Os direitos fundamentais também apresentam eficácia em relação aos particulares (eficácia horizontal)[18].

Ingo Sarlet aponta que uma das justificativas para a eficácia direta dos direitos fundamentais nas relações privadas estaria justamente na *"necessidade evidente de limitação do poder social e como resposta às persistentes desigualdades sociais, culturais e econômicas, ainda mais acentuadas em sociedades periféricas como a do Brasil"*[19].

Nas relações de trabalho, a necessidade de que os direitos fundamentais vinculem também os particulares é mais clara. Afinal de contas, o trabalhador está em uma posição juridicamente inferior àquela do empregado (subordinação jurídica), tendo várias limitações até mesmo na possibilidade de manifestar livremente a sua vontade, estando sujeito ao poder diretivo do empregador. Os direitos fundamentais, portanto, seriam justamente os limites para o exercício do poder diretivo do empregador.

Nesse sentido, Sergio Gamonal Contreras observa que

> el derecho del trabajo reconoce la relación de poder implícita que existe en el contrato de trabajo y, por esta misma razón, consagra los poderes

---

(16) ALEXY, Robert. *Direito, razão e discurso*: estudos para a filosofia do direito. Trad. Luís Afonso Heck. Porto Alegre: Livraria do Advogado, 2010. p.202.
(17) ALEXY, Robert. Colisão de direitos fundamentais e realização de direitos fundamentais no estado de direito social. In: *Constitucionalismo discursivo*. Trad. Luís Afonso Heck. Porto Alegre: Livraria do Advogado, 2008. p. 60.
(18) CAVALCANTE, Ricardo Tenório. *Jurisdição, direitos sociais e proteção do trabalhador*: a efetividade do direito material e processual do trabalho desde a teoria dos princípios. Porto Alegre: Livraria do Advogado, 2008. p. 64.
(19) SARLET, Ingo Wolfgang. Neoconstitucionalismo e influência dos direitos fundamentais no direito privado: algumas notas sobre a evolução brasileira. In: SARLET, Ingo Wolfgang. (org.). *Constituição, direitos fundamentais e direito privado*. 3. ed. rev. ampl. Porto Alegre: Livraria do Advogado, 2010. p. 35.

de mando, de reglamentación y disciplinario del empleador, conformando una potestad abierta, elástica y flexible que se concreta en el día a día por el empleador, [...] en este contexto, la irrupción de los derechos fundamentales como límite a estas potestades legales sólo refuerza los objetivos tradicionales del derecho del trabajo.[20]

Desse modo, tem-se que tanto o direito à intimidade do trabalhador quanto o direito à propriedade do empregador são direitos fundamentais e, como tais, possuem força vinculativa que impõe a sua aplicação imediata.

A segunda decisão fundamental a ser tomada é estabelecer que *os direitos fundamentais podem apresentar a natureza jurídica de princípios*, não se apresentando unicamente como regras.

Essa definição é de suma importância para que se chegue ao método de solução adequado para o problema. Afinal de contas, os conflitos entre regras são solucionados de forma diversa daqueles que envolvem princípios.

Ronald Dworkin aponta que as regras são aplicadas de modo absoluto, *tudo ou nada (all or nothing)*[21], mediante a subsunção. Isso significa que, uma vez verificada a hipótese de incidência de uma regra válida, a consequência normativa por ela estipulada deve ser observada.

Para que não se aceite a consequência normativa estipulada pela regra, é preciso concluir que ela é inválida, não mais integrando o ordenamento jurídico. Ou, como aponta Alexy, é necessário que se insira uma exceção à regra e, nesse sentido, haveria a criação de uma nova regra[22].

Por seu turno, os princípios não determinam de forma absoluta a decisão, mas somente trazem fundamentos a serem conjugados com outros fundamentos provenientes de outros princípios para que, assim, se chegue à consequência normativa a ser adotada.

Nesse sentido, os princípios ordenam que algo seja realizado na maior medida possível, dentro das possibilidades jurídicas e fáticas existentes, de modo que eles constituem, em última análise, *mandamentos de otimização*[23] ou *mandamentos a serem otimizados*[24].

---

(20) CONTRERAS, Sergio Gamonal. Los principios y la ponderación judicial: el rol del juez en el proceso del trabajo chileno. *Cadernos da Amatra*. Porto Alegre: HS, v. 4, n. 10, p. 166, jan./mar. 2009.
(21) DWORKIN, Ronald. *Taking rights seriously*. Cambridge: Harvard University Press, 1977. p. 24.
(22) ALEXY, Robert. A fórmula peso. In: *Constitucionalismo discursivo*. Trad. Luís Afonso Heck. Porto Alegre: Livraria do Advogado, 2008. p. 37.
(23) ALEXY, Robert. *Teoria dos direitos fundamentais*. Trad. Virgílio Afonso da Silva. São Paulo: Malheiros, 2008. p. 90.
(24) ALEXY, Robert. *Teoria dos direitos fundamentais*. Trad. Virgílio Afonso da Silva. São Paulo: Malheiros, 2008. p. 37.

Assim, diferentemente das regras, que trazem um dever definitivo, os princípios expressam um dever *prima facie*. Isso significa que os princípios podem ser aplicados em diferentes graus, haja vista que a sua satisfação não depende unicamente das possibilidades fáticas, mas também das possibilidades jurídicas. Essas possibilidades jurídicas são determinadas pelos princípios colidentes num caso concreto.

Os princípios trazem, portanto, mandamentos provisórios, que podem ser superados por razões contrárias. Portanto, a colisão é solucionada a partir de uma ponderação (ou sopesamento), atribuindo uma dimensão de peso (*dimension of weight*) para cada um dos princípios. Dessa forma, o princípio com peso relativo maior se sobrepõe ao outro, sem que este perca a sua validade[25] ou seja excluído do sistema jurídico.

Humberto Ávila, ao apresentar a sua Teoria dos Princípios, aponta que um dos pontos de distinção entre regras e princípios estaria na *justificação que eles exigem para serem aplicados*.

Ora, como nas regras há maior determinação do comportamento a ser adotado, em razão de seu caráter descritivo e também da sua definitividade, basta ao aplicador demonstrar a correspondência da construção factual à descrição normativa, bem como à sua finalidade.

Desse modo, o ônus argumentativo para que se decida com base em uma regra é menor, pois a própria regra serve, por si só, como justificação.

Já no caso dos princípios, o elemento descritivo cede lugar ao elemento finalístico, de modo que o aplicador deve buscar demonstrar a correlação entre os efeitos da conduta a ser adotada e a promoção gradual do estado ideal de coisas buscado pelo princípio, exigindo um maior ônus argumentativo.

Expostas essas distinções, retoma-se a segunda decisão fundamental para uma solução racional ao conflito entre os direitos fundamentais, qual seja, estabelecer que os direitos fundamentais são princípios, e não regras.

Caso se estabelecesse que os direitos fundamentais seriam única e exclusivamente regras, a solução da colisão entre a proteção à propriedade do empregador e a proteção à intimidade do trabalhador importaria na conclusão equivocada de que uma dessas normas constitucionais seria excluída do ordenamento jurídico, por ser inválida.

A essa construção, que trata os direitos fundamentais apenas como regras, Alexy denominou de "construção estreita e rígida" (*narrow and strict*)[26].

---
(25) DWORKIN, Ronald. *Taking rights seriously*. Cambridge: Harvard University Press, 1977. p. 26.
(26) ALEXY, Robert. Direitos fundamentais, balanceamento e racionalidade. *Ratio Juris*, v. 16, n. 2, jun. Trad. Menelick de Carvalho Netto, 2003. p. 132.

Como oposição à construção estreita e rígida, tem-se a construção "ampla e abrangente" (*broad and comprehensive*), a qual trata os direitos fundamentais como princípios[27].

Essa construção "ampla e abrangente" exige que se recorra à ponderação (ou sopesamento) para responder se é ou não justificada uma intervenção em direito fundamental. E é assim que Alexy enuncia a lei da ponderação "Quanto mais intensiva é uma intervenção em um direito fundamental, tanto mais graves devem pesar os fundamentos que a justificam".[28]

Essa ponderação é necessária em razão da diversidade de conteúdo dos direitos fundamentais, os quais, não raro, estão em rota de colisão no caso concreto.

Assim, havendo uma colisão entre princípios que garantam direitos fundamentais, a solução haverá de ser buscada nos métodos próprios para esse tipo de conflito. E essa solução deve ser justificada de forma racional, uma vez que os princípios, por definição, não possuem pretensão imediata de decidibilidade, de modo que a justificação de priorizar um princípio, em um dado caso concreto, em detrimento de um outro princípio, não pode depender unicamente de opção subjetiva do julgador.

É necessário que as decisões emanem de um julgador formalmente legitimado para tanto, mas elas também devem ter suporte em suas próprias razões, até mesmo para que possam ser objeto de um controle público maximizado. Dessa forma, a responsabilidade do juiz tem se convertido, cada vez mais, na responsabilidade de justificar as suas decisões[29].

Especificamente no caso das relações de emprego, a tarefa do Juiz do Trabalho passa a ser *"ponderar entre derechos fundamentales del trabajador y del empleador"*[30].

Assim, o maior atrativo da Teoria dos Princípios, tal qual proposta por Alexy, estaria justamente em estruturar racionalmente a solução das colisões entre direitos fundamentais, diminuindo o espaço de incerteza gerado pela natureza aberta dos princípios e evitando que o procedimento decisório descambe em soluções arbitrárias e ilegítimas, incompatíveis com um Estado democrático de direito.

Considerando que as revistas efetuadas pelo empregador em seus empregados revelam uma colisão entre os direitos fundamentais de proteção à

---

(27) ALEXY, Robert. Direitos fundamentais, balanceamento e racionalidade. *Ratio Juris*, v. 16, n. 2, jun. Trad. Menelick de Carvalho Netto, 2003. p. 132.
(28) ALEXY, Robert. Colisão de direitos fundamentais e realização de direitos fundamentais no estado de direito social. In: *Constitucionalismo discursivo*. Trad. Luís Afonso Heck. Porto Alegre: Livraria do Advogado, 2008. p. 68.
(29) AARNIO, Aulis, apud BARCELLOS, Ana Paula de. *Ponderação, racionalidade e atividade jurisdicional*. Rio de Janeiro: Renovar, 2005. p.40.
(30) CONTRERAS, Sergio Gamonal. Los principios y la ponderación judicial: el rol del juez en el proceso del trabajo chileno. *Cadernos da Amatra*, Porto Alegre: HS, v. 4, n. 10, p. 173 , jan./mar. 2009.

intimidade e de proteção à propriedade, os quais se apresentam sob a estrutura de princípios, a solução para essa colisão vai exigir a utilização do método e da justificação próprios para dirimir tensões entre princípios de direitos fundamentais, qual seja a proporcionaldade.

3. O EXAME DA PROPORCIONALIDADE DAS REVISTAS MODERADAS

3.1. A proporcionalidade como instrumento para a solução de conflitos entre princípios de direitos fundamentais

Já se apontou que as colisões entre princípios não se dão na dimensão da validade, mas sim na dimensão do peso[31], resolvendo-se mediante o estabelecimento de uma relação de precedência condicionada. Isso quer dizer que, em certas situações concretas um determinado princípio P_1 prevalecerá. Já em outras situações, um princípio P_2 é que terá precedência[32].

Considerando que o objeto do presente estudo diz respeito à colisão entre a proteção à intimidade do trabalhador e a proteção à propriedade do empregador nas circunstâncias fáticas que englobam a ideia de revistas moderadas, o foco agora é justamente identificar qual desses dois princípios deverá prevalecer.

Uma vez definida qual é a solução adequada, haverá a identificação natural de uma regra, a ser aplicada mediante subsunção. Essa regra preconizaria que, uma vez verificadas as condições das revistas moderadas, haveria a prevalência da proteção à intimidade do empregado, redundando na *ilegitimidade* do meio adotado pelo empregador para a proteção ao seu patrimônio. Ou, caso a resposta seja em sentido contrário, a regra preconizaria que, nas mesmas condições (revistas moderadas), seria afastada a proteção à intimidade do empregado, redundando na *legitimidade* do meio adotado pelo empregador para a proteção ao seu patrimônio.

---

(31) DWORKIN, Ronald. *Taking rights seriously*. Cambridge: Harvard University Press, 1977. p. 26-27.
(32) Existe, pelo menos em tese, uma outra possibilidade, para a qual, em todas as situações possíveis de colisão entre dois princípios, a solução seria idêntica: a prevalência de P1 e o afastamento de P2 no caso concreto ou sempre a prevalência de P2 e o afastamento de P1. Essas situações em que se tem a prevalência absoluta de um princípio sobre o outro, em todas as hipóteses possíveis de colisão, são denominadas de relações incondicionadas de precedência ou de relações de precedências abstratas ou absolutas. Todavia, a doutrina aponta que, em um sistema jurídico de direitos fundamentais, não existiriam essas relações de precedência absoluta, razão pela qual elas não merecerão maiores detalhamentos (conforme ALEXY, Robert. *Teoria dos direitos fundamentais*. Trad. Virgílio Afonso da Silva. São Paulo: Malheiros, 2008. p. 96-97 e 111-114, e também SARMENTO, Daniel. Os princípios constitucionais e a ponderação de bens. In: TORRES, Ricardo Lobo (org.). *Teoria dos direitos fundamentais*. Rio de Janeiro: Renovar, 2001. p. 87).

A fim de se chegar a uma solução racional para essa colisão entre princípios de direitos fundamentais nas condições concretas propostas, ou seja, para que se defina em favor de qual princípio penderá a relação de precedência condicionada, é necessário que se recorra à proporcionalidade, mediante o exame de cada um de seus três elementos: a) a adequação (ou idoneidade) do meio empregado para promover um princípio de direito fundamental; b) a necessidade do ato que restringe o outro direito fundamental colidente e c) a proporcionalidade em sentido estrito, ou seja, o sopesamento (ou ponderação) entre a importância da realização de um direito fundamental e a gravidade da restrição ao direito fundamental colidente.

Afinal de contas, os direitos fundamentais não são concebidos como algo dotado de valor incondicional, diante de eventual limite, mas como direitos que não podem sofrer limitação arbitrária, injustificada ou abusiva[33]. A abusividade ou não da limitação ao direito fundamental depende, necessariamente, do recurso à proporcionalidade, pois é ela o instrumento adequado para a solução de colisões entre princípios de direitos fundamentais.

Nesse sentido, Alexy conclui que *a teoria dos princípios implica o princípio da proporcionalidade e o princípio da proporcionalidade implica a teoria dos princípios*[34].

Essa relação lógica de mútua implicação entre a proporcionalidade e a definição de princípios como mandamentos para serem otimizados é, inclusive, o fundamento maior para a aplicação da proporcionalidade, pois decorre da própria estrutura dos direitos fundamentais como princípios.

A conexão entre a teoria dos princípios e a proporcionalidade é tamanha a ponto de se afirmar que acolher a proporcionalidade traz, como consequência lógica necessária, o acolhimento da teoria dos princípios. Dito de outra forma: rejeitar a teoria dos princípios significa também rejeitar a própria proporcionalidade.

Por isso, a aferição da legitimidade da revista moderada será aferida pela submissão dessa medida aos três testes da proporcionalidade: a adequação, a necessidade e a proporcionalidade em sentido estrito (também denominado de ponderação ou de sopesamento).

Destaque-se que os três testes da proporcionalidade se relacionam de forma subsidiária entre si,[35] de modo que o teste da necessidade somente será realizado

---

(33) GOMES, Dinaura Godinho Pimentel. O respeito ao princípio da dignidade do trabalhador pelo Estado-empregador: a inafastável observância da garantia do conteúdo essencial dos direitos fundamentais e do princípio da proporcionalidade. *Revista LTr* — Legislação do Trabalho. São Paulo, v. 68, n. 3, p. 292-297, mar. 2004.
(34) ALEXY, Robert. Sobre a estrutura dos princípios. In: *Revista Internacional de Direito Tributário*. Belo Horizonte: Del Rey Editora, v. 3, jan./jun. 2005, p.155-16, p. 159.
(35) SILVA, Luís Virgílio Afonso da. O proporcional e o razoável. *Revista dos Tribunais*, São Paulo, ano 91, v. 798, p. 23-50, abr. 2002, p. 34.

se o teste da adequação for positivo. E o teste da proporcionalidade em sentido estrito (ponderação) somente terá lugar se o resultado do exame da necessidade for positivo.

3.2. A adequação do meio adotado

O primeiro elemento para a análise da proporcionalidade das revistas moderadas é justamente a sua adequação (ou idoneidade) para promover a proteção da propriedade do empregador.

Neste teste da adequação, será verificado se o meio adotado pode fomentar a realização do objetivo buscado. O objetivo buscado nada mais é do que o estado ideal de coisas estabelecido pelo princípio a ser fomentado. Existiria, portanto, uma relação empírica entre o meio utilizado e o fim almejado[36].

É importante destacar que, no exame da adequação, não se exige que o meio utilizado consiga alcançar, sozinho e de forma completa, o objetivo. Para que o meio utilizado seja tido por adequado, basta que ele sirva pelo menos para fomentar, para promover esse objetivo.

Assim, será tido por adequado o meio utilizado que consiga contribuir para a promoção, ainda que de forma gradual, do estado ideal de coisas estabelecido por um princípio.

Não é necessário, pelo menos não no exame da adequação, que o meio utilizado seja aquele que promova o objetivo de maneira mais segura, mais otimizada ou mais intensa. Se existem outras formas melhores para se realizar o fim pretendido, essa questão será objeto das outras fases da análise da proporcionalidade. Para que o meio seja considerado adequado, basta que ele promova *minimamente* o fim.[37]

Por conta disso, determinada medida somente poderá ser considerada *inadequada* e, portanto, *desproporcional*, caso a sua utilização não contribua em nada para promover o estado ideal de coisas, ou seja, se houver manifesta incompatibilidade entre o meio adotado e o fim buscado[38].

Levando a situação proposta pelo presente estudo para o exame da adequação, cabe verificar se a realização de revistas moderadas nos trabalhadores promove, ainda que minimamente, o princípio da proteção à propriedade do empregador.

---

(36) ÁVILA, Humberto. *Teoria dos princípios*: da definição à aplicação dos princípios jurídicos. 5. ed. rev. e ampl. São Paulo: Malheiros, 2006. p. 152-153.
(37) ÁVILA, Humberto. *Teoria dos princípios*: da definição à aplicação dos princípios jurídicos. 5. ed. rev. e ampl. São Paulo: Malheiros, 2006. p. 154.
(38) ÁVILA, Humberto. *Teoria dos princípios*: da definição à aplicação dos princípios jurídicos. 5. ed. rev. e ampl. São Paulo: Malheiros, 2006. p. 157.

De fato, a fiscalização nos pertences das pessoas que deixam o estabelecimento comercial, inclusive de empregados, é meio hábil para constatar se algum bem está sendo subtraído indevidamente.

Com efeito, em estabelecimentos comerciais como supermercados e lojas de departamentos, a maioria das mercadorias está exposta ao alcance fácil daqueles que transitam pelos corredores, sejam eles consumidores, empregados ou fornecedores. E muitas dessas mercadorias podem ser facilmente ocultadas dentro de uma bolsa.

Por isso, a fiscalização das bolsas e pertences daqueles que saem do estabelecimento pode, pelo menos em tese, proteger o patrimônio do empregador sob duas óticas: uma repressiva e outra preventiva.

Sob a ótica repressiva, a proteção ao patrimônio do empregador se dá por meio da identificação daquelas pessoas que, efetivamente, subtraíram mercadorias da loja ou do supermercado, levando-as em suas bolsas. A revista nas bolsas e pertences impediria que o sujeito conseguisse sucesso em seu intento ilícito.

Além disso, as revistas atuam de forma preventiva na proteção do patrimônio do empregador. Tornado público que as pessoas que saíssem do estabelecimento sofreriam revistas em suas bolsas, haveria um natural desencorajamento nas atitudes ilícitas que dependessem da ocultação de bens em bolsas.

Não se está afirmando, aqui, que as revistas moderadas seriam suficientes para proteger de forma completa o patrimônio do empregador e nem que elas sejam o melhor ou o mais eficiente instrumento para a promoção desse fim. Essas considerações são estranhas ao exame da adequação e somente terão importância para as demais etapas da aferição da proporcionalidade.

Para o exame da adequação das revistas como forma de proteger o patrimônio do empregador, é suficiente que o meio adotado promova minimamente a finalidade, aproximando o estado ideal de coisas.

E, seja sob a ótica repressiva, seja sob a ótica preventiva, as revistas moderadas conferem certo nível de proteção ao patrimônio pelo empregador. Portanto, elas são um meio adequado para a finalidade proposta e são aprovadas no primeiro exame da proporcionalidade.

3.3. A necessidade do meio adotado

O segundo exame da proporcionalidade é a necessidade do meio adotado.

Uma medida que restrinja um determinado direito fundamental somente será tida por necessária se o estado ideal de coisas não puder ser promovido, com a mesma intensidade, mediante uma outra medida que restrinja em menor grau aquele direito fundamental.

Apesar de existir uma *comparação de meios*, o teste da necessidade não pressupõe a comparação entre a importância, no caso concreto, dos dois princípios em colisão. Essa comparação entre a importância da promoção de um princípio e o prejuízo do outro princípio colidente somente será feita no terceiro exame, qual seja, o da proporcionalidade em sentido estrito.

A questão, na etapa da necessidade, é simplesmente investigar se existem meios alternativos que produzam o mesmo resultado com menos sacrifícios. Se existirem outros meios que tragam praticamente os mesmos resultados, porém gerem menos prejuízos ao princípio colidente, a medida escolhida não passará neste exame, sendo considerada *desnecessária* e, por conseguinte, *desproporcional*.

Por envolver a comparação das inúmeras possibilidades fáticas existentes, o exame da necessidade da medida adotada deverá abranger a maior quantidade possível de medidas alternativas, a fim de que a conclusão pela necessidade do meio escolhido esteja, de fato, bem fundamentada.

Somente depois dessa análise detalhada das possibilidades fáticas alternativas é que será possível concluir pela necessidade da medida adotada, caso não seja encontrada outra medida viável, e aí passar para o exame da proporcionalidade em sentido estrito.

Uma importante observação deve ser feita: a conclusão pela *necessidade* de uma medida escolhida (ou seja, a *aprovação* no exame da necessidade) é sempre uma conclusão provisória e que somente serve para dado momento no tempo. Isso porque, em outro momento posterior, poderão existir novas medidas alternativas que antes não estavam disponíveis, seja pela evolução tecnológica, seja pela evolução social.

A conclusão contrária, ou seja, a desnecessidade de uma medida escolhida (ou seja, a *reprovação* no exame da necessidade), terá natureza definitiva, pois, se já existe uma medida menos restritiva ao princípio colidente, ela deverá ser adotada em todas as situações de colisão que ocorram sob as mesmas condições fáticas.

Trazendo o objeto do estudo para o exame da necessidade, as revistas moderadas seriam a medida escolhida, com a qual serão comparadas outras medidas alternativas, a fim de investigar se algumas delas seriam igualmente eficazes na proteção do patrimônio do empregador e atingiriam de forma menos intensa a intimidade do trabalhador.

O teste da necessidade será iniciado por uma medida alternativa extrema: a revista completa, inclusive corporal. Sem dúvidas, a fiscalização que abrangesse não só as bolsas dos trabalhadores, mas também o corpo deles, seria tanto ou até mesmo mais eficaz para a proteção do patrimônio do empregador do que o exame somente dos pertences, como proposto pela noção de revista moderada.

Afinal de contas, assim como alguns objetos de menor dimensão poderiam ser ocultados nas bolsas, nas sacolas ou nas mochilas, eles também poderiam ser escondidos nos bolsos, por baixo das blusas, dentro das calças ou junto ao corpo do trabalhador.

Assim, a revista corporal promoveria a proteção do patrimônio do empregador de forma tão ou até mesmo mais intensa do que a revista moderada.

Entretanto, essa medida alternativa não demonstra a desnecessidade das revistas moderadas, uma vez que importaria em restrições ainda maiores à intimidade do trabalhador, já que essa revista corporal seria muito mais invasiva e vexatória do que a revista moderada.

É fácil concluir que essas medidas extremas, como as revistas corporais, não passam pelo exame da necessidade. De fato, a comparação dessas medidas com as revistas moderadas serve muito mais como exercício da técnica do exame da necessidade do que para dirimir a existência de dúvidas sobre a proporcionalidade da restrição à intimidade do trabalhador por meio da adoção de revistas moderadas.

Mais importantes do que a comparação com as medidas extremas, são as comparações com medidas alternativas intermediárias, as quais são capazes de gerar fundadas dúvidas quanto à afetação à intimidade do trabalhador. Essas medidas intermediárias seriam as seguintes: a utilização de mecanismos de controle de estoque, a utilização de etiquetas magnéticas ou eletrônicas, a utilização de fiscais de setor, a utilização de sistemas de controle por vídeo e a disponibilização de armários individuais.

A utilização de *mecanismos de controle de estoque* consistiria, basicamente, em restringir o acesso às mercadorias a um único funcionário ou a um determinado grupo de funcionários, de modo que somente por intermédio deste pessoal autorizado é que se poderia chegar aos produtos do estabelecimento.

Esse tipo de controle é normalmente utilizado em supermercados e lojas de departamentos para aqueles produtos de maior valor e de menores dimensões. Tais produtos permanecem trancados em expositores, normalmente de vidro ou de outro material transparente. Eles somente são abertos quando algum cliente solicita a um dos funcionários autorizados. Equipamentos eletrônicos, artigos colecionáveis, relógios, perfumes e cosméticos caros são comumente armazenados dessa forma.

Apesar de agredir de forma menos intensa a intimidade do trabalhador, a utilização de mecanismos de controle de estoque não substitui as revistas moderadas, pelo menos no que diz respeito à eficácia para proteger o patrimônio do empregador.

Essa medida não é adequada para todos os tipos de estabelecimentos, já que a falta de contato direto entre o consumidor e o produto gera, inegavelmente, dificuldades para o funcionamento de certas atividades comerciais, sobretudo supermercados e estabelecimentos de vestuário. Além disso, apesar de ser eficaz para proteger o patrimônio do empregador contra atos de terceiros (consumidores), o controle de estoque é pouco eficaz para a proteção do empregador contra ato ilícito dos próprios empregados.

Afinal de contas, em estabelecimentos de maior porte, é necessário que existam vários empregados autorizados a acessar as mercadorias, a fim de prestar melhor e mais imediato atendimento ao consumidor. E, quanto maior o número de funcionários com acesso às mercadorias, menor a eficácia do controle.

Outra alternativa merecedora de maior detalhamento é a utilização de *etiquetas eletrônicas ou magnéticas*.

Assim como os mecanismos de controle de estoque, as etiquetas são mais eficazes para a proteção do patrimônio do empregador contra atos de consumidores. Elas são pouco eficazes para a proteção do empregador contra ato ilícito de seus empregados. Ora, são os próprios funcionários que possuem os equipamentos necessários para desmagnetizar as etiquetas. Por isso, vários empregados teriam condições de desabilitar as etiquetas magnéticas, possibilitando que bens do empregador fossem retirados do estabelecimento indevidamente, não protegendo o patrimônio do empregador de forma tão eficaz quanto a fiscalização das bolsas.

A *atuação de fiscais* em setores nos quais ficam expostos os produtos à venda ou a utilização de *sistemas de vídeo* também não se revelam tão eficazes quanto as revistas moderadas.

Afinal, as revistas nas bolsas, por atuarem em um momento posterior à apropriação dos produtos, possibilitariam a detecção de atos ilícitos que nem mesmo os fiscais ou os sistemas de vídeo conseguiram registrar.

Em resumo, nenhuma dessas medidas promove a proteção ao patrimônio do empregador de forma tão eficaz quanto as revistas moderadas, apesar de provocarem menor restrição à intimidade do trabalhador.

Na verdade, essas medidas alternativas não substituem a medida escolhida (revistas moderadas), mas a ela se somam para a promoção do fim buscado (proteção ao patrimônio do empregador).

Contudo, existe uma outra medida que possui a mesma eficiência das revistas moderadas, qual seja, a *disponibilização de armários individuais* (ou *lockers*) para os empregados, desde que haja uma racionalização na disposição desses.

Para que esta medida alternativa tenha sua máxima eficácia, os armários individuais devem estar localizados após o acesso do trabalhador ao estabelecimento e antes de seu acesso aos produtos disponíveis ao consumidor.

Assim, os funcionários entrariam no local de trabalho com as bolsas, mochilas e sacolas e, de imediato, as colocariam em seus armários individuais.

Então, já sem portarem a bolsa ou mochila, os empregados seriam autorizados a adentrar o local no qual os produtos estão expostos.

Pode-se argumentar que a medida alternativa em análise não elimina por completo os riscos ao patrimônio do empregador por ato ilícito dos funcionários. Afinal de contas, seria possível que o empregado ocultasse bens de menores dimensões em seus bolsos ou dentro de suas roupas.

Todavia, esse argumento não serve para eliminar a viabilidade dessa medida alternativa quando comparada às revistas moderadas. Isso porque as revistas moderadas, conforme definição proposta, não se prestam à fiscalização do corpo do trabalhador, mas somente de seus pertences, como bolsas, mochilas ou sacolas.

Somente as revistas corporais poderiam detectar essa forma de ocultação dos atos ilícitos. Todavia, tais revistas agridem em grau muito mais severo a intimidade do trabalhador e, portanto, não resistiriam ao exame da necessidade em se tratando de supermercados ou lojas de departamentos.

Ou seja, o ponto de fragilidade da disponibilização racional de armários individuais é exatamente o mesmo das revistas moderadas: a impossibilidade de se detectarem produtos que estejam ocultados nas roupas e junto ao corpo do trabalhador.

Na verdade, a adoção da medida alternativa ora em análise promove a proteção ao patrimônio do empregador em um patamar pelo menos igual àquele das revistas moderadas. Afinal de contas, os empregados colocam suas bolsas em seus armários individuais *antes* de terem contato com os produtos expostos à venda.

Ora, se os funcionários não estão portando bolsas, sacolas ou mochilas, eles não teriam meios de ocultar bens da empresa em outro local que não o seu próprio corpo, não havendo justificativa para que os pertences deles sejam revistados ao término do expediente. Se houve algum ato ilícito praticado pelo empregado dentro do local de trabalho, certamente o produto desse ato ilícito não estará em sua bolsa.

Já no que diz respeito à afetação da intimidade do empregado, tem-se que a medida alternativa se revela menos gravosa do que as revistas moderadas. De fato, com a adoção de armários individuais, o empregador não terá qualquer contato com o conteúdo das bolsas, mochilas ou sacolas do trabalhador.

Por seu turno, nas revistas moderadas, por mais que elas sejam feitas em local reservado e com toda a discrição possível e imaginável, o conteúdo da bolsa (ou pelo menos parte dele) será revelado ao encarregado pela fiscalização.

A substituição das revistas moderadas pela disponibilização de armários individuais não causará qualquer diminuição no nível de proteção à propriedade do empregador. E, por seu turno, não causará qualquer prejuízo à intimidade do trabalhador, o que representa o "Ótimo de Pareto".

Ora, se existe uma medida alternativa que restrinja o direito fundamental colidente de forma menos intensa do que a medida escolhida e que, ao mesmo tempo, promova da mesma forma o direito fundamental que se busca realizar, a utilização da medida escolhida não pode ser considerada *proporcional*, por não conseguir aprovação no teste da *necessidade*.

Essa reprovação das revistas moderadas no teste da *necessidade* já é o bastante para que se conclua pela desproporcionalidade da medida, independentemente da realização do teste da proporcionalidade em sentido estrito.

Ou seja, na colisão entre os direitos fundamentais de proteção à propriedade do empregador e de proteção à intimidade do trabalhador, nas condições fáticas definidas como revistas moderadas, deve prevalecer este último, em razão da desproporcionalidade do meio adotado, caracterizada pela reprovação no exame da *necessidade*, uma vez que existe medida alternativa capaz de promover de forma igual ou superior a proteção ao empregador, sem restringir com tanta intensidade a intimidade do trabalhador.

Com a realização deste segundo teste da proporcionalidade, já se chega a uma resposta para o problema que é o objeto do presente estudo, estabelecendo-se uma regra aplicável a todas as colisões que envolvam os mesmos princípios de direitos fundamentais, sob as mesmas condições fáticas:

> As revistas realizadas nas bolsas e pertences de empregados de supermercados ou de lojas de departamentos, com as características de 'revistas moderadas', são proibidas por violarem de forma desproporcional o princípio da proteção à intimidade do empregado.

Essa regra pode ser transportada para todas as situações que tenham o mesmo suporte fático das revistas moderadas. E, por se tratar de regra, pode ser aplicada mediante simples procedimento de subsunção para as situações que tenham o mesmo suporte fático.

Entretanto, há uma objeção que deve ser enfrentada, a fim de que se ofereça uma resposta tão completa quanto possível e que possa servir de regra para uma gama ainda maior de situações.

Afinal, nem todo estabelecimento possui espaço físico que permita a instalação de armários individuais para os empregados em local anterior ao acesso aos produtos expostos.

Exemplos de impossibilidade da utilização da medida alternativa proposta seriam as pequenas lojas localizadas em galerias ou em *shopping centers*. Essas lojas, como regra, possuem uma única entrada, utilizada tanto pelos clientes como pelos empregados. E, pelo reduzido espaço físico, não há como serem instalados armários individuais em locais adequados, sem que haja grave prejuízo para a apresentação do estabelecimento e até mesmo para a sua viabilidade como ponto comercial.

Por conta disso, a fim de se verificar se a regra da colisão acima enunciada pode também ser estendida para esses pontos comerciais de pequeno porte, faz-se necessária a realização do terceiro exame da proporcionalidade, qual seja, o da proporcionalidade em sentido estrito, uma vez que os exames da adequação e da necessidade não foram suficientes para se concluir pela desproporcionalidade da medida.

3.4. A proporcionalidade em sentido estrito

O terceiro e último exame da proporcionalidade é a proporcionalidade em sentido estrito, também conhecido como ponderação, balanceamento ou sopesamento. Corresponde à ideia de ponderação entre a intensidade da restrição ao princípio de direito fundamental P_2 atingido pela medida M_1 e a importância da realização do princípio de direito fundamental P_1 que seria promovido por essa medida M_1.

Nesta terceira e última etapa, busca-se verificar se os motivos que fundamentam a adoção da medida escolhida (ou seja, o fomento do princípio P_1) possuem peso suficiente para justificar a restrição ao direito fundamental atingido (P_2).[39]

Fica clara, nesta etapa, a noção de princípios como *mandamentos de otimização*, os quais devem ser realizados de modo tão amplo quanto possível em face das possibilidades *fáticas* e *jurídicas*.

As *possibilidades fáticas* são definidas pelos exames da adequação e da necessidade. Já as *possibilidades jurídicas* são representadas pelos princípios colidentes, cuja análise é feita na fase da proporcionalidade em sentido estrito.

A proporcionalidade em sentido estrito expressa, na verdade, a própria ideia de *ponderação* (ou de *sopesamento*), exposta por Alexy nos seguintes termos "Cuanto mayor es el grado de la no satisfacción o de afectación de uno de los principios, tanto mayor debe ser la importancia de la satisfacción del outro".[40]

---

(39) SILVA, Luís Virgílio Afonso da. O proporcional e o razoável. *Revista dos Tribunais*, São Paulo, a. 91, v. 798, p. 23-50, abr. 2002, p. 41.
(40) ALEXY, Robert. Epílogo a la teoría de los derechos fundamentales. In: *Revista Española de Derecho Constitucional*. Madri: Centro de Estudios Políticos y Constitucionales, n. 66, set./dez. 2002. p. 31.

Desse modo, a primeira tarefa no sopesamento é *identificar o grau de afetação do princípio colidente P_2*, ou seja a intensidade da intervenção sofrida pelo princípio P_2 em dadas condições fáticas. O intérprete deve classificar a intensidade da intervenção como sendo leve (*l*), moderada (*m*) ou séria (*s*), atribuindo-lhes, respectivamente, o valor matemático de 2^0, 2^1 ou 2^2, de acordo com a escala triádica proposta por Alexy[41].

Em seguida, o intérprete deve *identificar o grau de importância da satisfação do princípio P_1 que pretende ser promovido*, naquelas mesmas condições fáticas. Esse grau de importância também deve ser rotulado como leve (*l*), moderado (*m*) ou sério (*s*), também lhes sendo atribuído, respectivamente, o valor matemático de 2^0, 2^1 ou 2^2.

O próximo passo é a análise dos *pesos abstratos* de cada um dos princípios colidentes P_1 e P_2.

O peso abstrato de um princípio é o peso que a ele cabe relativamente a outros princípios, independentemente das circunstâncias dos casos concretos[42]. Assim, o peso abstrato de um princípio P_x é o mesmo em todas as situações de colisões que possam ocorrer com outro princípio P_y.

A definição do peso abstrato dos princípios colidentes remete sempre a considerações ideológicas, exigindo uma tomada de posição do intérprete quanto a aspectos materiais relativos à ideia de Constituição, de Estado e de Justiça.[43]

É bem verdade que a maioria dos princípios constitucionais apresenta o mesmo peso abstrato. Contudo, em certas situações, podem ser identificados princípios com peso abstrato maior do que o de outros. Alexy traz como exemplo eventual colisão entre o direito à vida e a liberdade de atuação geral. O peso abstrato do direito à vida seria superior ao peso abstrato da liberdade de atuação[44].

A etapa seguinte é a avaliação da *segurança das suposições empíricas* que dizem respeito às consequências que a medida escolhida M_1 terá para a promoção do princípio P_1 e para a afetação do princípio P_2.

Alexy sintetiza a importância de se analisar a segurança das suposições empíricas utilizadas na técnica por meio da segunda lei da ponderação, também chamada de *lei epistêmica do sopesamento*.

---

(41) ALEXY, Robert. Epílogo a la teoría de los derechos fundamentales. In: *Revista Española de Derecho Constitucional*, Madri: Centro de Estudios Políticos y Constitucionales, n. 66, p. 37-43, set./dez. 2002.
(42) ALEXY, Robert. A fórmula peso. In: *Constitucionalismo discursivo*. Trad. Luís Afonso Heck. Porto Alegre: Livraria do Advogado, 2008. p. 139.
(43) PULIDO. Carlos Bernal. Estructura y límites de la ponderación. Disponível em : <http://descargas.cervantesvirtual.com/servlet/SirveObras/01826852872365026338813/015786.pdf?incr=1>. Acesso em: 7 jun. 2010.
(44) ALEXY, Robert. A fórmula peso. In: *Constitucionalismo discursivo*. Trad. Luís Afonso Heck. Porto Alegre: Livraria do Advogado, 2008. p. 139.

Essa lei guarda relação com a certeza das premissas que sustentam as conclusões sobre a intensidade da intervenção em P_2 e também sobre a importância da realização do princípio P_1 dentro das condições do caso concreto C.

A lei epistêmica do sopesamento tem o seguinte enunciado "*Cuanto más intensa sea una intervención en un derecho fundamental, tanto mayor deve ser la certeza de las premisas que las sustentan*"[45].

Para este terceiro par de variáveis, não se leva em consideração a importância de cada um dos princípios colidentes, nem em abstrato e nem no caso concreto. O que importa é segurança das prognoses empíricas que permitem ao intérprete avaliar se a medida M_1 afetará de forma leve, moderada ou intensa o princípio P_2 e se esta medida promoverá de forma leve, moderada ou intensa o princípio P_1.

Desse modo, quanto maior o grau de incerteza das premissas, mais difícil será justificar a afetação de um direito fundamental pela utilização da medida escolhida. Por isso, se houver uma intervenção forte em um princípio de direito fundamental P_2, será exigido um grande grau de segurança das premissas empíricas utilizadas para a justificação da medida escolhida M_1.

A identificação do grau de segurança das suposições empíricas também se utiliza da escala triádica, classificando as suposições como certas (ou seguras), sustentáveis (ou plausíveis) ou não evidentemente falsas, atribuindo-lhes o valor, respectivamente, de 2^0, 2^{-1} ou 2^{-2}, de modo que a força de um princípio cai à medida que aumenta o grau de incerteza das premissas que o apoiam[46].

Colocados todos os elementos que compõem a estrutura da ponderação, chega-se à "fórmula do peso", proposta por Alexy para sintetizar e estruturar o exame da ponderação de direitos fundamentais:

$$GP_{2,1}C = \frac{IP_2C \cdot GP_2A \cdot SP_2C}{WP_1C \cdot GP_1A \cdot SP_1C}$$

onde:

$GP_{2,1}C$ representa o peso concreto de P_2 nas condições C, quando sopesado relativamente ao princípio P_1;

IP_2C representa a intensidade da intervenção sofrida por P_2 no caso concreto.

GP_2A representa o peso abstrato de P_2;

---

(45) ALEXY, Robert. Epílogo a la teoría de los derechos fundamentales. In: *Revista Española de Derecho Constitucional*, Madri: Centro de Estudios Políticos y Constitucionales, n. 66, p. 55, set./dez. 2002.
(46) ALEXY, Robert. A fórmula peso. In: *Constitucionalismo discursivo*. Trad. Luís Afonso Heck. Porto Alegre: Livraria do Advogado, 2008. p. 145-146.

SP_2C representa o grau de segurança epistêmica acerca da intensidade com que a medida M_1 intervem negativamente em P_2 no caso concreto;

WP_1C representa o grau de importância da satisfação de P_1 no caso concreto;

GP_1A representa o peso abstrato P_1 e, finalmente,

SP_1C representa o grau de segurança epistêmica acerca de quão intensamente a M_1 realiza P_1 no caso concreto.

Posta a estrutura da fórmula do peso, cabe agora analisar os três possíveis resultados que ela pode apresentar.

O primeiro, quando o valor de $GP_{2,1}C$ for maior do que 1, significa que é desproporcional a intervenção no princípio colidente P_2 causada pela medida M_x adotada no intuito de promover P_1.

O segundo, quando o resultado obtido para $GP_{2,1}C$ for inferior a 1, significa que é justificável a intervenção no princípio colidente P_2 causada pela medida M_x a fim de promover P_1. Nessas situações, a medida escolhida seria proporcional.

Finalmente, se o valor de $GP_{2,1}C$ for igual a 1, está caracterizado um empate. O empate representa uma situação de impasse, que atesta a existência de um espaço de discricionariedade estrutural para sopesar. Em outros termos: as razões a favor da não proteção de um princípio são tão fortes quanto as razões para protegê-lo[47].

Uma vez colocados e explicitados todos os elementos da fórmula do peso, é possível, agora, aplicá-la à situação concreta das revistas moderadas, a fim de que seja realizado o exame da proporcionalidade em sentido estrito.

Nesse sentido, será analisada, em primeiro lugar, a variável IP_2C, ou seja, qual a intensidade da intervenção sofrida por P_2 no caso concreto por meio da adoção da medida escolhida M_1?

Assim, P_2 representará o princípio de direito fundamental da proteção à intimidade, que é afetado negativamente pela adoção das revistas moderadas.

Uma análise mais acurada das revistas moderadas leva à conclusão de que há, sem dúvida, prejuízo à intimidade do trabalhador quando um preposto do empregador visualiza o conteúdo de sua bolsa, de sua mochila ou de seus pertences. E esse prejuízo não pode ser tido como leve.

Afinal, é nas bolsas e nas mochilas que o trabalhador guarda e transporta seus objetos pessoais. Alguns desses objetos são levados ao local de trabalho por necessidade de saúde ou higiene. Outros, por simples conveniência pessoal.

---

(47) ALEXY, Robert. Epílogo a la teoría de los derechos fundamentales. In: *Revista Española de Derecho Constitucional*, Madri: Centro de Estudios Políticos y Constitucionales, n. 66, p. 43-49, set./dez. 2002.

Seja qual for a razão, aquilo que está guardado em uma bolsa está excluído do conhecimento do público em geral, por opção própria do indivíduo. Dessa forma, o conteúdo de uma bolsa revela dados próprios da esfera íntima de alguém, como por exemplo a condição financeira (por meio de cartões de crédito, talões de cheque e até mesmo a quantidade de dinheiro presente), a situação afetiva (cartões, fotografias, bilhetes pessoais), a vida sexual (preservativos, anticoncepcionais, objetos sexuais), a condição de saúde (receitas e medicamentos, que podem até ser de uso controlado) e outras inúmeras informações sobre a intimidade do indivíduo (absorventes íntimos, mudas de roupas íntimas, anotações, revistas, opção religiosa, preferência de consumo etc.).

É certo que nem todas as pessoas carregam todos esses objetos nas bolsas ou mochilas. Entretanto, a simples possibilidade de acesso de terceiros a quaisquer desses dados da vida pessoal já caracteriza uma intervenção no direito à intimidade.

Todas essas são questões que dizem respeito unicamente à intimidade do empregado, e só devem ser compartilhadas com aquelas pessoas escolhidas pelo indivíduo. Compartilhar essa informação com seu empregador, por meio de revistas, é procedimento que atinge a intimidade do empregado.

Contudo, essa intervenção não pode ser caracterizada como forte ou grave. Afinal de contas, o fiscal não tem contato táctil com o conteúdo da bolsa, já que uma das características das revistas moderadas seria justamente o exame apenas visual.

Forte ou grave seria a intervenção na intimidade causada pelo fiscal que manuseia o conteúdo das bolsas, que retira os objetos, que os expõe a outras pessoas ou a revista realizada em local impróprio.

Por isso, é tida como *moderada* a intervenção causada pelas revistas moderadas na intimidade do trabalhador.

No sopesamento objeto do presente estudo, portanto, tem-se que $IP_2C = 2^1$.

Já a variável WP_1C, que significa o grau de importância da satisfação de P_1 no caso concreto, tem o seu valor atribuído pela resposta à seguinte indagação: como as revistas moderadas (M_1) influenciam na proteção ao patrimônio do empregador (P_1)?

Para que se possa chegar à importância da satisfação da proteção ao patrimônio do empregador, deve-se indagar como a *abstenção* das revistas moderadas poderia prejudicar a proteção ao patrimônio do empregador?

Já se apontou, em outro momento, que existem várias outras formas de proteção ao patrimônio do empregador que, apesar de não substituírem as revistas moderadas, podem ser utilizadas juntamente com elas no escopo de se evitarem danos à propriedade da empresa[48]. Isso, por si só, já serve para concluir que, caso

---

(48) A respeito da análise das medidas alternativas, remete-se ao detalhamento do exame da necessidade, no item 3.2.

não ocorram revistas moderadas, o patrimônio do empregador não ficará desguarnecido, pois essas outras medidas podem, em certo grau, conferir alguma proteção à empresa.

Em razão disso, já se afasta a possibilidade de se classificar como *forte* o grau de fomento à proteção do patrimônio do empregador pela utilização das revistas moderadas.

Além disso, pelas próprias limitações advindas do modo de realização das revistas moderadas (realizadas de modo somente visual, sem contato táctil, tendo por objeto apenas os pertences), a medida não representa uma proteção com alto grau de efetividade para o empregador.

Com efeito, mesmo com a realização de revistas moderadas, haveria a possibilidade de que algum trabalhador que tenha cometido ato ilícito conseguisse esconder algum objeto do empregador em sua bolsa, seja em um compartimento pouco visível (bolso interno), seja junto aos outros objetos pessoais que leva consigo. Afinal, nas revistas moderadas, os objetos não são retirados da bolsa e o fiscal não tem contato direto com o conteúdo.

Do mesmo modo, considerando que o fiscal não tem qualquer contato com o corpo do trabalhador, as revistas moderadas não serviriam para o empregador identificar objetos que estivessem ocultos nos bolsos ou sob as roupas do trabalhador.

Outro ponto de vulnerabilidade das revistas moderadas é que elas têm por alvo unicamente os trabalhadores. Os consumidores, que representam a grande parte das pessoas que transitam pelo estabelecimento, não sofrem qualquer tipo de revista.

Ora, se a medida protetiva somente pode evitar danos ao empregador advindo da menor parte das pessoas que transitam pelo ambiente, não há como considerá-la eficaz, já que o patrimônio do empregador ainda permaneceria vulnerável a essa maior parte das pessoas que, pelo menos potencialmente, poderiam praticar algum ato ilícito.

Em razão disso, as revistas moderadas promovem apenas em um grau leve a proteção ao patrimônio do empregador. Assim, na fórmula do peso aplicável para as revistas moderadas, tem-se que $WP_1C = 2^0$.

Como passo seguinte, deve ser analisado o par das variáveis que representam os pesos abstratos do princípio de proteção à intimidade do trabalhador (GP_2A) e do princípio de proteção à propriedade do empregador (GP_1A).

Ambos, tal qual se disse alhures, são princípios de direitos fundamentais, expressamente previstos no art. 5º da Constituição da República. Portanto, eles gozam do mesmo *status* constitucional.

Essa situação de equivalência de pesos abstratos é bastante comum quando se está diante da colisão entre princípios de direitos fundamentais. Tanto assim que Alexy utiliza, em várias ocasiões, uma versão simplificada da fórmula do peso, sem levar em conta os pesos abstratos[49]. Afinal, se os pesos abstratos dos princípios colidentes são equivalentes, eles podem ser mutuamente cancelados em operação de simplificação, eliminando-se os pesos abstratos tanto no numerador quanto no denominador.

Por conta disso, o peso abstrato da proteção à intimidade do trabalhador equivale ao peso abstrato da proteção à propriedade do empregador, já que ambos são direitos fundamentais, expressamente garantidos pelo art. 5º da Constituição[50]. Na fórmula do peso, portanto, $GP_2A = GP_1A$, podendo ser mutuamente cancelados.

O último par de variáveis diz respeito ao grau de segurança epistêmica das conclusões acerca do quanto as revistas moderadas afetam a intimidade do trabalhador (SP_2C) e promovem a proteção à propriedade do empregador (SP_1C).

As conclusões relativas ao fato de que as revistas moderadas afetam, de algum modo, a intimidade do trabalhador decorrem basicamente do senso comum e da própria definição da medida escolhida, sem maiores necessidades de estudos científicos para a fundamentação.

Assim, pode-se afirmar, *com segurança*, que se um terceiro está analisando o conteúdo da bolsa de um indivíduo, ele está tendo acesso a uma parte da intimidade deste.

A sociedade brasileira já não aceita esse tipo de violação à intimidade quando se trata de revista em bolsas de um consumidor. Tanto é assim que, na atualidade, não mais se encontram estabelecimentos comerciais que exijam que o consumidor abra a sua bolsa ao deixar a loja.

Por isso, o tratamento dado à bolsa de um empregado não pode ser diverso daquele que é dado aos clientes ou àqueles que simplesmente transitam no estabelecimento.[51]

---

(49) ALEXY, Robert. *Teoria dos direitos fundamentais*. Trad. Virgílio Afonso da Silva. São Paulo: Malheiros, 2008. p. 603.
(50) No mesmo sentido, Moraes destaca que "Não se pode dizer que um direito fundamental, *in casu*, a proteção da personalidade, privacidade e intimidade do trabalhador, é mais importante que o outro — direito de propriedade, pois não existe hierarquia entre idênticos direitos fundamentais." MORAES, Renata Nóbrega F. Colisão entre direitos fundamentais nas relações contratuais trabalhistas: autonomia privada *versus* direito à privacidade e intimidade do trabalhador. *Revista LTr* — Legislação do Trabalho. São Paulo, v. 73, n. 2, p. 212-217, fev. 2009).
(51) No acórdão que julgou o recurso ordinário no processo n. 00029-2009-001-20-00-5, do Tribunal Regional do Trabalho da 20ª Região, o relator, hoje Ministro do Tribunal Superior do Trabalho Augusto César Leite de Carvalho, consignou em seu voto: "Se é induvidoso que a bolsa portada pela empregada

Se a revista em bolsas atinge a intimidade do consumidor, da mesma forma ela também atinge a intimidade do empregado.

Portanto, pode-se classificar como "certo ou seguro" o grau de segurança epistêmica no que diz respeito a como as revistas moderadas afetam a intimidade do trabalhador. Diz-se, na fórmula do peso, que $SP_1C = 2^0$.

A última variável pendente de quantificação é o grau de segurança epistêmica das conclusões acerca de como as revistas moderadas promovem a proteção à propriedade do empregador (SP_2C).

Aqui, também, a segurança das conclusões advém da própria descrição da medida escolhida. Com efeito, se as revistas moderadas não permitem ao fiscal manusear o conteúdo das bolsas, é seguro afirmar que elas não asseguram um nível elevado de proteção ao empregador, já que a simples análise visual nem sempre vai permitir a identificação de todos os objetos que estão sendo trazidos pelo trabalhador.

Do mesmo modo, se, por definição, a revista moderada não permite ao fiscal um contato com o corpo do empregado, ela acaba deixando várias brechas para possíveis lesões ao patrimônio do empregador.

Por isso, a conclusão de que as revistas moderadas promovem apenas de forma leve a proteção à propriedade do empregador goza de um grau de segurança considerável, podendo ser classificada como "*certa ou segura*". Assim, $SP_2C = 2^0$.

Tendo sido atribuídos valores a todas as variáveis que compõem a fórmula do peso, pode-se reescrevê-la da seguinte forma, com base na situação concreta de ponderação que é objeto desta pesquisa:

$$GP_{2,1}C = \frac{2^1 \cdot \cancel{GP_2A} \cdot 2^0}{2^0 \cdot \cancel{GP_1A} \cdot 2^0} \rightarrow GP_{2,1}C = \frac{2 \cdot 1}{1 \cdot 1} \rightarrow GP_{2,1}C = \frac{2}{1}$$

Esgotadas todas as etapas da fórmula do peso, chega-se ao resultado de 2 para o peso concreto do princípio da proteção à intimidade nas situações de revista moderada, quando sopesado contra o princípio da proteção da propriedade do empregador, ou seja:

$$GP_{2,1}C = 2$$

é uma expressão de sua intimidade, um *locus* em que se guardam os seus guardados íntimos, o tratamento a ela dispensado deve ser, rigorosamente, aquele mesmo que se dispensa à bolsa da cliente da loja, ou das transeuntes enfim. O poder empresarial não pode menoscabar o balizamento constitucional no âmbito da relação de emprego, por óbvio." (Tribunal Regional do Trabalho da 20ª Região. Recurso ordinário n. 0002900-58.2009.5.20.0001, Relator Juiz Augusto César Leite de Carvalho, 23 nov. 2009. Disponível em: <http://www.trt20.jus.br/pls/sap/mostra_pdf_sede?p_id=1172775&p_codigo=71033>. Acesso em 26 dez. 2009).

Sendo maior do que 1, o peso concreto do princípio da proteção à intimidade do trabalhador, nas circunstâncias postas em análise, obstaculiza a utilização das revistas moderadas como forma de promover o princípio da proteção ao empregador.

As revistas moderadas são, portanto, *desproporcionais*, pois o grau de fomento que elas geram para a proteção à propriedade do empregador não é tão importante quanto o prejuízo que ela causa à intimidade do trabalhador.

Em outras palavras: são mais fortes as razões que pesam *contra* a adoção das revistas moderadas do que as razões que justificam a escolha dessa forma de proteção ao patrimônio do empregador.

Tal conclusão somente pode ser proclamada neste momento, ou seja, após esgotados todos os exames que integram o postulado da proporcionalidade[52]. Não há como dizer se a proteção à propriedade do empregador serve ou não para justificar a violação à intimidade do trabalhador pelas revistas moderadas sem que sejam feitas todas essas análises.

Infelizmente, é esse o caminho que tem sido seguido pela maior parte das decisões sobre a proporcionalidade das revistas moderadas. Encontram-se afirmações genéricas, no sentido de que a revista seria lícita, "*não caracterizando prática excessiva de fiscalização capaz de atentar contra a dignidade do empregado*[53]", sem que se tenha recorrido ao exame da proporcionalidade da medida.

A explicitação das etapas da proporcionalidade, sobretudo dos critérios utilizados para o exame da proporcionalidade em sentido estrito (terceiro exame), representa a garantia de que a decisão quanto à proporcionalidade de medidas que restrinjam direitos fundamentais não está sendo tomada de forma arbitrária.

Afinal de contas, ao atribuir valores matemáticos para cada uma das variáveis que compõem a fórmula do peso, o intérprete deve explicitar as razões para cada um dos valores. O controle das conclusões que decorram do exame da proporcionalidade em sentido estrito passa a ser feito, portanto, por meio da análise individual de cada uma das variáveis que compõem a fórmula do peso. Na verdade, a discussão do resultado de um sopesamento feito por meio da fórmula do peso deve, necessariamente, ser uma discussão dos valores que foram atribuídos a cada uma das variáveis, e não uma discussão do resultado em si.[54]

---

(52) Todavia, tal qual já se expôs em tópico anterior, a conclusão da desproporcionalidade das revistas moderadas já poderia ser proclamada no teste da necessidade quando se tratasse de estabelecimento comercial de grande ou de pequeno porte. O recurso ao terceiro teste da proporcionalidade permite estender a conclusão também para estabelecimentos de pequeno porte.
(53) RR n. 225600-96.2005.5.12.0004.
(54) SARMENTO aponta que, no método da ponderação, a validade da decisão pode ser aferida por meio de critérios racionais e, tanto quanto possível, objetivos, a partir da fundamentação decisória. A legitimidade da decisão deve ser aquilatada mediante justificação das restrições impostas a cada bem jurídico em confronto, que têm de observar todos os três elementos da proporcionalidade (SARMENTO, Daniel. Os princípios constitucionais e a ponderação de bens. In. TORRES, Ricardo Lobo (org.) *Teoria dos direitos fundamentais*. Rio de Janeiro: Renovar, 2001. p. 70).

Desse modo, para que alguém conclua que as revistas moderadas representam medida proporcional, é obrigatório que se demonstre que o valor de pelo menos uma das variáveis foi atribuído de forma equivocada, seja argumentando que as intervenções na intimidade são de natureza leve, seja argumentando que a proteção à propriedade do empregador pelas revistas moderadas é importante (forte) ou, até mesmo, apontando que os pesos abstratos e o grau de segurança epistêmica dos princípios colidentes são diferentes.

Portanto, após todos os testes da proporcionalidade, já se pode proclamar a regra quanto às revistas moderadas, desta feita aplicável para supermercados e estabelecimentos comerciais de pequeno, médio e grande porte:

> As revistas realizadas nas bolsas e pertences de empregados de supermercados ou de lojas de departamentos, com as características de 'revistas moderadas', são proibidas por violarem de forma desproporcional o princípio da proteção à intimidade do empregado.

Desse modo, se existirem revistas moderadas (hipótese), haverá violação desproporcional ao direito à intimidade do trabalhador (consequência).

Por possuir a estrutura normativa de uma regra, o resultado da ponderação realizada poderá ser aplicado mediante simples subsunção para todas as situações fáticas que se enquadrem na noção de revistas moderadas.

CONSIDERAÇÕES FINAIS

É bastante comum nos estabelecimentos comerciais do Brasil a adoção de revista nas bolsas e pertences do empregado como medida para proteger o patrimônio do empregador. A jurisprudência do TST tem reconhecido a legitimidade dessas revistas quando ocorridas sob determinadas circunstâncias.

E, com base nessas circunstâncias, pode-se chegar à noção de revistas moderadas. Essas revistas moderadas trazem uma colisão entre o direito à intimidade do trabalhador e o direito de propriedade do empregador, ambos identificados como princípios de direitos fundamentais, exigindo o recurso à proporcionalidade para que se obtenha uma solução racional para essa colisão.

Apesar de se revelarem como medida adequada para a proteção da propriedade do empregador, as revistas moderadas não podem ser tidas como uma medida necessária, já que existe outra forma de proteção à propriedade do empregador com menor prejuízo à intimidade do empregado. Essa medida alternativa seria a disponibilização de armários individuais para os empregados em local separado daquele no qual estão expostos os produtos.

Tendo em vista que alguns estabelecimentos comerciais de pequeno porte não possuem espaço físico suficiente para disponibilizar armários individuais aos empregados em local adequado, a legitimidade das revistas moderadas para esses empregadores depende do exame da proporcionalidade em sentido estrito, recorrendo-se à fórmula do peso proposta por Robert Alexy.

O sopesamento revela que a intensidade da intervenção na intimidade do empregador causada pela revista moderada é maior do que o grau de proteção que ela confere à propriedade do empregador.

Desse modo, após todos os testes da proporcionalidade, chega-se a uma regra quanto à legitimidade das revistas moderadas, aplicável para supermercados e estabelecimentos comerciais de pequeno, médio e grande porte:

> As revistas realizadas nas bolsas e pertences de empregados de supermercados ou de lojas de departamentos, com as características de 'revistas moderadas', são proibidas por violarem de forma desproporcional o princípio da proteção à intimidade do empregado.

Diferentemente do que se tem verificado nas decisões sobre as revistas moderadas, nas quais a solução é proclamada sem que se recorra aos três exames da proporcionalidade, a regra aqui enunciada é obtida após a exposição de cada um dos fatores relevantes para a resolução do conflito.

A exposição dos fatores relevantes e a utilização das técnicas próprias para a solução das colisões entre direitos fundamentais conferem racionalidade ao procedimento decisório e, ao mesmo tempo, dão-lhe maior legitimidade, pois permitem que a conclusão apresentada seja corrigida por meio da demonstração de que o valor de pelo menos uma das variáveis foi atribuído de forma equivocada na fórmula do peso.

Com isso, potencializa-se a efetividade do Direito do Trabalho, pois a tutela dos direitos do trabalhador e as manifestações do poder diretivo do empregador deixam de depender, no caso concreto, da análise subjetiva do julgador, muitas das vezes permeada de conceitos abstratos, os quais dependem, necessariamente, de justificativa mais detalhada do que a simples proclamação de que determinada conduta é ou não proporcional, sem a exposição das etapas percorridas para que se chegasse a tal conclusão.

REFERÊNCIAS BIBLIOGRÁFICAS

ALEXY, Robert. Colisão de direitos fundamentais e realização de direitos fundamentais no estado de direito social. In: *Constitucionalismo discursivo*. Trad. Luís Afonso Heck. Porto Alegre: Livraria do Advogado, 2008.

_____. *Direito, razão e discurso*: estudos para a filosofia do direito. Trad. Luís Afonso Heck. Porto Alegre: Livraria do Advogado, 2010.

_____. Direitos fundamentais, balanceamento e racionalidade. *Ratio Juris*, v. 16, n. 2, jun. Trad. Menelick de Carvalho Netto, 2003.

_____. Epílogo a la teoría de los derechos fundamentales. In: *Revista Española de Derecho Constitucional*. Madri: Centro de Estudios Políticos y Constitucionales, n. 66, set./dez., 2002.

_____. Sobre a estrutura dos princípios. In: *Revista Internacional de Direito Tributário*. Belo Horizonte: Del Rey, v. 3, jan-jun, 2005.

_____. *Teoria dos direitos fundamentais*. Trad. Virgílio Afonso da Silva. São Paulo: Malheiros, 2008.

ÁVILA, Humberto. *Teoria dos princípios*: da definição à aplicação dos princípios jurídicos. 5. ed. rev. e ampl. São Paulo: Malheiros, 2006.

BARCELLOS, Ana Paula de. *Ponderação, racionalidade e atividade jurisdicional*. Rio de Janeiro: Renovar, 2005.

CAVALCANTE, Ricardo Tenório. *Jurisdição, direitos sociais e proteção do trabalhador*: a efetividade do direito material e processual do trabalho desde a teoria dos princípios. Porto Alegre: Livraria do Advogado, 2008.

CONTRERAS, Sergio Gamonal. Los principios y la ponderación judicial: el rol del juez en el proceso del trabajo chileno. *Cadernos da Amatra*, Porto Alegre: HS, v. 4, n. 10, p. 166, jan./mar., 2009.

DWORKIN, Ronald. *Taking rights seriously*. Cambridge: Harvard University Press, 1977.

GOMES, Dinaura Godinho Pimentel. O respeito ao princípio da dignidade do trabalhador pelo Estado-empregador: a inafastável observância da garantia do conteúdo essencial dos direitos fundamentais e do princípio da proporcionalidade. *Revista LTr* — Legislação do Trabalho. São Paulo, v. 68, n. 3, p. 292-297, mar. 2004.

LAFER, Celso; AGUIAR JR., Ruy Rosado de (org.). *Jornada de direito civil*. Brasília: CJF, 2003.

LEXY, Robert. *Teoria dos direitos fundamentais*. Trad. Virgílio Afonso da Silva. São Paulo: Malheiros, 2008.

MORAES, Renata Nóbrega F. Colisão entre direitos fundamentais nas relações contratuais trabalhistas: autonomia privada *versus* direito à privacidade e intimidade do trabalhador. *Revista LTr* — Legislação do Trabalho. São Paulo, v. 73, n. 2, p. 212-217, fev. 2009.

PULIDO, Carlos Bernal. Estructura y límites de la ponderación. Disponível em : <http://descargas.cervantesvirtual.com/servlet/SirveObras/01826852872365026338813/015786.pdf?incr=1>. Acesso em: 7 jun. 2010.

SANDEN, Ana Francisca Moreira de Souza. O contrato de trabalho e o sutiã: reflexões sobre as obrigações principais e acessórias. *Revista LTr* — Legislação do Trabalho. São Paulo, v. 72, n. 4, p. 403-412, abr., 2008.

SARLET, Ingo Wolfgang (org.). *Constituição, direitos fundamentais e direito privado*. 3. ed. ver. ampl. Porto Alegre: Livraria do Advogado, 2010.

SARMENTO, Daniel. *Direitos fundamentais e relações privadas*. 2. ed. Rio de Janeiro: Lumen Juris, 2006.

SILVA, Luís Virgílio Afonso da. O proporcional e o razoável. *Revista dos Tribunais*, São Paulo, a. 91, v. 798, p. 23-50, abr. 2002.

TORRES, Ricardo Lobo (org.) *Teoria dos direitos fundamentais*. Rio de Janeiro: Renovar, 2001.

TERCEIRIZAÇÃO — LEIS TANGENTES, RELAÇÕES COGENTES

Cesar Roberto Vargas Pergher(*)

RESUMO

O artigo traz um apanhado crítico sobre as impressões do autor acerca da terceirização, com ênfase na problemática gerada pela sua desregulamentação, que aparta de um lado uma realidade vigente e indiscutível e do outro, uma legislação que lhe nega existência, deixando ao alvedrio daqueles que a praticam, o estabelecimento de procedimentos e regras, extraídos de diplomas legais estranhos ao Ramo Trabalhista. Os resultados dessa permissividade pela omissão legislativa, são reclamatórias trabalhistas que fluem como um silente rio das primeiras instâncias, desembocando em um mar que ameaça naufragar as tentativas do TST de equilibrar toneladas de autos, sobre o pequeno barco da Súmula n. 331. Barrado o avanço controlado da legislação trabalhista atinente à terceirização na prestação de serviços, restou o descontrole sobre as relações entre tomadoras de serviços, prestadoras de serviços e empregados. A negação pela omissão legislativa, reafirmada pela ação da Súmula n. 331, do TST, denota a singeleza com a qual se está tratando um fenômeno complexo. Sobre a terceirização repousa o modelo produtivo do Capitalismo. O maior trunfo desse sistema é a sua capacidade de gerar riquezas através de um modo de produção que privilegia a rapidez, a eficiência e a otimização da mão de obra. Como consequência lógica desses raciocínios, depreendemos que o Capitalismo se sustenta sobre o modo de produção terceirizado. Chega um momento em que o sol mostra-se tão forte que não se enxerga mais as malhas da peneira. O TST, ofuscado por essa luminosidade da terceirização, pôs em movimento as engrenagens da democracia, estimulando representações a apresentarem variáveis, com as quais de pudesse montar um quebra-cabeça que representasse graficamente a realidade, sobre essa realidade se construíssem entendimentos e sobre esses, soluções. À lei, atrela-se um valor moral acompanhado por uma eficiente fiscalização, sem os quais não haverá a conversão de uma atividade desregulada em uma realidade legalizada.

Palavras-chave: Terceirização. Realidade. Desregulamentação.

(*) Pós-graduado em Direito do Trabalho e Processual do Trabalho pela AMATRA12.

> "Entre o forte e o fraco, entre o rico e o pobre, entre o senhor e o servidor, é a liberdade que oprime e a lei que liberta."
>
> (Jean-Baptiste-Henri Dominique Lacordaire).
>
> "Tal súmula vigora como o dedo polegar do pequeno holandês Peter, introduzido na minúscula fenda da represa, sem se dar por conta que está do lado errado do dique, pois a "Holanda" a ser protegida pelo ato, está do outro lado, já inundada pelas águas da terceirização."
>
> (do texto)

1. CONSIDERAÇÕES INICIAIS

O presente artigo visa o estabelecimento de uma reflexão acerca da terceirização no tocante: 1) ao surgimento no cenário mundial; 2) às influências nas relações nacionais de produção; 3) aos desdobramentos sobre as garantias do trabalhador; 4) à reticência e descrença do aparato legal quanto a esse moderno fenômeno que está estabelecido, sem dar sinais de que retroagirá no terreno avançado; 5) à lei que, abandonando as reticências, frutificada pelos esforços legislativos, judiciários e representativos da sociedade, redundará em letra morta, sem a devida fiscalização e introjeção de sua importância normativa e de seus profícuos desdobramentos.

Inicialmente o presente texto foi orientado apenas pela releitura da legalidade dos artigos que faziam alusões tangenciais à terceirização, a fim de que o senso comum e as impressões pessoais fossem ornadas pela cientificidade legislativa.

A opção inicial pelo distanciamento dos ânimos extremados e contaminados de paixões, que bradam de um lado pela imutabilidade do que já está posto e do outro, pelo mergulho em águas de modernidade, das quais não se sabe a profundidade, deu-se para que uma certa ingenuidade permissiva olhasse para o processo como um todo, de um jeito despretensioso e amorfo, para ser moldado apenas pelo confronto das realidades fáticas com as realidades formais, livre de passionalismos, rancores ou disputas.

Não se engane aquele que concebe a ingenuidade como algo a ser desprezado ou subjugado pela astúcia, pois é por meio dela que a realidade das essências se manifesta e a nudez dos reis vestidos de caras roupas invisíveis é revelada. Todos conhecemos a máxima de que um advogado não deve apaixonar-se pela causa, sob pena de deixar de tratá-la sem a devida racionalidade e coerência, necessárias para o seu desvelamento.

Que a frase do Padre Dominique Lacordaire que antecipa o texto, pregando a liberdade pela regulamentação, sirva como uma lente, através da qual se leiam as impressões da presente reflexão.

2. CONCEITO DE TERCEIRIZAÇÃO

A fim de que possamos estabelecer limitações para o nosso entendimento do que seja terceirização, evitando a confusão com outros institutos que, vistos de forma transversal, lhe são semelhantes, devemos conceituar o que legalmente se entende por terceirização e a partir dessa concepção, estabelecer as reflexões propostas nos objetivos do presente artigo.

Podemos conceituar terceirização como a prática realizada por uma empresa, quando deixa de executar uma ou mais atividades realizadas por trabalhadores diretamente contratados, e as transfere para uma ou outras empresas, de forma não temporária.

Importante ressalva, a ser melhor explorada adiante quando tratarmos sobre a regulamentação, diz respeito a quais atividades podem ser englobadas no conceito acima (*deixa de executar uma ou mais atividades*) sem tingi-lo de uma cor que, ao ser levada à luz da justiça trabalhista, possa refletir como ilicitude. Esta ressalva está relacionada ao impeditivo sumular da terceirização na atividade-fim[1].

As palavras-chave para a dirimição de quaisquer dúvidas sobre a existência ou não do instituto em uma relação contratual trabalhista, quando estiver presente a licitude sumular da realização da atividade-meio, são *subordinação direta* e *pessoalidade*. Estando presentes as referidas palavras na relação contratual a ser verificada, estará descartada a existência da terceirização[2].

3. NASCIMENTO DA TERCEIRIZAÇÃO NO MUNDO

Podemos encontrar vários teóricos com diferentes referenciais para a gênese do surgimento da terceirização no mundo. As razões para tais divergências explicativas são plenamente aceitáveis, variando de acordo com os elementos que são apartados para o enquadramento desse fenômeno no tempo e no espaço. Essas teorias dão conta desde fenômenos produtivos isolados que se assemelhavam à terceirização, em regiões de pouca influência para a produção do resto do mundo, até eventos que mudaram os referenciais da humanidade. Desse último seguimento teórico podemos citar o evento da 2ª Guerra Mundial como um dos movimentos que deflagrou o surgimento da terceirização no mundo, uma vez que obrigou a

---

(1) "Súmula n. 331, do TST: Contrato de Prestação de Serviços — Legalidade (...) III — Não forma vínculo de emprego com o tomador a contratação de serviços de vigilância (Lei n. 7.102, de 20.6.1983), de conservação e limpeza, bem como a de serviços especializados ligados à atividade-meio do tomador (...)."
(2) "Súmula n. 331, do TST: Contrato de Prestação de Serviços — Legalidade (...) III — (...) desde que inexistente a pessoalidade e a subordinação direta."

indústria bélica americana a realizar parcerias com outros seguimentos produtivos, a fim de implementar um programa armamentista e fazer frente às forças do Eixo[3].

Parece, no entanto, que deva ser mais adequado atribuirmos o surgimento do que conhecemos como terceirização, a uma forma de produção voltada aos bens destinados à melhoria da qualidade de vida e não àquela destinada à destruição de vidas.

O Toyotismo pode ser considerado o melhor representante do nascimento mundial da terceirização, uma vez que projetou globalmente, após a segunda grande guerra, um novo modelo de produção que se contrapôs ao modelo Fordista, que era o paradigma produtivo vigente desde 1914.

No processo de produção da montadora japonesa Toyota, uma série de atividades foram delegadas a outras empresas pelo uso de subcontratações, visando à rapidez na produção, uma vez que a estocagem não era uma opção, sem negligenciar a qualidade. Essa forma de gestão minimizou as dificuldades relacionadas à falta de espaços suficientemente adequados para desdobrar os seus meios, a fim de implementar a produção de forma centralizada.

4. SURGIMENTO DA TERCEIRIZAÇÃO NO BRASIL

No Brasil, o fenômeno começou a ser notado na década de 1970, em um cenário de recessão da economia[4], orientado pela necessidade que as empresas nacionais tinham de competir, reduzindo disparidades, com as indústrias transnacionais atuantes no mercado interno, que utilizavam a terceirização de forma ampla e irrestrita para minimização dos seus custos de produção, bem como para a especialização e agilização nos processos produtivos.

Com a Globalização e o chamado à inserção de produtos brasileiros no mercado internacional, restou imperioso o espelhamento no *modus operandi* das empresas transnacionais, a fim de que houvesse a chance de competição com esses gigantes também no mercado externo.

Podemos estabelecer uma analogia de como as formas de produção mundial se organizaram com a "ditadura" da moda. Alguns poucos estilistas, respaldados pela sua fama e prestígio, disseminam a partir de seus ateliês as tendências da

---

(3) "[...] a Terceirização originou-se nos EUA, logo após a eclosão da II Guerra Mundial. As indústrias bélicas tinham como desafio concentrar-se no desenvolvimento da produção de armamentos a serem usados contra as forças do Eixo, e passaram a delegar algumas atividades de suporte a empresas portadoras de serviços mediante contratação." (GIOSA, Livio Antonio. *Terceirização:* uma abordagem estratégica. Sao Paulo: Pioneira, 1993. p. 12).
(4) "A recessão como pano de fundo levou também as empresas a refletirem sobre sua atuação." (GIOSA, Livio Antonio. *Terceirização:* uma abordagem estratégica. Sao Paulo: Pioneira, 1993. p.13).

moda para um determinado período do ano. Esse estabelecimento de procedimentos não leva em consideração as nuanças regionais, climáticas, comportamentais, etc., ou seja, individualismos que poderiam desestabilizar essa orientação, são descartados. O resultado pode ser pessoas desfilando casacos de pele nas noites escaldantes de Cuiabá.

Da mesma forma ocorreu (e ocorre) com o modo de produção e tudo a ele afeto. Algumas poucas transnacionais deram o tom de como as empresas do mundo deveriam orientar suas atividades produtivas, independentemente das normativas internas (econômicas, trabalhistas, sociais, etc.), ao mesmo tempo em que estabeleceram, respaldadas pela influência nas superestruturas do sistema dominante, padrões de circulação e consumo de mercadorias, fazendo com que as empresas que não se submeteram a esses ditames deixassem de ser competitivas, muitas vindo a perecer, levando junto a si, para a inexistência, milhares de postos de trabalho.

5. A TERCEIRIZAÇÃO E A ATUALIDADE

A terceirização é uma realidade moderna e uma realidade complexa, imposta àqueles empregadores que querem manter-se como tal, muitos deles abrindo mão dos idealismos do passado, das lembranças dos empregadores que sonhavam converter suas empresas em grandes famílias, sob uma administração orientada por um modelo patriarcal e centralizador, como bem nos lembra o exemplo da empresa aérea VARIG[5].

Hoje, os patrões que resistiram adaptando seus ideais às suas realidades, estão asfixiando, no *vacuum* legal, premidos entre manter seus postos de trabalho íntegros pela manutenção do lucro, que só é alcançado pela modernização (leia-se terceirização), chibatando seus empregados no *tripalium*[6] em um contexto de desregulamentação, ou ir de encontro aos regramentos do Neoliberalismo repousados na desigualdade, competição e eficiência[7]. Bem sabemos que essa última opção viria atrelada ao aumento dos riscos da atividade, gerado pela concorrência dos terceirizados.

---

(5) "As negociações trabalhistas durante anos e anos tiveram representantes do mesmo lado — eram funcionários negociando com funcionários. Os benefícios concedidos foram generosos, quando comparados à concorrência. Por exemplo, a assistência médica e odontológica foi sempre subsidiada, estendendo-se, em muitos casos, para funcionários e familiares. Planos especiais de hospedagem e alimentação durante as férias foram praticados anos a fio. Empréstimos com juros negativos foram frequentes." (PASTORE, José. *Trabalhar custa caro*. São Paulo: LTr, 2007. p. 206).
(6) "Para Lucien Fébvre, a palavra [trabalho] veio no sentido de tortura — *tripaliare*, torturar com o *tripalium*, máquina de três pontas." (MORAES FILHO, Evaristo de. *Introdução ao direito do trabalho*. São Paulo: LTr, 1971. p. 158).
(7) Neoliberalismo e gozo, Agostinho Ramalho Marques Neto. Disponível em: <http://www.tffadvogados.com.br/artigos>. Acesso em: 27 jul. 2012.

Podemos verificar essa teia de complexidade nos desdobramentos contratuais decorrentes das relações sustentadas pela terceirização. A relação não se encerra na simples alocação de recursos humanos contratados por uma prestadora de serviço no parque produtivo de uma tomadora desse serviço. Muitas vezes ocorre o contrário, a prestação se dá no ambiente da prestadora. E essa variável relacionada ao local de prestação de serviço é apenas um dos elementos complicadores desse novelo a ser desenrolado e tecido. Se alimentarmos nossa equação com dados que possam dar conta de nos aproximar do entendimento sobre o fenômeno, também nos aproximará do seu enquadramento e posterior regulamentação.

Dentre as variáveis a serem analisadas, podemos sugerir algumas que aludam à natureza da atividade a ser realizada, à pluralidade de contratados ou contratantes, ao prazo para a realização da atividade, às relações existentes entre os empregados contratados e os terceirizados, ao regime da execução da atividade, às jornadas adotadas, etc.[8] (informação verbal). Desse emaranhado de modelos, podemos limitar os arranjos contratuais apenas à busca do empregador por soluções específicas, respeitados os ditames da legalidade, bem como os princípios consagrados que dão conta da manutenção dos valores relativos ao trabalho e ao trabalhador[9].

6. A TERCEIRIZAÇÃO E A LEGISLAÇÃO BRASILEIRA

A regulamentação nacional, acerca da terceirização e especificidades requeridas para sua tutela, mostra-se extremamente esparsa e incipiente, como a que se encontra diluída em alguns artigos da Constituição Federal de 1988[10], tratando de algumas permissões e possibilidades, ou no Código Civil Brasileiro[11], inferindo sobre contratualidades, atribuindo responsabilidades e impondo penalidades nos casos de desvios.

Ao falarmos da legislação que tangencia o fenômeno da terceirização, não podemos deixar de tecer breves comentários sobre a Lei n. 6.019/74, que dispõe

---

(8) Conforme apresentação realizada pelo Professor José Pastore, na Audiência Pública do TST sobre Terceirização.
(9) CLT, art. 444: "As relações contratuais de trabalho podem ser objeto de livre estipulação das partes interessadas em tudo quanto não contravenha às disposições de proteção ao trabalho, aos contratos coletivos que lhes sejam aplicáveis e às decisões das autoridades competentes."
(10) CF/88, art. 170: "A ordem econômica, fundada na valorização do trabalho humano e na livre iniciativa, tem por fim assegurar a todos existência digna, conforme os ditames da justiça social, observados os seguintes princípios: [...] IV. Livre concorrência; [...] VII. busca pelo pleno emprego; [...]."
(11) Código Civil Brasileiro, art. 421: "A liberdade de contratar será exercida em razão e nos limites da função social do contrato. art. 932. São também responsáveis pela reparação civil: [...] III—o empregador ou comitente, por seus empregados, serviçais e prepostos, no exercício do trabalho que lhes competir, ou em razão dele"; art. 942. "Os bens do responsável pela ofensa ou violação do direito de outrem ficam sujeitos à reparação do dano causado; e, se a ofensa tiver mais de um autor, todos responderão solidariamente pela reparação."

sobre o trabalho temporário nas empresas urbanas, uma vez que identificamos vários elementos que, despojados do seu caráter transitório, poderiam servir de massa sobre a qual seriam glaceadas as minúcias da legislação que tutelaria a terceirização.

Os doutrinadores apontam, em suas falas contrárias à terceirização, a existência de empresas aventureiras que se apresentam como prestadoras terceirizadas, sem, no entanto, possuírem o aporte suficiente para manter uma estrutura de prestação de serviços aliada ao cumprimento de suas obrigações trabalhistas, bem como de honrarem seus compromissos ante uma situação de encerramento de atividades. O art. 5º, da Lei n. 6.019/74, aponta para um norte que poderá orientar os estudos para uma solução futura traduzida em lei, que espante o medo da instabilidade das empresas prestadoras de serviço, uma vez que impõe às suas existências uma série de medidas garantidoras, não só do pleno funcionamento legal, bem como do adimplemento dos créditos trabalhista em caso de encerramento de atividades.

Um modelo contratual também pode ser extraído da Lei n. 6.019/74, no que concerne à sua forma expressamente escrita, bem como a imposição de um detalhamento na exposição do serviço a ser prestado e todas as garantias a serem estendidas tanto à atividade quanto aos executantes, explicitando inclusive as questões relativas aos adimplementos das obrigações remuneratórias.

No tocante às garantias trabalhistas, a aludida lei pode servir para alavancar estudos que progridam na tutela legal da terceirização, pois estabelece garantias que devem ser estendidas àqueles que se vinculam a uma empresa e emprestam sua força de trabalho a outra, conforme estabelecido em seu art. 12.

A fiscalização, segundo a Lei n. 6.019/74, é exercida tanto pelos órgãos governamentais do trabalho, como pelas empresas tomadoras de serviço. Da parte das tomadoras, temos notícias da realização de algumas rigorosas auditorias periódicas nas empresas prestadoras, a fim de que não sejam surpreendidas por visitas da fiscalização do trabalho, ou pior, por uma notificação da Justiça do Trabalho.

Podemos observar um certo tom condescendente na lei ora comentada, quando da leitura do seu art. 15[12], uma vez que o mesmo estende a faculdade (poderá exigir) e não a obrigatoriedade (exigirá) da realização de fiscalização sobre o processo de contratação e os desdobramentos dessa contratação sobre os empregados envolvidos.

---

(12) Lei n. 6.019/74, art. 15: "A Fiscalização do Trabalho poderá exigir da empresa tomadora ou cliente a apresentação do contrato firmado com a empresa de trabalho temporário, e, desta última o contrato firmado com o trabalhador, bem como a comprovação do respectivo recolhimento das contribuições previdenciárias."

A legislação futura que trate sobre a terceirização, deve definir que essa fiscalização seja muito mais efetiva e contundente, não se atendo apenas à imposição da apresentação de um contrato e comprovação de recolhimento previdenciário, fiscalizando os termos desse contrato, que a despeito da liberdade de contratar, deverá atender à sua finalidade social e, por conseguinte, garantir que todas as obrigações trabalhistas sejam cumpridas, desde o início de sua vigência, até o seu termo.

A mais importante e abrangente legislação que trata dos direitos trabalhistas, Consolidação das Leis do Trabalho, CLT, não dedicou nenhuma linha diretamente às relações terceirizadas, nem ao menos para negá-la por ser um desrespeito à dignidade presente na força do trabalho, sequer fazendo referência ao termo em todo o seu corpo, sendo necessário o elastecimento de alguns artigos para que dentro deles caibam inferências sobre a possibilidade ou não da existência da atividade terceirizada. A omissão é compreensível pelo lapso temporal que separa a publicação da referida lei da efetiva prática da terceirização no Brasil.

Os arts. 2º e 3º, da CLT[13], determinam o que são empregadores e empregados. Desses artigos, alguns doutrinadores extraem negatórias para a existência de relações terceirizadas. A justificativa se dá pela própria inteligência dos mesmos. Pelo art. 2º, não é permitido que haja um empregador sem que este admita, assalarie e dirija a prestação pessoal de serviço. No outro extremo da relação e gestado pelo art. 3º, está o empregado, que precisa ser uma pessoa física que preste serviço assalariado àquele empregador acima descrito e de forma não eventual.

Para os artigos em comento, aquele empregador admite, assalaria e dirige pessoalmente a prestação do serviço. Como vimos no item que tratou do conceito de terceirização, se houver a subordinação direta e a pessoalidade, não haverá a possibilidade de existência da relação terceirizada.

A negação ou minimização do fenômeno da terceirização redundou em orientações judiciais, no sentido de que se elimine da apreciação dos fatos todas as variáveis desregulamentadas, sobrando apenas, para efeito de julgamento, uma relação de prestação direta de um serviço, responsabilizando o tomador desse serviço como se houvesse estabelecido uma relação direta de emprego entre empregador e empregado terceirizado.

Tal orientação transforma uma relação existente e desregulamentada, em outra que inexiste, mas que juridicamente se faz mais fácil de lidar. É enaltecido

---

(13) CLT, art. 2º: "Considera-se empregador a empresa, individual ou coletiva, que, assumindo os riscos da atividade econômica, admite, assalaria e dirige a prestação pessoal de serviço." Art. 3º: "Considera--se empregado toda pessoa física que prestar serviços de natureza não eventual a empregador, sob a dependência deste e mediante salário."

pelo entendimento sumular um vínculo de direito, entre a tomadora e o empregado terceirizado e subleva-se do processo de julgamento o vínculo de fato, existente entre o empregado terceirizado e a prestadora de serviço, sua real contratante[14].

Não há que se tratar no presente tópico sobre os projetos de lei e substitutos que tramitam no Congresso Nacional, uma vez que não havendo a publicação sob forma de lei das referidas propostas, não há tutela efetiva do fenômeno da terceirização.

O que se pode falar dessas propostas, é que o projeto "vencedor" ainda terá um caminho bastante longo até a sua aprovação, publicação e efetivo cumprimento. Enquanto isso, a desregulamentação continua e se acaloram as discussões sobre um ou outro projeto, dos mais de vinte apresentados, impregnados de interesses políticos ou setoriais, quando não maculados por algum desvio moral de seu autor.

7. O TRIBUNAL SUPERIOR DO TRABALHO, O SOL E A PENEIRA

A *"regulamentação"*, espargida pela Lei Magna, códigos e leis tangentes, tem se mostrado insuficiente para tutelar esse movimento produtivo tão intricado e de variadas facetas. Nessa lacuna abismal da legislação, que apartou de um lado empregadores e de outro empregados, espremidos entre o abismo e as paredes da concorrência, se interpôs a rasa Súmula n. 331 do TST, uma vez que a profundidade de uma tutela se dá pela via legislativa, não sendo permitido tal aprofundamento àquela Corte.

Tal súmula vigora como o dedo polegar do pequeno holandês Peter, introduzido na minúscula fenda da represa, sem se dar por conta que está do lado errado do dique, pois a "Holanda" a ser protegida pelo ato, está do outro lado, já inundada pelas águas da terceirização.

Tamanho é o vazio legal do referido enunciado, que regrou de forma geral e tangente relações de trabalho extremamente elaboradas e conectadas à superestrutura da sociedade, que nem podemos dizer que esse substituto legislativo tratou uma problemática estrutural com uma solução conjuntural, como é corrente vermos no país quando os legisladores são chamados a dirimir novos problemas apresentados, pois nem conjunturalmente ela conseguiu dar uma resposta satisfatória à questão.

---

(14) "A mesma coisa deu-se no direito do trabalho. Enquanto não se promulgavam as leis constituía-se por toda parte o costume como fonte informativa das relações entre empregados e empregadores.[...] Muitos dos institutos atuais do direito do trabalho surgiram desses usos e costumes (aviso-prévio, justo motivo para dispensa, descanso, férias, colocação etc.)" (MORAES FILHO, Evaristo de. *Introdução ao direito do trabalho*. São Paulo: LTr, 1971. p. 158).

8. A MOBILIZAÇÃO EM TORNO DO TEMA

Uma vez que os legisladores não entenderam o fenômeno da terceirização como uma realidade presente e urgente nas relações de trabalho, bem como ponto fundamental para a justa concorrência, andando em círculos por mais de treze anos de discussões legislativas e atribuindo sua tutela a um emaranhado de artigos dispersos em legislações, alguns juristas e doutrinadores desdobraram-se em ilações orbitais ao cerne da questão, detendo suas argumentações ao contrato e sua função social, por exemplo, por meio de ponderações acerca de um ou outro artigo do Código Civil, generalistas e que não se prestam a dar conta do todo que envolve uma relação terceirizada, apresentando soluções tão somente para as dissensões havidas na relação capital/trabalho em uma realidade de terceirização.

No entanto, em havendo uma bem elaborada legislação, sobre a qual repousassem legalmente as relações empresas/empregados, nessa realidade de terceirização, não haveria espaço para elucubrações como aquelas que dizem respeito à responsabilidade (em caso de dissensões) da empresa tomadora ser de ordem subsidiária ou solidária.

A falta de uma regulamentação que desse conta do fenômeno da terceirização esvaziou a argumentação dos discursadores legalistas. Na ausência dessa legislação sobre a qual eles pudessem equilibrar-se, apenas repetiram essas impressões orbitais e de relevância discutível, ou se acotovelaram para se manterem sobre o estreito cabo esticado pela Súmula n. 331, batendo repetidamente na tecla da vinculação do empregado terceirizado ao tomador do serviço, descaracterizando a relação terceirizada.

Alguns operadores do Direito Trabalhista, bem como doutrinadores que se dedicam ao desvelamento do tema, ainda olham a irrefutabilidade da realidade da terceirização com desconfiança ou descrença, desprezando que, dadas as ligações estreitas que este fenômeno produtivo mantém com o sistema capitalista, em muitas vezes alicerçando-o e auferindo-lhe legitimidade existencial, encerra-se em uma redoma protetiva de complexidade, na qual as ferramentas forjadas pela simplicidade não farão a menor mossa, tanto quanto a eliminação pela negação ou pela minimização dos seus efeitos, só fará com que essa realidade cresça desregulada, como duas cabeças de uma *Hidra de Lerna* que nascem e produzem maior destruição a cada corte impensado de uma cabeça existente.

Quando os operadores do direito argumentam que a terceirização **É** nociva, eles estão afirmando ao mesmo tempo em que ela **É**, que ela existe, e dessa afirmação surge a necessidade de o ordenamento jurídico se posicionar como ela **Será**, porque a assertiva de que ela "não será", não tem mais lugar no debate.

Traçando um paralelo com o Direito Penal, é como se a lei penal, ao se confrontar com os crimes de Internet, praticados no *cyber* espaço, minimizasse sua existência, adaptando a apuração, o julgamento e as condenações às leis que tratam de crimes consumados pela ação física do criminoso, até que essa onda de Internet passasse.

Aturdido pelos gritos que emanavam de dentro dos autos de milhares de processos, gerados pela desregulamentação oriunda das relações terceirizadas de trabalho, o TST convocou a sociedade por intermédio das suas representações, para que elas, em uma histórica audiência pública, pudessem mostrar realidades, postular teorias, prospectar cenários e, acima de tudo, apresentar sugestões para que o reconhecimento do instituto da terceirização, se ele viesse a ser ratificado, e sua regulamentação, não trouxessem à reboque a precarização da mão de obra, sendo mantidas as conquistas trabalhistas a tão duras penas estabelecidas.

A audiência pública ocorreu não só pela lacuna da lei, mas pela *mea culpa* do TST e por sua incapacidade legal e operacional de produzir um estudo que de fato frutificasse em uma normatização adequada, para, se não regular, uma vez que esse é um atributo da lei, poder responder de forma mais efetiva e adequada às contendas que àquela corte acorressem.

Talvez tivéssemos um desdobramento diferente e não nos encontrássemos nessa discrepância entre realidade e lei, se os julgadores trabalhistas, nos estudos dos casos concretos, se debruçassem com ânimos à inovação sobre essas questões quando em suas instâncias, não se amiudando pela sombra que a Súmula n. 331 estendeu por sobre suas Varas e Turmas.

Os estudos despendidos para a distribuição da justiça, na análise de casos concretos (realidade), deviam embasar e orientar o pensamento acerca da terceirização, pois as decisões emanadas nas diversas instâncias da Justiça do Trabalho, são as mais prestimosas fontes de consulta, principalmente aquelas que contrariam aquilo que foi inferido em prol daquilo que está posto. Essas decisões deveriam ser os pontos de partida para o estudo da criação de uma norma que tutelasse as relações terceirizadas.

9. RELAÇÕES EMPREGADOR/EMPREGADO E GOVERNO/EMPREGADOR

Em uma relação terceirizada existe uma série de variáveis que demandam vantagens para aquele que contrata, permitindo que sejam atingidos os objetivos empresariais de rapidez, especialização e redução dos custos na produção, com consequente aumento dos lucros, que é o objetivo final a ser por eles atingido.

A exclusão de direitos trabalhistas e a precarização da mão de obra talvez se contabilizem no cômputo dessas variáveis, por haver uma desregulamentação que permita a incidência delas na relação.

Se imaginarmos uma empresa que presta serviços a apenas uma tomadora, não veremos a possibilidade de redução dos custos por meio de uma relação de terceirização, sem que haja a precarização de alguma variável envolvida (jornadas, salários, ambiente produtivo, etc.) uma vez que todas as despesas da empresa prestadora, como seu lucro, devem ter origem no valor contratualmente pago pela tomadora, não havendo vantagem nenhuma para essa empresa que contrata.

No entanto, se a empresa prestadora de serviços tiver várias empresas tomando esses serviços, os custos e os lucros da empresa prestadora de serviços viriam de diversas fontes, ficando ela com o compromisso apenas de administrar os seus funcionários e realizar o serviço contratado, atingindo o nível de especialização e eficiência que se esperaria em uma linha de produção totalmente desenvolvida, de forma centralizada, no ambiente produtivo da tomadora.

O ganho das empresas contratantes viria, além do aumento da eficiência e da especialização, permitindo que os esforços fossem direcionados para a atividade que a definiria enquanto empresa, também pelo rateio com as demais tomadoras, dos custos da prestadora com energia elétrica, consumo de água, manutenção das instalações, despesas com a administração de pessoal (folhas de pagamento, contratações, demissões, etc.), custos governamentais agregados à mão de obra, impostos prediais, licenças, alvarás, etc.

Um recente artigo que trata do Custo do Trabalho no Brasil do empregado contratado, ou seja, sem que haja a terceirização, levantado pela Fundação Getúlio Vargas, constatou que, levando em consideração todos os itens de custo do trabalho determinados pela legislação, diretamente endereçados aos bolsos dos trabalhadores ou sob esse pretexto de destino, como pagamento do FGTS, INSS, licença-maternidade, e também custos indiretos de treinamento e administração de pessoal, o trabalhador custa para a empresa 183% a mais que o seu salário bruto — no caso de ele permanecer contratado durante 12 meses[15].

Aliados a esses custos decorrentes da legislação protetiva do trabalho, podemos adenar os impostos aos quais os empregadores são submetidos para exporem, armazenarem ou circularem suas produções, bem como aqueles atinentes aos lucros obtidos após a troca da produção por dinheiro.

Esses dados nos fazem ponderar que a opção do empregador pela não criação de um posto de trabalho na empresa, levando à contratação de uma ou mais empresas para a realização de atividades, talvez não esteja ligada apenas à comodidade proporcionada pela deletéria terceirização, mas se desvencilhar um pouco da pesada carga tributária imposta, por posto de trabalho inaugurado.

Como consequência, podemos inferir que juntamente com a apreciação da relação empregadores/empregado, para obtermos subsídios que redundem em uma legislação que dê conta da terceirização, devemos repensar a relação governo/

---

(15) Custo do Trabalho no Brasil — Proposta de uma nova metodologia de mensuração — Relatório Final. Disponível em: <http://www.eesp.fgv.br/sites/eesp.fgv.br>. Acesso em: 27.jul.2012.

empregadores, a fim de que verifiquemos se o primeiro está dando condições ao último de lucrar, expandir e criar novos postos de trabalho, ou se o está achatando em tarifas que serão convertidas em bolsas assistenciais estendidas aos desempregados resultantes do processo demagógico, que agradecerão o paternalismo estatal e se converterão em uma agradecida reserva eleitoral.

Não podemos ser ingênuos a ponto de eliminar das variáveis de entendimento desse processo relacional, o fato de que a tributação é única forma legal (Estado Democrático de Direito e Princípios) de o Estado realizar uma redistribuição das benesses geradas pelas riquezas, mas temos que ser coerentes o suficiente para entendermos *quem* são aqueles que promovem essas riquezas, sob o risco de estarmos eliminando a origem dos ovos de ouro e com ela os próprios ovos.

Podemos depreender por meio do estudo realizado acerca do tema, que o instituto da terceirização é uma realidade sobre a qual repousam alguns dogmas do Capitalismo: concorrência, eficiência, dinamismo produtivo, otimização de custos, etc. O sistema capitalista subsiste a despeito de todos os percalços que tem sofrido ao longo de sua existência. Precisamos atribuir uma certa "inteligência" a esse sistema, uma vez que o mesmo tem se mantido e moldado nosso mundo da forma como o vemos, orientando desde o que devemos vestir, até como devemos agir vestidos dessa forma, nivelando vazios existenciais, com aterros de consumismo e substituindo as fragilidades dos espíritos pela solidez dos produtos nas vitrines. À luz dessa inteligência, concluiremos que os agentes do Capitalismo têm muito claro (como não é muitas vezes claro para a Justiça do Trabalho) que não se pode dissociar lucros de criação ou estabilidade dos postos de trabalho, bem como trabalhadores de consumidores. Desta última assertiva, em acordo com as lógicas das retroalimentações, bem entende o sistema que um salário a menos, ou aviltado, é igual a um consumidor a menos ou um consumidor com menor poder de compra e, principalmente, um profeta a menos da religião do capital. Nessa relação de retroalimentação, na qual o trabalhador inicia processo de existência de um produto e, algumas vezes, finaliza com o consumo desse mesmo produto, não seriam válidas as iniciativas que, respeitando os ditames protetivos do trabalhador, redundem em um produto cujo preço final seja menor?

A legislação impõe o risco da atividade produtiva apenas ao empresário, sendo esse risco considerado apenas em relação ao lucro obtido pela atividade, no entanto o empregado divide de fato esse risco com seu empregador, pois se este não obtiver o lucro, aquele não manterá seu posto de trabalho[16].

---

(16) "No Japão, por exemplo, os sindicatos têm outra mentalidade, estão mais preocupados com a produção, com a manutenção da empresa e, por consequência, com a possibilidade de serem gerados novos empregos [e a manutenção dos empregos existentes]." (MARTINS, Sérgio Pinto. *A terceirização e o direito do trabalho*. São Paulo: Atlas, 2000. p. 45).

10. A REGULAMENTAÇÃO, A FISCALIZAÇÃO E A INTROJEÇÃO

A hermenêutica ensina a depreendermos o "espírito da lei". E que espírito queremos ver pairando sobre essa lei que venha a regulamentar a terceirização, uma vez que se aceite e se acolha essa realidade nas formas modernas de produção? O primeiro desejo que se tem em relação a essa esperada lei, é que esteja alinhada com os preceitos protetivos do trabalho e que não permita a retroação das conquistas trabalhistas.

Uma vez garantidas as conquistas anteriores, se espera que essa nova lei regulamente, também com garantias, as relações já existentes e que se desenvolvem à margem da legislação.

Espera-se que essa realidade de terceirização seja trazida à regularidade, uma vez que é mais fácil regulamentar o que existe, adaptando essa existência aos princípios que se quer justapor, do que criar uma realidade que não existe, eliminando o que de fato se apresenta. É sobre essa última assertiva que pulula grande parte das atividades marginais de nossa sociedade.

Nessa urgente regulamentação das atividades terceirizadas, dois aspectos parecem ser elencados como os pomos da discórdia e motivadores do entrave legal que se estabelece: 1) qual é a natureza da responsabilidade da tomadora de serviços, frente ao inadimplemento dos créditos trabalhistas por parte da prestadora de serviços por ela contratada; 2) a possibilidade ou não de terceirizar a atividade-fim.

A primeira rusga deriva da existência de empresas prestadoras de serviço, que na verdade são fachadas para uma mera e irresponsável intermediação de mão de obra, sem que exista sequer uma atividade específica que oriente os rumos de gestão dessas empresas.

A regularização da terceirização, trazendo à reboque a regulamentação dessas empresas, descartaria, ou minimizaria a incidência desses aventureiros que só visam ao ganho, sem uma contrapartida social.

Essa forma de controle já ocorre pela legislação que trata das prerrogativas para a criação de uma empresa que irá realizar atividades produtivas, com contratações diretas de mão de obra. De forma análoga à legislação que regulamenta o funcionamento dessa última empresa, a esperada legislação trataria do aporte financeiro que uma empresa de prestação de serviço deve ter para não necessitar que uma outra, ou que outras, avalizem seu risco. As empresas contratadas tornar-se-iam verdadeiramente responsáveis pelas consequências de sua gestão, com um funcionamento condicionado à comprovação prévia de um ativo que, sozinho, permita o adimplemento de todas as obrigações trabalhistas presentes e projetadas, de todos os empregados por ela contratados.

A imposição de limites à atividade a ser realizada pela empresa prestadora de serviço também seria um importante elemento para o controle dessa atividade.

A especialização[17] seria o mote principal a proporcionar uma compensação para aquelas empresas que se utilizassem das prestadoras de serviço. Essas empresas prestadoras de serviço especializado estenderiam às empresas tomadoras os requisitos de produtividade, qualidade e competitividade preconizados pelos fundamentos da concorrência.

Da mesma forma, a essas empresas especializadas na prestação de serviço deveriam ser estendidos incentivos fiscais e tributários, uma vez que a consequência das atividades das referidas empresas, além do lucro, seria a geração de um emprego seguro, formal e controlado, não sendo possível a essas empresas especularem com a negociação de suas produções ou prestações de serviços, pois o que elas receberão ao final está previamente acordado em contrato.

A outra questão de discordância nos debates diz respeito à terceirização da atividade-fim. Em uma legislação que não dispense tratamentos desiguais entre trabalhadores contratados e terceirizados, cujo ganho se dê, como vimos acima, por outros mecanismos, não há porque se temer a terceirização em qualquer dos momentos da atividade empresarial, desde que aquela empresa, para a qual se terceirizou a atividade, cumpra com as obrigações impostas para o seu funcionamento.

Já verificamos em alguns sistemas produtivos a especialização e os desdobramentos horizontais da produção, havendo terceirização mesmo em tarefas que estão conectadas diretamente à atividade-fim da empresa tomadora de serviço.

As montadoras de veículos são definidas e reconhecidas por gestões pela terceirização, inclusive da atividade-fim, sob os auspícios da fiscalização. O motor é fabricado por uma empresa, as rodas por outra, os sistemas são desenvolvidos por um conglomerado de outras e tudo acaba sendo amalgamado, tornando-se o sonho de consumo de muitos, na empresa que tomou esses serviços das prestadoras altamente especializadas[18].

Da mesma forma, em um outro seguimento produtivo onde haja a proteção do trabalho e do trabalhador, a camisa é o chassi, os botões são os pneus, as

---

(17) "A terceirização provoca especialização por natureza de serviço a ser prestado. A especialização leva, por extensão, a uma lapidação operacional, pois as empresas se tornam cada vez mais enquadradas nos critérios internos das atividades que garantem um aprimoramento na gestão e na obtenção de lucros." (GIOSA, Livio Antonio. *Terceirização:* uma abordagem estratégica. Sao Paulo: Pioneira, 1993. p. 66).

(18) "Trata-se, portanto, de terceirização na atividade-fim da empresa que é produzir automóvel. Ninguém jamais disse que esse tipo de atividade, que existe há mais de 50 anos, é ilícita." (MARTINS, Sérgio Pinto. *A terceirização e o direito do trabalho*. São Paulo: Atlas, 2000. p. 24).

costuras são as soldas e o produto final é a roupa nova, produzida na empresa têxtil terceirizada, para ser usada dirigindo o carro novo, fabricado na montadora de veículos terceirizada.

Sabemos que uma lei, por si, mesmo que consiga englobar todas as variáveis da relação a qual ela quer normatizar, não surte o efeito desejado (compreensão e obediência) se não houver atrelado a ela um aparato de divulgação, conscientização pelo entendimento de sua importância e, finalmente, um bem montado esquema de fiscalização, que corrija os desvios sem exceções ou arranjos legais que privilegiem um ou outro indivíduo, ou, que permita acertos que descartem seu cumprimento em uma ou outra situação.

A fiscalização é um dos elementos essenciais para a fixação de uma nova norma, pois põe em movimento o seu cumprimento, até que o próprio entendimento e aceitação de sua aplicação propulsionem de forma autônoma esse evento. Este é um ponto bastante preocupante e que poderá colocar em risco a eficácia dessa esperada lei da terceirização, uma vez que a fiscalização trabalhista não se encontra suficientemente aparelhada para atuar, de forma preventiva, sequer sobre os desvios de condutas nas atividades estabelecidas por uma relação regulamentar de trabalho, redundando em turbilhões de demandas judiciais, ocasionadas por longos períodos de utilização irregular das forças de trabalho.

Como já discorremos em tópico anterior, uma imposição legal de fiscalizar, sobre a empresa que toma o serviço terceirizado, poderá ser a chave para que essa preocupação com a fiscalização se atenue. A empresa tomadora precisa ter o conhecimento pormenorizado de todas as atividades da empresa a ser contratada por ela, tanto no que diz respeito à qualidade da prestação do serviço, quanto no tocante à forma como a prestadora gerencia sua mão de obra, na relação direta, bem como na intermediação junto aos órgãos previdenciários, uma vez que essa gestão terá reflexos produtivos diretos. O desdobramento desse conhecimento sobre aquele que se contrata pode ter um viés prático. A prática de auditorias pré-pactuadas pode redundar no fortalecimento da parceria estabelecida, pelo alinhamento de objetivos, ou ainda aparar algumas arestas na condução da prestação de serviço.

No nosso país, mesmo que o senso comum aponte para um outro entendimento, os cidadãos cumpririam as leis se conseguissem internalizar suas finalidades e a relevância delas, sentindo que elas têm validade verdadeiramente *erga omnes*.

Como um cidadão pode introjetar uma lei que lhe imponha o limite máximo de 80 Km/h ao conduzir seu veículo, quando está estampado, atrás de seu volante, que estão à sua disposição mais 150 Km/h?

No entanto, se houver um isento estudo na elaboração da norma, privilegiando a realidade e a necessidade; uma clareza inequívoca na transcrição, sem que haja margem para que interpretações possam vir a tingí-la de insegurança jurídica; uma divulgação de seus objetivos e desdobramentos, com ênfase para o fim social que essa norma visa; e uma fiscalização que a nada, nem a ninguém, excepcione, então teremos uma grande chance de ver uma norma ser acolhida como um preceito moral que subordina os desejos e as ações de todos. O cidadão quer os limites, mas os quer como um fator que a todos iguale, não que a alguns favoreça.

Como exemplo disso, podemos citar uma norma municipal aplicada aos coletivos urbanos, positivada por avisos afixados nos vidros acima dos bancos reservados àqueles que possuem alguma espécie de dificuldade física. Antes havia escrito PREFERENCIALMENTE no corpo da orientação. Mesmo na ausência do público alvo da reserva, os assentos permaneciam vazios, orbitados por passageiros em pé. Foi necessário que se mudasse a orientação, informando que: estando vazio o assento reservado e ausente o público alvo, os demais passageiros poderiam sentar-se. Isso ocorre porque o preceito moral introjetado de que aqueles que possuem dificuldades são responsabilidades de todos, está tão arraigado em nosso sentimento que, se não puséssemos os bancos preferenciais e os cartazes, mesmo assim uma legião de pessoas se levantaria à menor presença de um idoso, por exemplo.

Portanto a lei que entrar em vigor, com a finalidade de subordinar as vontades e as ações dos empregadores, no sentido de conscientizá-los da importância de fazer valer a regulamentação da terceirização, terá que ser mais que artigos dispostos sequencialmente, deverá trazer consigo a certeza de seu valor moral para a sociedade e, especificamente, para a melhoria das relações capital/trabalho.

CONSIDERAÇÕES FINAIS

A terceirização é um fato e encontra-se em um limbo regulamentar, sendo despida de todas as suas especificidades para que se pareça com algo que já se encontra na regulamentação trabalhista, assim, com essa máscara que nada se assemelha a ela, possa revestir-se de validade e tornar-se objeto de discussões jurídicas.

O fenômeno da terceirização é mais que um modo de produção, é o sustentáculo da economia do Capitalismo, sem a qual os preceitos de eficiência, rapidez, qualidade, concorrência, dinamismo produtivo e otimização de custos não seriam possíveis.

A complexidade é uma das marcas registradas da gestão terceirizada e não será com simplificações que se entenderá ou regulamentará tal fenômeno.

No mar de desregulamentação legislativa acerca da terceirização, emergiram os esforços do TST a fim de entender o fenômeno e atribuir-lhe validade legal. Esse entendimento restou prejudicado, uma vez que foram aparadas variáveis importantes para o compreensão da questão e consequente regulamentação.

Alguns doutrinadores, juristas e sindicalistas procuraram desacreditar o fenômeno ou menosprezar seus indícios de existência e força, ao mesmo tempo em que, de forma pouco coerente, maximizar os seus efeitos prejudiciais sobre a relação de trabalho. Afinal, se uma atividade não existe em larga escala como afirmam, então como ela pode ser tão prejudicial se for regulamentada?

Obviamente que todos entendem os medos históricos que nublam as relações de mudanças ou inserções nas regulamentações trabalhistas, mas é importante também que se entenda que os medos históricos precisam estar conectados aos contextos históricos que os geraram. O nosso contexto histórico, aliado à rapidez com que as informações chegam e são processadas, não permite que se regrida da forma drástica que alguns preveem.

O medo dessa ponte que se está construindo sobre águas desconhecidas, sem que se saiba o que está na outra margem, existe porque esquecemos que as pontes não são caminhos só de ida. A qualquer momento, se não nos agradar o que nos for apresentado na margem de chegada, podemos retornar à margem de saída, derrogando, revogando essa ponte.

Todo o esforço despendido por meio de debates, grupos de estudo, propostas e projetos legislativos, que contemplem não só as relações trabalhistas, mas um rearranjo político, tributário e fiscalizatório, trará soluções a curto e médio prazo para a questão. A longo prazo será necessária a implementação das mudanças estruturais que tanto esperamos, para que o desenvolvimento social, que traz a carreto a dignificação do trabalho, seja traduzido em índices de desenvolvimento humano compatíveis.

A legislação que deverá eclodir desse primeiro esforço de regulamentação, mesmo que seja extremamente abrangente, sem deixar de ser detalhada, se estiver desacompanhada de uma eficaz introjeção de seus ditames e de uma fiscalização que não excepcione a nada, nem a ninguém, garantirá apenas o preenchimento de folhas em branco, por letras mortas.

REFERÊNCIAS BIBLIOGRÁFICAS

BRASIL, Constituição da República Federativa do Brasil, de 5 de outubro de 1988. Disponível em: <http://www.planalto.gov.br/ccivil_03/Constituicao/Constituiçao_Compilado.htm>.

BRASIL, Lei n. 10.406, de 10 de Janeiro de 2002. Institui o Código Civil Brasileiro. Disponível em: <http://www.planalto.gov.br/ccivil_03/leis/2002/L10406.htm>.

BRASIL, Decreto-Lei n. 5.452, de 1º de maio de 1943. Aprova a Consolidação das Leis do Trabalho. Disponível em: <http://www.planalto.gov.br/ccivil_03/decreto-lei/del5452.htm>.

BRASIL, Lei n. 6.019, de 3 de janeiro de 1974. Dispõe sobre o Trabalho Temporário nas Empresas Urbanas, e dá outras Providências. Disponível em: <http://www.planalto.gov.br/ccivil_03/leis/l6019.htm>.

GIOSA, Livio Antonio. *Terceirização:* uma abordagem estratégica. Sao Paulo: Pioneira, 1993.

MARQUES NETO, Agostinho Ramalho. *Neoliberalismo e gozo*. Disponível em: <http://www.tffadvogados.com.br>.

MARTINS, Sérgio Pinto. *A terceirização e o direito do trabalho*. São Paulo: Atlas, 2000.

MORAES FILHO, Evaristo de. *Introdução ao direito do trabalho*. São Paulo: LTr, 1971.

PASTORE, José. *Trabalhar custa caro*. São Paulo: LTr, 2007.

ENTRE OS NOVOS E ANTIGOS DESAFIOS DO DIREITO DO TRABALHO: A TERCEIRIZAÇÃO

Juliana Elise Doerlitz[*]

RESUMO

O presente artigo é um estudo sobre a terceirização, fenômeno que ainda hoje é considerado um desafio para o direito material do trabalho. Seu objetivo é identificar, caracterizar e singularizar a terceirização e seus efeitos jurídicos. Vários assuntos relacionados à terceirização são retratados neste trabalho, como: sua evolução histórica; conceituação; efeitos jurídicos; a terceirização sob a ótica da Constituição Federal, da Consolidação das Leis do Trabalho e das demais legislações; as principais formas de terceirização trabalhista: terceirização lícita, ilícita, temporária, regulada pela Lei n. 7.102/83, nas cooperativas, na Administração Pública e sua responsabilização. A terceirização é prática quase tão antiga quanto a promulgação da CLT, no entanto, terceirizar é um fenômeno muito mais recorrente do que no passado. A Súmula n. 331 do Tribunal Superior do Trabalho — TST, que é considerada o texto mais valioso sobre a terceirização, é estudada minuciosamente neste trabalho, e a terceirização é assunto tão importante que foi alvo da primeira audiência pública realizada pelo TST, em 2011. Conclui-se que a terceirização tem seus prós e contras, se de um lado é benéfica para os empregadores, pois melhora os resultados, de outro, retira de trabalhadores vários direitos constitucionalmente consagrados. Portanto, é um instituto que deve ser utilizado com bastante cautela e deve ser alvo de constante fiscalização.

Palavras-chave: Terceirização. Formas de Contratação. Responsabilidade.

INTRODUÇÃO

Se em um passado próximo o fenômeno da terceirização já era motivo recorrente nas salas de audiência, hoje, com a constante modernização do trabalho, é muito mais. Cada vez mais os limites do Direito do Trabalho são desafiados e com a terceirização não seria diferente. Contudo, sabe-se que o Direito do Trabalho realiza-se todos os dias, é fruto da vivência, é real/efetivo, deve ser sempre aplicado e respeitado, e caso alguma violação ocorra, que seja devidamente reparada.

(*) Advogada. Pós-graduanda pela AMATRA 12ª Região. Graduada em Direito, Universidade Regional de Blumenau — FURB. *E-mail:* <ju.doerlitz@gmail.com>.

O modelo trilateral de trabalho (empregado, empresa terceirizante e tomador de serviços), passou a destacar-se apenas 60/50 anos atrás, quando surgiram as primeiras leis que regulavam o trabalho de empregados terceirizados na administração direta e indireta, quando então outras atividades passaram a ser submetidas à terceirização, independentes de legislação, como ocorreu com o trabalho de conservação e limpeza.

Com as constantes oscilações econômicas, a terceirização surge como uma forma de flexibilização da relação trabalhista, que de uma forma mais simplificada pode acompanhar as transformações econômicas vividas pela sociedade, e constantemente impostas pelo capitalismo.

Terceirizar foi a forma encontrada pelas empresas para superar a concorrência e se manterem no mercado, reduzindo gastos tanto com matéria-prima como na mão de obra, que em meio às crises tenderiam a aumentar.

Mas até que ponto, quando e de que forma a terceirização pode ocorrer?

Bem, são perguntas que serão esclarecidas ao longo deste trabalho.

1. EVOLUÇÃO HISTÓRICA

Quando da elaboração da CLT, não houve nenhuma menção expressa quanto à terceirização, contendo apenas duas menções bastante delimitadas de subordinação de mão de obra: a empreitada/subempreitada (art. 455) e a pequena empreitada (art. 652, "a", III).

As primeiras noções sobre serviços terceirizados foram enfatizadas no Brasil a partir da década de 1960 pelas empresas multinacionais que estavam se estabelecendo no país, ganhando um especial destaque nessa forma de contratação[1].

Entre as primeiras leis, destacam-se o Decreto-Lei n. 200/1967 e a Lei n. 5.645/1970, que regulavam o trabalho de empregados terceirizados na administração direta e indireta da União, Estados e Municípios[2]. Também houve os Decretos-Leis ns. 1.212/1966 e 1.216/1966 que autorizavam a utilização de serviços de segurança terceirizados, o Decreto n. 62.756/1968 que legalizou a locação de mão de obra por meio de agências especializadas e o Decreto n. 1.034/1969 que regulamentou os serviços de vigilância em bancos, diretamente ou por meio de empresas intermediadoras[3].

---

(1) NICOLAU, Maira Ceschin. *Terceirização no direito do trabalho*. Disponível em: <http://www.professornilson.com.br/artigos.php>. Acesso em: 20 maio 2012, p. 10-11.
(2) DELGADO, Mauricio Godinho. *Curso de direito do trabalho*. 11. ed. São Paulo: LTr, 2012. p. 436.
(3) NICOLAU, Maira Ceschin. **Terceirização no direito do trabalho**. Disponível em: <http://www.professornilson.com.br/artigos.php>. Acesso em: 20 maio 2012, p. 10-11.

Em 1974, com a promulgação da Lei n. 6.019, Lei do Trabalho Temporário, houve a regulamentação do serviço terceirizado nos casos de necessidade transitória de substituição de trabalhador regular e permanente ou acréscimo extraordinário de serviço, autorizando o trabalho terceirizado tanto em atividades-meio como em atividades-fim. Já a Lei n. 7.102/1983 permitiu a terceirização do trabalho de vigilância bancária, que poderia inclusive ocorrer de forma permanente.

A Lei n. 8.863/1994 ampliou o rol de terceirização da Lei n. 7.102/1983, possibilitando a modalidade de terceirização de vigilância patrimonial de qualquer instituição/estabelecimento público ou privado, segurança de pessoas físicas e transporte ou garantia de transporte de qualquer tipo de carga[4].

O TST editou a Súmula n. 256 para tentar conter abusos decorrentes do avanço da terceirização[5], que acabou sendo cancelada em 1993, sendo editada a Súmula n. 331 em 1994. Em 2001 foi acrescentada a responsabilidade subsidiária do tomador de serviços nos casos de terceirização ilícita, mesmo se ente público[6], e a última alteração da Súmula data de maio de 2011, com a figura da culpa *in vigilando* para a responsabilização da Administração Pública.

Por último, nos dias 4 e 5 de outubro de 2011, o Tribunal Superior do Trabalho realizou uma audiência pública — pela primeira vez na história do Tribunal —, para coletarem-se elementos técnicos para uma melhor compreensão da terceirização, audiência que, segundo Martins Filho[7], trouxe precedentes inéditos para a terceirização no Brasil.

2. CONCEITO DE TERCEIRIZAÇÃO

Mauricio Godinho Delgado[8] ensina que:

> Para o Direito do Trabalho terceirização é o fenômeno pelo qual se dissocia a relação econômica de trabalho da relação justrabalhista que lhe seria correspondente. Por tal fenômeno insere-se o trabalhador no processo produtivo do tomador de serviços sem que se estendam a este os laços justrabalhistas, que se preservam fixados com uma entidade interveniente.

---

(4) RODRIGUES FILHO, Clovis. *Terceirização trabalhista*. Recanto das Letras, jun. 2009. Disponível em: <http://www.recantodasletras.com.br/textosjuridicos/1650187>. Acesso em: 20 maio 2012.
(5) NICOLAU, Maira Ceschin. *Terceirização no direito do trabalho*. Disponível em: <http://www.professornilson.com.br/artigos.php>. Acesso em: 20 maio 2012, p. 10-11.
(6) RODRIGUES FILHO, Clovis. *Terceirização trabalhista*. Recanto das Letras, jun. 2009. Disponível em: <http://www.recantodasletras.com.br/textosjuridicos/1650187>. Acesso em: 20 maio 2012.
(7) MARTINS FILHO, Ives Gandra da Silva; THOMAZINI, Francini de Castro. O fenômeno da terceirização e suas implicações jurídicas. *Revista LTr* — Legislação do Trabalho, São Paulo/SP, ano 75, n. 11, 1287-1295, nov. 2011.
(8) DELGADO, Mauricio Godinho. *Curso de direito do trabalho*. 11. ed. São Paulo: LTr, 2012. p. 435.

Otávio Pinto e Silva[9] define a terceirização "como sendo uma técnica de administração que reflete a tendência de transferir a terceiros atividades que anteriormente estavam a cargo da própria empresa."

Ou seja, a relação trabalhista clássica, que antes era bilateral (arts. 2º e 3º, CLT), hoje pode ser excepcionalmente trilateral. Essa relação compreende o trabalhador prestador de serviços, a empresa terceirizante e a empresa tomadora de serviços.

Numa relação de trabalho trilateral, há dois contratos, um de emprego e outro de prestação de serviços, o primeiro entre a empresa terceirizante e o empregado terceirizado, o segundo entre o empregado terceirizado e a empresa tomadora de serviços[10]. O empregado fica duplamente subordinado, mas formalmente a subordinação somente ocorre em relação à empresa terceirizante.

3. A CONSTITUIÇÃO FEDERAL E A LEGISLAÇÃO INFRACONSTITUCIONAL

A Constituição Federal da República do Brasil de 1988 — CRFB/88 trouxe limites para a terceirização, já que a terceirização sem limites, não é compatível com a ordem jurídica atual[11].

Os limites são encontrados nos arts. 1º, III, 3º, I e III, IV, 170, *caput*, III, VII e VIII e 193, da CRFB/88, respectivamente, dignidade da pessoa humana; construção de uma sociedade livre; justa e solidária; erradicação da pobreza e a marginalização e redução das desigualdades sociais e regionais; promoção do bem de todos, sem preconceitos de origem, raça, sexo, cor, idade e quaisquer outras formas de discriminação; valorização do trabalho humano e da livre-iniciativa, assegurando uma existência digna; função social da propriedade; redução das desigualdades regionais e sociais; busca do pleno emprego e a ordem social, têm como base o primado do trabalho, e como objetivo o bem-estar e a justiça social.

A terceirização passou a ganhar destaque nos tribunais brasileiros, já que a lei não disciplinava todos os casos relacionados com essa grande inovação trabalhista.

A primeira Súmula sobre o tema surgiu em 1986, quando o TST editou a Súmula n. 256, nestes termos: "Salvo os casos previstos nas Leis ns. 6.019, de 3.1.74 e 7.102, de 20.6.1993, é ilegal a contratação de trabalhadores por empresa interposta, formando-se o vínculo empregatício diretamente com o tomador dos serviços."[12]

---

(9) SILVA, Otávio Pinto apud NICOLAU, Maira Ceschin. *Terceirização no direito do trabalho*. Disponível em: <http://www.professornilson.com.br/artigos.php>. Acesso em: 20 maio 2012, p. 12.
(10) RODRIGUES FILHO, Clovis. *Terceirização trabalhista*. Recanto das Letras, jun. 2009. Disponível em: <http://www.recantodasletras.com.br/textosjuridicos/1650187>. Acesso em: 20 maio 2012.
(11) DELGADO, Mauricio Godinho. *Curso de direito do trabalho*. 11. ed. São Paulo: LTr, 2012. p. 445.
(12) DELGADO, Mauricio Godinho. *Curso de direito do trabalho*. 11. ed. São Paulo: LTr, 2012. p. 446.

Essa Súmula veio para uniformizar o entendimento jurisprudencial que existia, em virtude da infinidade de decisões diferentes nos tribunais sobre o assunto, já que não havia legislação que regulamentasse todos os casos de terceirização.

Mais adiante, a Súmula n. 256 foi reformulada pelo TST, com a edição da Súmula n. 331, alterada, por último, em maio de 2011[13]:

> CONTRATO DE PRESTAÇÃO DE SERVIÇOS. LEGALIDADE (nova redação do item IV e inseridos os itens V e VI à redação) — Res. 174/2011, DEJT divulgado em 27, 30 e 31.5.2011
>
> I — A contratação de trabalhadores por empresa interposta é ilegal, formando-se o vínculo diretamente com o tomador dos serviços, salvo no caso de trabalho temporário (Lei n. 6.019, de 3.1.1974).
>
> II — A contratação irregular de trabalhador, mediante empresa interposta, não gera vínculo de emprego com os órgãos da Administração Pública direta, indireta ou fundacional (art. 37, II, da CF/1988).
>
> III — Não forma vínculo de emprego com o tomador a contratação de serviços de vigilância (Lei n. 7.102, de 20.6.1983) e de conservação e limpeza, bem como a de serviços especializados ligados à atividade-meio do tomador, desde que inexistente a pessoalidade e a subordinação direta.
>
> IV — O inadimplemento das obrigações trabalhistas, por parte do empregador, implica a responsabilidade subsidiária do tomador dos serviços quanto àquelas obrigações, desde que haja participado da relação processual e conste também do título executivo judicial.
>
> V — Os entes integrantes da Administração Pública direta e indireta respondem subsidiariamente, nas mesmas condições do item IV, caso evidenciada a sua conduta culposa no cumprimento das obrigações da Lei n. 8.666, de 21.6.1993, especialmente na fiscalização do cumprimento das obrigações contratuais e legais da prestadora de serviço como empregadora. A aludida responsabilidade não decorre de mero inadimplemento das obrigações trabalhistas assumidas pela empresa regularmente contratada.
>
> VI — A responsabilidade subsidiária do tomador de serviços abrange todas as verbas decorrentes da condenação referentes ao período da prestação laboral.

Essa última alteração foi decorrente da decisão proferida pelo Supremo Tribunal Federal — STF na ADC n. 16 em 24.11.2010, na qual se afastou a responsabilidade objetiva do Estado em casos de terceirização[14].

A alteração na relação clássica de trabalho (empregado-empregador), para a fórmula trilateral de trabalho (empregador, tomador e empregado), tem reflexos em outros textos legais trabalhistas, como ocorreu com o FGTS, art. 15, § 1º da Lei n. 8.036/1990.

Também há a figura do salário equitativo. Assim como a CRFB estabelece taxativamente em seu art. 7º, XXXII, a "proibição de distinção entre trabalho

---

(13) BRASIL. Tribunal Superior do Trabalho. Súmula n. 331 Contrato de prestação de serviços legalidade (nova redação do item IV e inseridos os itens V e VI à redação) — Res. 174/2011, DEJT divulgado em 27, 30 e 31.05.2011a. Disponível em: <http://www3.tst.jus.br/jurisprudencia/Sumulas_com_indice/Sumulas_Ind_301_350.html#SUM-331>. Acesso em: 18 maio 2012

(14) DELGADO, Mauricio Godinho. Curso de direito do trabalho. 11. ed. São Paulo: LTr, 2012. p. 447.

manual, técnico, e intelectual ou entre os profissionais respectivos"[15], o art. 12 'a' da Lei n. 6.019/1974, também garante ao trabalhador terceirizado "remuneração equivalente à percebida pelos empregados de mesma categoria da empresa tomadora ou cliente calculados à base horária, garantida, em qualquer hipótese, a percepção do salário mínimo regional; [...]"

Esse salário equitativo somente está legalmente instituído ao trabalho temporário lícito regido pela Lei n. 6.019/1974, pois nos demais casos é aplicado analogicamente pelos arts. 8º CLT e 126 do CPC[16].

Jorge Neto e Cavalcante[17] destacam também o Enunciado n. 16 da 1ª Jornada de Direito Material e Processual na Justiça do Trabalho, realizada em novembro de 2007 no TST, cuja última parte também dispõe sobre o salário equitativo:

I — SALÁRIO, PRINCÍPIO DA ISONOMIA. Os estreitos limites das condições para a obtenção da igualdade salarial estipulados pelo art. 461 da CLT e Súmula n. 6 do Colendo TST não esgotam as hipóteses de correção das desigualdades salariais, devendo o intérprete proceder à sua aplicação na conformidade dos arts. 5º, *caput*, e 7º, inc. XXX, da Constituição da República e das Convenções 100 e 111 da OIT. II — **TERCEIRIZAÇÃO. SALÁRIO EQUITATIVO. PRINCÍPIO DA NÃO DISCRIMINAÇÃO. Os empregados da empresa prestadora de serviços, em caso de terceirização lícita ou ilícita, terão direito ao mesmo salário dos empregados vinculados à empresa tomadora que exercerem função similar.** (sem grifo no original)

No caso da terceirização ilícita sem possiblidade de validação do vínculo com o tomador de serviços (caso de entidades estatais), há a Orientação Jurisprudencial 383 da SDI-I do TST que, pelo princípio da isonomia, o empregado tem direito a receber as mesmas verbas trabalhistas legais e normativas que os contratados pelo tomador de serviços, desde que presente a igualdade de funções[18].

4. AS PRINCIPAIS FORMAS DE TERCEIRIZAÇÃO TRABALHISTA

A seguir, destacaremos as principais formas de terceirização no Direito do Trabalho.

---

(15) DELGADO, Mauricio Godinho. *Curso de direito do trabalho*. 11. ed. São Paulo: LTr, 2012. p. 452.
(16) DELGADO, Mauricio Godinho. *Curso de direito do trabalho*. 11. ed. São Paulo: LTr, 2012. p. 452-455.
(17) JORGE NETO, Francisco Ferreira; CAVALCANTE, Jouberto de Quadros Pessoa. *Direito do trabalho*. 5. ed. Rio de Janeiro: Lumen Juris, 2010a. 1v. p. 438.
(18) BRASIL. Tribunal Superior do Trabalho. Orientação Jurisprudencial 383. Terceirização. Empregados da empresa prestadora de serviços e da tomadora. Isonomia. Art. 12, "a", da Lei n. 6.019, de 03.01.1974. (mantida) — Res. 175/2011, DEJT divulgado em 27, 30 e 31.05.2011b. Disponível em: <http://www.tst.jus.br/ojs/-/asset_publisher/1N7k/content/secao-de-dissidios-individuais-i-sdi-i?redirect=http%3A%2F%2Fwww.tst.jus.br%2Fojs%3Fp_p_id%3D101_INSTANCE_1N7k%26p_p_lifecycle%3D0%26p_p_state%3Dnormal%26p_p_mode%3Dview%26p_p_col_id%3Dcolumn-2%26p_p_col_count%3D2>. Acesso em: 28 maio 2012.

4.1. Terceirização lícita

Existem quatro tipos de terceirização considerada lícita em nosso ordenamento jurídico, que são disciplinados pela Súmula n. 331 do TST.

O primeiro, pelo inciso I, refere-se aos casos descritos no art. 2º da Lei n. 6.019/1974, "para atender à necessidade transitória de substituição de seu pessoal regular e permanente [férias, licença-maternidade, auxílio-doença, etc.] ou a acréscimo extraordinário de serviços [elevação excepcional de vendas em determinado mês, excesso de trabalho no período de festas anuais, etc.]." Somente nesses casos é possível a pessoalidade e subordinação direta do trabalhador terceirizado perante o tomador de serviços, se isso ocorresse noutros, estar-se-ia terceirizando fraudulentamente.

O segundo tipo consta no inciso III da Súmula n. 331 do TST e refere-se às atividades de vigilância em geral, regidas pela Lei n. 7.102/1983, que diferentemente do vigia, pertence à categoria diferenciada, tem treinamento especializado e não se vincula ao tomador de serviços[19].

A contratação de atividades de conservação e limpeza é o terceiro caso considerado lícito, também previsto no inciso III da Súmula, prática que já ocorria muito antes da sua edição pelo TST.

O quarto e último caso diz respeito aos "serviços especializados ligados à atividade-meio do tomador"[20], atividades que não estão expressamente discriminadas, mas que dependem das circunstâncias do trabalho realizado, desde que ligada às atividades-meio, atividades periféricas e não à atividade-fim do tomador.

4.2. Terceirização ilícita

Excetuando-se as quatro hipóteses previstas na Súmula n. 331 do TST, não há mais nenhuma forma de terceirização considerada lícita no ordenamento brasileiro, ou seja, qualquer outra forma de terceirização é ilícita.

Jorge Neto e Cavalcante[21] destacam ainda que a figura da empresa interposta é própria nas situações de fraude na contratação, nas quais há formação de vínculo diretamente com o tomador de serviços.

O correto seria as empresas terceirizarem apenas suas atividades-meio, caso contrário estar-se-ia diante de uma terceirização ilícita, salvo as exceções legalmente permitidas (trabalho temporário pela Lei n. 6.019/1974 e a vigilância bancária pela de n. 7.102/1983).

---

(19) DELGADO, Mauricio Godinho. *Curso de direito do trabalho*. 11. ed. São Paulo: LTr, 2012. p. 449.
(20) DELGADO, Mauricio Godinho. *Curso de direito do trabalho*. 11. ed. São Paulo: LTr, 2012. p. 450.
(21) JORGE NETO, Francisco Ferreira; CAVALCANTE, Jouberto de Quadros Pessoa. *Direito do trabalho*. 5. ed. Rio de Janeiro: Lumen Juris, 2010a. p. 440.

A legislação trabalhista é expressa ao considerar como nulo qualquer ato praticado com o intuito de fraudar/violar, direta ou indiretamente, a lei, art. 9º, CLT. O que vale é a realidade (Princípio da Primazia da Realidade), de modo que a realidade dos fatos é mais importante que os aspectos formais.

Plá Rodriguez[22], afirma categoricamente que em caso de discordância entre o que ocorre na prática e o que existe nos documentos, a preferência deve ser do mundo dos fatos.

Assim, constatada a tentativa real de fraude da CLT por meio da terceirização, não existe contrato que torne esta verdadeira[23].

Ocorrendo terceirização ilícita, considera-se desfeito o vínculo com a empresa "locadora" de serviços, formando vínculo então com a empresa tomadora de serviços (arts. 2º e 3º, CLT — pessoalidade, subordinação, habitualidade, não eventualidade e onerosidade), incidindo sobre esse contrato todas as normas pertinentes à efetiva categoria do empregado (ex., salário equitativo da Lei n. 6.019/1974, art. 12, 'a'), nos termos da Súmula n. 331, I, do TST.

4.3. Terceirização temporária

O trabalho temporário é regulado pela Lei n. 6.019/1974 e pelo Decreto n. 73.841/1974[24]. Há também o art. 443, § 2º da CLT[25]. Foram as primeiras legislações que disciplinaram a terceirização das relações de trabalho privadas.

O conceito de trabalho temporário está contido no art. 2º da Lei n. 6.019/1974. Já o conceito de trabalhador temporário está contido no art. 16 do Decreto n. 73.841/1974.

O art. 4º da Lei n. 6.019/1974 traz o conceito de empresa de trabalho temporário: "pessoa física ou jurídica urbana, cuja atividade consiste em colocar à disposição de outras empresas, temporariamente, trabalhadores, devidamente qualificados, por elas remunerados e assistidos."

Já o art. 5º da Lei n. 6.019/1974, disciplina que "o funcionamento da empresa de trabalho temporário dependerá de registro no Departamento Nacional de Mão de Obra do Ministério do Trabalho e Previdência Social." E o art. 6º da CLT, informa os documentos necessários para o registro da empresa.

---

(22) PLÁ RODRIGUEZ, Américo. *Princípios de direito do trabalho*. 3. ed. São Paulo: LTr, 2000. p. 339.
(23) WOLFE, Luciana Silva Ceolin. *A caracterização da terceirização e o direito do trabalho*: Súmula n. 331 TST. Curitiba/PR, 2009. Monografia (Graduação: Direito e Relações Internacionais) UNIBRASIL — Faculdades Integradas do Brasil. Disponível em: <http://www.unibrasil.com.br/monografias.asp?id=500>. Acesso em: 20 maio 2012. p. 7-11.
(24) JORGE NETO, Francisco Ferreira; CAVALCANTE, Jouberto de Quadros Pessoa. *Direito do trabalho*. 5. ed. Rio de Janeiro: Lumen Juris, 2010b. v 2. p. 1405.
(25) NICOLAU, Maira Ceschin. *Terceirização no direito do trabalho*. Disponível em: <http://www.professornilson.com.br/artigos.php>. Acesso em: 20 maio 2012, p. 19.

Este tipo de contrato foge aos padrões da relação clássica de trabalho (empregado/empregador), bem como foi inovador com a relação empresa terceirizante/empregado/empresa tomadora de serviços, formando vínculo com a empresa terceirizante. É considerado um trabalho com prazo determinado e submetido apenas às regras específicas da lei que o regulamenta.

É um contrato escrito (art. 11), que deve conter o motivo da necessidade do trabalho temporário (art. 9º), mas é limitado, não podendo exceder três meses, salvo autorização conferida pelo órgão do Ministério do Trabalho local (art. 10), sendo que a ausência destes requisitos o torna um contrato clássico, formando vínculo com o tomador de serviços[26].

A Portaria n. 574 do Ministério do Trabalho e Emprego[27], também regulamenta essa terceirização, dispõe que esse contrato poderá ser renovado apenas uma única vez, bem como explica como proceder para essa renovação.

Os direitos do trabalhador temporário estão assegurados no art. 12 da Lei n. 6.019/1974. No entanto, a lei não traz todos os direitos que hoje são estendidos ao trabalhador temporário, sendo que Delgado[28], os elenca da seguinte forma:

> [...] remuneração equivalente à percebida pelos empregados da mesma categoria da empresa tomadora. O salário equitativo, [...]; [...] duração do trabalho de 8 horas ao dia e 44 na semana (art. 7º, XIII, CF/88). Havendo jornada especial relativa ao segmento em que irá atuar o temporário [...], esta jornada especial é que prevalecerá [...]; [...] adicional de horas extras de 20% (adicional de 50% em face do disposto no art. 7º, XVI, CF/88) [...]; [...] férias proporcionais [...], terço constitucional evidentemente aplica-se à categoria [...] (Súmula n. 328, TST); [...] repouso semanal remunerado [...], por aplicação do critério isonômico do art. 12, "a" do mesmo diploma legal; [...] adicional por trabalho noturno [...] por força do critério isonômico já referido (salário equitativo); [...] indenização por dispensa sem justa causa ou término do contrato [...]; [...] seguro contra acidente de trabalho; [...] previdência social; [...] assinatura de CTPS [...]; Vale-Transporte [...]; FGTS [...].

As justas causas neste contrato também seguem o disposto nos arts. 482 e 483 da CLT, nos termos do art. 13 da Lei n. 6.019/1974, bem como compete à Justiça do Trabalho dirimir os litígios decorrentes dessa relação[29].

---

(26) BRASIL. Lei n. 6.019, de 3 de janeiro de 1974. Dispõe sobre o Trabalho Temporário nas Empresas Urbanas, e dá outras Providências. Disponível em: <http://www.planalto.gov.br/ccivil_03/leis/L6019.htm>. Acesso em: 18 maio 2012.
(27) BRASIL. Portaria do Ministério do Trabalho e Emprego n. 574, de 22 de novembro de 2007. Publicada no DOU de 23.11.2007, Seção I, p. 239. Disponível em: <http://portal.mte.gov.br/data/files/FF8080812BE914E6012BF47141A72DD8/p_20071122_574a.pdf>. Acesso em: 20 maio 2012.
(28) DELGADO, Mauricio Godinho. *Curso de direito do trabalho*. 11. ed. São Paulo: LTr, 2012. p. 463-465.
(29) BRASIL. Lei n. 6.019, de 3 de janeiro de 1974. Dispõe sobre o Trabalho Temporário nas Empresas Urbanas, e dá outras Providências. Disponível em: <http://www.planalto.gov.br/ccivil_03/leis/L6019.htm>. Acesso em: 18 maio 2012.

4.4. Terceirização autorizada pela Lei n. 7.102/1983

A Lei n. 7.102/1983 "dispõe sobre segurança para estabelecimentos financeiros, estabelece normas para constituição e funcionamento das empresas particulares que exploram serviços de vigilância e de transporte de valores [...]."

O seu art. 10 sofreu alteração pela Lei n. 8.863/1994, ampliando esta forma de terceirização para outros ramos de atuação de vigilância além do bancário, "proceder à vigilância patrimonial das instituições financeiras e de outros estabelecimentos, públicos ou privados, bem como a segurança de pessoas físicas;" e "realizar o transporte de valores ou garantir o transporte de qualquer outro tipo de carga."

O conceito de vigilante está contido no art. 15 da Lei n. 7.102/1983. Para o exercício da profissão, o vigilante precisa de prévio registro no Departamento de Polícia Federal (art. 17), bem como preencher os requisitos dispostos no art. 16 desta Lei.

E segundo o art. 1º da referida Lei, é proibido o funcionamento de qualquer estabelecimento financeiro, no qual exista guarda de valores ou movimentação de valores, que não possua sistema de segurança com parecer favorável à sua aprovação, elaborado pelo Ministério da Justiça.

O art. 1º, § 1º diz que são estabelecimentos financeiros os bancos oficiais ou privados, caixas econômicas, sociedades de crédito, associações de poupança, suas agências, postos de atendimento, subagências e seções, assim como as cooperativas singulares de crédito e suas respectivas dependências[30].

Os casos excepcionais são regularizados pelo § 2º do art. 1º da Lei n. 7.102/1983, por onde o Poder Executivo estabelecerá os requisitos de segurança necessários para funcionamento, isso nos casos de estabelecimentos financeiros de menor potencial econômico.

Esse sistema de segurança inclui pessoas adequadamente preparadas, alarme seguro capaz de permitir comunicação entre o estabelecimento financeiro e outro da mesma instituição, empresa de vigilância ou órgão policial mais próximo; e, pelo menos, mais um dos dispositivos do art. 3º da Lei n. 7.102/1983.

Os arts. 4º, 5º, 6º, 7º e 8º da Lei n. 7.102/1983 trazem outras disposições sobre a estrutura do sistema de segurança. As empresas de segurança privada também são regidas por esta lei, nos termos dos arts. 10, 11, 12, 13 e 14 (conceito, requisitos e condições).

---

(30) JORGE NETO, Francisco Ferreira; CAVALCANTE, Jouberto de Quadros Pessoa. *Direito do trabalho*. 5. ed. Rio de Janeiro: Lumen Juris, 2010b. v 2. p. 1431.

4.5. Terceirização nas cooperativas

O parágrafo único do art. 442 da CLT também permite outra forma de terceirização: "Qualquer que seja o ramo de atividade da sociedade cooperativa, não existe vínculo empregatício entre ela e seus associados, nem entre estes e os tomadores de serviços daquela."

Nesses casos, não basta a simples existência de cooperativa de trabalho para se falar em terceirização ilícita, pois a fraude deve ser provada, observando o disposto nos Princípios da Primazia da Realidade e da Irrenunciabilidade, que orientam o Direito do Trabalho.

Quanto ao Princípio da Irrenunciabilidade, Plá Rodriguez[31], ensina que trata-se da impossibilidade jurídica de um sujeito, empregado, privar-se voluntariamente de uma ou mais vantagens que lhe são previstas no direito trabalhista.

Assim, a fraude vem de práticas ilegais, tentando desvirtuar a legislação, no entanto, essas práticas restam nulas de plano (art. 9º, CLT), bem como há formação de vínculo com o tomador de serviços[32].

4.6. Terceirização na Administração Pública

A terceirização na Administração Pública tem suas particularidades.

A Administração Pública, para realizar suas tarefas, pode atuar diretamente com seus próprios instrumentos (art. 6º, VII, da Lei n. 8.666/1993), ou pode terceirizar essas tarefas por meio da celebração de contratos administrativos com empresas privadas que fornecerão a mão de obra, os bens, os serviços e as obras necessárias à realização do fim que se busca (art. 6º, VIII, da Lei n. 8.666/1993)[33].

Segundo Jorge Neto e Cavalcante[34], "a contratação de funcionário ou empregado público sem prévia aprovação em concurso público está violando de forma direta o que dispõe o art. 37, II e § 2, CF." A CRFB veda a investidura em cargo ou emprego público sem a realização de concurso público. Trata-se de condição *sine qua non*.

---

(31) PLÁ RODRIGUEZ, Américo. *Princípios de direito do trabalho*. 3. ed. São Paulo: LTr, 2000. p. 142.
(32) JORGE NETO, Francisco Ferreira; CAVALCANTE, Jouberto de Quadros Pessoa. *Direito do trabalho*. 5. ed. Rio de Janeiro: Lumen Juris, 2010a. 1 v. p. 468-469.
(33) FURTADO, apud BORGES, Lara Parreira de Faria. Limites da Terceirização Trabalhista na Administração Pública. *Orbis Revista Científica*, Campina Grande/PB, ano 2012, v. 3, n. 1, p. 48-73. Disponível em: <http://www.cesrei.com.br/ojs/index.php/orbis/article/view/138>. Acesso em: 20 maio 2012. p. 57-59.
(34) JORGE NETO, Francisco Ferreira; CAVALCANTE, Jouberto de Quadros Pessoa. *Direito do trabalho*. 5. ed. Rio de Janeiro: Lumen Juris, 2010a. 1 v. p. 452.

Já Delgado[35] ensina que o art. 37, II, e § 2º, CRFB é "uma garantia em favor de toda a sociedade, em face da tradição fortemente patrimonialista das práticas administrativas públicas imperantes no país".

Ensina ainda o autor[36] que existe divergência quanto aos efeitos da terceirização ilícita nas entidades estatais: a) não gera vínculo muito menos produz qualquer efeito; b) gera vínculo e produz efeitos; e c) não gera vínculo, mas que ao trabalhador terceirizado são asseguradas "todas as verbas trabalhistas legais e normativas aplicáveis ao empregador estatal desde que cumprisse a mesma função no ente estatal tomador dos serviços."

O STF, ao julgar a ADC n. 16, em 24.11.2010, declarou constitucional o art. 71 da Lei n. 8.666/1993, não podendo mais ser declarada automaticamente a responsabilidade das entidades estatais em face do simples inadimplemento trabalhista da empresa prestadora de serviços terceirizados. Agora, necessária se faz a culpa *in vigilando* do ente estatal, quando o ente deixa de fiscalizar se a empresa terceirizante vem cumprindo suas obrigações (responsabilidade subjetiva)[37].

A ementa do acórdão que julgou a ADC n. 16[38] foi publicada com a seguinte redação:

RESPONSABILIDADE CONTRATUAL. Subsidiária. Contrato com a administração pública. Inadimplência negocial do outro contraente. Transferência consequente [sic] e automática dos seus encargos trabalhistas, fiscais e comerciais, resultantes da execução do contrato, à administração. Impossibilidade jurídica. Conseqüência [sic] proibida pelo art. 71, § 1º, da Lei federal n. 8.666/93. Constitucionalidade reconhecida dessa norma. Ação direta de constitucionalidade julgada, nesse sentido, procedente. Voto vencido. É constitucional a norma inscrita no art. 71, § 1º, da Lei federal n. 8.666, de 26 de junho de 1993, com a redação dada pela Lei n. 9.032, de 1995.

Em decorrência, a Súmula n. 331 do TST foi adequada e o inciso IV desdobrou--se nos incisos V e VI. O inciso V refere-se à responsabilidade da Administração Pública limitada nos casos de conduta culposa, fazendo com que haja uma maior fiscalização em relação à empresa contratada, sob pena de ser responsabilizada. Já o inciso VI disciplina sobre a responsabilidade subjetiva quanto às verbas decorrentes do período laborado pelo tomador de serviços.

---

(35) DELGADO, Mauricio Godinho. *Curso de direito do trabalho*. 11. ed. São Paulo: LTr, 2012. p. 429.
(36) DELGADO, Mauricio Godinho. *Curso de direito do trabalho*. 11. ed. São Paulo: LTr, 2012. p. 455-459.
(37) DELGADO, Mauricio Godinho. *Curso de direito do trabalho*. 11. ed. São Paulo: LTr, 2012. p. 458.
(38) BRASIL. Supremo Tribunal do Trabalho. ADC n. 16/DF — DISTRITO FEDERAL AÇÃO DECLARATÓRIA DE CONSTITUCIONALIDADE Relator(a): Min. CEZAR PELUSO Julgamento: 24.11.2010 Órgão Julgador: Tribunal Pleno Publicação DJe-173 DIVULG. 8.9.2011 PUBLIC. 9.9.2011 EMENT V. 02583-01 PP-00001 Parte(s) REQTE.(S): GOVERNADOR DO DISTRITO FEDERAL ADV.(A/S): PGDF — ROBERTA FRAGOSO MENEZES KAUFMANN E OUTRO(A/S) Disponível em: <http://www.stf.jus.br/portal/jurisprudencia/listarJurisprudencia.asp?s1=%28ADC%24%2ESCLA%2E+E+16%2ENUME%2E%29+OU+%28ADC%2EACMS%2E+ADJ2+16%2EACMS%2E%29&base=baseAcordaos>. Acesso em: 28 maio 2012.

5. TERCEIRIZAÇÃO E RESPONSABILIDADE DO TOMADOR DE SERVIÇOS

O art. 16 da Lei n. 6.019/1974 expôs uma das primeiras formas de responsabilidade do tomador de serviços, de forma solidária e apenas em caso de falência. Nas demais situações, aplica-se o disposto no inciso IV da Súmula n. 331 do TST, que preconiza a responsabilidade subsidiária dos tomadores de serviços.

Já o inciso V retrata a responsabilidade das entidades estatais, em que não importa automática responsabilidade da entidade estatal tomadora de serviços o simples inadimplemento da empresa terceirizada, eliminando-se a ideia de responsabilidade objetiva (art. 37, VI, CRFB/88), no qual a responsabilidade do ente estatal é subjetiva, deriva da culpa *in vigilando* (omissão do dever de fiscalização), como já demonstrado em título específico.

Constatada uma terceirização ilegal, volta-se à concepção clássica de relação de emprego, formando-se vínculo de emprego direto com o tomador de serviços, ficando responsável por todos os encargos trabalhistas.

CONSIDERAÇÕES FINAIS

A terceirização é uma tendência atual e opção para as empresas que buscam elevar sua produtividade e reduzir custos. Decorre da modernização, tendência que possibilita o aprimoramento das técnicas adotadas pelas empresas para enfrentar seus concorrentes.

Entretanto, a terceirização trabalhista tem seus pontos positivos e negativos. Ao mesmo tempo em que se prega a modernização da produção, com redução dos custos, aumento de produtividade, utilização de novos métodos de gerenciamento, há uma precarização das relações de trabalho, com a redução dos direitos dos trabalhadores.

Esse "enxugamento" das empresas passou a ser um dos principais objetivos para o empregador alcançar suas novas metas e ter maior eficiência na produção. É mais cômodo a ausência de encargos trabalhistas, no entanto, incorreto seria utilizar-se do instituto da terceirização para burlar a lei.

Esse enxugamento atingiu primeiramente os empregados, precarizando as relações de trabalho (insegurança). O trabalhador tornou-se sujeito descartável, fato que fragiliza sua dignidade nas relações de trabalho, sobretudo por sofrer exclusão e restrições quanto aos seus direitos constitucionais.

Essa restrição de direitos é facilmente visualizada ainda com a nova redação da Súmula n. 331 do TST, quando dispõe que a Administração Pública somente pode ser responsabilizada subsidiariamente quando a terceirização for contratada de forma culposa, conforme expressa a ementa do acórdão da ADC n. 16, proferido pelo STF, tudo para proteger a própria coletividade, em detrimento do empregado terceirizado, que acaba num limbo jurídico.

Por outro lado, a nova redação da Súmula esclarece grandes dúvidas do passado, caracterizando bem a terceirização lícita e ilícita, atividade-fim e atividade--meio.

Mesmo assim, a terceirização ainda deve ser utilizada com muita cautela, pois apesar de toda a legislação para proteger as partes de possíveis infortúnios, a fiscalização ainda permanece singela, mas sua intensificação é necessária para evitar as constantes violações nos direitos trabalhistas, constitucionalmente consagrados.

REFERÊNCIAS BIBLIOGRÁFICAS

BORGES, Lara Parreira de Faria. Limites da Terceirização Trabalhista na Administração Pública. *Orbis Revista Científica*, Campina Grande/PB, v. 3, n 1, p. 48-73. Disponível em: <http://www.cesrei.com.br/ojs/index.php/orbis/article/view/138>. Acesso em: 20 maio 2012.

BRASIL. Lei n. 6.019, de 3 de janeiro de 1974. Dispõe sobre o Trabalho Temporário nas Empresas Urbanas, e dá outras Providências. Disponível em: <http://www.planalto.gov.br/ccivil_03/leis/L6019.htm>. Acesso em: 18 maio 2012.

BRASIL. Portaria do Ministério do Trabalho e Emprego n. 574, de 22 de novembro de 2007. Publicada no DOU de 23.11.2007, Seção I, p. 239. Disponível em: <http://portal.mte.gov.br/data/files/FF8080812BE914E6012BF47141A72DD8/p_20071122_574a.pdf>. Acesso em: 20 maio 2012.

BRASIL. Supremo Tribunal do Trabalho. ADC N. 16/DF — DISTRITO FEDERAL AÇÃO DECLARATÓRIA DE CONSTITUCIONALIDADE Relator(A): Min. CEZAR PELUSO Julgamento: 24/11/2010 Órgão Julgador: Tribunal Pleno Publicação Dje-173 DIVULG 8.9.2011 PUBLIC 9.9.2011 EMENT VOL-02583-01 PP-00001 Parte(S) REQTE.(S): GOVERNADOR DO DISTRITO FEDERAL ADV.(A/S): PGDF — ROBERTA FRAGOSO MENEZES KAUFMANN E OUTRO(A/S) Disponível em: <http://www.stf.jus.br/portal/jurisprudencia/listarJurisprudencia.asp?s1=%28ADC%24%2ESCLA%2E+E+16%2ENUME%2E%29+OU+%28ADC%2EACMS%2E+ADJ2+16%2EACMS%2E%29&base=baseAcordaos>. Acesso em: 28 maio 2012.

BRASIL. Tribunal Superior do Trabalho. Orientação Jurisprudencial 383. Terceirização. Empregados da empresa prestadora de serviços e da tomadora. Isonomia. Art. 12, "a", da Lei n. 6.019, de 3.1.1974. (mantida) — Res. 175/2011, DEJT divulgado em 27, 30 e 31.5.2011b. Disponível em: <http://www.tst.jus.br/ojs/-/asset_publisher/1N7k/content/secao-de-dissidios-individuais-i-sdi-i?redirect=http%3A%2F%2Fwww.tst.jus.br%2Fojs%3Fp_p_id%3D101_INSTANCE_1N7k%26p_p_lifecycle%3D0%26p_p_state%3Dnormal%26p_p_mode%3Dview%26p_p_col_id%3Dcolumn-2%26p_p_col_count%3D2>. Acesso em: 28 maio 2012.

BRASIL. Tribunal Superior do Trabalho. Súmula n. 331 Contrato de prestação de serviços legalidade (nova redação do item IV e inseridos os itens V e VI à redação) — Res. 174/2011,

DEJT divulgado em 27, 30 e 31.5.2011a. Disponível em: <http://www3.tst.jus.br/jurisprudencia/Sumulas_com_indice/Sumulas_Ind_301_350.html#SUM-331>. Acesso em: 18 maio 2012

DELGADO, Mauricio Godinho. *Curso de direito do trabalho*. 11. ed. São Paulo: LTr, 2012.

JORGE NETO, Francisco Ferreira; CAVALCANTE, Jouberto de Quadros Pessoa. *Direito do trabalho*. 5. ed. Rio de Janeiro: Lumen Juris, 2010. v. 1.

JORGE NETO, Francisco Ferreira; CAVALCANTE, Jouberto de Quadros Pessoa. *Direito do trabalho*. 5. ed. Rio de Janeiro: Lumen Juris, 2010. v 2.

MARTINS FILHO, Ives Gandra da Silva; THOMAZINI, Francini de Castro. O fenômeno da terceirização e suas implicações jurídicas. *Revista LTr* — Legislação do Trabalho, São Paulo/SP, ano 75, n. 11, 1287-1295, nov. 2011.

NICOLAU, Maira Ceschin. *Terceirização no direito do trabalho*. Disponível em: <http://www.professornilson.com.br/artigos.php>. Acesso em: 20 maio 2012.

PLÁ RODRIGUEZ, Américo. *Princípios de direito do trabalho*. 3 ed. São Paulo: LTr, 2000.

RODRIGUES FILHO, Clovis. *Terceirização trabalhista*. Recanto das Letras, jun. 2009. Disponível em: <http://www.recantodasletras.com.br/textosjuridicos/1650187>. Acesso em: 20 maio 2012.

SILVA, Otávio Pinto, *apud* NICOLAU, Maira Ceschin. *Terceirização no direito do trabalho*. Disponível em: <http://www.professornilson.com.br/artigos.php>. Acesso em: 20 maio 2012.

WOLFE, Luciana Silva Ceolin. *A caracterização da terceirização e o direito do trabalho*: Súmula 331 TST. Curitiba/PR, 2009. Monografia (Graduação: Direito e Relações Internacionais) UNIBRASIL — Faculdades Integradas do Brasil. Disponível em: <http://www.unibrasil.com.br/monografias.asp?id=500>. Acesso em: 20 maio 2012.

A RESPONSABILIDADE DO DONO DA OBRA NOS ACIDENTES DO TRABALHO

Alessandro da Silva(*)

RESUMO

O presente artigo busca analisar a responsabilidade do dono da obra em acidentes do trabalho a partir da crítica ao entendimento jurisprudencial consubstanciado na OJ 191 da SDI-1 TST. Os novos paradigmas que causaram uma verdadeira revolução na responsabilidade civil em conjunto com os institutos jurídicos que ao longo da história construíram o Direito do Trabalho como ramo autônomo do Direito denunciam que já é momento de atribuir ao dono da obra a obrigação de fiscalizar o cumprimento das normas de saúde e segurança do trabalho e a responsabilidade em reparar ou compensar os danos sofridos pelos trabalhadores.

Palavras-chave: Orientação jurisprudencial n. 191 da SDI-1 do TST. Responsabilidade civil. Acidente do trabalho. Dono da obra.

INTRODUÇÃO

Dentre outros títulos pouco gloriosos, nosso país já foi campeão mundial em número de acidentes do trabalho. Atualmente, segundo dados da Organização Internacional do Trabalho (OIT), são 1,3 milhão de acidentes e 2,5 mil mortes por ano, o que nos coloca em quarto lugar no *ranking* mundial, atrás apenas da China, dos Estados Unidos e da Rússia.

Se os trabalhadores em geral estão expostos a altos índices de risco de sofrerem acidentes no trabalho, essa situação se torna ainda mais dramática quando se trata de terceirizados, prestadores de serviços e demais trabalhadores não incluídos no quadro permanente das empresas.

Nesse sentido, pesquisa elaborada pelo DIEESE[1] no setor elétrico mostra que terceirização nessa área está na casa dos 58,3% da força de trabalho e que as taxas de mortalidade por acidente em serviço chegam a ser quatro vezes e meia maiores entre os terceirizados do que para os empregados próprios.

(*) Juiz do Trabalho Substituto na 12ª Região/SC.
(1) DIEESE, Departamento Intersindical de Estatísticas e Estudos Socioeconômicos. Terceirização e morte no trabalho: um olhar sobre o setor elétrico brasileiro. *Estudos e Pesquisas,* n. 50, mar. 2010.

O processo de expulsão dos trabalhadores da cadeia produtiva é, claramente, um elemento que agrava ainda mais a situação dos acidentes de trabalho no país, de modo que se faz necessário avaliar as causas que determinam esse panorama de tragédia nacional.

De imediato é possível apontar como uma dessas causas a ineficiente fiscalização levada a cabo pelo Ministério do Trabalho e Emprego. Segundo relatório divulgado em julho de 2012 pelo Instituto de Pesquisas Econômicas Aplicadas (IPEA)[2], nos últimos 20 anos o número de auditores-fiscais do trabalho tem permanecido o mesmo, cerca de três mil, enquanto que a população ocupada passou de 52 milhões, em 1990, para 73,9 milhões em 2009. O número de empregados com carteira assinada passou de 22,4 milhões para 34,4 milhões no mesmo período.

O relatório mostra claramente que o descompasso entre o número de auditores-fiscais e o crescente número de trabalhadores ocupados pode ser apontado como uma das causas da baixa efetividade da legislação relativa à segurança do trabalho[3], pois:

> De acordo com os resultados apresentados, um número maior de AFTs está normalmente associado a melhores indicadores, em termos de menor incidência de descumprimentos da legislação trabalhista. Em particular, regiões e unidades da federação com mais AFTs geralmente possuem níveis mais baixos de trabalho infantil e acidentes de trabalho.

Isso porque cabe aos auditores fiscalizar a adoção das normas de segurança e saúde previstas na CLT e nas Normas Regulamentadoras estabelecidas pela Portaria n. 3.214/78 do MTE, inclusive com a possibilidade de interditar máquinas e equipamentos e embargar obras quando constatada grave condição insegura de trabalho (art. 161 da CLT).

Outra parcela importante do fracasso na redução dos acidentes do trabalho decorre do manejo equivocado por parte do Poder Judiciário dos institutos que fundamentam a responsabilidade, como no caso da interpretação dominante dada ao art. 455 da CLT, consubstanciada na OJ n. 191 da SDI-1 do TST.

No presente artigo buscar-se-á demonstrar que os novos paradigmas da responsabilidade civil[4] estão a exigir uma evolução da interpretação, o que indubitavelmente teria efeitos imediatos no aumento da efetividade das normas de segurança do trabalho.

---

(2) IPEA, Instituto de Pesquisas Econômicas Aplicadas. *A necessidade de auditores-fiscais do trabalho do Brasil*: uma análise contemplando o grau de descumprimento da legislação trabalhista. Acordo de Cooperação Técnica IPEA/SINAIT n. 25/2010. Julho de 2012.
(3) O fato é que o estado brasileiro vem abrindo mão do poder de polícia da administração (fiscalização e regulação), o que pode ser apontado como uma das causas do baixo grau de efetividade das normas de um modo geral e do crescimento vertiginoso da judicialização dos conflitos.
(4) SCHREIBER, Anderson. *Os novos paradigmas da responsabilidade civil*: da erosão dos filtros de reparação à diluição dos danos. São Paulo: Atlas, 2007.

1. MUDANÇA NO FOCO DA RESPONSABILIDADE CIVIL

Em razão da crescente complexidade da vida na sociedade contemporânea, com o aumento expressivo dos fatores de risco, passaram a ser comuns casos de vítimas que sofriam danos, mas não conseguiam vê-los reparados por causa da dificuldade de comprovação da culpa do agente ou de determinação exata do nexo causal.

Essa constatação causou inquietação nos juristas que passaram a desenvolver teorias que visavam efetivar o princípio da reparação integral. Desde então o instituto da responsabilidade civil tem sofrido significativas transformações, como o desenvolvimento da responsabilidade objetiva e a flexibilização do nexo de causalidade[5], como observa Giselda M. F. Novaes Hironaka:

> Estrutura-se, paulatinamente, um sistema de responsabilidade civil que não se sustenta mais pelos tradicionais pilares da antijuridicidade, da culpabilidade e do nexo de causalidade, apenas. Organiza-se, já, um sistema que não recusa — como outrora se recusava, por absolutamente inaceitável — a existência de um dano injusto, por isso indenizável, decorrente de conduta ilícita. Apresenta-se, nos dias de hoje, um sistema de responsabilidade civil que já não se estarrece com a ocorrência de responsabilidade independentemente de culpa de quem quer que seja[6].

Houve uma clara mudança na abordagem dada à responsabilidade civil, cujo eixo passou do ato ilícito para a reparação do dano injusto sofrido pela vítima, conforme esclarece Rafael Peteffi da Silva:

> Nesse sentido, o novo paradigma solidarista, fundado na dignidade da pessoa humana, modificou o eixo da responsabilidade civil, que passou a não considerar como seu principal desiderato a condenação de um agente culpado, mas a reparação da vítima prejudicada. Essa nova perspectiva corresponde à aspiração da sociedade atual no sentido de que a reparação proporcionada às pessoas seja a mais abrangente possível[7].

Exemplo dessa mudança no modo de abordar a responsabilidade civil é o Código de Defesa do Consumidor[8] (Lei n. 8.078/90), que imputa a todos os

---

(5) CRUZ, Gisela Sampaio da. *O problema do nexo causal na responsabilidade civil.* Rio de Janeiro: Renovar, 2005.
(6) HIRONAKA, Giselda Maria Fernandes Novaes. Responsabilidade pressuposta. Evolução de fundamentos e de paradigmas da responsabilidade civil na contemporaneidade. In: ALVES, Jones Figueiredo e DELGADO, Márcio Luiz. *Novo Código Civil.* Questões controvertidas. Responsabilidade civil. Série Grandes Temas de Direito Privado. São Paulo: Método, 2006. v. 5. p. 199.
(7) SILVA, Rafael Peteffi da. *Responsabilidade civil pela perda de uma chance.* São Paulo: Atlas, 2007. p. 71.
(8) Nesse sentido, vale destacar a arguta observação de Jorge Luiz Souto Maior: "Além disso, a deificação do mercado faz emergir uma espécie de solidificação dos direitos do consumidor, sendo este

integrantes da cadeia produtiva, do fabricante ao importador, a responsabilidade objetiva por danos causados por produtos ou serviços que apresentem algum tipo de defeito (art. 12).

Já é o momento de que também no Direito do Trabalho seja feita essa inversão do eixo de avaliação da responsabilidade, pois não é coerente que os trabalhadores que atuaram em proveito desta mesma cadeia produtiva[9], tão ou mais vulneráveis quanto o destinatário final do produto, não tenham a mesma proteção.

2. CRÍTICA DA ORIENTAÇÃO JURISPRUDENCIAL N. 191 DA SDI-1 DO TST

O art. 455 da CLT estabelece que:

> Art. 455 — Nos contratos de subempreitada responderá o subempreiteiro pelas obrigações derivadas do contrato de trabalho que celebrar, cabendo, todavia, aos empregados, o direito de reclamação contra o empreiteiro principal pelo inadimplemento daquelas obrigações por parte do primeiro.

O dispositivo legal citado claramente estabelece a responsabilidade solidária entre o empreiteiro e o subempreiteiro, já que os empregados podem exigir o cumprimento das obrigações trabalhistas inadimplidas de qualquer um deles[10].

Em relação ao dono da obra, a jurisprudência do Tribunal Superior do Trabalho se consolidou na OJ 191 da SDI-1, segundo a qual:

> 191. CONTRATO DE EMPREITADA. DONO DA OBRA DE CONSTRUÇÃO CIVIL. RESPONSABILIDADE. (nova redação) — Res. 175/2011, DEJT divulgado em 27, 30 e 31.5.2011
> Diante da inexistência de previsão legal específica, o contrato de empreitada de construção civil entre o dono da obra e o empreiteiro não enseja responsabilidade solidária ou subsidiária nas obrigações trabalhistas contraídas pelo empreiteiro, salvo sendo o dono da obra uma empresa construtora ou incorporadora.

Como se evidencia, o fundamento do entendimento é que o art. 455 da CLT refere-se apenas ao empreiteiro e subempreiteiro, de modo que não existiria

---

essencial para o desenvolvimento do modelo. Mas, paradoxalmente, o atendimento aos direitos do consumidor, notadamente no que tange aos custos dos produtos, acaba contrariando interesses sociais, pois a redução é buscada também a partir da retração do custeio da seguridade social". In: *Curso de direito do trabalho*. Parte I, São Paulo: LTr, 2011. v. 1. p. 23.

(9) Algumas experiências têm demonstrado que a responsabilização em cadeia apresenta resultados muito positivos na redução ou até eliminação das condutas potencialmente lesivas. A título de exemplo citem-se o pacto pela erradicação do trabalho escravo, assinado por grandes redes varejistas, e o compromisso assumido pela Associação Brasileira de Supermercados (ABRAS) de eliminar completamente a compra de carne bovina proveniente de fazendas e frigoríficos acusados de criar gado para corte em áreas ilegais, incluídos na "lista suja" elaborada pelo Greenpeace.

(10) O art. 275 do Código Civil dispõe que na solidariedade passiva "O credor tem direito a exigir e receber de um ou de alguns dos devedores, parcial ou totalmente, a dívida comum; se o pagamento tiver sido parcial, todos os demais devedores continuam obrigados solidariamente pelo resto".

previsão legal para responsabilizar o dono da obra. Caso se trate de construtora ou incorporadora, a responsabilidade seria subsidiária, por aplicação da Súmula n. 331 do TST.

A solução dada ao caso pela máxima corte trabalhista, *data venia*, não resiste a uma análise mais detida do nosso sistema normativo, mesmo que restrita aos limites da dogmática jurídica.

Inicialmente há que se deixar claro que o art. 455 da CLT estabelece sim a responsabilidade solidária do empreiteiro e do subempreiteiro, mas em nenhum momento dispõe que o dono da obra não tem nenhuma responsabilidade quanto às obrigações trabalhistas dos empregados que lhe prestaram serviços. Se não é possível admitir interpretação extensiva do referido dispositivo legal para atribuir responsabilidade solidária do dono da obra, também não é razoável acolher interpretação que elimine sua responsabilidade, visto que isso também lá não está dito.

Dessa forma, a responsabilidade do dono da obra deve ser analisada tendo em conta outras normas que compõem nosso ordenamento jurídico, visto que, repita-se, o art. 455 da CLT não afasta essa possibilidade.

Nessa linha, vale destacar a lição de Mauricio Godinho Delgado:

> A segunda situação figurada é claramente distinta da primeira. Trata-se de contratos de empreitada ou prestação de serviços entre duas empresas, em que a dona da obra (ou tomadora dos serviços) necessariamente tenha de realizar tais empreendimentos, mesmo que estes assumam caráter infraestrutural e de mero apoio à sua dinâmica normal de funcionamento. Em tais situações parece clara a responsabilização subsidiária da dona da obra (ou tomadora de serviços) pelas verbas laborais contratadas pelas empresa executora da obra ou serviços. Ou seja, a regra da não responsabilização, inerente ao texto literal do art. 455 da CLT, não abrangeria estas últimas situações ocorrentes no mercado de prestação de serviços.
>
> A responsabilização do dono da obra ou tomador de serviços, em tais casos, derivaria de três aspectos normativos apreendidos na ordem normativa trabalhista: em primeiro lugar, a importância (e efeitos) da noção de risco empresarial, no Direito do Trabalho; em segundo lugar, a assimilação justrabalhista do conceito civilista de abuso de direito; finalmente, em terceiro lugar, as repercussões do critério de hierarquia normativa imperante no universo do Direito, em especial do Direito do Trabalho[11].

O fato é que nosso ordenamento jurídico tem se encaminhado a atribuir responsabilidade a todos aqueles que se beneficiam diretamente do trabalho

---

(11) DELGADO, Mauricio Godinho. *Curso de direito do trabalho*. 9. ed. São Paulo: LTr, 2006. p. 460-461.

prestado, como se pode verificar no art. 16 da Lei n. 6.019/74[12] e até mesmo na Súmula n. 331 do TST[13]. Tanto é assim que em matéria previdenciária já existe previsão legal expressa atribuindo responsabilidade solidária ao dono da obra quanto às obrigações com a Seguridade Social, pois o art. 30, inc. VI, da Lei n. 8.212/91 estabelece que:

> Art. 30. A arrecadação e o recolhimento das contribuições ou de outras importâncias devidas à Seguridade Social obedecem às seguintes normas:
>
> (...)
>
> VI — o proprietário, o incorporador definido na Lei n. 4.591, de 16 de dezembro de 1964, o dono da obra ou condômino da unidade imobiliária, qualquer que seja a forma de contratação da construção, reforma ou acréscimo, são solidários com o construtor, e estes com a subempreiteira, pelo cumprimento das obrigações para com a Seguridade Social, ressalvado o seu direito regressivo contra o executor ou contratante da obra e admitida a retenção de importância a este devida para garantia do cumprimento dessas obrigações, não se aplicando, em qualquer hipótese, o benefício de ordem;

3. RESPONSABILIDADE DO DONO DA OBRA NOS ACIDENTES DO TRABALHO

Como visto, quando existe proveito econômico, a responsabilização do dono da obra em relação às obrigações trabalhistas daqueles que lhe prestaram serviços encontra sólido fundamento. A mera inexistência de previsão dessa responsabilidade no art. 455 da CLT não é óbice para reconhecê-la, já que nosso ordenamento jurídico é pródigo em normas que dão substrato a esse entendimento.

---

(12) Art. 16. No caso de falência da empresa de trabalho temporário, a empresa tomadora ou cliente é solidariamente responsável pelo recolhimento das contribuições previdenciárias, no tocante ao tempo em que o trabalhador esteve sob suas ordens, assim como em referência ao mesmo período, pela remuneração e indenização previstas nesta Lei.
(13) Súmula n. 331 do TST. CONTRATO DE PRESTAÇÃO DE SERVIÇOS. LEGALIDADE
I — A contratação de trabalhadores por empresa interposta é ilegal, formando-se o vínculo diretamente com o tomador dos serviços, salvo no caso de trabalho temporário (Lei n. 6.019, de 3.1.1974).
II — A contratação irregular de trabalhador, mediante empresa interposta, não gera vínculo de emprego com os órgãos da Administração Pública direta, indireta ou fundacional (art. 37, II, da CF/1988).
III — Não forma vínculo de emprego com o tomador a contratação de serviços de vigilância (Lei n. 7.102, de 20.6.1983) e de conservação e limpeza, bem como a de serviços especializados ligados à atividade-meio do tomador, desde que inexistente a pessoalidade e a subordinação direta.
IV — O inadimplemento das obrigações trabalhistas, por parte do empregador, implica a responsabilidade subsidiária do tomador dos serviços quanto àquelas obrigações, desde que haja participado da relação processual e conste também do título executivo judicial.
V — Os entes integrantes da Administração Pública direta e indireta respondem subsidiariamente, nas mesmas condições do item IV, caso evidenciada a sua conduta culposa no cumprimento das obrigações da Lei n. 8.666, de 21.6.1993, especialmente na fiscalização do cumprimento das obrigações contratuais e legais da prestadora de serviço como empregadora. A aludida responsabilidade não decorre de mero inadimplemento das obrigações trabalhistas assumidas pela empresa regularmente contratada.
VI — A responsabilidade subsidiária do tomador de serviços abrange todas as verbas decorrentes da condenação referentes ao período da prestação laboral.

De todo modo, é importante destacar que o art. 455 da CLT somente se aplica às obrigações contratuais, enquanto que nos acidentes do trabalho a responsabilidade civil é aquiliana, ou extracontratual, e decorre da violação de qualquer dispositivo do ordenamento jurídico, inclusive o dever geral de cautela. Desse modo, mesmo para aqueles que acolhem a OJ 191 da SDI-1 do TST quanto às obrigações trabalhistas, o mesmo entendimento não pode ser aplicado para os acidentes do trabalho.

Nesse sentido vem se firmando a jurisprudência do próprio TST:

> RESPONSABILIDADE SOLIDÁRIA DO DONO DA OBRA. ACIDENTE DE TRABALHO FATAL. RESPONSABILIDADE DO EMPREGADOR E DO TOMADOR DA MÃO DE OBRA. CULPA CONCORRENTE. INDENIZAÇÃO POR DANOS MORAIS E MATERIAIS. A v. decisão que reconhece a responsabilidade solidária do empregador e da empresa dona da obra, em face da culpa concorrente, pela negligência no local de prestação de serviços, que ocasionou o acidente de trabalho, não contraria os termos da OJ 191 da c. SDI, que trata tão somente de afastar a responsabilidade do dono da obra pelas verbas trabalhistas, sem nada aduzir acerca dos elementos que nortearam o julgado, registrado que empregador e contratante da obra não foram diligentes na observação das normas de segurança e proteção do trabalho, o que poderia ter evitado o acidente fatal. Inviável reconhecer divergência jurisprudencial sobre o tema quando nenhum dos arestos colacionados aprecia responsabilidade em acidente de trabalho, por culpa concorrente do dono da obra. Incidência da Súmula n. 296 do c. TST. Recurso de revista não conhecido. Processo: RR 133500-73.2008.5.04.0511 Data de Julgamento: 14.3.2012, Relator Ministro Aloysio Corrêa da Veiga, 6ª Turma, Data de Publicação: DEJT 23.3.2012.

Os arts. 932, inc. III, e 933 do Código Civil estabelecem a responsabilidade civil por fato de outrem, também denominada responsabilidade indireta, que é objetiva e solidária, *in verbis*:

> Art. 932. São também responsáveis pela reparação civil: (...)
>
> III — o empregador ou comitente, por seus empregados, serviçais e prepostos, no exercício do trabalho que lhes competir, ou em razão dele; (...)
>
> Art. 933. As pessoas indicadas nos incisos I a V do artigo antecedente, ainda que não haja culpa de sua parte, responderão pelos atos praticados pelos terceiros ali referidos.

Sérgio Cavalieri Filho esclarece que o fundamento da imputação objetiva de responsabilidade ao empregador ou comitente era a teoria da substituição, segundo a qual:

> (...) ao recorrer aos serviços do preposto, o empregador está prolongando sua própria atividade. O empregado é apenas o instrumento, uma *longa manus* do patrão, alguém que o substitui no exercício das múltiplas funções empresariais, por lhe ser impossível desincumbir-se pessoalmente delas. Ora, o ato do substituto, no exercício de suas funções, é ato do próprio substituído, por que praticado no desempenho da tarefa que a ele interessa e aproveita — pelo que a culpa do preposto é como consequência da culpa do comitente. Além disso, o patrão ou preponente

assume a posição de *garante* da indenização perante o terceiro lesado, dado que o preposto, em regra, não tem os meios necessários para indenizar[14].

Observe-se que a noção de preposição, desde a vigência do Código Civil de 1916, vem sendo ampliada por nossos Tribunais, em particular pelo Superior Tribunal de Justiça, não se exigindo relação de emprego ou mesmo de subordinação, bastando para tanto a dependência, isto é, estar sob a direção de outrem.

Nesse sentido, cite-se:

> AGRAVO REGIMENTAL NO RECURSO ESPECIAL. RESPONSABILIDADE CIVIL. USINA. MOTORISTA TRANSPORTADOR DE CANA-DE-AÇÚCAR. VÍNCULO DE PREPOSIÇÃO. RECONHECIMENTO.
>
> 1. É firme a jurisprudência do STJ no sentido de que "para o reconhecimento do vínculo de preposição, não é preciso que exista um contrato típico de trabalho; é suficiente a relação de dependência ou que alguém preste serviço sob o interesse e o comando de outrem". (REsp 304673/SP, Rel. Ministro BARROS MONTEIRO, QUARTA TURMA, DJ 11.3.2002). Precedentes.
>
> 2. Na hipótese, restou evidente o caráter de preposição na atividade do motorista, que prestava sua atividade aos auspícios e comandos da Usina recorrida, estando sob o seu poder de direção e vigilância, sendo sua ação realizada unicamente no interesse econômico da empresa e em sua atividade fim. (AgRg no Resp 020237/MG, Rel. Ministro LUIS FELIPE SALOMÃO, QUARTA TURMA, julgado em 21.6.2012, DJe 29.6.2012)

Tanto é assim que o STJ tem decidido reiteradamente que o proprietário é solidariamente responsável pelos danos causados por terceiro para quem emprestou seu veículo automotor, já que nessa situação haveria uma relação de preposição:

> Civil. Responsabilidade. Conceito de preposição. A pessoa a quem o proprietário de veículo autoriza a dirigir, ainda que para prestar serviço a terceiro, se acha em situação de preposição, a acarretar a responsabilidade do preponente pelos danos que vier a causar. (REsp 29280/RJ, 4ª Turma, Rel. Ministro Dias Trindade, publicado no DJ 2.5.1994. p. 10.012)

Na mesma linha, o Supremo Tribunal Federal pacificou o entendimento de que as locadoras de veículo são solidariamente responsáveis pelos danos causados pelos locatários, conforme estabelecido na Súmula n. 492 daquela Corte[15].

Nos precedentes que deram origem a esse enunciado de jurisprudência, apreciados ainda na década de sessenta, verifica-se que os fundamentos de tal responsabilização são os arts. 159 e 1.521 do Código Civil de 1916, justamente pela relação de preposição havida entre locadora e locatário do veículo.

Fernando Noronha esclarece que:

> Temos responsabilidade por fato de outrem, indireta ou por fato de terceiro, quando alguém responde por danos causados por pessoas a

---

(14) CAVALIERI FILHO, Sérgio. *Programa de responsabilidade civil.* 7. ed. São Paulo: Atlas, 2007. p. 182.
(15) Súmula n. 492. A empresa locadora de veículos responde, civil e solidariamente com o locatário, pelos danos por este causados a terceiros, no uso do carro locado.

ela ligadas por determinados vínculos de dependência profissional, como é o caso de auxiliares, substitutos ou representantes, ou por outras pessoas de cuja vigilância aquela esteja incumbida, como filhos, alunos, pacientes e hóspedes[16].

Portanto, um dos fundamentos da responsabilidade indireta prevista no art. 932 do Código Civil é o dever de vigilância que a legislação atribui a determinados indivíduos em relação às ações de outros.

No que tange à obrigação de fiscalizar o cumprimento das normas de segurança e saúde no trabalho, o art. 8º da Convenção 167 da OIT, ratificada em 2006, dispõe que:

Art. 8º Quando dois ou mais empregadores estiverem realizando atividades simultaneamente na mesma obra:

(a) a coordenação das medidas prescritas em matéria de segurança e saúde e, na medida em que for compatível com a legislação nacional, a responsabilidade de zelar pelo cumprimento efetivo de tais medidas recairá sobre o empreiteiro principal ou sobre outra pessoa ou organismo que estiver exercendo controle efetivo ou tiver a principal responsabilidade pelo conjunto de atividades na obra;

Percebe-se que, além do empreiteiro principal, a responsabilidade também é daquele indivíduo ou organismo que exerce o controle sobre o conjunto da atividade. Em regra, nas obras destinadas à exploração de atividade econômica, em especial na construção civil, atuam várias empreiteiras cujas ações são coordenadas pela empresa que é dona do empreendimento e, por consequência, cabe a essa empresa a fiscalização pelo cumprimento das normas de segurança e saúde no trabalho.

Assim, todo aquele que no exercício de atividade econômica contrata uma obra, tem o dever de fiscalizar o cumprimento dos procedimentos e normas de segurança na realização dos trabalhos.

Observe-se que se trata de responsabilidade objetiva, de modo que a mera existência do dano acarreta a obrigação de indenizar, pois não foi cumprida a obrigação de vigilância.

A opção pela responsabilidade solidária e objetiva encontra fundamento na teoria do risco-proveito, segundo a qual "responsável é aquele que tira proveito da atividade danosa, com base no princípio de que, onde está o ganho, aí reside o encargo — *ubi emolumentum, ibi ônus*"[17].

Ora, se nas relações civis, que são marcadas por uma presunção de igualdade formal, são encontrados fundamentos para responsabilização daquele que se beneficia economicamente da atividade que gerou o dano, com maior razão o entendimento se aplica no Direito do Trabalho.

---

(16) NORONHA, Fernando. *Direito das obrigações*. 3. ed. São Paulo: Saraiva, 2010. p. 515.
(17) CAVALIERI FILHO, Sérgio. *Programa de responsabilidade civil*. p. 129.

Nesse ramo do direito, por força do art. 2º da CLT, vige o princípio da alteridade, segundo o qual os riscos do empreendimento empresarial não podem ser transferidos ao empregado.

Vale mencionar ainda, para além das regras civilistas, que nossa Constituição Federal estabeleceu como direito dos trabalhadores "a redução dos riscos inerentes ao trabalho" (art. 7º, inc. XXII), que a ordem econômica é fundada na "valorização do trabalho humano" e "tem por fim assegurar a todos existência digna, conforme os ditames da justiça social" (art. 170) e ainda que são fundamentos da República "a dignidade da pessoa humana" e o "valor social do trabalho" (art. 1º, incs. II e VI).

CONSIDERAÇÕES FINAIS

O instituto da responsabilidade civil tem experimentado uma evolução firme e gradativa na mudança do enfoque da punição do ofensor para o ressarcimento da vítima. Nas palavras de Caio Mário da Silva Pereira "a evolução da responsabilidade civil gravita em torno da necessidade de socorrer a vítima, o que tem levado a doutrina e a jurisprudência a marchar adiante dos códigos, cujos princípios constritores entravam o desenvolvimento e a aplicação da boa justiça"[18].

O Direito do Trabalho, por outro lado, passa por uma verdadeira falência teórica que se revela na aplicação de suas normas de forma desvinculada de sua origem histórica e de sua função social.

Nesse contexto é fundamental fazer a crítica de entendimentos consolidados, como a OJ 191 da SDI-1 do TST, que nunca estiveram em conformidade com as regras e princípios do Direito do Trabalho e que se mostram ainda mais obsoletos quando confrontados com os avanços experimentados pelo instituto da Responsabilidade Civil.

Existem sólidos fundamentos, mesmo na dogmática jurídica positivista, para atribuir ao dono da obra que explora atividade econômica a responsabilidade pelas obrigações trabalhistas dos obreiros que prestaram serviços em sua obra.

Com maior razão, essa responsabilidade existe em caso de acidente do trabalho, já que nosso sistema normativo é explícito em atribuir ao dono da obra a obrigação de fiscalização pelo cumprimento da normas de saúde e segurança no local de trabalho.

Os acidentes do trabalho são uma tragédia nacional e demandam uma ação eficaz das instituições públicas. Já não cabe apenas reparar danos perpetrados, é

---

(18) *Apud* HIRONAKA, Giselda Maria Fernandes Novaes. Responsabilidade pressuposta. Evolução de fundamentos e de paradigmas da responsabilidade civil na contemporaneidade. In: ALVES, Jones Figueiredo; DELGADO, Márcio Luiz. *Novo Código Civil*. Questões controvertidas. Responsabilidade civil. Série Grandes Temas de Direito Privado. p. 198.

necessário agir de modo a preveni-los. A partir do momento em que todos aqueles que têm condições de fiscalizar o cumprimento das normas de saúde e segurança no trabalho sejam obrigados a fazê-lo, sob pena de responsabilidade, iniciaremos um novo capítulo nessa história, em uma sociedade na qual direitos elementares, como a vida e a integridade física, serão respeitados.

REFERÊNCIAS BIBLIOGRÁFICAS

CAVALIERI FILHO, Sérgio. *Programa de responsabilidade civil.* 7. ed. São Paulo: Atlas, 2007.

CRUZ, Gisela Sampaio da. *O problema do nexo causal na responsabilidade civil.* Rio de Janeiro: Renovar, 2005.

DELGADO, Mauricio Godinho. *Curso de direito do trabalho.* 9. ed. São Paulo: LTr, 2006.

DIEESE, Departamento Intersindical de Estatísticas e Estudos Socioeconômicos. Terceirização e morte no trabalho: um olhar sobre o setor elétrico brasileiro. *Estudos e Pesquisas,* n. 50, mar. 2010.

HIRONAKA, Giselda Maria Fernandes Novaes. Responsabilidade pressuposta. Evolução de fundamentos e de paradigmas da responsabilidade civil na contemporaneidade. In ALVES, Jones Figueiredo, e DELGADO, Márcio Luiz. *Novo Código Civil.* Questões controvertidas. Responsabilidade civil. Série Grandes Temas de Direito Privado. São Paulo: Método, 2006. v. 5.

IPEA, Instituto de Pesquisas Econômicas Aplicadas. A necessidade de Auditores-Fiscais do Trabalho do Brasil: uma análise contemplando o grau de descumprimento da legislação trabalhista. Acordo de Cooperação Técnica IPEA/SINAIT N. 25/2010. Julho de 2012.

NORONHA, Fernando. *Direito das obrigações.* 3. ed. São Paulo: Saraiva, 2010.

SCHREIBER, Anderson. *Os novos paradigmas da responsabilidade civil*: da erosão dos filtros de reparação à diluição dos danos. São Paulo: Atlas, 2007.

SILVA, Rafael Peteffi da. *Responsabilidade civil pela perda de uma chance.* São Paulo: Atlas, 2007.

SOUTO MAIOR, Jorge Luiz. *Curso de direito do trabalho.* Parte I, São Paulo: LTr, 2011. v. 1.

O CONTRATO DE ESTÁGIO COMO MEIO DE FRAUDAR AS LEIS TRABALHISTAS

Vanessa Cunha da Silva Vieira(*)

RESUMO

O presente artigo trata das relações de estágio, regidas pela Lei n. 11.788/2008. O contrato de estágio possibilita colocar em prática os conhecimentos teóricos aprendidos antes mesmo da conclusão do curso, possibilitando assim, uma interação do estudante com o mercado de trabalho. Entretanto, por não possuir os encargos das relações empregatícias, a utilização do contrato de estágio muitas vezes é desvirtuada para se obter mão de obra mais barata e reduzir os custos da produção, esquecendo-se a finalidade pedagógica do estágio. Iniciou-se o trabalho com uma explanação sobre a relação de trabalho, diferenciando-a da relação de emprego. Partiu-se, então, para uma análise do contrato de trabalho e dos seus requisitos para que se possa compreender as diferenças e semelhanças entre o contrato de trabalho e o contrato de estágio. Para ser caracterizada uma relação de emprego exige-se que todos os seus requisitos estejam presentes. Após, passou-se à análise da Lei n. 11.788/2008 que trata das relações de estágio. Aponta-se como se configura um contrato de estágio, suas finalidades, as partes envolvidas, seus requisitos formais e materiais e os direitos garantidos ao estagiário trazidos pela nova lei do estágio. Por fim, demonstra-se as principais irregularidades encontradas nos contratos de estágio e a consequência do desrespeito à legislação pertinente, evidenciando a diferença entre os contratos com a administração pública e as empresas privadas. Quando observada alguma irregularidade, deve ser descaracterizada a relação de estágio e determinado o reconhecimento do vínculo de emprego com a parte concedente, baseado no princípio da primazia da realidade.

Palavras-chave: Contrato de Estágio. Irregularidade. Vínculo Empregatício.

INTRODUÇÃO

O ensino profissionalizante tem assumido grande relevância na atual demanda do mercado de trabalho, que exige cada vez mais mão de obra qualificada. Dessa forma, o estágio tem se destacado como uma complementação prática do ensino, proporcionando uma ligação entre as atividades acadêmicas e profissionais.

(*) Especialista em Direito do Trabalho pela Escola da Magistratura do Trabalho — AMATRA12.

Entretanto, como o estágio é uma forma de trabalho sem o custo das relações de emprego, tem sido utilizado, em alguns casos, sem a finalidade de complementação da aprendizagem, e sim como forma mais barata de mão de obra para os empregadores, devendo o contrato de estágio ser descaracterizado. Em outros casos, apesar de não haver a intenção de burlar a legislação por parte da parte concedente, a existência de irregularidades no contrato torna-o nulo. Essas irregularidades, fraudulentas ou não, constituem o tema da presente pesquisa.

Neste trabalho, a proposta será a discussão quanto à relação de estágio, que muitas vezes foge ao que a Lei n. 11.788/2008 determina, ou seja, o estagiário executa serviços que não condizem com o curso frequentado, cumpre horários incompatíveis com o que foi estabelecido, não está matriculado em uma instituição de ensino. Assim sendo, é desviada a função final do estágio, qual seja, a complementação do que é explanado no curso frequentado. Em muitos casos a intenção da parte concedente não é fornecer subsídios favoráveis à aprendizagem, e sim usufruir de maneira desonesta do estagiário burlando a legislação.

A tênue linha que separa o emprego formalizado do estágio, bem como o flagrante mau uso do estagiário, foram as causas que motivaram a presente pesquisa. Assim, delimita-se o objeto de estudo como sendo as irregularidades cometidas pela parte concedente no contrato de estágio.

Para estruturar melhor o tema abordado, o estudo faz-se organizado em três seções de desenvolvimento.

A primeira visou explicar o que é uma relação de trabalho, diferenciando-a da relação de emprego, para que se possa qualificar o tipo de trabalho exercido pelos estagiários. Em seguida, analisa-se o contrato de trabalho, seus requisitos e sua natureza jurídica para que se possa compreender as diferenças e semelhanças entre o contrato de trabalho e o contrato de estágio.

A segunda seção apresenta o contrato regido pela Lei n. 11.788, de 25 de setembro de 2008. Assinala-se como se configura um contrato de estágio, suas finalidades, as partes envolvidas, seus requisitos formais e materiais e os direitos garantidos ao estagiário trazidos pela nova lei do estágio.

A terceira tem como objetivo demonstrar as principais irregularidades encontradas nos contratos de estágio e demonstrar as consequências do desrespeito à legislação pertinente, evidenciando a diferença entre os contratos com a administração pública e as empresas privadas.

1. RELAÇÃO DE EMPREGO

1.1. Conceito de relação de emprego e sua diferenciação da relação de trabalho

A relação de emprego está prevista no art. 442 da Consolidação das Leis do Trabalho.

Amauri Mascaro Nascimento[1] conceitua a relação de emprego como "a relação jurídica de natureza contratual tendo como sujeitos o empregado e o empregador e como objeto o trabalho subordinado, continuado e assalariado".

É importante diferenciar relação de trabalho de relação de emprego para que se possa compreender a existência de trabalho no serviço prestado pelo estagiário.

A primeira expressão tem caráter genérico: refere-se a todas as relações jurídicas caracterizadas por terem sua prestação essencial centrada em uma obrigação de fazer consubstanciada em *labor humano*. Refere-se, pois, a toda modalidade de contratação de trabalho humano moderadamente admissível. A expressão relação de trabalho englobaria, desse modo, a relação de emprego, a relação de trabalho autônomo, a relação de trabalho eventual, de trabalho avulso e outras modalidades de pactuação de prestação de labor (como trabalho de estágio, etc.). Traduz, portanto, o gênero a que se acomodam todas as formas de pactuação de prestação de trabalho existentes no mundo jurídico atual[2].

Sendo assim, podemos constatar que a expressão "relação de trabalho" nos traz a ideia de que são todas aquelas em que existe o desenvolvimento da atividade humana.

Já relação de emprego trata do trabalho subordinado do empregado ao empregador[3].

Conforme explana Mauricio Godinho Delgado[4]:

> A relação de emprego, do ponto de vista técnico-jurídico, é apenas uma das modalidades específicas de relação de trabalho juridicamente configuradas. Corresponde a um tipo legal próprio e específico, inconfundível com as demais modalidades de relação de trabalho ora vigorantes.

Dessa forma, uma relação de emprego é sempre uma relação de trabalho, mas nem sempre uma relação de trabalho entre duas pessoas configura uma relação de emprego[5]. Para ser caracterizada uma relação de emprego é imprescindível que todos os seus requisitos estejam presentes, quais sejam, pessoalidade, pessoa física, não eventualidade, subordinação, onerosidade.

A diferença entre o estágio e o contrato de trabalho é que no primeiro o objetivo é a formação profissional do estagiário, tendo, portanto, finalidade pedagógica, embora haja os requisitos da relação de emprego anteriormente citados[6].

---

(1) NASCIMENTO, Amauri Mascaro. *Curso de direito do trabalho*. 24. ed. São Paulo: Saraiva, 2009. p. 687.
(2) DELGADO, Mauricio Godinho. *Curso de direito do trabalho*. 8. ed. São Paulo: LTr, 2009. p. 265.
(3) MARTINS, Sergio Pinto. *Direito do trabalho*. 24. ed. São Paulo: Atlas, 2008. p. 88.
(4) DELGADO, Mauricio Godinho. *Curso de direito do trabalho*. p. 266.
(5) GENRO, Tarso Fernando. *Direito individual do trabalho*: uma abordagem crítica. 2. ed. São Paulo: LTr, 1994. p. 89.
(6) MARTINS, Sergio Pinto. Estágio e relação de emprego. *Revista IOB trabalhista e previdenciária*, Porto Alegre, n. 235. p. 07-28, jan. 2009. p. 09.

1.2. Elementos caracterizadores da relação de emprego

1.2.1. Pessoalidade e Pessoa Física

É essencial à configuração da relação de emprego que a prestação do trabalho, pela pessoa natural, tenha efetivo caráter de infungibilidade, no que tange ao trabalhador.[7]

Segundo Sergio Pinto Martins, o contrato de trabalho é *intuitu personae*, ou seja, realizado com certa e determinada pessoa. O contrato de trabalho em relação ao trabalhador é infungível. Não pode o empregado fazer-se substituir por outra pessoa, sob pena de o vínculo formar-se com a última. O empregado somente poderá ser pessoa física, pois não existe contrato de trabalho em que o trabalhador seja pessoa jurídica, podendo ocorrer, no caso, prestação de serviços, empreitada etc.[8].

Neste sentido, o contrato de trabalho é ajustado em função de determinada pessoa, ou seja, o trabalho com o qual o empregador tem o direito de contar é o de determinada e específica pessoa e não de outra. Assim, não pode o empregado, por sua iniciativa, fazer-se substituir por outra pessoa, sem o consentimento do empregador.

Importante destacar que a pessoalidade é somente quanto ao trabalhador e não quanto ao empregador.

Este elemento é identificado na relação de estágio, pois o estagiário não pode livremente fazer-se substituir no trabalho.

1.2.2. Não Eventualidade

Segundo Mauricio Godinho Delgado[9], para que haja relação empregatícia é necessário que o trabalho prestado tenha caráter de permanência (ainda que por um curto período determinado), não se qualificando como trabalho esporádico.

Dessa forma, o trabalho deve ser prestado com continuidade, ou seja, aquele que presta serviços eventualmente não é empregado[10].

Alguns doutrinadores afirmam que a não eventualidade está mais relacionada com a necessidade da empresa do que com a continuidade ou habitualidade.

---

(7) DELGADO, Mauricio Godinho. *Curso de direito do trabalho*. p. 271
(8) MARTINS, Sergio Pinto. *Direito do trabalho*. p. 91.
(9) DELGADO, Mauricio Godinho. *Curso de direito do trabalho*. p. 273.
(10) MARTINS, Sergio Pinto. *Direito do trabalho*. p. 91.

Neste sentido, Ísis de Almeida[11] leciona que o trabalho não eventual:

> Caracteriza-se principalmente, na essencialidade, na necessidade do serviço prestado, à atividade habitual do empregador. A duração mais ou menos prolongada também pode caracterizar a não eventualidade, mas deve ser mantido o conceito fundamental desse pressuposto, isto é, o serviço tem de ser, ou tornar-se, pela habitualidade, uma como que 'extensão' da atividade principal.

Este elemento é identificado na relação de estágio, visto que o estagiário presta serviço essencial e de forma permanente, enquanto durar o estágio, à parte concedente onde estagia. O estagiário, além de adquirir a prática necessária ao exercício de sua futura profissão, vem a suprir uma necessidade habitual da concedente.

1.2.3. Subordinação

Subordinação é a obrigação que o empregado tem de cumprir as ordens determinadas pelo empregador em decorrência do contrato de trabalho[12].

O requisito da subordinação está explícito na Consolidação das Leis do Trabalho em seu art. 3º.

Do artigo anteriormente mencionado extrai-se que a subordinação é caracterizada pela dependência. A interpretação da palavra "dependência", porém, gerou discussões doutrinárias, fazendo surgir, segundo Mauricio Godinho Delgado, três correntes sobre a natureza jurídica da subordinação do empregado em relação ao empregador, quais sejam, a dependência econômica, a dependência técnica e a dependência jurídica[13].

A primeira delas utiliza como fundamento a situação econômica do empregado diante da empresa — sustenta, que a subordinação do empregado em relação ao empregador decorre da dependência econômica, pois "o empregado dependeria economicamente do empregador para sobreviver[14]". A segunda considera a capacidade e os conhecimentos técnicos do empregado e do empregador, ou seja, defende que a subordinação advém de uma dependência de conhecimento técnico/científico, onde "o empregado dependeria das determinações técnicas do empregador, de como tecnicamente o trabalho deveria ser desenvolvido[15]".

---

(11) ALMEIDA, Ísis. *Manual de direito individual do trabalho*: o contrato de trabalho: formação, execução, alteração, dissolução. São Paulo: LTr, 1998. p. 84.
(12) MARTINS, Sergio Pinto. *Direito do trabalho*. p. 129.
(13) DELGADO, Mauricio Godinho. *Curso de direito do trabalho*. p. 282.
(14) MARTINS, Sergio Pinto. *Direito do trabalho*. p. 129.
(15) *Idem*.

Conforme Mauricio Godinho Delgado[16], a natureza do fenômeno da subordinação já está pacificada entre os doutrinadores. Afirma o referido autor que:

> [...] a subordinação classifica-se, inquestionavelmente, como um fenômeno jurídico, derivado do contrato de trabalho estabelecido entre trabalhador e tomador de serviços, pelo qual o primeiro acolhe o direcionamento objetivo do segundo sobre a forma de efetuação da prestação do trabalho.

Sendo assim, o trabalho do empregado fica em um estado de sujeição ao comando do empregador, ou seja, o trabalhador se limita a permitir que sua força de trabalho seja utilizada como fator de produção, na atividade econômica exercida por outra pessoa, a quem fica, por isso, juridicamente subordinado[17].

Na relação de estágio a subordinação técnica deve predominar à subordinação jurídica, pois a finalidade do estágio é o aprendizado da prática e de competências próprias da atividade profissional.

No contrato de estágio há subordinação do estagiário também em relação à instituição de ensino, visto que ele deve apresentar periodicamente, em prazo não superior a 6 (seis) meses, um relatório das atividades desenvolvidas no estágio[18].

1.2.4. Onerosidade

O contrato de trabalho é oneroso, pois "o empregado recebe salário pelos serviços prestados ao empregador. O empregado tem o dever de prestar serviços e o empregador, em contrapartida, deve pagar salários pelos serviços prestados[19]".

Na relação de estágio a figura da onerosidade está presente quando o estagiário recebe uma bolsa ou outra forma de contraprestação que venha a ser acordada. Importante destacar que esse "pagamento" é somente um auxílio para o estagiário, não corresponde ao lucro que a parte concedente tem com o seu trabalho. No contrato de emprego o objetivo é o dinheiro, já no contrato de estágio o principal objetivo é a aprendizagem e a formação profissional do estagiário.

Conforme o exposto, constata-se que não existindo qualquer um dos elementos mencionados anteriormente, a prestação de serviço não constituirá uma relação de emprego, mas apenas uma relação de trabalho.

---

(16) DELGADO, Mauricio Godinho. *Curso de direito do trabalho*. p. 282.
(17) SÜSSEKIND, Arnaldo et al. *Instituições de direito do trabalho*. São Paulo: LTr, 2000. p. 314.
(18) Art. 7º São obrigações das instituições de ensino, em relação aos estágios de seus educandos: IV — exigir do educando a apresentação periódica, em prazo não superior a 6 (seis) meses, de relatório das atividades; Lex: BRASIL. *Lei n. 11.788, de 25 de setembro de 2008*. Dispõe sobre o estágio de estudantes. Disponível em: <http://www.planalto.gov.br/ccivil_03/_Ato2007-2010/2008/Lei/L11788.htm>. Acesso em: 25 jul. 2012.
(19) MARTINS, Sergio Pinto. *Direito do trabalho*. p. 91.

Segundo dispõe o art. 442 da Consolidação das Leis do Trabalho, contrato individual de trabalho é o acordo tácito ou expresso correspondente à relação de emprego.

Para Ives Gandra da Silva Martins Filho[20], contrato de trabalho é aquele pelo qual uma ou mais pessoas naturais obrigam-se, em troca de uma remuneração, a trabalhar para outra, em regime de subordinação a esta.

Sendo assim, contrato de trabalho é o negócio jurídico pelo qual uma pessoa física (empregado) se obriga, mediante o pagamento de uma contraprestação (salário), a prestar trabalho não eventual em proveito de outra pessoa, física ou jurídica (empregador), a quem fica juridicamente subordinada[21].

O contrato de trabalho decorrente da relação de emprego deve conter todos os elementos explicados anteriormente quais sejam, pessoalidade, pessoa física, não eventualidade, subordinação e onerosidade. Ausente qualquer um dos requisitos citados, a prestação de serviço não será uma relação de emprego, e sim uma relação de trabalho, ou seja, sem vínculo empregatício.

Diferentemente do contrato de trabalho, em que o contrato de estágio é espécie, que exige formalidades para a sua caracterização, o contrato de trabalho decorrente da relação de emprego pode ser acordado tácita ou expressamente, verbalmente ou por escrito e por prazo determinado ou indeterminado, ou seja, é um contrato informal.

Assim, para a configuração de um contrato de trabalho decorrente de relação de emprego não há necessidade de um documento solene, nem que exista formalidade na celebração do contrato.

2 RELAÇÃO DE ESTÁGIO

2.1. Conceito e requisitos de validade

Segundo Maria Helena Diniz[22], estágio é o "tempo de prática em que o empregado aprende o seu ofício, preparando-se para o exercício de determinado serviço". Afirma ainda, que "indica a fase por que passa o estudante universitário para adquirir a prática necessária ao exercício de sua profissão".

A Lei que regulou o estágio, Lei n. 6.494/1977, não trazia definição de estágio. Foi regulamentada a referida norma pelo Decreto n. 84.497, de 18 de agosto de 1982.

---

(20) MARTINS FILHO, Ives Gandra da Silva. *Manual esquemático de direito e processo do trabalho.* 14. ed. rev., atual. e ampl. São Paulo: Saraiva, 2006. p. 57.
(21) SÜSSEKIND, Arnaldo et al. *Instituições de direito do trabalho.* São Paulo: LTr, 2000. p. 242 e 243.
(22) DINIZ, Maria Helena. *Dicionário jurídico.* 2. ed. rev. atual. e aum. São Paulo: Saraiva, 2005. p. 485.

A Lei n. 11.788, de 25 de setembro de 2008, passou a tratar do estágio dos estudantes, revogando expressamente, em seu art. 22, as Leis ns. 6.494/1977, 8.859/1994 e art. 82 da Lei n. 9.394/1996 e trouxe em seu art. 1º o conceito de estágio.

Dessa forma, estágio é considerado ato educativo escolar. É uma forma de integração entre o que a pessoa aprende na escola e aplica na prática na empresa[23].

Ressalta-se que o contrato de estágio é um contrato de natureza civil, não podendo ser confundido com o contrato de trabalho decorrente da relação de emprego, apesar de assemelhar-se a este.

Assim como na relação de emprego, no contrato de estágio estão presentes a pessoalidade, a pessoa física, a não eventualidade, a subordinação e, em determinados casos, ainda pode se verificar a onerosidade, quando o estágio é remunerado. Entretanto, apesar de evidenciar alguns dos requisitos da relação de emprego, não gera vínculo de qualquer natureza se observados os requisitos de validade, conforme dispõe o art. 3º da Lei n. 11.788/2008.

Conforme Mauricio Godinho Delgado[24], a ausência de vínculo decorre da função educacional da atividade.

No mesmo sentido é o entendimento de Fabíola Marques e Cláudia José Abud[25]: "o trabalho do estagiário tem finalidade pedagógica, ou seja, embora preencha os requisitos do art. 3º da CLT[26], o estagiário executa o trabalho com o objetivo de compor sua formação profissional".

Por fim, os §§ 1º e 2º do art. 1º da Lei n. 11.788/2008[27] dispõe respectivamente que: "o estágio faz parte do projeto pedagógico do curso, além de integrar o itinerário formativo do educando" e que "o estágio visa ao aprendizado de competências próprias da atividade profissional e à contextualização curricular, objetivando o desenvolvimento de educando para a vida cidadã e para o trabalho".

Ressalte-se que o contrato de estágio deve preencher os requisitos formais e materiais exigidos pela Lei n. 11.788/2008, caso contrário caracterizar-se-á o vínculo empregatício.

---

(23) MARTINS, Sergio Pinto. Estágio e relação de emprego. *Revista IOB trabalhista e previdenciária*, Porto Alegre, n. 235. p. 07-28, jan. 2009. p. 08.
(24) DELGADO, Mauricio Godinho. *Curso de direito do trabalho*. p. 300.
(25) MARQUES, Fabíola; ABUD, Cláudia José. *Direito do trabalho*. São Paulo: Atlas, 2005. p. 22.
(26) Art. 3º — Considera-se empregado toda pessoa física que prestar serviços de natureza não eventual a empregador, sob a dependência deste e mediante salário. Lex: BRASIL. *Decreto-Lei n. 5.452, de 01 de maio de 1943*. Consolidação das Leis do Trabalho. Disponível em: <http://www.planalto.gov.br/ccivil_03/decreto-lei/del5452.htm>. Acesso em: 25 jul. 2012.
(27) BRASIL. *Lei n. 11.788, de 25 de setembro de 2008*. Dispõe sobre o estágio de estudantes. Disponível em: <http://www.planalto.gov.br/ccivil_03/_Ato2007-2010/2008/Lei/L11788.htm>. Acesso em: 25 jul. 2012.

Iniciar-se-á a análise das exigências legais verificando-se os sujeitos da relação referente ao contrato de estágio.

Para a formalização desse contrato, conforme a Lei n. 11.788/2008, são integrantes obrigatórios: a parte concedente do estágio, a instituição de ensino e o estudante e integrantes facultativos os agentes de integração.

Parte concedente é onde o estudante realizará as atividades de estágio.

Previa o art.1º da Lei n. 6.494/1977 que as pessoas jurídicas de direito privado, os órgãos da Administração Pública e as instituições de ensino é que irão conceder o estágio. Pela redação do referido preceito legal, não poderiam ser concedentes do estágio os profissionais liberais, como médicos, dentistas, contadores, engenheiros etc., só se fossem organizados sob a forma de pessoa jurídica. Isso era incorreto, pois nestes escritórios ou consultórios também poderia haver o estágio, proporcionando aprendizagem ao estagiário, como ocorre quando aquelas pessoas são organizadas sob a forma de pessoa jurídica[28].

Conforme leciona Sergio Pinto Martins[29], com a nova Lei do Estágio os profissionais liberais de nível superior também poderão conceder estágio, desde que devidamente registrados em seus respectivos conselhos de fiscalização profissional. Outros profissionais que não tenham nível superior não poderão fazê-lo.

Instituição de ensino, por sua vez, é o lugar onde o estagiário está regularmente matriculado e frequentando as aulas[30].

Estagiário, segundo Amauri Mascaro Nascimento[31], "é o estudante que, para complementar os seus estudos, o faz com a prática profissional, o que o põe numa posição de identificação com os empregados de uma empresa, para que possa enfrentar as mesmas dificuldades e problemas".

Conforme o art. 1º da Lei n. 11.788/2008, estagiários são:

educandos que estejam frequentando o ensino regular em instituições de educação superior, de educação profissional, de ensino médio, da educação especial e dos anos finais do ensino fundamental, na modalidade profissional da educação de jovens e adultos[32].

O §1º do art. 1º da Lei n. 6.494 previa que os alunos a que se refere o *caput* deste artigo deviam, comprovadamente, estar frequentando cursos de nível superior, profissionalizante de 2º grau, ou escolas de educação especial[33].

---

(28) MARTINS, Sérgio Pinto. Estágio e relação de emprego. *Revista IOB trabalhista e previdenciária*, Porto Alegre, n. 235. p. 07-28, jan. 2009. p. 11.
(29) *Idem*.
(30) *Idem*.
(31) NASCIMENTO, Amauri Mascaro. *Curso de direito do trabalho*: história e teoria geral do direito do trabalho: relações individuais e coletivas do trabalho. 24. ed. rev. e atual. e ampl. São Paulo: Saraiva, 2009. p. 789.
(32) BRASIL. *Lei n. 11.788, de 25 de setembro de 2008*. Dispõe sobre o estágio de estudantes. Disponível em: <http://www.planalto.gov.br/ccivil_03/_Ato2007-2010/2008/Lei/L11788.htm>. Acesso em: 26 jul. 2012.
(33) BRASIL. *Lei n. 6.494, de 7 de dezembro de 1977*. Dispõe sobre os estágios de estudantes de estabelecimento de ensino superior e ensino profissionalizante do 2º Grau e Supletivo e dá outras providências. Disponível em: <http://www.planalto.gov.br/ccivil_03/leis/L6494.htm>. Acesso em: 26 jul. 2012.

Dessa forma, é possível perceber que quanto ao nível de ensino em que se permitia o estágio, a nova lei do estágio inovou, estendendo a possibilidade para os anos finais do ensino fundamental, na modalidade da educação de jovens e adultos[34].

Portanto, atualmente, nos termos do ordenamento jurídico vigente, poderão ser estagiários os alunos de cursos de educação superior, de educação profissional, de ensino médio, da educação especial e dos anos finais do ensino fundamental, na modalidade profissional da educação de jovens e adultos, que estejam comprovadamente matriculados e frequentando as aulas.

O art. 5º da Lei n. 11.788/2008 traz que as instituições de ensino e as partes cedentes de estágio podem recorrer a serviços de agentes de integração, mediante condições acordadas em instrumento jurídico apropriado.

Agentes de integração são entidades que promovem a aproximação entre as instituições de ensino e as empresas, com o objetivo de identificar e captar oportunidades de estágio para estudantes.

Sobre o agente de integração, Rodrigo Garcia Schwarz leciona que, "sua participação na contratação do estágio não é obrigatória, mas, se existir, o agente de integração fará parte do termo de compromisso de estágio, na condição de interveniente[35]".

A Lei n. 11.788, de 25 de setembro de 2008 fixa exigências específicas à configuração do tipo legal do estágio, sob pena de se descaracterizar a relação estabelecida para simples contrato de emprego. Dessa forma, há requisitos formais e materiais a serem observados, como exigências indispensáveis à configuração do estágio.

Para Mauricio Godinho Delgado[36], são requisitos formais do contrato de estágio: qualificação das partes envolvidas, celebração do termo de compromisso, existência de efetivo acompanhamento por professor orientador da instituição de ensino e por supervisor da parte concedente do estagio e, por fim, a observância de importante rol de regras contratuais e direitos do trabalhador-estagiário.

A qualificação das partes já foi tratada anteriormente, quais sejam, a parte concedente do estágio, a instituição de ensino, o estudante e facultativamente os agentes de integração.

---

(34) BARROS, Verônica Altef. A nova lei de estágio: Lei n. 11.788/2008. *Justiça do Trabalho*, Porto Alegre, n. 298. p. 18-27, out. 2008. p. 22.
(35) SCHWARZ, Rodrigo Garcia. A nova lei de estágio e os seus desdobramentos. *Justiça do Trabalho*, Porto Alegre, n. 299. p. 7-13, nov. 2008. p. 9.
(36) DELGADO, Mauricio Godinho. *Curso de direito do trabalho*. p. 306-311.

O termo de compromisso deve ser firmado pelo estagiário ou com seu representante ou assistente legal e pelos representantes legais da parte concedente e da instituição de ensino.

Sobre o tema, Mauricio Godinho Delgado[37] leciona que:

> Neste importante documento serão fixadas as condições de adequação do estágio à proposta pedagógica do curso, à etapa e à modalidade da formação escolar do estudante e ao horário e calendário escolar (art. 7º, I). Será incorporado ao termo de compromisso o plano de atividades do estagiário, por meio de aditivos à medida que for avaliado, progressivamente, o desempenho do estudante (parágrafo único do art. 7º).

A existência de efetivo acompanhamento por professor orientador da instituição de ensino e por supervisor da parte concedente do estagio, é comprovada por vistos em relatórios de atividades do estagiário e por menção de aprovação final, está prevista no art. 3º, § 1º, e art. 7º, inciso IV, da Lei n. 11.788/2008.

E, por fim, a observância de importante rol de regras contratuais e direitos do trabalhador-estagiário, regras e direitos esses instituídos pela nova lei do estágio.

Afirma Mauricio Godinho Delgado[38] que "esse rol pode ser dividido em dois grupos, segundo a imperatividade ou não da correspondente norma legal instituidora: regras e vantagens imperativas, ao lado de regras e vantagens meramente facultativas".

São regras e vantagens imperativas do novo contrato de estágio:

a) jornada de trabalho delimitada e reduzida;

b) diminuição episódica da carga horária do estágio pelo menos à metade, se a instituição adotar verificações de aprendizagem periódicas ou finais, nos períodos de avaliação;

c) recesso anual de 30 dias, ou proporcional a período de estágio menor, inclusive com pagamento caso se trate de estágio remunerado;

d) proibição de duração de estágio acima de dois anos, na mesma parte concedente, exceto tratando-se de estagiário portador de deficiência;

e) seguro contra acidentes pessoais;

f) aplicação da legislação relacionada à saúde e segurança do trabalho[39].

---

(37) DELGADO, Mauricio Godinho. *Curso de direito do trabalho*. p. 306-311.
(38) DELGADO, Mauricio Godinho. *Curso de direito do trabalho*. p. 310.
(39) *Idem*.

Aponta-se ainda que, no caso de estágio não obrigatório, será compulsória a concessão de duas outras vantagens:

g) bolsa ou outra forma de contraprestação;

h) auxílio-transporte[40].

São regras e vantagens simplesmente facultativas do contrato de estágio:

a) bolsa ou outra forma de contraprestação, no caso de estágio obrigatório;

b) auxílio-transporte, também no caso de estagiário obrigatório[41].

Os requisitos materiais do estágio são aqueles que buscam garantir o fiel cumprimento dos fins sociais do contrato de estágio, quais sejam, "a realização pelo estudante de atividade de verdadeira aprendizagem social, profissional e cultural, proporcionada pela sua participação em situações concretas de vida e trabalho de seu meio[42]".

Para Mauricio Godinho Delgado[43], os requisitos materiais do contrato de estágio são: a realização do estágio em unidades que tenham condições reais de proporcionar experiência prática de formação profissional ao estudante, consonância entre as funções exercidas pelo estagiário e a sua formação acadêmica e profissional, acompanhamento do tomador de serviços para que exista transferência de conhecimentos técnico-profissionais, e, por fim, que o trabalho do estágio realmente proporcione complementação do ensino e da aprendizagem, em consonância com os currículos, programas e calendários escolares.

Se não forem respeitados os requisitos formais indispensáveis à configuração do contrato de estágio, descaracterizar-se-á o estágio, dando lugar ao surgimento do contrato de trabalho com todas as suas implicações[44].

2.2. Proteção jurídica ao estagiário

2.2.1. Jornada e Duração Máxima do Contrato de Estágio

A antiga lei do estágio, Lei n. 6.494, não definia especificamente a jornada de trabalho do estagiário. Previa apenas que "a jornada de atividade em estágio, a

---

(40) DELGADO, Mauricio Godinho. *Curso de direito do trabalho*. p. 310.
(41) DELGADO, Mauricio Godinho. *Curso de direito do trabalho*. p. 311.
(42) Idem.
(43) DELGADO, Mauricio Godinho. *Curso de direito do trabalho*. p. 312.
(44) Idem.

ser cumprida pelo estudante, deverá compatibilizar-se com o seu horário escolar e com o horário da parte em que venha a ocorrer o estágio[45]".

O art. 10 da Lei n. 11.788/2008 menciona que a jornada de atividade em estágio deve ser compatível com as atividades escolares e será definida de comum acordo entre a instituição de ensino, a parte concedente e o aluno estagiário ou seu representante legal, devendo constar do termo de compromisso. Também estabelece limite máximo. Conforme a referida Lei, a jornada de atividade em estágio não poderá ultrapassar a 4 (quatro) horas diárias e 20 (vinte) horas semanais, no caso de estudantes de educação especial e dos anos finais do ensino fundamental, na modalidade profissional de educação de jovens e adultos e 6 (seis) horas diárias e 30 (trinta) horas semanais, no caso de estudantes do ensino superior, da educação profissional de nível médio e do ensino médio regular.

A finalidade do limite à jornada de trabalho é fazer com que o estágio não atrapalhe a frequência às aulas ou o aprendizado, havendo tempo para o estagiário poder estudar o que aprende na escola[46].

O estágio relativo a cursos que alternam teoria e prática, nos períodos em que não estão programadas aulas presenciais, poderá ter jornada de até 40 (quarenta) horas semanais, desde que isso esteja previsto no projeto pedagógico do curso e da instituição de ensino[47].

Ressalte-se que a nova Lei, em seu § 2º do art. 10, estipula uma redução pelo menos à metade da carga horária nos períodos de avaliação para garantir o bom desempenho do estudante[48].

Importante destacar que como nada dispõe a Lei n. 11.788/2008 sobre intervalos na jornada, serão aqueles estipulados pelas partes[49].

A Lei n. 11.788/2008 traz ainda em seu art. 12 que na mesma parte concedente a duração do estágio não poderá exceder 2 (dois) anos, exceto quando se tratar de estagiário portador de deficiência.

---

(45) BRASIL. *Lei n. 6.494, de 07 de dezembro de 1977*. Dispõe sobre os estágios de estudantes de estabelecimento de ensino superior e ensino profissionalizante do 2º Grau e Supletivo e dá outras providências. Disponível em: <http://www.planalto.gov.br/ccivil_03/leis/L6494.htm>. Acesso em: 26 jul. 2012.
(46) MARTINS, Sergio Pinto. Estágio e relação de emprego. *Revista IOB trabalhista e previdenciária*, Porto Alegre, n. 235. p. 07-28, jan. 2009. p. 23.
(47) BRASIL. *Lei n. 11.788, de 25 de setembro de 2008*. Dispõe sobre o estágio de estudantes. Disponível em: <http://www.planalto.gov.br/ccivil_03/_Ato2007-2010/2008/Lei/L11788.htm>. Acesso em: 26 jul. 2012.
(48) BARROS, Verônica Altef. A nova lei de estágio: Lei n. 11.788/2008. *Justiça do Trabalho*, Porto Alegre, n. 298. p. 18-27, out. 2008. p. 25.
(49) NASCIMENTO, Amauri Mascaro. *Curso de direito do trabalho*: história e teoria geral do direito do trabalho: relações individuais e coletivas do trabalho. 24. ed. rev. e atual. e ampl. São Paulo: Saraiva, 2009. p. 791.

Dessa forma, a carga horária e a jornada de trabalho do estagiário devem ser estabelecidas em comum acordo entre a instituição de ensino, a parte concedente e o aluno estagiário ou seu representante legal, devendo, obrigatoriamente, ser fixada de forma compatível com as atividades escolares e constar do termo de compromisso, observado o limite máximo.

2.2.2. Pagamento de Bolsa-Auxílio e Auxílio-Transporte

A Lei n. 6.494 trazia como regra que o estagiário poderia receber bolsa, que, portanto, não era obrigatória. As partes é que iriam acertar como seria a bolsa, podendo ser tanto o pagamento de um valor em dinheiro ou outra forma de contraprestação, como pagamento da mensalidade da escola etc.[50].

Dispõe o art. 12 da Lei n. 11.788/2008 que o estagiário poderá receber bolsa ou outra forma de contraprestação que venha a ser acordada, em valor apurado de forma mensal, diária ou horária, sendo compulsória a sua concessão, bem como a do auxílio-transporte, caso o estagiário precise de transporte no deslocamento residência-local de estágio e vice-versa, na hipótese de estágio não obrigatório[51].

Importante destacar que a Lei n. 11.788/2008 traz que somente no estágio não obrigatório é compulsória a concessão do auxílio-transporte, bem como a de bolsa ou outra forma de contraprestação. Diferente do que ocorre quando o estágio é obrigatório, em que qualquer forma de contraprestação é facultativa.

2.2.3. Recesso

Em relação ao recesso a Lei n. 6.949/1977 era omissa. Algumas concedentes de estágio dispensavam seus estagiários no período de férias escolares, mas não existia previsão legal nesse sentido.

Dispõe do art. 13 da Lei n. 11.788/2008 que é garantido ao estagiário um período de recesso de 30 (trinta) dias sempre que o estágio tenha duração igual ou superior a 1 (um) ano. A lei passa a denominar de recesso o período em que o estagiário não irá trabalhar, pois as férias são para empregados[52].

---

(50) MARTINS, Sergio Pinto. Estágio e relação de emprego. *Revista IOB trabalhista e previdenciária*, Porto Alegre, n. 235. p. 07-28, jan. 2009. p. 22.
(51) SCHWARZ, Rodrigo Garcia. A nova lei de estágio e os seus desdobramentos. *Justiça do Trabalho*, Porto Alegre, n. 299. p. 7-13, nov. 2008. p. 12.
(52) MARTINS, Sergio Pinto. Estágio e relação de emprego. *Revista IOB trabalhista e previdenciária*, Porto Alegre, n. 235. p. 07-28, jan. 2009. p. 24.

O recesso deverá ser remunerado, quando o estagiário receber bolsa ou outra forma de contraprestação, o que não tinha previsão na lei anterior, e os dias de recesso serão concedidos de maneira proporcional nos casos de o estágio ter duração inferior a 1 (um) ano[53].

2.2.4. Limitação no Número de Estagiários

A nova Lei estabelece número máximo de estagiários em relação ao quadro de pessoal das entidades concedentes de estágio quando se tratar de estudantes de ensino médio não profissionalizante, de escolas especiais e dos anos finais do ensino fundamental, na modalidade profissional da educação de jovens e adultos[54].

O número máximo de estagiários por estabelecimento concedente será calculado em relação ao quadro de pessoal da parte concedente do estágio nas seguintes proporções: de um a cinco empregados, um estagiário; de seis a dez empregados, até dois estagiários; de onze a vinte e cinco empregados, até cinco estagiários; acima de vinte e cinco empregados, até vinte por cento de estagiários. Quando este cálculo resultar em fração, poderá ser arredondado para o número inteiro imediatamente superior[55].

Na hipótese de a parte concedente contar com várias filiais ou estabelecimentos, os quantitativos serão calculados e aplicados a cada um deles individualmente[56].

A lei anterior não possuía qualquer limitação, o que contribuía para que, em alguns casos, o quadro de pessoal fosse composto por um número de estagiários maior do que de empregados[57].

Importante ressaltar que conforme o § 4º do art. 17 da Lei n. 11.788/2008[58], a limitação para a contratação de estagiários em relação ao quadro de pessoal de concedentes não se aplica aos estágios de nível superior e de nível médio profissional.

---

(53) MARTINS, Sergio Pinto. Estágio e relação de emprego. *Revista IOB trabalhista e previdenciária*, Porto Alegre, n. 235. p. 07-28, jan. 2009. p. 24.
(54) BRASIL. Ministério do Trabalho e Emprego. *Cartilha esclarecedora sobre a lei do estágio*: Lei n. 11.788/2008. Brasília: MTE, SPPE, DPJ, CGPI, 2010. p. 30.
(55) BRASIL. Ministério do Trabalho e Emprego. *Cartilha esclarecedora sobre a lei do estágio*: Lei n. 11.788/2008. Brasília: MTE, SPPE, DPJ, CGPI, 2010. p. 30.
(56) SCHWARZ, Rodrigo Garcia. A nova lei de estágio e os seus desdobramentos. *Justiça do Trabalho*, Porto Alegre, n. 299. p. 7-13, nov. 2008. p. 12.
(57) BARROS, Verônica Altef. A nova lei de estágio: Lei n. 11.788/2008. *Justiça do Trabalho*, Porto Alegre, n. 298. p. 18-27, out. 2008. p. 25.
(58) BRASIL. *Lei n. 11.788, de 25 de setembro de 2008*. Dispõe sobre o estágio de estudantes. Disponível em: <http://www.planalto.gov.br/ccivil_03/_Ato2007-2010/2008/Lei/L11788.htm>. Acesso em: 26 jul. 2012.

2.2.5. Saúde e Segurança do Trabalho

A Lei n. 11.788/2008 dispõe que: "aplica-se ao estagiário a legislação relacionada à saúde e segurança no trabalho, sendo sua implementação de responsabilidade da parte concedente do estágio"[59].

Segundo Verônica Altef Barros[60], é importante destacar que:

> [...] o inciso XXXIII do art. 7º da Constituição Federal estipula a proibição de trabalho noturno, perigoso ou insalubre a menores de dezoito anos, e como o estagiário, principalmente do ensino médio regular ou profissionalizante, em geral é um menor de dezoito anos, deve-se intensificar a fiscalização quanto ao ambiente onde ocorrem as atividades de estágio.

A legislação relacionada à saúde e segurança no trabalho está prevista no Capítulo V, Título II, da Consolidação das Leis do Trabalho. Sobre o tema, Sergio Pinto Martins[61] afirma que:

> A segurança e a medicina do trabalho são o segmento do Direito Tutelar do Trabalho incumbido de oferecer condições de proteção à saúde do trabalhador no local de trabalho, e da sua recuperação quando não estiver em condições de prestar serviços ao empregador. A segurança do trabalho terá por objetivo principal prevenir as doenças profissionais e os acidentes do trabalho no local laboral.

Em relação à contribuição previdenciária, Verônica Altef Barros[62] leciona que:

> Como o estagiário não é empregado, não há contribuição previdenciária obrigatória tanto por parte do educando, bem como da parte concedente. Assim, não há que se falar em benefício previdenciário como auxílio-doença, acidentário, existente para o empregado em decorrência de acidente típico ou doenças decorrentes do trabalho.

O estagiário não é segurado obrigatório da Previdência Social, mas poderá inscrever-se na condição de segurado facultativo do Regime Geral de Previdência Social, conforme dispõe o § 2º do art. 12 da Lei n. 11.788/2008[63].

---

(59) BRASIL. *Lei n. 11.788, de 25 de setembro de 2008*. Dispõe sobre o estágio de estudantes. Disponível em: <http://www.planalto.gov.br/ccivil_03/_Ato2007-2010/2008/Lei/L11788.htm>. Acesso em: 26 jul. 2012.
(60) BARROS, Verônica Altef. A nova lei de estágio: Lei n. 11.788/2008. *Justiça do Trabalho*, Porto Alegre, n. 298. p. 18-27, out. 2008. p. 24.
(61) MARTINS, Sergio Pinto. *Comentários à CLT*. 12. ed. São Paulo: Atlas, 2008. p. 180 e181.
(62) BARROS, Verônica Altef. A nova lei de estágio: Lei n. 11.788/2008. *Justiça do trabalho*, Porto Alegre, n. 298. p. 18-27, out. 2008. p. 24.
(63) MARTINS, Sergio Pinto. Estágio e relação de emprego. *Revista IOB trabalhista e previdenciária*, Porto Alegre, n. 235. p. 07-28, jan. 2009. p. 24.

2.2.6. Seguro Contra Acidentes Pessoais

Visando resguardar a integridade física do estagiário, exige-se, desde a vigência da lei anterior, o seguro contra acidentes pessoais, previsto atualmente no inciso IV do art. 9º da Lei n. 11.788/2008, o qual será obrigação da parte concedente, exceto no caso de estágio obrigatório, em que a responsabilidade poderá ser assumida pela instituição de ensino[64].

Com base no que foi exposto, pode-se dizer que o estágio decorre de uma relação de trabalho e é regido pela Lei n. 11.788/2008. Essa norma estabelece requisitos rígidos para que se configure um contrato de estágio, visando assegurar sua finalidade principal, que é a complementação do ensino mediante atividades práticas da vida profissional. Tais requisitos foram criados por causa da peculiaridade dessa forma de prestação de serviço, que permite o trabalho humano sem a proteção das leis trabalhistas.

3. O CONTRATO DE ESTÁGIO COMO MEIO DE FRAUDAR AS LEIS TRABALHISTAS

O conteúdo das seções anteriores possibilita não apenas o entendimento das diferenças existentes entre estágio e emprego, como também da importância das normas relativas ao estágio. A partir desse contexto, verificar-se-á quais são as principais irregularidades relativas aos contratos de estágio e suas respectivas consequências.

Conforme ensina Pedro Delgado de Paula, quando o estágio não gera uma complementação à formação acadêmico-profissional do estudante ocorre, na verdade, uma forma fraudulenta de utilização da força de trabalho. Afirma o referido autor:

> Caso o estágio não favoreça este aperfeiçoamento e complementação da formação acadêmico-profissional, retratando na verdade uma fraudulenta utilização de força de trabalho menos onerosa, a relação jurídica que se configurará não mais será a de estágio, mas sim de emprego[65].

Uma vez que a Lei n. 11.788/2008 foi criada para assegurar que o estágio seja realizado de modo a atingir a finalidade educacional que lhe foi atribuída,

---

(64) BARROS, Verônica Altef. A nova lei de estágio: Lei n. 11.788/2008. *Justiça do Trabalho*, Porto Alegre, n. 298. p. 18-27, out. 2008. p. 24.
(65) PAULA, Pedro Delgado de. Contrato de estágio como meio fraudulento de contrato de trabalho. *Jus Navigandi*, Teresina, ano 9, n. 200, 22 jan. 2004. Disponível em: < http://jus.com.br/revista/texto/4773/contrato-de-estagio-como-meio-fraudulento-de-contrato-de-trabalho>. Acesso em: 25 jul. 2012.

considerar-se-á, para o presente estudo, configurada a irregularidade no contrato de estágio sempre que não estiverem devidamente cumpridos os requisitos formais e materiais previstos naquela norma.

Entre os motivos que ensejam a utilização do contrato de estágio como forma de fraudar a relação empregatícia destaca-se a diminuição do custo de produção, pelo fato de permitir a utilização de trabalho humano, sem os custos de uma relação de emprego[66].

No intuito de evitar que essa e outras causas resultem na utilização do contrato de estágio como instrumento para fraudar as relações empregatícias e resguardar a causa que o criou, o contrato de estágio foi regulamentado pela Lei n. 11.788/2008.

Importante ressaltar que as irregularidades constantes no contrato de estágio nem sempre têm a intenção de fraudar esta relação, mas, tendo em vista que não há como se diferenciar a intenção de fraudar da irregularidade culposa, o estudo abrangerá as duas formas, chamando-as de irregularidades, sendo que geram as mesmas consequências.

3.1. Contrato de Estágio Fraudulento

As irregularidades que tornam o contrato de estágio fraudulento foram divididas em cinco tópicos conforme o vício do contrato para facilitar a compreensão do tema. O primeiro trata da ausência de matrícula em instituição de ensino, o segundo trata sobre a atividade de estágio dissociado do curso frequentado, o terceiro sobre a inexistência ou irregularidade do termo de compromisso, o quarto sobre a carga horária incompatível com a necessidade de estudo e por último sobre a ausência de monitoramento do estágio.

3.1.1. Ausência de Matrícula em Instituição de Ensino

O art. 1º da Lei n. 11.788/2008 dispõe que os estagiários devem estar frequentando o ensino regular em instituições de educação superior, de educação profissional, de ensino médio, da educação especial e dos anos finais do ensino fundamental, na modalidade profissional da educação de jovens e adultos[67].

Nem sempre, porém, essa determinação é cumprida. Como, por exemplo, a contratação, como estagiário, de pessoa que não era estudante.

---

(66) MAIOR, Jorge Luiz Souto. *Dos contratos de estágio, regidos pela Lei n. 6.494/77*. Disponível em: <http://www.abmp.org.br/textos/97.htm>. Acesso em: 28 jul. 2012.
(67) BRASIL. *Lei n. 11.788, de 25 de setembro de 2008*. Dispõe sobre o estágio de estudantes. Disponível em: <http://www.planalto.gov.br/ccivil_03/_Ato2007-2010/2008/Lei/L11788.htm>. Acesso em: 26 jul. 2012.

Não se trata de estágio profissionalizante, se o suposto estagiário sequer está matriculado em instituição de ensino, e por isso deve ser descaracterizada a relação de estágio e reconhecida a existência de vínculo empregatício entre as partes.

3.1.2. Atividade de Estágio Dissociado do Curso Frequentado

Os estágios foram criados visando ao aprendizado de competências próprias da atividade profissional e à contextualização curricular, com a finalidade de propiciar a complementação do ensino e da aprendizagem e também objetivando o desenvolvimento do educando para a vida cidadã e para o trabalho[68].

Sendo assim, não se pode caracterizar um contrato de estágio dissociado dos ensinamentos teóricos, pois não haveria, nesse caso, complementação do ensino.

Não basta que o estagiário seja estudante. Além disso, é imprescindível que as atividades de estágio tenham alguma ligação com o curso frequentado por esse estudante para que haja complementação de ensino. Se não houver, deve ser descaracterizada a relação de estágio e reconhecida a existência de vínculo empregatício entre as partes.

3.1.3. Inexistência ou Irregularidade do Termo de Compromisso

A celebração de termo de compromisso entre o educando, a parte concedente do estágio e a instituição de ensino, é requisito formal exigido pelo inciso II, art. 3º da Lei n. 11.788/2008[69].

Se o contrato de estágio desrespeita essa norma, deve ser descaracterizada a relação de estágio e reconhecido o vínculo empregatício.

Tanto a ausência do termo de compromisso quanto a falta de participação da instituição de ensino nele são motivos para a descaracterização do contrato de estágio.

3.1.4. Carga Horária Incompatível com a Necessidade de Estudo

A Lei n. 6.494/1977[70] trazia em seu art. 5º que a jornada de atividade em estágio deverá compatibilizar-se com o seu horário escolar e com o horário da

---

(68) BRASIL. *Lei n. 11.788, de 25 de setembro de 2008*. Dispõe sobre o estágio de estudantes. Disponível em: <http://www.planalto.gov.br/ccivil_03/_Ato2007-2010/2008/Lei/L11788.htm>. Acesso em: 26 jul. 2012.
(69) BRASIL. *Lei n. 11.788, de 25 de setembro de 2008*. Dispõe sobre o estágio de estudantes. Disponível em: <http://www.planalto.gov.br/ccivil_03/_Ato2007-2010/2008/Lei/L11788.htm>. Acesso em: 26 jul. 2012.
(70) BRASIL. *Lei n. 6.494, de 7 de dezembro de 1977*. Dispõe sobre os estágios de estudantes de estabelecimento de ensino superior e ensino profissionalizante do 2º Grau e Supletivo e dá outras providências. Disponível em: <http://www.planalto.gov.br/ccivil_03/leis/L6494.htm>. Acesso em: 26 jul. 2012.

parte em que venha a ocorrer o estágio, mas não vedava expressamente a fixação de jornada de trabalho de 8 (oito) horas diárias em contrato de estágio.

Destaca-se que a Lei anterior, n. 6.494/1977, não trazia expressa vedação legal quanto à fixação de jornada de trabalho de 8 (oito) horas em contrato de estágio. Uma vez que não existia vedação expressa sobre a fixação da jornada de trabalho de oito horas diárias e em muitos casos os estagiários trabalhavam oito horas por dia, o que acabava por atrapalhar seus estudos, desvirtuando o cunho educacional do estágio, o legislador sentiu a necessidade de limitar a carga horária da jornada das atividades de estágio.

A nova lei do estágio, Lei n. 11.788/2008, passou a fixar a jornada máxima de atividade em estágio, quais sejam de quatro horas diárias e vinte semanais para estudantes de educação especial e dos anos finais do ensino fundamental, na modalidade profissional de educação de jovens e adultos e de seis horas diárias e trinta semanais para estudantes do ensino superior, da educação profissional de nível médio e do ensino médio regular[71].

A intenção do legislador de colocar um limite à jornada de trabalho é no sentido de que o estágio não atrapalhe a frequência às aulas ou o aprendizado do estagiário, havendo tempo para que possa estudar em casa o que aprende na escola[72].

Assim sendo, se for comprovado que a jornada de atividade do estagiário ultrapassa o limite de horas fixado por lei, deve ser descaracterizada a relação de estágio e reconhecida a existência de vínculo empregatício entre as partes.

3.1.5. Ausência de Monitoramento do Estágio

Sergio Pinto Martins[73] afirma que "a necessidade do monitoramento do estagiário não era expressamente prevista na Lei n. 6.494/1977". Já na atual Lei do estágio, Lei n. 11.788/2008, é expressa.

Conforme explana Amauri Mascaro Nascimento[74]:

> A instituição escolar fiscaliza o estágio. Vemos, nisso, o deslocamento da atribuição antes exclusiva do Ministério do Trabalho e Emprego para o

---

(71) BRASIL. *Lei n. 11.788, de 25 de setembro de 2008*. Dispõe sobre o estágio de estudantes. Disponível em: <http://www.planalto.gov.br/ccivil_03/_Ato2007-2010/2008/Lei/L11788.htm>. Acesso em: 26 de jul. 2012.
(72) MARTINS, Sergio Pinto. Estágio e relação de emprego. *Revista IOB trabalhista e previdenciária*, Porto Alegre, n. 235, p. 07-28, jan. 2009. p. 23.
(73) MARTINS, Sergio Pinto. Estágio e relação de emprego. *Revista IOB trabalhista e previdenciária*, Porto Alegre, n. 235, p. 07-28, jan. 2009. p. 20.
(74) NASCIMENTO, Amauri Mascaro. *Curso de direito do trabalho*: história e teoria geral do direito do trabalho: relações individuais e coletivas do trabalho. 24. ed. rev. e atual. e ampl. São Paulo: Saraiva, 2004. p. 790.

Ministério da Educação, que passa a ser responsável não só pela elaboração do plano pedagógico — com o concurso do agente de integração e a empresa concedente —, como pela supervisão e acompanhamento dos estágios, designando, para esse fim, um professor orientador.

Além disso, assume as seguintes obrigações, quanto aos estágios de seus educandos:

a) celebrar termo de compromisso com o educando ou com seu representante ou assistente legal;

b) avaliar as instalações da parte concedente do estágio e sua adequação à formação cultural e profissional do educando;

c) exigir periodicamente do educando, em prazo não superior a 6 meses, relatório das atividades;

d) reorientar o estagiário para outro local em caso de descumprimento das normas do estágio;

e) realizar avaliações; e

f) celebrar o convênio com a empresa concedente.

Segundo Sergio Pinto Martins[75], a parte concedente também tem obrigação de monitorar o estagiário. Destaca o referido autor as obrigações referentes ao monitoramento previstas no art. 9º da Lei n. 11.788/2008: [...]

> III — indicar funcionário de seu quadro de pessoal, com formação ou experiência profissional na área de conhecimento desenvolvida no curso do estagiário, para orientar e supervisionar até 10 (dez) estagiários simultaneamente; [...]
>
> V — por ocasião do desligamento do estagiário, entregar termo de realização do estágio com indicação resumida das atividades desenvolvidas, dos períodos e da avaliação de desempenho; [...]
>
> VII — enviar à instituição de ensino, com periodicidade mínima de 6 (seis) meses, relatório de atividades, com vista obrigatória ao estagiário.[76]

Dessa forma, o monitoramento do estagiário será realizado tanto pela instituição de ensino quanto pela parte concedente[77].

A Lei n. 6.494/1977 não previa exatamente quanto à necessidade de monitoramento e omitia-se sobre a consequência do não exercício dessa função pela instituição de ensino, dando margem a julgamentos em diferentes sentidos.

---

(75) MARTINS, Sergio Pinto. Estágio e relação de emprego. *Revista IOB trabalhista e previdenciária*, Porto Alegre, n. 235. p. 07-28, jan. 2009. p. 20.
(76) MARTINS, Sergio Pinto. Estágio e relação de emprego. *Revista IOB trabalhista e previdenciária*, Porto Alegre, n. 235. p. 07-28, jan. 2009. p. 20.
(77) MARTINS, Sergio Pinto. Estágio e relação de emprego. *Revista IOB trabalhista e previdenciária*, Porto Alegre, n. 235. p. 07-28, jan. 2009. p. 20.

A nova lei, Lei n. 11.788/2008[78], traz expressamente em seus arts. 7º e 9º que o estagiário deve ser monitorado. Nesse sentido, Sergio Pinto Martins[79] leciona que "a Lei n. 11.788/2008 é clara no sentido de serem feitas avaliações e de serem apresentados relatórios".

Assim sendo, se for comprovado que o estagiário não era efetivamente monitorado como determina a lei, deve ser descaracterizada a relação de estágio e reconhecida a existência de vínculo empregatício entre as partes.

3.2. Fraude à legislação trabalhista e suas consequências

Sergio Pinto Martins[80] afirma que, desvirtuada a finalidade de aprendizado profissional por causa de irregularidade no contrato de estágio, há que se reconhecer a existência de vínculo de emprego:

> A contratação de estagiário não deve ter por objetivo apenas o aproveitamento de mão de obra mais barata, sem pagamento de qualquer encargo social, mascarando a relação de emprego, exigindo do trabalhador muitas horas diárias de trabalho. É o que se chama de *escraviário* ou de *office boy de luxo*. Deve realmente proporcionar o aprendizado ao estagiário. Estando o estágio em desacordo com as regras da Lei n. 11.788/2008, haverá vínculo de emprego entre as partes, atraindo a aplicação do art. 9° da CLT [...][81]

Nesse sentido, deve ser considerado nulo o contrato de estágio ante a ocorrência de irregularidade que impeça atingir o objetivo principal do contrato de estágio que é o aprendizado profissional, e, com base no princípio da primazia da realidade, ser determinado o reconhecimento de vínculo empregatício entre as partes.

O princípio da primazia da realidade é um dos princípios norteadores do Direito do Trabalho, segundo o qual se deve dar maior importância à realidade fática, em detrimento da realidade formal contida nos contratos. Das lições de Nei Frederico Cano Martins e Marcelo José Ladeira Mauad[82] extrai-se a respeito do princípio da primazia da realidade:

---

(78) BRASIL. *Lei n. 11.788, de 25 de setembro de 2008*. Dispõe sobre o estágio de estudantes. Disponível em: <http://www.planalto.gov.br/ccivil_03/_Ato2007-2010/2008/Lei/L11788.htm>. Acesso em: 26 de jul. 2012.
(79) MARTINS, Sergio Pinto. Estágio e relação de emprego. *Revista IOB trabalhista e previdenciária*, Porto Alegre, n. 235. p. 07-28, jan. 2009. p. 22.
(80) MARTINS, Sergio Pinto. Estágio e relação de emprego. *Revista IOB trabalhista e previdenciária*, Porto Alegre, n. 235. p. 07-28, jan. 2009. p. 28.
(81) MARTINS, Sergio Pinto. Estágio e relação de emprego. *Revista IOB trabalhista e previdenciária*, Porto Alegre, n. 235. p. 07-28, jan. 2009. p. 28.
(82) MARTINS, Nei Frederico Cano; MAUAD, Marcelo José Ladeira. *Lições de direito individual do trabalho*. 2. ed. São Paulo: LTr, 2006. p. 54.

[...] Dá grande relevo aos aspectos da realidade, da efetiva prestação dos serviços, acima do que dispõem os contratos e os textos formais. Refere que a existência de uma relação de emprego depende não do que as partes pactuaram, mas da situação real em que o trabalhador se veja colocado [...]

A não observância de requisitos formais ou materiais no contrato de estágio gera a sua nulidade e, em consequência, o reconhecimento de vínculo de emprego entre as partes. Entretanto, quando tais contratos são firmados com órgãos da Administração Pública, as consequências são diferentes.

Importante destacar que a contratação de pessoal pela Administração Pública Direta ou Indireta (empresas públicas, sociedades de economia mista, autarquias e fundações), só pode ser efetuada mediante a realização de concurso público, salvo no caso de cargos de comissão, que são temporários e livremente nomeáveis ou exoneráveis[83].

Com base no disposto, não há de se reconhecer vínculo empregatício aos estudantes que realizam estágio na Administração Pública, mesmo que seu contrato esteja repleto de vícios, diferentemente do que ocorre nas empresas privadas.

Apesar do não reconhecimento do vínculo empregatício, o ordenamento jurídico não deixa de amparar os estagiários que prestam serviço de forma irregular para a Administração Pública. A Súmula n. 363 do Tribunal Superior do Trabalho (TST) apazigua o problema, conferindo aos estagiários o direito de receber a contraprestação devida em relação ao número de horas trabalhadas.

Dessa forma, embora não se caracterize o vínculo de emprego em face a ausência de concurso público, reconhece-se o pagamento de verbas trabalhistas em decorrência do trabalho desenvolvido pelo estagiário:

> Trata-se de um grande passo dos direitos trabalhistas em detrimento da incúria da Administração Pública, que se vê protegida pelo art. 37, II da Constituição Federal de 1988.

Por fim, destaca-se que, conforme prevê o art. 9º da CLT, os atos praticados com o objetivo de desvirtuar, impedir ou fraudar a aplicação dos preceitos contidos na Consolidação das Leis Trabalhistas serão nulos de pleno direito.

---

(83) Inciso II do art. 37 "a investidura em cargo ou emprego público depende de aprovação prévia em concurso público de provas ou de provas e títulos, de acordo com a natureza e a complexidade do cargo ou emprego, na forma prevista em lei, ressalvadas as nomeações para cargo em comissão declarado em lei de livre nomeação e exoneração". Lex: BRASIL. Constituição (1988). *Constituição da República Federativa do Brasil de 1988*. Disponível em: <http://www.planalto.gov.br/ccivil_03/constituicao/constitui%C3%A7ao.htm>. Acesso em: 26 jul. 2012.

Assim sendo, todo contrato de estágio fraudulento é nulo. Dessa forma, deve-se descaracterizar a relação de estágio e, conforme for a situação, qual seja, ser o empregador público ou privado, as verbas devidas serem pagas ou ser reconhecido vínculo de emprego.

A presente pesquisa mostra que o contrato de estágio, muitas vezes, é utilizado como instrumento para desvirtuar a aplicação da lei trabalhista. Assim, o legislador, por meio da edição da Lei n. 11.788/2008, busca restringir essa prática, estabelecendo os requisitos indispensáveis para que seja configurada a relação de estágio. O Poder Judiciário vem julgando também para coibir essa prática descaracterizando a relação de estágio e reconhecendo o vínculo empregatício quando identifica irregularidades nos contratos de estágio.

CONSIDERAÇÕES FINAIS

O aperfeiçoamento da formação profissional tem assumido grande importância no mercado de trabalho, pois este tem exigido cada vez mais mão de obra qualificada. Dessa forma, o estágio surgiu com a finalidade de integração entre a escola e a empresa, principalmente no que diz respeito ao aperfeiçoamento e complementação da formação acadêmico-profissional.

O estágio no Brasil é regido pela Lei n. 11.788/2008 que foi sancionada dia 25 de setembro que 2008, fixando novas regras para o contrato de estágio, de forma que ficou revogada a legislação anterior (Lei n. 6.494/1977, Lei n. 8.859/1994, e art. 82 da Lei n. 9.394/1996).

Conforme a legislação em vigor sobre o estágio, Lei n. 11.788/2008, emprego não se confunde com estágio, no entanto, a relação de estágio enquadra-se numa das situações que mais se assemelham à relação de emprego. Para ser caracterizada uma relação de emprego é imprescindível que todos os seus requisitos estejam presentes, quais sejam, pessoalidade, pessoa física, não eventualidade, subordinação e onerosidade.

A diferença entre o estágio e o contrato de trabalho é que no primeiro o objetivo é a formação profissional do estagiário, tendo, portanto, finalidade pedagógica, enquanto na relação de emprego o que se visa é o lucro.

Uma vez que contratando um estagiário é possível ter mão de obra qualificada e com o custo abaixo do que com um empregado comum, pois a relação de estágio não possui os encargos das relações empregatícias, têm-se observado vários casos em que o contrato de estágio é utilizado apenas como forma de reduzir os custos da produção, abandonando-se, assim, seu fim educacional.

Buscando coibir a utilização do estágio de forma fraudulenta, o ordenamento jurídico traz regras específicas, com requisitos rígidos para a celebração dos contratos de estágio. Dessa forma, para que se caracterize uma relação de estágio é fundamental que se respeitem os requisitos exigidos pela Lei n. 11.788/2008. Os requisitos de que trata a referida Lei são: qualificação das partes envolvidas, celebração do termo de compromisso, existência de efetivo acompanhamento por professor orientador da instituição de ensino e por supervisor da parte concedente do estágio, a observância de importante rol de regras contratuais e direitos do trabalhador-estagiário, a realização do estágio em unidades que tenham condições reais de proporcionar experiência prática de formação profissional ao estudante, consonância entre as funções exercidas pelo estagiário e a sua formação acadêmica, acompanhamento do tomador de serviços para que exista transferência de conhecimentos técnico-profissionais, e, por fim, que o trabalho do estágio realmente proporcione complementação do ensino e da aprendizagem, em consonância com os currículos, programas e calendários escolares.

Com base na pesquisa realizada, ressalta-se como principais irregularidades dos contratos de estágio: ausência de matrícula em instituição de ensino; atividade de estágio dissociado do curso frequentado; inexistência ou irregularidade do termo de compromisso; carga horária não condizente com as atividades acadêmicas; ausência de monitoramento do estágio.

As irregularidades da relação de estágio geram sua descaracterização e consequente reconhecimento do vínculo de emprego, se a concedente não for órgão da Administração Pública. Dessa forma, são concedidos ao estagiário todos os direitos de um empregado comum. Tais decisões baseiam-se no princípio da primazia da realidade, segundo o qual se deve dar maior importância à realidade fática, em detrimento da realidade formal contida nos contratos.

Quando a parte concedente for órgão da Administração Pública e na relação de estágio existirem irregularidades, o contrato de estágio será reincidido e não será reconhecido o vínculo de emprego, uma vez que a relação de emprego envolvendo órgãos da Administração Pública depende da realização de concurso público. No entanto, reconhece-se o pagamento das verbas trabalhistas devidas em decorrência do trabalho desenvolvido pelo estagiário, conforme disposto na Súmula n. 363 do Tribunal Superior do Trabalho (TST).

Entre os operadores do direito não há a possibilidade de ser feita uma análise subjetiva em relação a se a irregularidade foi cometida com a intenção de fraudar ou se foi de maneira culposa. Assim sendo, nos dois casos é descaracterizada a relação de estágio e é reconhecido o vínculo empregatício com a parte concedente.

Demonstrou-se, portanto, que se tem visado coibir as fraudes nos contratos de estágio a fim de resguardar a finalidade educacional atribuída a esse tipo de contrato, sem permitir, por outro lado, que os estagiários o utilizem como fonte de enriquecimento ilícito, pleiteando o reconhecimento de um vínculo empregatício que na realidade não existe.

REFERÊNCIAS BIBLIOGRÁFICAS

ALMEIDA, Ísis. *Manual de direito individual do trabalho*: o contrato de trabalho: formação, execução, alteração, dissolução. São Paulo: LTr, 1998.

BARROS, Verônica Altef. A nova lei de estágio: Lei n. 11.788/2008. *Justiça do Trabalho*, Porto Alegre, n. 298. p. 18-27, out. 2008.

BRASIL. Constituição (1988). *Constituição da República Federativa do Brasil de 1988*. Disponível em: <http://www.planalto.gov.br/ccivil_03/constituicao/constitui%C3%A7ao.htm>. Acesso em: 26 jul. 2012.

BRASIL. *Decreto-Lei n. 5.452, de 1º de maio de 1943*. Consolidação das Leis do Trabalho. Disponível em: <http://www.planalto.gov.br/ccivil_03/decreto-lei/del5452.htm>. Acesso em: 25 jul. 2012.

BRASIL. *Lei n. 11.788, de 25 de setembro de 2008*. Dispõe sobre o estágio de estudantes. Disponível em: <http://www.planalto.gov.br/ccivil_03/_Ato2007-2010/2008/Lei/L11788.htm>. Acesso em: 25 jul. 2012.

BRASIL. *Lei n. 6.494, de 7 de dezembro de 1977*. Dispõe sobre os estágios de estudantes de estabelecimento de ensino superior e ensino profissionalizante do 2º Grau e Supletivo e dá outras providências. Disponível em: <http://www.planalto.gov.br/ccivil_03/leis/L6494.htm>. Acesso em: 26 jul. 2012.

BRASIL. Ministério do Trabalho e Emprego. *Cartilha esclarecedora sobre a lei do estágio*: Lei n. 11.788/2008. Brasília: MTE, SPPE, DPJ, CGPI, 2010. p. 30.

DELGADO, Mauricio Godinho. *Curso de direito do trabalho*. 8. ed. São Paulo: LTr, 2009. p. 265.

DINIZ, Maria Helena. *Dicionário jurídico*. 2. ed. rev. atual. e aum. São Paulo: Saraiva, 2005.

GENRO, Tarso Fernando. *Direito individual do trabalho*: uma abordagem crítica. 2. ed. São Paulo: LTr, 1994.

MAIOR, Jorge Luiz Souto. *Dos contratos de estágio, regidos pela Lei n. 6.494/77*. Disponível em: <http://www.abmp.org.br/textos/97.htm>. Acesso em: 28 jul. 2012.

MARQUES, Fabíola; ABUD, Cláudia José. *Direito do trabalho*. São Paulo: Atlas, 2005.

MARTINS, Nei Frederico Cano; MAUAD, Marcelo José Ladeira. *Lições de direito individual do trabalho*. 2. ed. São Paulo: LTr, 2006.

MARTINS, Sergio Pinto. *Comentários à CLT*. 12. ed. São Paulo: Atlas, 2008.

_____. *Direito do trabalho*. 24. ed. São Paulo: Atlas, 2008.

_____. Estágio e relação de emprego. *Revista IOB trabalhista e previdenciária*, Porto Alegre, n. 235. p. 07-28, jan. 2009.

MARTINS FILHO, Ives Gandra da Silva. *Manual esquemático de direito e processo do trabalho*. 14. ed. São Paulo: Saraiva, 2006.

NASCIMENTO, Amauri Mascaro. *Curso de direito do trabalho*: história e teoria geral do direito do trabalho: relações individuais e coletivas do trabalho. 24. ed. rev. e atual. e ampl. São Paulo: Saraiva, 2009.

PAULA, Pedro Delgado de. Contrato de estágio como meio fraudulento de contrato de trabalho. *Jus Navigandi*, Teresina, ano 9, n. 200, 22 jan. 2004. Disponível em: <http://jus.com.br/revista/texto/4773/contrato-de-estagio-como-meio-fraudulento-de-contrato-de-trabalho>. Acesso em: 25 jul. 2012.

SCHWARZ, Rodrigo Garcia. A nova lei de estágio e os seus desdobramentos. *Justiça do Trabalho*, Porto Alegre, n. 299. p. 7-13, nov. 2008.

SÜSSEKIND, Arnaldo. *et al. Instituições de direito do trabalho*. São Paulo: LTr, 2000.

5. O DIREITO PROCESSUAL DO TRABALHO

A pós-modernidade e a necessária redesignação do conceito de "acesso à justiça"
Nelson Hamilton Leiria

A (in)aplicabilidade do art. 475-J do CPC no processo trabalhista brasileiro
Cláudia Rodrigues Coutinho Cavalieri
Marianna Coutinho Cavalieri

Da penhora de salário no processo do trabalho
Caroline Andrade Machado

A PÓS-MODERNIDADE E A NECESSÁRIA REDESIGNAÇÃO DO CONCEITO DE "ACESSO À JUSTIÇA"

―――――――――――――――――Nelson Hamilton Leiria(*)

"A Justiça é o dever-ser da ordem para os dirigentes,
o dever-ser da esperança para os oprimidos"(**).

RESUMO

As realidades da modernidade eram a ordem, o controle, o positivismo filosófico e jurídico, o como seu traço mais marcante alcançou todas as facetas da vida humana, inclusive o direito foi fruto do processo de racionalização agenciado pelo mercado e pela burocracia. O Estado faz Justiça para todos como sinônimo de solução da lide. A codificação do direito contribui para a ordem jurídica eis que o processo se desenvolve na universalização das práticas jurídicas (e não a sua particularização) levando todos a serem tratados como iguais quando de fato não são iguais. A evolução da sociedade, cada vez mais mutável, com novos paradigmas e novas formas de conflituosidade, torna ineficaz a distribuição clássica de justiça. Vive-se num Brasil moderno na pós-modernidade em que a solução monopolizada dos conflitos não oferece espaços para os principais interessados. "Acesso à justiça" mais do que acesso aos serviços do Poder Judiciário significa exercício de direitos fundamentais. O pleno "acesso à Justiça" exige: acesso à informação e aos saberes; acessibilidade da população ao Poder Judiciário, ampla e facilitada; o processo, como instrumento de solução do conflito, deve se modernizar para oferecer a mais ampla possibilidade de legitimação dos envolvidos e acesso amplo às diversas possibilidades de solução de conflitos.

Palavras-chave: Acesso à Justiça. Pós-modernidade. Diversificação de formas de solução de conflitos.

INTRODUÇÃO

Este trabalho tem como objetivo o estudo da necessária redesignação do conceito de "acesso à Justiça", pretendendo-se, a partir de uma perspectiva crítica

―――――――――――
(*) Juiz do Trabalho. Professor Universitário. Doutor em Ciências Jurídicas na Universidad del Museo Social Argentino.
(**) AGUIAR, Roberto A. R. *O que é justiça* — uma abordagem dialética. 2. ed. São Paulo: Alfa Omega, 1987. p. 17.

e inovadora, apontar um conceito adequado à etapa civilizatória em que vivemos. O tema toma relevância quando se constata que o conceito adotado pela maioria da doutrina nacional está adequado à modernidade do direito positivo e perfeito de um tempo passado sem guarida na pós-modernidade que é o tempo das ideias e do diálogo.

Visando assegurar uma análise adequada, o trabalho será estruturado em dois eixos centrais, sendo o primeiro a respeito da modernidade com seu direito positivo e com a solução da lide por monopólio estatal, com o que se confunde "acesso à Justiça" com possibilidade de ingresso de ações no Poder Judiciário e o segundo eixo com as práticas emergentes do respeito aos direitos humanos em que entre todas as possibilidades deve a sociedade conhecer seus direitos e resolver os conflitos do modo que entender melhor.

Em síntese, o trabalho é um esforço no sentido de vislumbrar uma nova forma teórica e prática de pacificar as relações conflituosas na sociedade brasileira ao tempo em que essa vive, visando ofertar à sociedade um novo cidadão consciente de seus direitos, um novo Judiciário com provimento final efetivo das demandas que lhe são endereçadas e a possibilidade de escolha de modelo - adversarial ou consensual — com que a sociedade quer ver solucionado seu conflito.

1. A MODERNIDADE E O "ACESSO À JUSTIÇA"

A modernidade se consolidou nos séculos XIX e XX e tem a aparência sólida das construções dos prédios dos tribunais brasileiros, em especial dos tribunais superiores, edifícios grandes e sólidos, verdadeiros escritórios de jurisdição onde tudo tem um lugar estabelecido, certo e definido, onde os indivíduos têm um lugar pré-estabelecido que lhes dá uma vida relativamente estável.

A modernidade não podia prescindir de um Estado que se imaginava por (absolutamente) soberano, onde todas as diferenças estavam reduzidas à unidade. Havia, pois, uma língua, uma cultura, uma ideologia, um território, um povo e uma única lei. O período foi da assimilação das diversidades. A sociedade cedeu sua liberdade para um Estado que administrava as diferenças ficando a sociedade sem opções de escolha, pois tudo passou a ser pré-determinado em nome de uma racionalidade como panaceia única para todos os males sociais.

Bauman[1] aduz que:

> a soberania do estado moderno é o poder de definir e de fazer as definições pegarem tudo que se autodefine ou o que escapa à definição

---

(1) BAUMAN, Zygmunt. *La globalización*. Consecuencias humanas. Buenos Aires: Fondo de Cultura Econômica de Argentina S.A., 2006. p. 16.

assistida pelo poder é subversivo. O outro dessa soberania são as áreas proibidas, de agitação e desobediência, de colapso da lei e da ordem... a resistência à definição coloca um limite à soberania, ao poder, à transparência do mundo ao seu controle, à ordem.

As realidades da modernidade eram a ordem, o controle, o positivismo filosófico e jurídico. O racionalismo, sendo o traço mais marcante da modernidade, modo de encarar e a própria razão do mundo, alcançou todas as facetas da vida humana. O regulamento social passou a observar um direito positivo, estruturado, racional, com prevalência da lei de um Estado neutro e isento, detentor do saber jurídico, da solução de lide como monopólio de segurança, tudo voltado ao bem comum para uma sociedade estável, democrática e justa.

A característica do direito moderno, referente à sujeição de todos os indivíduos à ordem jurídica vigente em um determinado território delimitado por suas fronteiras, foi fruto do processo de racionalização agenciado pelo mercado e pela burocracia. Pontua Streck[2] que "não é segredo, que, historicamente, o Direito tem servido, preponderantemente, muito mais para sonegar direitos do cidadão do que para salvaguardar o cidadão".

O Estado faz Justiça para todos e faz uma mesma Justiça (eis que, frente à lei, mesmo que hipoteticamente, todos são iguais) providenciando uma solução racional. A Justiça tem correlação com jurisdição (que é seu monopólio), de modo que a solução do conflito se dá apenas via Estado, com a mesma forma e procedimentos para todos. Assim não fosse não haveria Justiça como sinônimo de solução da lide.

A racionalização do direito da modernidade tinha eficácia simbólica e materializou-se pelo formalismo e sistematização. A codificação do direito contribui para a ordem jurídica eis que o processo se desenvolve na universalização das práticas jurídicas (e não na sua particularização) levando todos a serem tratados como iguais quando de fato não são iguais.

A evolução da sociedade, cada vez mais mutável, com novos paradigmas, novas verdades e como tal novas formas de conflituosidade torna "ineficaz a distribuição clássica de justiça em estrita obediência aos imperativos colocados pela burocracia e pela legalidade formal."[3]

O Direito, na modernidade, era concebido como sendo um produto exclusivo do Estado. E deveria ser aplicado porque era produzido pelo Estado e por isso bastava, restringindo, assim, o Direito, ao conjunto de regras formalmente postas pelo Estado[4]. Não havia por que valorar o Direito eis que esse era perfeito. O

---

(2) STRECK, Lenio Luiz. *Hermenêutica jurídica e(m) crise*: exploração hermenêutica da construção do direito. Porto Alegre: Livraria do Advogado, 2004. p. 59.
(3) APOSTOLOVA, Brista Stefanova. *Poder Judiciário:* do moderno ao contemporâneo. Porto Alegre: Sergio Antonio Fabris, 1998. p. 40.
(4) DALLARI, Dalmo de Abreu. *O poder dos juízes*. São Paulo: Saraiva,1996. p. 83.

Poder Judiciário, na modernidade, sempre foi confundido como sinônimo de justiça, o que não surgiu ao acaso, já que os tribunais têm uma "preocupação bem maior com a legalidade do que com a Justiça"[5].

A tarefa da ordem jurídica é exatamente de harmonizar as relações sociais intersubjetivas[6], ou seja, o direito passa a fazer o chamado controle social, "entendido como o conjunto de instrumentos de que a sociedade dispõe na sua tendência à imposição dos modelos culturais, dos ideais coletivos e dos valores que persegue, para a superação das antinomias, das tensões, dos conflitos que lhe são próprios."

Observe-se que aplicar a lei a casos particulares é executar a lei, fazer a lei acontecer no mundo real. Aqui no dizer de Zaffaroni[7] torna-se "Juiz um ser asséptico, o poder lhe passa sem tocar-lhe por que não o protagoniza." Ou, conforme[8], "um vizinho muito próximo do formalista é o juiz acomodado, o que se afirma a política e entende que não é tarefa sua fazer indagações sobre justiça, a legitimidade e os efeitos sociais das leis."

Dallari[9] inclusive fala que no Brasil nós não temos Tribunais de Justiça e sim Tribunais de Legalidade, onde apenas se verifica se houve a incidência da norma no suporte fático apresentado pelas partes e, se a resposta for positiva, se diz que há procedência do pedido e como materialização da justiça. A verificação da incidência da norma (feita a partir de interesses do Poder Executivo do Estado) apenas reforça o Estado, leia-se seu governo estabelecido, e retira do Judiciário a prerrogativa de poder, tornando-o mero instrumento estatal.

Esse controle é feito pelo Estado por meio da burocracia racional e positiva. O Judiciário, como Estado, não escapa dessa organização controladora ignorando qualquer subjetivismo em nome do cumprimento do pré-estabelecido, pois tudo deve ser definido e definitivo. Conforme Faria[10] os cartórios judiciais restam convertidos em "máquinas kafkianas de fazer transcrições, emitir certificados e expedir notificações, transforma os juízes em administradores de escritórios emperrados, comprometendo o exercício da função jurisdicional." Os juízes assumem a função de técnicos empresários, pois devem cumprir metas"[11] como

---

(5) DALLARI, Dalmo de Abreu. *O poder dos juízes*. p. 80.
(6) CINTRA, Antonio Carlos de Araújo; GRINOVER, Ada Pellegrini; DINAMARCO, Cândido Rangel. *Teoria geral do processo*. São Paulo: Malheiros, 2003. p. 19.
(7) ZAFFARONI, Eugenio Raúl. *Poder judiciário*: crise, acertos e desacertos. São Paulo: Revista dos Tribunais, 1995. p. 29.
(8) DALLARI, Dalmo de Abreu. *O poder dos juízes*. p. 38.
(9) DALLARI, Dalmo de Abreu. *O poder dos juízes*. p. 95.
(10) FARIA, José Eduardo. *Direito e justiça no século XXI:* a crise da justiça no Brasil. Colóquio internacional, 2003 <http://opj.ces.uc.pt/portugues/novidds/comunica/JoseEduarFaria.pdf> Disponible 2.10.2010. p. 7.
(11) ZAFFARONI, Eugenio Raúl. *Poder judiciário:* crise, acertos e desacertos. São Paulo: Revista dos Tribunais, 1995. p. 30.

as estabelecidas pelo Conselho Nacional de Justiça (CNJ) sem qualquer preocupação quanto à qualidade do julgamento ou a efetividade do direito, senão a de diminuir o número de ações sem tramitação.

A administração da justiça na modernidade se desenvolveu dentro dos modelos centralizados, formais e profissionalizados. Em consequência, a alternativa emergente passa pela criação de instituições, informais e desprofissionalizadas[12].

Definido que o Judiciário é o principal *locus* da solução de conflitos e, assim, um instrumento estatal de controle social, esse se torna ferramenta de dominação, ou seja, um ente socializador de direitos na medida dos interesses estatais.

Nesse cenário o Estado não abre mão (ou não se esforça por fazê-lo) da solução dos conflitos com o intuito de não perder parte representativa de seu poder. Quando a sociedade civil busca um meio alternativo ao monopólio estatal nessa função, em verdade está refugando o Estado e fazendo sua própria lei, que gera uma incerteza aos detentores e amigos do poder. É certo dizer-se do descontentamento quanto ao Judiciário tanto por sua ineficiência como por sua anacronicidade. Quanto à questão política de tudo estar controlado em seu lugar não mais vigora considerando os crescentes movimentos sociais os quais vêm procurando e fixando seu lugar no cotidiano e na história da nação brasileira.

Essas são as razões primárias de o conceito de "acesso à justiça" ser confundido como "acesso ao Judiciário" a partir da concepção de que não bastava o enfrentamento dos problemas crônicos do Judiciário, sendo necessário também ampliar e aprimorar o acesso à Justiça.

2. A PÓS-MODERNIDADE E A REDESIGNAÇÃO DO "ACESSO À JUSTIÇA"

Partilhando a lógica do próprio homem moderno, no Brasil o direito foi positivado como forma de libertação do poder absolutista, entretanto, aprisionou-se a essa legislação insípida. Tudo passou a ter um conceito e um enquadramento na lei.

O Brasil, como todos os países em grau de desenvolvimento, vive a modernidade. Altamente burocrático e judicializado torna-se lento em todas as áreas. Todo o processo depende de pessoas, carimbos e assinaturas: vive o culto à autoridade. A política é instável. As notíciais de corrupção são permanentes. A educação é péssima. A legislação é formalista e excessiva. A solução dos conflitos é ruim e a Justiça morosa, cara e ineficaz.

---

(12) SANTOS, Boaventura de Sousa. O Direito e a Comunidade. As transformações recentes da natureza do poder do Estados nos países capitalistas avançados in: Direito e Avesso, *Boletim da Nova Escola Jurídica Brasileira*, Edições Nair, Brasília, 1983. p. 140-141.

Por segurança, na modernidade, os juízes precisavam aplicar quase que automaticamente o direito, fruto da subsunção mecânica do caso concreto à regra abstrata, que contribuía para a formação de uma jurisprudência uniforme e previsível[13].

Atualmente vive-se num Brasil moderno na pós-modernidade em que a solução monopolizada dos conflitos não oferece espaços para os principais interessados. A não solução pelas partes faz com que seja previsível a solução pela silogística aplicação da lei. É realidade: o Estado, enquanto detém o monopólio de solução do conflito, vê um mundo desenvolvido e pós-moderno acontecer, onde as partes estão escolhendo o melhor Direito (regramento para as relações intersubjetivas) para si, restando a este Estado pós-moderno outras preocupações mais coerentes com suas finalidades e possibilidades.

É possível dizer-se que o fim da modernidade era seu destino previsível, pois a vida sólida e definida não tinha como perdurar ao longo dos tempos. O vazio deixado pela modernidade que se desfez foi preenchido por um novo tempo: a pós-modernidade que é um tempo centrado em informações, estética, símbolos, valores. A época é da ideia, intelectualização, inteligência, criatividade, leveza, padrões de qualidade, confiança, ética e estética.

Resta difícil definir o que é a pós-modernidade, pois é um tempo que não aceita definições. O importante, diferente da modernidade, não é o destino e sim a viagem — mesmo que não se chegue a lugar algum.

É certo que um dos cânones da pós-modernidade é a liberdade de aceitar as divergências; o não efetivo, o não duradouro, o não definido: o efêmero. A ordem é não manter nenhuma ordem, nenhuma opinião, nenhum valor que seja fixo. A liberdade pós-moderna permite tudo, menos a liberdade da não liberdade, fixamente só está o valor supremo da efemeridade das coisas, tudo se apresenta como líquido, disforme, fluido, impossível de constância.

A era é da transitoriedade. A estrutura é instável. Vive-se a era da "desterritorialiação" como resultado da "globalização" que assola o mundo. Neves[14] fala que a tendência é desenraizar coisas, ideias e gentes, onde tudo tende a perder as raízes: mercadoria, mercado, moeda, capital, empresa, agência, tecnologia, bem como grupos étnicos, lealdades ideológicas e movimentos políticos que não mais obedecem fronteiras.

---

(13) APOSTOLOVA, Brista Stefanova. *Poder judiciário:* do moderno ao contemporâneo. Porto Alegre: Sergio Antonio Fabris, 1998. p. 169.
(14) NEVES, Gervásio Rodrigues. Territorialidades, desterritorialidades, novas territorialidades (algumas notas). In: SANTOS, Milton; SOUZA, Maria Adélia A. de; SILVEIRA, Maria Laura. *Território*: globalização e fragmentação. São Paulo: HUCITEC, 1994. p. 272.

Santos[15] é conclusivo ao dizer:

> Vivemos num período avassalado pela questão da sua própria relatividade. O ritmo, a escala, a natureza e o alcance das transformações sociais são de tal ordem que os momentos de destruição e os momentos de criação se sucedem uns aos outros numa cadência frenética, sem deixar tempo nem espaço para momentos de estabilização e de consolidação.

Nas relações humanas o definido é o incerto. Os vínculos são materializados em atitudes em que o homem busca o maior número possível de seguidores (vide as redes sociais) ao tempo que aumenta seus reclamos pela falta de privacidade. Ou seja, abre as portas de sua vida para todos mas não aceita que ninguém entre.

O Estado, por meio do Governo, sempre manteve o controle, e agora esse controle lhe escapa das mãos. Sempre estivemos habituados que o Estado tradicional tinha uma ordem. Tudo era estabelecido. A estrutura era rígida. O governo, com seus ministérios, definia o trato social e político conforme suas competências. O mundo era racional, tudo era objetivo: organização de vida, capacidade de execução, padronização, especialização, eficiência e produtividade. O mundo era definido e nada podia escapar do seu controle.

Hoje, como resultado da pós-modernidade (quando apenas importa a tecnologia, o conhecimento, a transitoriedade, a desterritorização) vivemos, pois, a "nova desordem mundial"[16] onde a vida é desorganizada e às vezes sem sentido: é a confusão do amanhã. É o caos. A evolução do processo faz o Estado perder cada vez mais poder e com isso se torna frágil e doente para tomar medidas para deter o processo que continua. É um caminho sem volta.

Ao se falar em "acesso à justiça" deve-se levar em conta a dualidade de compreensão da expressão. De uma banda, de forma simples e objetiva, tem-se que "acesso à justiça" significa acesso aos serviços do Poder Judiciário; de outro viés, sociológico e político, significará exercício de direitos fundamentais.

As constituições modernas expressam os direitos fundamentais como habitação, saúde e educação, e a justiça, razão pela qual Capeletti[17] sustenta que: "O acesso à justiça pode, portanto, ser encarado como o requisito fundamental — o mais básico dos direitos humanos — de um sistema jurídico moderno e igualitário que pretenda garantir, e não apenas proclamar, os direitos de todos."

---

(15) SANTOS, Boaventura de Sousa. Poderá o direito ser emancipatório? *Revista Crítica de Ciências Sociais*, 1965, maio de 2003:3-76. p. 3.
(16) BAUMAN, Zygmunt. *La globalización*. Consecuencias humanas. Buenos Aires: Fondo de Cultura Económica de Argentina S.A., 2006. p.78.
(17) CAPPELLETTI, Mauro. *Acesso à justiça*. Porto Alegre: Fabris, 1988. p. 12.

Nessa linha, decidiu a Suprema Corte brasileira que "A prestação jurisdicional é uma das formas de se concretizar o princípio da dignidade humana, o que torna imprescindível seja ela realizada de forma célere, plena e eficaz".[18]

O acesso à justiça mescla-se com a efetividade do direito, devendo todos os obstáculos ao efetivo acesso ser eliminados como medida de justiça social. A Constituição Federal estabelece como direito social, isto é, fundamental à pessoa humana, no art. 5º[19], a inafastabilidade da jurisdição, isto é, a garantia de resposta do Estado quando provocado para que se manifeste sobre um (eventual) direito em conflito.

Essas normas, em face da realidade desastrosa na qual tramitam os processos no Brasil, tiveram o incremento de norma que estabelece que "a todos, no âmbito judicial e administrativo, são assegurados a razoável duração do processo e os meios que garantam a celeridade de sua tramitação"[20].

O "acesso à justiça" como simples conceito moderno, é a possibilidade efetiva de uma pessoa conseguir a manifestação do Estado para a defesa de um direito ofendido, por meio do Poder Judiciário, pelos seus organismos competentes.

Esse entendimento, porém, permite acesso ao Judiciário apenas para aqueles que têm melhor condição econômica, os que podem arcar com os custos da ação[21] e, sem preocupação e prejuízo, aguardar seu desfecho. Cappelletti[22] observa que

> Pessoas ou organizações que possuem recursos financeiros consideráveis a serem utilizados têm vantagens óbvias ao propor ou defender, demandar. Em primeiro lugar, elas podem pagar para litigar. Podem, além disso, suportar as delongas do litígio. Cada uma dessas capacidades, em mãos de uma única das partes, pode ser uma arma poderosa; a ameaça do litígio torna-se tanto plausível quanto efetiva.

O Estado brasileiro, buscando dar efetividade a esses preceitos, teve preocupação quanto à questão das despesas do processo, as quais são demasiadamente altas, afastando parte da população na perseguição dos seus direitos. Assim, eliminou o pagamento de custas processuais para os que não têm condições de obrar em juízo, em prejuízo do próprio sustento e daqueles que lhe são dependentes, pela edição da lei da assistência judiciária (n. 1060/50), estabelecendo a isenção de taxas e despesas judiciais (aí incluídas as publicações e honorários de advogados e peritos).

---

(18) (Rcl 5.758, Rel. Min. Cármen Lúcia, julgamento em 13.5.2009, Plenário, DJE de 7.8.2009)
(19) XXXV — a lei não excluirá da apreciação do Poder Judiciário lesão ou ameaça a direito.
(20) Art. 5º, inciso LXXVIII.
(21) Não é desconhecido que para o exercício do direito se faz necessária a presença do advogado (salvo nos reduzidos casos em que a lei dispensa, como ação trabalhista e causas de valor reduzido nos juizados especiais) e o pagamento das custas.
(22) CAPPELLETTI, Mauro. *Acesso à justiça*. p. 21.

Ainda, como questão relevante, acontece a dificuldade de contratar um advogado face os altos custos deste serviço, hipótese em que permanecem fechadas as portas dos tribunais à população pobre. Na solução desse entrave o Estado, via norma constitucional[23], criou a chamada assistência jurídica integral materializada pelas defensorias públicas (Lei Complementar n. 80/94[24]) as quais têm como função "prestar orientação jurídica e exercer a defesa dos necessitados, em todos os graus (inciso I, art. 4º)" e "promover, prioritariamente, a solução extrajudicial dos litígios, visando à composição entre as pessoas em conflito de interesses, por meio de mediação, conciliação, arbitragem e demais técnicas de composição e administração de conflitos;" (inciso II, art. 4º[25]). A implantação do serviço de defensoria vem sendo feita lentamente[26] observando-se que em Santa Catarina ainda não existe um órgão do Poder Executivo especialmente destinado a prestar serviços de defensoria pública[27] estando em fase de implementação[28] sendo o único Estado brasileiro nessa situação. O descumprimento de importante direito constitucional mostra o descaso do Estado com a população pobre que necessita facilidades para o acesso à Justiça dos catarinenses.

Importante apontar que se tratando de ações judiciais trabalhistas, a assistência judiciária será prestada por advogado remunerado e indicado pelo sindicato da categoria do trabalhador envolvido não arcando o obreiro assistido com nenhuma despesa (Lei n. 5584/70, art. 14).

E, assim considerando-se que existe uma estrutura de poder voltada à solução imperativa de lides, em atenção ao "direito constitucional de ação" e também, que há um quadro legal que regula a operacionalização do processo (justo e célere)

---

(23) Art. 5º, LXXIV – o Estado prestará assistência jurídica integral e gratuita aos que comprovarem insuficiência de recursos.
(24) Art. 1º A Defensoria Pública é instituição permanente, essencial à função jurisdicional do Estado, incumbindo-lhe, como expressão e instrumento do regime democrático, fundamentalmente, a orientação jurídica, a promoção dos direitos humanos e a defesa, em todos os graus, judicial e extrajudicial, dos direitos individuais e coletivos, de forma integral e gratuita, aos necessitados, assim considerados na forma do inciso LXXIV do art. 5º da Constituição Federal.
(25) Constituindo-se tal avença em título executivo conforme art. 4º, § 4º: O instrumento de transação, mediação ou conciliação referendado pelo Defensor Público valerá como título executivo extrajudicial, inclusive quando celebrado com a pessoa jurídica de direito público. BRASIL LEGISLAÇÃO, 1994.
(26) 3º Diagnóstico da Defensoria Pública no Brasil indicam que a Defensoria Pública está presente em apenas 42,72% das comarcas, apenas 100% das comarcas em pelo menos oito estados, atuam 481 defensores públicos federais em todo o território nacional para atender 130 milhões de basileiros. <http://www.folhablu.com.br/ler.noticia.asp?noticia=7457&menu=5> e <http://congressoemfoco.uol.com.br/noticia.asp?cod_canal=12&cod_publicacao=35043>
(27) Sendo tal serviço prestado por advogado indicado pela Ordem dos Advogados do Brasil com remuneração paga pelo Estado.
(28) Em 18.7.2012 que foi promulgado Projeto de Lei Complementar n. 16/2012, cria a Defensoria Pública estadual e dispõe sobre sua organização e funcionamento após decisão do Supremo Tribunal Federal em Ação Direta de Inconstitucionalidade movida pela Associação Nacional dos Defensores Públicos e pela Associação dos Defensores Públicos Federais.

poder-se-ia, embora açodadamente, concluir que a população brasileira tem pleno acesso à justiça. Conclusão essa válida para a anacrônica modernidade positiva do Direito, mas que atualmente é uma falácia.

O universo nacional tem alguns problemas que dificultam, sob essa ótica, o "acesso à justiça". O primeiro, e por que não o principal, problema deriva da condição socioeconômica da população. É certo que grande parte da população não tem condições de enfrentar uma demanda, pois vive na faixa de pobreza.[29] O Governo brasileiro[30] com base no Censo 2010 do IBGE informou que 16,2 milhões de pessoas vivem em condições extremas de pobreza, número equivalente a 8,5% da população nacional. A preocupação com o tema é tamanha que a erradicação da pobreza e da marginalização, buscando reduzir as desigualdades sociais, é um dos objetivos fundamentais da República, previstos na Constituição Federal, art. 3º, inciso III. A preocupação, essa não desmotivada já que segundo o Programa das Nações Unidas para o Desenvolvimento (PNUD,) o Brasil ocupava, em 2008, a 70º colocação no relatório de Desenvolvimento Humano, numa lista com 179 países.[31]

E essa população é a que mais precisa, com frequência, da atuação no Judiciário na defesa de seus direitos, até porque mais facilmente sonegados. A condição socioeconômica não apenas pode impedir o ingresso em juízo como pode dificultá-lo. A solução inicial e primária exige a mais ampla possível gratuidade da Justiça e a plena atuação da defensoria pública ou, em substituição, dos advogados dativos (custeados pelo Estado), atuação dos estagiários de direito, dos núcleos universitários de prática jurídica, das organizações comunitárias, sindicais e assistenciais. A dificuldade, entretanto, é maior, pois abrange o transporte para os edifícios do Juízo[32], a insegurança por adentrar em prédios desnecessariamente suntuosos,[33] com vestuário destoante daqueles que frequentam o local. Ainda a dificuldade surge no falar, dada a prática tola e sem sentido do uso exagerado de jargão e

---

(29) A taxa de pobreza varia conforme o índice e a metodologia utilizada enquanto o Índice de Pobreza Multidimensional (MPI, na sigla em inglês, pesquisa do The Oxford Poverty and Human Development Initiative (OPHI), com o apoio das Nações Unidas), diz que 8,5% da população brasileira pode ser considerada pobre, o Banco Mundial (Bird), informa que 5% dos brasileiros vivem abaixo da linha da pobreza absoluta (têm renda inferior a US$ 1,25 por dia, de acordo com a regra adotada pelo Bird). Já o Ipea (Instituto de Pesquisa Econômica Aplicada, órgão ligado ao governo por meio da Secretaria de Assuntos Estratégicos da Presidência da República), afirma que é de 28,8% a taxa de extrema pobreza e 10,5 a taxa de pobreza. Segundo a regra adotada pelo Ipea, estão em pobreza absoluta os membros de famílias com rendimento médio por pessoa de até meio salário mínimo mensal. <http://www.ipea.gov.br/sites/000/2/comunicado_presidencia/100112Comunicado38.pdf> e <http://www.votebrasil.com/noticia/politica/novo-indice-aponta-menos-pobres-no-brasil-do-que-o-governo>.
(30) O Ministério do Desenvolvimento Social estabeleceu o valor de R$ 70,00 *per capita* ao mês, equivalente a aproximadamente US$ 1,50 por dia, como referência para definir quem são os brasileiros mais carentes.
(31) Não se pode olvidar que a população mais pobre mora nas periferias, longe geograficamente dos edifícios forenses, vendo no Poder Judiciário alvo longe de seu dia a dia.
(32) Não é por menos que os prédios são chamados de Palácios e os tribunais de Corte numa "remissão" à nobreza, onde as camadas sociais mais baixas não tinham acesso.
(33) Como ocorre com frequência na seara trabalhista: o empregado com medo de ajuizar ação contra o patrão e ser despedido do emprego.

linguagem rebuscada. Todos esses fatores geram o medo, a insegurança e a sensação de absoluta inferioridade, dificultando até responder às perguntas em um depoimento judicial.

Ainda, aspecto relevante, é a barreira psicológica. Outro grande entrave para as pessoas recorrerem a processos judiciais, barreira que nasce no medo da represália pelo exercício do direito de ação[34], a desconfiança nos advogados e a sensação de opressão frente a um Juiz de toga, sentado no lugar mais alto da sala, Juiz esse que muitas vezes se acha, conforme expressão de Nietzsche, acima do bem e do mal.

Julgando-se acima das partes, esquecendo-se que é um servidor público, e agindo como se sua atuação decorresse de mera benevolência. Não nos esquecemos de que ocorreram episódios em que um Juiz cancelou uma audiência porque o reclamante estava usando chinelos, o que considerava vestuário incompatível com a dignidade do Poder Judiciário[35], bem como outro que suspendeu a audiência por que a parte autora vestia bermuda, traje tido como de não respeito com a solenidade do fórum.[36]

A respeito dessa lógica de acessibilidade, Santos[37] afirma que:

> [...] quanto mais baixo é o estrato socioeconômico do cidadão, menos provável é que conheça advogado ou que tenha amigos que conheçam advogados, menos provável é que saiba onde, como e quando contactar o advogado, e maior é a distância geográfica entre o lugar onde vive ou trabalha e a zona da cidade onde se encontram os escritórios de advocacia e os tribunais.

Essa realidade nos conduz à conclusão de que esses fatores favorecem o surgimento de uma discriminação social no "acesso à justiça"[38], devendo o pleno "acesso à justiça" perpassar pela diminuição da pobreza, pela melhor distribuição das riquezas nacionais e pela facilitação da inclusão social daqueles que vivem na periferia de tudo.

Favreto[39] aduz que "falta aproximar o Judiciário do cidadão. Hoje, o cidadão comum vê a Justiça de longe. A Justiça para ele é complexa, burocrática, demorada,

---

(34) Ocorrido em 4.7.07, em Cascavel (PR). O juiz da 3ª Vara de Trabalho, Bento Luiz de Azambuja Moreira, <http://g1.globo.com/Noticias/Brasil/0,,MUL63820-5598,00-JUIZ+OFERECE+SAPATOS+USADOS+A+TRABALHADOR.html>. Disponível em: 2.5.2011.
(35) Ocorrência no dia 26.9.2007, na cidade de Lagoa Vermelha (RS), juiz da Vara do Trabalho, Paulo André de França Cordovil <http://www.gazetadopovo.com.br/parana/conteudo.phtml?id=699478>. Disponível em: 2.5.2011.
(36) Titular da Secretaria da Reforma do Judiciário, órgão do Ministério da Justiça do Brasil, in: <http://www.servidorpublico.net/noticias/2007/04/17/acesso-a-justica-e-prioridade-da-reforma-do-judiciario>. Acesso em: 7.2.2011.
(37) SANTOS, Boaventura de Sousa. *Pela mão de Alice*. O social e o político na pós-modernidade. Porto: Afrontamentos, 1999. p. 149.
(38) SANTOS, Boaventura de Sousa. *Pela mão de Alice*. O social e o político na pós-modernidade. p. 149.
(39) FAVRETO, Rogério. *Acesso à justiça e reforma do Judiciário*, 2007, <http://www.servidorpublico.net/noticias/2007/04/17/acesso-a-justica-e-prioridade-da-reforma-do-judiciario>. Acesso em: 7.2.2011.

ela o assusta e afasta". A ausência de conhecimento da existência de um Direito exigível é grave, na medida em que gera uma situação de conforto para os devedores desse Direito fazendo que persistam num comportamento de desatenção à ordem legal enquanto que a população credora dos direitos não exercidos (embora previstos na programática lei) permanece numa situação de carência social e política durante toda a vida.

Conforme define Ramos[40]

> Hoje, muito mais do que o acesso aos tribunais, de fundamental importância, mas não apto a esgotar todas as vias política e socialmente desejáveis de resolução de conflitos, o fenômeno do acesso à justiça deve ser compreendido como a possibilidade material de o ser humano conviver em uma sociedade onde o direito é realizado de forma concreta, seja em decorrência da manifestação soberana da atuação judiciária do organismo estatal, seja, também, como reflexo da atuação das grandes políticas públicas a serem engendradas pela respectiva atuação executiva, não olvidando-se, é claro, o escorreito regramento a ser imprimido pela atuação legiferante.

A população deve ter acesso ao conhecimento para ter "acesso à justiça"; assim, de nada resolve construir prédios (via de regra, desnecessariamente suntuosos) e contratar juízes se antes o Estado não constrói escolas, contrata professores e democratiza a educação e a informação.

Portanto, o acesso à justiça, em verdade, é o acesso aos direitos fundamentais que garantam a dignidade da pessoa humana com o pleno exercício de todos os direitos possíveis, tanto os legislados como aqueles não inseridos no quadro legal da nação, mas que estão na consciência de todos os brasileiros, como uma melhor distribuição de terra, de renda[41], de justiça, enfim, de vida.

É certo que a efetividade desses direitos pressupõe a conscientização de sua titularidade. Aquele que não tem consciência de um direito desconhece que ele está sendo violado. Assim, "acesso à justiça" é simultaneamente acesso aos tribunais e a possibilidade do exercício pleno do direito de ação e também, ou e principalmente, o conhecimento dos direitos e a possibilidade de alcançá-los, o que não ocorre com grande parte dos brasileiros, formando-se um asqueroso processo repetitivo no qual a "pobreza impede o acesso à justiça e a falta desse acesso acentua o quadro de pobreza."[42]

---

(40) RAMOS, Glauco Gumerato. Realidades e perspectivas da assistência jurídica aos necessitados no Brasil. Acesso à Justiça e Cidadania. *Cadernos Adenauer*, Rio de Janeiro, n. 3. v. 3. p. 38-39, 2000.
(41) Em 2010, o índice de Gini, padrão internacional para medir a desigualdade social, do Brasil alcançou 0,5304, de acordo com dados da FGV. O índice, que avalia a distribuição de renda, sendo 0 a distribuição ideal e 1 a maior concentração, entre os 135 países alvos da medição o pior índice é da Namíbia 70.7, perdendo o Brasil (125) para seus vizinhos Chile (121), Argentina (108), Uruguai (92) e para os países do BRIC: China (99), Rússia (79) e Índia (56), sendo que a Suécia é o país com a melhor distribuição de renda do mundo.
(42) ALCÂNTARA,Willian Magalhães de. *O acesso a serviços de justiça numa perspectiva de transformação socioespacial*:contribuição a uma abordagem espacial do acesso à justiça a populações pobres da cidade de Recife, 2009 <http://egal2009.easyplanners.info/area05/5324_Alcantara_Willian_Magalhaes_de.pdf>. Acesso em: 12.12.2010 .

Ou, como escreveu Hockl[43]

> El círculo vicioso de la pobreza extrema — en condiciones de esclavitud o no — impide al hombre reclamar por sus derechos. No hay posibilidad de oír reclamos, simplesmente porque afectados por la miséria no tienen voz: solo deben preocuparse de velar por la subsistência del dia presente, aun al irracional costo de consagrar a ello sus próprias vidas o la de su família enteras.

O "acesso à justiça" resta dependente da inserção da população do mundo dos direitos fundamentais com seu pleno exercício e, ainda, superação das dificuldades para penetrar nos caminhos possíveis de resolução dos conflitos[44], enfim, é a emancipação social da sociedade brasileira, sua acessibilidade pressupõe a materialização dos requisitos:

a) Acesso à informação e aos saberes — a população deverá conhecer seus direitos. Conforme Bauman[45], "com conhecimento, os homens e as mulheres livres têm pelo menos alguma chance de exercer a sua liberdade." A ordem jurídica deve ser apresentada de forma plena devendo resultar numa conscientização sobre os direitos (destacando-se os fundamentais previstos na Constituição Federal) dos trabalhadores, consumidores, mulheres, crianças e adolescentes, idosos. A educação, inclusive e especialmente jurídica, deve ser universalizada[46]. A taxa de

---

(43) HOCKL, María Cecilia. *Las asimetrias sociales y la mediación del derecho*, La Ley n. 111, 09/06/2006, Buenos Aires. p. 3.
(44) Conforme Tarso Genro, ministro da Justiça no segundo Governo Lula: O "acesso à justiça" não se confunde com o acesso ao Judiciário, tendo em vista que não visa apenas a levar as demandas dos necessitados àquele Poder, mas realmente incluir os jurisdicionados que estão à margem do sistema, e, sob o prisma da autocomposição, estimular, difundir e educar seu usuário a melhor resolver conflitos por meio de ações comunicativas.Passe a compreender o usuário do Poder Judiciário não apenas como aquele que, por um motivo ou outro, encontra-se em um dos pólos de uma relação jurídica processual — o usuário do poder judiciário é também todo e qualquer ser humano que possa aprender a melhor resolver seus conflitos, por meio de comunicações eficientes — estimuladas por terceiros, como na mediação ou diretamente, como na negociação. O verdadeiro acesso à Justiça abrange não apenas a prevenção e reparação de direitos, mas a realização de soluções negociadas e o fomento da mobilização sociedade para que possa participar ativamente dos procedimentos de resolução de disputas como de seus resultados. In Manual de mediação judicial. Azevedo, André Gomma (org.) 2009 Brasília/DF:Ministério da Justiça e Programa das Nações Unidas para o Desenvolvimento, p. 14.
(45) BAUMAN, Zygmunt. *Em busca da política*. Rio Janeiro: Jorge Zahar, 2000. p. 10.
(46) Em 26 de outubro de 2006, a Unesco publicou o relatório anual "Educação para Todos" colocou o país na 72º posição, em um *ranking* de 125 países. Com a velocidade de desenvolvimento atual, o país só atingiria o estágio presente de qualidade dos países mais avançados em 2036.O grau educacional da população brasileira é ínfimo perto dos outros países latino-americanos, bem como de outras economias emergentes. Enquanto que a escolaridade média do brasileiro é de 6,9 anos, a dos argentinos é de 8,8 anos. O ensino médio completo no país atinge apenas 22% da população, contra 55% na Argentina. <http://pt.wikipedia.org/wiki/Educa%C3%A7%C3%A3o_no_Brasil>. O analfabetismo do país é de 10%, a repetência escolar 13% e o Brasil I contava em 2010 com apenas 14% dos jovens em idade considerada ideal (entre 18 e 24 anos) na universidade. É um número mínimo na comparação até com países da América Latina, como o Chile, onde a taxa já está em 21%. In: Revista Veja de 10.03.2010. <http://veja.abril.com.br/100310/longe-excelencia-p-101.shtml>

analfabetos no país é de 9,6%[47] e dos analfabetos funcionais 20%[48] dificultando o acesso à justiça aos deficitários no nível de informações e cultura que atingem o percentual absurdo de um terço da população. O Estado deve inserir a população no mundo do conhecimento e os organismos estatais, sindicatos, associações de juízes, defensorias e procuradorias públicas, os Estados e Municípios, devem promover campanhas, por meio de toda a mídia possível: distribuindo cartilhas, programas e chamadas em rádio e televisão, esclarecendo, de forma simples e acessível, todos os direitos, por mais comezinhos que sejam, desde o direito de troca no caso de compra de um produto defeituoso até obrigatoriedade estatal de assistência médica à população. Deve ser inserida nas grades curriculares, de todos os níveis de educação, ao menos uma disciplina de cunho jurídico, para que o aluno tenha noção do mundo do Direito e possa levar para sua vida e sua família.

Sem esquecer da luta incessante pela eliminação (ou no mínimo redução) da pobreza da população, pois essa afasta a população da informação e do conhecimento de seus direitos e conforme Marinoni[49] "a democratização da justiça, na verdade, deve passar pela democratização do ensino e da cultura, e mesmo pela democratização da própria linguagem, como instrumento de intercâmbio de ideias e informações."

A pobreza, como mãe da fome, doença e ignorância, constitui a maior causa de exclusão social, o que influi no plano cultural e implica em um sério obstáculo para o acesso à justiça.

Armelim[50] aduz que

> [...] outras barreiras existem quanto ao acesso à justiça. Não apenas econômicas e sociais, mas também culturais. É verdadeiro truísmo afirmar que este país apresenta diferentes estágios de desenvolvimento, conforme as suas variadas regiões. O subdesenvolvimento com as suas sequelas, como o analfabetismo e ignorância e outras, campeia com maior ou menor intensidade nos variados quadrantes do Brasil. Isso implica reconhecer que em certas regiões o acesso à justiça não chega sequer a ser reclamado por desconhecimento de direitos individuais e coletivos.

---

(47) Censo 2010, IBGE.
(48) Dados de 2009, conforme Indicador de Alfabetismo Funcional (Inaf). Sendo que analfabeto funcional é a denominação dada à pessoa que, mesmo com a capacidade de decodificar minimamente as letras, capacidade de utilizar a leitura e escrita para fins pragmáticos, em contextos cotidianos, domésticos ou de trabalho restrito às tarefas mais rudimentares referentes à "sobrevivência" nas sociedades industriais, com capacidade para localizar uma informação em textos curtos e familiares, escrever números usuais e realizar operações simples, como manusear dinheiro para o pagamento de pequenas quantias ou fazer medidas de comprimento usando a fita métrica. <http://www.ipm.org.br/download/inaf_brasil_2009_relatorio_divulgacao_revisto_fev-11_vFinal.pdf>. Acesso em: 13 jun. 2011.
(49) MARINONI, Luiz Guilherme. *Novas linhas do processo civil*. São Paulo: RT, 1993. p. 48.
(50) ARMELIN, Donaldo. O acesso à justiça. *Revista da Procuradoria Geral do Estado de São Paulo*. São Paulo: PGESP. n. 31, p.171-182, jun.1989. p. 181.

b) Jurisdição — A acessibilidade da população ao Poder Judiciário deve ser ampla e facilitada, devendo esse dar respostas adequadas à pretensão do interessado. O Poder Judiciário deve ter uma estrutura compatível com as necessidades da população[51], devendo existir prédios funcionais próximos às populações os quais deverão estar descentralizados tanto na zona central das cidades como nas periferias bem como a criação de justiça itinerante voltada às populações periféricas, das favelas, do meio rural e das selvas. O equipamento dos cartórios deve ser adequado ao tempo que vivemos, com informatização completa (com interligação à rede mundial de computadores para fins de unificação de toda estrutura judiciária do país) respondendo rapidamente aos serviços. Os funcionários que atuam no serviço judiciário devem ter preparo técnico e sociabilidade para receber os clientes do serviço, devendo entrar no serviço mediante concurso público e desenvolverem sua carreira baseados na meritocracia. No que se refere aos Juízes, deverão existir em número suficiente para atender a todas as demandas, e esses devem ter consciência do cunho social de seu serviço, trabalhando no sentido de alcançar à população os direitos fundamentais, devendo abandonar a interpretação positiva e dogmática em nome de visão sociológica, devem eles, ainda, ter consciência de que são servidores, isto é, devem prestar a atividade para servir o público, maximizando a celeridade do processo[52], saindo da "torre de marfim" e permanecendo o mais próximo possível da população. O ativismo judicial deve ser uma realidade no cotidiano dos juízes sempre que a lei dos códigos estiver obsoleta e não permitir a realização do social, em especial se houver chancela constitucional para tanto.

c) O processo — o instrumento de solução do conflito deve se modernizar para oferecer a mais ampla possibilidade de legitimação dos envolvidos, permitindo que em todos os processos, ou ao menos os de menor significação jurídica e econômica, as partes atuem pessoalmente sem a presença de advogados[53] e,

---

(51) Conforme Sérgio Rabello Tamm Renault, secretário de Reforma do Poder Judiciário do Ministério da Justiça: A ineficiência da máquina pública a serviço da Justiça traz enormes prejuízos ao país: torna a prestação jurisdicional inacessível para a maior parte da população; transforma a vida dos que têm acesso ao Judiciário numa luta sem fim pelo reconhecimento de direitos; dificulta o exercício profissional de advogados, advogados públicos, membros do Ministério Público, defensores públicos e serventuários da Justiça; penaliza injustamente os magistrados em sua missão de fazer justiça e, ainda, inflaciona o chamado custo Brasil. In: Acesso à Justiça por Sistemas Alternativos de Administração de Conflitos. Mapeamento nacional de programas públicos e não governamentais. Ministério da Justiça. Brasilia, 2005.
(52) No aguardo de uma decisão judicial pode estar o Estado ou uma grande empresa, os quais inserem a espera em uma atividade corriqueira inserida na atividade mas também pode estar um trabalhador desempregado e faminto e esperando salários impagos, um doente esperando um medicamento ou uma cirurgia, um acidentado esperando uma indenização, um filho esperando uma pensão. A espera nessas situações gera uma angústia, um descrédito nas instituições, um descrédito no país, o que com certeza será um entrave ao seu desenvolvimento.
(53) Apesar de grande parcela da população ser pobre e ter reduzido nível de escolaridade, por um lado a participação do advogado garante o exercício do direito de ação mais seguro e com maior qualidade;

quando necessário, deverá o Estado fornecer assistência judiciária. Uma das razões que explica a demanda reprimida na busca dos serviços judiciários pela população pobre é a grande desconfiança da população nos advogados[54] considerando que menos da metade da população (48%) confia neles.

Ainda, o processo deverá ser gratuito para todos (já que serviço público essencial) ou, no mínimo, aos que estiverem em um estrato socioeconômico baixo[55]. A tramitação processual deverá ser humanizada apresentando-se informal, com linguagem o mais simplificada possível para que os envolvidos na demanda a ser solucionada tenham conhecimento do que está acontecendo. A linguagem rebuscada soa como obstáculo a grande parte da população, em especial a população pobre e analfabeta, ou com reduzido grau de cultura, que permanece muito distante da compreensão de seus direitos e exercício de sua cidadania, dificultando sua inserção no mundo da Justiça. A não compreensão do rito quer por seu formalismo, quer pela linguagem inacessível, quer por ambientes sacralizados, torna uma sala de audiências um local opressor, causando verdadeiro temor aos que necessitam do Judiciário.

Os atos meramente burocráticos devem ser eliminados, havendo o cuidado para que o processo seja o mais célere possível. Ainda, deve ser criado o maior número possível de juizados especiais para ações que tratem de menor valor e menor complexidade. Devem os juizados de paz, de previsão constitucional[56],

---

entretanto, a participação obrigatória do advogado nos processos judiciais configura um corporativismo desnecessário na medida em que dificulta a emancipação da sociedade, pois dificulta ou não permite uma mudança cultural no que se refere à solução dos conflitos. E é certo que nada melhor que a solução do litígio seja dos envolvidos ou que, ao menos, esses possam decidir como querem buscar a solução. O advogado, muitas vezes, por motivos diversos tem interesse na manutenção do conflito, tornando difícil uma solução. Rogerio Favreto aduz que "o bacharel em Direito com base formativa altamente dogmática e positivista tem se projetado diretamente para o tecido social, fazendo com que as relações intersubjetivas e interinstitucionais judicializem-se em proporções agudas, com uma perspectiva de litigância desmesurada". In: AZEVEDO, André Gomma (org.). *Manual de mediação judicial*. Brasília: Ministério da Justiça, 2009. p. 19. Entende Joaquim Falcão (FALCÃO, Joaquim. Os advogados, tentação monopolística. *Folha de S. Paulo*, 18 de abril de 1988, p. A-3 que "os advogados são indispensáveis à administração da Justiça. É óbvio. Mas não se pode confundir 'administração da Justiça' com o cumprimento de indispensáveis exigências processuais, fruto de formalismo antipopular. (...) Para essa 'administração da Justiça' os advogados deveriam ser dispensáveis. Como também deveriam ser, nos pequenos conflitos em que os cidadãos são capazes de se defender. Do contrário, confunde-se advogado com tutor. Pior. Subentende-se que todos os cidadãos brasileiros são relativamente incapazes. Esquece-se que o país já sofreu muito com tutelas de todos os matizes."
(54) Pesquisa "Confiança nas Instituições" 2005, Ibope, <http://www.ibope.com.br/opp/pesquisa/opiniaopublica/download/opp098_confianca_portalibope_ago05.pdf>.
(55) Não se pode deixar de citar a posição de Roberto Berizonce "que la incidencia de los honorarios de los abogados en costo global del proceso es un hecho irrefutable, como que se erige en un obstáculo para el aceso a la justicia".
(56) Art. 98, A União, no Distrito Federal e nos Territórios, e os Estados criarão: [...] II — justiça de paz, remunerada, composta de cidadãos eleitos pelo voto direto, universal e secreto, com mandato de quatro anos e competência para, na forma da lei, celebrar casamentos, verificar, de ofício ou em face

visando à efetividade da conciliação, ser imediatamente instalados. Ainda, as decisões de primeiro grau devem ser prestigiadas com possibilidade de número reduzido de recursos. O prazo de tramitação deverá ser adequado e o resultado justo com direito e possibilidade de uma execução efetiva da decisão. Deve ser coibido ao máximo o atraso da prestação jurisdicional, os Juízes, quando não sensibilizados que em muitos processos discute-se alimento, salário, honra e paz, que a demora da decisão (via de regra) favorece o devedor, o causador do dano, o mau empregador, a empresa internacional, deverão ser sensibilizados pela não concessão de remoções, férias e, até em situações de reincidência, sustação do pagamento do salário. Devem ser modernizados todos os códigos de procedimentos tornando o rito simples e célere, visando à eficiência de atuação do Judiciário.

d) Acesso às possibilidades de solução de conflitos — deve ser esclarecido à população que o Estado é responsável pela paz, isto é, pela ausência de conflitos e na existência desses, por sua solução. A oferta de formas de solução deve ser bifronte, devendo o Estado oferecer os serviços jurisdicionais e os meios não jurisdicionais e alternativos de solução.

CONSIDERAÇÕES FINAIS

A sociedade pós-moderna impinge às pessoas a liberdade, o não formalismo, a ausência de ordens e a presença de diálogo e conversação. A solução de conflito deve centrar-se na pacificação dos envolvidos, sendo certo que a escolha do meio deve ser feita em consonância com o tipo de conflito. Os meios alternativos, como a conciliação, mediação e arbitragem, apresentam um processo com participação ativa da comunidade envolvida, com alto grau de privacidade, importante em relações comerciais, financeiras e familiares, entre outras. Ainda as partes podem ter interesse em resolver com economia financeira e de tempo e de maneira informal com livre escolha das regras de direito[57] e de procedimento que serão aplicadas inclusive, se for o caso, poderão escolher uma pessoa de sua confiança para proferir a decisão, tendo a oportunidade de debater os problemas que os envolvem, visando encontrar a melhor solução para eles, como a pacificação entre as partes, mantendo a relação existente antes do conflito. A oferta desses meios alternativos fará o Estado alcançar o direito fundamental da justiça, da pacificação das relações, da boa convivência entre todos, contribuindo na redução de uma quantidade de ações que o sistema não absorve bem, como resolvendo demandas reprimidas de grande parcela da população sem "acesso à justiça".

---

de impugnação apresentada, o processo de habilitação e exercer atribuições conciliatórias, sem caráter jurisdicional, além de outras previstas na legislação.
(57) Pois enquanto na modernidade o justo existia em simbiose com o legal, na pós-modernidade o justo será estabelecido pelas partes consensualmente.

Considerando-se que um Estado democrático obrigatoriamente deve ter uma justiça democrática, o Estado como titular monopolista da solução dos conflitos deve possibilitar e facilitar a existência de caminhos alternativos e parajurisdicionais na resolução da lide, pois somente a implementação desses emancipará o "acesso à Justiça".

Os meios alternativos são mais que instrumentos de pacificação social, eis que se revestem de instrumentos de exercício da cidadania e empoderamento da sociedade.

Nesse mesmo sentido, argumenta Genro[58]

> O "acesso à justiça" não se confunde com o acesso ao Judiciário, tendo em vista que não visa apenas a levar as demandas dos necessitados àquele Poder, mas realmente incluir os jurisdicionados que estão à margem do sistema, e, sob o prisma da autocomposição, estimular, difundir e educar seu usuário a melhor resolver conflitos por meio de ações comunicativas. Passe a compreender o usuário do Poder Judiciário não apenas como aquele que, por um motivo ou outro, encontra-se em um dos polos de uma relação jurídica processual — o usuário do poder judiciário é também todo e qualquer ser humano que possa aprender a melhor resolver seus conflitos, por meio de comunicações eficientes — estimuladas por terceiros, como na mediação, ou diretamente, como na negociação. O verdadeiro acesso à Justiça abrange não apenas a prevenção e reparação de direitos, mas a realização de soluções negociadas e o fomento da mobilização da sociedade para que possa participar ativamente dos procedimentos de resolução de disputas, como de seus resultados.

Amalgamando tais requisitos é possível redesignar o conceito de "acesso à justiça" como o conhecimento dos direitos e a possibilidade de exercitá-los, seja por meio de um processo judicial simples, célere, justo, com provimento final efetivamente executável, ou seja mediante uso de um meio alternativo de solução de conflitos, que deverá validamente estar à disposição da parte interessada. Devendo o "acesso à justiça" garantir o cumprimento dos direitos fundamentais, promovendo a igualdade de todos entre si e frente ao Estado como condição fundamental para a plena harmonia social.

REFERÊNCIAS BIBLIOGRÁFICAS

AGUIAR, Roberto A. R. *O que é justiça,* uma abordagem dialética. 2 ed. São Paulo: Alfa Omega, 1987.

---

(58) GENRO, Tarso. In: AZEVEDO, André Gomma (org.). *Manual de mediação judicial.* Brasília: Ministério da Justiça, 2009. p. 14.

ALCÂNTARA, Willian Magalhães de. O acesso a serviços de justiça numa perspectiva de transformação socioespacial:contribuição a uma abordagem espacial do acesso à justiça a populações pobres da cidade de Recife, 2009. Disponível em: <http://egal2009.easyplanners.info/area05/5324_Alcantara_Willian_Magalhaes_de.pdf> Acesso em: 12.12.2010.

APOSTOLOVA, Brista Stefanova. *Poder judiciário*: do moderno ao contemporâneo. Porto Alegre: Sérgio Antonio Fabris, 1998.

ARMELIN, Donaldo. O acesso à justiça. *Revista da Procuradoria Geral do Estado de São Paulo*, São Paulo: PGESP, n. 31, p.171-182, jun.1989.

AZEVEDO, André Gomma (org.). *Manual de mediação judicial*. Brasília: Ministério da Justiça, 2009.

BAUMAN, Zygmunt. *Em busca da política*. Rio de Janeiro: Zahar, 2000.

_____. *La globalización*. Consecuencias humanas. Buenos Aires: Fondo de Cultura Econômica de Argentina S.A., 2006.

CAPPELLETTI, Mauro. *Acesso à justiça*. Porto Alegre: Fabris, 1988.

CINTRA, Antonio Carlos de Araújo; GRINOVER, Ada Pellegrini; DINAMARCO, Cândido Rangel. *Teoria geral do processo*. São Paulo:Malheiros, 2003.

DALLARI, Dalmo de Abreu. *O poder dos juízes*. São Paulo: Saraiva, 1996.

FALCÃO, Joaquim. Os advogados, tentação monopolística. *Folha de São Paulo*, 18 de abril de 1988.

FARIA, José Eduardo. *Direito e justiça no século XXI*: a crise da justiça no Brasil. Colóquio internacional, 2003.

FAVRETO, Rogério. *Acesso à justiça e reforma do Judiciário*, 2007, <http://www.servidorpublico.net/noticias/2007/04/17/acesso-a-justica-e-prioridade-da-reforma-do-judiciario> Acesso em: 7.2.2011.

HOCKL, María Cecilia. *Las asimetrias sociales y la mediación del derecho*. La Ley, n. 111, 9.6.2006, Buenos Aires.

MARINONI, Luiz Guilherme. *Novas linhas do processo civil*. São Paulo: RT, 1993.

NEVES, Gervásio Rodrigues. Territorialidades, desterritorialidades, novas territorialidades (algumas notas). In: SANTOS, Milton; SOUZA, Maria Adélia A. de; SILVEIRA, Maria Laura. *Território*: globalização e fragmentação. São Paulo: HUCITEC, 1994.

RAMOS, Glauco Gumerato. Realidades e perspectivas da assistência jurídica aos necessitados no Brasil. Acesso à Justiça e Cidadania. *Cadernos Adenauer*. Rio de Janeiro, n. 3. v. 3 .2000.

SANTOS, Boaventura de Sousa. *Pela mão de Alice*. O social e o político na pós-modernidade. Porto: Afrontamentos, 1999.

_____. *Poderá o direito ser emancipatório?* Revista Crítica de Ciências Sociais, 1965, maio de 2003:3-76.

_____. O Direito e a Comunidade. As transformações recentes da natureza do poder do Estados nos países capitalistas avançados. In: Direito e Avesso, *Boletim da Nova Escola Jurídica Brasileira*, Edições Nair, Brasília, 1983.

STRECK, Lenio Luiz. *Hermenêutica jurídica e(m) crise*: exploração hermenêutica da construção do Direito. Porto Alegre: Livraria do Advogado, 2004.

ZAFFARONI, Eugenio Raúl. *Poder judiciário*: crise, acertos e desacertos. São Paulo: Revista dos Tribunais, 1995.

A (IN)APLICABILIDADE DO ART. 475-J DO CPC NO PROCESSO TRABALHISTA BRASILEIRO

Cláudia Rodrigues Coutinho Cavalieri(*)
Marianna Coutinho Cavalieri(**)

RESUMO

O objeto do presente artigo é motivar a análise do novo ordenamento jurídico com o advindo das inovações introduzidas pela Lei n. 11.232, de 22.12.2005, alterando a redação do Código de Processo Civil Brasileiro — CPC, no que é pertinente ao cumprimento da sentença por quantia certa prolatada no processo e o posicionamento da doutrina e da jurisprudência a respeito da aplicação supletiva do art. 475-J do CPC no Direito Processual do Trabalho, visando à efetividade da tutela jurisdicional, prevista nos incisos XXXV e LXXVIII do art. 5º da Constituição da República Federativa do Brasil de 1988.

A doutrina e a jurisprudência são objeto de análise deste trabalho, demonstrando o antagonismo acerca da aplicação da multa do art. 475-J subsidiariamente ao Processo do Trabalho.

Palavras-chave: Sentença trabalhista. Multa. Tutela jurisdicional.

INTRODUÇÃO

O Código de Processo Civil — CPC — teve ampla alteração com o advento da Lei n. 11.232, de 22.12.2005, que modificou a especificação do processo em si, especialmente em seu Capítulo X do Título VIII, que trata do cumprimento da sentença.

Com as novas regras, o Processo Civil adotou um procedimento sincrético, ou seja, visto como um todo, fundindo conhecimento e execução. Isto alterou significativamente a espinha dorsal da execução por título executivo judicial do

---

(*) Diretora de Secretaria da 3ª Vara do Trabalho de São José, Justiça do Trabalho — Tribunal Regional do Trabalho da 12ª Região — TRT12. Pós-graduada em Direito e Processo do Trabalho pela Rede de Ensino LFG. Graduada em Direito pela Universidade Federal de Santa Catarina.
(**) Advogada. Pós-graduanda em Direito do Trabalho e Processo do Trabalho pela Escola Superior da Magistratura Trabalhista Catarinense — EMATRA/SC — da Associação dos Magistrados do Trabalho da 12ª Região — AMATRA 12.

Direito Processual Civil. A execução deixou de ser processo autônomo, passando a fazer parte do procedimento principal, qual seja, o cumprimento da sentença do conhecimento.

Em meio a essas novas regras que visam dar mais efetividade à execução, encontramos o art. 475-J do CPC que impõe ao devedor o cumprimento da sentença no prazo de 15 dias, sob pena de pagamento de multa. Transitada em julgado a sentença líquida, por quantia certa, ou fixado o valor, após a homologação dos cálculos da liquidação, o devedor, independentemente de intimação, realizará o pagamento do *quantum debeatur*, no prazo de 15 dias, expondo-se à consequência de aplicação de multa de 10% imposta, de ofício, pelo Juízo da execução.

A principal intenção do legislador com a reformulação do procedimento da execução é adequá-lo às garantias constitucionais de efetividade da prestação jurisdicional e do acesso à justiça, art. 5º, incisos XXXV e LXXVIII, Constituição da República Federativa do Brasil de 1988 — CRFB 1988. O último inciso foi inserido por meio da Emenda Constitucional n. 45/2004, que estabelece: "são assegurados a razoável duração do processo e os meios que garantam a celeridade de sua tramitação".

Portanto, com o fito de simplificar e tornar eficaz o cumprimento da sentença, o legislador alterou a sistemática da execução no Processo Civil com o intuito de transformá-la em fase do processo. Agora, a fase de cumprimento da sentença se inicia sem a instauração de uma nova relação jurídica e de nova citação.

Resta saber se essa primeira parte do art. 475-J do CPC, que trata de oneração do devedor que não cumpre espontaneamente a sentença, pode ser trazida e introduzida no Direito Processual do Trabalho e se isto aumentaria ou não a efetividade da prestação jurisdicional, nos termos da CRFB 1988.

1. A TUTELA

Segundo a Constituição da República Federativa do Brasil, todo cidadão tem direito de acesso à justiça. Essa cláusula pétrea permite aos indivíduos, diante de lesão ou ameaça de lesão a direito, invocar o poder do Estado para a defesa de seus direitos. Por meio de ação judicial o cidadão utilizar-se-á do Estado, ou melhor, do Poder Judiciário como função estatal, que entregará a ele a prestação jurisdicional e promoverá efetivação ou a garantia do exercício de seus direitos.

No entender de Humberto Theodoro Júnior[1], o Direito Processual visa proporcionar ao Direito Material dois tipos de tutela: a) acertamento ou definição e b) realização ou satisfação.

---

(1) THEODORO JÚNIOR, Humberto. *Processo de execução e cumprimento da sentença*. 25. ed. São Paulo: Livraria e Editora Universitária de Direito, 2008. p. 33.

A primeira tutela realiza-se mediante o provimento de uma sentença, em que o órgão judicial declara a real situação jurídica das partes frente ao conflito. A segunda, por seu turno, propõe entregar o bem da vida, diretamente no plano material, provocando alterações no patrimônio dos litigantes, mediante inclusive a implementação da execução forçada.

Quanto a este direito de ação e tutela pode-se afirmar que a ação cognitiva busca a prolação da sentença, constituindo o direito material almejado, enquanto que a ação de execução objetiva a satisfação daquele direito material declarado pelo órgão jurisdicional, implementado pela execução forçada do adimplemento.

Diante disso, conclui-se que o Magistrado, de forma coativa, busca a satisfação material do credor, com a execução forçada de bens patrimoniais do devedor a fim de atingir máxima efetividade no seu atuar e, por conseguinte, entrega o bem da vida ao jurisdicionado, garantindo o exercício de um Direito mais efetivo.

2. AS REFORMAS DO CÓDIGO DE PROCESSO CIVIL

Em 1973, com a edição do Código de Processo Civil — CPC — estabeleceu-se clara e evidente separação entre processo de conhecimento e de execução, o que obrigava a parte vencedora da ação interposta a ingressar com uma nova relação processual, de modo a realizar a concretização do direito material reconhecido na sentença e, consequentemente, travar novas batalhas processuais, visando sua satisfação efetiva.

Em constante movimento de melhoria das leis, o legislador procedeu a profundas reformas no Código de Processo Civil brasileiro, almejando abolir por completo os vestígios da indesejável dualidade de processos para promover o acertamento e a execução dos direitos insatisfeitos. Para tanto, foi editada a Lei n. 8.952/94, posteriormente complementada pela Lei n. 10.444/2002, que alterou o texto de alguns dispositivos.

Primeiramente, o art. 273 foi alterado com a implementação da antecipação de tutela. A modificação tornou possível a obtenção imediata de medidas executivas, satisfativas do direito material do autor, antes de ser prolatada a sentença cognitiva definitiva. Isto é possível desde que haja o receio de dano irreparável ou de difícil reparação iminente.

No segundo momento, procedeu-se à reforma do art. 461 que modernizou o procedimento de execução de sentença em torno do cumprimento de obrigação de fazer ou não fazer. Este procedimento de concessão de tutela específica autoriza que o Magistrado determine providências que assegurem o resultado prático da entrega do bem da vida, equivalente ao do adimplemento. Em verdade, medidas de coerção e apoio — tais como multas, busca e apreensão, remoção de pessoas e coisas, desfazimento de obras e impedimento de atividade — podem ser efetivadas pelo Juízo desde o início do processo. Dessa forma, o credor terá seu direito satisfeito de imediato, sem depender do longo e complicado processo de execução.

Na terceira alteração foi introduzido o art. 461-A, que trata da tutela específica quanto às obrigações de dar ou restituir, de modo que o não cumprimento voluntário da condenação acarretará — nos próprios autos — a pronta expedição de mandado de busca e apreensão ou de imissão na posse, realizada de ofício pelo Magistrado.

Por fim, foi promulgada a Lei n. 11.232/2005, que introduziu importante reforma no que tange a abolição da ação autônoma de execução de sentença, modificando totalmente o procedimento de execução por quantia certa e passou a promover a efetividade do direito declarado na decisão de conhecimento nos próprios autos, sem a necessidade de novo processo, tratando a execução como fase e não como processo autônomo, como já mencionado.

Essa quarta e importante alteração do Código de Processo Civil promoveu uma revolução, porquanto se objetivou, a um só tempo, tornar o Direito Processual Civil mais célere e simples, extirpando regras que burocratizavam o procedimento.

A reforma derivou do projeto do jurista Athos Gusmão Carneiro, que previa o deslocamento para o processo de conhecimento das disciplinas de liquidação e execução por quantia certa calcada em título executivo judicial. Três consequências daí derivaram: a) o processo autônomo de execução foi substituído pelo chamado "cumprimento da sentença"; b) os clássicos embargos do devedor foram convertidos em impugnação; e c) novo conceito de sentença.

Todo esse movimento objetivou e auxiliou a efetivação das garantias constitucionais, a prestação jurisdicional com celeridade e eficácia máxima, para que o cidadão possa ter a seu dispor o bem da vida que lhe é devido.

3. AS VIAS DE EXECUÇÃO DISPONÍVEIS ATUALMENTE E A EXPOSIÇÃO DE MOTIVOS DA LEI N. 11.232/2005

Segundo Humberto Theodoro Júnior, o Código Civil, após a edição da Lei n. 11.232/2005, prevê duas vias de execução forçada:

a) O cumprimento forçado das sentenças condenatórias, e outras a que a lei atribui igual força (arts. 475-I e 475-N);

b) O processo de execução dos títulos extrajudiciais enumerados no art. 585, que se sujeita aos diversos procedimentos do Livro II do CPC.

Há, ainda, a previsão de execução coletiva ou concursal, para os casos de devedor insolvente (arts. 748 a 782).

A reforma da Lei n. 11.232/2005 não atingiu as execuções singulares especiais por dívidas da Fazenda Pública e pelas obrigações de alimentos, que se conservaram nos padrões antigos de separação das duas ações: uma de condenar, outra para executar[2].

Na exposição de motivos trazida pelo ex-Ministro da Justiça, Márcio Thomaz Bastos, no Projeto de Lei que se converteu na Lei n. 11.232/2005, destacam-se os seguintes fundamentos: [...]

a "efetivação" forçada da sentença condenatória será feita como etapa final do processo de conhecimento, após um *tempus iudicati*, sem necessidade de um "processo autônomo" de execução (afastam-se princípios teóricos em homenagem à eficiência e brevidade); *processo "sincrético"*, no dizer de autorizado processualista. Assim, no plano doutrinário, são alteradas as *"cargas de eficácia" da sentença condenatória*, cuja *"executividade"* passa a um primeiro plano; em decorrência, "sentença" passa a ser o ato "de julgamento da causa, com ou sem apreciação do mérito";

a *liquidação de sentença* é posta em seu devido lugar, como Título do Livro I, e se caracteriza *como "procedimento"* incidental, deixando de ser uma "ação" incidental; destarte, a decisão que fixa o *"quantum debeatur"* passa a ser impugnável por agravo de instrumento, não mais por apelação; é permitida, outrossim, a liquidação "provisória", procedida em autos apartados enquanto pendente recurso dotado de efeito suspensivo;

não haverá "embargos do executado" na etapa de cumprimento da sentença, devendo qualquer objeção do réu ser veiculada mediante mero incidente de "impugnação", a cuja decisão será oponível agravo de instrumento;

o Livro II passa a regrar somente as *execuções por título extrajudicial, cujas normas, todavia, se aplicam subsidiariamente ao procedimento de "cumprimento" da sentença;*

a alteração sistemática impõe a alteração dos arts. 162, 269 e 463, uma vez que *a sentença não mais "põe fim" ao processo.*"[3] (sem grifo no original)

Finalmente, nos ensinamentos do Ministro Luiz Fux, do Supremo Tribunal Federal, fica muito claro o avanço do sistema antigo (um processo de conhecimento e outro processo para a execução da decisão proferida naquele processo) para o sistema sincrético (conhecimento + execução em um único processo).

---

(2) THEODORO JÚNIOR, Humberto. *Processo de execução e cumprimento da sentença.* p. 41.
(3) Exposição de Motivos do Ministro da Justiça Márcio Thomaz Bastos no Projeto de Lei da Câmara n. 52/2004 (número na Câmara PL 3252/2004) <http://www.bmfbovespa.com.br/pdf/Entrevista210907_04.pdf> Acesso em: 14.6.2012.

É inegável a influência do sistema do *common law*, que abandonou a figura do juiz burocrata, limitado à *iuris dictio* para encerrar no magistrado a velha postura do pretor romano que nos interditos expedia ordens para serem cumpridas[4].

Essa novel técnica se coaduna com o caráter mandamental das decisões judiciais, consagradas no art. 14 do CPC com suas duas reformas sucessivas referentes ao cumprimento da sentença e à execução extrajudicial.

Muitos são os juristas que discordavam da natureza burocrata e artificial do sistema processual anterior a essa reforma. Na mesma linha, observa com propriedade Carlos Alberto de Santana que o sistema pretérito já não se amoldava à realidade jurídica atual. A principal causa da lentidão e atraso na entrega e na tutela jurisdicional era o próprio procedimento que paralisava a prestação jurisdicional e proporcionava espaço para manobras ilegítimas de devedores recalcitrantes[5].

Busca-se, assim, um processo de execução por meio da fase do cumprimento da sentença que prestigie a efetividade da tutela jurisdicional, já que o sistema anterior não era adequado à conjuntura atual.

Em suma, as várias reformas recentes do Código de Processo Civil, seguindo a tradição do legislador brasileiro, vieram em busca de um sistema menos burocrático, mais objetivo e mais eficaz. Além de batalhar por uma prestação jurisdicional que possa ser entregue em prazo razoável e maneira efetiva, como determina a CRFB 1988. Vira-se uma página da história do Direito Processual Civil brasileiro para abandonar, de uma vez por todas, a velha fórmula de reprincipiar um ciclo de procedimentos longos e burocratizados, com todas as suas idiossincrasias, para concretizar um ato declaratório abstrato perante os jurisdicionados.

4. O CUMPRIMENTO E A EXECUÇÃO DA SENTENÇA: MULTA DO ART. 475-J DO CPC INTRODUZIDA PELA LEI N. 11.232/2005

Com a promulgação da Lei n. 11.232/2005, o legislador brasileiro criou novas regras aos artigos do Capítulo X do Título VIII, que trata do cumprimento da sentença, em razão do enorme congestionamento de processos na fase de execução ou cumprimento da sentença.

Ressalta-se que as reformas processuais anteriores do CPC prestigiaram, em maior frequência, o processo de conhecimento.

---

(4) FUX, Luiz. *O novo processo de execução* (o cumprimento da sentença e a execução extrajudicial), Rio de Janeiro: Forense, 2008. p. 16.
(5) SANTANA, Carlos Alberto. *Cumprimento da sentença & multa do art. 475-J*. Curitiba: Juruá, 2009. p. 124.

A partir da Lei n. 11.232/2005 o processo é visto com sincretismo, ou seja, houve uma fusão de regras heteroprocedimentais e um descarte de normativas de demasiada burocracia. A cognição-execução está como um só corpo de regras, não mais se dividindo em dois processos. O foco passou à simplicidade e objetividade do processo e de seus procedimentos, sempre com o objetivo final e principal: o cumprimento da decisão judicial e entrega da prestação jurisdicional.

Como bem ilustra Carlos Henrique Bezerra Leite, a "principal característica do processo sincrético repousa, *in casu*, na substituição do 'processo' autônomo de execução de sentença, contendo obrigação por quantia certa, por uma simples 'fase' do processo de conhecimento"[6]. Mediante o sincretismo que lhe foi dado, o ordenamento jurídico civil transformou o processo numa unidade dividida em fases de conhecimento e de execução.

Podem-se citar efeitos práticos, como: desnecessidade de citação do devedor para o pagamento do título judicial, uma vez que este é apenas intimado para responder, haja vista sua ciência desde o início do conhecimento, ou seja, o devedor é chamado a cumprir a sentença transitada em julgado, sem a necessidade de nova citação. Até porque, com a extinção de nova ação de execução, não podem ser mantidas duas citações numa ação. O ato de citação é único em cada processo. A partir da citação válida a parte toma ciência dos atos processuais por meio de intimações.

Sobre o tema a doutrinadora por excelência Ada Pellegrini Grinover — que participou ativamente da elaboração do anteprojeto, cujo resultado foi a Lei em comento — afirma que a:

> Lei n. 11.232/2005 traz profunda modificação em todo o direito processual brasileiro e em seus institutos. A principal característica da lei — denominada de cumprimento da sentença — consiste na eliminação da figura do processo autônomo de execução fundado na sentença civil condenatória ao pagamento de quantia certa, generalizando o disposto nos arts. 461 e 461-A do CPC. Agora, a efetivação dos preceitos contidos em qualquer sentença civil condenatória se realizará em prosseguimento ao mesmo processo no qual esta for proferida[7].

A reforma trazida pelo legislador é tão grande que há de se estar preparado para uma nova leitura e percepção das alterações produzidas no Processo Civil.

Contudo, antes de se adentrar no tema natureza jurídica do art. 475-J do CPC, é preciso ressaltar que várias regras concernentes ao cumprimento da sentença foram criadas na dita quarta reforma do Processo Civil, conforme arts. 475-I a 475-R.

---

(6) LEITE, Carlos Henrique Bezerra. *Curso de direito processual do trabalho*. 8. ed. São Paulo: LTr, 2010. p. 942.
(7) GRINOVER, Ada Pellegrini. Cumprimento da Sentença. Disponível em: <http://tex.pro.br/tex/listagem-de-artigos/198-artigos-jan-2008/5945-cumprimento-da-sentenca>. Acesso: 29.6.2012.

5. A CRONOLOGIA PROCESSUAL DA FASE DE CUMPRIMENTO DA SENTENÇA

As reformas efetuadas no art. 475-J, *caput*, do CPC, determina novo início que constitui a fase do cumprimento da sentença, que na hipótese de o devedor, condenado ao pagamento de quantia certa ou já fixada em liquidação, não cumprir sua obrigação de pagar no prazo de 15 dias, haverá compulsoriamente acréscimo de multa no percentual de 10% do montante da condenação e, a requerimento do credor e observado o disposto no art. 614, inciso II, do mesmo Código, expedir-se-á mandado de penhora e avaliação.

Portanto, o Magistrado ao proferir sentença líquida, ato contínuo, intimará o devedor para que realize a prestação devida no prazo de 15 dias (no mesmo prazo para interposição o recurso de apelação), sob pena de aplicação da multa disposta no artigo núcleo deste trabalho. Caso não haja interposição de recurso ou o pagamento espontâneo pelo devedor, o Magistrado expedirá mandado de penhora e avaliação, no intuito de preparar para a expropriação dos bens necessários à satisfação do direito do credor com a conta acrescida da multa de 10%[8].

Se a sentença prolatada for ilíquida, após o trânsito em julgado, o Magistrado determinará a sua liquidação, intimando o devedor para cumprimento da decisão, no prazo de 15 dias, sob pena de acréscimo de 10%.

A controvérsia deste tema está, na verdade, no termo inicial para a aplicação da multa. Nesse ponto há divergência doutrinária, da qual é possível extrair três correntes diferentes[9].

A primeira se direciona no sentido de que o prazo de 15 dias a que se refere o art. 475-J do CPC deve ser contado a partir do momento do trânsito em julgado do último provimento jurisdicional condenatório. Isto é, o prazo de 15 dias passa a fluir desde o momento em que a sentença se torne exequível. Sentença exequível para esta corrente será aquela transitada em julgado ou pendente de recursos sem efeito suspensivo. Dentre seus defensores estão Athos Gusmão Carneiro, Humberto Theodoro Júnior, Araquem de Assis e Ernane Fidélis dos Santos.

A segunda corrente tem como doutrinadores principais Nelson Nery Júnior e Cássio Scarpinella Bueno, que ensinam que basta a intimação do advogado pela imprensa oficial para que tenha início o prazo legal de 15 dias, nos termos do art. 475-J. Ou seja, transitada em julgado a sentença, deverá haver a intimação do devedor, na pessoa de seu advogado, para pagar naquele prazo, sob pena da multa de 10%, ou seja, o devedor terá o prazo de 15 dias para recurso e, não recorrendo, mais 15 dias da nova intimação, agora por meio de advogado.

---

(8) THEODORO JÚNIOR, Humberto. *Processo de execução e cumprimento da sentença*. p. 39.
(9) SANTANA, Carlos Alberto. *Cumprimento da sentença & multa do art. 475-J*. p. 157-159.

Já os juristas Teresa Arruda Alvim Wambier e José Miguel Garcia Medina entendem que é imprescindível a intimação pessoal do devedor para que se inicie o prazo de 15 dias. Apesar do mesmo termo inicial da segunda corrente, ele compõe um terceiro grupo, pois, para eles, há a ressalva de que a intimação deverá ser feita de maneira pessoal, ou seja, em nome do próprio devedor.

6. A NATUREZA JURÍDICA DA MULTA DO ART. 475-J

Antes de analisar as várias explicações sobre a natureza jurídica da multa do art. 475-J do CPC, é preciso observar que, de acordo com o legislador, a multa cinge-se tão somente às obrigações de pagar quantia certa, não incidindo sobre a obrigação de pagar enquanto for incerta ou despojada de valor líquido, sendo aplicada em face de quem transgredir a norma de conduta exigida pela lei. Neste último caso, incidirá também caso o credor tenha sido condenado por litigância de má-fé.

Conclui-se que para que incida o *caput* do artigo em comento, é preciso que a dívida seja líquida; enquanto não for liquidado o valor da obrigação pecuniária devida, não se pode falar de inadimplemento, muito menos de multa sobre um montante que não se sabe qual é.

Ensina Fredie Didier Júnior que é justamente na liquidez do título judicial que se pauta o trecho do *caput* do artigo em análise: condenado o devedor "ao pagamento de quantia certa ou já fixada em liquidação"[10].

Ainda sobre a temática Nelson Nery Júnior sustenta:

> Quando a sentença certa (*an debeatur*) e exigível (transitada em julgado ou executável provisoriamente na pendência de recurso sem efeito suspensivo) não se revestir do requisito da liquidez (*quantum debeatur*), deve ser primeiramente liquidada para depois ser executada. Sem a presença desses três requisitos, o título não é executivo e não pode se aparelhar[11].

Segundo Didier Júnior, "o legislador instituiu uma multa legal com o objetivo de forçar o cumprimento voluntário da obrigação pecuniária". Trata-se de forma de coerção indireta prevista legalmente, ou seja, a lei dispensa a discricionariedade jurisdicional. Ele afirma que "é hipótese de sanção legal pelo inadimplemento da obrigação" e aponta dupla finalidade da multa: "servir como contramotivo para o inadimplemento (coerção) e punir o inadimplemento (sanção)"[12].

---

(10) DIDIER JUNIOR, Freddie. *Curso de direito processual civil*: direito probatório, decisão judicial, cumprimento e liquidação da sentença e coisa julgada. 2. ed. Salvador: Jus Podivm, 2008. v 2. p. 599.
(11) NERY JUNIOR, Nelson; NERY, Rosa Maria de Andrade. *Código de Processo Civil comentado e legislação extravagante*. 9. ed. São Paulo: Revista dos Tribunais, 2006. p. 640.
(12) DIDIER JR, Freddie. *Curso de direito processual civil*: direito probatório, decisão judicial, cumprimento e liquidação da sentença e coisa julgada. p. 610.

Por conseguinte, as finalidades da incidência da multa de 10% sobre o valor do saldo remanescente, caso o devedor não pague voluntariamente a quantia em dinheiro determinada na condenação, no prazo de 15 dias, são a coerção e a sanção. Finalidades, cujo objetivo é o de estimular o devedor a quitar seu débito em um prazo razoável e breve, evitando delongas totalmente desnecessárias, uma vez que já houve a condenação.

Assim, de acordo com Mauro Schiavi, a multa imposta possui natureza jurídica híbrida:

> Tanto de *astreinte*, ou seja, de coerção pecuniária para cumprimento da obrigação, como de sanção pecuniária pelo não cumprimento espontâneo do pagamento. Portanto, a natureza da multa é inibitória (evitar que a obrigação não seja cumprida) e sancionatória (pena para o descumprimento da obrigação). O valor da multa será revertido para o exequente[13].

No mesmo sentido, Cléber Lúcio de Almeida[14] doutrina que a multa é atribuída como "medida de pressão psicológica, destinada a compelir o devedor a cumprir a sua obrigação de pagar a quantia certa". Isto é, ela incide sobre a vontade do devedor de pagar. Caso o devedor não cumpra, mesmo diante da cominação da multa, o valor do crédito a acumulará em sua totalidade, momento em que o autor defende a feição de sanção pecuniária da multa.

A novel regra introduzida pretende, na aplicação da multa, motivar o devedor a quitar seu débito espontaneamente no prazo de 15 dias, evitando, assim, que crie embaraços na efetividade da execução.

Como bem destacam J. E. Carreira Alvim e Luciana Contijo Carreira Alvim Cabral:

> O acréscimo de uma multa de dez por cento sobre o valor da condenação constitui mais uma tentativa de evitar que a execução se arraste por anos, quiçá lustros, ou décadas; se bem que, mau pagador é, sempre, mau pagador, em juízo ou fora dele, com multa ou sem ela. Embora resulte em benefício do credor, a imposição da multa independe de pedido da parte, resultando diretamente da lei. Assim, não é preciso que o exequente o requeira, ou que o juiz determine o acréscimo da multa. Sendo uma multa *ex vi legis*, deveria o preceito legal ter dito que o montante da condenação "fica" acrescido, em vez de "será" acrescido da multa de dez por cento, dando a impressão de ser necessária decisão a respeito[15].

---

(13) SCHIAVI, Mauro. *Manual de direito processual do trabalho*. 4. ed. São Paulo: LTr, 2011. p.979
(14) ALMEIDA, Cléber Lúcio de. *Direito processual do trabalho*. 2. ed. Belo Horizonte: Del Rey, 2008. p. 49.
(15) ALVIM, J. E. Carreira; CABRAL, Luciana Contijo Carreira Alvim. *Cumprimento da sentença*: comentários à nova execução da sentença, com as alterações introduzidas no Código de Processo Civil pelas Leis ns. 11.232/05 e 11.382/06. 4. ed. rev. e atual. Curitiba: Juruá, 2006. p. 65-66.

Segundo o doutrinador e Juiz do Trabalho Mauro Schiavi[16], nos casos em que há inadimplência espontânea nesta fase e, por consequência, a incidência da multa sobre o valor total da execução, será, mediante requerimento do credor, expedido mandado de penhora e avaliação, prosseguindo-se a execução nos seus ulteriores termos.

Sobre o assunto o ex-Ministro do Superior Tribunal de Justiça Athos Gusmão Carneiro ressalta como é benéfico o caráter automático de incidência de multa com a inadimplência, *in verbis*:

> A multa de dez por cento, prevista no texto legal, incide de modo automático caso o devedor não efetue o pagamento no prazo concedido em lei. Visa, evidentemente, compeli-lo ao pronto adimplemento de suas obrigações no plano do direito material, desestimulando as usuais demoras 'para ganhar tempo'. Assim, o tardio cumprimento da sentença, ou eventuais posteriores cauções, não livram o devedor da multa já incidente[17].

Enfim, as alterações trazidas ao ordenamento processual, no que concerne ao cumprimento da sentença, tiveram como motivação a garantia da efetividade da prestação jurisdicional e sua natureza jurídica circunscrita à coerção pecuniária para cumprimento da obrigação e a sanção pecuniária pelo não cumprimento espontâneo do pagamento no prazo indicado na lei. Assim, a natureza jurídica da multa é, no dizer de Mauro Schiavi, "inibitória", como mecanismo de evitar que a obrigação seja descumprida e "sancionatória", como pena pelo não cumprimento da obrigação.

7. A APLICABILIDADE DO ART. 475-J E DA MULTA DE 10% DO CPC NO PROCESSO TRABALHISTA FRENTE AO ART. 769 DA CLT

Para se estudar a possível aplicação do já mencionado art. 475-J do CPC no Direito Processual do Trabalho e, consequentemente, também a aplicação da multa do art. 475-J do CPC, faz-se necessária a leitura com acuidade do texto da Consolidação das Leis do Trabalho — CLT: "Nos casos omissos, o direito processual comum será fonte subsidiária do direito processual do trabalho, exceto naquilo em que for incompatível com as normas deste Título."

É preciso, portanto, descobrir se o Direito Processual Trabalhista é lacunoso quanto à coerção e sanção para o efetivo cumprimento da sentença, para que se possam utilizar as regras processuais civis subsidiariamente.

---

(16) SCHIAVI, Mauro. *Manual de direito processual do trabalho*. p. 979.
(17) CARNEIRO, Athos Gusmão. *Revista AJURIS* n. 62, jun. 2006, p. 63.

Conforme lição de Manoel Antonio Teixeira Filho ao explicar as relações do trabalho com o Direito Processual Civil:

> A relação, aqui, é de índole técnica, pois deriva de uma necessidade de suplementar as omissões do Processo do Trabalho. Com efeito, o legislador de 1943, reconhecendo a insuficiência quantitativa dos dispositivos do Processo do Trabalho para atender às exigências da realidade e da dinâmica social, dispôs que o Processo Civil seria "fonte" daquele (CLT, art. 769). Há uma impropriedade nessa expressão legal. Em rigor, o Processo Civil não é "fonte" do Processo do Trabalho. As normas daquele são utilizadas, apenas, em caráter supletivo, subsidiário, deste. Seja como for, o fato é que a adoção supletiva de normas de Processo Civil, pelo do trabalho, tem sido crescente e, na maioria dos casos, é justificável. O risco que daí decorre é o de o processo do trabalho ver esgarçado os seus traços característicos. Mercê da ampliação da competência da Justiça do Trabalho, para julgar também lides civis oriundas das relações de trabalho, haverá uma utilização, ainda maior, pelos juízes do trabalho, de normas do Processo Civil, a despeito da Instrução Normativa n. 27/2005, do TST[18].

Eduardo Gabriel Saad[19] aborda que se no Processo do Trabalho houver lacunas em seu *"ius scriptum*, subordina-se ele, de modo particular, ao princípio da subsidiariedade. De fato, muitos dos claros da lei processual trabalhista são preenchidos por preceitos da lei processual comum."

Boa parte da doutrina e muitos magistrados têm sustentado que a regra do art. 475-J do CPC é aplicável no Direito Processual do Trabalho, principalmente fundada na teoria das *lacunas objetivas*, conforme lição de Norberto Bobbio, citado por Manoel Antonio Teixeira Filho[20]. Segundo o jurista, as lacunas objetivas decorrem da "dinâmica das relações sociais, das novas invenções, de fenômenos econômicos supervenientes, de progressos tecnológicos, enfim, de todos aqueles fatores que provocam o envelhecimento dos textos legais". Ainda, justifica que esse "*envelhecimento normativo* autorizaria o Magistrado a buscar, em outros sistemas processuais, normas capazes de conceder maior efetividade ao processo que a ele incumbe aplicar, ainda que este não seja tecnicamente lacunoso". Ou seja, a lacuna seria ideológica, não formal.

Mauro Schiavi afirma que a multa em tela se encaixa perfeitamente ao Processo do Trabalho, uma vez que compatível com os princípios que regem a execução trabalhista, quais sejam:

---

(18) TEIXEIRA FILHO, Manoel Antonio. *Curso de direito processual do trabalho*. São Paulo: LTr, 2009. v.1. p. 128.
(19) SAAD, Eduardo Gabriel. *Direito processual do trabalho*. 3. ed. São Paulo: LTr, 2002. p. 104.
(20) TEIXEIRA FILHO, Manoel Antonio. *Curso de direito processual do trabalho*. São Paulo: LTr, 2009. v. 3. p. 1.831.

a) Ausência de autonomia da execução em face do processo de conhecimento;

b) Lacuna de efetividade da legislação trabalhista;

c) Celeridade, efetividade e acesso real do trabalhador à Justiça do Trabalho;

d) Interpretação sistemática dos arts. 841 e 880 da CLT[21].

Acrescenta ainda que para ser aplicado o dispositivo do art. 475-J do CPC, o Magistrado deve seguir a seguinte sistemática:

A sentença trabalhista, na arte dispositiva, deverá à luz dos arts. 653, *d*, e 832, § 1º, ambos da CLT, fazer menção ao prazo de 15 dias para cumprimento espontâneo da sentença, sob consequência de multa de 10% (art. 475-J do CPC), sobre o total da condenação liquidado;

Menção no dispositivo da sentença de que a multa de 10% incide após 15 dias, contados do trânsito em julgado se a decisão for líquida;

Menção na sentença de que o prazo de 15 dias se inicia após a homologação da conta de liquidação, se a sentença não for ilíquida. Por cautela, o executado deverá ser intimado da decisão de homologação dos cálculos de liquidação;

Se não estiver mencionado no dispositivo da sentença o prazo para cumprimento da sentença e a multa de 10%, pensamos que antes de aplicá-la, na execução, deverá o Juiz, uma vez fixado o valor devido, notificar o reclamado para pagar o *quantum* devido em 15 dias, sob consequência da multa, nos termos do art. 475-J do CPC[22].

Manoel Antonio Teixeira Filho, citado por Mauro Schiavi, responde negativamente ao avanço da aplicação do artigo ora estudado no Processo do Trabalho:

Todos sabemos que o art. 769 da CLT permite a adoção supletiva de normas do Processo Civil desde que: a) a CLT seja omissa quanto à matéria; b) a norma do CPC não apresente incompatibilidade com a letra ou com o espírito do Processo do Trabalho. Não foi por obra do acaso que o legislador trabalhista inseriu o requisito da omissão antes da compatibilidade: foi, isto sim, em decorrência de um proposital critério lógico-axiológico. Dessa forma, para que se possa cogitar da compatibilidade, ou não, de norma do Processo Civil com a do trabalho,

---

(21) SCHIAVI, Mauro. *Manual de direito processual do trabalho*. p. 983.
(22) SCHIAVI, Mauro. *Manual de direito processual do trabalho*. p. 986.

é absolutamente necessário, *ex vi legis*, que antes disso, se verifique se a CLT se revela omissa a respeito da matéria. Inexistindo omissão, nenhum intérprete está autorizado a perquirir sobre a mencionada compatibilidade. Aquele constitui, portanto, pressuposto fundamental desta[23].

Ainda, segundo Manuel Antonio Teixeira Filho[24], tem-se "plena consciência da *incompletude* do Processo do Trabalho legislado; essa existência lacunosa, aliás, foi antevista pelo próprio legislador, como evidencia a regra integrativa inscrita no art. 769, da CLT" (grifo não no original), até mesmo para poder prover-se de meios e condições para atingir os fins a que se destina, motivada sempre pelo combustível da celeridade.

Ademais, o autor menciona que tramitava na Câmara Federal o Projeto de Lei n. 7.152/2006, que acrescentava um parágrafo único ao art. 760 da CLT, cuja exposição de motivo era clara no sentido de que: "quando há disposição celetista sobre o tema, nos termos do referido artigo, fica impedida a utilização, no Processo do Trabalho, das normas do Processo Civil, ainda que propiciem maior celeridade e efetividade de jurisdição". E conclui Manoel Antonio Teixeira Filho[25] que a única forma de resolução deste conflito seria com a criação de uma lei, ou seja, uma proposta *de lege ferenda*, para que fossem afastadas algumas normas celetistas, "para, em seu lugar, introduzirem-se normas do CPC. É importante ressaltar, ainda, o fato de o mencionado Projeto de Lei ser *posterior* à Lei n. 11.232/2005".

Luciano Athayde Chaves afirma que:

> [...] não faz sentido algum se manter o intérprete fiel ao disposto no art. 880 da CLT enquanto o processo comum dispõe, agora, de uma estrutura que superou a exigência de nova citação para que se faça cumprir decisões judiciais, expressando, assim, maior sintonia com as ideias de celeridade, economia e efetividade processuais. É a hipótese mais evidente de lacuna ontológica do microssistema processual trabalhista. Também temos que considerar a enorme economia dos serviços judiciários, porquanto dispensada a confecção de mandados citatórios e, mais do que isso, a diligência pessoal do oficial de justiça para a citação do executado, providência complexa que envolve grande desperdício de tempo, sem falar nos inúmeros casos de ausência do executado para receber a citação, desaguando o feito na morosa providência da citação por edital (§ 3º do art. 880 da CLT)[26].

---

(23) TEIXEIRA FILHO, Manoel Antonio. *Apud*, SCHIAVI, Mauro. *Manual de direito processual do trabalho*. p. 980.
(24) TEIXEIRA FILHO, Manoel Antonio. *Curso de direito processual do trabalho*. v. 3. p.1.832.
(25) TEIXEIRA FILHO, Manoel Antonio. *Curso de direito processual do trabalho*. v. 3. p.1.834.
(26) CHAVES, Luciano Athayde. *A recente reforma no processo comum*: reflexos no direito judiciário do trabalho. São Paulo: LTr, 2006. p. 28-29.

De acordo com Carlos Henrique Bezerra Leite[27], após a intimação da sentença ou do acórdão, que determine uma obrigação líquida de pagar, ou ainda da decisão homologadora da liquidação, o "devedor terá, no primeiro caso, o prazo de oito dias, e, no segundo caso, o prazo de quarenta e oito horas, para, querendo, efetuar o pagamento da quantia devida. Caso não o faça, incidirá a multa de 10% (dez por cento) sobre o total da dívida". Alerta e reforça, ainda, que:

> [...] é de oito dias o prazo para interposição dos recursos trabalhistas (Lei n. 5.584/70), salvo no caso de o recorrente ser pessoa jurídica de direito público ou o MPT, caso em que o prazo será de dezesseis dias (DL 77/1969 e art. 188 do CPC). O prazo de quinze dias se justifica no Processo Civil, devido ao fato de ser tal prazo o fixado para o recurso de apelação da sentença.

Ressalta, por fim, Manoel Antonio Teixeira Filho, que os Magistrados que aplicam o art. 475-J, do CPC, ao Processo do Trabalho, não observam a necessária uniformidade procedimental, causando — esse hibridismo processual — um surrealismo, do qual não se vê a configuração do devido processo legal, uma vez que:

> Alguns aplicam por inteiro as disposições dessa forma, adotando assim o procedimento nela descrito: 15 dias para o devedor cumprir, de maneira espontânea, a obrigação, sob pena de multa de dez por cento sobre o montante da dívida, e 15 dias para impugnar a sentença, desde que garantida a execução;
>
> Outros as aplicam de maneira parcial, fragmentada, fazendo constar, por exemplo, do mandado executivo que o devedor disporá de cinco, de oito, de dez ou de quinze dias para pagar a dívida, sob pena de o montante ser acrescido da multa de dez por cento (CPC, art. 475-J, *caput*). Neste caso, não estabelecem que, após a garantia patrimonial da execução, o devedor terá o prazo de quinze dias para impugnar o título executivo (como estatui o art. 475-J, § 1º do CPC), e sim, de cinco dias para oferecer embargos à execução, nos termos do art. 880, *caput*, da CLT[28].

8. A JURISPRUDÊNCIA NO TRIBUNAL SUPERIOR DO TRABALHO

A discussão entre a doutrina e a jurisprudência no tema debatido neste artigo é demasiadamente polêmica, principalmente nos Tribunais Regionais do Trabalho.

---

(27) LEITE, Carlos Henrique Bezerra. *Curso de direito processual do trabalho*. 8. ed. São Paulo: LTr, 2010. p. 951.
(28) TEIXEIRA FILHO, Manoel Antonio. *Curso de direito processual do trabalho*. v. 3. p. 1.835.

O Tribunal Superior do Trabalho — TST — tem se direcionado para a não aplicação da regra nova do art. 475-J do CPC nas ações trabalhistas, que lá chegam para a sua apreciação e para o seu julgamento, como se pode perceber nas jurisprudências abaixo colacionadas de cada uma de suas Turmas.

A 1ª Turma foi a única que não se manifestou expressamente em seus acórdãos sobre a aplicação ou não desse artigo no Processo do Trabalho:

> RECURSO DE REVISTA. MULTA PREVISTA NO *ART. 475-J* DO CÓDIGO DE PROCESSO CIVIL. *DISCUSSÃO EM TORNO DA APLICABILIDADE À EXECUÇÃO TRABALHISTA. CONTROVÉRSIA DE NATUREZA INFRACONSTITUCIONAL*. 1. A admissibilidade de recurso de revista em execução de sentença depende de demonstração inequívoca de violação direta e literal de norma da Constituição da República, a teor do art. 896, § 2º, da CLT e da Súmula n. 266 do Tribunal Superior do Trabalho. 2. A controvérsia em torno da aplicação da penalidade prevista no art. 475-J do CPC à execução trabalhista ostenta inequívoca natureza infraconstitucional, a desafiar, primeiramente, ofensa de normas inferiores (CLT, arts. 769, 880 e 889 e CPC, art. 475-J), de modo a tornar inviável a indicação de afronta à literalidade do art. 5º, II e LIV, da CF, nos moldes das Súmulas n. 266 do TST e 636 do STF. Recurso de revista de que não se conhece.[29]

A 2ª Turma, por sua vez, entende pela não aplicação da multa do CPC em comento ao Processo do Trabalho:

> *ART. 475-O DO CPC*. DIREITO PROCESSUAL DO TRABALHO. *INAPLICABILIDADE*. Segundo previsão da CLT (art. 769), bem como entendimento doutrinário, a aplicação subsidiária das normas de direito processual comum ao direito processual do trabalho é possível quando houver omissão nas normas celetistas e compatibilidade das normas supletivas com o direito do trabalho e também nos casos em que a aplicação da norma de direito processual comum seja mais compatível com os princípios constitucionais — interpretação conforme a Constituição — (subsidiariedade axiológica ou teleológica). Tendo o direito processual do trabalho regramento específico para execução provisória, nos termos do art. 899 da CLT, não se justifica a aplicação subsidiária de regra do direito processual comum, cuja sistemática revela-se incompatível com aquela aplicável na execução trabalhista. Isso porque, de acordo com esse dispositivo celetista, os recursos possuem efeito meramente devolutivo, permitida a execução provisória até a penhora, não sendo, assim, permitidos, além da referida penhora, atos de expropriação do patrimônio do devedor, como a liberação de eventual depósito em dinheiro, exceto em hipóteses em que estiverem em risco os princípios constitucionais, como a dignidade da pessoa humana, o que não é o caso. Assim, na espécie, inaplicável o art. 475-O, III, § 2º, I, do CPC. Precedentes.[30]

A 3ª Turma adota a tese da inaplicabilidade do art. 475-J do CPC:

> I — AGRAVO DE INSTRUMENTO. EXECUÇÃO. INAPLICABILIDADE DO **ART. 475-J DO CPC AO PROCESSO DO TRABALHO.** Ante possível violação ao art. 5º, inciso LIV, da Constituição da República, dá-se provimento ao Agravo de Instrumento para determinar o processamento do apelo denegado. II — RECURSO DE REVISTA. EXECUÇÃO. INAPLICABILIDADE DO ART. 475-J DO CPC AO PROCESSO DO TRABALHO. 1. Segundo a unânime doutrina e jurisprudência, são dois os requisitos para a aplicação da norma processual comum ao Processo do Trabalho: i) ausência de disposição na CLT a exigir o esforço de integração da norma pelo intérprete; ii)

---

(29) BRASIL. Tribunal Superior do Trabalho — TST — 1ª Turma. RR-144200-06.2005.5.15.0092, Rel. Min. Walmir Oliveira da Costa, DJ 16.3.2012.
(30) BRASIL. Tribunal Superior do Trabalho — TST — 2ª Turma. RR-9300-70.2008.5.03.0139, Rel. Min. Guilherme Augusto Caputo Bastos, DJ 18.5.2012.

compatibilidade da norma supletiva com os princípios do Processo do Trabalho. 2. A ausência não se confunde com a diversidade de tratamento: enquanto na primeira não é identificável qualquer efeito jurídico a certo fato a autorizar a integração do direito pela norma supletiva, na segunda se verifica que um mesmo fato gera distintos efeitos jurídicos, independentemente da extensão conferida à eficácia. 3. O fato juridicizado pelo art. 475-J do CPC não pagamento espontâneo da quantia certa advinda de condenação judicial possui disciplina própria no âmbito do Processo do Trabalho (art. 883 da CLT), não havendo falar em aplicação da norma processual comum ao Processo do Trabalho. 4. A fixação de penalidade não pertinente ao Processo do Trabalho importe em ofensa ao princípio do devido processo legal, nos termos do art. 5º, inciso LIV, da Constituição da República. Recursos de Revista conhecido e provido.[31]

Na mesma linha está o posicionamento da 4ª Turma:

AGRAVO DE INSTRUMENTO DA PRIMEIRA RECLAMADA. MULTA DO *ART. 475-J DO CPC. INAPLICABILIDADE NO PROCESSO DO TRABALHO*. Demonstrada violação do art. 769 da CLT, merece ser processado o Recurso de Revista. Agravo de Instrumento provido. RECURSO DE REVISTA DA PRIMEIRA RECLAMADA. MULTA DO ART. 475-J DO CPC. INAPLICABILIDADE NO PROCESSO DO TRABALHO. A aplicação subsidiária do Código de Processo Civil ao Direito Processual do Trabalho, de acordo com a doutrina e com a jurisprudência unânimes, exige dois requisitos: a ausência de disposição na CLT e a compatibilidade da norma supletiva com os princípios do Processo do Trabalho. Observa-se que o fato preconizado pelo art. 475-J do CPC possui disciplina própria no âmbito do Processo do Trabalho, pelos arts. 880, 882 e 883 da CLT, que preveem o prazo e a garantia da dívida por depósito ou a penhora de bens quantos bastem ao pagamento da importância da condenação, acrescido das despesas processuais, custas e juros de mora.[32]

Também entende pela inaplicabilidade a 5ª Turma:

ART. 475-J DO CPC. INAPLICABILIDADE AO PROCESSO DO TRABALHO. EXISTÊNCIA DE NORMA PROCESSUAL SOBRE EXECUÇÃO TRABALHISTA. PRAZO REDUZIDO. INCOMPATIBILIDADE DA NORMA DE PROCESSO COMUM COM A DO PROCESSO DO TRABALHO. 1. A regra do art. 475-J do CPC não se ajusta ao Processo do Trabalho atualmente, visto que a matéria possui disciplina específica na CLT, objeto do seu art. 879, §§ 1º-B e 2º. Assim, a aplicação subsidiária do art. 475-J do CPC contraria os arts. 769 e 889 da CLT, que não autorizam a utilização da regra, desprezando a norma de regência do Processo do Trabalho. 2. A novidade não encontra abrigo no Processo do Trabalho, em primeiro lugar, porque neste não há previsão de multa para a hipótese de o executado não pagar a dívida ao receber a conta líquida; em segundo, porque a via estreita do art. 769 da CLT somente cogita da aplicação supletiva das normas do processo comum no processo de conhecimento se presentes dois fatores (omissão e compatibilidade), e, em terceiro lugar, porque para a fase de execução, o art. 889 indica como norma subsidiária a Lei n. 6.830/1980, que disciplina os executivos fiscais. Fora dessas duas situações estar-se-ia diante de indesejada substituição dos dispositivos da CLT por aqueles do CPC que se pretende adotar. 3. A inobservância das normas inscritas nos arts. 769 e 889 da CLT, com a mera substituição das normas de regência da execução trabalhista por outras de execução no processo comum, enfraquece a autonomia do Direito Processual do Trabalho. Recurso de Revista de que se conhece em parte e a que se dá provimento.[33]

---

(31) BRASIL. Tribunal Superior do Trabalho — TST — 3ª Turma. RR — 765/2003-008-13-41 — Rel. Min. Maria Cristina Irigoyen Peduzzi, DJ 22.2.2008.
(32) BRASIL. Tribunal Superior do Trabalho — TST — 4ª Turma. ARR-952-41.2010.5.08.0014, Min. Maria de Assis Calsing, DJ 1º.6.2012.
(33) BRASIL. Tribunal Superior do Trabalho — TST — 5ª Turma. AIRR e RR-61200-09.2007.5.21.0016, Rel. Min. João Batista Brito Pereira, DJ 25.5.2012.

O entendimento da 6ª Turma é pela incompatibilidade da aplicação deste dispositivo no Processo do Trabalho:

> RECURSO DE REVISTA. MULTA DO *ART. 475-J DO CPC. INCOMPATIBILIDADE COM O PROCESSO DO TRABALHO.* REGRA PRÓPRIA COM PRAZO REDUZIDO. MEDIDA COERCITIVA NO PROCESSO DO TRABALHO DIFERENCIADA DO PROCESSO CIVIL. O art. 475-J do CPC determina que o devedor que, no prazo de quinze dias, não tiver efetuado o pagamento da dívida, tenha acrescido multa de 10% sobre o valor da execução e, a requerimento do credor, mandado de penhora e avaliação. A decisão que determina a incidência da multa do art. 475-J do CPC, em processo trabalhista, viola o art. 889 da CLT, na medida em que a aplicação do Processo Civil, subsidiariamente, apenas é possível quando houver omissão da CLT, seguindo, primeiramente, a linha trabalha pela Lei de Execução fiscal, para apenas após fazer incidir o CPC. Ainda assim, deve ser compatível a regra contida no Processo Civil com a norma trabalhista, nos termos do art. 769 da CLT, o que não ocorre no caso de cominação de multa no prazo de quinze dias, quando o art. 880 da CLT determina a execução em 48 horas, sob pena de penhora, não de multa. Recurso de Revista conhecido e provido para afastar a multa do art. 475-J do CPC.[34]

A 7ª Turma posiciona-se pela existência na CLT de regra própria:

> INAPLICABILIDADE DO *ART. 475-J* DO CPC AO PROCESSO DO TRABALHO — *EXISTÊNCIA DE REGRA PRÓPRIA NO PROCESSO TRABALHISTA.* 1. O art. 475-J do CPC dispõe que o não pagamento pelo devedor em 15 dias de quantia certa ou já fixada em liquidação a que se tenha sido condenado gera a aplicação de multa de 10% sobre o valor da condenação e, a pedido do credor, posterior execução forçada com penhora. 2. A referida inovação do Processo Civil, introduzida pela Lei n. 11.232/2005, não se aplica ao Processo do Trabalho, já que tem regramento próprio (arts. 880 e seguintes da CLT) e a nova sistemática do Processo Comum não é compatível com aquela existente no Processo do Trabalho, onde [sic] o prazo de pagamento ou penhora é apenas 48 horas. Assim, inexiste omissão justificadora da aplicação subsidiária do Processo Civil, nos termos do art. 769 da CLT, não havendo como pinçar do dispositivo apenas a multa, aplicando, no mais a sistemática processual trabalhista. 3. Cumpre destacar que, nos termos do art. 889 da CLT, a norma subsidiária para execução trabalhista é a Lei n. 6.830;80 (Lei da Execução Fiscal), pois os créditos trabalhistas e fiscais têm a mesma natureza de créditos privilegiados em relação aos demais créditos. Somente na ausência de norma específica nos dois diplomas anteriores, o Processo Civil passa a ser fonte informadora da execução trabalhista, naqueles procedimentos compatíveis com o Processo do Trabalho (art. 769 da CLT). 4. Nesse contexto, merece reforma o acórdão recorrido, para que seja excluída da condenação a aplicação do disposto no art. 475-J do CPC. Recurso de revista parcialmente conhecido e provido.[35]

A 8ª Turma, por seu turno, acredita na impossibilidade de aplicação do art. 475-J do CPC:

> RECURSO DE REVISTA — *ART. 475-J DO CPC. APLICAÇÃO CUMULADA COM OS ARTS. 880 E 882 DA CLT. IMPOSSIBILIDADE.* O Regional determinou o processamento da execução nos termos dos arts. 880 e 882 da CLT, mantendo, no entanto, o prazo de 15 dias para o pagamento e a cominação de multa de 10% no caso de descumprimento da obrigação, inaugurando, assim, a tese de que a execução trabalhista pode ser processada, num primeiro momento, na forma do art. 475-J do CPC seguida dos parâmetros da CLT, tudo com fundamento no art. 832, § 1º, da

---

(34) BRASIL. Tribunal Superior do Trabalho — TST — 6ª Turma, RR — 668/2006-005-13-40 — Rel. Min. Aloysio Corrêa da Veiga, DJ 28.3.2008.

(35) BRASIL. Tribunal Superior do Trabalho — TST — 7ª Turma. RR — 2/2007-038-03-00.0, Rel. Min. Ives Gandra Martins Filho, DJ 23.5.2008.

CLT. Ora, o art. 880 da CLT determina prazo para a execução (48 horas), prevendo a consequência jurídica (penhora) em caso de não cumprimento da determinação judicial, de modo que o contido no art. 832, § 1º, da CLT deve ser interpretado considerando-se a regência que a própria CLT confere à execução trabalhista. Por outro lado, esta Corte vem rechaçando a aplicação da multa do art. 475-J do CPC no Processo do Trabalho. Recurso de Revista conhecido e provido.[36]

Diante destes cenários heterônomos da Corte Superior Trabalhista e dos Tribunais Regionais, verifica-se a real necessidade de legislar sobre a temática, uniformizando-a para aumentar a efetividade e celeridade dos processos trabalhistas em fase de execução. Com isso, salienta-se, inclusive, uma provável redução das hipóteses de recorribilidade, o que encurtaria o tempo de espera do jurisdicionado para receber o bem da vida de fato.

CONSIDERAÇÕES FINAIS

Com a regra novel, introduzida pela Lei n. 11.232/2005, a qual altera substancialmente a execução no Processo Civil, com adoção de novas medidas para a efetivação da prestação jurisdicional, torna-se amplamente necessária a discussão da sua implementação no Processo Trabalhista brasileiro.

Manoel Antonio Teixeira Filho chama para uma reflexão ao enfatizar que o debate estabelecido acerca da incidência ou não no Processo do Trabalho das novas disposições do CPC, especialmente àquelas afetas ao cumprimento da sentença, encontra-se na:

> [...] inércia de todos os operadores do direito processual do trabalho, que não tomam a iniciativa de encetar um movimento de atualização legislativa deste processo, que atenda às exigências da atualidade, ditadas pela dinâmica das relações de trabalho e dos fatos da vida em sociedade. Confortados por esse comodismo histórico, preferem ver o Processo do Trabalho sobreviver das migalhas dos frequentes banquetes que o Processo Civil promove em seus domínios, a empenharem-se em fazer com que o Processo do Trabalho se sustente por meios e princípios próprios[37].

Para ele e para as autoras deste artigo, o Direito Processual do Trabalho vem perdendo gradualmente a sua identidade ao converter-se em simples "caixa de ressonância" dos eventos do Direito Processual Civil. Portanto, tendo o Processo trabalhista regra própria, conforme se observa do art. 880 da CLT, não há falar em aplicação do Processo comum, a teor do que dispõe o art. 769 da CLT.

Além do mais, não é juridicamente razoável cogitar-se omissão, pelo simples fato de o Processo Civil haver sido dotado de novas disposições, ou seja,

---

(36) BRASIL. Tribunal Superior do Trabalho — TST — 8ª Turma. RR-30500-30.2009.5.08.0117, Rela. Min. Márcio Eurico Vitral Amaro, DJ 1º.6.2012.
(37) TEIXEIRA FILHO, Manoel Antonio. *Curso de direito processual do trabalho*. v. 3, p.1.841.

considerando o Processo do Trabalho omisso única e exclusivamente por efeitos temporais, isto é, de (não) atualização da lei processual brasileira.

Este artigo traz, portanto, uma proposta de *legis referenda*, pois somente por uma futura lei será possível o afastamento das normas vigentes no Processo do Trabalho, autorizando a importação das normas do Processo Civil, ou até mesmo, a aplicação de novas regras a serem criadas.

É muito antiga a reivindicação pelos juízes do trabalho e juristas trabalhistas de uma legislação mais moderna e mais eficaz, conforme provam os resultados dos diversos congressos desses magistrados, liderados pela ANAMATRA, Associação Nacional dos Magistrados do Trabalho e Congressos das cúpulas de advogados trabalhistas. À mesma intenção, no firme propósito de dotar a Justiça do Trabalho de mecanismos modernos para a redução do índice de congestionamento de processos na fase de execução, tem sido defendido pelo Tribunal Superior do Trabalho. Da iniciativa dessas duas instituições e de outras também importantes, nasceu a ideia de encaminhamento de Projeto de Lei — PL — ao Congresso Nacional. Com isso, em 2001, nasceu o PL n. 606[38], em avançado debate no Senado Federal (Anexo I) e sua tramitação, com ênfase para os seguintes artigos:

Aplicação do Direito Comum ao Processo do Trabalho:

Art. 876-A. Aplicam-se ao cumprimento da sentença e à execução dos títulos extrajudiciais as regras de direito comum, sempre que disso resultar maior efetividade do processo.

Aplicação da multa de 10%:

Art. 879. Sendo ilíquida a sentença, ordenar-se-á a sua liquidação, inclusive das contribuições previdenciárias devidas.

[...] § 3º A impugnação do executado será acompanhada da comprovação do pagamento do valor incontroverso, sob pena de multa de dez por cento desse importe.

Este Projeto de Lei, que já passou inclusive por audiência pública, em 26.4.2012, teve na sua instrução a participação de Ministros e diversos representantes de classes e teve como relatora a senadora Ana Amélia (PP-RS). No entanto — por ter sido pautado em inúmeras sessões e reuniões parlamentares, sempre com pedidos de vistas e deliberações ardentes em razão do tema e de suas incontáveis emendas, o que evidentemente atravanca seu trâmite e sua futura aplicação no Processo Trabalhista vigente — a sua conclusão ainda está longe de ser alcançada.

Conclui-se, diante dessa pesquisa, que é latente a real necessidade de legislar sobre o tema abordado para que seja padronizado o procedimento, evitando dissonância na jurisprudência, ainda, para que seja maximizada a efetividade

---

(38) BRASIL. Congresso. Senado. PL n. 606, de 2001. Disponível em: <http://www.senado.gov.br/atividade/materia/detalhes.asp?p_cod_mate=102563>. Acesso em: 31.7.2012.

processual, sempre visando à celeridade e ao aperfeiçoamento das formas de resolução dos processos trabalhistas em fase de execução.

REFERÊNCIAS BIBLIOGRÁFICAS

ALMEIDA, Cléber Lúcio de. *Direito processual do trabalho*. 2. ed. Belo Horizonte: Del Rey, 2008.

ALVIM, J. E. Carreira; CABRAL, Luciana Contijo Carreira Alvim. *Cumprimento da sentença*: comentários à nova execução da sentença, com as alterações introduzidas no Código de Processo Civil pelas Leis ns. 11.232/05 e 11.382/06. 4. ed. rev. e atual. Curitiba: Juruá, 2006.

BRASIL. Congresso. Câmara dos Deputados. PL n. 52, de 2004 (PL 3252/2004). Exposição de Motivos do Ministro da Justiça Márcio Thomaz Bastos. Disponível em: <http://www.bmfbovespa.com.br/pdf/Entrevista210907_04.pdf>. Acesso em: 4.6.2012.

BRASIL. Congresso. Senado. PL n. 606, de 2001. Disponível em: <http://www.senado.gov.br/atividade/materia/detalhes.asp?p_cod_mate=102563> Acesso em: 31.7.2012.

BRASIL. Constituição da República Federativa do Brasil: promulgada em 5 de outubro de 1988. <www.planalto.gov.br>. Acesso em: 29.5.2012.

BRASIL. Tribunal Superior do Trabalho — TST — 1ª Turma. RR-144200-06.2005.5.15.0092, Rel. Min. Walmir Oliveira da Costa, DJ 16.3.2012.

BRASIL. Tribunal Superior do Trabalho — TST — 2ª Turma. RR-9300-70.2008.5.03.0139, Rel. Min. Guilherme Augusto Caputo Bastos, DJ 18.5.2012.

BRASIL. Tribunal Superior do Trabalho — TST — 3ª Turma. RR — 765/2003-008-13-41 — Rel. Min. Maria Cristina Irigoyen Peduzzi, DJ 22.2.2008.

BRASIL. Tribunal Superior do Trabalho — TST — 4ª Turma. ARR-952-41.2010.5.08.0014, Min. Maria de Assis Calsing, DJ 1º.6.2012.

BRASIL. Tribunal Superior do Trabalho — TST — 5ª Turma. AIRR e RR-61200-09.2007.5.21.0016, Rel. Min. João Batista Brito Pereira, DJ 25.5.2012.

BRASIL. Tribunal Superior do Trabalho — TST — 6ª Turma, RR — 668/2006-005-13-40 — Rel. Min. Aloysio Corrêa da Veiga, DJ 28.3.2008.

BRASIL. Tribunal Superior do Trabalho — TST — 7ª Turma. RR — 2/2007-038-03-00.0, Rel. Min. Ives Gandra Martins Filho, DJ 23.5.2008.

BRASIL. Tribunal Superior do Trabalho — TST — 8ª Turma. RR-30500-30.2009.5.08.0117, Rela. Min. Márcio Eurico Vitral Amaro, DJ 1º.6.2012.

BRASIL. Tribunal Superior do Trabalho — TST. SDI-1, RR-1568700-64.2006.5.09.0002, Rel. Min. Aloysio Correa Veiga, DJ 17.6.2011.

CARNEIRO, Athos Gusmão. *Revista AJURIS* n. 62, Junho/2006.

CHAVES, Luciano Athayde. *A recente reforma no processo comum*: reflexos no direito judiciário do trabalho. São Paulo: LTr, 2006.

DIDIER JUNIOR, Freddie. *Curso de direito processual civil*: direito probatório, decisão judicial, cumprimento e liquidação da sentença e coisa julgada. 2. ed. Salvador: Jus Podivm, 2008. v 2.

FUX, Luiz. *O novo processo de execução* (o cumprimento da sentença e a execução extrajudicial). Rio de Janeiro: Forense, 2008.

GRINOVER, Ada Pellegrini. Cumprimento da Sentença. Disponível em: <http://tex.pro.br/tex/listagem-de-artigos/198-artigos-jan-2008/5945-cumprimento-da-sentenca>. Acesso em: 29.6.2012.

LEITE, Carlos Henrique Bezerra. *Curso de direito processual do trabalho*. 8. ed. São Paulo: LTr, 2010.

NERY JUNIOR, Nelson; NERY, Rosa Maria de Andrade. *Código de Processo Civil comentado e legislação extravagante*. 9. ed. São Paulo: Revista dos Tribunais, 2006.

SAAD, Eduardo Gabriel. *Direito processual do trabalho*. 3. ed. São Paulo: LTr, 2002.

SANTANA, Carlos Alberto. *Cumprimento da sentença & multa do art. 475-J*. Curitiba: Juruá, 2009.

SCHIAVI, Mauro. *Manual de direito processual do trabalho*. 4. ed. São Paulo: LTr, 2011.

TEIXEIRA FILHO, Manoel Antonio. *Curso de direito processual do trabalho*. São Paulo: LTr, 2009. v.1.

_____. *Curso de direito processual do trabalho*. São Paulo: LTr, 2009. v. 3.

THEODORO JÚNIOR, Humberto. *Processo de execução e cumprimento da sentença*. 25. ed. São Paulo: Livraria e Editora Universitária de Direito, 2008.

DA PENHORA DE SALÁRIO NO PROCESSO DO TRABALHO

Caroline Andrade Machado[(*)]

RESUMO

O presente artigo tem como objeto de estudo a possível penhora de salário do executado na Justiça do Trabalho, quando da quitação de dívidas de origem trabalhista. O tema é atual e merecedor de estudos mais aprofundados, uma vez que existem divergências de julgados relativos ao tema, em vários tribunais brasileiros, além da divergência doutrinária. A solução partiu do estudo e análise bibliográfica, bem como jurisprudencial, que demonstra desde já, que apesar de estar previsto em lei, não está pacificada a impenhorabilidade do salário, uma vez que, a jurisprudência admite a penhora, quando de natureza salarial, contrariando o disposto no art. 649, IV, do Código de Processo Civil, utilizado subsidiariamente pela lei trabalhista.

Palavras-chave: Penhora. Salário. Justiça do Trabalho.

INTRODUÇÃO

Este artigo versará sobre a possibilidade de penhora do salário do executado na Justiça do Trabalho quando esta tem como finalidade quitar dívidas de origem trabalhista.

Isto porque parte da doutrina defende que não há possibilidade de se penhorar o salário do executado, alegando que o art. 649, IV, do Código de Processo Civil traz expressamente que o salário é absolutamente impenhorável, e sendo este artigo utilizado subsidiariamente ao processo do trabalho, deve, portanto, ser respeitado.

Contudo, outra parcela da doutrina, bem como julgados recentes, confirmam que é possível a penhora do salário do executado em razão da omissão da Consolidação das Leis do Trabalho quanto aos bens que são ou não impenhoráveis, e, também, pelo fato da dívida ser de natureza salarial, ou seja, ter origem alimentícia, sendo necessária, portanto, para a sobrevivência do exequente e de sua família.

[(*)] Bacharel em Direito pela Universidade do Vale do Itajaí — UNIVALI. Egressa da Escola Superior da Magistratura do Estado de Santa Catarina. Pós-graduanda em Direito do Trabalho pela AMATRA e Direito Público pela FURB. Endereço eletrônico: <loli.andrade@gmail.com>.

Assim, o objetivo deste artigo é analisar a possibilidade da penhora do salário do executado quando o crédito devido é de origem trabalhista, bem como sua real possibilidade no direito do trabalho efetivo.

Neste norte, para o presente artigo foram levantadas as seguintes problemáticas: se a penhora do salário do executado fere direito constitucional e processual que protege o devedor; se há possibilidade da penhora parcial do salário do executado baseando-se nos princípios constitucionais e os específicos do processo do trabalho; e, por fim, se o salário do executado pode ser penhorado quando se tem como finalidade a quitação de dívida de origem salarial, visto que a Consolidação das Leis do Trabalho restou omissa quanto à possibilidade da referida penhora.

1. DA PENHORA DE SALÁRIO NO PROCESSO DO TRABALHO

1.1. Dos Bens Impenhoráveis

A Consolidação das Leis do Trabalho resta omissa com relação a quais bens do executado podem ou não ser penhorados, e como seu art. 769 diz que "nos casos omissos, o direito processual comum será fonte subsidiária do direito processual do trabalho [...]"[(1)], utiliza-se, no caso em concreto, o disposto nos artigos do Código de Processo Civil.

Neste sentido, utilizando-se o CPC de maneira subsidiária, seu art. 648 é explícito ao afirmar que "não são sujeitos à execução os bens que a lei considera impenhoráveis ou inalienáveis."[(2)]

Portanto, na esfera trabalhista, deve ser observado o disposto no art. 649 do CPC que traz, após o art. 648 citado anteriormente, o rol dos bens absolutamente impenhoráveis.

Assim, conforme este artigo, considerando os incisos IV e X de maior relevância para este estudo, por se destinar o salário à subsistência do trabalhador este é protegido por lei, o mesmo ocorre com os valores depositados na caderneta de poupança, possuindo esta um limite máximo protegido pela impenhorabilidade, sendo de 40 salários mínimos.[(3)]

Deve ser lembrado, no entanto, que existem bens absolutamente impenhoráveis e bens relativamente impenhoráveis, em alguns casos a norma é

---

(1) BRASIL. Decreto-lei n. 5.452, de 1º de maio de 1943. Aprova a Consolidação das Leis do Trabalho. Distrito Federal, publicado no DOU de 9 de agosto de 1943.
(2) BRASIL. Lei n. 5.869, de 11 de janeiro de 1973. Institui o Código de Processo Civil. Distrito Federal, publicado no DOU de 17 janeiro de 1973.
(3) SCHIAVI, Mauro. *Execução no processo do trabalho*. 2. ed. São Paulo: LTr, 2010. p. 229.

interpretada de maneira diferente possibilitando a penhora de alguns bens constantes no art. 649 do CPC.Quando não há outros bens passíveis de serem penhorados, a lei permitirá a penhora dos frutos e rendimentos dos bens inalienáveis, salvo se destinados à satisfação de prestação alimentícia, conforme o art. 650 do CPC.[4]

Como exemplo pode citar-se a penhora de bens que guarnecem o domicílio do executado, caso estes apresentem valor elevado ou que ultrapassem as necessidades comuns de um padrão de vida de nível médio, mas isto só será possível por meio da interpretação diferenciada do inciso II do art. 649 do CPC.[5]

Já nos casos do inciso IV do art. 649 do CPC, ou seja, do salário, a lei disciplina a possibilidade da penhora nos casos de pagamento de prestação alimentícia e está prevista no § 2º do referido artigo, *in verbis*: "o disposto no inciso IV do *caput* deste artigo não se aplica no caso de penhora para pagamento de prestação alimentícia".[6]

Prestação alimentícia, no mundo jurídico, compreende "além da alimentação, também o que for necessário para moradia, vestuário, assistência médica e instrução".[7]

Todos os bens podem ser objeto de penhora, inclusive o imóvel hipotecário, com exceção aos bens inalienáveis e os alienados fiduciariamente.[8]

Portanto, como explicitado anteriormente, a penhora não deve recair sobre bens impenhoráveis salvo em alguns casos específicos, conforme citado no art. 648 do Código de Processo Civil. Assim, como contido nos incisos IV e X do art. 649, também do CPC, não são passíveis de penhora indiscriminadamente, os vencimentos, subsídios, soldos, salários, remunerações, proventos de aposentadoria, pensões, pecúlios e montepios, as quantias recebidas por liberalidade de terceiro e destinadas ao sustento do devedor e sua família, os ganhos de trabalhador autônomo e os honorários de profissional liberal, além da quantia depositada em caderneta de poupança, até o limite de 40 salários mínimos, sendo estes o objeto deste estudo e serão tratados a seguir.[9]

---

(4) BRASIL. Lei n. 5.869, de 11 de janeiro de 1973. Institui o Código de Processo Civil. Distrito Federal, publicado no DOU de 17 janeiro de 1973.
(5) LEITE, Carlos Henrique Bezerra. *Curso de direito processual do trabalho*. 7. ed. São Paulo: LTr, 2009. p. 856.
(6) BRASIL. Lei n. 5.869, de 11 de janeiro de 1973. Institui o Código de Processo Civil. Distrito Federal, publicado no DOU de 17 janeiro de 1973.
(7) VENOSA, Silvio de Salvo. *Direito civil:* direito de família. 7. ed. São Paulo: Atlas, 2007. p. 338.
(8) SARAIVA, Renato. *Curso de direito processual do trabalho*. 6. ed. São Paulo: Método, 2009. p.649-50.
(9) BRASIL. Lei n. 5.869, de 11 de janeiro de 1973. Institui o Código de Processo Civil. Distrito Federal, publicado no DOU de 17 janeiro de 1973.

1.2. Salário

A palavra "salário" deriva do latim *salarium*, sendo que a mesma deriva do latim *salis*, ou seja, sal, que era a forma de pagamento utilizada pelos romanos para pagar os domésticos e os soldados das legiões. Posteriormente o sal foi trocado por outros produtos ou formas de pagamento.[10]

Atualmente, contudo, são utilizadas várias denominações para se referir às formas de pagamento. Com efeito, no direito do trabalho, dá-se preferência pela utilização do termo salário para determinar "a forma de retribuição do empregado pelos serviços prestados ou por ter permanecido à disposição do empregador".[11]

Ainda, salário, de acordo com o art. 457 da CLT[12], é a contraprestação que acontece em uma relação de emprego, do serviço devido e pago diretamente pelo empregador ao empregado.

Mauricio Godinho Delgado[13] conceitua salário "[...] como o conjunto de parcelas contraprestativas devidas e pagas pelo empregador ao empregado, em decorrência da relação de emprego."

Já para Alice Monteiro de Barros[14], de maneira mais extensa, salário deve ser conceituado como, "[...] a retribuição devida e paga diretamente pelo empregador ao empregado, de forma habitual, não só pelos serviços prestados, mas pelo fato de se encontrar à disposição daquele, por força do contrato de trabalho."

A doutrina trabalhista emprega três sentidos diferentes à palavra remuneração. A primeira traz o conceito de remuneração como sinônimo de salário, a segunda implica na remuneração como gênero e o salário como espécie, ou seja, a remuneração tem sentido mais amplo do que o salário, já a terceira acepção, traz um conceito próprio de remuneração.[15]

Portanto, conforme a CLT[16], considera-se remuneração, diferentemente do salário, além do salário direto pago pelo empregador, o salário indireto, ou seja, as gorjetas e adicionais que são pagos por terceiros de forma habitual.

Há necessidade de se fazer a distinção entre salário e remuneração, pois há vários institutos jurídicos que são calculados com base na remuneração e não no

---

(10) MARTINS, Sergio Pinto. *Direito do trabalho*. 25. ed. São Paulo: Atlas, 2009. p. 211.
(11) BARROS, Alice Monteiro de. *Curso de direito do trabalho*. 4. ed. São Paulo: LTr, 2008. p. 738.
(12) BRASIL. Decreto-lei n. 5.452, de 1º de maio de 1943. Aprova a Consolidação das Leis do Trabalho. Distrito Federal, publicado no DOU de 9 de agosto de 1943.
(13) DELGADO, Mauricio Godinho. *Salário*: teoria e prática. 2. ed. Belo Horizonte: Del Rey, 2002. p. 3.
(14) BARROS, Alice Monteiro de. *Curso de direito do trabalho*. p.739-40.
(15) DELGADO, Mauricio Godinho. *Salário*: teoria e prática. p. 4-5.
(16) BRASIL. Decreto-lei n. 5.452, de 1º de maio de 1943. Aprova a Consolidação das Leis do Trabalho. Distrito Federal, publicado no DOU de 9 de agosto de 1943.

salário, além de efeitos para o salário mínimo que não é composto por adicionais e gorjetas, por exemplo.⁽¹⁷⁾ Neste sentido, vale ressaltar que a Consolidação das Leis do Trabalho, em seu art. 457, usa a palavra remuneração apenas para incluir as gorjetas, que são pagamentos feitos por terceiros, ao salário do empregado.⁽¹⁸⁾

1.2.1. Das características do salário

São características do salário: a habitualidade ou sucessividade, a periodicidade, a essencialidade, a reciprocidade ou contraprestatividade, a quantificação, a indisponibilidade, a irredutibilidade, o caráter alimentar, o caráter "forfetário", a natureza composta, a tendência à determinação heterônoma e a pós-numeração.⁽¹⁹⁾

A habitualidade ou sucessividade é uma das características mais importantes para que ocorra a definição de que o pagamento realizado é ou não considerado salário, ou seja, "o contrato de trabalho é um pacto de trato sucessivo, em que há a continuidade na prestação de serviços e, em consequência, o pagamento habitual dos salários".⁽²⁰⁾ Ainda, com relação à característica da habitualidade, a CLT, em seu art. 458, aponta que o salário *in natura* poderá ser considerado somente se apresentar caráter habitual no fornecimento das utilidades.⁽²¹⁾

Outra característica do salário é a periodicidade, que é uma consequência da habitualidade do salário, em que há a necessidade de se pagar o empregado em intervalos curtos, preferencialmente após a realização dos serviços, não devendo exceder a um mês, conforme previsto no art. 459 da CLT.⁽²²⁾

Conforme o art. 459 da CLT, *in verbis*: "o pagamento do salário, qualquer que seja a modalidade do trabalho, não deve ser estipulado por período superior a 1 (um) mês, salvo no que concerne a comissões, percentagens e gratificações".⁽²³⁾

> [...] as percentagens, comissões e gratificações não necessariamente ficam submetidas ao parâmetro mensal acima mencionado (registre-se, contudo, que [...] os adicionais legais seguem, sim, a mesma regra de periodicidade mensal [...]).⁽²⁴⁾

O contrato de trabalho é oneroso, sendo essencial o pagamento da remuneração, pois o trabalho gratuito não caracteriza a relação de emprego, portanto, mostra, assim, a característica da essencialidade do salário.

---

(17) BARROS, Alice Monteiro de. *Curso de direito do trabalho*. p. 740.
(18) NASCIMENTO, Amauri Mascaro. *Salário*: conceito e proteção. São Paulo: LTr, 2008. p. 56.
(19) BARROS, Alice Monteiro de. *Curso de direito do trabalho*. p.742-3; DELGADO, Mauricio Godinho. *Curso de direito do trabalho*. 5. ed. São Paulo: LTr, 2006. p. 706.
(20) MARTINS, Sergio Pinto. *Direito do trabalho*. p. 215.
(21) BRASIL. Decreto-lei n. 5.452, de 1º de maio de 1943. Aprova a Consolidação das Leis do Trabalho. Distrito Federal, publicado no DOU de 9 de agosto de 1943.
(22) BARROS, Alice Monteiro de. *Curso de direito do trabalho*. p. 742.
(23) BRASIL. Decreto-lei n. 5.452, de 1º de maio de 1943. Aprova a Consolidação das Leis do Trabalho. Distrito Federal, publicado no DOU de 9 de agosto de 1943.
(24) DELGADO, Mauricio Godinho. *Salário*: teoria e prática. p. 70.

No pagamento do salário há a reciprocidade ou contraprestatividade, que caracteriza os deveres e obrigações do empregado e do empregador. Em que, o empregado deve prestar serviços ou se pôr à disponibilidade do empregador, e esse deve pagar o salário pelos serviços prestados ou pela disposição do empregado, e, em alguns casos, pagar salário mesmo quando o empregado não esteja prestando serviços, como ocorre nas faltas justificadas pela lei.[25]

O empregado deve saber quanto vai ser seu salário, por este motivo, o salário deve ser quantificável, ou seja, o salário não pode ser pago mediante critérios aleatórios e não pode depender de situações para ocorrer seu pagamento, devendo o mesmo ser discriminado, apresentando quanto é o salário-base, gratificações e etc.[26].

O salário não pode ser disponibilizado, ou seja, não pode ser objeto de renúncia. "A ordem jurídica não reconhece, portanto, ao próprio empregado a prerrogativa de dispensar — no todo ou em parte — sua contraprestação salarial".[27]

A irredutibilidade está associada à característica da indisponibilidade do salário. Assim, o salário não pode ser reduzido, por ser um elemento do contrato de trabalho não pode ser alterado para prejudicar o empregado.[28] A Constituição protege a irredutibilidade do salário em seu art. 7º, VI, porém o mesmo faz uma ressalva, permitindo a redução do salário em convenções ou acordos coletivos.

Por ser necessário para a subsistência do empregado e de seus familiares, o salário tem caráter alimentar.[29]

> A ordem jurídica não distingue entre níveis de valor salarial para caracterizar a verba como de natureza alimentícia. A configuração hoje deferida à figura é unitária, não importando, assim, o fato de ser (ou não), na prática, efetivamente dirigida, em sua totalidade ou fração mais relevante, às necessidades estritamente pessoais do trabalhador e sua família. A natureza alimentar do salário é que responde por um razoável conjunto de garantias especiais que a ordem jurídica defere à parcela — impenhorabilidade, inclusive.[30]

O caráter forfetário do salário vem da expressão francesa à *forfait*, pois "[...] a retribuição paga não guarda relação com o valor econômico de cada prestação executada pelo trabalhador".[31] Assim, o salário é uma obrigação absoluta do empregador, o qual assume os riscos do seu empreendimento e pelos serviços prestados.[32]

---

(25) MARTINS, Sergio Pinto. *Direito do trabalho*. p. 216.
(26) Idem.
(27) DELGADO, Mauricio Godinho. *Salário*: teoria e prática. p. 70.
(28) NASCIMENTO, Amauri Mascaro. *Salário*: conceito e proteção. p. 221.
(29) MARTINS, Sergio Pinto. *Direito do trabalho*. p. 217.
(30) DELGADO, Mauricio Godinho. *Salário*: teoria e prática. p. 706.
(31) BARROS, Alice Monteiro de. *Curso de direito do trabalho*. p. 743.
(32) DELGADO, Mauricio Godinho. *Curso de direito do trabalho*. p. 707.

Estão contidas no salário uma parcela salarial principal, ou seja, o salário-base, como também outras parcelas, como os adicionais, as comissões, as gratificações etc., mostrando assim sua natureza composta.[33]

A fixação do salário, na maioria das vezes, se dá por meio de lei ou sentença normativa, apresentando, assim, sua tendência à determinação heterônoma.[34] "É evidente que os níveis salariais também podem ser fixados mediante simples exercício da vontade das partes contratantes, mas desde que respeitados os parâmetros fixados por norma jurídica [...]".[35]

Por fim, a pós-numeração, que prega o pagamento das verbas salariais após o serviço ter sido prestado pelo empregado. "Os salários são, desse modo, parcelas devidas e pagas depois de ultrapassada a dilação temporal correspondente a seu cômputo (hora, dia, mês)".[36]

Esta característica vem sofrendo atenuações, uma vez que algumas empresas asseguram o pagamento salarial antes do vencimento, além de que o pagamento feito em utilidades geralmente é feito antes do mês correspondente para realização do cálculo.[37]

Mas, uma coisa é certa, não importa a forma como o salário é fixado, pago ou calculado, seu caráter alimentar "garante o seu percebimento pelo empregado por meio de várias medidas de proteção, ora contra abusos do empregador, ora contra seus credores, ora contra familiares do empregado, ora contra credores deste último."[38]

1.3. Da proteção ao salário

A proteção do salário é abordada pela Convenção n. 95 da Organização Internacional do Trabalho (OIT), de 1949, que disciplina várias formas de proteção ao salário, como o fato de que o salário deve ser pago diretamente ao empregado e ser feito em intervalos regulares.

A CRFB/88 também trata da proteção salarial, em seu art. 7º, X, que torna crime a sua retenção dolosa, e assim dispõe:

> Art. 7º São direitos dos trabalhadores urbanos e rurais, além de outros que visem à melhoria de sua condição social: [...] X — proteção salário na forma lei, constituindo crime sua retenção dolosa.[39]

---

(33) DELGADO, Mauricio Godinho. *Salário*: teoria e prática. p. 71.
(34) BARROS, Alice Monteiro de. *Curso de direito do trabalho*. p. 743.
(35) DELGADO, Mauricio Godinho. *Salário*: teoria e prática. p. 71.
(36) DELGADO, Mauricio Godinho. *Curso de direito do trabalho*. p. 708.
(37) DELGADO, Mauricio Godinho. *Curso de direito do trabalho*. p. 709.
(38) BARROS, Alice Monteiro de. *Curso de direito do trabalho*. p. 808-9.
(39) BRASIL. Constituição (1988). Constituição da República Federativa do Brasil. Distrito Federal, publicado no DOU de 5 de outubro de 1988.

Neste sentido, "o salário deve ser pago ao próprio empregado [...], sob pena de não ser considerado realizado tal pagamento, salvo se houver prova no sentido de que o salário efetivamente reverteu ao obreiro ou se procurador devidamente habilitado o receber."[40]

Também, se o salário for constituído de parte fixa e de salário *in natura*, não pode ser alterada a forma contratada, a não ser que o empregador esteja impossibilitado de pagar as utilidades ao empregado, e este valor não possa ser pago em dinheiro.[41]

O salário é protegido pelo princípio da irredutibilidade, uma vez que o empregador fica proibido de diminuir o salário do empregado abusivamente. Hipóteses que autorizam a redução do salário estão previstas no art. 503 da CLT, no entanto somente em casos de força maior, aos quais o empregador não deu causa, porém, para ocorrer essa redução, se faz necessário um prévio acordo ou convenção coletiva.[42]

Neste sentido, conforme o art. 503 da CLT[43], *in verbis*:

> É lícita, em caso de força maior ou prejuízos devidamente comprovados, a redução geral dos salários dos empregados da empresa, proporcionalmente aos salários de cada um, não podendo, entretanto, ser superior a vinte e cinco por cento, respeitado, em qualquer caso, o salário mínimo da região. Parágrafo único. Cessados os efeitos decorrentes do motivo de força maior, é garantido o restabelecimento dos salários reduzidos.

A CLT em seu art. 461, ao afirmar a necessidade da equiparação salarial, ensejando o princípio da isonomia, é uma forma de proteção salarial uma vez que protege o salário do trabalhador contra as desigualdades de sexo, idade ou nacionalidade, trazendo igualdade de salário para trabalho de igual valor.[44]

Não pode ser alterada a forma de pagamento do salário, com a finalidade de prejudicar o empregado. Porém, por meio de acordo com sindicato, pode ser reduzida a jornada de trabalho e consequentemente o valor salarial do empregado.[45]

Deve o salário ser pago em moeda corrente do país e deverá ser feito em dia útil e no local de trabalho, salvo se realizado por meio de depósito em conta bancária, não devendo ser estipulado em período maior que um mês.[46]

---

(40) MARTINS, Sergio Pinto. *Direito do trabalho*. p.283.
(41) BARROS, Alice Monteiro de. *Curso de direito do trabalho*. p. 809.
(42) BARROS, Alice Monteiro de. *Curso de direito do trabalho*. p. 809-10.
(43) BRASIL. Decreto-lei n. 5.452, de 1º de maio de 1943. Aprova a Consolidação das Leis do Trabalho. Distrito Federal, publicado no DOU de 9 de agosto de 1943.
(44) BARROS, Alice Monteiro de. *Curso de direito do trabalho*. p. 820.
(45) MARTINS, Sérgio Pinto. *Direito processual do trabalho*. 29. ed. São Paulo: Atlas, 2009. p. 284.
(46) NASCIMENTO, Amauri Mascaro. *Salário*: conceito e proteção. p. 209-10.

Neste sentido, por se tratar o salário de crédito privilegiado ou preferencial na falência, não pode deixar de ser pago antes dos demais credores.

Justifica-se a preferência do crédito trabalhista em razão da natureza alimentar que tem, pois na grande maioria das vezes o empregado e sua família dependem exclusivamente do recebimento das verbas trabalhistas decorrentes do contrato de trabalho para poder sobreviver.[47]

Mesmo que menor de 18 anos, o salário deve ser pago diretamente ao empregado, conforme o art. 5º da Convenção n. 95 da OIT, sendo que se pago para familiar do empregado, deverá provar o pagamento ou terá que pagar novamente.[48]

O salário, independentemente do *quantum*, em virtude de seu cunho alimentar, é protegido também contra credores do empregado, daí ser ele impenhorável.[49]

Como pode ser observado, o salário é protegido de várias maneiras, para que se possa garantir a segurança do empregado contra credores, é assegurada por legislação a impenhorabilidade do salário.

2. DA IMPENHORABILIDADE DO SALÁRIO

Como já abordado, o art. 649 do CPC, utilizado subsidiariamente no processo do trabalho, traz o rol dos bens absolutamente impenhoráveis, dentre estes, os vencimentos, subsídios, soldos, salários, remunerações, proventos de aposentadoria, pensões, pecúlios e montepios; as quantias recebidas por liberalidade de terceiro e destinadas ao sustento do devedor e sua família, os ganhos de trabalhador autônomo e os honorários de profissional liberal.

Portanto, de acordo com o CPC[50] em seu art. 649, IV, o salário do executado é absolutamente impenhorável não podendo ser utilizado como forma de pagamento de dívida trabalhista, a princípio.

Neste sentido, de acordo com Mauricio Godinho Delgado[51], "essa regra é absoluta, abrindo exceção apenas a um crédito tido também como de caráter alimentar e mais ainda emergencial: a pensão alimentícia devida pelo trabalhador a sua ex-esposa e filhos ou dependentes (art. 649, IV, CPC)."

---

(47) MARTINS, Sergio Pinto. *Direito processual do trabalho.* p. 286-7.
(48) BARROS, Alice Monteiro de. *Curso de direito do trabalho.* p. 817; MARTINS, Sergio Pinto. *Direito do trabalho.* p. 290.
(49) BARROS, Alice Monteiro de. *Curso de direito do trabalho.* p. 818.
(50) BRASIL. Lei n. 5.869, de 11 de janeiro de 1973. Institui o Código de Processo Civil. Distrito Federal, publicado no DOU de 17 janeiro de 1973.
(51) DELGADO, Mauricio Godinho. *Salário*: teoria e prática. p. 125.

No mais, como anteriormente destacado, constitucionalmente, o salário é protegido pelo art. 7º, X, que dispõe que, "são direitos dos trabalhadores urbanos e rurais, além de outros que visem à melhoria de sua condição social: [...] X — proteção do salário na forma da lei, constituindo crime sua retenção dolosa."[52]

Por este motivo, para Alice Monteiro de Barros[53] o salário, independente de seu valor, por ter cunho alimentar não é passível de penhora e, por isso, é protegido contra os credores do empregado.

Ainda, enfatiza a autora:

> tendo em vista que o objetivo dessa garantia é assegurar a subsistência do empregado e a manutenção de um nível de vida compatível com a dignidade humana, compartilhamos com a vertente doutrinária que considera também impenhoráveis os recebimentos provenientes de auxílio-desemprego e de benefícios da previdência social.[54]

Neste sentido, de acordo com o disposto por Alice Monteiro de Barros, tem-se, inclusive, o seguinte julgado:

> MANDADO DE SEGURANÇA. BLOQUEIO DE VALORES. CONTA-CORRENTE. BENEFÍCIO PREVIDENCIÁRIO. Não são passíveis de penhora os valores encontrados na conta-corrente da impetrante, percebidos a título de benefício previdenciário. Impenhorabilidade absoluta prevista no art. 649, IV, do CPC, que não comporta nem mesmo limitação da constrição a determinado percentual sobre o valor. Orientação Jurisprudencial n. 153 da SDI-II do TST. Precedentes do TST. Segurança concedida.[55]

Neste julgado, a desembargadora-relatora, Maria Inês Cunha Dornelles, é clara ao afirmar em sua decisão que "ao contrário do que sucede com o pagamento de prestação alimentícia *in stricto sensu*, a lei não excepciona a situação de penhora de salário ou rendimento percebidos em situação similar, no caso de verba trabalhista."[56]

Ainda, a recente Orientação Jurisprudencial (OJ) n. 153 da SBDI-2/TST[57], defende que a penhora do salário do executado para satisfação de crédito

---

(52) BRASIL. Constituição (1988). Constituição da República Federativa do Brasil. Distrito Federal, publicado no DOU de 5 de outubro de 1988.
(53) BARROS, Alice Monteiro de. *Curso de direito do trabalho*. p. 818.
(54) Idem.
(55) BRASIL. Tribunal Regional do Trabalho da 4ª Região, Mandado de Segurança n. 02968.2009.000.04.00-5, Relatora: Maria Inês Cunha Dornelles, Julgado em: 16.10.2009.
(56) BRASIL. TRT 4ª Região, Mandado de Segurança n. 02968.2009.000.04.00-5, 2009.
(57) Ofende direito líquido e certo decisão que determina o bloqueio de numerário existente em conta-salário, para satisfação de crédito trabalhista, ainda que seja limitado a determinado percentual dos valores recebidos ou a valor revertido para fundo de aplicação ou poupança, visto que o art. 649, IV, do CPC contém norma imperativa que não admite interpretação ampliativa, sendo a exceção prevista no art. 649, § 2º, do CPC, espécie e não gênero de crédito de natureza alimentícia, não englobando o crédito trabalhista.

trabalhista, ofende direito líquido e certo, mesmo que seja determinada a penhora de apenas um percentual do salário. Para tanto, ainda conforme a referida OJ: "o art. 649, IV, do CPC contém norma imperativa que não admite interpretação ampliativa, sendo a exceção prevista no art. 649, § 2º, do CPC espécie e não gênero de crédito de natureza alimentícia, não englobando o crédito trabalhista."[58]

Mauricio Godinho Delgado[59], no mesmo seguimento, enfatiza: "[...] as verbas salariais não podem sofrer constrição extrajudicial ou judicial, não podendo cumprir papel de lastro a qualquer crédito contra o obreiro, nem receber restrições seu recebimento direto pelo próprio trabalhador."

Por esse motivo, recente decisão do Tribunal Superior do Trabalho deu provimento a recurso alegando a impossibilidade de se penhorar aposentadorias, que também têm origem salarial, para pagar dívidas trabalhistas, como pode ser observado na ementa abaixo:

> RECURSO ORDINÁRIO. AGRAVO REGIMENTAL. MANDADO DE SEGURANÇA. PENHORA DE VALORES DECORRENTES DE PROVENTOS DE APOSENTADORIA. ILEGALIDADE. INCIDÊNCIA DA OJ N. 153 DA SBDI-2. I — Ofende direito líquido e certo decisão que determina o bloqueio de numerário existente em conta salário, para satisfação de crédito trabalhista, ainda que seja limitado a determinado percentual dos valores recebidos ou a valor revertido para fundo de aplicação ou poupança, visto que o art. 649, IV, do CPC contém norma imperativa que não admite interpretação ampliativa, sendo a exceção prevista no art. 649, § 2º, do CPC espécie e não gênero de crédito de natureza alimentícia, não englobando o crédito trabalhista. II — Recurso provido.[60]

Nesta, o Ministro Barros Levenhagen, ao relatar seu voto, assim afirmou:

> Ofende direito líquido e certo decisão que determina o bloqueio de numerário existente em conta salário, para satisfação de crédito trabalhista, ainda que seja limitado a determinado percentual dos valores recebidos ou a valor revertido para fundo de aplicação ou poupança, visto que o art. 649, IV, do CPC contém norma imperativa que não admite interpretação ampliativa, sendo a exceção prevista no art. 649, § 2º, do CPC espécie e não gênero de crédito de natureza alimentícia, não englobando o crédito trabalhista.[61]

Ainda seguindo a mesma corrente:

> Penhora de Salários. Ilegalidade. É ilegal a penhora de salários, que configura agressão frontal à regra ditada no art. 649 do CPC, cuja

---

(58) BRASIL. Orientação Jurisprudencial n. 153 da SDI-2 do TST. Mandado de segurança. Execução. Ordem de Penhora sobre valores existentes em conta salário. Distrito Federal, DJe divulgado em 3, 4 e 5.12.2008.
(59) DELGADO, Mauricio Godinho. *Salário*: teoria e prática. p. 194.
(60) BRASIL. Tribunal Superior do Trabalho. Recurso Ordinário n. 61000-26.2009.5.05.0000, Relator: Ministro Barros Levenhagen, Julgado em: 4.5.2010.
(61) BRASIL. TST. Recurso Ordinário n. 61000-26.2009.5.05.0000, 2010.

proteção estatal, que atribui impenhorabilidade ao salário, visa preservar a dignidade do executado de maneira a garantir-lhe os meios necessários de provimento da própria subsistência e da de sua família. Fim informado por princípio fundamental, expresso no inciso III do art. 1º da Constituição Federal, a dignidade da pessoa humana, a afastar a possibilidade de penhora de verbas de sustento, mesmo em face de créditos trabalhistas. Neste sentido, inclusive, a recentíssima orientação jurisprudencial 153 da SDI2 do TST.[62]

Importa ainda destacar que o princípio da dignidade da pessoa humana, presente no art. 1º, III da CRFB/88, é sempre citado no momento de defesa da impenhorabilidade do salário do executado, como pode ser evidenciado na jurisprudência acima citada.

Isto porque

> a dignidade é um valor espiritual e moral inerente à pessoa, que se manifesta singularmente na autodeterminação consciente e responsável da própria vida e que traz consigo a pretensão ao respeito por parte das demais pessoas, constituindo-se um mínimo invulnerável que todo estatuto jurídico deve assegurar, de modo que, somente excepcionalmente, possam ser feitas limitações ao exercício dos direitos fundamentais, mas sempre sem menosprezar a necessária estima que merecem todas as pessoas enquanto seres humanos.[63]

Assim, o princípio da dignidade da pessoa humana traz que "o ser humano é um fim em si mesmo, não podendo ser utilizado como meio para atingir determinado objetivo".[64]

No mais, a preocupação do legislador em preservar a dignidade ou menor onerosidade para o devedor pode ser percebida também no art. 620 do CPC que versa: "quando por vários meios o credor puder promover a execução, o juiz mandará que se faça pelo modo menos gravoso para o devedor".[65]

Daniel Leite Ribeiro[66] afirma que "dada a absoluta impenhorabilidade da conta-salário, temos que, nem mesmo o Poder Judiciário, à luz do caso concreto, poderá reter a verba remuneratória do indivíduo para adimplir qualquer que seja sua dívida."

---

(62) BRASIL. Tribunal Regional do Trabalho 4ª Região. Agravo de Petição n. 00468.1996.006.04.00-1, Relator: Fernando Luiz de Moura Cassal, Julgado em: 26.3.2009.
(63) MORAES, Alexandre de. *Direito constitucional*. 20. ed. São Paulo: Atlas, 2006. p. 16.
(64) RESENDE, Ricardo. *Direito do trabalho esquematizado*. São Paulo: Método, 2011. p. 20.
(65) BRASIL. Lei n. 5.869, de 11 de janeiro de 1973. Institui o Código de Processo Civil. Distrito Federal, publicado no DOU de 17 janeiro de 1973.
(66) RIBEIRO, Daniel Leite; DANTAS, Rodrigo Tourinho. A impenhorabilidade da conta-salário: a aplicação do art. 649, IV, do CPC no Processo do Trabalho. *Jornal Trabalhista Consulex*, Brasília, a. XXVI, n. 1274, 2009. p. 4.

Este, portanto, tem sido, em regra, o posicionamento dos tribunais:

Mandado de Segurança. Bloqueio de Conta-Salário. Ilegalidade. Fere direito líquido e certo do executado a penhora de dinheiro em conta-salário, que configura agressão frontal à regra ditada no art. 649 do CPC, cuja proteção estatal, que atribui impenhorabilidade ao salário, visa preservar a dignidade do executado, de maneira a garantir-lhe os meios necessários de provimento da própria subsistência e da de sua família. Fim informado por princípio fundamental, expresso no inciso III do art. 1º da Constituição Federal: *a dignidade da pessoa humana*, a afastar a possibilidade de penhora de verbas de sustento, mesmo em face de créditos trabalhistas.[67]

MANDADO DE SEGURANÇA. BLOQUEIO DE VALORES EM CONTA-CORRENTE. SALÁRIO. Não são passíveis de penhora os valores encontrados na conta-corrente do impetrante, depositados a título de vencimentos. Impenhorabilidade absoluta prevista no art. 649, IV, do CPC, que não comporta nem mesmo limitação da constrição a determinado percentual sobre o valor. Orientação Jurisprudencial n. 153 da SDI-II do TST. Precedentes do TST. Segurança concedida.[68]

PENHORA. SALÁRIO. A penhora de salários encontra óbice no art. 649, inciso IV do CPC, classificada a hipótese na qualidade de bem absolutamente impenhorável, pois indispensável à manutenção e sobrevivência da pessoa física. Entretanto, incumbe à parte comprovar que o registro do depósito bancário refere-se ao recebimento de contraprestação relativa a atividade profissional. Decisão mantida.[69]

O Tribunal Regional do Trabalho da 12ª Região, da mesma forma, entende pela impenhorabilidade do salário, conforme pode ser observado nas jurisprudências a seguir:

SALÁRIO. IMPENHORABILIDADE. A penhora de salário, mesmo que parcial, viola o art. 649, inc. IV, do CPC, exceto para pagamento da prestação alimentícia.[70]

MANDADO DE SEGURANÇA. CONCESSÃO. PENHORA SOBRE SALÁRIO. BEM ABSOLUTAMENTE IMPENHORÁVEL. ART. 649, INC. IV, DO CPC. Ao admitir-se a penhora do salário, nega-se a aplicação do disposto no art. 649, inc. IV, do CPC, cuja dicção sinaliza que ele se inclui entre os bens absolutamente impenhoráveis, não sendo passível de penhora diante do seu caráter nitidamente salarial e alimentício (salvo para pagamento de pensão alimentícia, conforme dispõe o § 2º do mesmo dispositivo legal), insuscetível, pois, de sofrer dedução para saldar as dívidas trabalhistas e previdenciárias da empresa.[71]

SALÁRIO. IMPENHORABILIDADE. A penhora de salário afronta o disposto no art. 7º, inciso X, da Constituição Federal, bem como viola a literalidade do art. 649, inciso IV, do CPC, que determina a impenhorabilidade dos "(...) *vencimentos dos magistrados, dos professores e dos funcionários públicos, o soldo e os salários, salvo para pagamento de prestação alimentícia*". O salário é bem impenhorável, não respondendo por qualquer tipo de dívida, exceto a decorrente de pagamento de prestação alimentícia.[72]

---

(67) BRASIL. Tribunal Regional do Trabalho da 4ª Região. Mandado de Segurança n. 01598.2003.000.04.00-3, Relator: Milton Varela Dutra, Julgado em: 12.3.2004.
(68) BRASIL. Tribunal Regional do Trabalho da 4ª Região. Mandado de Segurança n. 0216400-60.2009.5.04.0000, Relatora: Maria Inês Cunha Dornelles, Julgado em: 16.10.2009.
(69) BRASIL. Tribunal Regional do Trabalho da 9ª Região. Agravo de Petição n. 26811.1999.015.09.40-9, Relator: Luiz Celso Napp, Julgado em: 19.6.2006.
(70) BRASIL. Tribunal Regional do Trabalho da 4ª Região. Agravo de Petição n. 00442.2005.013.12.85-2, Relatora: Águeda Maria Lavorato Pereira, Julgado em: 19.4.2010.
(71) BRASIL. Tribunal Regional do Trabalho da 12ª Região. Mandado de Segurança n. 0327.2009.000.12.00-2, Relatora: Lília Leonor Abreu, Julgado em: 11.2.2010.
(72) BRASIL. Tribunal Regional do Trabalho da 12ª Região. Agravo de Petição n. 02179.2001.002.12.86-1, Relatora: Gisele Pereira Alexandrino, Julgado em: 5/2009.

Assim, como se observa nas decisões destacadas, tem-se que o salário é absolutamente impenhorável e sua realização fere o princípio constitucional da dignidade da pessoa humana, bem como o disposto expressamente no Código de Processo Civil. Todavia, interpretação divergente manifesta-se, estudo que se faz a seguir, objeto de nossa pesquisa.

3. DA POSSIBILIDADE DA PENHORA DO SALÁRIO

Não obstante, embora destacado o entendimento anteriormente detalhado, baseando-se nos princípios norteadores do processo do trabalho, e, em especial, nos critérios da razoabilidade[73] e proporcionalidade[74], alguns magistrados e doutrinadores têm interpretado de maneira diferenciada o art. 649, IV do Código de Processo Civil.

Contrário ao disposto no item anterior, o § 2º do art. 649 do CPC, apresenta uma exceção ao inciso IV do *caput* do mesmo artigo, permitindo a penhora dos bens constantes neste inciso nos casos de pagamento de prestação alimentícia.

Ainda, com base no art. 655, I, do CPC, tem-se a penhora de dinheiro, em espécie ou em depósito ou aplicação em instituição financeira, não estabelecendo, por si só, se é possível a penhora de saldo em conta bancária proveniente de salário. Em contrapartida, conforme o art. 734 do CPC prevê o desconto em folha de pagamento a importância de prestação alimentícia.[75]

Quanto ao tema, acredita Renato Saraiva[76] que "o princípio da proporcionalidade decorre do próprio princípio da dignidade da pessoa humana, atuando como fonte restritiva ao poder discricionário do legislador e aplicador da norma, permitindo, efetivamente, uma compatível distribuição dos direitos fundamentais".

Verifica-se em um julgado recente do Tribunal Regional do Trabalho da 4ª região, contrariedade ao disposto na lei processual civil, que decidiu a favor da penhorabilidade do salário do executado:

---

(73) O **princípio da razoabilidade** impõe limites a situações em que a lei não consegue prevê-los de forma muito rígida, dadas as inúmeras circunstâncias que podem surgir no caso objeto de apreciação. É um princípio abstrato, guiado pelo princípio da dignidade da pessoa humana. Este princípio se propõe a eleger a solução mais razoável para o problema jurídico concreto, dentro das circunstâncias sociais, econômicas, culturais e políticas que envolvem a questão, sem se afastar dos parâmetros legais.
(74) O **princípio da proporcionalidade** tem como finalidade evitar resultados desproporcionais e injustos, baseados em valores fundamentais conflitantes, ou seja, o reconhecimento e a aplicação do princípio permitem vislumbrar a circunstância de que o propósito constitucional de proteger determinados valores fundamentais deve ceder quando a observância intransigente de tal orientação importar a violação de outro direito fundamental mais valorado.
(75) BRASIL. Lei n. 5.869, de 11 de janeiro de 1973. Institui o Código de Processo Civil. Distrito Federal, publicado no DOU de 17 janeiro de 1973.
(76) SARAIVA, Renato. *Curso de Direito processual do trabalho*. p. 648.

Impenhorabilidade. Conta-Salário. Hipótese em que se relativiza a aplicação do disposto no art. 649, IV, do CPC, autorizando-se a penhora mensal de 20% de salário de sócio da executada para fins de satisfação da dívida trabalhista, dentro de um critério de razoabilidade, porquanto a norma deve ser aplicada conforme o princípio que a informa, de proteção do salário enquanto parcela a ser disponibilizada ao empregado para fins de subsistência, respeitado, no caso, o princípio fundamental da dignidade da pessoa humana em relação ao exequente e ao executado.[77]

Antonio Carlos Aguiar[78] ao analisar o julgado acima citado diz que "essa decisão é muito importante, na medida em que enfrenta situações cotidianas reais e não se limita às interpretações mais cômodas e tradicionais, lastreadas em 'verdades' estruturadas 'desde sempre', como dogmas intransponíveis".

Outras decisões de diferentes Tribunais apontam para o mesmo sentido:

> AGRAVO DE INSTRUMENTO — EXECUÇÃO POR TÍTULO EXTRAJUDICIAL — PENHORA *ON-LINE* — POSSIBILIDADE — LIMITE DE TRINTA POR CENTO — RECURSO CONHECIDO E IMPROVIDO — DECISÃO MANTIDA. Tanto o texto constitucional quanto o processual vedam a retenção de salários, pois é através desses que os trabalhadores se mantêm e sustentam suas respectivas famílias, quitando seus compromissos cotidianos. O artigo que veda a penhora sobre os salários, saldos e proventos deve ser interpretado levando-se em consideração as outras regras processuais civis. Serão respeitados os princípios da própria execução, entre eles o de que os bens do devedor serão revertidos em favor do credor, a fim de pagar os débitos assumidos. A penhora de apenas uma porcentagem da verba de natureza alimentar não fere o espírito do art. 649 do Código de Processo Civil.[79]

Nesta decisão do Tribunal de Justiça de Mato Grosso, o Relator Desembargador Sebastião de Moraes Filho afirma que, "a penhora de apenas uma porcentagem da verba de natureza alimentar não fere o espírito do art. 649 do Código de Processo Civil."[80] Porém, o crédito ali tratado não é de origem trabalhista, o que merece destaque.

No mesmo norte, o TRT da 5ª região mostra-se favorável à penhora parcial do salário para quitar crédito de origem salarial:

> PENHORA. CONTA-SALÁRIO. POSSIBILIDADE. DIREITOS INDIVIDUAIS. PROPORCIONALIDADE E RAZOABILIDADE. A tese da impenhorabilidade absoluta dos salários do ex-empregador, em desfavor dos salários do ex-empregado, se revela insustentável pelo ordenamento processual em vigor, de modo que, conforme art. 649, § 2º, do CPC, e observados os critérios de proporcionalidade e razoabilidade, admite-se a possibilidade de que seja efetivada penhora em conta-salário.[81]

---

(77) BRASIL. Tribunal Regional do Trabalho da 4ª Região. Agravo de Petição n.00358-2004-020-04-00-7, Relator: Cláudio Antônio Cassou Barbosa, Julgado em: 22.4.2009.
(78) AGUIAR, Antonio Carlos. Salário de devedor não é impenhorável. *Jornal Trabalhista Consulex*, Brasília, a. XXVI, n. 1284, 2009, p.7.
(79) BRASIL. Tribunal de Justiça de Mato Grosso. Agravo de Instrumento n.109046/2009, Relator: Carlos Alberto Alves da Rocha, Julgado em: 18.11.2009.
(80) BRASIL. Tribunal de Justiça de Mato Grosso. Agravo de Instrumento n. 109046/2009, 2009.
(81) BRASIL. Tribunal Regional do Trabalho da 5ª Região. Agravo de Petição n. 00390-1997-011-05-00-6-AP, Relator: Desembargador Jéferson Muricy, Julgado em: 4.11.2008.

MANDADO DE SEGURANÇA. PENHORA PARCIAL DE SALÁRIO. POSSIBILIDADE. Tendo em vista que os proventos e os créditos trabalhistas possuem a mesma natureza salarial, não viola direito líquido e certo o ato que determina o bloqueio parcial de valores constantes de conta--salário, desde que atendidos os critérios da proporcionalidade e razoabilidade, pelo que a referida constrição deve ser limitada a 20% (vinte por cento) sobre os proventos.[82]

Seguindo os citados posicionamentos, o juiz Demócrito Reinaldo Filho[83] defende a possibilidade da penhora de salário e argumenta que:

> Os magistrados brasileiros não têm emprestado a correta interpretação ao inc. IV do art. 649 do CPC, quando atribuem impenhorabilidade absoluta a toda e qualquer verba de origem salarial, criando demasiada proteção ao devedor, em detrimento da própria efetividade do processo de execução.

O § 3º do art. 649 do CPC, que sofreu o veto presidencial quando de sua análise, trazia a hipótese da penhora dos rendimentos do executado provenientes de salário, limitando-se a 40% do total recebido mensalmente acima de 20 salários mínimos, fortalecendo assim o princípio da proporcionalidade. O veto do referido parágrafo foi considerado um retrocesso por alguns doutrinadores. Renato Saraiva, neste sentido, sustenta que:

> [...] a pura e simples impenhorabilidade de salários, vencimentos, subsídios, sem levar em consideração os valores de tais rendimentos percebidos mensalmente, gera evidente desequilíbrio da Justiça. Não se nega que o executado tem direito fundamental à propriedade e à dignidade pessoal. Porém esse direito não é absoluto. Os direitos fundamentais do executado não podem ofender o princípio da efetividade e da isonomia. O exequente, em especial o credor trabalhista, também deve gozar do direito à proteção à sua dignidade pessoal, mormente se estiver em dificuldades financeiras que impossibilitem a sua sobrevivência digna. [...] Deu-se ampla relevância aos direitos fundamentais do executado, esquecendo da proteção dos direitos mínimos fundamentais do exequente, principalmente do credor trabalhista.[84]

Manoel Antonio Teixeira Filho[85] alega que se deve ponderar a penhora de parte do salário do executado, sempre levando em consideração seu sustento pessoal e familiar, sem que isso implique em afronta ao disposto no art. 649 do CPC.

---

(82) BRASIL. Tribunal Regional do Trabalho da 5ª Região. Mandado de Segurança n. 01167-2007-000-05-00-5-MS, Relatora: Heliana Neves da Rocha, Julgado em: 11.6.2008.
(83) REINALDO FILHO, Demócrito. Da possibilidade de penhora de saldos de contas bancárias de origem salarial: interpretação do inc. IV do art. 649 do CPC em face da alteração promovida pela Lei n. 11.382, de 6.12.06. *Revista Jurídica Consulex*, Brasília, a. XIII, n. 289, 2009, p.60.
(84) SARAIVA, Renato. *Curso de direito processual do trabalho*. p. 648.
(85) TEIXEIRA FILHO, Manoel Antonio. *Execução no processo do trabalho*. 9. ed. São Paulo: LTr, 2005. p. 453.

Na opinião de Sergio Pinto Martins[86], "estando o salário na conta corrente, já não é mais salário, mas numerário à disposição do cliente, podendo ser penhorado".

Portanto, conforme esta corrente doutrinária e jurisprudencial tem-se que a penhora do salário deve ser ponderada frente ao princípio da razoabilidade e da proporcionalidade, uma vez que é crédito de natureza alimentar, necessário à subsistência do credor.

Para tanto, a penhora deve ser realizada quando o empregador é pessoa individual ou sócio de empregador pessoa coletiva quando desconsiderada a personalidade jurídica desta.

Neste contexto, por causa da grande importância do crédito tratado e do objeto a ser penhorado, não se consegue estabelecer dentro da doutrina e da jurisprudência a resolução da celeuma da penhora do salário para quitar a dívida de origem salarial.

No entanto, compartilhamos da linha doutrinária e jurisprudencial que estabelece que no direito do trabalho efetivo, especificamente no caso da penhora do salário do executado trabalhista, a lei deve ser interpretada em prol do empregado, sempre ponderando entre os princípios da razoabilidade e da proporcionalidade de modo a não onerar demasiadamente o empregador. A penhora de parte do salário do empregador é uma decisão acertada, uma vez que não se pode deixar desamparado o credor trabalhista em seu direito a alimentos, natureza real do crédito em análise.

CONSIDERAÇÕES FINAIS

Com a finalização do presente estudo, chega-se, portanto, a algumas considerações a respeito da possibilidade da penhora de salário na Justiça do Trabalho.

A Justiça do Trabalho surgiu para solucionar conflitos decorrentes da relação de trabalho, com demanda cada vez maior no país. As fontes e princípios, tanto constitucionais quanto processuais do trabalho, demonstram grande importância na tomada de decisões e justificativas de opiniões dos que defendem ou não a penhora do salário do executado.

O processo visa ensejar o caminho para a solução do conflito submetido à jurisdição, este é dotado de normas e princípios próprios. Em contrapartida, o processo trabalhista é composto por quatro tipos de ações, a de conhecimento, a de execução, as cautelares e as mandamentais.

---

(86) MARTINS, Sergio Pinto. *Direito processual do trabalho*. p. 286.

Com relação especificamente à execução, fase do processo trabalhista, tem-se a busca do cumprimento da sentença judicial, para solucionar a lide, por meio da expropriação de bem do executado, necessário para quitar integralmente a obrigação.

Contudo, para que haja uma execução, se faz necessária a existência de um título executivo, judicial ou extrajudicial, que dá direito a um indivíduo de executar outro, podendo sua execução ser requerida pela parte ou promovida de ofício pelo magistrado, devendo conter uma obrigação líquida, certa e exigível.

Importante, no entanto, é ressaltar a utilização da lei processual civil de maneira subsidiária no processo do trabalho quando compatível com este e havendo evidente lacuna na lei trabalhista. No mais, por se tratar de uma justiça especializada, o processo do trabalho possui seus institutos próprios, devendo ser respeitado.

Assim, na execução trabalhista, quando surge a celeuma da possibilidade da penhora do salário, deve ser observado o disposto no processo civil, respeitando os princípios processuais trabalhistas, uma vez que a Consolidação das Leis do Trabalho não aborda tal possibilidade.

Ainda, quando se trata da responsabilidade patrimonial do devedor trabalhista, a Consolidação das Leis do Trabalho prevê a possibilidade da execução de tantos bens quantos forem necessários para o cumprimento da condenação. Em contrapartida, como a Consolidação das Leis do Trabalho não disciplina os bens passíveis de penhora, remete o mesmo ao disciplinado pelo Código de Processo Civil, portanto, utiliza-se o disposto em seus arts. 648 e 649.

Por este motivo, na execução trabalhista, quando surge a pessoa do devedor de dívida de origem salarial e fazendo-se necessário a realização da penhora, passa a existir uma celeuma na interpretação de norma presente na legislação processual civil.

Visto que, esgotadas todas as possibilidades para executar o devedor e não apresentando este meios diversos para quitar a dívida, cogita-se a penhora do seu salário com a finalidade de quitar a dívida, cuja origem, também, é necessária ao sustento do credor, ou seja, seu salário de direito.

Resta evidente a grande divergência, jurisprudencial e doutrinária, a respeito da possibilidade da penhora do salário. Percebe-se também, durante a pesquisa, que o número de decisões que optam pela penhora do salário do executado para quitar dívida trabalhista é, evidentemente, menor do que aquelas que alegam a impenhorabilidade.

Parte da doutrina trabalhista faz menção à necessidade de se utilizar subsidiariamente a lei processual civil sendo que a Consolidação das Leis do Trabalho é clara ao afirmar que em casos omissos utiliza-se a lei processual comum no processo do trabalho, de maneira subsidiária.

Isto posto, defende-se a proteção constitucional do salário e sua impenhorabilidade, excetuando-se apenas nos casos de pagamentos de prestação alimentícia. Logo, segundo estes, deve ser respeitado também o princípio da dignidade da pessoa humana, tentando evitar que o devedor seja prejudicado em relação ao seu sustento.

Outro fato importante, que merece destaque, é o princípio da proteção ao credor trabalhista, que na Justiça do Trabalho muito se invoca. Esta corrente doutrinária destaca que ao invocar este princípio no momento da penhora do salário, mais uma vez o devedor é prejudicado em detrimento do credor trabalhista, já superprotegido, mesmo o direito daquele sendo protegido por norma constitucional e processual, abrindo-se exceções às regras explícitas.

Em contrapartida, outra parcela da doutrina trabalhista defende a penhora de parte do salário, uma vez que a Consolidação das Leis do Trabalho não disciplina os bens passíveis de penhora, e leva em consideração a necessidade de se efetivar o processo de execução trabalhista e ressalta a necessidade de proteção da dignidade também do credor trabalhista, que necessita receber seu salário.

Como o próprio art. 649 do Código de Processo Civil, em seu § 2º, prevê uma exceção à impenhorabilidade do salário, assim, nos casos em que a dívida for de natureza alimentar pode-se penhorar parcialmente o salário, por este motivo alguns doutrinadores e juízes interpretam que, quando de dívida trabalhista que tem origem salarial, logo alimentar, também pode o salário do devedor ser penhorado nestes casos.

Cabe destacar a utilização dos princípios da razoabilidade e da proporcionalidade na defesa da penhora do salário, sendo que ao invocar estes critérios os doutrinadores e juristas tentam trazer o direito às adequações da sociedade moderna e agilizar o processo de execução trabalhista, uma vez que se encontra um impasse quanto à resolução do conflito.

Por meio da interpretação do estudo realizado, percebe-se, enfim, a grande divergência doutrinária e jurisprudencial acerca da penhorabilidade do salário do credor trabalhista, embora recente Orientação Jurisprudencial do Tribunal Superior do Trabalho tenha se manifestado de maneira contrária à penhora e defende que o salário do executado não deve ser penhorado, mesmo que para satisfação de crédito trabalhista e ofende direito líquido e certo, não aceitando a penhora parcial do salário.

No entanto, no direito do trabalho, deve ser ponderada a penhora do salário do executado, não devendo ser totalmente descartada pelo magistrado ao julgar, uma vez que, por ter natureza alimentar, o salário é necessário, também, para a subsistência do credor trabalhista e, assim, não pode uma das partes ser privilegiada em detrimento da outra.

REFERÊNCIAS BIBLIOGRÁFICAS

AGUIAR, Antonio Carlos. Salário de devedor não é impenhorável. *Jornal Trabalhista Consulex*, Brasília, a. XXVI, n. 1284, 2009.

BARROS, Alice Monteiro de. *Curso de direito do trabalho*. 4. ed. São Paulo: LTr, 2008.

BRASIL. *Constituição* (1988). Constituição da República Federativa do Brasil. Distrito Federal, publicado no DOU de 05 de outubro de 1988.

BRASIL. Decreto-lei n. 5.452, de 1º de maio de 1943. Aprova a Consolidação das Leis do Trabalho. Distrito Federal, publicado no DOU de 09 de agosto de 1943.

BRASIL. Lei n. 5.869, de 11 de janeiro de 1973. Institui o Código de Processo Civil. Distrito Federal, publicado no DOU de 17 de janeiro de 1973.

BRASIL. Orientação Jurisprudencial n. 153 da SDI-2 do TST. Mandado de segurança. Execução. Ordem de Penhora sobre valores existentes em conta-salário. Distrito Federal, DJe divulgado em 3, 4 e 5.12.2008.

BRASIL. Tribunal de Justiça de Mato Grosso. Agravo de Instrumento n.109046/2009, Relator: Carlos Alberto Alves da Rocha. Julgado em 18.11.2009. Disponível em: <http://www.tjmt.jus.br/jurisprudenciapdf/GEACOR_109046-2009_24-11-09_130403.pdf>. Acesso em: 9.6.2012.

BRASIL. Tribunal Regional do Trabalho da 12ª Região. Agravo de Petição n. 00442-2005-013-12-85-2, Relatora: Águeda Maria Lavorato Pereira. Julgado em 19.4.2010. Disponível em: <http://www.trt12.jus.br/doe/visualizarDocumento.do?acao=doc&>.

BRASIL. Tribunal Regional do Trabalho da 12ª Região. Agravo de Petição n. 02179-2001-002-12-86-1, Relatora: Gisele Pereira Alexandrino. Julgado em 5/2009. Disponível em:<http://consultas.trt12.jus.br/doe/visualizarDocumento.do?acao=doc&>.

BRASIL. Tribunal Regional do Trabalho da 12ª Região. Mandado de Segurança n. 0327-2009-000-12-00-2, Relatora: Lília Leonor Abreu. Julgado em 11.2.2010. Disponível em: <http://consultas.trt12.jus.br/doe/visualizarDocumento.do?>.

BRASIL. Tribunal Regional do Trabalho da 4ª Região. Agravo de Petição n. 00468-1996-006-04-00-1, Relator: Fernando Luiz de Moura Cassal, Julgado em 26.3.2009. Disponível em: <http://trt4.jus.br/portal/portal/trt4/consultas/jurisprudencia/acordaos>. Acesso em: 10.6.2012.

Brasil. Tribunal Regional do Trabalho da 4ª Região. Agravo de Petição n. 00358-2004-020-04-00-7, Relator: Cláudio Antônio Cassou Barbosa. Julgado em 22.4.2009. Disponível em: <http://www.trt4.jus.br/portal/portal/trt4/consultas/jurisprudencia/>.

BRASIL. Tribunal Regional do Trabalho da 4ª Região. Mandado de Segurança n. 01598-2003-000-04-00-3, Relator: Milton Varela Dutra. Julgado em 12.3.2004. Disponível em: <http://www.trt4.jus.br/portal/portal/trt4/consultas/jurisprudencia/>.

BRASIL. Tribunal Regional do Trabalho da 4ª Região. Mandado de Segurança n. 0216400-60.2009.5.04.0000, Relatora: Maria Inês Cunha Dornelles. Julgado em 16.10.2009. Disponível em: <http://www.trt4.jus.br/portal/portal/trt4/consultas/>.

BRASIL. Tribunal Regional do Trabalho da 4ª Região. Mandado de segurança n.02968-2009-000-04-00-5, Relatora: Maria Inês Cunha Dornelles. Julgado em 16.10.2009. Disponível em: <http://iframe.trt4.jus.br/nj4_jurisp/jurispnovo>.

BRASIL. Tribunal Regional do Trabalho da 5ª Região. Agravo de Petição n. 00390-1997-011-05-00-6-AP, Relator: Desembargador Jéferson Muricy. Julgado em: 4.11.2008. Disponível em: <http://www.trt5.jus.br/jurisprudencia/modelo/Acordao>.

BRASIL. Tribunal Regional do Trabalho da 5ª Região. Mandado de Segurança n. 01167-2007-000-05-00-5-MS, Relatora: Juíza Convocada Heliana Neves da Rocha. Julgado em: 11.6.2008. Disponível em: <http://www.trt5.jus.br/jurisprudencia/modelo/>.

BRASIL. Tribunal Regional do Trabalho da 9ª Região. Agravo de Petição n. 26811-1999-015-09-40-9, Relator: Luiz Celso Napp. Julgado em 19.6.2006. Disponível em: <http://www.trt9.jus.br/internet_base/processosel.do>. Acesso em: 10.6.2012.

DELGADO, Mauricio Godinho. *Salário*: teoria e prática. 2. ed. Belo Horizonte: Del Rey, 2002.

LEITE, Carlos Henrique Bezerra. *Curso de direito processual do trabalho*. 7. ed. São Paulo: LTr, 2009.

MARTINS, Sergio Pinto. *Direito do trabalho*. 25. ed. São Paulo: Atlas, 2009.

_____. *Direito processual do trabalho*. 29. ed. São Paulo: Atlas, 2009.

MORAES, Alexandre de. *Direito constitucional*. 20. ed. São Paulo: Atlas, 2006.

NASCIMENTO, Amauri Mascaro. *Salário*: conceito e proteção. São Paulo: LTr, 2008.

REINALDO FILHO, Demócrito. Da possibilidade de penhora de saldos de contas bancárias de origem salarial: interpretação do inc. IV do art. 649 do CPC em face da alteração promovida pela Lei n. 11.382, de 6.12.06. *Revista Jurídica Consulex*, Brasília, a. XIII, n. 289, 2009.

RESENDE, Ricardo. *Direito do trabalho esquematizado*. São Paulo: Método, 2011.

RIBEIRO, Daniel Leite; DANTAS, Rodrigo Tourinho. A impenhorabilidade da conta-salário: a aplicação do art. 649, IV, do CPC no Processo do Trabalho. *Jornal Trabalhista Consulex*, Brasília, a. XXVI, n. 1274, 2009.

SARAIVA, Renato. *Curso de direito processual do trabalho*. 6. ed. São Paulo: Método, 2009.

SCHIAVI, Mauro. *Execução no processo do trabalho*. 2. ed. São Paulo: LTr, 2010.

TEIXEIRA FILHO, Manoel Antonio. *Execução no processo do trabalho*. 9. ed. São Paulo: LTr, 2005.

VENOSA, Silvio de Salvo. *Direito civil:* direito de família. 7. ed. São Paulo: Atlas, 2007.

Produção Gráfica e Editoração Eletrônica: RLUX
Projeto de capa: FÁBIO GIGLIO
Impressão: GRAPHIUM